브랜드만족
1위
박문각

2025

7·9급 공무원·교원임용 **시험대비**

박문각 공무원

법령집

No. 1 오현준 교육관계법령

오현준 편저

교육관계법령 이론과 실제

핵심만 콕! 6개 Topic별 압축정리

기출 총망라 & 실전 철저 대비

동영상 강의 www.pmg.co.kr

✦ ✧ 이 책의 머리말
PREFACE

1. 집필 동기

교육행정직 공무원 시험을 준비하는 수험생들에게 교육관계법령은 두려움과 불안의 대상이 되곤 합니다. 방대한 법령의 양, 복잡한 구조, 시험에서 요구되는 높은 정확도는 많은 수험생들에게 큰 부담으로 다가옵니다.

"법령은 어디서부터 어떻게 시작해야 할지 모르겠어요.", "아무리 공부해도 자신감이 생기지 않아요."

이러한 고민과 어려움을 해소하고, 만점의 자신감을 심어주고자 『2025 No.1 오현준 교육관계법령』을 집필하게 되었습니다.

2. 이 책의 구성과 특징

이 책은 교육관계법령을 체계적으로 접근하고, 실전 시험 대비 능력을 강화할 수 있도록 구성되었습니다. 주요 특징은 다음과 같습니다.

① **교육주제(Topic)별 구성**: 6개의 핵심주제(❶ 교육 이념과 원칙, ❷ 학교교육, ❸ 평생교육, ❹ 지방교육자치와 교육재정, ❺ 학생과 학교경영, ❻ 교원과 교육공무원)로 구성하여 교육관계법령을 체계적으로 학습할 수 있도록 설계하였습니다. 또한 이해력을 높이기 위해 [편성 체계]와 [주요 내용]으로 정리하였습니다.

② **시험 중심 법령 정리**: 시험에 출제된 내용과 출제 가능성이 높은 법령 조문을 중심으로 법령 전문(全文)을 재구성하고, 관련 기출 연도와 유형을 명확히 표시하여 효율적으로 학습할 수 있게 하였습니다.

③ **이론과 법령의 연계 학습**: 『2025 박문각 공무원 오현준 정통교육학』 기본서와 연계하여 법령과 이론을 동시에 학습할 수 있도록 안내하였습니다.

④ **기출 완전정복 및 실전 대비**: 교육행정직, 교원임용시험, 5급 교육사무관 시험의 [주요 기출문제]를 총망라하여 분석하고, [실전 예상문제]를 추가로 제공하여 실전 감각을 키울 수 있게 구성하였습니다.

⑤ **학습 효율성 극대화**: 법령 조문과 문제를 연결하여 시각적으로 구성, 법령 학습이 문제풀이로 자연스럽게 이어질 수 있도록 설계하였습니다.

3. 이 책의 공부법

이 책을 효과적으로 활용하기 위해 다음의 학습 방법을 추천드립니다.

① 법령 조문 학습 (매일 20분!) ▶ ② 기출 경향 파악 (해답 포함 읽기) ▶ ③ 문제풀이 연습 (기출문제 풀기) ▶ ④ 오답노트 활용 (이론 연계학습) ▶ ⑤ 실전 모의연습 (예상문제 풀기)

[1단계] **법령 주요 내용 반복학습:** 매일 일정 시간을 정해 기출 조문을 중심으로 법령의 주요 내용을 반복 학습합니다.

[2단계] **기출 경향 파악:** 처음에는 해답을 포함 문제 전체를 빠르게 읽으며, 시험의 전반적인 출제 경향과 중점을 분석합니다.

[3단계] **문제풀이 연습:** 해답 없이 문제를 풀어보고, 틀린 문제는 왜 틀렸는지 분석하며 학습의 빈틈을 메웁니다. 자주 틀리는 문제나 헷갈리는 내용은 관련 법령 조문과 이론을 연계하여 심화 복습합니다.

[4단계] **오답노트 활용:** 자주 틀리는 문제를 정리하여 최종 점검합니다.

[5단계] **실전 모의연습:** 실전 예상문제를 풀어 실전 감각을 기릅니다.

4. 마무리하며

공부는 끊임없이 질문하고 답을 찾아가는 여정입니다. 때로는 힘들고 고단한 순간이 있겠지만, 그 순간들을 이겨낼 때마다 여러분은 더 높은 곳으로 나아갈 것입니다.
"산 정상에 오르면 더 넓은 세상이 보인다"는 말처럼, 여러분의 노력은 반드시 아름다운 결실로 이어질 것입니다. 이 책이 그 여정에서 작은 불빛이 되어 길을 밝혀주길 희망합니다.
끝까지 포기하지 않고 정상에 오르시길 진심으로 응원합니다.
이 책의 출간에 도움을 주신 모든 분들께 깊은 감사의 인사를 전합니다.

정상에서 만납시다! 고맙습니다^^

오현준 드림

이 책의 구성과 특징

FEATURE

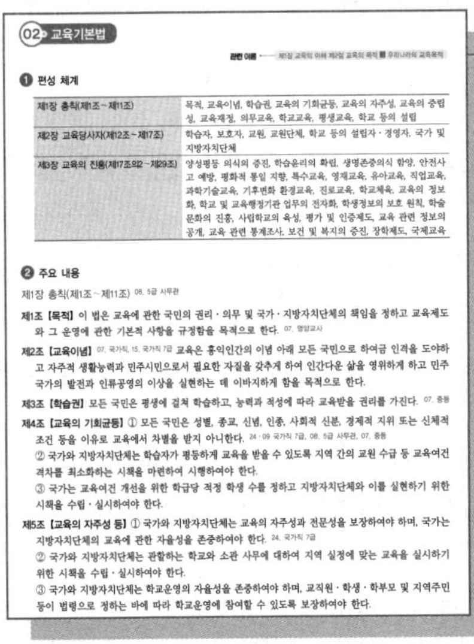

02 교육기본법

관련 이론 ← 제1장 교육의 이해 제2절 교육의 목적 ■ 우리나라의 교육목적

❶ 편성 체계

제1장 총칙(제1조~제11조)	목적, 교육이념, 학습권, 교육의 기회균등, 교육의 자주성, 교육의 중립성, 교육재정, 의무교육, 학교교육, 평생교육, 학교 등의 설립
제2장 교육당사자(제12조~제17조)	학습자, 보호자, 교원, 교원단체, 학교 등의 설립자·경영자, 국가 및 지방자치단체
제3장 교육의 진흥(제17조의2~제29조)	양성평등 의식의 증진, 학습윤리의 확립, 생명존중의식 함양, 안전사고 예방, 평화적 통일 지향, 특수교육, 영재교육, 유아교육, 직업교육, 과학기술교육, 기후변화 환경교육, 진로교육, 학교체육, 교육의 정보화, 학교 및 교육행정기관 업무의 전자화, 학생정보의 보호 원칙, 학술문화의 진흥, 사립학교의 육성, 평가 및 인증제도, 교육 관련 정보의 공개, 교육 관련 통계조사, 보건 및 복지의 증진, 장학제도, 국제교육

❷ 주요 내용

제1장 총칙(제1조~제11조) 08. 5급 사무관

제1조 【목적】 이 법은 교육에 관한 국민의 권리·의무 및 국가·지방자치단체의 책임을 정하고 교육제도와 그 운영에 관한 기본적 사항을 규정함을 목적으로 한다. 07. 영양교사

제2조 【교육이념】 07. 국가직, 15. 국가직 7급 교육은 홍익인간의 이념 아래 모든 국민으로 하여금 인격을 도야하고 자주적 생활능력과 민주시민으로서 필요한 자질을 갖추게 하여 인간다운 삶을 영위하게 하고 민주국가의 발전과 인류공영의 이상을 실현하는 데 이바지하게 함을 목적으로 한다.

제3조 【학습권】 모든 국민은 평생에 걸쳐 학습하고, 능력과 적성에 따라 교육받을 권리를 가진다. 07. 중등

제4조 【교육의 기회균등】 ① 모든 국민은 성별, 종교, 신념, 인종, 사회적 신분, 경제적 지위 또는 신체적 조건 등을 이유로 교육에서 차별을 받지 아니한다. 24·09 국가직 7급, 08. 5급 사무관, 07. 중등
② 국가와 지방자치단체는 학습자가 평등하게 교육을 받을 수 있도록 지역 간의 교원 수급 등 교육여건 격차를 최소화하는 시책을 마련하여 시행하여야 한다.
③ 국가는 교육여건 개선을 위한 학급당 적정 학생 수를 정하고 지방자치단체와 이를 실현하기 위한 시책을 수립·실시하여야 한다.

제5조 【교육의 자주성 등】 ① 국가와 지방자치단체는 교육의 자주성과 전문성을 보장하여야 하며, 국가는 지방자치단체의 교육에 관한 자율성을 존중하여야 한다. 24. 국가직 7급
② 국가와 지방자치단체는 관할하는 학교와 소관 사무에 대하여 지역 실정에 맞는 교육을 실시하기 위한 시책을 수립·실시하여야 한다.
③ 국가와 지방자치단체는 학교운영의 자율성을 존중하여야 하며, 교직원·학생·학부모 및 지역주민 등이 법령으로 정하는 바에 따라 학교운영에 참여할 수 있도록 보장하여야 한다.

❶ 시험 중심 법령 정리

시험에 출제된 내용과 출제 가능성이 높은 법령 조문을 중심으로 법령 전문(全文)을 재구성하고, 관련 기출 연도와 유형을 명확히 표시하여 효율적으로 학습할 수 있게 하였습니다.

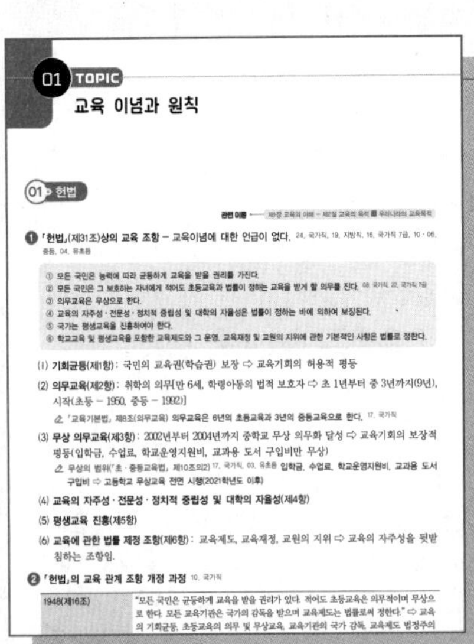

01 TOPIC

교육 이념과 원칙

01 헌법

관련 이론 ← 제1장 교육의 이해 – 제2절 교육의 목적 ■ 우리나라의 교육목적

❶ 「헌법」(제31조)상의 교육 조항 – 교육이념에 대한 언급이 없다. 24. 국가직, 19. 지방직, 16. 국가직 7급, 10·06. 중등, 04. 유초등

① 모든 국민은 능력에 따라 균등하게 교육을 받을 권리를 가진다.
② 모든 국민은 그 보호하는 자녀에게 적어도 초등교육과 법률이 정하는 교육을 받게 할 의무를 진다. 08. 국가직, 22. 국가직 7급
③ 의무교육은 무상으로 한다.
④ 교육의 자주성·전문성·정치적 중립성 및 대학의 자율성은 법률이 정하는 바에 의하여 보장된다.
⑤ 국가는 평생교육을 진흥하여야 한다.
⑥ 학교교육 및 평생교육을 포함한 교육제도와 그 운영, 교육재정 및 교원의 지위에 관한 기본적인 사항은 법률로 정한다.

(1) **기회균등(제1항)**: 국민의 교육권(학습권) 보장 ⇨ 교육기회의 허용적 평등

(2) **의무교육(제2항)**: 취학의 의무[만 6세, 학령아동의 법적 보호자 ⇨ 초 1년부터 중 3년까지(9년), 시작(초등 – 1950, 중등 – 1992)]
「교육기본법」 제8조(의무교육) 의무교육은 6년의 초등교육과 3년의 중등교육으로 한다. 17. 국가직

(3) **무상 의무교육(제3항)**: 2002년부터 2004년까지 중학교 무상 의무화 달성 ⇨ 교육기회의 보장적 평등(입학금, 수업료, 학교운영지원비, 교과용 도서 구입비만 무상)
무상의 범위(「초·중등교육법」 제10조의2) 17. 국가직, 03. 유초등 입학금, 수업료, 학교운영지원비, 교과용 도서 구입비 ⇨ 고등학교 무상교육 전면 시행(2021학년도 이후)

(4) **교육의 자주성·전문성·정치적 중립성 및 대학의 자율성(제4항)**

(5) **평생교육 진흥(제5항)**

(6) **교육에 관한 법률 제정 조항(제6항)**: 교육제도, 교육재정, 교원의 지위 ⇨ 교육의 자주성을 뒷받침하는 조항임.

❷ 「헌법」의 교육 관계 조항 개정 과정 10. 국가직

1948(제16조)	"모든 국민은 균등하게 교육을 받을 권리가 있다. 적어도 초등교육은 의무적이며 무상으로 한다. 모든 교육기관은 국가의 감독을 받으며 교육제도는 법률로써 정한다." ⇨ 교육의 기회균등, 초등교육의 의무 및 무상교육, 교육기관의 국가 감독, 교육제도 법정주의

❷ 이론과 법령의 연계 학습

『2025 박문각 공무원 오현준 정통교육학』 기본서와 연계하여 법령과 이론을 동시에 학습할 수 있도록 안내하였습니다.

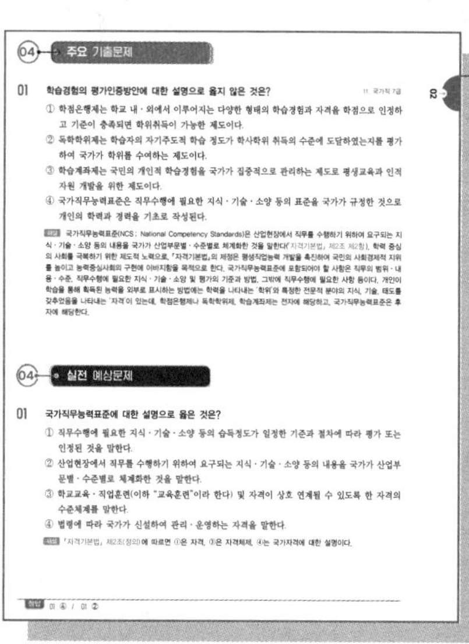

❸ 기출문제 완전정복 및 실전 대비

교육행정직, 교원임용시험, 5급 교육사무관 시험 등 [주요 기출문제]를 총망라하였으며, 출제 가능성이 높은 부분을 바탕으로 [실전 예상문제]를 새롭게 출제하여 실전 대비 능력을 강화할 수 있도록 구성하였습니다.

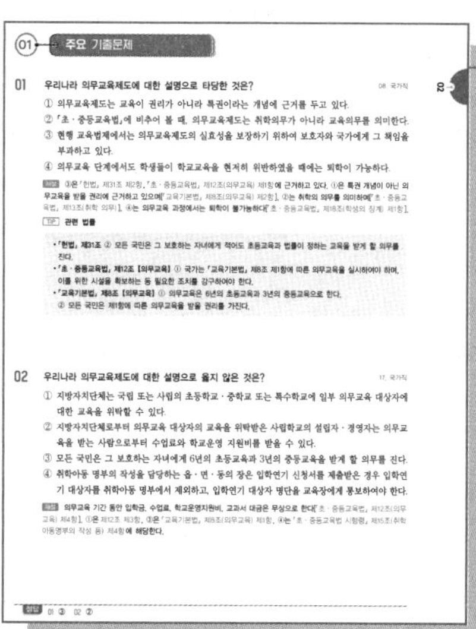

❹ 학습 효율성 극대화

법령 조문과 문제를 연결하여 시각적으로 구성, 법령 학습이 문제풀이로 자연스럽게 이어질 수 있도록 설계하였습니다.

✦ ✧ 출제경향 살펴보기

ANALYSIS

영 역	2024 국가직 9급		2024 지방직 9급	
01 교육의 이해	2	•「헌법」의 교육관련 조항(제31조) •학교의 평생교육(「평생교육법」 제29조)	3	•「평생교육법」(제2조) – 평생교육 용어 정의 •평생교육 참여의 장애요인 – 크로스(Cross)의 분류 •다문화교육 – 뱅크스(J. Banks)의 다문화 교육과정 접근법 4단계
02 한국교육사	1	•조선 후기 실학자가 편찬한 한자 학습용 교재 – 정약용의 「아학편(兒學編)」	1	•한국교육사 개관(삼국시대~근대)
03 서양교육사	–	–	–	–
04 교육철학	1	•실존주의 교육사상가 – 부버(M. Buber)	1	•포스트모더니즘(post–modernism) 교육론의 특징
05 교육과정	2	•타일러(Tyler)의 교육과정 조직 원리 – 계속성, 계열성, 통합성 •2022 개정 교육과정 – 교육과정 구성 중점	3	•보비트(Bobbitt)의 교육과정 개발 •타일러(Tyler)의 교육과정 개발 절차 •「초·중등교육법 시행령」(제48조의2) 자유학기 수업운영방법
06 교육심리학	4	•카텔(Cattell)과 혼(Horn)의 지능이론 – 유동지능 •바이너(Weiner)의 귀인이론 – 일시적 노력(내적–불안정적–통제가능) •켈러(Keller)의 학습동기 유발요소 – ARCS •마르샤(Marcia)의 정체성 지위이론 – 정체성 유예	2	•학습동기 – 목표지향성 이론(숙달목표, 수행목표) •학습이론 – 형태주의 심리학의 관점
07 교수–학습이론	–	–	1	•교수설계 모형 – 딕과 캐리(Dick & Carey)의 체제적 모형
08 교육공학	1	•슐만(Schulman)의 TPACK – 내용지식, 교수방법지식, 테크놀로지 지식	–	–
09 생활지도와 상담	1	•생활지도의 원리 – 균등성, 적극성, 통합성	1	•개인상담 대화기법 – 경청, 공감반영, 질문
10 교육평가	1	•검사(도구)의 양호도 – 타당도, 신뢰도	1	•검사도구의 양호도 – 공인타당도
11 교육통계	–	–	1	•측정치(척도)의 종류 – 명명척도
12 교육연구	–	–	–	–
13 교육행정학	4	•의사소통이론 – 조하리(Johari)의 창[은폐(hidden) 영역] •학교조직의 운영 원리 – 적도집권, 분업, 조정, 계층의 원리 •조직의 유형 – 참모조직과 계선조직 •교육비의 종류 – 표준교육비	5	•교육행정의 기본원리 – 효율성의 원리 •교육정책 의사결정 관점 – 합리적 관점 •서지오바니(Sergiovanni)의 학교 유형 – 정략적 학교 •학교 컨설팅 장학의 원리 – 자문성의 원리 •교육비의 종류 – 간접교육비
14 교육사회학	3	•번스타인(Bernstein)의 코드이론 – 제한된 언어, 정교한 언어 •부르디외(Bourdieu)의 문화재생산이론 – 아비투스(habitus) •교육격차 이론 – 문화실조론	1	•갈등이론 – 애니온(J. Anyon)의 교육과정 연구
계	20		20	

영 역	2023 국가직 9급		2023 지방직 9급	
01 교육의 이해	–	–	4	• 피터스(Peters)의 교육개념의 성립 기준 – 인지적 기준 • 평생교육 접근방법 – 일리치(I. Illich)의 학습망 • 성인학습의 특징(Lindeman) • 「독학에 의한 학위취득에 관한 법률」 내용
02 한국교육사	–	–	1	• 갑오개혁 시기(1894~1896)의 학교교육 관제
03 서양교육사	2	• 17C 실학주의 교육 – 코메니우스(Comenius)의 교육사상 • 19C 계발주의 교육 – 페스탈로치(Pestalozzi)의 교육사상	1	• 신인문주의 교육사상 – 헤르바르트(Herbart)
04 교육철학	1	• 현대 교육사조(20세기 전반) – 항존주의 교육철학	–	–
05 교육과정	1	• 블룸(Bloom)의 교육목표 분류 범주 – 인지적 영역 중 분석력	2	• 아이즈너(Eisner)의 교육과정 이론 • 교육과정 유형 – 학문중심 교육과정
06 교육심리학	2	• 비고츠키(Vygotsky)의 사회문화이론 용어 – 근접발달영역(ZPD) • 콜버그(Kohlberg)의 도덕성 발달이론	2	• 행동주의 학습이론 용어(강화, 사회학습이론, 조작적 조건화) • 학습전이 이론 – 동일요소설
07 교수–학습이론	2	• 출발점 행동 진단의 의미 • 캐롤(Carroll)의 학교학습모형	1	• 교수설계 일반모형(ADDIE)
08 교육공학	1	• 가상현실(VR) 기술 활용 교육	–	–
09 생활지도와 상담	3	• 생활지도의 활동과 적응사례 – 조사활동, 정보제공활동, 배치활동, 추수활동 • 상담이론 – 정신분석상담의 상담기법 • 청소년 비행발생이론 – 머튼(Merton)의 아노미 이론	2	• 상담이론과 상담기법 – 현실치료 • 청소년 비행발생이론 – 사회통제이론
10 교육평가	1	• 교육평가 유형 – 속도검사, 준거지향평가, 형성평가, 표준화검사	2	• 교육평가 유형 – 성장참조평가 • 문항분석 – 고전검사이론
11 교육통계	–	–	–	–
12 교육연구	–	–	–	–
13 교육행정학	5	• 교육행정 과정 – 기획(planning) • 지도성이론 – 분산적 지도성 • 동기이론 – 허즈버그(Herzberg)의 위생요인, 맥그리거(McGregor)의 Y이론 • 「초·중등교육법」상 학교운영위원회의 심의사항 • 「학교폭력예방 및 대책에 관한 법률」상 학교폭력의 예방 및 대책	4	• 의사결정이론 – 교육정책 형성 관점(참여적 관점) • 동기이론 – 허즈버그(Herzberg)의 동기·위생이론(동기요인) • 교육재정의 구조와 배분 – 교육기회비용 • 사립학교법」의 내용 – 기간제교원의 임용기간
14 교육사회학	2	• 신교육사회학 – 애플(Apple)의 문화적 헤게모니이론 • 콜만(Coleman)의 사회자본 개념	1	• 신교육사회학 이론 – 문화재생산이론
계	20		20	

✦ ✧ 출제경향 살펴보기
ANALYSIS

영 역	2022 국가직 9급		2022 지방직 9급	
01 교육의 이해	2	• 평생교육 – 비형식적 교육(non-formal education)의 개념 • 평생교육 – 「학점인정 등에 관한 법률」상 학점 인정(제7조)	2	• 현행법상 교육의 중립성 • 평생교육 제도 – 학습휴가제, 평생교육이용권, 학습계좌제, 독학학위제
02 한국교육사	2	• 삼국시대 교육기관 – 고구려의 경당(經堂) • 조선시대 교육 – 서당의 교재[정약용의 「아학편(兒學編)」]	–	–
03 서양교육사	–	–	1	• 자연주의 교육사상가 – 루소(Rousseau)
04 교육철학	1	• 현대 교육사조 – 분석적 교육철학	2	• 현대 교육사조(20세기 전반) – 진보주의 교육원리 • 현대 교육사조(20세기 후반) – 실존주의 교육철학
05 교육과정	1	• 교육과정 유형	1	• 교육내용의 조직 원리 – 계열성(sequence)
06 교육심리학	3	• 프로이트(S. Freud)의 성격구성요소(초자아) • 학습이론 – 고전적 조건화의 적용 사례 • 반두라(A. Bandura)의 관찰학습 과정(파지)	2	• 지능이론 – 가드너(Gardner)의 다중지능이론 • 학습이론 – 정보처리이론(감각기억, 시연, 정교화, 조직화)
07 교수–학습이론	1	• 협동학습의 원리	2	• 교수·학습방법 – 문제중심학습, 토의법, 직소(Jigsaw), 발견학습 • 교수학습이론 – 오수벨(Ausubel)의 유의미학습이론
08 교육공학	1	• 원격교육의 형태 – 유비쿼터스러닝(U-learning)의 개념	1	• 원격교육 용어 – 블랜디드 러닝(blended learning)
09 생활지도와 상담	–	–	2	• 상담이론 유형 – 엘리스(A. Ellis)의 합리적·정서적 행동 상담 • 로저스(Rogers)의 인간중심 상담의 상담 태도
10 교육평가	2	• 성장참조평가의 특징 • 평가도구의 양호도 – 타당도와 신뢰도	1	• 평가도구의 양호도 – 예언타당도
11 교육통계	–	–	–	–
12 교육연구	–	–	–	–
13 교육행정학	5	• 보비트(Bobbitt)의 과학적 관리 원칙 • 교육정책 결정 모형 비교 – 혼합, 점증, 만족, 합리모형 • 지도성의 유형 – 변혁적 지도성 • 호이와 미스켈(Hoy & Miskel)의 학교풍토 유형 • 학교예산 편성 기법 – 성과주의 예산제도(PBS)	4	• 교육행정의 운영원리 – 적응성의 원리 • 학교조직의 특성 – 이완조직, 전문적관료제, 조직화된 무질서, 이중조직 • 「지방교육자치에 관한 법률」상 교육감 관련 조항 • 지방교육재정교부금
14 교육사회학	2	• 교육의 사회적 기능 – 사회충원 • 교육과 사회이동 – 능력주의 평등화론	2	• 교육사회학의 이론 – 기능론과 갈등론 • 교육평등 관점 – 교육조건의 평등
계	20		20	

영 역		2024 국가직 7급		2023 국가직 7급
01 교육의 이해	3	•「교육기본법」의 내용 •평생교육 제도 – 「평생교육법」의 내용 •매클래건(P. McLagan)의 인적 자원 수레바퀴 모형 –인적자원개발(HRD) 영역	1	•피터스(Peters)의 교육 개념 준거 •평생교육제도 – 독학학위제
02 한국교육사	1	•조선시대 교육기관 – 관학의 종류	1	•조선시대 교육기관 – 서당(書堂)
03 서양교육사	1	•현대 교육사상가 – 니일(A. S. Neill)	–	•소크라테스(Socrates)의 교육사상(회상설)
04 교육철학	1	•현대 교육철학 사조 – 본질주의 교육사상	–	–
05 교육과정	4	•공식적 교육과정 유형 – 학문중심 교육과정 •아이즈너(Eisner)의 예술적 교육과정 •2022 개정 교육과정 – ① 교육과정 구성 중점(총론), ② 고교학점제	1	•잠재적 교육과정의 개념과 특징
06 교육심리학	3	•도덕성 발달단계이론 – 콜버그(Kohlberg)의 6단계 •지능이론 – ① 가드너(H. Gardner)의 다중지능 개요, ② 스턴버그(R. Sternberg)의 삼원지능 구성요소	3	•동기이론 – 자기효능감(self–efficacy)의 개념 •학습이론 – 쏜다이크(Thorndike)의 자극–반응 연합설
07 교수–학습이론	1	•교수설계 모형 – ADDIE모형의 분석단계	3	•발견학습의 개념과 특징 •가네(Gagné)의 교수·학습이론 •구성주의 관점에서의 학습 •구성주의 교수·학습방법 – 문제중심 학습(problem–based learning)
08 교육공학	–	–	1	–
09 생활지도와 상담	1	•상담이론 – 엘리스(A. Ellis)의 합리적·정서행동 치료(REBT)	1	•집단상담의 기법 – 명료화(clarification) •인지상담이론 – 합리적 정서 치료 이론(RET)
10 교육평가	1	•검사도구의 양호도 – 구인타당도	–	•교육평가 모형 – 스터플빔(Stufflebeam)의 의사결정 모형 •검사도구의 양호도 – 내용타당도, 반분신뢰도, 재검사신뢰도, 동형검사신뢰
11 교육통계	1	•규준점수 산출(Z, T, C점수, 백분위점수)	1	–
12 교육연구	–	–	1	–
13 교육행정학	6	•교육행정 이론 – 인간관계론 •의사결정 모형 – 쓰레기통모형 •「지방교육자치에 관한 법률」상 교육감의 관장사무 •학급경영의 영역 •학교회계 등 교육재정 •교육공무원 승진제도	9	•과학적 관리론이 적용된 교육행정의 내용 •교육정책 결정 모형 – 최적 모형(optimal model) •지도성 이론 – 변혁적 지도성 •동기이론 – 아담스(Adams)의 공정성이론 •조직화된 무질서 조직(Organized Anarchy)으로서의 학교조직의 특성 •「지방교육자치에 관한 법률」상 교육감 관련 규정 •장학의 유형 – 임상장학 •「학교폭력예방 및 대책에 관한 법률」내용
14 교육사회학	2	•신교육사회학 – 윌리스(P. Willis)의 저항이론 •교육평등관과 그 예시	4	•기능주의 관점에서의 학교교육 •부르디외(P. Bourdieu)의 문화자본론
계	25		25	

✦ ✧ 이 책의 **차례**
CONTENTS

No.1 오현준

교육관계법령

교육관계법의 이론

01 PART 교육관계법의 이론

01 교육관계법의 개요

관련 이론 • 제13장 교육행정 – 제10절 교육인사행정론 및 학교실무 5 교육법

❶ 교육법규(教育法規)

(1) **개념**: 교육에 관한 법 규범 ⇨ 「교육기본법」 이외의 교육관계 법령을 모두 포괄

(2) **교육법규의 성격**

① **조장적 성격**: 공권력을 행상하는 지휘·복종·규제보다는 지도·조언·육성·이해의 전문적 기술성을 강조

② **특별법이자 일반법적 성격**

㉠ 교육에 관하여 다른 일반법이 교육법에 저촉될 경우에는 교육법이 우선한다. ⇨ 특별법 우선의 원칙

㉡ 교육법(교육기본법)은 다른 교육관계 법률(예 초·중등교육법, 평생교육법)에 대하여는 일반법의 성격을 갖는다. ⇨ 상위법 우선의 원칙

③ **특수법적 성격**: 공법과 사법의 구별이 명확치 않다. 학교제도와 그 운영에 관한 많은 규정은 공법적 성격이 강하며, 교육당사자들의 교육권, 교육내용·교육과정의 특수성, 사립학교의 경우 등은 사법적 성격이 강하다.

④ **윤리적 성격**: 교육은 인격적 활동이고, 다른 법률보다 교육법은 국가와 민족에 대한 의무와 책임을 강조한다.

⑤ **사회법적 성격**: 의무교육과 교육기회균등이 개인의 사회 경제적 지위 향상을 위한 필수적 조치이며, 「헌법」에서 평생교육의 진흥 의무를 부과하는 것은 사회복지 증진을 위한 사회법적 성격이 강하다.

❷ 교육법 이해의 기초

(1) **법(法), 법령(法令), 법규(法規)의 개념**

① **법(法)**: 국가의 공권력에 의해 그 이행이 강제되는 규범

② **법령(法令)**: 법률과 명령을 포함하는 개념 ⇨ 모든 성문법을 통칭함.

③ **법규(法規)**: 국민의 권리를 제한하거나 의무를 부과하는 규정 ⇨ 법, 법령과 같은 의미로 사용함.

(2) 법의 구조

① **성문법(成文法)**: 문자로 표현되고 문서의 형식을 갖춘 법 ⇨ 국가의 입법기관에서 일정한 절차를 거쳐 제정되는 제정법(制定法)

예 헌법, 법률, 명령(위임명령, 집행명령), 자치법규(조례, 규칙), 조약

② **불문법(不文法)**: 문장의 형식을 취하지 않는 법 ⇨ 헌법재판소나 법원의 판결을 통해 구체적으로 선언되고 확인됨. 예 관습법, 판례, 조리

(3) 법의 존재형식: 법원(法源) ⇨ 성문법을 원칙으로 함. 20. 국가직

성문법 (제정법)	헌법	국가의 최상위 법 ⇨ 국민의 기본권 보장, 국가의 통치구조의 원리 규정
	법률	국회 의결을 거쳐 제·개정, 대통령이 서명·공포 예 「교육기본법」,「유아교육법」, 「초중등교육법」, 「고등교육법」, 「평생교육법」, 「지방교육자치에 관한 법률」, 「사립학교법」, 「교육공무원법」
	명령	국회의 의결을 거치지 않고 행정기관이 법률에 의해 제정(≒ 법규명령) ⇨ 대통령령(~시행령), 총리령, 부령, 위임명령, 집행명령
	규칙	국가기관의 소관 사무에 관하여 제정하는 법규 ⇨ 명령과 같은 효력(≒ 행정명령) 예 국회, 중앙선거관리위원회, 헌법재판소, 감사원 규칙
	자치법규	지방자치단체가 법령의 범위 안에서 제정 11. 5급 사무관 예 조례(지방의회), 규칙(지방자치단체 장)
	조약	문서에 의한 국가 간의 합의, 국제적 합의 예 협약, 협정, 규정, 의정서, 헌장, 규약, 교환각서 등 ※ MOU(양해각서)는 신뢰와 협력을 기반으로 한 상호이해를 문서화한 것으로 법적 구속력이 있는 조약과는 달리 법적 구속력이 없다.
불문법	관습법(반복적 관행을 통해 형성), 판례(법원의 판결을 통해서 형성), 조리(건전한 상식으로 판단) 등	

(4) 법의 적용과 해석(성문법 상호 간의 관계) 19. 국가직

① **상위법 우선의 원칙**: 법 체계 내에서 위계질서를 유지함으로써 법적 안정성 확보를 위해, 하위법보다 상위법을 우선 적용한다(헌법 > 법률 > 명령, 규칙 > 자치법규).

예 「교육기본법」과 「초·중등교육법」이 충돌할 경우, 「교육기본법」을 우선 적용한다.

② **특별법 우선의 원칙**: 특정한 상황이나 대상에 적용되는 특별법이 일반법보다 우선한다.

예 「노동조합법」과 「교원의 노동조합 설립 및 운영에 관한 법률(교원노조법)」이 충돌할 경우, 「교원노조법」을 우선 적용한다.

③ **신법(新法) 우선의 원칙**: 같은 효력의 법규가 서로 충돌할 경우, 법규의 시대적 요구나 변화를 반영할 수 있도록 구법(舊法)보다 신법(新法)을 우선 적용한다.

④ **국내법 우선의 원칙**: 주권 국가로서, 국제법과 국내법이 충돌할 때 국내법을 우선 적용한다.

예 파리 기후협정과 국내법이 충돌할 경우, 국내법을 우선 적용한다.

⑤ **법률 불소급의 원칙**: 법적 안정성과 예측 가능성 보장을 위해, 원칙적으로 과거의 행위에 대해 소급 적용되지 않으며, 법이 제정된 이후의 행위에만 적용된다.

❸ 교육법의 기본원리 – 「헌법」 제31조 ⇨ (1)은 제6항, (2)·(5)·(6)은 제4항, (3)은 제2항, (4)는 제1항과 관련 12. 국가직

(1) **교육제도의 법정주의**(교육입법상의 법률주의, 법률에 의한 교육행정의 원리): 교육제도는 법으로 정한다.

(2) **교육 자주성의 원리**(민주교육의 원리, 지방교육자치의 원리): 시·도 교육위원회를 통한 지방 교육자치제 실시, 지방교육재정 교부금제도 시행 ⇨ (전제) 교육중립성의 원리, 전문성의 원리

(3) **교육권 보장의 원리**: 교육받을 권리를 보장하기 위한 규정을 헌법상의 국가적 의무로 명시 ⇨ 자녀를 교육받게 할 의무

(4) **교육기회 균등의 원리**: 국가는 국민에게 평등한 교육기회 보장할 의무 ⇨ 「헌법」 제31조 제1항

(5) **교육 중립성의 원리**: 교육은 종교적·정치적 중립성을 가진다.

(6) **전문적 관리(전문성)의 원리**: 교육은 전문적 지도 역량과 자질을 가진 사람들에 의해 운영되어야 한다.

❹ 주요 교육관계법

(1) 교육에 직접 관련된 법률

기본 사항	「교육기본법」
학교교육	❶ 「유아교육법」, ❷ 「초중등교육법」, ❸ 「고등교육법」, ❹ 국가교육위원회 설치 및 운영에 관한 법률(「국가교육위원회법」)
평생교육	❶ 「평생교육법」, ❷ 「독학에 의한 학위취득에 관한 법률(독학학위법)」, ❸ 「학점인정 등에 관한 법률(학점인정법)」, ❹ 「학원의 설립·운영 및 과외교습에 관한 법률(학원법)」, ❺ 「국민 평생 직업능력 개발법」(「평생직업능력법」), ❻ 「자격기본법」
공·사립학교의 설립·경영	❶ 「지방교육자치에 관한 법률」, ❷ 「사립학교법」

(2) 재정·회계에 관한 법령

법률	❶ 「지방교육재정교부금법」, ❷ 「교육세법」, ❸ 「지방세법」
명령(교육부령)	「국립 유치원 및 초·중등학교 회계규칙」

(3) 인사에 관한 법령

법률	❶ 「교육공무원법」, ❷ 「국가공무원법」, ❸ 「교원의 지위 향상 및 교육활동 보호를 위한 특별법 (교원지위법)」, ❹ 「교원의 노동조합 설립 및 운영에 관한 법률(교원노조법)」
명령(대통령령)	❶ 「교육공무원임용령」, ❷ 「교원자격검정령」, ❸ 「교원 등의 연수에 관한 규정」, ❹ 「교육공무원승진규정」, ❺ 「공무원보수규정」, ❻ 「국가공무원복무규정」, ❼ 「교육공무원징계령」

⑷ 학교관리에 관한 법령

법률	❶「학교시설사업 촉진법」, ❷「학교보건법」, ❸「교육환경 보호에 관한 법률(교육환경법)」, ❹「학교안전사고 예방 및 보상에 관한 법률(학교안전법)」, ❺「학교폭력 예방 및 대책에 관한 법률(학교폭력예방법)」
명령(대통령령)	「행정업무의 운영 및 혁신에 관한 규정(행정업무규정)」

❺ 주요 교육관계법 제정 및 변천 과정

⑴ 1948년 7월 17일 제정된 대한민국「헌법」제16조에 교육관련 사항 규정: “모든 국민은 균등하게 교육을 받을 권리가 있다. 적어도 초등교육은 의무적이며 무상으로 한다. 모든 교육기관은 국가의 감독을 받으며 교육제도는 법률로써 정한다.”

⑵ **「교육법」 제정**(제11장 제173조) **: 1949년 12월 31일**

① 1997년 12월 31일「교육법」폐지 ⇨「교육기본법」,「초・중등교육법(유아교육 내용 포함)」,「고등교육법」으로 분리(1997. 12. 13. 제정 & 1998. 3. 1. 시행)

② 「유아교육법」 제정: 2004년 1월 29일

⑶ **「사회교육법」 제정: 1982년 12월 31일**

① 「사회교육법」을「평생교육법」으로 전부 개정(1999. 8. 31. & 2000. 3. 1. 시행)

② 「평생교육법」전부 개정(2007. 12. 14. & 2008. 2. 5. 시행)

⑷ **「지방교육자치에 관한 법률」**

1991년 3월 1일「교육법」에서 분리 ⇨ 1991. 3. 8. 제정 & 1991. 6. 20. 시행

01 주요 기출문제

01 **교육법규에 대한 설명으로 옳은 것은?** 11. 교육사무관 5급

① 공립학교 설치 조례는 교육장이 제정한다.

② 관습법은 법원(法源)이 될 수 없으며, 시행령보다 시행규칙이 우선한다.

③ 교육규칙 제정권은 교육감의 권한이다.

④ 유엔아동인권협약은 국내법보다 우선한다.

⑤ 교사는 교장의 명하는 바에 따라 학생을 교육한다.

해설 자치법규 중 조례는 시·도의회(①), 규칙은 시·도 교육감이 제·개정한다. ② 관습법도 성문법과 함께 법원(法源)이 될 수 있으며, 시행령이 시행규칙보다 우선한다. ④ 국내법이 국제법보다 우선하며, ⑤ 교사는 법령이 정하는 바에 따라 학생을 교육한다(「초·중등교육법」 제20조 제4항).

TIP **교육법의 성격**

구분	내용
조장적 성격	인간을 육성하는 교육에 관한 법규이므로 비권력적이고 지도·조언·육성의 성격이 강함.
특별법이자 일반법적 성격	• 다른 모든 일반법에 대하여 특별법적 성격 ⇨ 교육법 우선 원칙 • 「교육기본법」은 다른 교육관계 법률에 대하여 일반법적 성격
특수법적 성격	공법과 사법의 구별이 불명확함. ⇨ 학교제도와 그 운영 등은 공법적 성격이 강하나, 교육권이나 교육내용, 사립학교 등은 사법적 성격이 강함.
윤리적 성격	국가와 민족에 대한 의무와 책임이 다른 법률에 비하여 현저하게 강조되는 윤리적 성격이 강함.
사회법적 성격	의무교육과 교육기회 균등이 개인의 사회 경제적 지위 향상을 위한 필수적 조치이며, 「헌법」에서 평생교육의 진흥 의무를 부과하는 것은 사회복지 증진을 위한 사회법적 성격이 강함.

02 **교육법의 존재형식과 그 구체적인 예의 연결이 옳지 않은 것은?** 20. 국가직

① 법률 – 「초·중등교육법」

② 조약 – 유네스코 헌장

③ 법규명령 – 「고등교육법 시행령」

④ 규칙 – 학생인권조례

해설 교육법의 존재형식은 성문법과 불문법으로 구분되며, 성문법은 헌법, 법률, 명령, 규칙, 자치법규(조례, 규칙), 조약으로 구성된다. ④에서 자치법규는 조례와 규칙으로 구성되는데, 시·도 교육조례는 시·도 의회의 의결을 거쳐 제·개정되며, 교육규칙은 교육감이 제·개정 권한을 지닌다. ③의 경우 대통령령과 같은 효력을 지닌다.

03 법적용의 우선원칙에 대한 설명으로 옳은 것은? 19. 국가직

① 「지방자치법」과 「지방교육자치에 관한 법률」이 충돌할 경우 전자를 우선적으로 적용한다.
② 「초·중등교육법」과 「초·중등교육법 시행령」이 충돌할 경우 후자를 우선적으로 적용한다.
③ 「노동조합 및 노동관계조정법」과 「교원의 노동조합 설립 및 운영 등에 관한 법률」이 충돌할 경우 후자를 우선적으로 적용한다.
④ 신법과 구법이 충돌할 때에는 먼저 제정된 법을 우선적으로 적용한다.

해설 ③은 교육과 관련이 없는 일반법보다는 교육 관련 특별법 우선의 원칙에 해당한다. ①은 특별법 우선의 원칙, ②는 상위법 우선의 원칙, ④는 신법 우선의 원칙에 위배된다.

04 교육법의 주요 원리에 해당하지 않는 것은? 12. 국가직

① 법률주의의 원리
② 효과성의 원리
③ 자주성 존중의 원리
④ 기회균등의 원리

해설 ②는 교육행정의 운영면의 원리로, 의도한 교육목표 달성 정도를 말한다. 「헌법」 제31조에 토대를 둔 교육법의 주요 원리에는 ① (제6항), ③(제4항), ④(제1항) 외에 교육권 보장의 원리(제1항), 교육의 (정치적) 중립성의 원리(제4항), 교육 전문성의 원리(제4항)가 있다.

TIP 교육법의 주요 원리 – 「헌법」 제31조

법률주의의 원리(제6항)	'교육제도의 법정주의' 또는 '교육입법상의 법률주의', '법률에 의한 교육행정의 원리'로 교육제도는 법으로 정한다는 것이다.
자주성 존중의 원리(제4항)	'민주교육의 원리' 또는 '지방교육자치의 원리'라고도 하며, 교육의 독자성과 자주성을 존중해야 한다는 것이다. 일반행정으로부터의 분리·독립과 정치와 종교로부터의 중립 보장, 지방교육자치제 실시 등과 관련이 있다.
기회균등의 원리(제1항)	국가는 국민에게 평등한 교육기회를 보장해야 한다는 것이다.
교육권 보장의 원리(제2항)	교육받을 권리를 보장하기 위한 규정을 헌법상의 국가적 의무로 명시해야 한다는 것이다.
교육 중립성의 원리(제4항)	교육은 종교적·정치적 중립성을 가진다는 것이다.
전문적 관리의 원리(제4항)	교육은 전문적 지도 역량과 자질을 가진 사람들에 의해 운영되어야 한다는 것이다.

정답 01 ③ 02 ④ 03 ③ 04 ②

01 실전 예상문제

01 **교육법의 성격에 대한 진술로 잘못된 것은?**

① 교육법은 특별법이면서 일반법적인 성격을 갖는다. 즉, 교육에 관한 한 다른 모든 일반법에 대하여 특별법의 지위를 가지며, 교육에 관하여 다른 일반법이 교육법에 저촉될 경우에는 교육법이 우선하지만, 상위의 '교육법'은 다른 하위의 교육관계 법률에 대하여는 일반법의 성격을 갖는다.

② 교육법은 공 · 사립의 교육기관을 불문하고, 국가와 민족에 대한 의무와 책임이 다른 법률에 비하여 현저하게 강조되는 윤리적 성격이 강하다.

③ 교육법은 공법과 사법의 구별이 불명확한 특수법적 성격이 강하다. 즉, 학교제도와 그 운영에 관한 많은 규정은 공법적 성격이 강하며, 교육당사자들의 교육권, 교육내용, 교육과정의 특수성, 사립학교의 경우 등은 사법적 성격이 강하다.

④ 교육법은 인간을 육성하는 교육에 관한 법규로 지휘 · 복종의 공권력 관계를 중시하기에 공법적 특성 중에서도 강제적 성격이 강하다.

해설 교육법은 인간을 육성하는 교육에 관한 법규이므로 지휘 · 복종의 공권력 관계라기보다는 오히려 비권력적이고 지도 · 조언 · 육성의 성격이 지배적이기에 공법적 특성 중에서도 조장적 성격이 강하다.

02 **다음 내용에 해당하는 교육법의 성격은?**

> 학교제도와 그 운영에 관한 많은 규정은 공법적 성격이 강하며, 교육당사자들의 교육권, 교육내용, 교육과정의 특수성, 사립학교의 경우 등은 사법적 성격이 강하다.

① 조장적 성격 ② 일반법적 성격
③ 윤리적 성격 ④ 특수법적 성격

해설 법이 어떠한 이익을 중심으로 보호하느냐에 따라 공익(公益)을 보호하는 공법과 개인의 사익(私益)을 보호하는 사법으로 구분된다. 즉, 공법(公法)은 공적인 생활관계를 규율하는 법으로, 국가기관과 공공단체를 하나의 당사자로 보고 있으며 국가기관과 국가기관 사이에 관계 또는 국가기관과 공동단체와 국민 간의 관계를 규율한다. 이에 비해 사법(私法)은 국민들과의 사적인 관계를 규율하는 법으로, 국민의 권리와 의무를 규정한다. 이렇게 볼 때 교육법은 공법과 사법의 구별이 불명확한 특수법적 성격을 가지고 있다.

03 「헌법」의 교육조항과 교육 관계 제 법령의 취지와 정신을 나타낸 교육법의 기본 원리라고 볼 수 없는 것은?

① 교육제도의 법정주의 ② 평생학습권 보장의 원리
③ 교육 전문성의 원리 ④ 교육 중립성의 원리

해설 「헌법」의 교육조항과 교육 관계 제 법령의 취지와 정신을 나타낸 교육법의 기본 원리는 법률주의의 원리, 자주성 존중의 원리, 기회균등의 원리, 교육권 보장의 원리, 교육 중립성의 원리, 전문적 관리의 원리가 있다. ②는 교육받을 권리를 보장하기 위한 규정을 헌법상의 국가적 의무로 명시해야 한다는 교육권 보장의 원리에 해당한다.

04 현행 교육 관계 법령에 관한 설명으로 옳은 것은?

① 지방교육자치에 관해서는 별도로 규정된 법률이 없다.
② 교육법(현행 교육기본법)은 정부 수립과 동시에 제정·공포되었다.
③ 교육공무원 보수 규정은 교육공무원의 봉급 관련 사항을 규정하고 있다.
④ 교육공무원법은 교사를 포함하는 교육공무원의 인사 관련 사항을 규정하고 있다.

해설 「교육공무원법」(제1조)은 교육을 통하여 국민 전체에게 봉사하는 교육공무원의 직무와 책임의 특수성에 비추어 그 자격·임용·보수·연수 및 신분보장 등에 관하여 교육공무원에게 적용할 「국가공무원법」 및 「지방공무원법」에 대한 특례를 규정함을 목적으로 한다. 여기서 '교육공무원'은 '1. 교육기관에 근무하는 교원 및 조교, 2. 교육행정기관에 근무하는 장학관 및 장학사, 3. 교육기관, 교육행정기관 또는 교육연구기관에 근무하는 교육연구관 및 교육연구사'를 말한다. ①은 「지방교육자치에 관한 법률」이 있으며, ②는 정부 수립 다음해인 1948년 12월 31일 제정되었다, ③은 별도의 교육공무원 보수 규정은 없으며, 「공무원 보수규정」과 「공무원 수당규정」을 준용(사립교원도 준용)하고 있다.

정답 01 ④ 02 ④ 03 ② 04 ④

교육관계법의 실제

TOPIC 01 교육 이념과 원칙

TOPIC 02 학교교육

TOPIC 03 평생교육

TOPIC 04 지방교육자치와 교육재정

TOPIC 05 학생과 학교경영

TOPIC 06 교원과 교육공무원

01 TOPIC

교육 이념과 원칙

01 헌법

관련 이론 ─ 제1장 교육의 이해 – 제2절 교육의 목적 3 우리나라의 교육목적

❶ 「헌법」(제31조)상의 교육 조항 – 교육이념에 대한 언급이 없다. 24. 국가직, 19. 지방직, 16. 국가직 7급, 10 · 06. 중등, 04. 유초등

① 모든 국민은 능력에 따라 균등하게 교육을 받을 권리를 가진다.
② 모든 국민은 그 보호하는 자녀에게 적어도 초등교육과 법률이 정하는 교육을 받게 할 의무를 진다. 08. 국가직, 22. 국가직 7급
③ 의무교육은 무상으로 한다.
④ 교육의 자주성 · 전문성 · 정치적 중립성 및 대학의 자율성은 법률이 정하는 바에 의하여 보장된다.
⑤ 국가는 평생교육을 진흥하여야 한다.
⑥ 학교교육 및 평생교육을 포함한 교육제도와 그 운영, 교육재정 및 교원의 지위에 관한 기본적인 사항은 법률로 정한다.

(1) **기회균등**(제1항) : 국민의 교육권(학습권) 보장 ⇨ 교육기회의 허용적 평등

(2) **의무교육**(제2항) : 취학의 의무[만 6세, 학령아동의 법적 보호자 ⇨ 초 1년부터 중 3년까지(9년), 시작(초등 – 1950, 중등 – 1992)]

✎ **「교육기본법」 제8조(의무교육)** 의무교육은 6년의 초등교육과 3년의 중등교육으로 한다. 17. 국가직

(3) **무상 의무교육**(제3항) : 2002년부터 2004년까지 중학교 무상 의무화 달성 ⇨ 교육기회의 보장적 평등(입학금, 수업료, 학교운영지원비, 교과용 도서 구입비만 무상)

✎ **무상의 범위(「초 · 중등교육법」 제10조의2)** 17. 국가직, 03. 유초등 입학금, 수업료, 학교운영지원비, 교과용 도서 구입비 ⇨ 고등학교 무상교육 전면 시행(2021학년도 이후)

(4) **교육의 자주성 · 전문성 · 정치적 중립성 및 대학의 자율성**(제4항)

(5) **평생교육 진흥**(제5항)

(6) **교육에 관한 법률 제정 조항**(제6항) : 교육제도, 교육재정, 교원의 지위 ⇨ 교육의 자주성을 뒷받침하는 조항임.

❷ 「헌법」의 교육 관계 조항 개정 과정 10. 국가직

1948(제16조)	"모든 국민은 균등하게 교육을 받을 권리가 있다. 적어도 초등교육은 의무적이며 무상으로 한다. 모든 교육기관은 국가의 감독을 받으며 교육제도는 법률로써 정한다." ⇨ 교육의 기회균등, 초등교육의 의무 및 무상교육, 교육기관의 국가 감독, 교육제도 법정주의
1963(제27조, 6호 개정)	① 능력에 따라 균등하게 교육받음, ② 국민은 초등교육 의무를 짐, ③ 의무교육은 무상으로 함, ④ 교육의 자주성과 정치적 중립성 보장, ⑤ 교육제도와 그 운영을 법률로 정함.
1972(제27조, 8호 개정)	② 초등교육과 법률이 정하는 교육을 받게 할 의무를 진다. ⇨ 의무교육 범위 확대
1980(제29조, 9호 개정)	④ 교육의 전문성, ⑤ 국가의 평생교육진흥 의무, ⑥ 평생교육제도, 교육재정 및, 교원의 지위 법정주의 추가
1988(제31조, 10호 개정)	④ 대학의 자율성 보장 내용 추가

01 주요 기출문제

01 교육과 관련하여 우리나라 헌법에 명문화되어 있지 않은 내용은? 24. 국가직

① 국가는 평생교육을 진흥하여야 한다.
② 모든 국민은 능력에 따라 균등하게 교육을 받을 권리를 가진다.
③ 교육의 자주성·전문성·정치적 중립성 및 대학의 자율성은 법률이 정하는 바에 의하여 보장된다.
④ 국가는 특별한 교육적 배려가 필요한 사람의 교육을 지원하기 위하여 필요한 시책을 수립·실시하여야 한다.

해설 「헌법」 제31조 교육관련 조항이다. ①은 제5항, ②는 제1항, ③은 제4항에 해당한다. ④는 「교육기본법」 제18조(특수교육)의 내용이다.

02 「헌법」 제31조에 규정되어 있는 조항을 다음에서 모두 고른 것은? 10. 중등임용

> ㉠ 모든 국민은 능력에 따라 균등하게 교육을 받을 권리를 가진다.
> ㉡ 모든 국민은 그 보호하는 자녀에게 적어도 초등교육과 3년의 중등교육을 받게 할 의무를 지닌다.
> ㉢ 교육의 자주성·전문성·정치적 중립성 및 대학의 자율성은 법률이 정하는 바에 의하여 보장된다.
> ㉣ 국가는 특수교육을 진흥하여야 한다.
> ㉤ 학교교육 및 평생교육을 포함한 교육제도와 그 운영, 교육재정 및 교원의 지위에 관한 기본적인 사항은 법률로 정한다.

① ㉠, ㉢, ㉤　② ㉡, ㉢, ㉣　③ ㉡, ㉣, ㉤
④ ㉠, ㉡, ㉢, ㉣　⑤ ㉠, ㉡, ㉢, ㉤

해설 '㉡'은 초등교육과 법률이 정하는 교육을 받게 할 의무(제3항)이고, '㉣'은 '평생교육을 진흥하여야 한다(제5항)'이다. 「교육기본법」 제8조(의무교육)에는 "의무교육은 6년의 초등교육과 3년의 중등교육으로 한다."로 규정되어 있다.

03 「헌법」 제31조에서 규정하고 있는 교육에 관한 내용으로 옳지 않은 것은? 19. 지방직

① 균등하게 교육받을 권리　② 고등학교까지의 의무교육 무상화
③ 교육의 정치적 중립성　④ 교육제도의 법정주의

해설 「헌법」 제31조 제2항에서 규정하고 의무교육의 적용 범위는 '초등교육과 법률이 정하는 교육'이며, 「교육기본법」 제8조(의무교육)에는 "의무교육은 6년의 초등교육과 3년의 중등교육으로 한다."로 규정되어 있다. 그러므로 의무교육의 무상화는 중학교까지만 적용된다. ①은 제1항, ③은 제4항, ④는 제6항에 해당한다.

정답 01 ④　02 ①　03 ②

04 「헌법」 제31조의 일부이다. ㉠~㉢에 들어갈 용어를 바르게 묶은 것은? 16. 국가직 7급

> (가) 모든 국민은 능력에 따라 (㉠)하게 교육을 받을 권리를 가진다.
> (나) 모든 국민은 그 보호하는 자녀에게 적어도 (㉡)교육과 (㉢)이 정하는 교육을 받게 할 의무를 진다.
> (다) 의무교육은 무상으로 한다.
> (라) 교육의 자주성 · 전문성 · 정치적 중립성 및 대학의 자율성은 (㉢)이 정하는 바에 의하여 보장된다.

	㉠	㉡	㉢		㉠	㉡	㉢
①	평등	초등	교육법	②	평등	중등	법률
③	균등	중등	교육법	④	균등	초등	법률

해설 (가)는 「헌법」 제31조 제1항, (나)는 제2항, (다)는 제3항, (라)는 제4항에 해당한다.

05 우리나라 헌법의 조항으로 명문화되어 있지 않은 것은? 04. 유초등임용

① 교육의 전문성
② 대학의 자율성
③ 특수교육의 진흥
④ 평생교육의 진흥

해설 ①과 ②는 「헌법」 제31조 제4항, ④은 제5항에 규정되어 있다. ③은 「교육기본법」 제18조에 "국가와 지방자치단체는 신체적 · 정신적 · 지적 장애 등으로 특별한 교육적 배려가 필요한 사람을 위한 학교를 설립 · 경영하여야 하며, 이들의 교육을 지원하기 위하여 필요한 시책을 수립 · 실시하여야 한다."고 규정하고 있다.

06 헌법 제31조의 여섯 개 항은 교육 및 교육행정에서 준수해야 할 원칙 내지 기본정신을 명시하고 있다. 여기에서 언급하고 있지 않은 내용은? 06. 중등임용

① 교육의 기회균등
② 의무교육
③ 평생교육의 진흥
④ 전인교육

해설 ①은 「헌법」 제31조 제1항, ②는 제2항, ③은 제4항에 해당한다.

07 다음에 제시하고 있는 헌법의 교육관계조항의 변화를 시기순으로 바르게 나열한 것은? 10. 국가직

ㄱ. 대학의 자율성 보장을 추가하였다.
ㄴ. 교육의 자주성과 정치적 중립성 보장을 추가하였다.
ㄷ. 의무교육의 범주를 법률이 정하는 교육으로 확대하였다.
ㄹ. 교육의 전문성, 국가의 평생교육진흥 의무, 교육재정 및 교원지위 법정주의를 포함시켰다.

① ㄷ → ㄴ → ㄹ → ㄱ
② ㄴ → ㄱ → ㄷ → ㄹ
③ ㄷ → ㄴ → ㄱ → ㄹ
④ ㄴ → ㄷ → ㄹ → ㄱ

해설 ㄱ은 1988년(제10호 개정), ㄴ은 1963년(제6호 개정), ㄷ은 1972년(제8호 개정), ㄹ은 1980년(제9호 개정)에 개정되었다.

01 실전 예상문제

01 「헌법」 제31조에서 교육에 관하여 직접 규정하고 있는 내용은?

① 학생 자치활동
② 무상 의무교육 제도
③ 교원의 지위와 신분
④ 각급 교육기관의 설립

해설 ②는 「헌법」 제31조 제3항의 내용이다. ①, ③, ④는 「교육기본법」에 규정되어 있다.

TIP **「교육기본법」 관련 조항**

제5조 【교육의 자주성 등】 ③ 국가와 지방자치단체는 학교운영의 자율성을 존중하여야 하며, 교직원 · 학생 · 학부모 및 지역주민 등이 법령으로 정하는 바에 따라 학교운영에 참여할 수 있도록 보장하여야 한다.
제11조 【학교 등의 설립】 ① 국가와 지방자치단체는 학교와 평생교육시설을 설립 · 경영한다.
② 법인이나 사인(私人)은 법률로 정하는 바에 따라 학교와 평생교육시설을 설립 · 경영할 수 있다.
제14조 【교원】 ① 학교교육에서 교원(敎員)의 전문성은 존중되며, 교원의 경제적 · 사회적 지위는 우대되고 그 신분은 보장된다.

02 우리나라 「헌법」 제31조에 규정된 교육관련 조항이 아닌 것은?

① 교육이념
② 교육을 받을 권리
③ 평생교육의 진흥
④ 교육의 정치적 중립성

해설 우리나라 「헌법」에는 교육이념 규정이 없다. 「교육기본법」 제2조에서 홍익인간(弘益人間)의 교육이념을 명문화하고 있다. "널리 인간 세상을 이롭게 한다."는 고조선의 건국이념을 교육이념으로 규정한 것은 미군정기 때이며, 명문화된 것은 「교육법」이 제정된 1949년 12월 31일이다. ②는 「헌법」 제31조 제1항, ③은 제5항, ④는 제4항에 해당한다.

정답 04 ④ 05 ③ 06 ④ 07 ④ / 01 ② 02 ①

02 교육기본법

관련 이론 제1장 교육의 이해 제2절 교육의 목적 3 우리나라의 교육목적

1 편성 체계

제1장 총칙(제1조~제11조)	목적, 교육이념, 학습권, 교육의 기회균등, 교육의 자주성, 교육의 중립성, 교육재정, 의무교육, 학교교육, 평생교육, 학교 등의 설립
제2장 교육당사자(제12조~제17조)	학습자, 보호자, 교원, 교원단체, 학교 등의 설립자・경영자, 국가 및 지방자치단체
제3장 교육의 진흥(제17조의2~제29조)	양성평등 의식의 증진, 학습윤리의 확립, 생명존중의식 함양, 안전사고 예방, 평화적 통일 지향, 특수교육, 영재교육, 유아교육, 직업교육, 과학기술교육, 기후변화 환경교육, 진로교육, 학교체육, 교육의 정보화, 학교 및 교육행정기관 업무의 전자화, 학생정보의 보호 원칙, 학술문화의 진흥, 사립학교의 육성, 평가 및 인증제도, 교육 관련 정보의 공개, 교육 관련 통계조사, 보건 및 복지의 증진, 장학제도, 국제교육

2 주요 내용

제1장 총칙(제1조~제11조) 08. 5급 사무관

제1조 【목적】 이 법은 교육에 관한 국민의 권리・의무 및 국가・지방자치단체의 책임을 정하고 교육제도와 그 운영에 관한 기본적 사항을 규정함을 목적으로 한다. 07. 영양교사

제2조 【교육이념】 07. 국가직, 15. 국가직 7급 교육은 홍익인간의 이념 아래 모든 국민으로 하여금 인격을 도야하고 자주적 생활능력과 민주시민으로서 필요한 자질을 갖추게 하여 인간다운 삶을 영위하게 하고 민주국가의 발전과 인류공영의 이상을 실현하는 데 이바지하게 함을 목적으로 한다.

제3조 【학습권】 모든 국민은 평생에 걸쳐 학습하고, 능력과 적성에 따라 교육받을 권리를 가진다. 07. 중등

제4조 【교육의 기회균등】 ① 모든 국민은 성별, 종교, 신념, 인종, 사회적 신분, 경제적 지위 또는 신체적 조건 등을 이유로 교육에서 차별을 받지 아니한다. 24・09 국가직 7급, 08. 5급 사무관, 07. 중등

② 국가와 지방자치단체는 학습자가 평등하게 교육을 받을 수 있도록 지역 간의 교원 수급 등 교육여건 격차를 최소화하는 시책을 마련하여 시행하여야 한다.

③ 국가는 교육여건 개선을 위한 학급당 적정 학생 수를 정하고 지방자치단체와 이를 실현하기 위한 시책을 수립・실시하여야 한다.

제5조 【교육의 자주성 등】 ① 국가와 지방자치단체는 교육의 자주성과 전문성을 보장하여야 하며, 국가는 지방자치단체의 교육에 관한 자율성을 존중하여야 한다. 24. 국가직 7급

② 국가와 지방자치단체는 관할하는 학교와 소관 사무에 대하여 지역 실정에 맞는 교육을 실시하기 위한 시책을 수립・실시하여야 한다.

③ 국가와 지방자치단체는 학교운영의 자율성을 존중하여야 하며, 교직원・학생・학부모 및 지역주민 등이 법령으로 정하는 바에 따라 학교운영에 참여할 수 있도록 보장하여야 한다.

제6조 【교육의 중립성】 22. 지방직 ① 교육은 교육 본래의 목적에 따라 그 기능을 다하도록 운영되어야 하며, 어떠한 정치적・파당적 또는 개인적 편견의 전파를 위한 방편으로 이용되어서는 아니 된다. 18. 국가직 7급

② 국가 및 지방자치단체가 설립한 학교에서는 특정한 종교를 위한 종교교육을 하여서는 아니 된다.

제7조【교육재정】 ① 국가와 지방자치단체는 교육재정을 안정적으로 확보하기 위하여 필요한 시책을 수립·실시하여야 한다.

② 교육재정을 안정적으로 확보하기 위하여 지방교육재정교부금 등에 관하여 필요한 사항은 따로 법률로 정한다.

제8조【의무교육】 ① 의무교육은 6년의 초등교육과 3년의 중등교육으로 한다. 24·22 국가직 7급, 17·08. 국가직, 09. 중등

② 모든 국민은 제1항에 따른 의무교육을 받을 권리를 가진다.

제9조【학교교육】 ① 유아교육·초등교육·중등교육 및 고등교육을 하기 위하여 학교를 둔다.

② 학교는 공공성을 가지며, 학생의 교육 외에 학술 및 문화적 전통의 유지·발전과 주민의 평생교육을 위하여 노력하여야 한다.

③ 학교교육은 학생의 창의력 계발 및 인성 함양을 포함한 전인적 교육을 중시하여 이루어져야 한다.

④ 학교의 종류와 학교의 설립·경영 등 학교교육에 관한 기본적인 사항은 따로 법률로 정한다.

제10조【평생교육】 ① 전 국민을 대상으로 하는 모든 형태의 평생교육은 장려되어야 한다. 24. 국가직 7급

② 평생교육의 이수(履修)는 법령으로 정하는 바에 따라 그에 상응하는 학교교육의 이수로 인정될 수 있다.

③ 평생교육 시설의 종류와 설립·경영 등 평생교육에 관한 기본적인 사항은 따로 법률로 정한다.

제11조【학교 등의 설립】 ① 국가와 지방자치단체는 학교와 평생교육시설을 설립·경영한다.

② 법인이나 사인은 법률로 정하는 바에 따라 학교와 평생교육시설을 설립·경영할 수 있다.

제2장 교육당사자(제12조~제17조)

제12조【학습자】 ① 학생을 포함한 학습자의 기본적 인권은 학교교육 또는 평생교육의 과정에서 존중되고 보호된다.

② 교육내용·교육방법·교재 및 교육시설은 학습자의 인격을 존중하고 개성을 중시하여 학습자의 능력이 최대한으로 발휘될 수 있도록 마련되어야 한다.

③ 학생은 학습자로서의 윤리의식을 확립하고, 학교의 규칙을 지켜야 하며, 교원의 교육·연구활동을 방해하거나 학내의 질서를 문란하게 하여서는 아니 된다.

제13조【보호자】 ① 부모 등 보호자는 보호하는 자녀 또는 아동이 바른 인성을 가지고 건강하게 성장하도록 교육할 권리와 책임을 가진다.

② 부모 등 보호자는 보호하는 자녀 또는 아동의 교육에 관하여 학교에 의견을 제시할 수 있으며, 학교는 그 의견을 존중하여야 한다.

③ 부모 등 보호자는 교원과 학교가 전문적인 판단으로 학생을 교육·지도할 수 있도록 협조하고 존중하여야 한다.

제14조【교원】 17. 국가직, 09. 유초등 ① 학교교육에서 교원(教員)의 전문성은 존중되며, 교원의 경제적·사회적 지위는 우대되고 그 신분은 보장된다. 05. 중등

② 교원은 교육자로서 갖추어야 할 품성과 자질을 향상시키기 위하여 노력하여야 한다. 15. 지방직

③ 교원은 교육자로서 지녀야 할 윤리의식을 확립하고, 이를 바탕으로 학생에게 학습윤리를 지도하고 지식을 습득하게 하며, 학생 개개인의 적성을 계발할 수 있도록 노력하여야 한다.

④ 교원은 특정한 정당이나 정파를 지지하거나 반대하기 위하여 학생을 지도하거나 선동하여서는 아니 된다. 12. 중등

⑤ 교원은 법률로 정하는 바에 따라 다른 공직에 취임할 수 있다. 09. 중등, 17. 국가직 7급

⑥ 교원의 임용·복무·보수 및 연금 등에 관하여 필요한 사항은 따로 법률로 정한다.

제15조【교원단체】 ① 교원은 상호 협동하여 교육의 진흥과 문화의 창달에 노력하며, 교원의 경제적·사회적 지위를 향상시키기 위하여 각 지방자치단체와 중앙에 교원단체를 조직할 수 있다. 17. 국가직, 10. 유초등, 09. 중등

② 제1항에 따른 교원단체의 조직에 필요한 사항은 대통령령으로 정한다.

제16조【학교 등의 설립자·경영자】 ① 학교와 평생교육시설의 설립자·경영자는 법령으로 정하는 바에 따라 교육을 위한 시설·설비·재정 및 교원 등을 확보하고 운용·관리한다.

② 학교의 장 및 평생교육시설의 설립자·경영자는 법령으로 정하는 바에 따라 학습자를 선정하여 교육하고 학습자의 학습성과 등 교육의 과정을 기록하여 관리한다.

③ 학교와 평생교육시설의 교육내용은 학습자에게 미리 공개되어야 한다.

제17조【국가 및 지방자치단체】 국가와 지방자치단체는 학교와 평생교육시설을 지도·감독한다.

제3장 교육의 진흥(제17조의2~제29조)

제17조의2【양성평등의식의 증진】 ① 국가와 지방자치단체는 양성평등의식을 보다 적극적으로 증진하고 학생의 존엄한 성(性)을 보호하며 학생에게 성에 대한 선량한 정서를 함양시키기 위하여 다음 각 호의 사항을 포함한 시책을 수립·실시하여야 한다.

1. 양성평등의식과 실천 역량을 고취하는 교육적 방안
2. 학생 개인의 존엄과 인격이 존중될 수 있는 교육적 방안
3. 체육·과학기술 등 여성의 활동이 취약한 분야를 중점 육성할 수 있는 교육적 방안
4. 성별 고정관념을 탈피한 진로선택과 이를 중점 지원하는 교육적 방안
5. 성별 특성을 고려한 교육·편의 시설 및 교육환경 조성 방안

② 국가 및 지방자치단체와 제16조에 따른 학교 및 평생교육시설의 설립자·경영자는 교육을 할 때 합리적인 이유 없이 성별에 따라 참여나 혜택을 제한하거나 배제하는 등의 차별을 하여서는 아니 된다.

③ 학교의 장은 양성평등의식의 증진을 위하여 교육부장관이 정하는 지침에 따라 성교육, 성인지교육, 성폭력예방교육 등을 포함한 양성평등교육을 체계적으로 실시하여야 한다.

④ 학교교육에서 양성평등을 증진하기 위한 학교교육과정의 기준과 내용 등 대통령령으로 정하는 사항에 관한 교육부장관의 자문에 응하기 위하여 양성평등교육심의회를 둔다.

⑤ 제4항에 따른 양성평등교육심의회 위원의 자격·구성·운영 등에 필요한 사항은 대통령령으로 정한다.

제17조의3【학습윤리의 확립】 국가와 지방자치단체는 모든 국민이 학업·연구·시험 등 교육의 모든 과정에 요구되는 윤리의식을 확립할 수 있도록 필요한 시책을 수립·실시하여야 한다.

제17조의5【생명존중의식 함양】 국가와 지방자치단체는 모든 국민이 인간의 존엄성과 생명존중에 관한 건전한 의식을 함양할 수 있도록 필요한 시책을 수립·실시하여야 한다.

제17조의6【안전사고 예방】 국가와 지방자치단체는 학생 및 교직원의 안전을 보장하고 사고를 예방할 수 있도록 필요한 시책을 수립·실시하여야 한다.

제22조의2【기후변화환경교육】 국가와 지방자치단체는 모든 국민이 기후변화 등에 대응하기 위하여 생태전환교육을 받을 수 있도록 필요한 시책을 수립·실시하여야 한다.

제23조【교육의 정보화】 ① 국가와 지방자치단체는 정보화교육 및 정보통신매체를 이용한 교육을 지원하고 교육정보산업을 육성하는 등 교육의 정보화에 필요한 시책을 수립·실시하여야 한다.

② 제1항에 따른 정보화교육에는 정보통신매체를 이용하는 데 필요한 타인의 명예·생명·신체 및 재산상의 위해를 방지하기 위한 법적·윤리적 기준에 관한 교육이 포함되어야 한다.

제23조의2 【학교 및 교육행정기관 업무의 전자화】 국가와 지방자치단체는 학교 및 교육행정기관의 업무를 전자적으로 처리할 수 있도록 필요한 시책을 마련하여야 한다.

제23조의3 【학생정보의 보호원칙】 ① 학교생활기록 등의 학생정보는 교육적 목적으로 수집·처리·이용 및 관리되어야 한다.

② 부모 등 보호자는 자녀 등 피보호자에 대한 제1항의 학생정보를 제공받을 권리를 가진다.

③ 제1항에 따른 학생정보는 법률로 정하는 경우 외에는 해당 학생(학생이 미성년자인 경우에는 학생 및 학생의 부모 등 보호자)의 동의 없이 제3자에게 제공되어서는 아니 된다.

제24조 【학술문화의 진흥】 국가와 지방자치단체는 학술문화를 연구·진흥하기 위하여 학술문화시설 설치 및 연구비 지원 등의 시책을 수립·실시하여야 한다.

제25조 【사립학교의 육성】 국가와 지방자치단체는 사립학교를 지원·육성하여야 하며, 사립학교의 다양하고 특성있는 설립목적이 존중되도록 하여야 한다.

제26조 【평가 및 인증제도】 ① 국가는 국민의 학습성과 등이 공정하게 평가되어 사회적으로 통용될 수 있도록 학력평가와 능력인증에 관한 제도를 수립·실시할 수 있다.

② 제1항에 따른 평가 및 인증제도는 학교의 교육과정 등 교육제도와 상호 연계되어야 한다.

제26조의2 【교육 관련 정보의 공개】 ① 국가와 지방자치단체는 국민의 알 권리와 학습권을 보장하기 위하여 그 보유·관리하는 교육 관련 정보를 공개하여야 한다.

② 제1항에 따른 교육 관련 정보의 공개에 관한 기본적인 사항은 따로 법률로 정한다.

제26조의3 【교육 관련 통계조사】 국가와 지방자치단체는 교육제도의 효율적인 수립·시행과 평가를 위하여 교육 관련 통계조사에 필요한 시책을 마련하여야 한다.

제27조 【보건 및 복지의 증진】 ①국가와 지방자치단체는 학생과 교직원의 건강 및 복지를 증진하기 위하여 필요한 시책을 수립·실시하여야 한다.

② 국가 및 지방자치단체는 학생의 안전한 주거환경을 위하여 학생복지주택의 건설에 필요한 시책을 수립·실시하여야 한다.

제28조 【장학제도 등】 ① 국가와 지방자치단체는 경제적 이유로 교육받기 곤란한 사람을 위한 장학제도(奬學制度)와 학비보조제도 등을 수립·실시하여야 한다.

② 국가는 다음 각 호의 사람에게 학비나 그 밖에 필요한 경비의 전부 또는 일부를 보조할 수 있다.

1. 교원양성교육을 받는 사람
2. 국가에 특히 필요한 분야를 국내외에서 전공하거나 연구하는 사람

③ 제1항 및 제2항에 따른 장학금 및 학비보조금 등의 지급 방법 및 절차, 지급받을 자의 자격 및 의무 등에 관하여 필요한 사항은 대통령령으로 정한다.

제29조 【국제교육】 ① 국가는 국민이 국제사회의 일원으로서 갖추어야 할 소양과 능력을 기를 수 있도록 국제화교육에 노력하여야 한다.

② 국가는 외국에 거주하는 동포에게 필요한 학교교육 또는 평생교육을 실시하기 위하여 필요한 시책을 마련하여야 한다.

③ 국가는 학문연구를 진흥하기 위하여 국외유학에 관한 시책을 마련하여야 하며, 국외에서 이루어지는 우리나라에 대한 이해와 우리 문화의 정체성 확립을 위한 교육·연구활동을 지원하여야 한다.

④ 국가는 외국정부 및 국제기구 등과의 교육협력에 필요한 시책을 마련하여야 한다.

02 주요 기출문제

01 **학교교육 및 평생교육에 대한 기본 원칙과 교육당사자의 권리 · 의무 · 책임을 정한 법률은?**

07. 영양교사 응용

① 고등교육법
② 교육기본법
③ 사립학교법
④ 유아교육법

해설 「교육기본법」의 제정 목적(제1조)은 "교육에 관한 국민의 권리 · 의무 및 국가 · 지방자치단체의 책임을 정하고 교육제도와 그 운영에 관한 기본적 사항을 규정함"에 있다. 그 편성체계는 총칙(제1장), 교육당사자(제2장), 교육의 진흥(제3장) 등으로 구성되어 있다.

02 **「교육기본법」 제2조에 명시된 교육이념이 아닌 것은?** 15. 국가직 7급, 07. 국가직

① 홍익인간의 이념
② 창의 인재 양성
③ 자주적 생활능력 함양
④ 민주시민으로서 필요한 자질 함양

해설 우리나라의 교육이념인 홍익인간(弘益人間, Maximum service to humanity)의 이념은 단군의 건국이념으로 미군정기에 처음으로 채택되었으며, 「교육법」 제정(1949)과 함께 명문화되었다. 홍익인간의 이념을 구현하기 위한 직접적인 목적은 인격의 도야, 자주적 생활능력 함양(③), 민주시민의 자질 함양(④)이며, 간접적인 목적은 인간다운 삶의 영위, 민주국가의 발전 기여, 인류 공영의 이상 실현이다.

03 **「교육기본법」에 따른 교육의 기본 원리에 속한다고 보기 어려운 것은?** 08. 5급 교육사무관

① 기회균등의 원리
② 경제성의 원리
③ 학습권 보장의 원리
④ 자주성의 원리
⑤ 중립성의 원리

해설 ①은 「교육기본법」 제4조, ③은 제3조, ④는 제5조, ⑤는 제6조에 규정된 원리이다.

04 **현행 「교육기본법」에 규정된 교육의 차별금지 이유에 해당되지 않는 것은?** 09. 국가직 7급

① 신념
② 인종
③ 학벌
④ 성별

해설 "모든 국민은 성별, 종교, 신념, 인종, 사회적 신분, 경제적 지위 또는 신체적 조건 등을 이유로 교육에서 차별을 받지 아니한다(「교육기본법」 제4조)."는 법률 조항은 교육의 기회균등 원칙을 제시한 것으로, 능력주의에 의한 결과의 차별은 정당한 것으로 보기 때문에 학벌(學閥)에 의한 차별은 법률적으로 정당한 것이라고 볼 수 있다.

05 **현행법상 교육의 중립성에 대한 설명으로 옳지 않은 것은?** 22. 지방직

① 교육은 정치적 · 파당적 또는 개인적 편견을 전파하기 위한 방편으로 이용되어서는 아니 된다.
② 교원노동조합은 정치활동을 할 수 없다.
③ 교원은 특정한 정당이나 정파를 지지하거나 반대하기 위하여 학생을 지도하거나 선동하여서는 아니 된다.
④ 공립학교에서는 학교운영위원회의 동의가 있는 경우 특정한 종교를 위한 종교교육을 할 수 있다.

해설 교육의 중립성은 정치적 중립성(①, ②, ③)과 종교적 중립성(④)이 있다. 정치적 중립성은 교육은 교육 본래의 목적에 따라 그 기능을 다하도록 운영되어야 하며, 정치적 · 파당적 또는 개인적 편견을 전파하기 위한 방편으로 이용되어서는 아니 된다는 것을 말한다. ④는 종교적 중립성에 해당하는 것으로 국 · 공립학교에서는 특정한 종교를 위한 종교교육을 하여서는 안 된다(「교육기본법」 제6조 제2항). ③은 「교육기본법」 제14조(교원) 제4항, ②는 「교원의 노동조합 설립 및 운영 등에 관한 법률」 제3조(정치활동의 금지), ①은 「교육기본법」 제6조 제1항에 해당한다.

06 **우리나라 현행 교육관계법의 기본 정신이나 이념에 관한 설명으로 바르지 않은 것은?** 07. 중등임용 응용

① 모든 국민은 평생에 걸쳐 학습하고, 능력과 적성에 따라 교육받을 권리를 가진다.
② 모든 국민은 성별, 종교, 신념, 인종, 사회적 신분, 경제적 지위 또는 신체적 조건 등을 이유로 교육에서 차별을 받지 아니한다.
③ 국가와 지방자치단체는 학교 운영의 자율성을 존중하여야 하며, 교직원 · 학생 · 학부모 및 지역주민 등은 법령으로 정하는 바에 따라 학교운영사항을 심의 · 의결한다.
④ 국가와 지방자치단체는 교육의 자주성과 전문성을 보장하여야 하며, 관할하는 학교와 소관 사무에 대하여 지역 실정에 맞는 교육을 실시하기 위한 시책을 수립 · 실시하여야 한다.

해설 ③은 「교육기본법」 제5조(교육의 자주성 등) 제3항에 해당하는데, "교직원 · 학생 · 학부모 및 지역주민 등은 법령으로 정하는 바에 따라 학교운영에 참여할 수 있도록 보장하여야 한다."고 규정하고 있다. ①은 제3조(학습권), ②는 제4조(교육의 기회균등 등) 제1항, ④는 제2항에 해당한다.

07 **「교육기본법」에 명시된 교원에 관한 규정이 아닌 것은?** 17. 국가직

① 교원은 법률로 정하는 바에 따라 다른 공직에 취임할 수 있다.
② 교원은 특정한 정당이나 정파를 지지하거나 반대하기 위하여 학생을 지도하거나 선동하여서는 아니 된다.
③ 교사는 전문성을 바탕으로 학생을 교육한다.
④ 교원은 교원의 경제적 · 사회적 지위를 향상시키기 위하여 각 지방자치단체와 중앙에 교원단체를 조직할 수 있다.

해설 학교교육에서 교원의 전문성은 존중(제14조 제1항)되나, 학생을 교육하는 것은 법령이 정하는 바에 따라 한다(「초 · 중등교육법」 제20조 제4항). ①은 제14조(교원) 제5항, ②는 제14조 제4항, ④는 제15조(교원단체) 제1항에 해당한다.

정답 01 ② 02 ② 03 ② 04 ③ 05 ④ 06 ③ 07 ③

08 **현행 교육기본법에 제시된 교원에 관한 내용이 아닌 것은?** 09. 유초등임용

① 학교교육에서 교원의 전문성은 존중된다.
② 교원의 복무 및 연금에 관한 사항은 단체교섭으로 정한다.
③ 교원의 경제적·사회적 지위는 우대되고 그 신분은 보장된다.
④ 교원은 법률이 정하는 바에 따라 다른 공직에 취임할 수 있다.
⑤ 교원은 교육자로서의 품성과 자질을 향상시키기 위하여 노력해야 한다.

해설 ②는 「교육기본법」 제14조(교원) 제6항에 따르면 교원의 임용·복무·보수 및 연금 등에 관하여 필요한 사항은 따로 법률로 정한다. ①·③은 제1항, ④는 제5항, ⑤는 제2항에 해당한다.

09 **「교육기본법」의 내용으로 옳지 않은 것은?** 24. 국가직 7급

① 모든 국민은 성별, 종교, 신념, 인종, 사회적 신분, 경제적 지위 또는 신체적 조건 등을 이유로 교육에서 차별을 받지 아니한다.
② 국가와 지방자치단체는 교육의 자주성과 전문성을 보장하여야 하며, 국가는 지방자치단체의 교육에 관한 자율성을 존중하여야 한다.
③ 의무교육 기간은 초등학교부터 고등학교까지 12년으로 한다.
④ 전 국민을 대상으로 하는 모든 형태의 평생교육은 장려되어야 한다.

해설 「교육기본법」 제8조(의무교육) 제1항에서는 "의무교육은 6년의 초등교육과 3년의 중등교육으로 한다."고 규정한다. ①은 제4조(교육의 기회균등 등) 제1항, ②는 제5조(교육의 자주성 등) 제1항, ④는 제10조(평생교육) 제1항에 해당한다.

02 실전 예상문제

01 **밑줄 친 부분에 해당하는 것은?**

> <u>이 법</u>은 교육에 관한 국민의 권리·의무 및 국가·지방자치단체의 책임을 정하고 교육제도와 그 운영에 관한 기본적 사항을 규정함을 목적으로 한다.

① 「헌법」 ② 「교육기본법」
③ 「초·중등교육법」 ④ 「평생교육법」

해설 「교육기본법」(제1조)의 제정 목적이다. 「교육기본법」은 교육 관련 법률 중 가장 상위법이며, 일반법적 성격을 갖고 있다.

02 「교육기본법」 제2조에 명시된 홍익인간(弘益人間)의 이념으로 옳지 않은 것은?

① 인간다운 삶의 영위
② 전통 문화의 계승 발전
③ 모든 국민의 인격 도야
④ 인류 공영의 이상 실현에 이바지

해설 「교육기본법」 제2조(교육이념)는 "교육은 홍익인간(弘益人間)의 이념 아래 모든 국민으로 하여금 인격을 도야(陶冶)하고 자주적 생활능력과 민주시민으로서 필요한 자질을 갖추게 함으로써 인간다운 삶을 영위하게 하고 민주국가의 발전과 인류공영(人類共榮)의 이상을 실현하는 데에 이바지하게 함을 목적으로 한다."고 규정하고 있다. ③은 교육이념 구현을 위한 직접적 목적, ①과 ④는 간접적 목적에 해당한다.

03 「교육기본법」에 규정된 교육관련 내용이 잘못 서술된 것은?

① 국가와 지방자치단체는 학습자가 평등하게 교육을 받을 수 있도록 지역 간의 교원 수급 등 교육 여건 격차를 최소화하는 시책을 마련하여 시행하여야 한다.
② 전 국민을 대상으로 하는 모든 형태의 평생교육은 장려되어야 한다.
③ 모든 국민은 그 보호하는 자녀에게 적어도 초등교육과 법률이 정하는 교육을 받게 할 의무를 진다.
④ 국가와 지방자치단체는 교육의 자주성과 전문성을 보장하여야 하며, 국가는 지방자치단체의 교육에 관한 자율성을 존중하여야 한다.

해설 ③은 「헌법」 제31조 제2항(의무교육)에 해당한다. 의무교육에 관한 「교육기본법」의 규정(제8조 제1항)은 "의무교육은 6년의 초등교육과 3년의 중등교육으로 한다."이다. ①은 제4조(교육의 기회균등 등) 제2항, ②는 제10조(평생교육) 제1항, ④는 제5조(교육의 자주성) 제1항에 해당한다.

04 현행 「교육기본법」의 다음 조항에 담겨 있는 근본정신을 잘못 반영하고 있는 주장은?

> 교육은 교육 본래의 목적에 따라 그 기능을 다하도록 운영되어야 하며, 정치적·파당적 또는 개인적 편견을 전파하기 위한 방편으로 이용되어서는 아니 된다. — 「교육기본법」 제6조 제1항

① 국·공립 학교에서는 종교에 관련된 내용을 다루어서는 안 된다.
② 교육과정을 개정할 때에는 다양한 사회 집단의 의견을 수렴하여야 한다.
③ 자유 민주주의 체제를 유지하는 데 필요한 신념과 가치는 모든 학교에서 가르쳐도 무방하다.
④ 교사가 학생에게 여러 정당의 정책을 소개해 줄 때 특정 정당의 입장만을 대변해서는 안 된다.

해설 관련 규정 내용은 교육의 정치적 중립성에 해당한다. ①은 교육의 종교적 중립성 관련 내용이다. 교육의 종교적 중립성 원칙은 국·공립학교만 적용되며 사립학교는 지키지 않아도 된다.

정답 08 ② 09 ③ / 01 ② 02 ② 03 ③ 04 ①

05 「교육기본법」에 명시된 교육의 중립성에 대한 내용에 해당하는 것은?

① 국가와 지방자치단체는 교육의 자주성과 전문성을 보장하여야 하며, 국가는 지방자치단체의 교육에 관한 자율성을 존중하여야 한다.
② 국가와 지방자치단체는 관할하는 학교와 소관 사무에 대하여 지역 실정에 맞는 교육을 실시하기 위한 시책을 수립·실시하여야 한다.
③ 국가와 지방자치단체는 학교운영의 자율성을 존중하여야 하며, 교직원·학생·학부모 및 지역 주민 등이 법령으로 정하는 바에 따라 학교운영에 참여할 수 있도록 보장하여야 한다.
④ 교육은 교육 본래의 목적에 따라 그 기능을 다하도록 운영되어야 하며, 정치적·파당적 또는 개인적 편견을 전파하기 위한 방편으로 이용되어서는 아니 된다.

해설 ④는 「교육기본법」제6조(교육의 중립성) 제1항에 따른 정치적 중립성에 해당한다. ①은 제5조(교육의 자주성 등) 제1항, ②는 제2항, ③은 제3항에 해당한다.

06 「교육기본법」에서 규정하고 있는 학교교육 관련 내용으로 잘못된 것은?

① 유아교육·초등교육 및 중등교육을 하기 위하여 학교를 둔다.
② 학교는 공공성을 가지며, 학생의 교육 외에 학술 및 문화적 전통의 유지·발전과 주민의 평생교육을 위하여 노력하여야 한다.
③ 학교교육은 학생의 창의력 계발 및 인성 함양을 포함한 전인적 교육을 중시하여 이루어져야 한다.
④ 학교의 종류와 학교의 설립·경영 등 학교교육에 관한 기본적인 사항은 따로 법률로 정한다.

해설 ①은 법 제9조 제1항으로 "유아교육·초등교육·중등교육 및 고등교육을 하기 위하여 학교를 둔다."로 규정되어 있다. ②는 제2항, ③은 제3항, ④는 제4항에 해당한다.

07 현행 「교육기본법」에 규정된 교원에 관한 내용으로 잘못된 것은?

① 학교교육에서 교원(教員)의 전문성은 존중되며, 교원의 경제적 · 사회적 지위는 우대되고 그 신분은 보장된다.

② 교원의 임용 · 복무 · 보수 및 연금 등에 관한 사항은 단체교섭으로 정한다.

③ 교원은 특정한 정당이나 정파를 지지하거나 반대하기 위하여 학생을 지도하거나 선동하여서는 아니 된다.

④ 교원은 법률이 정하는 바에 따라 다른 공직에 취임할 수 있다.

해설 ②는 법 제14조(교원) 제6항에 해당하는데, 단체교섭이 아닌 '법률'로 정한다. ①은 제1항, ③은 제4항(정치적 중립성에 해당함), ④는 제5항에 해당한다.

08 「교육기본법」에 규정된 '교육당사자'에 관한 진술로 잘못된 것은?

① 학생은 학습자로서의 윤리의식을 확립하고, 학교의 규칙을 지켜야 하며, 교원의 교육 · 연구활동을 방해하거나 학내의 질서를 문란하게 하여서는 아니 된다.

② 부모 등 보호자는 교원과 학교가 전문적인 판단으로 학생을 교육 · 지도할 수 있도록 협조하고 존중하여야 한다.

③ 학교와 평생교육시설의 설립자 · 경영자는 법령으로 정하는 바에 따라 교육을 위한 시설 · 설비 · 재정 및 교원 등을 확보하고 운용 · 관리한다.

④ 교원은 상호 협동하여 교육의 진흥과 문화의 창달에 노력하며, 교원의 경제적 · 사회적 지위를 향상시키기 위하여 각 학교 및 지방자치단체와 중앙에 교원단체를 조직할 수 있다.

해설 ④는 법 제15조(교원단체) 제1항의 내용으로 각 지방자치단체와 중앙에 교원단체를 조직할 수 있다고 규정하고 있다(학교는 제외). ①은 제12조(학습자) 제3항, ②는 제13조(보호자) 제3항, ③은 제16조(학교 등의 설립자 · 경영자) 제1항에 해당한다.

정답 05 ④ 06 ① 07 ② 08 ④

02 TOPIC

학교교육

01 초 · 중등교육법

⇨ 「초 · 중등교육법 시행령」, 「국가교육위원회 설치 및 운영에 관한 법률(국가교육위원회법)」 일부 포함

관련 이론
제13장 교육행정 제7절 교육제도 3 교육제도의 원리 – 3.의무교육의 원리
제3절 교육행정 조직 3 교육자치제 – 4. 현행 지방 교육자치제 – (3) 학교운영위원회
제9절 교육재정론 2 교육비 – 3. 교육비 관리기법 – (3) 학교회계제도
제1장 교육의 이해 제4절 교육제도 3 우리나라의 학교제도 – 2. 학교제도

1 편성 체계

구분	내용
제1장 총칙 (제1조~제11조의2)	• 초 · 중등교육법의 목적 • 학교의 종류, 국립 · 공립 · 사립학교의 구분, 학교의 설립, 학교의 병설 • 지도 · 감독, 장학지도, 학교규칙, 학생 · 기관 · 학교평가 • 수업료 등, 고등학교 등의 무상교육, 학교시설 등의 이용, 교육통계조사 등
제2장 의무교육 (제12조~제16조)	• 의무교육 • 취학의무, 취학의무의 면제 등 • 고용자의 의무, 친권자 등에 대한 보조
제3장 학생과 교직원 (제17조~제22조)	• [제1절 학생] 학생자치활동, 학생의 징계, 재심청구, 시 · 도학생징계조정위원회의 설치, 학생의 인권보장 등, 보호자의 의무 등 • [제2절 교직원] 교직원의 구분, 전문상담교사의 배치 등, 교직원의 임무, 학교의 장 및 교원의 학생생활지도, 교원 개인정보의 보호, 교원의 자격, 교사자격취득의 결격사유, 벌금형의 분리선고, 교원자격증 대여 · 알선금지, 자격취소 등, 산학겸임교사 등
제4장 학교 (제23조~제60조의3)	• [제1절 통칙] 교육과정 등, 교육과정 영향 사전협의, 수업 등, 학교생활기록, 학년제, 조기진급 및 조기졸업 등, 학력인정시험, 학업에 어려움을 겪는 학생에 대한 교육, 다문화학생등에 대한 교육 지원, 교과용도서의 사용, 학교의 통합 · 운영, 학교회계의 설치, 학교회계의 운영, 교육정보시스템의 구축 · 운영 등, 정보시스템을 이용한 업무처리, 학생 관련 자료 제공의 제한, 정보시스템을 이용한 업무처리 등에 대한 지도 · 감독, 학생의 안전대책 등, 시설 · 설비 · 교구의 점검 등 • [제2절 학교운영위원회] 학교운영위원회의 설치, 결격사유, 기능, 학교발전기금, 학교운영위원회의 구성 · 운영, 학교운영위원회 위원의 연수 등 • [제4절 초등학교] 목적, 수업연한 • [제5절 중학교 · 고등공민학교] 목적, 수업연한, 입학자격 등, 방송통신중학교, 고등공민학교 • [제6절 고등학교 · 고등기술학교] 목적, 수업연한, 입학자격 등, 학과 및 학점제 등, 고교학점제 지원 등, 과정, 분교, 방송통신고등학교, 근로청소년을 위한 특별학급 등, 취학의무 및 방해행위의 금지, 고등기술학교 • [제7절 특수학교 등] 특수학교, 특수학급, 학력의 인정, 통합교육 • [제8절 각종학교] 각종학교, 외국인학교, 대안학교

제4장의2 교육비 지원 등 (제60조의4~제60조의11)	• 교육비 지원, 교육비 지원의 신청, 금융정보등의 제공, 조사 · 질문, 교육비 지원 업무의 전자화, 교육비 지원을 위한 자료 등의 수집 등, 비용의 징수, • 통학 지원
제5장 보칙 및 벌칙 (제61조~제68조)	• 학교 및 교육과정 운영의 특례 • 권한의 위임, 시정 또는 변경 명령 등, 휴업명령 및 휴교처분, 학교 등의 폐쇄, 청문, 벌칙, 과태료

❷ 주요 내용

※ 「초 · 중등교육법 시행령」(대통령령)과 「국가교육위원회 설치 및 운영에 관한 법률(국가교육위원회법)」의 내용도 일부 포함하고 있음.

제1장 총칙

제1조 【목적】 이 법은 「교육기본법」 제9조에 따라 초 · 중등교육에 관한 사항을 정함을 목적으로 한다.

제2조 【학교의 종류】 초 · 중등교육을 실시하기 위하여 다음 각 호의 학교를 둔다.

1. 초등학교
2. 중학교 · 고등공민학교
3. 고등학교 · 고등기술학교
4. 특수학교
5. 각종학교

제3조 【국립 · 공립 · 사립 학교의 구분】 제2조 각 호의 학교(이하 "학교"라 한다)는 설립주체에 따라 다음 각 호와 같이 구분한다.

1. 국립학교: 국가가 설립 · 경영하는 학교 또는 국립대학법인이 부설하여 경영하는 학교
2. 공립학교: 지방자치단체가 설립 · 경영하는 학교(설립주체에 따라 시립학교 · 도립학교로 구분할 수 있다)
3. 사립학교: 법인이나 개인이 설립 · 경영하는 학교(국립대학법인이 부설하여 경영하는 학교는 제외한다)

제4조 【학교의 설립 등】 ① 학교를 설립하려는 자는 시설 · 설비 등 대통령령으로 정하는 설립 기준을 갖추어야 한다.

② 사립학교를 설립하려는 자는 특별시 · 광역시 · 특별자치시 · 도 · 특별자치도 교육감(이하 "교육감"이라 한다)의 인가를 받아야 한다.

③ 사립학교를 설립 · 경영하는 자가 학교를 폐교하거나 대통령령으로 정하는 중요 사항을 변경하려면 교육감의 인가를 받아야 한다.

제5조 【학교의 병설】 초등학교 · 중학교 및 고등학교는 지역의 실정에 따라 상호 병설(竝設)할 수 있다.

제6조 【지도 · 감독】 국립학교는 교육부장관의 지도 · 감독을 받으며, 공립 · 사립 학교는 교육감의 지도 · 감독을 받는다.

제7조 【장학지도】 교육감은 관할 구역의 학교를 대상으로 교육과정 운영과 교수(教授) · 학습방법 등에 대한 장학지도를 할 수 있다.

제8조 【학교 규칙】 ① 학교의 장(학교를 설립하는 경우에는 그 학교를 설립하려는 자를 말한다)은 법령의 범위에서 학교 규칙(이하 "학칙"이라 한다)을 제정 또는 개정할 수 있다.

② 학칙의 기재 사항과 제정·개정 절차 등에 관하여 필요한 사항은 대통령령으로 정한다.

제9조 【학생·기관·학교 평가】 ① 교육부장관은 학교에 재학 중인 학생을 대상으로 학업성취도를 측정하기 위한 평가를 할 수 있다.

② 교육부장관은 교육행정을 효율적으로 수행하기 위하여 특별시·광역시·특별자치시·도·특별자치도 교육청과 그 관할하는 학교를 평가할 수 있다.

③ 교육감은 교육행정의 효율적 수행 및 학교 교육능력 향상을 위하여 그 관할하는 교육행정기관과 학교를 평가할 수 있다.

④ 제2항 및 제3항에 따른 평가의 대상·기준·절차 및 평가 결과의 공개 등에 필요한 사항은 대통령령으로 정한다.

⑤ 평가 대상 기관의 장은 특별한 사유가 있는 경우가 아니면 제1항부터 제3항까지의 규정에 따른 평가를 받아야 한다.

⑥ 교육부장관은 교육감이 그 관할 구역에서 제3항에 따른 평가를 실시하려는 경우 필요한 지원을 할 수 있다.

제10조 【수업료 등】 ① 학교의 설립자·경영자는 수업료와 그 밖의 납부금을 받을 수 있다.

② 제1항에 따른 수업료와 그 밖의 납부금을 거두는 방법 등에 필요한 사항은 국립학교의 경우에는 교육부령으로 정하고, 공립·사립 학교의 경우에는 특별시·광역시·특별자치시·도·특별자치도(이하 "시·도"라 한다)의 조례로 정한다. 이 경우 국민의 교육을 받을 권리를 본질적으로 침해하는 내용을 정하여서는 아니 된다.

제10조의2 【고등학교 등의 무상교육】 ① 제2조 제3호에 따른 고등학교·고등기술학교 및 이에 준하는 각종학교의 교육에 필요한 다음 각 호의 비용은 무상(無償)으로 한다.

1. 입학금
2. 수업료
3. 학교운영지원비
4. 교과용 도서 구입비

② 제1항 각 호의 비용은 국가 및 지방자치단체가 부담하고, 학교의 설립자·경영자는 학생과 보호자로부터 이를 받을 수 없다.

③ 제1항 및 제2항에도 불구하고 대통령령으로 정하는 사립학교의 설립자·경영자는 학생과 보호자로부터 제1항 각 호의 비용을 받을 수 있다.

제11조 【학교시설 등의 이용】 모든 국민은 학교교육에 지장을 주지 아니하는 범위에서 그 학교의 장의 결정에 따라 국립학교의 시설 등을 이용할 수 있고, 공립·사립 학교의 시설 등은 시·도의 교육규칙으로 정하는 바에 따라 이용할 수 있다.

제11조의2 【교육통계조사 등】 ① 교육부장관은 초·중등교육 정책의 효율적인 추진과 초·중등교육 연구에 필요한 학생·교원·직원·학교·교육행정기관 등에 대한 기초자료 수집을 위하여 교육통계조사를 매년 실시하고 그 결과를 공개하여야 한다.

제2장 의무교육

제12조 【의무교육】 17 · 08 국가직, 03. 유초등 ① 국가는 「교육기본법」 제8조 제1항*에 따른 의무교육을 실시하여야 하며, 이를 위한 시설을 확보하는 등 필요한 조치를 강구하여야 한다.

✐ 의무교육은 6년의 초등교육과 3년의 중등교육으로 한다.

② 지방자치단체는 그 관할 구역의 의무교육대상자를 모두 취학시키는 데에 필요한 초등학교, 중학교 및 초등학교 · 중학교의 과정을 교육하는 특수학교를 설립 · 경영하여야 한다.

③ 지방자치단체는 지방자치단체가 설립한 초등학교 · 중학교 및 특수학교에 그 관할 구역의 의무교육대상자를 모두 취학시키기 곤란하면 인접한 지방자치단체와 협의하여 합동으로 초등학교 · 중학교 또는 특수학교를 설립 · 경영하거나, 인접한 지방자치단체가 설립한 초등학교 · 중학교 또는 특수학교나 국립 또는 사립의 초등학교 · 중학교 또는 특수학교에 일부 의무교육대상자에 대한 교육을 위탁할 수 있다.

④ 국립 · 공립 학교의 설립자 · 경영자와 제3항에 따라 의무교육대상자의 교육을 위탁받은 사립학교의 설립자 · 경영자는 의무교육을 받는 사람으로부터 제10조의2 제1항 각 호의 비용*을 받을 수 없다. 17. 국가직

✐ 입학금, 수업료, 학교운영지원비, 교과용 도서 구입비

제13조 【취학 의무】 ① 모든 국민은 보호하는 자녀 또는 아동이 6세가 된 날이 속하는 해의 다음 해 3월 1일에 그 자녀 또는 아동을 초등학교에 입학시켜야 하고, 초등학교를 졸업할 때까지 다니게 하여야 한다.

② 모든 국민은 제1항에도 불구하고 그가 보호하는 자녀 또는 아동이 5세가 된 날이 속하는 해의 다음 해 또는 7세가 된 날이 속하는 해의 다음 해에 그 자녀 또는 아동을 초등학교에 입학시킬 수 있다. 이 경우에도 그 자녀 또는 아동이 초등학교에 입학한 해의 3월 1일부터 졸업할 때까지 초등학교에 다니게 하여야 한다. 03. 유초등

③ 모든 국민은 보호하는 자녀 또는 아동이 초등학교를 졸업한 학년의 다음 학년 초에 그 자녀 또는 아동을 중학교에 입학시켜야 하고, 중학교를 졸업할 때까지 다니게 하여야 한다.

④ 제1항부터 제3항까지의 규정에 따른 취학 의무의 이행과 이행 독려 등에 필요한 사항은 대통령령*으로 정한다.

✐ [시행령] 제15조 【취학아동명부의 작성 등】 ① 읍 · 면 · 동의 장은 매년 10월 1일 현재 그 관내에 거주하는 자로서 그 해 1월 1일부터 12월 31일까지 연령이 6세에 달하는 자(법 제13조 제2항 전단에 따라 5세가 된 날이 속하는 해의 다음 해에 초등학교에 입학하여 취학 중인 자는 제외한다)를 조사하여 그 해 10월 31일까지 취학아동명부를 작성하여야 한다. 이 경우 제3항에 따라 6세가 되는 날이 속하는 해에 입학연기를 신청하여 취학아동명부에서 제외된 자는 포함하여야 한다.

② 법 제13조 제2항 전단에 따라 5세가 된 날이 속하는 해의 다음 해에 입학을 원하는 자녀 또는 아동의 보호자는 자녀 또는 아동의 연령이 5세에 달하는 날이 속하는 해의 10월 1일부터 12월 31일까지 읍 · 면 · 동의 장에게 조기입학신청서를 제출하여야 한다.

③ 법 제13조 제2항 전단에 따라 7세가 되는 날이 속하는 해의 다음 해에 입학을 원하는 자녀 또는 아동의 보호자는 자녀 또는 아동의 연령이 6세가 되는 날이 속하는 해의 10월 1일부터 12월 31일까지 읍 · 면 · 동의 장에게 입학연기신청서를 제출하여야 한다.

④ 제2항 또는 제3항에 따른 조기입학신청서 또는 입학연기신청서를 제출받은 읍 · 면 · 동의 장은 조기입학대상자는 취학아동명부에 등재하여야 하고, 입학연기대상자는 취학아동명부에서 제외하여야 한다. 이 경우 입학연기대상자 명단을 교육장에게 통보하여야 한다. 17. 국가직

⑦ 취학아동의 조사 및 명부작성에 관하여 필요한 사항은 교육감이 정한다.

제14조【취학 의무의 면제 등】 ① 질병·발육 상태 등 부득이한 사유로 취학이 불가능한 의무교육대상자에 대하여는 대통령령*으로 정하는 바에 따라 제13조에 따른 취학 의무를 면제하거나 유예할 수 있다.
② 제1항에 따라 취학 의무를 면제받거나 유예받은 사람이 다시 취학하려면 대통령령으로 정하는 바에 따라 학습능력을 평가한 후 학년을 정하여 취학하게 할 수 있다.

[시행령] **제28조【취학 의무의 면제·유예】** ① 법 제14조에 따라 취학 의무를 면제 또는 유예받으려는 아동이나 학생의 보호자는 해당 아동이나 학생이 취학할 예정이거나 취학 중인 학교의 장에게 취학 의무의 면제 또는 유예를 신청하여야 한다.
② 제1항에 따라 취학 의무의 면제 또는 유예 신청을 받은 학교의 장은 의무교육관리위원회의 심의를 거쳐 취학 의무의 면제 또는 유예를 결정한다.
⑥ 취학 의무의 유예는 1년 이내로 한다. 다만, 특별한 사유가 있는 경우에는 다시 유예하거나 유예기간을 연장할 수 있다.

제3장 학생과 교직원

제1절 학생

제17조【학생자치활동】 학생의 자치활동은 권장·보호되며, 그 조직과 운영에 관한 기본적인 사항은 학칙으로 정한다. 09. 중등

제18조【학생의 징계】 *① 학교의 장은 교육을 위하여 필요한 경우에는 법령과 학칙으로 정하는 바에 따라 학생을 징계할 수 있다. 다만, 의무교육을 받고 있는 학생은 퇴학시킬 수 없다. 08. 국가직, 07. 영양교사, 09. 중등
② 학교의 장은 학생을 징계하려면 그 학생이나 보호자에게 의견을 진술할 기회를 주는 등 적정한 절차를 거쳐야 한다.

[시행령] **제31조【학생의 징계 등】** ① 법 제18조 제1항 본문의 규정에 의하여 학교의 장은 교육상 필요하다고 인정할 때에는 학생에 대하여 다음 각 호의 어느 하나에 해당하는 징계를 할 수 있다.
1. 학교내의 봉사
2. 사회봉사
3. 특별교육이수
4. 1회 10일 이내, 연간 30일 이내의 출석정지
5. 퇴학처분

⑤ 제1항 제5호의 퇴학처분은 의무교육과정에 있는 학생외의 자로서 다음 각 호의 어느 하나에 해당하는 자에 한하여 행하여야 한다.
1. 품행이 불량하여 개전의 가망이 없다고 인정된 자
2. 정당한 이유없이 결석이 잦은 자
3. 기타 학칙에 위반한 자

제18조의2【재심청구】 ① 제18조 제1항에 따른 징계처분 중 퇴학 조치에 대하여 이의가 있는 학생 또는 그 보호자는 퇴학 조치를 받은 날부터 15일 이내 또는 그 조치가 있음을 알게 된 날부터 10일 이내에 제18조의3에 따른 시·도학생징계조정위원회에 재심을 청구할 수 있다.
② 제18조의3에 따른 시·도학생징계조정위원회는 제1항에 따른 재심청구를 받으면 30일 이내에 심사·결정하여 청구인에게 통보하여야 한다.
③ 제2항의 심사결정에 이의가 있는 청구인은 통보를 받은 날부터 60일 이내에 행정심판을 제기할 수 있다.
④ 제1항에 따른 재심청구, 제2항에 따른 심사 절차와 결정 통보 등에 필요한 사항은 대통령령으로 정한다.

제18조의4【학생의 인권보장 등】 ① 학교의 설립자·경영자와 학교의 장은 「헌법」과 국제인권조약에 명시된 학생의 인권을 보장하여야 한다. 09. 중등

② 학생은 교직원 또는 다른 학생의 인권을 침해하는 행위를 하여서는 아니 된다.

제18조의5【보호자의 의무 등】 ① 보호자는 교직원 또는 다른 학생의 인권을 침해하는 행위를 하여서는 아니 된다.

② 보호자는 제20조의2제1항에 따른 교원의 학생생활지도를 존중하고 지원하여야 한다.

③ 보호자는 교육활동의 범위에서 교원과 학교의 전문적인 판단을 존중하고 교육활동이 원활히 이루어질 수 있도록 적극 협력하여야 한다.

제2절 교직원

제19조【교직원의 구분】 03. 중등 ① 학교에는 다음 각 호의 교원을 둔다.

1. 초등학교·중학교·고등학교·고등공민학교·고등기술학교 및 특수학교에는 교장·교감·수석교사* 및 교사를 둔다. 다만, 학생 수가 100명 이하인 학교나 학급 수가 5학급 이하인 학교 중 대통령령으로 정하는 규모 이하의 학교에는 교감을 두지 아니할 수 있다.

> [시행령] **제36조의5【학급담당교원】** ④ 수석교사는 학급을 담당하지 아니한다. 다만, 학교 규모 등 학교 여건에 따라 학급을 담당할 수 있다.

2. 각종학교에는 제1호에 준하여 필요한 교원을 둔다.

② 학교에는 교원 외에 학교 운영에 필요한 행정직원 등 직원을 둔다.

③ 학교에는 원활한 학교 운영을 위하여 교사 중 교무(校務)를 분담하는 보직교사를 둘 수 있다. 03. 중등

④ 학교에 두는 교원과 직원(이하 "교직원"이라 한다)의 정원에 필요한 사항은 대통령령으로 정하고, 학교급별 구체적인 배치기준은 제6조에 따른 지도·감독기관(이하 "관할청"이라 한다)이 정하며, 교육부장관은 교원의 정원에 관한 사항을 매년 국회에 보고하여야 한다.

제19조의2【전문상담교사의 배치 등】 ① 학교에 전문상담교사를 두거나 시·도 교육행정기관에 「교육공무원법」 제22조의2에 따라 전문상담순회교사를 둔다.

② 제1항의 전문상담순회교사의 정원·배치 기준 등에 필요한 사항은 대통령령으로 정한다.

제20조【교직원의 임무】 22. 국가직 7급, 12·07. 중등 ① 교장은 교무를 총괄하고, 민원처리를 책임지며, 소속 교직원을 지도·감독하고, 학생을 교육한다.

② 교감은 교장을 보좌하여 교무를 관리하고 학생을 교육하며, 교장이 부득이한 사유로 직무를 수행할 수 없을 때에는 교장의 직무를 대행한다. 다만, 교감이 없는 학교에서는 교장이 미리 지명한 교사(수석교사를 포함한다)가 교장의 직무를 대행한다.

③ 수석교사는 교사의 교수·연구 활동을 지원하며, 학생을 교육한다. 18. 지방직, 14. 국가직 7급

④ 교사는 법령에서 정하는 바에 따라 학생을 교육한다.

⑤ 행정직원 등 직원은 법령에서 정하는 바에 따라 학교의 행정사무와 그 밖의 사무를 담당한다.

제20조의2【학교의 장 및 교원의 학생생활지도】 *① 학교의 장과 교원은 학생의 인권을 보호하고 교원의 교육활동을 위하여 필요한 경우에는 법령과 학칙으로 정하는 바에 따라 학생을 지도할 수 있다.

② 제1항에 따른 교원의 정당한 학생생활지도에 대해서는 「아동복지법」 제17조 제3호(신체적 학대), 제5호(정서적 학대) 및 제6호(방임행위)의 금지행위 위반으로 보지 아니한다.

> [시행령] 제40조의3 【학생생활지도】 ① 학교의 장과 교원은 법 제20조의2에 따라 다음 각 호의 어느 하나에 해당하는 분야와 관련하여 조언, 상담, 주의, 훈육·훈계 등의 방법으로 학생을 지도할 수 있다. 이 경우 도구, 신체 등을 이용하여 학생의 신체에 고통을 가하는 방법을 사용해서는 안 된다.
> 1. 학업 및 진로
> 2. 보건 및 안전
> 3. 인성 및 대인관계
> 4. 그 밖에 학생생활과 관련되는 분야
>
> ② 교육부장관은 제1항에 따른 지도의 범위, 방식 등에 관한 기준을 정하여 고시한다.

제20조의3 【교원 개인정보의 보호】 학교와 학교의 장은 교원의 전화번호, 주민등록번호 등 개인정보가 「개인정보 보호법」 및 「공공기관의 정보공개에 관한 법률」 등 관계 법률에 따라 보호될 수 있도록 필요한 조치를 하여야 한다.

제21조 【교원의 자격】 18. 지방직, 13. 국가직 7급, 11. 유초등, 03. 중등 ① 교장과 교감은 별표 1의 자격 기준에 해당하는 사람으로서 대통령령으로 정하는 바에 따라 교육부장관이 검정(檢定)·수여하는 자격증을 받은 사람이어야 한다.

② 교사는 정교사(1급·2급), 준교사, 전문상담교사(1급·2급), 사서교사(1급·2급), 실기교사, 보건교사(1급·2급) 및 영양교사(1급·2급)로 나누되, 별표 2의 자격 기준에 해당하는 사람으로서 대통령령으로 정하는 바에 따라 교육부장관이 검정·수여하는 자격증을 받은 사람이어야 한다.

③ 수석교사는 제2항의 자격증을 소지한 사람으로서 15년 이상의 교육경력(「교육공무원법」 제2조 제1항 제2호 및 제3호에 따른 교육전문직원으로 근무한 경력을 포함한다)을 가지고 교수·연구에 우수한 자질과 능력을 가진 사람 중에서 대통령령으로 정하는 바에 따라 교육부장관이 정하는 연수 이수 결과를 바탕으로 검정·수여하는 자격증을 받은 사람이어야 한다. 19. 국가직, 14. 국가직 7급

제21조의2 【교사 자격 취득의 결격사유】 다음 각 호의 어느 하나에 해당하는 사람은 제21조 제2항에 따른 교사의 자격을 취득할 수 없다.

1. 마약·대마·향정신성의약품 중독자
2. 미성년자에 대한 다음 각 목의 어느 하나에 해당하는 행위로 형 또는 치료감호를 선고받아 그 형 또는 치료감호가 확정된 사람(집행유예를 선고받은 후 그 집행유예기간이 경과한 사람을 포함한다)
   가. 「성폭력범죄의 처벌 등에 관한 특례법」 제2조에 따른 성폭력범죄
   나. 「아동·청소년의 성보호에 관한 법률」 제2조 제2호에 따른 아동·청소년대상 성범죄
3. 성인에 대한 「성폭력범죄의 처벌 등에 관한 특례법」 제2조에 따른 성폭력범죄 행위로 100만원 이상의 벌금형이나 그 이상의 형 또는 치료감호를 선고받아 그 형 또는 치료감호가 확정된 사람(집행유예를 선고받은 후 그 집행유예기간이 경과한 사람을 포함한다)

제22조 【산학겸임교사 등】 ① 교육과정을 운영하기 위하여 필요하면 학교에 제19조 제1항에 따른 교원 외에 산학겸임교사·명예교사 또는 강사 등을 두어 학생의 교육을 담당하게 할 수 있다. 이 경우 국립·공립 학교는 「교육공무원법」 제10조의3 제1항 및 제10조의4를, 사립학교는 「사립학교법」 제54조의3 제4항 및 제5항을 각각 준용한다. 09. 국가직 7급

② 제1항에 따라 학교에 두는 산학겸임교사 등의 종류·자격기준 및 임용 등에 필요한 사항은 대통령령*으로 정한다.

✍ [시행령] 제42조 【산학겸임교사 등】 ① 법 제22조에 따른 산학겸임교사 등의 종류는 산학겸임교사, 명예교사, 영어회화 전문강사, 다문화언어 강사, 강사로 하고 그 자격기준은 별표 2와 같다.
② 제1항에 따른 산학겸임교사 등은 국·공립학교의 경우에는 학교의 장이, 사립학교의 경우에는 학교법인 또는 사립학교 경영자가 각각 임용한다. 다만, 사립학교의 경우에는 학교법인의 정관 등에서 정하는 바에 따라 그 임용권한을 학교의 장에게 위임할 수 있다.
③ 제2항에 따라 산학겸임교사 등을 임용하고자 하는 때에는 법 제31조에 따른 학교운영위원회의 심의를 거쳐야 한다. 다만, 학교운영위원회가 구성되지 아니한 학교의 경우에는 그러하지 아니하다.
④ 산학겸임교사 등에 대하여는 예산의 범위안에서 수당 등을 지급할 수 있다.
⑤ 제1항에 따른 영어회화 전문강사를 기간을 정하여 임용할 때 그 기간은 1년 이내로 하되, 필요한 경우 계속 근무한 기간이 4년을 초과하지 아니하는 범위에서 그 기간을 연장할 수 있다.
⑥ 다음 각 호의 어느 하나에 해당하는 학교의 장은 해당 학교 교사 정원의 3분의 1 범위에 해당하는 수의 교사를 법 제22조 제1항에 따른 산학겸임교사 등으로 대체할 수 있다.
1. 제76조에 따른 특성화중학교
2. 제91조에 따른 특성화고등학교
3. 제91조의3에 따른 자율형 사립고등학교
4. 제91조의4에 따른 자율형 공립고등학교
5. 제105조에 따른 자율학교

제4장 학교

제1절 통칙

제23조 【교육과정 등】 ① 학교는 교육과정을 운영하여야 한다.
② 국가교육위원회는 제1항에 따른 교육과정의 기준과 내용에 관한 기본적인 사항을 정하며, 교육감은 국가교육위원회가 정한 교육과정의 범위에서 지역의 실정에 맞는 기준과 내용을 정할 수 있다.
③ 교육부장관은 제1항의 교육과정이 안정적으로 운영될 수 있도록 대통령령으로 정하는 바에 따라 후속지원 계획을 수립·시행한다.
④ 학교의 교과(教科)는 대통령령으로 정한다.

TIP 국가교육위원회의 소관 사무 –「국가교육위원회 설치 및 운영에 관한 법률(국가교육위원회법)」

제10조 【위원회의 소관 사무】 ① 위원회의 소관 사무는 다음 각 호와 같다.
1. 제11조에 따른 교육비전, 중장기 정책 방향, 학제·교원정책·대학입학정책·학급당 적정 학생 수 등 중장기 교육 제도 및 여건 개선 등에 관한 국가교육발전계획 수립에 관한 사항
2. 제12조에 따른 국가교육과정의 기준과 내용의 고시 등에 관한 사항
3. 제13조에 따른 교육정책에 대한 국민의견 수렴·조정 등에 관한 사항
4. 그 밖에 다른 법률에 따라 위원회의 소관으로 정한 사항
② 제1항에 따른 위원회의 소관 사무에 관한 세부적인 사항은 대통령령으로 정한다.

제11조 【국가교육발전계획 수립 등】 ① 위원회는 제10조 제1항 제1호에 따른 국가교육발전계획(이하 "발전계획"이라 한다)을 10년마다 수립하여야 한다.

제12조 【국가교육과정 기준 및 내용의 고시 등】 ① 위원회는 국가교육과정(「유아교육법」 제2조 제2호에 따른 유치원 및 「초·중등교육법」 제2조에 따른 학교에서 운영하는 교육과정을 말한다. 이하 같다)의 기준과 내용에 관한 기본적인 사항을 정하여 고시하여야 한다.

제13조 【교육정책에 대한 국민의견 수렴·조정 등】 ① 위원회는 다음 각 호의 어느 하나에 해당하는 경우 해당 교육정책에 대하여 국민의견을 수렴·조정할 수 있다.
1. 국회, 대통령 또는 중앙행정기관의 장의 요청이 있는 경우
2. 대통령령으로 정하는 일정한 수 이상의 국민의 요청이 있는 경우
3. 위원회가 국민의견을 수렴·조정하기로 심의·의결한 경우
⑥ 그 밖에 교육정책에 대한 국민의견 수렴·조정 등에 필요한 사항은 대통령령으로 정한다.

제24조 【수업 등】 ① 학교의 학년도는 3월 1일부터 시작하여 다음 해 2월 말일까지로 한다.

② 수업은 주간(晝間) · 전일제(全日制)를 원칙으로 한다. 다만, 법령이나 학칙으로 정하는 바에 따라 야간수업 · 계절수업 · 시간제수업 등을 할 수 있다.

③ 학교의 장은 교육상 필요한 경우에는 다음 각 호에 해당하는 수업을 할 수 있다. 이 경우 수업 운영에 관한 사항은 교육부장관이 정하는 범위에서 교육감이 정한다.

1. 방송 · 정보통신 매체 등을 활용한 원격수업
2. 현장실습 운영 등 학교 밖에서 이루어지는 활동

④ 학교의 학기 · 수업일수 · 학급편성 · 휴업일과 반의 편성 · 운영, 그 밖에 수업에 필요한 사항은 대통령령*으로 정한다.

[시행령] **제44조 【학기】** ① 법 제24조 제3항의 규정에 의한 학교의 학기는 매학년도를 두 학기로 나누되, 제1학기는 3월 1일부터 학교의 수업일수 · 휴업일 및 교육과정 운영을 고려하여 학교의 장이 정한 날까지, 제2학기는 제1학기 종료일 다음 날부터 다음 해 2월 말일까지로 한다.

③ 중학교 및 특수학교(중학교의 과정을 교육하는 특수학교로 한정한다)의 장은 제1항에 따른 학기(특수학교의 경우에는 중학교의 과정을 교육하는 학기로 한정한다) 중 한 학기 또는 두 학기를 자유학기로 지정해야 한다. 이 경우 지정 대상 학기의 범위 등 자유학기의 지정에 관한 세부 사항은 교육부장관이 정한다.

제45조 【수업일수】 ① 법 제24조 제3항에 따른 학교의 수업일수는 다음 각 호의 기준에 따라 학교의 장이 정한다. 다만, 학교의 장은 천재지변, 연구학교의 운영 또는 제105조에 따른 자율학교의 운영 등 교육과정의 운영상 필요한 경우에는 다음 각 호의 기준의 10분의 1의 범위에서 수업일수를 줄일 수 있으며, 이 경우 다음 학년도 개시 30일 전까지 관할청에 보고하여야 한다.

1. 초등학교 · 중학교 · 고등학교 · 고등기술학교 및 특수학교(유치부는 제외한다) : 매 학년 190일 이상
2. 공민학교 및 고등공민학교 : 매 학년 170일 이상

제48조의2 【자유학기의 수업운영방법 등】 ① 중학교 및 특수학교(중학교의 과정을 교육하는 특수학교로 한정한다)의 장은 자유학기에 학생 참여형 수업을 실시하고 학생의 진로탐색 등 다양한 체험을 위한 체험활동을 운영해야 한다. 24. 지방직

② 제1항에 따른 학생 참여형 수업 및 체험활동에 관한 세부 사항은 교육부장관이 정한다.

제25조 【학교생활기록】 ① 학교의 장은 학생의 학업성취도와 인성(人性) 등을 종합적으로 관찰 · 평가하여 학생지도 및 상급학교(「고등교육법」 제2조 각 호에 따른 학교를 포함한다. 이하 같다)의 학생 선발에 활용할 수 있는 다음 각 호의 자료를 교육부령으로 정하는 기준에 따라 작성 · 관리하여야 한다.

1. 인적사항
2. 학적사항
3. 출결상황
4. 자격증 및 인증 취득상황
5. 교과학습 발달상황
6. 행동특성 및 종합의견
7. 그 밖에 교육목적에 필요한 범위에서 교육부령으로 정하는 사항

② 학교의 장은 제1항에 따른 자료를 제30조의4에 따른 교육정보시스템으로 작성 · 관리하여야 한다.

제26조 【학년제】 09. 중등 ① 학생의 진급이나 졸업은 학년제로 한다.

② 제1항에도 불구하고 학교의 장은 관할청의 승인을 받아 학년제 외의 제도를 채택할 수 있다.

제28조 【학업에 어려움을 겪는 학생에 대한 교육】 ① 국가와 지방자치단체는 다음 각 호의 구분에 따른 학생들(이하 "학업에 어려움을 겪는 학생"이라 한다)을 위하여 대통령령*으로 정하는 바에 따라 수업일수와 교육과정을 신축적으로 운영하는 등 교육상 필요한 시책을 마련하여야 한다.

1. 성격장애나 지적(知的) 기능의 저하 등으로 인하여 학습에 제약을 받는 학생 중 「장애인 등에 대한 특수교육법」 제15조에 따른 학습장애를 지닌 특수교육대상자로 선정되지 아니한 학생
2. 학업 중단 학생
3. 학업 중단의 징후가 발견되거나 학업 중단의 의사를 밝힌 학생 등 학업 중단 위기에 있는 학생

② 국가 및 지방자치단체는 학업에 어려움을 겪는 학생에 대한 교육의 체계적 실시를 위하여 매년 실태조사를 하여야 한다.

③ 국가 및 지방자치단체는 제2항에 따른 실태조사를 기초로 학업에 어려움을 겪는 학생의 현황 및 교육 상황에 대한 데이터베이스를 구축·운용할 수 있다.

④ 국가와 지방자치단체는 학업에 어려움을 겪는 학생에게 균등한 교육기회를 보장하기 위하여 필요한 예산을 지원한다.

⑤ 교육부장관 및 교육감은 학업에 어려움을 겪는 학생을 위하여 필요한 교재와 프로그램을 개발·보급하여야 한다.

⑥ 교원은 대통령령으로 정하는 바에 따라 학업에 어려움을 겪는 학생의 학습능력 향상을 위한 관련 연수를 이수하여야 하고, 교육감은 이를 지도·감독 및 지원하여야 한다.

⑦ 학교의 장은 제1항 제3호에 해당하는 학업에 어려움을 겪는 학생에게 학업 중단에 대하여 충분히 생각할 기회를 주어야 한다(학업중단 숙려제). 이 경우 학교의 장은 그 기간을 출석으로 인정할 수 있다.
16. 국가직 7급

⑧ 제1항 제3호에 해당하는 학업에 어려움을 겪는 학생에 대한 판단기준 및 제7항에 따른 충분히 생각할 기간과 그 기간 동안의 출석일수 인정 범위 등에 필요한 사항은 교육감이 정한다.

⑨ 교육부장관 및 교육감은 제7항 및 제8항에 따른 기간 동안 학생이 교육과 치유를 위한 다양한 활동을 할 수 있도록 지원하여야 한다.

⑩ 제3항에 따른 데이터베이스의 구축 및 운용에 필요한 정보 수집 범위, 방법, 절차, 보존기간 등은 대통령령으로 정한다.

[시행령] **제54조 【학업에 어려움을 겪는 학생에 대한 교육 및 시책】** ① 법 제28조 제1항 각 호의 구분에 따른 학생들(이하 "학업에 어려움을 겪는 학생"이라 한다)에 대한 판별은 교육감이 정하는 기준에 따라 학교의 장이 한다.
② 학교의 장은 학업에 어려움을 겪는 학생에 대하여 교육감이 정하는 수업일수의 범위에서 체험학습 등 필요한 교육을 실시하거나 교육감이 적합하다고 인정하는 교육기관 등에 위탁하여 교육을 실시할 수 있다.
③ 교육부장관 및 교육감은 학업에 어려움을 겪는 학생에 대하여 다음 각 호의 지원사업을 실시해야 한다.
1. 교육·복지·문화 프로그램 등을 제공하는 사업
2. 진단·상담·치유·학습 지원 프로그램 등을 제공하는 사업
④ 제3항에 따른 지원사업의 세부내용 및 지원대상의 선정절차 등 지원사업에 관하여 필요한 세부사항은 교육감의 의견을 들어 교육부장관이 정하여 고시한다.

제28조의2 【다문화학생 등에 대한 교육 지원】 ① 국가와 지방자치단체는 다음 각 호의 구분에 따른 아동 또는 학생(이하 "다문화학생* 등"이라 한다)의 동등한 교육기회 보장 등을 위해 교육상 필요한 시책을 마련하여야 한다.
1. 「다문화가족지원법」 제2조 제1호에 따른 다문화가족의 구성원인 아동 또는 학생
2. 국내에 거주하는 외국인이면서 제2조 각 호의 학교에 입학 예정이거나 재학 중인 아동 또는 학생

① 국제결혼가정 자녀(국내출생 자녀, 중도입국 자녀), ② 외국인 가정 자녀, ③ 새터민(북한 이탈 주민) 가정 자녀

② 교육부장관은 제1항에 따른 시책을 수립 · 시행하기 위하여 다문화교육 실태조사를 실시할 수 있다. 이 경우 다문화교육 실태조사의 범위와 방법 등에 필요한 사항은 대통령령*으로 정한다.

[시행령] **제54조의4 【다문화교육 실태조사】** ② 다문화교육실태조사는 3년마다 실시한다. 다만, 제1항 제1호부터 제3호(다문화학생등 학부모의 국적 현황, 다문화교육 관련 기관 · 법인 · 단체의 운영 현황, 다문화교육 관련 프로그램, 인력 및 시설 현황]까지에 관한 다문화교육실태조사는 매년 실시한다.
③ 학교의 장은 다문화학생 등의 동등한 교육기회를 보장하고 모든 학교 구성원이 다양성을 존중하며 조화롭게 생활하는 학교 환경을 조성하기 위하여 노력하여야 한다.
④ 교육감은 다문화학생 등의 한국어교육 등을 위하여 필요한 경우 특별학급을 설치 · 운영할 수 있다. 이 경우 교육부장관과 교육감은 특별학급의 운영에 필요한 경비와 인력 등을 지원할 수 있다.
⑤ 교육부장관과 교육감은 다문화학생 등의 교육지원을 위하여 대통령령으로 정하는 바에 따라 다문화교육지원센터를 설치 · 운영하거나 지정하여 그 업무를 위탁할 수 있다.

제29조 【교과용 도서의 사용】 ① 학교에서는 국가가 저작권을 가지고 있거나 교육부장관이 검정하거나 인정한 교과용 도서를 사용하여야 한다.

제30조 【학교의 통합 · 운영】 ① 학교의 설립자 · 경영자는 효율적인 학교 운영을 위하여 필요하면 지역 실정에 따라 초등학교 · 중학교, 중학교 · 고등학교 또는 초등학교 · 중학교 · 고등학교의 시설 · 설비 및 교원 등을 통합하여 운영할 수 있다. 이 경우 해당 학교의 학생 및 학부모의 의견을 수렴하여야 한다.

제30조의2 【학교회계의 설치】 ① 국립 · 공립의 초등학교 · 중학교 · 고등학교 및 특수학교에 각 학교별로 학교회계(學校會計)를 설치한다. 04. 유초등

② 학교회계는 다음 각 호의 수입을 세입(歲入)으로 한다. 19. 국가직, 24 · 18. 국가직 7급, 04 · 03. 중등

1. 국가의 일반회계나 지방자치단체의 교육비특별회계로부터 받은 전입금
2. 제32조 제1항에 따라 학교운영위원회 심의를 거쳐 학부모가 부담하는 경비 17. 국가직, 22. 국가직 7급
3. 제33조의 학교발전기금으로부터 받은 전입금 16. 지방직
4. 국가나 지방자치단체의 보조금 및 지원금
5. 사용료 및 수수료
6. 이월금
7. 물품매각대금
8. 그 밖의 수입

③ 학교회계는 학교 운영과 학교시설의 설치 등을 위하여 필요한 모든 경비를 세출(歲出)로 한다. 22. 국가직 7급, 04. 유초등

④ 학교회계는 예측할 수 없는 예산 외의 지출이나 예산초과지출에 충당하기 위하여 예비비로서 적절한 금액을 세출예산에 계상(計上)할 수 있다.

⑤ 학교회계의 설치에 필요한 사항은 국립학교의 경우에는 교육부령으로, 공립학교의 경우에는 시 · 도의 교육규칙으로 정한다.

제30조의3 【학교회계의 운영】 14 · 11. 국가직 7급, 16. 지방직, 03. 중등 ① 학교회계의 회계연도는 매년 3월 1일에 시작하여 다음 해 2월 말일에 끝난다. 24. 국가직 7급

② 학교의 장은 회계연도마다 학교회계 세입세출예산안을 편성하여 회계연도가 시작되기 30일 전까지 제31조에 따른 학교운영위원회에 제출하여야 한다. 16. 지방직, 24. 국가직 7급

③ 학교운영위원회는 학교회계 세입세출예산안을 회계연도가 시작되기 5일 전까지 심의하여야 한다. 16. 지방직

④ 학교의 장은 제3항에 따른 예산안이 새로운 회계연도가 시작될 때까지 확정되지 아니하면 다음 각 호의 경비를 전년도 예산에 준하여 집행할 수 있다. 이 경우 전년도 예산에 준하여 집행된 예산은 해당 연도의 예산이 확정되면 그 확정된 예산에 따라 집행된 것으로 본다. 14 · 11. 국가직 7급

1. 교직원 등의 인건비
2. 학교교육에 직접 사용되는 교육비
3. 학교시설의 유지관리비
4. 법령상 지급 의무가 있는 경비
5. 이미 예산으로 확정된 경비

⑤ 학교의 장은 회계연도마다 결산서를 작성하여 회계연도가 끝난 후 2개월 이내에 학교운영위원회에 제출하여야 한다. 22. 국가직 7급

⑥ 학교회계의 운영에 필요한 사항은 국립학교의 경우에는 교육부령으로, 공립학교의 경우에는 시 · 도의 교육규칙으로 정한다.

제30조의4【교육정보시스템의 구축 · 운영 등】 ① 교육부장관과 교육감은 학교와 교육행정기관의 업무를 전자적으로 처리할 수 있도록 교육정보시스템(이하 "정보시스템"이라 한다)을 구축 · 운영할 수 있다.

③ 정보시스템의 구축 · 운영 · 접속방법과 제2항에 따른 정보시스템운영센터의 설치 · 운영 등에 필요한 사항은 교육부령으로 정한다.

제30조의5【정보시스템을 이용한 업무처리】 ① 교육부장관과 교육감은 소관 업무의 전부 또는 일부를 정보시스템을 이용하여 처리하여야 한다.

② 학교의 장은 제25조에 따른 학교생활기록과 「학교보건법」 제7조의3에 따른 건강검사기록을 정보시스템을 이용하여 처리하여야 하며, 그 밖에 소관 업무의 전부 또는 일부를 정보시스템을 이용하여 처리하여야 한다.

제30조의6【학생 관련 자료 제공의 제한】 ① 학교의 장은 제25조에 따른 학교생활기록과 「학교보건법」 제7조의3에 따른 건강검사기록을 해당 학생(학생이 미성년자인 경우에는 학생과 학생의 부모 등 보호자)의 동의 없이 제3자에게 제공하여서는 아니 된다. 다만, 다음 각 호의 어느 하나에 해당하는 경우에는 그러하지 아니하다.

1. 학교에 대한 감독 · 감사의 권한을 가진 행정기관이 그 업무를 처리하기 위하여 필요한 경우
2. 제25조에 따른 학교생활기록을 상급학교의 학생 선발에 이용하기 위하여 제공하는 경우
3. 통계작성 및 학술연구 등의 목적을 위한 것으로서 자료의 당사자가 누구인지 알아볼 수 없는 형태로 제공하는 경우
4. 범죄의 수사와 공소의 제기 및 유지에 필요한 경우
5. 법원의 재판업무 수행을 위하여 필요한 경우
6. 그 밖에 관계 법률에 따라 제공하는 경우

② 학교의 장은 제1항 단서에 따라 자료를 제3자에게 제공하는 경우에는 그 자료를 받은 자에게 사용목적, 사용방법, 그 밖에 필요한 사항에 대하여 제한을 하거나 그 자료의 안전성 확보를 위하여 필요한 조치를 하도록 요청할 수 있다.

③ 제1항 단서에 따라 자료를 받은 자는 자료를 받은 본래 목적 외의 용도로 자료를 이용하여서는 아니 된다.

제30조의8【학생의 안전대책 등】 ① 국립학교의 경우에는 학교의 장이, 공립 및 사립 학교의 경우에는 교육감이 시 · 도의 교육규칙으로 정하는 바에 따라 학교시설(학교담장을 포함한다)을 설치 · 변경하는 경우에는 외부인의 무단출입이나 학교폭력 및 범죄의 예방을 위하여 학생 안전대책을 수립하여 시행하여야 한다.

제2절 학교운영위원회

제31조 【학교운영위원회의 설치】 23 · 18 · 15 국가직, 17. 지방직, 21 · 12. 국가직 7급, 13 · 08. 중등, 12 · 05. 유초등 ① 학교운영의 자율성을 높이고 지역의 실정과 특성에 맞는 다양하고도 창의적인 교육을 할 수 있도록 초등학교 · 중학교 · 고등학교 · 특수학교 및 각종학교에 학교운영위원회를 구성 · 운영하여야 한다. 18. 국가직, 21 · 13. 국가직 7급

② 국립 · 공립 학교에 두는 학교운영위원회는 그 학교의 교원 대표, 학부모 대표 및 지역사회 인사로 구성한다. 13. 국가직 7급, 05. 유초등, 13. 중등

③ 학교운영위원회의 위원 수는 5명 이상 15명 이하의 범위에서 학교의 규모 등을 고려하여 대통령령*으로 정한다. 18. 국가직

[시행령] **제58조 【국 · 공립 학교운영위원회의 구성】** ① 법 제31조의 규정에 의한 학교운영위원회(이하 "운영위원회"라 한다)중 국립 · 공립의 초등학교 · 중학교 · 고등학교 · 특수학교 및 각종학교(이하 제62조까지 "국 · 공립학교"라 한다)에 두는 학교운영위원회 위원의 정수는 다음 각 호의 구분에 의한 범위 안에서 학교의 규모 등을 고려하여 당해 학교의 학교운영위원회규정(이하 이 절에서 "위원회규정"이라 한다)으로 정한다. 06. 중등

1. 학생수가 200명 미만인 학교 : 5인이상 8인 이내
2. 학생수가 200명 이상 1천명 미만인 학교 : 9인 이상 12인 이내
3. 학생수가 1천명 이상인 학교 : 13인 이상 15인 이내

② 국 · 공립학교에 두는 운영위원회 위원의 구성비율은 다음 각 호의 구분에 의한 범위 내에서 위원회규정으로 정한다.

1. 학부모위원(당해 학교의 학부모를 대표하는 자를 말한다. 이하 이 절에서 같다) : 100분의 40 내지 100분의 50
2. 교원위원(당해 학교의 교원을 대표하는 자를 말한다. 이하 이 절에서 같다) : 100분의 30 내지 100분의 40
3. 지역위원(당해 학교가 소재하는 지역을 생활근거지로 하는 자로서 예산 · 회계 · 감사 · 법률 등에 관한 전문가 또는 교육행정에 관한 업무를 수행하는 공무원, 당해 학교가 소재하는 지역을 사업활동의 근거지로하는 사업자, 당해 학교를 졸업한 자 기타 학교운영에 이바지하고자 하는 자를 말한다. 이하 이 절에서 같다) : 100분의 10 내지 100분의 30

③ 제2항의 규정에 불구하고 국립 · 공립의 제90조제1항 제10호의 산업수요 맞춤형 고등학교 및 제91조 제1항에 따른 특성화고등학교(자연현장실습 등 체험위주의 교육을 전문으로 실시하는 고등학교는 제외한다) 운영위원회 위원의 구성비율은 다음 각 호의 구분에 의한 범위 내에서 위원회 규정으로 정할 수 있다. 이 경우 지역위원 중 2분의 1 이상은 제2항 제3호의 규정에 의한 사업자로 선출하여야 한다.

1. 학부모위원 : 100분의 30 내지 100분의 40
2. 교원위원 : 100분의 20 내지 100분의 30
3. 지역위원 : 100분의 30 내지 100분의 50

④ 제2항 및 제3항에도 불구하고 다음 각 호의 구분에 따른 국 · 공립학교에 두는 운영위원회 위원의 구성비율은 국립학교의 경우에는 학칙으로, 공립학교의 경우에는 시 · 도의 조례로 정하는 범위에서 위원회규정으로 달리 정할 수 있다. 이 경우 학부모위원, 교원위원 및 지역위원은 각각 1명 이상 포함되어야 한다.

1. 초등학교 · 중학교 · 고등학교 및 특수학교 : 학생 수가 100명 미만인 학교
2. 각종학교 : 학생 수가 100명 미만인 학교 또는 모든 학생을 다른 학교로부터 위탁받아 운영하는 학교

제59조 【위원의 선출 등】 ① 국 · 공립학교의 장은 운영위원회의 당연직 교원위원이 된다. 15. 국가직, 17. 지방직, 13. 국가직 7급, 06. 중등, 05. 유초등

② 학부모위원은 민주적 대의절차에 따라 학부모 전체회의를 통하여 학부모 중에서 투표로 선출한다. 이 경우 학부모 전체회의에 직접 참석할 수 없는 학부모는 학부모 전체회의 개최 전까지 가정통신문에 대한 회신, 우편투표, 전자적 방법(「전자문서 및 전자거래 기본법」 제2조 제2호에 따른 정보처리시스템을 사용하거나 그 밖에 정보통신기술을 이용하는 방법을 말한다)에 의한 투표 등 위원회규정으로 정하는 방법 및 절차에 따라 후보자에게 투표할 수 있다. 17. 지방직, 06. 중등

③ 제2항에도 불구하고 학교의 규모·시설 등을 고려하여 학부모 전체회의를 통하여 학부모위원을 선출하기 곤란하다고 위원회규정으로 정한 사유에 해당하는 경우에는 위원회규정으로 정하는 바에 따라 학급별 대표로 구성된 학부모대표회의에서 학부모위원을 선출할 수 있다.

④ 당연직 교원위원을 제외한 교원위원은 교원 중에서 선출하되, 교직원 전체회의에서 무기명투표로 선출한다. 12. 유초등

⑤ 제2항부터 제4항까지의 규정에도 불구하고 「재난 및 안전관리 기본법」 제3조 제1호에 따른 재난이나 그 밖의 불가피한 사유로 학부모 전체회의, 학부모대표회의 또는 교직원 전체회의를 개최하기 어려운 경우에는 제2항 후단에 따른 방법 및 절차에 따라 학부모위원 또는 당연직 교원위원을 제외한 교원위원을 선출할 수 있다.

⑥ 지역위원은 학부모위원 또는 교원위원의 추천을 받아 학부모위원 및 교원위원이 무기명투표로 선출한다. 13·06. 중등, 12. 유초등

⑦ 운영위원회에는 위원장 및 부위원장 각 1인을 두되, 교원위원이 아닌 위원 중에서 무기명투표로 선출한다.

⑧ 국·공립학교에 두는 운영위원회 위원이 그 지위를 남용하여 해당 학교와의 거래 등을 통하여 재산상의 권리·이익을 취득하거나 다른 사람을 위하여 그 취득을 알선한 경우에는 운영위원회의 의결로 그 자격을 상실하게 할 수 있다.

제59조의2 【회의 소집】 ① 국·공립학교에 두는 운영위원회의 회의는 위원장이 소집한다. 15. 국가직

② 제1항에 따라 위원장이 회의를 소집하려면 회의 일시, 장소 및 안건을 정하여 회의 개최 7일 전까지 각 위원에게 알리고, 회의 개최 전까지 학교 홈페이지에 공개하여야 한다. 다만, 긴급한 사유가 있는 경우에는 그러하지 아니하다.

③ 국·공립학교에 두는 운영위원회의 위원장은 회의 일시를 정할 때에는 일과 후, 주말 등 위원들이 참석하기 편리한 시간으로 정하여야 한다. 12. 유초등

제31조의2 【결격사유】 ①「국가공무원법」 제33조 각 호의 어느 하나에 해당하는 사람은 학교운영위원회의 위원으로 선출될 수 없다.

② 학교운영위원회의 위원이「국가공무원법」 제33조 각 호의 어느 하나에 해당할 때에는 당연히 퇴직한다.

제32조 【기능】 23·18·15. 국가직, 17. 지방직, 21·13·12. 국가직 7급, 13. 중등 ① 학교에 두는 학교운영위원회는 다음 각 호의 사항을 심의한다. 다만, 사립학교에 두는 학교운영위원회의 경우 제7호 및 제8호의 사항은 제외하고, 제1호의 사항에 대하여는 자문한다.

1. 학교헌장과 학칙의 제정 또는 개정(단, 사립학교는 자문)
2. 학교의 예산안과 결산
3. 학교교육과정의 운영방법
4. 교과용 도서와 교육 자료의 선정
5. 교복·체육복·졸업앨범 등 학부모 경비 부담 사항
6. 정규학습시간 종료 후 또는 방학기간 중의 교육활동 및 수련활동
7. 「교육공무원법」 제29조의3 제8항에 따른 공모 교장의 공모 방법, 임용, 평가 등(단, 사립학교는 제외)
8. 「교육공무원법」 제31조 제2항에 따른 초빙교사의 추천(단, 사립학교는 제외)
9. 학교운영지원비의 조성·운용 및 사용
10. 학교급식
11. 대학입학 특별전형 중 학교장 추천
12. 학교운동부의 구성·운영
13. 학교운영에 대한 제안 및 건의 사항
14. 그 밖에 대통령령이나 시·도의 조례로 정하는 사항

③ 학교운영위원회는 제33조에 따른 학교발전기금의 조성·운용 및 사용에 관한 사항을 심의·의결한다. 15. 국가직, 14. 국가직 7급, 13. 중등

TIP **[시행령] 제59조의4【의견 수렴 등】** ① 국·공립학교에 두는 운영위원회는 다음 각 호의 어느 하나에 해당하는 사항을 심의하려는 경우 국립학교의 경우에는 학칙으로, 공립학교의 경우에는 시·도의 조례로 정하는 바에 따라 미리 학부모의 의견을 수렴해야 한다.

1. 법 제32조 제1항 제1호(학교헌장과 학칙의 제·개정), 제5호(학부모경비 부담사항), 제6호(정규학습시간 종료 후 또는 방학기간 중의 교육활동 및 수련활동), 제9호(학교운영지원비의 조성·운용 및 사용), 제10호(학교급식)
2. 그 밖에 국립학교의 경우에는 학칙으로, 공립학교의 경우에는 시·도의 조례로 미리 학부모의 의견을 수렴하도록 정한 사항

② 국·공립학교에 두는 운영위원회는 다음 각 호의 어느 하나에 해당하는 사항을 심의하기 위하여 필요하다고 인정하는 경우 학생 대표 등을 회의에 참석하게 하여 의견을 들을 수 있다. 21. 국가직 7급

1. 법 제32조 제1항 제1호, 제6호 또는 제10호에 해당하는 사항
2. 그 밖에 학생의 학교생활에 밀접하게 관련된 사항

③ 국·공립학교에 두는 운영위원회는 국립학교의 경우에는 학칙으로, 공립학교의 경우에는 시·도의 조례로 정하는 바에 따라 학생 대표가 학생의 학교생활에 관련된 사항에 관하여 학생들의 의견을 수렴하여 운영위원회에 제안하게 할 수 있다.

제60조【심의결과의 시행 등】 ① 국·공립학교의 장은 운영위원회의 심의결과를 최대한 존중하여야 하며, 그 심의결과와 다르게 시행하고자 하는 경우에는 이를 운영위원회와 관할청에 서면으로 보고하여야 한다.

② 국·공립학교의 장은 운영위원회의 심의를 거치는 경우 교육활동 및 학교운영에 중대한 차질이 발생할 우려가 있거나 천재·지변, 그 밖의 불가항력의 사유로 운영위원회를 소집할 여유가 없는 때에는 법 제32조 제1항 각 호의 사항에 대하여 운영위원회의 심의를 거치지 않고 이를 시행할 수 있다.

③ 국·공립학교의 장은 제2항의 규정에 의하여 운영위원회의 심의를 거치지 아니하고 시행한 때에는 관련사항과 그 사유를 지체없이 운영위원회와 관할청에 서면으로 보고하여야 한다. 12. 유초등

제60조의2【소위원회】 ① 학교급식에 관한 사항을 효율적으로 심의하기 위하여 국·공립학교에 두는 운영위원회에 학교급식 소위원회를 두며, 그 밖에 필요한 경우 예·결산소위원회 등 분야별 소위원회를 둘 수 있다.

② 제1항에 따른 소위원회의 구성 및 운영에 필요한 사항은 국립학교의 경우에는 학칙으로, 공립학교의 경우에는 시·도의 조례로 정한다.

제61조【시정명령】 관할청은 국·공립학교의 장이 정당한 사유없이 법 제32조 제1항 및 제3항의 규정에 의한 운영위원회의 심의·의결결과와 다르게 시행하거나 심의·의결결과를 시행하지 아니하는 경우 또는 제60조 제2항의 규정에 의한 사유없이 심의를 거쳐야 할 사항을 심의를 거치지 아니하고 시행하는 경우에는 법 제63조의 규정에 의한 시정을 명할 수 있다.

제33조【학교발전기금】 12. 국가직 7급, 03. 중등 ① 제31조에 따른 학교운영위원회는 학교발전기금을 조성할 수 있다.

② 제1항에 따른 학교발전기금의 조성과 운용방법 등에 필요한 사항은 대통령령*으로 정한다.

[시행령] 제64조【학교발전기금】 ① 법 제33조의 규정에 의한 학교발전기금(이하 "발전기금"이라 한다)은 다음 각호의 방법에 의하여 조성한다.

1. 기부자가 기부한 금품의 접수
2. 학부모 등으로 구성된 학교내·외의 조직·단체 등이 그 구성원으로부터 자발적으로 갹출하거나 구성원외의 자로부터 모금한 금품의 접수

② 발전기금은 다음 각호의 목적을 위하여 사용한다.

1. 학교교육시설의 보수 및 확충
2. 교육용 기자재 및 도서의 구입
3. 학교체육활동 기타 학예활동의 지원
4. 학생복지 및 학생자치활동의 지원

③ 운영위원회는 교육부령이 정하는 바에 따라 발전기금을 운영위원회 위원장의 명의로 조성·운용하여야 한다. 03. 중등

④ 운영위원회는 발전기금의 관리 및 집행과 그 부수된 업무의 일부를 당해 학교의 장에게 위탁할 수 있다.

⑤ 제4항의 규정에 의하여 업무를 위탁받은 학교의 장은 발전기금을 별도회계를 통하여 관리하고, 매 분기마다 발전기금의 집행계획 및 집행내역을 운영위원회에 서면으로 보고하여야 한다. 12. 유초등

⑥ 운영위원회는 제5항의 보고를 받은 경우에는 이를 검토하여 그 결과를 학부모에게 통지하여야 한다.

⑦ 운영위원회는 제4항의 규정에 의하여 발전기금에 관한 업무를 당해 학교의 장에게 위탁한 경우에는 발전기금의 집행상황 등에 관하여 감사할 수 있다.

⑧ 운영위원회는 학교 회계연도 종료 후 3개월 이내에 다음 각 호의 업무를 완료하여야 한다.
1. 발전기금에 대한 결산
2. 제1호에 따른 결산 결과의 관할청 보고 및 학부모 통지
⑨ 발전기금의 조성·운용 및 회계관리 등에 관하여 기타 필요한 사항은 교육부령으로 정한다.

제34조【학교운영위원회의 구성·운영】 ① 제31조에 따른 학교운영위원회 중 국립학교에 두는 학교운영위원회의 구성과 운영에 필요한 사항은 대통령령*으로 정하고, 공립학교에 두는 학교운영위원회의 구성과 운영에 필요한 사항은 대통령령*으로 정하는 범위에서 시·도의 조례로 정한다.
② 사립학교에 두는 학교운영위원회의 위원 구성에 관한 사항은 대통령령*으로 정하고, 그 밖에 운영에 필요한 사항은 해당 학교법인의 정관으로 정한다.

[시행령] 제62조【조례 등에의 위임】 국·공립학교에 두는 운영위원회의 구성 및 운영에 관하여 이 영에서 규정하지 아니한 사항은 국립학교의 경우에는 학칙으로, 공립학교의 경우에는 시·도의 조례로 정한다.
제63조【사립학교의 운영위원회】 ① 법 제31조 제1항에 따라 사립의 초등학교·중학교·고등학교·특수학교 및 각종학교(이하 이 조에서 "사립학교"라 한다)에 두는 운영위원회(이하 "사립학교운영위원회"라 한다)는 해당 학교의 교원위원·학부모위원 및 지역위원으로 구성한다.
② 사립학교운영위원회 위원의 정수·선출 등에 관하여는 제58조, 제59조 및 제60조 제2항·제3항을 준용하되, 당연직 교원위원을 제외한 교원위원은 정관으로 정한 절차에 따라 교직원 전체회의에서 추천(「재난 및 안전관리 기본법」 제3조 제1호에 따른 재난이나 그 밖의 불가피한 사유로 교직원 전체회의를 개최하기 어려운 경우에는 제59조 제2항 후단에 따른 방법 및 절차에 따라 추천)한 사람 중에서 학교의 장이 위촉한다. 이 경우 "국·공립학교"는 "사립학교"로, "심의"는 "심의 또는 자문"으로, "학칙" 및 "시·도의 조례"는 "정관"으로 본다.
③ 사립학교의 장은 사립학교운영위원회의 심의 또는 자문 결과를 최대한 존중해야 한다.
④ 관할청은 사립학교의 장이 다음 각 호의 어느 하나에 해당하는 경우에는 법 제63조에 따른 시정을 명할 수 있다.
1. 정당한 사유 없이 법 제32조 제3항에 따른 학교발전기금의 조성·운용 및 사용에 관하여 사립학교운영위원회의 심의·의결을 거치지 않은 경우
2. 법 제32조 제3항에 따라 사립학교운영위원회의 심의·의결을 거친 학교발전기금의 조성·운영 및 사용에 관한 심의·의결의 결과를 시행하지 않거나 다르게 시행하는 경우
3. 제60조 제2항의 사유 없이 사립학교운영위원회의 심의 또는 자문을 거치지 않고 법 제32조 제1항 각 호의 사항을 시행하는 경우
⑤ 사립학교운영위원회의 구성에 관하여 이 영에서 규정하지 않은 사항은 정관으로 정한다.

제34조의2【학교운영위원회 위원의 연수 등】 ① 교육감은 학교운영위원회 위원의 자질과 직무수행능력의 향상을 위한 연수를 실시할 수 있다.
② 교육감은 제1항에 따른 연수를 연수기관 또는 민간기관에 위탁하여 실시할 수 있다.
③ 교육감은 제2항에 따라 연수를 위탁받은 기관에 대하여 행정적·재정적 지원을 할 수 있다.
④ 그 밖에 필요한 사항은 대통령령으로 정한다.

제4절 초등학교

제38조【목적】 초등학교는 국민생활에 필요한 기초적인 초등교육을 하는 것을 목적으로 한다.

제39조【수업연한】 초등학교의 수업연한은 6년으로 한다.

제5절 중학교 · 고등공민학교

제41조 【목적】 중학교는 초등학교에서 받은 교육의 기초 위에 중등교육을 하는 것을 목적으로 한다.

제42조 【수업연한】 중학교의 수업연한은 3년으로 한다.

제43조의2 【방송통신중학교】 ① 중학교 또는 고등학교에 방송통신중학교를 부설할 수 있다.

TIP [시행령] **제76조 【특성화중학교】** ① 교육감은 교육과정의 운영 등을 특성화하기 위한 중학교(이하 "특성화중학교"라 한다)를 지정·고시할 수 있다. 이 경우 미리 교육부장관의 동의를 받아야 한다. 15. 국가직
③ 특성화중학교의 장은 제68조의 규정에 불구하고 학생의 지원에 의하여 학생을 선발할 수 있다.
④ 특성화중학교의 장은 제3항의 규정에 의하여 학생을 선발하는 경우 필기시험에 의한 전형을 실시하여서는 아니된다.
⑥ 교육감이 특성화중학교의 지정을 취소하는 경우에는 미리 교육부장관의 동의를 받아야 한다. 15. 국가직

제44조 【고등공민학교】 ① 고등공민학교는 중학교 과정의 교육을 받지 못하고 제13조 제3항에 따른 취학연령을 초과한 사람 또는 일반 성인에게 국민생활에 필요한 중등교육과 직업교육을 하는 것을 목적으로 한다.
② 고등공민학교의 수업연한은 1년 이상 3년 이하로 한다.

제6절 고등학교 · 고등기술학교

제45조 【목적】 고등학교는 중학교에서 받은 교육의 기초 위에 중등교육 및 기초적인 전문교육을 하는 것을 목적으로 한다.

TIP [시행령] **제76조의3 【고등학교의 구분】** 13. 국가직 7급 고등학교는 교육과정 운영과 학교의 자율성을 기준으로 다음 각 호의 학교로 구분한다.

1. 일반 고등학교(특정분야가 아닌 다양한 분야에 걸쳐 일반적인 교육을 실시하는 고등학교를 말하되, 제2호부터 제4호까지의 규정에 따른 고등학교에 해당하지 않는 고등학교를 포함한다. 이하 같다) 11. 국가직, 13. 국가직 7급
2. 제90조*에 따른 특수목적고등학교 03. 중등

> ① 특수분야의 전문적인 교육을 목적으로 하는 고등학교 – 과학 인재 양성을 위한 과학계열의 고등학교, 외국어에 능숙한 국제적인 인재양성을 위한 외국어·국제계열의 고등학교, 예술인 양성을 위한 예술계열의 고등학교와 체육인 양성을 위한 체육계열의 고등학교, 산업계의 수요에 직접 연계된 맞춤형 교육과정을 운영하는 고등학교(산업수요 맞춤형 고등학교)
> ③ 교육감이 제1항 제5호(과학계열의 고등학교), 제6호(외국어·국제계열의 고등학교) 및 제10호(산업수요 맞춤형 고등학교, 단, 공립·사립의 고등학교만 해당한다)의 특수목적 고등학교를 지정·고시하고자 하는 경우에는 미리 교육부장관의 동의를 받아야 한다. 15. 국가직

3. 제91조*에 따른 특성화 고등학교 11. 국가직, 13. 국가직 7급

> 교육감은 소질과 적성 및 능력이 유사한 학생을 대상으로 특정분야의 인재양성을 목적으로 하는 교육 또는 자연현장 실습 등 체험위주의 교육을 전문적으로 실시하는 고등학교(이하 "특성화 고등학교"라 한다)를 지정·고시할 수 있다. 10. 국가직, 13. 국가직 7급

4. 자율 고등학교(제91조의3*에 따른 자율형 사립고등학교 및 제91조의4**에 따른 자율형 공립고등학교를 말한다) 15. 국가직

> **제91조의3 【자율형 사립고등학교】** ① 교육감은 다음 각 호의 요건에 모두 해당하는 사립의 고등학교를 대상으로 법 제61조에 따라 학교 또는 교육과정을 자율적으로 운영할 수 있는 고등학교(이하 "자율형 사립고등학교"라 한다)를 지정·고시할 수 있다. 이 경우 미리 교육부장관의 동의를 받아야 한다. 10. 국가직 7급
> 1. 국가 또는 지방자치단체로부터 「지방교육재정교부금법 시행령」 별표 1에 따른 교직원 인건비(교원의 명예퇴직 수당은 제외한다) 및 학교·교육과정운영비를 지급받지 아니할 것 10. 국가직 7급
> 2. 교육부령으로 정하는 법인전입금기준 및 교육과정운영기준을 충족할 것 10. 국가직 7급
>
> ③ 자율형 사립고등학교는 입학정원의 20퍼센트 이상을 다음 각 호에 해당하는 사람을 대상으로 선발하여야 한다. 이 경우 교육부장관과 교육감은 제1항 제1호에도 불구하고 전단에 따라 선발된 사람의 교육 활동에 필요한 비용을 지원하거나 전단에 따른 모집 정원이 미달된 학교의 재정을 지원할 수 있다.

1. 「국민기초생활 보장법」 제2조 제1호에 따른 수급권자 또는 그 자녀
2. 「국민기초생활 보장법」 제2조 제10호에 따른 차상위계층으로서 교육감이 정하는 사람 또는 그 자녀
3. 「국가보훈기본법」 제3조 제2호의 국가보훈대상자 또는 그 자녀
4. 그 밖에 교육 기회의 균등을 위하여 교육감이 특별히 필요하다고 인정하는 사람

⑥ 교육감은 자율형 사립고등학교가 다음 각 호의 어느 하나에 해당하는 경우에는 그 지정을 취소할 수 있다.

1. 거짓이나 그 밖의 부정한 방법으로 회계를 집행한 경우
2. 부정한 방법으로 학생을 선발한 경우
3. 교육과정을 부당하게 운영하는 등 지정 목적을 위반한 중대한 사유가 발생한 경우
4. 지정 목적 달성이 불가능한 사유의 발생 등으로 인하여 학교의 신청이 있는 경우
5. 교육감이 5년마다 시·도 교육규칙으로 정하는 바에 따라 해당 학교 운영 성과 등을 평가하여 지정 목적의 달성이 불가능하다고 인정되는 경우 10. 국가직 7급

⑧ 교육감이 자율형 사립고등학교의 지정을 취소하는 경우에는 미리 교육부장관의 동의를 받아야 한다.

⑪ 제1항부터 제10항까지에서 규정한 사항 외에 자율형 사립고등학교의 지정, 지정 취소 및 운영에 필요한 사항은 교육부령으로 정한다.

제91조의4 【자율형 공립고등학교】 ① 교육감은 공립의 고등학교를 대상으로 법 제61조에 따라 학교 또는 교육과정을 자율적으로 운영하는 고등학교(이하 "자율형 공립고등학교"라 한다)를 교육부장관이 정하는 절차를 거쳐 지정·고시할 수 있다.

③ 자율형 공립고등학교는 5년 이내로 지정·운영하되, 시·도 교육규칙으로 정하는 바에 따라 5년의 범위에서 연장할 수 있다.

⑤ 제1항부터 제4항까지에서 규정한 사항 외에 자율형 공립고등학교의 지정 및 운영에 필요한 사항은 교육부장관이 정하여 고시한다.

제46조 【수업연한】 고등학교의 수업연한은 3년으로 한다. 다만, 제49조에 따른 시간제 및 통신제(通信制) 과정의 수업연한은 4년으로 한다.

제48조 【학과 및 학점제 등】 ① 고등학교에 학과를 둘 수 있다.

② 고등학교의 교과 및 교육과정은 학생이 개인적 필요·적성 및 능력에 따라 진로를 선택할 수 있도록 정하여져야 한다.

③ 고등학교(제55조에 따라 고등학교에 준하는 교육을 실시하는 특수학교를 포함한다)의 교육과정 이수를 위하여 학점제(이하 "고교학점제"라 한다)를 운영할 수 있다.

④ 고교학점제를 운영하는 학교의 학생은 취득 학점 수 등이 일정 기준에 도달하면 고등학교를 졸업한다.

⑤ 고교학점제의 운영 및 졸업 등에 필요한 사항은 대통령령*으로 정한다.

[시행령] 제92조의3 【학점제의 운영 등】 법 제48조 제3항에 따른 고교학점제의 운영, 고교학점제를 운영하는 학교의 학생이 졸업에 필요한 교과목 이수의 인정 기준과 학점 수 등에 관한 사항은 법 제23조 제2항에 따른 교육과정의 범위에서 학칙으로 정한다.

제48조의2 【고교학점제 지원 등】 ① 교육부장관과 교육감은 고교학점제 운영과 지원을 위하여 고교학점제 지원센터를 설치·운영할 수 있다.

② 교육부장관과 교육감은 고교학점제 지원센터의 효율적 운영을 위하여 필요하다고 인정하면 교육정책을 연구·지원하는 법인이나 기관에 그 업무를 위탁할 수 있다.

③ 국가와 지방자치단체는 고교학점제의 운영을 위하여 필요한 행정적·재정적 지원을 하여야 한다.

④ 제1항부터 제3항까지에 따른 고교학점제 지원센터의 설치·운영, 위탁 및 행정적·재정적 지원 등에 필요한 사항은 대통령령으로 정한다.

제49조 【과정】 ① 고등학교에 관할청의 인가를 받아 전일제 과정 외에 시간제 또는 통신제 과정을 둘 수 있다.

② 고등학교과정의 설치에 필요한 사항은 대통령령으로 정한다.

제51조 【방송통신고등학교】 ① 고등학교에 방송통신고등학교를 부설할 수 있다.

제52조 【근로청소년을 위한 특별학급 등】 ① 산업체에 근무하는 청소년이 중학교·고등학교 과정의 교육을 받을 수 있도록 하기 위하여 산업체에 인접한 중학교·고등학교에 야간수업을 주로 하는 특별학급을 둘 수 있다.

제54조 【고등기술학교) ① 고등기술학교는 국민생활에 직접 필요한 직업기술교육을 하는 것을 목적으로 한다.

② 고등기술학교의 수업연한은 1년 이상 3년 이하로 한다.

④ 고등기술학교에는 고등학교를 졸업한 사람 또는 법령에 따라 이와 같은 수준 이상의 학력이 있다고 인정된 사람에게 특수한 전문기술교육을 하기 위하여 수업연한이 1년 이상인 전공과(專攻科)를 둘 수 있다.

제7절 특수학교 등

제55조 【특수학교】 특수학교는 신체적·정신적·지적 장애 등으로 인하여 특수교육이 필요한 사람에게 초등학교·중학교 또는 고등학교에 준하는 교육과 실생활에 필요한 지식·기능 및 사회적응 교육을 하는 것을 목적으로 한다.

제56조 【특수학급】 고등학교 이하의 각급 학교에 특수교육이 필요한 학생을 위한 특수학급을 둘 수 있다.

제59조 【통합교육】 국가와 지방자치단체는 특수교육이 필요한 사람이 초등학교·중학교 및 고등학교와 이에 준하는 각종학교에서 교육을 받으려는 경우에는 따로 입학절차, 교육과정 등을 마련하는 등 통합교육을 하는 데에 필요한 시책을 마련하여야 한다.

제8절 각종학교

제60조 【각종학교】 ① "각종학교"란 제2조 제1호부터 제4호(초등학교, 중학교, 고등학교, 특수학교)까지의 학교와 유사한 교육기관을 말한다.

② 각종학교는 그 학교의 이름에 제2조 제1호부터 제4호까지의 학교와 유사한 이름을 사용할 수 없다. 다만, 관계 법령에 따라 학력이 인정되는 각종학교(제60조의2에 따른 외국인학교와 제60조의3에 따른 대안학교를 포함한다)는 그러하지 아니하다.

③ 각종학교의 수업연한, 입학자격, 학력인정, 그 밖에 운영에 필요한 사항은 교육부령으로 정한다.

제60조의2 【외국인학교】 ① 외국에서 일정기간 거주하고 귀국한 내국인 중 대통령령으로 정하는 사람, 「국적법」 제4조에 따라 국적을 취득한 사람의 자녀 중 해당 학교의 장이 대통령령으로 정하는 기준과 절차에 따라 학업을 지속하기 어렵다고 판단한 사람, 외국인의 자녀를 교육하기 위하여 설립된 학교로서 각종학교에 해당하는 학교(이하 "외국인학교"라 한다)에 대하여는 제7조, 제9조, 제11조, 제11조의2, 제12조부터 제16조까지, 제21조, 제23조부터 제26조까지, 제28조, 제29조, 제30조의2, 제30조의3, 제31조, 제31조의2, 제32조부터 제34조까지 및 제34조의2를 적용하지 아니한다.

② 외국인학교는 유치원·초등학교·중학교·고등학교의 과정을 통합하여 운영할 수 있다.

③ 외국인학교의 설립기준, 교육과정, 수업연한, 학력인정, 그 밖에 설립·운영에 필요한 사항은 대통령령으로 정한다.

제60조의3【대안학교】 09. 5급 사무관 ① 학업을 중단하거나 개인적 특성에 맞는 교육을 받으려는 학생을 대상으로 현장 실습 등 체험 위주의 교육, 인성 위주의 교육 또는 개인의 소질·적성 개발 위주의 교육 등 다양한 교육을 하는 학교로서 각종학교에 해당하는 학교(이하 "대안학교"라 한다)에 대하여는 제21조 제1항, 제23조 제2항·제3항, 제24조부터 제26조까지, 제29조 및 제30조의4부터 제30조의7까지를 적용하지 아니한다.

② 대안학교는 초등학교·중학교·고등학교의 과정을 통합하여 운영할 수 있다.

③ 대안학교의 설립기준, 교육과정, 수업연한, 학력인정, 그 밖에 설립·운영에 필요한 사항은 대통령령으로 정한다.

제4장의2 교육비 지원 등

제60조의4【교육비 지원】 ① 국가 및 지방자치단체는 다음 각 호의 어느 하나에 해당하는 학생에게 입학금, 수업료, 급식비 등 대통령령으로 정하는 비용(이하 "교육비"라 한다)의 전부 또는 일부를 예산의 범위에서 지원할 수 있다.

1. 본인 또는 그 보호자가 「국민기초생활 보장법」 제12조 제3항 및 제12조의2에 따른 수급권자인 학생
2. 「한부모가족지원법」 제5조에 따른 보호대상자인 학생
3. 그 밖에 가구 소득 등을 고려하여 교육비 지원이 필요하다고 인정되는 학생으로서 대통령령으로 정하는 학생

제60조의11【통학 지원】 ① 교육감은 학생이 안전하고 편리하게 통학할 수 있도록 필요한 지원을 할 수 있다.

② 제1항에 따른 통학 지원에 필요한 사항은 해당 시·도의 조례로 정한다.

제5장 보칙 및 벌칙

제61조【학교 및 교육과정 운영의 특례】 ① 학교교육제도를 포함한 교육제도의 개선과 발전을 위하여 특히 필요하다고 인정되는 경우에는 대통령령*으로 정하는 바에 따라 제21조 제1항·제24조 제1항·제26조 제1항·제29조 제1항·제31조·제39조·제42조 및 제46조를 한시적으로 적용하지 아니하는 학교 또는 교육과정을 운영할 수 있다.

② 제1항에 따라 운영되는 학교 또는 교육과정에 참여하는 교원과 학생 등은 이로 인하여 불이익을 받지 아니한다.

[시행령] 제105조【학교 및 교육과정 운영의 특례】 ① 교육감은 다음 각 호의 어느 하나에 해당하는 국립·공립·사립의 초등학교·중학교·고등학교 및 특수학교를 대상으로 법 제61조에 따라 학교 또는 교육과정을 자율적으로 운영할 수 있는 학교(이하 "자율학교"라 한다)를 지정·운영할 수 있다. 다만, 국립학교를 자율학교로 지정하려는 경우에는 미리 교육부장관과 협의해야 한다. 19. 국가직 7급, 04. 중등

1. 학업에 어려움을 겪는 학생에 대한 교육을 실시하는 학교
2. 개별학생의 적성·능력 개발을 위한 다양하고 특성화된 교육과정을 운영하는 학교
3. 학생의 창의력 계발 또는 인성함양 등을 목적으로 특별한 교육과정을 운영하는 학교
4. 특성화중학교
5. 산업수요 맞춤형 고등학교 및 특성화고등학교
6. 「농어업인 삶의 질 향상 및 농어촌지역 개발촉진에 관한 특별법」 제3조 제4호에 따른 농어촌학교
7. 그 밖에 교육감이 특히 필요하다고 인정하는 학교

② 자율학교를 운영하려는 학교의 장은 다음 각 호의 사항이 포함된 신청서를 작성하여 교육감에게 제출하여야 한다.
1. 학교운영에 관한 계획
2. 교육과정 운영에 관한 계획
3. 입학전형 실시에 관한 계획
4. 교원배치에 관한 계획
5. 그 밖에 자율학교 운영 등에 관하여 교육감이 정하여 고시하는 사항
③ 제2항에도 불구하고 교육감은 학생의 학력향상 등을 위하여 특히 필요하다고 인정되는 공립학교를 직권으로 자율학교로 지정할 수 있다. 이 경우 지정을 받은 학교의 장은 지체 없이 제2항 각 호의 사항을 작성하여 교육감에게 제출하여야 한다.
④ 자율학교는 5년 이내로 지정·운영하되, 교육감이 정하는 바에 따라 연장 운영할 수 있다. 04. 중등
⑤ 교육부장관 또는 교육감은 자율학교의 운영에 필요한 지원을 하여야 한다.
⑥ 제1항부터 제5항까지에서 규정한 사항 외에 자율학교의 지정 및 운영에 필요한 사항은 교육감이 정하여 고시한다.

제105조의4【자율학교등 지정·운영위원회】 ① 교육감의 자문에 응하여 자율학교등의 지정·운영에 관한 다음 각 호의 사항을 심의하기 위하여 교육감 소속으로 자율학교 등 지정·운영위원회를 둔다.
1. 자율학교 등의 지정·운영계획에 관한 사항
2. 자율학교 등의 기간 연장 및 지정 취소에 관한 사항
3. 자율학교 등의 운영평가에 관한 사항
4. 그 밖에 자율학교 등의 운영 등에 관하여 교육감이 정하는 사항
② 제1항에 따른 자율학교 등 지정·운영위원회의 구성 및 운영에 필요한 사항은 시·도 교육규칙으로 정한다.
③ 제1항 및 제2항에도 불구하고 자율학교 등 지정·운영위원회와 성격·기능이 유사한 위원회가 해당 교육감 소속으로 설치되어 있는 경우에는 해당 시·도의 조례로 정하는 바에 따라 그 위원회가 자율학교 등 지정·운영위원회의 기능을 대신할 수 있다. 다만, 성격·기능이 유사한 위원회의 설치 근거가 되는 법령 또는 조례에서 위원회의 구성·운영 관련 사항을 교육감이 정하도록 하고 있거나 교육규칙으로 정하도록 하고 있는 경우에는 해당 시·도의 교육규칙으로 정하는 바에 따라 대신할 수 있다.

제68조【과태료】 ① 다음 각 호의 어느 하나에 해당하는 자에게는 100만원 이하의 과태료를 부과한다. 22. 국가직 7급
1. 제13조 제4항에 따른 취학 의무의 이행을 독려받고도 취학 의무를 이행하지 아니한 자
2. 제15조를 위반하여 의무교육대상자의 의무교육을 방해한 자
3. 제53조를 위반하여 학생을 입학시키지 아니하거나 등교와 수업에 지장을 주는 행위를 한 자
② 제1항에 따른 과태료는 대통령령으로 정하는 바에 따라 해당 교육감이 부과·징수한다.

01 주요 기출문제

01 우리나라 의무교육제도에 대한 설명으로 타당한 것은? 08. 국가직

① 의무교육제도는 교육이 권리가 아니라 특권이라는 개념에 근거를 두고 있다.

② 「초·중등교육법」에 비추어 볼 때, 의무교육제도는 취학의무가 아니라 교육의무를 의미한다.

③ 현행 교육법제에서는 의무교육제도의 실효성을 보장하기 위하여 보호자와 국가에게 그 책임을 부과하고 있다.

④ 의무교육 단계에서도 학생들이 학교교육을 현저히 위반하였을 때에는 퇴학이 가능하다.

해설 ③은 「헌법」 제31조 제2항, 「초·중등교육법」 제12조(의무교육) 제1항에 근거하고 있다. ①은 특권 개념이 아닌 의무교육을 받을 권리에 근거하고 있으며[「교육기본법」 제8조(의무교육) 제2항], ②는 취학의 의무를 의미하며[「초·중등교육법」 제13조(취학 의무)], ④는 의무교육 과정에서는 퇴학이 불가능하다[「초·중등교육법」 제18조(학생의 징계) 제1항].

TIP **관련 법률**

- **「헌법」 제31조** ② 모든 국민은 그 보호하는 자녀에게 적어도 초등교육과 법률이 정하는 교육을 받게 할 의무를 진다.
- **「초·중등교육법」 제12조 【의무교육】** ① 국가는 「교육기본법」 제8조 제1항에 따른 의무교육을 실시하여야 하며, 이를 위한 시설을 확보하는 등 필요한 조치를 강구하여야 한다.
- **「교육기본법」 제8조 【의무교육】** ① 의무교육은 6년의 초등교육과 3년의 중등교육으로 한다.
  ② 모든 국민은 제1항에 따른 의무교육을 받을 권리를 가진다.

02 우리나라 의무교육제도에 대한 설명으로 옳지 않은 것은? 17. 국가직

① 지방자치단체는 국립 또는 사립의 초등학교·중학교 또는 특수학교에 일부 의무교육 대상자에 대한 교육을 위탁할 수 있다.

② 지방자치단체로부터 의무교육 대상자의 교육을 위탁받은 사립학교의 설립자·경영자는 의무교육을 받는 사람으로부터 수업료와 학교운영 지원비를 받을 수 있다.

③ 모든 국민은 그 보호하는 자녀에게 6년의 초등교육과 3년의 중등교육을 받게 할 의무를 진다.

④ 취학아동 명부의 작성을 담당하는 읍·면·동의 장은 입학연기 신청서를 제출받은 경우 입학연기 대상자를 취학아동 명부에서 제외하고, 입학연기 대상자 명단을 교육장에게 통보하여야 한다.

해설 의무교육 기간 동안 입학금, 수업료, 학교운영지원비, 교과서 대금은 무상으로 한다[「초·중등교육법」 제12조(의무교육) 제4항]. ①은 제12조 제3항, ③은 「교육기본법」 제8조(의무교육) 제1항, ④는 「초·중등교육법 시행령」 제15조(취학아동명부의 작성 등) 제4항에 해당한다.

정답 01 ③ 02 ②

03 **우리나라 의무교육 제도에 대한 설명으로 옳은 것은?** 22. 국가직 7급

① 교육을 받을 권리를 실효성 있게 보장하기 위하여 의무교육을 헌법에 명문화하였다.
② 취학의무의 이행을 독려받고도 취학의무를 이행하지 아니한 자에 대한 벌금 제도를 두었다.
③ 처음 의무교육이 도입된 이후 의무교육기간은 늘어나지 않았다.
④ 초등학교, 중학교, 고등학교를 대상으로 총 12년간의 의무교육을 시행한다.

해설 의무교육 제도에 관한 「헌법」 조항은 제31조 제2항(의무교육)과 제3항(무상의무교육)이다. 제2항은 "모든 국민은 그 보호하는 자녀에게 적어도 초등교육과 법률이 정하는 교육을 받게 할 의무를 진다.", 제3항은 "의무교육은 무상으로 한다."는 것이다. ②는 취학 의무의 이행을 독려받고도 취학 의무를 이행하지 아니한 자는 100만원 이하의 과태료 부과처분을 받는다(「초 · 중등교육법」 제68조 제1항 제1호). ③은 1950년 초등학교 6년(시작 1954, 완성 1959), 1985년 중학교(도서 · 벽지학교) 3년(읍 · 면지역은 1992년, 전국 시행은 2002~2004년)으로 확대 시행되었다. ④는 6년의 초등교육과 3년의 중등교육(중학교), 즉 9년간의 의무교육을 시행한다(「교육기본법」 제8조).

✎ 과태료는 행정법상 의무를 위반한 행정처분이고, 벌금은 형법을 위반한 형벌에 해당한다.

04 **현행 「교육기본법」 및 「초 · 중등교육법」에 명시된 의무교육 규정과 일치하는 것은?** 03. 유초등임용 응용

① 지방자치단체는 그 관할 구역 안의 의무교육 대상자 전원을 자기 관할 구역 내에 취학시켜야 한다.
② 의무교육은 6년의 초등교육과 3년의 중등교육으로 하며, 모든 국민은 의무교육을 받을 권리를 가진다.
③ 의무교육은 만 6세에 시작되므로 초등학교의 장은 학생수용능력 여부와 관계없이 만 5세 아동의 취학을 허용해서는 아니 된다.
④ 지방자치단체로부터 의무교육 대상자를 위탁받은 사립학교의 설립 · 경영자는 의무교육을 받는 자에 대하여 수업료를 받을 수 있다.

해설 ②는 「교육기본법」 제8조(의무교육)에 명시된 조항이다. ①은 「초 · 중등교육법」 제12조(의무교육) 제3항에 따라 지방자치단체는 그 관할 구역의 의무교육대상자를 모두 취학시키기 곤란하면 인접한 지방자치단체와 협의하여 합동으로 초등학교 · 중학교 또는 특수학교를 설립 · 경영하거나, 인접한 지방자치단체가 설립한 초등학교 · 중학교 또는 특수학교나 국립 또는 사립의 초등학교 · 중학교 또는 특수학교에 일부 의무교육대상자에 대한 교육을 위탁할 수 있다. ③은 제13조(취학의무) 제2항에 따라 5세 또는 7세가 된 아동을 초등학교에 입학시킬 수 있다. ④는 제12조 제4항에 따라 국 · 공 · 사립학교의 설립자 · 경영자는 의무교육을 받는 사람으로부터 제10조의2 제1항 각 호의 비용(❶ 입학금, ❷ 수업료, ❸ 학교운영지원비, ❹ 교과용 도서 구입비)을 받을 수 없다.

05 **우리나라 초 · 중등교육의 확대 과정에서 나타난 특징으로 옳지 않은 것은?** 22. 국가직 7급

① 국민의 교육 요구를 제도적으로 충족시키기 위한 정책이 시행되면서 취학률은 초등교육 단계부터 빠르게 상승하였다.
② 국가 교육재정의 한계로 인해 교육기회의 양적 팽창에 사립학교가 상당한 역할을 하였다.
③ 교육을 통한 사회이동의 기대와 맞물려 진학경쟁이 과열되는 문제가 대두되었다.
④ 고교평준화 정책은 고등학교 완전취학이 달성된 1970년에 전국적으로 동시에 시행되었다.

해설 교육조건의 평등을 구현하기 위한 고교평준화 정책은 1974년 서울과 부산에서 처음 시행되었고, 1975년에는 대구 · 인천 · 광주, 1979년에는 대전 · 수원 · 마산 · 전주 · 제주 · 청주로 확대 시행되었다.

06 의무교육기관인 초 · 중학교에서 학교장이 학생에 대하여 할 수 있는 징계방법이 아닌 것은?

07. 영양교사 임용

① 퇴학 처분
② 사회봉사
③ 특별교육 이수
④ 학교 내의 봉사

해설 「초 · 중등교육법」 제18조(학생의 징계) 제1항에 따르면, "학교의 장은 교육을 위하여 필요한 경우에는 법령과 학칙으로 정하는 바에 따라 학생을 징계할 수 있다. 다만, 의무교육을 받고 있는 학생은 퇴학시킬 수 없다"고 명시하고 있다. 또한 같은 법 시행령 제31조(학생의 징계 등)에 따르면 학교의 장은 교육상 필요하다고 인정할 때에는 학생에 대하여 ❶ 학교 내의 봉사 – ❷ 사회봉사 – ❸ 특별교육이수 – ❹ 1회 10일 이내, 연간 30일 이내의 출석정지 – ❺ 퇴학처분의 어느 하나에 해당하는 징계를 할 수 있다(제1항). 이 중 '퇴학처분'은 의무교육과정에 있는 학생 외의 자로서 다음 각 호(1. 품행이 불량하여 개전의 가망이 없다고 인정된 자, 2. 정당한 이유 없이 결석이 잦은 자, 3. 기타 학칙에 위반한 자)의 어느 하나에 해당하는 자에 한하여 행하여야 한다(제5항)고 명시하고 있다. 그리고 「학교폭력 예방 및 대책에 관한 법률」 제17조(가해학생에 대한 조치) 제1항에서도 "(학교폭력대책)심의위원회는 피해학생의 보호와 가해학생의 선도 · 교육을 위하여 가해학생에 대하여 다음 각 호(9단계)의 어느 하나에 해당하는 조치(수 개의 조치를 동시에 부과하는 경우를 포함한다)를 할 것을 교육장에게 요청하여야 하며, 각 조치별 적용 기준은 대통령령으로 정한다. 다만, 퇴학처분은 의무교육과정에 있는 가해학생에 대하여는 적용하지 아니한다"고 명시하고 있다.

07 중등학교의 교육과 학교행정에 관한 현행 우리나라 법률의 내용으로 옳은 것을 〈보기〉에서 모두 고른 것은?

09. 중등임용 응용

보기

㉠ 모든 국민은 6년의 초등교육과 3년의 중등교육을 받을 권리를 가진다.
㉡ 학생의 자치활동은 권장 · 보호되며, 그 조직과 운영에 관한 기본적인 사항은 법률로 정한다.
㉢ 학교의 설립자 · 경영자와 학교의 장은 헌법과 국제인권조약에 명시된 학생의 인권을 보장하여야 한다.
㉣ 학생의 진급이나 졸업은 학기제로 한다. 그러나 학교의 장은 필요한 경우 자율적으로 학년제를 채택할 수 있다.
㉤ 학교의 장은 교육을 위하여 필요한 경우에는 법령과 학칙으로 정하는 바에 따라 학생을 징계할 수 있다. 다만, 의무교육을 받고 있는 학생은 퇴학시킬 수 없다.

① ㉠, ㉢
② ㉡, ㉣
③ ㉠, ㉢, ㉤
④ ㉠, ㉡, ㉣, ㉤
⑤ ㉡, ㉢, ㉣, ㉤

해설 ㉠은 「교육기본법」 제8조(의무교육) 제1항, ㉢은 「초 · 중등교육법」 제18조의4(학생의 인권보장 등) 제1항, ㉤은 「초 · 중등교육법」 제18조(학생의 징계) 제1항에 해당한다. ㉡은 법률이 아니라 학칙으로 정하며[「초 · 중등교육법」 제17조(학생의 자치활동)], ㉣에서 학생의 진급이나 졸업은 학년제로 한다. 그러나 학교의 장은 필요한 경우 관할청의 승인을 받아 학년제 외의 제도를 채택할 수 있다[「초 · 중등교육법」 제26조(학년제)].

정답 03 ① 04 ② 05 ④ 06 ① 07 ③

08 **「초 · 중등교육법」상 교직원의 임무에 대한 설명으로 옳지 않은 것은?** 22. 국가직 7급 응용

① 교사는 법령에서 정하는 바에 따라 학생을 교육한다.

② 수석교사는 교장을 보좌하여 교무를 관리하고, 교사의 교수 · 연구 활동을 감독한다.

③ 교장은 교무를 총괄하고, 민원처리를 책임지며, 소속 교직원을 지도 · 감독하고, 학생을 교육한다.

④ 행정직원 등 직원은 법령에서 정하는 바에 따라 학교의 행정사무와 그 밖의 사무를 담당한다.

해설 「초 · 중등교육법」 제20조(교직원의 임무) 제3항에 따르면, 수석교사는 교사의 교수 · 연구활동을 지원하며, 학생을 교육한다. ②(제2항)에서 교장을 보좌하여 교무를 관리하고 학생을 교육하며, 교장이 부득이한 사유로 직무를 수행할 수 없을 때에는 교장의 직무를 대행하는 것은 교감의 임무이다. ①은 제4항, ③은 제1항, ④는 제5항에 해당한다.

09 **현행 「초 · 중등교육법」에 명시된 교직원의 임무를 바르게 설명한 것은?** 07. 중등임용

① 교사는 교장의 명을 받아 학생을 교육한다.

② 교감은 교장을 보좌하여 교무를 관리하고 학생을 교육한다.

③ 행정직원은 행정실장의 명을 받아 학교의 행정사무를 담당한다.

④ 교장은 교육감의 명을 받아 교무를 통할하고, 소속교직원을 지도 · 감독하며, 학생을 교육한다.

해설 ②는 「초 · 중등교육법」 제20조(교직원의 임무) 제2항에 따른 교감의 임무에 해당한다. 또한 교감은 교장이 부득이한 사유로 직무를 수행할 수 없을 때에는 교장의 직무를 대행한다. 다만, 교감이 없는 학교에서는 교장이 미리 지명한 교사(수석교사를 포함한다)가 교장의 직무를 대행한다. ①은 제4항에 따라 교사는 법령이 정하는 바에 따라 학생을 교육한다. ③은 제5항에 따라 행정직원 등 직원은 법령에서 정하는 바에 따라 학교의 행정사무와 그 밖의 사무를 담당한다. ④는 제1항에 따라 교장은 교무를 총괄하고, 민원처리를 책임지며, 소속 교직원을 지도 · 감독하고, 학생을 교육한다.

10 **「초 · 중등교육법」상 수석교사의 역할을 〈보기〉에서 모두 고른 것은?** 18. 지방직

보기

㉠ 학생을 교육한다.
㉡ 교사의 교수 · 연구 활동을 지원한다.
㉢ 교무를 총괄하고, 소속 교직원을 지도 · 감독한다.

① ㉠ ② ㉠, ㉡

③ ㉡, ㉢ ④ ㉠, ㉡, ㉢

해설 「초 · 중등교육법」 제20조(교직원의 임무) 제3항에 따르면 수석교사는 교사의 교수 · 연구활동을 지원하며, 학생을 교육한다. ㉢은 교장의 역할에 해당한다.

11 다음은 「초 · 중등교육법」상의 교원 자격 기준에 관한 설명이다. ㉠~㉣에 들어갈 숫자를 모두 합하면? 13. 국가직 7급

- 2급 정교사가 1급 정교사가 되기 위해서는 (㉠)년 이상의 교육경력을 가지고 일정한 재교육을 받거나, 교육대학원에서 석사학위를 받고 (㉡)년 이상의 교육경력이 있어야 한다.
- 교감이 되기 위해서는 정교사(1급) 자격증을 가지고 (㉢)년 이상의 교육경력과 일정한 재교육을 받아야 한다.
- 교장이 되기 위해서는 교감 자격증을 가지고 (㉣)년 이상의 교육경력과 일정한 재교육을 받아야 한다.

① 10　　② 15
③ 20　　④ 30

해설 「초 · 중등교육법」 제21조(교원의 자격기준) 제1항과 제2항에 따르면 ㉠은 3년, ㉡은 1년, ㉢은 3년, ㉣은 3년이므로 총합은 10년이다.

TIP **교장, 교감, 1 · 2급 정교사의 자격 기준**

자격 / 학교별	교장	교감
중등학교	1. 중등학교의 교감 자격증을 가지고 3년 이상의 교육경력과 일정한 재교육을 받은 사람 2. 학식 · 덕망이 높은 사람으로서 대통령령으로 정하는 기준에 해당한다는 인정을 교육부장관으로부터 받은 사람 3. 교육대학 · 전문대학의 학장으로 근무한 경력이 있는 사람 4. 특수학교의 교장 자격증을 가진 사람 5. 공모 교장으로 선발된 후 교장의 직무수행에 필요한 교양과목, 교직과목 등 교육부령으로 정하는 연수과정을 이수한 사람	1. 중등학교 정교사(1급) 자격증 또는 보건교사(1급) 자격증을 가지고 3년 이상의 교육경력과 일정한 재교육을 받은 사람 2. 중등학교 정교사(2급) 자격증 또는 보건교사(2급) 자격증을 가지고 6년 이상의 교육경력과 일정한 재교육을 받은 사람 3. 교육대학의 교수 · 부교수로서 6년 이상의 교육경력이 있는 사람 4. 특수학교의 교감 자격증을 가진 사람
초등학교	1. 초등학교의 교감 자격증을 가지고 3년 이상의 교육경력과 일정한 재교육을 받은 사람 2. 학식 · 덕망이 높은 사람으로서 대통령령으로 정하는 기준에 해당한다는 인정을 교육부장관으로부터 받은 사람 3. 특수학교의 교장 자격증을 가진 사람 4. 공모 교장으로 선발된 후 교장의 직무수행에 필요한 교양과목, 교직과목 등 교육부령으로 정하는 연수과정을 이수한 사람	1. 초등학교 정교사(1급) 자격증 또는 보건교사(1급) 자격증을 가지고 3년 이상의 교육경력과 일정한 재교육을 받은 사람 2. 초등학교 정교사(2급) 자격증 또는 보건교사(2급) 자격증을 가지고 6년 이상의 교육경력과 일정한 재교육을 받은 사람 3. 특수학교의 교감 자격증을 가진 사람

정답 08 ② 09 ② 10 ② 11 ①

자격 학교별	1급 정교사	2급 정교사
중등학교	1. 중등학교의 정교사(2급) 자격증을 가지고 교육대학원 또는 교육부장관이 지정하는 대학원 교육과에서 석사학위를 받은 사람으로서 1년 이상의 교육경력이 있는 사람 2. 중등학교 정교사 자격증을 가지지 아니하고 교육대학원 또는 교육부장관이 지정하는 대학원 교육과에서 석사학위를 받은 후 교육부장관으로부터 중등학교 정교사(2급) 자격증을 받은 사람으로서 3년 이상의 교육경력이 있는 사람 3. 중등학교의 정교사(2급) 자격증을 가진 사람으로서 3년 이상의 교육경력을 가지고 일정한 재교육을 받은 사람 4. 교육대학·전문대학의 교수·부교수로서 3년 이상의 교육경력이 있는 사람	1. 사범대학을 졸업한 사람 2. 교육대학원 또는 교육부장관이 지정하는 대학원 교육과에서 석사학위를 받은 사람 3. 임시 교원양성기관을 수료한 사람 4. 대학에 설치하는 교육과를 졸업한 사람 5. 대학·산업대학을 졸업한 사람으로서 재학 중 일정한 교직과(敎職科) 학점을 취득한 사람 6. 중등학교 준교사 자격증을 가진 사람으로서 2년 이상의 교육경력을 가지고 일정한 재교육을 받은 사람 7. 초등학교의 준교사 이상의 자격증을 가지고 대학을 졸업한 사람 8. 교육대학·전문대학의 조교수로서 2년 이상의 교육경력이 있는 사람 9. 제22조에 따른 산학겸임교사 등(명예교사는 제외한다)의 자격기준을 갖춘 사람으로서 임용권자의 추천과 교육감의 전형을 거쳐 교육감이 지정하는 대학 또는 교원연수기관에서 대통령령으로 정하는 교직과목과 학점을 이수한 사람. 이 경우 임용권자의 추천 대상자 선정기준과 교육감의 전형 기준에 관하여는 대통령령으로 정한다.
초등학교	1. 초등학교 정교사(2급) 자격증을 가진 사람으로서 3년 이상의 교육경력을 가지고 일정한 재교육을 받은 사람 2. 초등학교 정교사(2급) 자격증을 가진 사람으로서 교육경력이 3년 이상이고, 방송통신대학 초등교육과를 졸업한 사람 3. 초등학교 정교사(2급) 자격증을 가지고 교육대학원 또는 교육부장관이 지정하는 대학원의 교육과에서 초등교육과정을 전공하여 석사학위를 받은 사람으로서 1년 이상의 교육경력이 있는 사람	1. 교육대학을 졸업한 사람 2. 사범대학을 졸업한 사람으로서 초등교육과정을 전공한 사람 3. 교육대학원 또는 교육부장관이 지정하는 대학원의 교육과에서 초등교육과정을 전공하고 석사학위를 받은 사람 4. 초등학교 준교사 자격증을 가진 사람으로서 2년 이상의 교육경력을 가지고 일정한 재교육을 받은 사람 5. 중등학교 교사자격증을 가진 사람으로서 필요한 보수교육을 받은 사람 6. 전문대학을 졸업한 사람 또는 이와 같은 수준 이상의 학력이 있다고 인정되는 사람을 입소자격으로 하는 임시 교원양성기관을 수료한 사람 7. 초등학교 준교사 자격증을 가진 사람으로서 교육경력이 2년 이상이고 방송통신대학 초등교육과를 졸업한 사람

12 교육과정운영상 필요한 경우, 정규교원 이외에 학교에 둘 수 있도록 「초 · 중등교육법」 제22조에 규정되어 있지 않은 자는? 09. 국가직 7급

① 산학겸임교사 ② 명예교사
③ 기간제교사 ④ 강사

해설 산학겸임교사, 명예교사, 강사는 교원 자격증이 없어도 임용할 수 있는 교원에 해당하지만, 기간제 교사는 교원자격증 소지자 중에서 학교장이 학교 운영상 필요한 경우에 임용하는 것이다. 「초 · 중등교육법 시행령」 제42조(산학겸임교사 등)에서는 "① 법 제22조에 따른 산학겸임교사 등의 종류는 산학겸임교사, 명예교사, 영어회화 전문강사, 다문화언어 강사, 강사로 한다. ② 제1항에 따른 산학겸임교사 등은 국 · 공립학교의 경우에는 학교의 장이, 사립학교의 경우에는 학교법인 또는 사립학교 경영자가 각각 임용한다. 다만, 사립학교의 경우에는 학교법인의 정관 등에서 정하는 바에 따라 그 임용권한을 학교의 장에게 위임할 수 있다. ③ 제2항에 따라 산학겸임교사 등을 임용하고자 하는 때에는 법 제31조에 따른 학교운영위원회의 심의를 거쳐야 한다. 다만, 학교운영위원회가 구성되지 아니한 학교의 경우에는 그러하지 아니하다. ④ 산학겸임교사 등에 대하여는 예산의 범위 안에서 수당 등을 지급할 수 있다. ⑤ 제1항에 따른 영어회화 전문강사를 기간을 정하여 임용할 때 그 기간은 1년 이내로 하되, 필요한 경우 계속 근무한 기간이 4년을 초과하지 아니하는 범위에서 그 기간을 연장할 수 있다."고 명시하고 있다.

13 다음의 「초 · 중등교육법」 제28조 규정과 관련된 용어는? 16. 국가직 7급 응용

- 학교의 장은 제1항 제3호(학업 중단의 징후가 발견되거나 학업 중단의 의사를 밝힌 학생 등 학업 중단 위기에 있는 학생)에 해당하는 학업에 어려움을 겪는 학생에게 학업 중단에 대하여 충분히 생각할 기회를 주어야 한다. 이 경우 학교의 장은 그 기간을 출석으로 인정할 수 있다.
- 제1항 제3호에 해당하는 학업에 어려움을 겪는 학생에 대한 판단기준 및 충분히 생각할 기간과 그 기간 동안의 출석일수 인정 범위 등에 필요한 사항은 교육감이 정한다.
- 교육부장관 및 교육감은 제7항 및 제8항에 따른 기간 동안 학생이 교육과 치유를 위한 다양한 활동을 할 수 있도록 지원하여야 한다.

① 상담제 ② 숙려제
③ 휴학제 ④ 대체제

해설 지문은 「초 · 중등교육법」 제28조(학업에 어려움을 겪는 학생에 대한 교육) 제7항~제9항으로, '학업중단 숙려제' 관련 조항이다. 학업중단 숙려제는 학업중단 징후 또는 의사를 밝힌 학생 및 학부모에게 2주 이상의 적정 기간 동안 충분히 생각할 기회를 부여하고 상담, 진로체험, 예체능 등 프로그램을 지원하여 신중한 고민 없이 이루어지는 학업중단을 예방하는 제도를 말한다.

정답 12 ③ 13 ②

14 「초 · 중등교육법 시행령」상 (가), (나)에 들어갈 말을 바르게 연결한 것은? 24. 지방직

> **제48조의2 【자유학기의 수업운영방법 등】** ① 중학교 및 특수학교(중학교의 과정을 교육하는 특수학교로 한정한다)의 장은 자유학기에 [(가)]을 실시하고 학생의 진로탐색 등 다양한 체험을 위한 [(나)]을 운영해야 한다.

	(가)	(나)
①	학생 참여형 수업	진로교육
②	학생 참여형 수업	체험활동
③	학생 주도형 수업	진로교육
④	학생 주도형 수업	체험활동

해설 자유학기제는 중학교 과정 중 한 학기 동안 학생들이 시험 부담에서 벗어나 꿈과 끼를 찾을 수 있도록 토론 · 실습 등 학생 참여형으로 수업을 운영하고, 진로탐색 활동 등 다양한 체험활동이 가능하도록 교육과정을 자율적으로 운영하는 제도를 말한다. 자유학기제의 교육과정은 교과와 자유학기활동으로 구성 · 운영한다. 2015 개정 교육과정에 따라 2016학년도부터 중학교에 처음 도입되었고, 2018학년도에 자유학년제로 확대되었다. 2022 개정 교육과정부터는 자유학년제는 폐지되고, 자유학기(1학년 1/2학기 중 선택)와 진로연계학기(3학년 2학기)로 운영하고, 자유학기활동은 종전 4개 영역(진로탐색 활동, 주제선택 활동, 예술 · 체육 활동, 동아리활동)에서 진로탐색활동, 주제선택활동 2개 영역으로 개편되며, 자유학기활동의 편성시간도 종전 170시간 이상에서 102시간 이상으로 감축 · 운영된다.

15 학교회계의 운영과 관련하여 「초 · 중등교육법」에 명시된 내용으로 옳지 않은 것은? 14. 국가직 7급

① 학교회계의 회계연도는 매년 3월 1일에 시작하여 다음 해 2월 말일에 끝난다.

② 학교운영위원회는 학교회계 세입세출 예산안을 회계연도가 시작되기 5일 전까지 심의하여야 한다.

③ 학교장은 회계연도마다 학교회계 세입세출 예산안을 편성하여 회계연도가 시작되기 10일 전까지 학교운영위원회에 제출하여야 한다.

④ 새로운 회계연도가 시작될 때까지 예산안이 확정되지 않을 경우, 학교장은 학교시설의 유지관리비를 전년도 예산에 준하여 집행할 수 있다.

해설 학교장은 회계연도마다 학교회계 세입세출 예산안을 편성하여 회계연도가 시작되기 30일 전까지 학교운영위원회에 제출하여야 한다[「초 · 중등교육법」 제30조의3(학교회계의 운영) 제2항]. ①은 법 제30조의3 제1항, ②는 제3항, ④는 제4항에 해당한다.

TIP **학교회계제도의 특징**

1. **학교회계연도**: 3월 1일~다음 해 2월 말일 ⇨ 학년도와 일치
2. **예산배부방식**: 표준교육비 기준으로 총액 배부 ⇨ 일상경비와 도급경비의 구분을 하지 않음.
3. **예산(교부계획) 배부시기**: 학교회계연도 개시 50일 전에 일괄배부
4. **세출예산 편성**: 학교실정에 따라 자율적 세출예산 편성(재원에 따른 사용목적을 구분하지 않음.)
5. **사용료 · 수수료 수입처리**: 학교시설 사용료, 제증명 수수료 수입 등을 학교 자체수입으로 처리
6. **회계장부 관리**: 통합장부 사용('학교회계' – 복식부기 방법으로 장부기입) ⇨ 장부 단일화, 회계장부와 관련 증빙서류 보존기간은 5년
7. **자금의 이월**: 집행 잔액은 자동적으로 이월

16 「초 · 중등교육법」상 우리나라 국 · 공립 초등학교 · 중학교 · 고등학교 및 특수학교의 학교회계제도에 대한 설명으로 옳지 않은 것은? 17. 국가직

① 학교회계의 회계연도는 매년 3월 1일에 시작하여 다음 해 2월 말일에 끝난다.

② 학교운영위원회 심의를 거쳐 학부모가 부담하는 경비는 학교회계의 세입으로 한다.

③ 학교의 장은 회계연도마다 학교회계 세입세출예산안을 편성하여 학교운영위원회에 제출하여야 한다.

④ 지방자치단체의 교육비 특별회계의 전입금은 학교회계의 세입항목이 아니다.

해설 「초 · 중등교육법」 제30조의2(학교회계의 설치) 제2항 제1호에 따르면 학교회계의 주요 세입원은 국가의 일반회계나 지방자치단체의 교육비 특별회계로부터 받은 전입금이다. ①은 법 제30조의3(학교회계의 운영) 제1항, ②는 제30조의2 제2항 제2호, ③은 제30조의3 제2항(회계연도가 시작되기 30일 전까지 제출하여야 한다.)에 해당한다.

TIP 예산편성과 심의절차 및 결산절차

1. 예산편성 절차

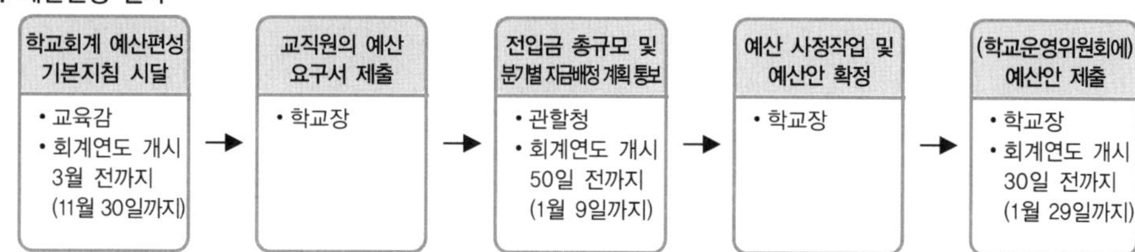

2. 예산심의 절차

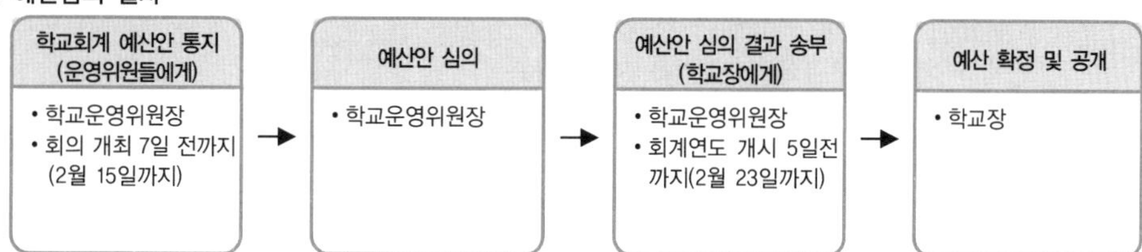

3. 결산 절차

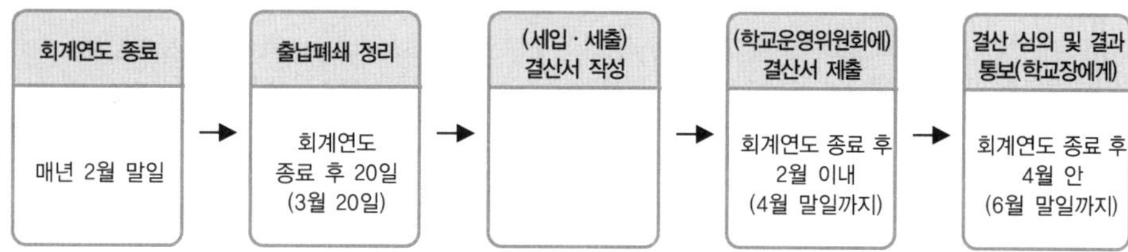

정답 14 ② 15 ③ 16 ④

17 학교회계의 운영에 관한 내용으로 옳지 않은 것은? 11. 국가직 7급

① 회계연도는 매년 3월 1일에 시작하여 다음해 2월 말일에 종료한다.
② 학교운영위원회는 학교회계세입세출예산안을 회계연도 개시 5일 전까지 심의해야 한다.
③ 학교장은 결산서를 작성하여 회계연도 종료 후 2월 이내에 해당 시・도교육청에 제출해야 한다.
④ 학교시설의 유지관리비는 예산안이 확정되지 아니한 때에도 전년도 예산에 준하여 집행할 수 있다.

해설 「초・중등교육법」 제30조의3(학교회계의 운영) 제5항에 따르면 학교장은 회계연도마다 결산서를 작성하여 회계연도가 끝난 후 2개월 이내에 학교운영위원회에 제출하여야 한다. ①은 제1항, ②는 제3항, ④는 제4항에 해당한다.

TIP **예산 불성립 시 예산 집행**

1. **준예산제도**: 전년도 예산에 준하여 집행
2. **적용 범위**: 교직원 등의 인건비, 학교교육에 직접 사용되는 교육비, 학교시설의 유지관리비, 법령상 지급의무가 있는 경비, 이미 예산으로 확정된 경비(명시이월비, 계속비)

18 국・공립학교 학교회계상의 세입에 포함되는 수입을 〈보기〉에서 모두 고른 것은? 04. 중등임용 응용

보기

ㄱ. 국가의 일반회계나 지방자치단체의 교육비 특별회계로부터 받은 전입금
ㄴ. 학교발전기금으로부터 받은 전입금
ㄷ. 국가나 지방자치단체의 보조금 및 지원금
ㄹ. 사용료 및 수수료

① ㄱ　　② ㄴ, ㄹ
③ ㄱ, ㄴ, ㄷ　　④ ㄱ, ㄴ, ㄷ, ㄹ

해설 「초・중등교육법」 제30조의2(학교회계의 설치) 제2항 제1호에 따르면 학교회계의 세입원은 국가의 일반회계나 지방자치단체의 교육비 특별회계로부터 받은 전입금(ㄱ), 학교운영위원회 심의를 거쳐 학부모가 부담하는 경비, 학교발전기금으로부터 받은 전입금(ㄴ), 국가나 지방자치단체의 보조금 및 지원금(ㄷ), 사용료 및 수수료(ㄹ), 이월금, 물품매각대금, 그 밖의 수입이다.

세입	① 국가의 일반회계나 지방자치단체의 교육비특별회계로부터 받은 전입금 ② 학교운영위원회의 심의를 거친 '학부모부담경비'[❶ 의무교육 이외의 경비, ❷ 수익자부담경비(예 방과후교육활동비, 수련활동비, 교복비, 체육복비, 졸업앨범비 등)] ③ 학교발전기금으로부터 받은 전입금 ④ 국가나 지방자치단체의 보조금 및 지원금 ⑤ 이월금(명시이월비, 사고이월비, 계속비이월) ⑥ 자체 수입[❶ 사용료 및 수수료(학교시설의 사용 또는 수익 허가에 따른 '사용료', 물품의 대부로 인하여 발생하는 수입 및 각종 증명 '수수료') ❷ 물품매각대금(불용결정을 한 '물품대각대금'. ❸ 그 밖의 수입(실습물 매각대금, 이자수입, 교육감이 학교자체수입으로 정하는 수입)]
세출	① 인건비, ② 시설(관리)비, ③ 학교운영비(교육활동지원비 등), ④ 일반운영비(사무용품비, 통신비 등), ⑤ 수익자부담경비, ⑥ 예비비

19 「초 · 중등교육법」상 국 · 공립학교 학교회계의 세입(歲入)에 해당하지 않는 것은? 19. 국가직

① 지방자치단체의 교육비 특별회계로부터 받은 전입금
② 학교발전기금으로부터 받은 전입금
③ 사용료 및 수수료
④ 지방교육세

해설 「초 · 중등교육법」 제30조의2(학교회계의 설치) 제2항 제1호에 따르면 학교회계의 세입원은 국가의 일반회계나 지방자치단체의 교육비 특별회계로부터 받은 전입금(①), 학교운영위원회 심의를 거쳐 학부모가 부담하는 경비, 학교발전기금으로부터 받은 전입금(②), 국가나 지방자치단체의 보조금 및 지원금, 사용료 및 수수료(③), 이월금, 물품매각대금, 그 밖의 수입이다. 「지방교육재정교부금법」 제11조(지방자치단체의 부담) 제1항 제1호에 따르면 지방교육세 전입금은 시 · 도 교육청(지방교육재정, 즉 '교육비 특별회계')의 세입 재원 중 '지방자치단체(시 · 도) 일반회계로부터의 전입금'[「지방교육자치에 관한 법률」 제36조(교육 · 학예에 관한 경비) 제3호]에 해당한다.

20 〈보기〉 중 학교회계에 대해 바르게 설명한 것으로 짝지어진 것은? 04. 유초등임용 응용

> 보기
> ㄱ. 회계연도는 매년 1월 1일부터 12월 31일까지이다.
> ㄴ. 국 · 공 · 사립의 초 · 중등학교 및 특수학교에 설치한다.
> ㄷ. 학교장과 학교운영위원회의 기능을 강화하기 위한 것이다.
> ㄹ. 학교운영 및 학교시설의 설치 등을 위하여 필요한 모든 경비를 세출로 한다.

① ㄱ, ㄴ ② ㄱ, ㄷ
③ ㄴ, ㄹ ④ ㄷ, ㄹ

해설 ㄷ은 「초 · 중등교육법」 제30조의2(학교회계의 설치) 제1항에 따라 2001년부터 국 · 공립 초등학교 · 중학교 · 고등학교 및 특수학교에 설치된 학교회계 제도는 학교의 자율성과 책무성을 강화하기 위한 단위학교 책임경영제의 일환으로 도입 · 운영되고 있다. 또한, 법 제32조(기능) 제1항 제3호 학교의 예 · 결산 심의 권한을 부여하고 있다. ㄹ은 제3항에 해당한다. ㄱ[제30조의3(학교회계의 운영) 제1항]은 매년 3월 1일부터 다음 해 2월 말일까지이며, ㄴ(제30조의2 제1항)에서 사립학교는 설치하지 않는다.

21 「초 · 중등교육법」에 근거할 때, 학교회계에 대한 설명으로 옳은 것은? 16. 지방직

① 단위학교 행정실장이 학교회계 세입세출 예산안을 편성한다.
② 학교회계 세입세출 예산안은 학교운영위원회의 심의를 거쳐야 한다.
③ 학교회계의 회계연도는 매년 1월 1일에 시작하여 12월 말일에 종료된다.
④ 학교발전기금으로부터 받은 전입금은 학교회계의 세입으로 할 수 없다.

해설 「초 · 중등교육법」 제30조의3(학교회계의 운영) 제3항에 따르면 학교회계(학교예산안과 결산안)는 학교운영위원회의 심의를 반드시 거쳐야 한다. 예산안은 회계연도 개시 5일 전까지 심의를 완료해야 하며, 결산안은 회계연도 종료 후 4월 말 이내에 완료해야 한다. ①(제2항과 제5항)은 단위학교의 장이 책임자이며, ③(제1항)은 매년 3월 1일에 시작하여 다음 해 2월 말일에 끝난다. ④[제30조의2(학교회계의 설치) 제2항 제4호]는 학교발전기금 자체는 '학교회계'가 아닌 '학교발전기금회계'의 세입원에 해당하지만, '학교발전기금으로부터 받은 전입금'은 '학교회계'의 세입원에 해당한다.

정답 17 ③ 18 ④ 19 ④ 20 ② 21 ②

22 **국 · 공립 초 · 중등학교의 학교회계에 대한 설명으로 옳지 않은 것은?** 22. 국가직 7급

① 도입 취지는 단위학교 경영책임제의 활성화에 있다.

② 학교운영위원회 심의를 거쳐 학부모가 부담하는 경비는 학교회계의 세입에 포함되지 않는다.

③ 학교의 장은 회계연도마다 결산서를 작성하여 회계연도가 끝난 후 2개월 이내에 학교운영위원회에 제출하여야 한다.

④ 학교회계는 학교 운영과 학교시설의 설치 등을 위하여 필요한 모든 경비를 세출로 한다.

해설 「초 · 중등교육법」 제30조의2(학교회계의 설치) 제2항 제2호에 따르면 학교운영위원회 심의를 거쳐 학부모가 부담하는 경비(예 교복 · 체육복 · 졸업앨범비, 방과후교육활동비, 수련활동비 등)는 학교회계의 세입에 포함된다. ③은 제30조의3(학교회계의 운영) 제5항, ④는 제30조의2(학교회계의 설치) 제4항에 해당한다.

23 **현행 국 · 공립 초 · 중등학교의 학교 회계 제도에 관한 설명 중 옳은 것을 모두 고른 것은?** 03. 중등임용

ㄱ. 학교 예산안은 학교 운영 위원회의 심의 사항이 아니다.
ㄴ. 학교 발전 기금은 학교 운영 위원회 위원장 명의로 조성 · 운용되어야 한다.
ㄷ. 학교 회계의 회계 연도는 매년 1월 1일에 시작하여 해당 연도 12월 말에 종료된다.
ㄹ. 학교 회계의 주요 세입원은 국가의 일반 회계 또는 지방 자치 단체의 교육비 특별 회계로부터의 전입금이다.

① ㄱ, ㄴ
② ㄱ, ㄷ
③ ㄴ, ㄹ
④ ㄷ, ㄹ

해설 ㄴ은 「초 · 중등교육법」 제33조(학교발전기금) 제2항과 같은 법 시행령 제64조(학교발전기금) 제3항, ㄹ은 법 제30조의2(학교회계의 설치) 제2항 제2호에 명시되어 있다. ㄱ은 제32조(기능) 제1항 제1호에 따라 심의사항에 해당한다. ㄷ은 제30조의3(학교회계의 운영) 제1항에 따라 학교회계의 회계연도는 매년 3월 1일에 시작하여 다음 해 2월 말일에 끝난다. ㄷ은 정부의 회계연도에 해당한다.

24 **다음 내용을 모두 규정하고 있는 현행 법률은?** 08. 중등임용

- 학교운영위원회의 기능
- 학교운영위원회의 설치 목적
- 학교운영위원회 위원 정수의 범위
- 학교운영위원회를 설치하는 학교의 종류

① 지방자치법
② 교육공무원법
③ 초 · 중등교육법
④ 지방교육자치에 관한 법률

해설 학교운영위원회는 학교의 중요한 의사결정에 구성원이 참여함으로써 학교정책 결정의 민주성, 합리성, 효율성을 확보하고, 교육목표 달성에 기여하기 위한 의사결정기구이다. 1995년 5 · 31 교육개혁 방안 중의 하나로 발표되어 1996년 국 · 공립 및 특수학교(초 · 중 · 고)에, 2000년 사립학교(초 · 중 · 고)에 설치가 의무화된 필수적 법정기구이다. 「초 · 중등교육법」(제31조~제34조의2)과 「초 · 중등교육법 시행령」(제58조~제64조) 및 시 · 도 조례에 근거하여 설치 · 운영된다. 그 성격은 학교운영 전반에 관해 국 · 공 · 사립의 초등학교 · 중학교 · 고등학교 · 특수학교 및 각종학교의 경우 모두 심의기구로서의 위상을 가진다.

25 학교운영위원회에 대한 설명으로 옳지 않은 것은? 13. 국가직 7급

① 교원위원, 학부모위원, 지역위원으로 구성된다.
② 국·공립학교의 장은 당연직 위원이다.
③ 사립학교 학교운영위원회는 학교의 예산안과 결산에 대한 의결권을 가진다.
④ 학교운영의 자율성을 높이고 지역의 실정과 특성에 맞는 다양하고도 창의적인 교육을 하기 위한 것이다.

해설 학교운영위원회의 성격은 학교운영 전반에 관해 국·공·사립학교의 경우 모두 심의기구로서의 위상을 가진다. 「초·중등교육법」 제32조(기능) 제1항 제2호에 따르면 학교의 예산안 및 결산에 관한 사항은 심의 사항에 해당한다. ①은 법 제31조(학교운영위원회의 설치) 제2항과 같은 법 시행령 제58조(국·공립 학교운영위원회의 구성) 제2항, ②는 시행령 제59조(위원의 선출 등) 제1항, ④는 법 제31조 제1항에 해당한다.

TIP **국·공립 학교운영위원회의 구성 – 「초·중등교육법 시행령」 제58조**

학교규모	학생수 < 200명	200명 ≦ 학생수 < 1,000명	1,000명 ≦ 학생수
위원정수	5인 이상 8인 이내	9인 이상 12인 이내	13인 이상 15인 이내
위원구성비(일반학교)	① 학부모 위원(40/100～50/100) ② 교원위원(30/100～40/100) ③ 지역위원(10/100～30/100)		
위원구성비(국·공립 산업수요 맞춤형 고교 및 특성화 고교)	① 지역위원(30/100～50/100, 단 위원 중 1/2은 사업자로 선출) ② 학부모 위원(30/100～40/100) ③ 교원위원(20/100～30/100)		

26 학교운영위원회에 대한 설명 중 바른 것은? 05. 유초등임용 응용

① 학부모 대표, 교원 대표, 지역 사회 인사로 구성한다.
② 학교장은 당연직 교원위원으로 학교운영위원회 위원장이 된다.
③ 모든 학교의 학교운영위원회는 심의·의결기구로서의 위상을 지닌다.
④ 학교운영위원회의 대표들로 구성된 선거인단에서 교육감을 선출한다.

해설 「초·중등교육법」 제31조(학교운영위원회의 설치) 제2항에 따르면 국립·공립학교에 두는 학교운영위원회는 그 학교의 교원 대표, 학부모 대표 및 지역사회 인사로 구성한다. ②는 같은 법 시행령 제59조(위원의 선출 등)에 따르면 국·공립학교의 장은 운영위원회의 당연직 교원위원이 된다(제1항). 그러나 제7항(운영위원회에는 위원장 및 부위원장 각 1인을 두되, 교원위원이 아닌 위원 중에서 무기명투표로 선출한다)에 따라 교원위원은 위원장과 부위원장이 될 수 없다. ③은 법 제32조(기능) 제1항에 따라 학교에 두는 학교운영위원회는 심의 기구이지만, 사립학교의 학교운영위원회의 경우 제7호(「교육공무원법」 제29조의3 제8항에 따른 공모 교장의 공모 방법, 임용, 평가 등) 및 제8호(「교육공무원법」 제31조 제2항에 따른 초빙교사의 추천)의 사항은 제외하고, 제1호(학교헌장과 학칙의 제정 또는 개정)의 사항에 대하여는 자문한다. 국·공·사립학교 모두 심의·의결사항은 학교발전기금의 조성·운용 및 사용에 관한 사항뿐이다(제3항). ④는 「지방교육자치에 관한 법률」 제43조(선출)에 따라 교육감은 주민의 보통·평등·직접·비밀선거에 따라 선출한다.

정답 22 ② 23 ③ 24 ③ 25 ③ 26 ①

27 학교운영위원회에 대한 설명으로 옳지 않은 것은?

18. 국가직

① 학교운영의 자율성을 높이고 지역의 실정과 특성에 맞는 다양하고도 창의적인 교육을 할 수 있도록 하는 데 그 목적이 있다.

② 국립·공립 학교의 경우 「교육공무원법」 제29조의3 제8항에 따른 공모 교장의 공모 방법, 임용, 평가 등을 심의한다.

③ 국립·공립 학교의 경우 학교의 예산안과 결산, 학교교육 과정의 운영방법, 학교급식 등을 심의한다.

④ 위원 수는 5명 이상 20명 이하의 범위에서 학교의 규모 등을 고려하여 교육부령으로 정한다.

해설 「초·중등교육법」 제31조(학교운영위원회의 설치) 제3항에 따르면 ④는 학교운영위원 회의 위원 수는 5명 이상 15명 이하의 범위에서 학교의 규모 등을 고려하여 대통령령[같은 법 시행령 제58조(국·공립 학교운영위원회의 구성) 제1항 "당해 학교의 학교운영위원회규정"]으로 정한다. ①은 법 제31조 제1항, ②는 제32조(기능) 제1항 제7호, ③은 제32조 제1항 제2호·제3호·제10호에 해당한다.

TIP **학교운영위원회의 기능(심의사항) – 「초·중등교육법」 제32조 제1항**

1. 학교 헌장과 학칙의 제정 또는 개정(단, 사립학교는 자문)
2. 학교의 예산안과 결산
3. 학교 교육과정의 운영방법
4. 교과용 도서와 교육 자료의 선정
5. 교복·체육복·졸업앨범 등 학부모가 경비 부담 사항
6. 정규 학습시간 종료 후 또는 방학기간 중의 교육활동 및 수련활동
7. 「교육공무원법」 제29조의3 제8항에 따른 공모교장의 공모방법, 임용, 평가 등(단, 사립학교는 제외)
8. 「교육공무원법」 제31조 제2항에 따른 초빙교사의 추천(단, 사립학교는 제외)
9. 학교운영 지원비의 조성·운용 및 사용
10. 학교급식
11. 대학입학 특별전형 중 학교장 추천
12. 학교 운동부의 구성·운영
13. 학교운영에 대한 제안 및 건의 사항
14. 그 밖에 대통령령이나 시·도의 조례로 정하는 사항

- 학교발전기금 조성·운용 및 사용에 관한 사항은 국·공·사립학교 모두 심의·의결사항임.
- 사립학교의 경우 제1호(학교헌장과 학칙의 제정 또는 개정)는 자문사항, 제7호(공모교장의 공모방법, 임용, 평가 등)·제8호(초빙교사의 추천)는 제외 사항임.

28 현행 학교운영위원회에 대한 설명으로 옳지 않은 것은?

12. 국가직 7급 응용

① 학교운영위원회의 법적 근거는 「초·중등교육법」에 명시되어 있다.

② 국·공립학교의 경우 심의기구, 사립학교의 경우 자문기구의 역할을 수행한다.

③ 사립학교에서 학칙을 개정하기 위해서는 학교운영위원회에서 논의해야 한다.

④ 학교운영위원회는 학교발전기금을 조성할 수 있다.

해설 「초·중등교육법」 제32조(기능) 제1항에 따르면 ②의 경우 사립학교도 심의기구의 역할을 수행하며, ③은 사립학교에서는 학교헌장과 학칙의 제정 또는 개정의 경우에만 자문한다. 또한 공모교장의 공모와 초빙교사의 추천에 관한 사항은 심의에서 제외한다. ①은 제31조(학교운영위원회의 설치) 제1항, ④는 제32조(기능) 제3항에 해당한다. 특히 학교발전기금의 조성·운영 및 사용에 관한 사항은 국·공·사립학교 모두 심의·의결사항에 해당한다.

29 우리나라의 학교운영위원회 구성에 관한 설명으로 적절한 것은? 06. 중등임용

① 학교장은 학교운영위원회의 당연직 위원이다.
② 학부모위원은 교사의 추천을 거쳐 학교장이 위촉한다.
③ 교원위원은 학교운영위원회 구성에서 가장 낮은 비중을 차지한다.
④ 지역위원은 지역주민의 추천을 거쳐 학교운영위원회에서 위촉한다.

해설 「초·중등교육법 시행령」 제59조(위원의 선출 등) 제1항에 따르면 국·공립학교의 장은 운영위원회의 당연직 교원위원이 된다. ②(제2항~제3항)는 학부모위원은 민주적 대의절차에 따라 학부모 전체회의를 통하여 학부모 중에서 투표로 선출하거나, 학부모 전체회의를 통하여 학부모위원을 선출하기 곤란하다고 위원회규정으로 정한 사유에 해당하는 경우에는 위원회규정으로 정하는 바에 따라 학급별 대표로 구성된 학부모대표회의에서 학부모위원을 선출할 수 있다. ③[제58조(국·공립 학교운영위원회의 구성) 제1항~제2항]은 산업수요 맞춤형 고등학교나 특성화 고등학교의 경우(100분의 20 내지 100분의 30)에는 해당하나, 일반학교의 경우는 교원위원(100분의 30 내지 100분의 40)이 아닌 지역위원(100분의 10 내지 100분의 30)의 구성비가 가장 낮다. ④(제59조 제6항)는 지역위원은 학부모위원 또는 교원위원의 추천을 받아 학부모위원 및 교원위원이 무기명투표로 선출한다.

30 국·공립학교의 학교운영위원회에 대한 옳은 설명만을 〈보기〉에서 있는 대로 고른 것은? 17. 지방직

보기
㉠ 학칙의 제정 또는 개정 사항을 심의한다.
㉡ 학교운동부의 구성·운영 사항을 심의한다.
㉢ 학부모위원은 교직원 전체회의에서 선출한다.
㉣ 학교의 장은 운영위원회의 당연직 교원위원이다.

① ㉠, ㉢
② ㉠, ㉡, ㉣
③ ㉡, ㉢, ㉣
④ ㉠, ㉡, ㉢, ㉣

해설 「초·중등교육법 시행령」 제59조(위원의 선출 등) 제2항~제3항에 따르면, 학부모위원은 당해 학교에 자녀를 둔 학부모, 민주적 대의 절차에 따라 학부모 전체회의를 통하여 직접 투표로 선출(예 직접 참석할 수 없는 학부모는, 가정통신문에 대한 회신, 우편투표, 전자적 방법에 의한 투표 등 위원회 규정으로 정하는 방법 및 절차에 따라 투표 가능)하며, 직접 선출이 곤란한 경우에는 위원회 규정으로 정하는 바에 따라 학급별 대표로 구성된 학부모 대표회의에서 선출 가능하다. ㉠은 법 제32조(기능) 제1항 제1호(단, 사립학교는 자문사항), ㉡은 제1항 제12호, ㉣은 같은 법 시행령 제59조 제1항에 해당한다.

31 우리나라 학교운영위원회의 구성 및 운영에 대한 설명으로 옳은 것은? 15. 국가직

① 국·공립학교의 교감은 운영위원회의 당연직 교원위원이 된다.
② 국·공립학교에 두는 운영위원회의 회의는 학교장이 소집한다.
③ 국·공립학교에 두는 운영위원회는 학교교육과정의 운영 방법에 대해서 심의한다.
④ 사립학교에 두는 운영위원회는 학교발전기금의 조성·운용 및 사용에 관한 사항을 심의할 수 없다.

해설 ③은 「초·중등교육법」 제32조(기능) 제1항 제3호에 따른 심의사항에 해당한다. ①은 같은 법 시행령 제59조(위원의 선출 등) 제1항에 따라 국·공립학교의 장이 당연직 교원위원에 해당하며, ②[시행령 제59조의2(회의 소집) 제1항]는 학교운영위원장이 소집하고, ④(법 제32조 제3항)의 학교발전기금의 조성·운영 및 사용에 관한 사항은 국·공·사립학교 모두 심의·의결 사항에 해당한다.

정답 27 ④ 28 ②, ③ 29 ① 30 ② 31 ③

32 「초 · 중등교육법령」상 학교운영위원회의 구성 및 운영에 대한 설명으로 옳은 것만을 모두 고르면?

21. 국가직 7급

> ㉠ 국립 · 공립학교에 두는 학교운영위원회는 그 학교의 교원 대표, 학부모 대표 및 지역사회 인사로 구성한다.
> ㉡ 국립 · 공립학교뿐만 아니라 사립학교도 학교운영위원회를 구성 · 운영하여야 한다.
> ㉢ 국립 · 공립학교의 학교운영위원회는 학교 교육과정의 운영 방법 및 교과용 도서의 선정 등을 심의한다.
> ㉣ 학생회는 법적 기구가 아니므로 학교운영위원회는 학생 대표 등을 회의에 참석하게 하여 의견을 들을 수 없다.

① ㉠, ㉡　　② ㉠, ㉣
③ ㉠, ㉡, ㉢　　④ ㉡, ㉢, ㉣

해설 ㉠은 「초 · 중등교육법」 제31조(학교운영위원회의 설치) 제2항, ㉡은 제1항, ㉢은 제32조(기능) 제1항 제3호 · 제4호에 해당한다. ㉣의 경우 같은 법 시행령 제59조의4(의견 수렴 등) 제2항에 따르면 국 · 공립학교에 두는 운영위원회는 학교헌장과 학칙의 제정 또는 개정, 정규학습시간 종료 후 또는 방학기간 중의 교육활동 및 수련활동, 학교급식 및 그 밖에 학생의 학교생활에 밀접하게 관련된 사항을 심의하기 위하여 필요하다고 인정하는 경우 학생 대표 등을 회의에 참석하게 하여 의견을 들을 수 있다.

33 다음은 어느 공립 중학교의 학교운영위원회 구성 · 운영 사례이다. 현행 「초 · 중등교육법」 및 동법 시행령에 근거할 때, 옳지 않은 것은?

13. 중등임용

> ㉠ <u>학교의 교원대표 · 학부모대표 및 지역사회 인사로 학교운영위원회를 구성하였다</u>. 교장을 제외한 교원위원은 교직원전체회의에서 선출되었고, 학부모위원은 학부모 전체회의에서 직접 선출되었으며, ㉡ <u>학부모위원 및 교원위원이 지역위원을 선출하였다</u>. 이번 회의의 주요 ㉢ <u>안건은 학칙의 개정에 관한 사항이었고, 이를 심의하였다</u>. 이번 회의에 ㉣ <u>교감은 부위원장으로 참여하였다</u>. 다음 회의에는 ㉤ <u>학교발전기금에 관한 사항을 심의 · 의결하기로 하였다</u>.

① ㉠　　② ㉡　　③ ㉢
④ ㉣　　⑤ ㉤

해설 ㉣은 「초 · 중등교육법 시행령」제59조(위원의 선출) 제7항에 따르면 운영위원회에는 위원장 및 부위원장 각 1인을 두되, 교원위원이 아닌 위원 중에서 무기명 투표로 선출한다고 규정하고 있어 교원위원은 위원장 및 부위원장이 될 수 없다. ㉠은 「초 · 중등교육법」 제31조(학교운영위원회의 설치) 제2항, ㉡은 시행령 제59조 제6항, ㉢은 법 제32조(기능) 제1항 제1호, ㉤은 제32조 제3항에 해당한다.

34 「초·중등교육법」상 학교운영위원회의 심의사항에 해당하지 않는 것은? 23. 국가직

① 학교급식
② 자유학기제 실시 여부
③ 교과용 도서와 교육 자료의 선정
④ 대학입학 특별전형 중 학교장 추천

해설 자유학기제는 2016년부터 중학교 과정 중 한 학기 동안 학생들이 시험 부담에서 벗어나 꿈과 끼를 찾을 수 있도록 토론·실습 등 학생 참여형으로 수업을 운영하고, 진로탐색 활동 등 다양한 체험 활동이 가능하도록 교육과정을 자율적으로 운영하는 제도를 말한다. 「초·중등교육법 시행령」 제44조(학기) 제3항("중학교 및 특수학교의 장은 제1항에 따른 학기 중 한 학기 또는 두 학기를 자유학기로 지정해야 한다. 이 경우 지정 대상 학기의 범위 등 자유학기의 지정에 관한 세부사항은 교육부장관이 정한다.")에 따라 전국 모든 중학교에서 반드시 이행하여야 하는 필수사항으로, 학교운영위원회의 심의사항에 해당하지 않는다. 2022 개정 교육과정에서는 자유학기제의 교육과정은 교과와 자유학기활동(주제선택, 진로탐색)으로 편성·운영하고, 자유학기활동은 102시간 이상 확보하여 운영한다. ①은 법 제32조(기능) 제1항 제10호, ③은 제4호, ④는 제11호에 해당한다.

35 학교운영위원회의 의결사항은? 14. 국가직 7급

① 교과용 도서 및 교육 자료의 선정에 관한 사항
② 학교발전기금의 조성·운용 및 사용에 관한 사항
③ 학교헌장과 학칙의 제정 또는 개정에 관한 사항
④ 교복·체육복·졸업앨범 등 학부모가 경비를 부담하는 사항

해설 「초·중등교육법」 제32조(기능) 제3항에 따라 ②는 국·공·사립의 초·중·고교 모두 심의·의결사항에 해당한다. ①은 제32조 제1항 제4호, ③은 제1호, ④는 제5호에 해당하는 심의사항이다. 이 중 ③은 사립학교의 경우는 자문사항에 해당한다.

36 현행 국·공립학교의 학교운영위원회와 관련된 진술로 옳지 않은 것은? 12. 유·초등임용

① 당연직 교원위원을 제외한 교원위원은 교원 중에서 선출하되, 교직원 전체회의에서 무기명투표로 선출한다.
② 교장은 학교운영위원회의 심의·의결로 학교발전기금을 조성한 후 학교회계에 통합하여 운영하여야 한다.
③ 지역위원은 학부모위원 또는 교원위원의 추천을 받아 학부모 위원 및 교원위원이 무기명투표로 선출한다.
④ 학교운영위원회 위원장은 회의 일시를 일과 후, 주말 등 위원들이 참석하기 편리한 시간으로 정하여야 한다.
⑤ 교장은 학교운영위원회의 심의결과와 다르게 시행하고자 하는 경우에는 이를 학교운영위원회와 관할청에 서면으로 보고하여야 한다.

해설 「초·중등교육법 시행령」 제64조(학교발전기금) 제5항에 따르면 업무를 위탁받은 학교의 장은 학교발전기금을 별도회계를 통하여 관리하고, 매 분기마다 발전기금의 집행계획 및 집행내역을 운영위원회에 서면으로 보고하여야 한다. 또한 학교발전기금을 조성하는 주체는 학교운영위원장이고, 운영위원회는 발전기금의 관리 및 집행과 그 부수된 업무의 일부를 당해 학교의 장에게 위탁할 수 있다. ①은 제59조(위원의 선출 등) 제4항, ③은 제6항, ④는 제59조의2(회의 소집) 제3항, ⑤는 제60조(심의결과의 시행 등) 제1항에 해당한다.

정답 32 ③ 33 ④ 34 ② 35 ③ 36 ①

37 「초 · 중등교육법」 및 동법 시행령상 학교에 대한 설명으로 옳지 않은 것은? 15. 국가직 응용

① 자율고등학교는 자율형 사립고와 자율형 공립고, 자율학교로 구분된다.
② 교육감이 특성화 중학교를 지정 · 고시하고자 하는 경우에는 미리 교육부장관의 동의를 받아야 한다.
③ 교육감이 특성화 중학교의 지정을 취소하는 경우에는 미리 교육부장관의 동의를 받아야 한다.
④ 교육감이 과학 계열의 특수목적 고등학교를 지정 · 고시하고자 하는 경우에는 미리 교육부장관의 동의를 받아야 한다.

해설 자율학교의 한 형태에 해당하는 '자율형 고등학교'는 학교 또는 교육과정을 자율적으로 운영할 수 있는 고등학교로 자율형 사립고(「초 · 중등교육법 시행령」 제91조의3)와 자율형 공립고(시행령 제91조의4)로 구분된다. 자율학교는 「초 · 중등교육법」 제61조(학교 및 교육과정 운영의 특례), 「초 · 중등교육법 시행령」 제105조에 근거한 학교로, 국립 · 공립 · 사립의 초등학교 · 중학교 및 고등학교를 대상으로 학교 또는 교육과정을 자율적으로 운영할 수 있는 학교를 말한다. ②는 제76조(특성화중학교) 제1항, ③은 제76조(특성화중학교) 제6항, ④는 제90조(특수목적 고등학교) 제3항에 해당한다("교육감이 과학계열 고등학교 및 산업수요 맞춤형 고등학교(공립 · 사립의 고등학교만 해당)의 특수목적 고등학교를 지정 · 고시하려는 경우에는 미리 교육부장관의 동의를 받아야 한다.").

38 현행 「초 · 중등교육법 시행령」에 근거한 '특수목적 고등학교'에 가장 가까운 학교는? 03. 중등임용

① 대안학교
② 체육계 고등학교
③ 디자인 고등학교
④ 자립형 사립 고등학교

해설 「초 · 중등교육법 시행령」 제76조의3(고등학교의 구분)에 따라 고등학교는 교육과정 운영과 학교의 자율성을 기준으로 일반 고등학교, 특수목적 고등학교, 특성화 고등학교, 자율 고등학교로 구분한다. 이 중 제90조(특수목적 고등학교) 제1항에 따라 특수 분야의 전문적인 교육을 목적으로 하는 과학 인재 양성을 위한 과학계열의 고등학교, 외국어에 능숙한 국제적인 인재양성을 위한 외국어 · 국제계열의 고등학교, 예술인 양성을 위한 예술계열의 고등학교와 체육인 양성을 위한 체육계열의 고등학교(②), 산업계의 수요에 직접 연계된 맞춤형 교육과정을 운영하는 고등학교("산업수요 맞춤형 고등학교")를 말한다. ①은 「초 · 중등교육법」 제60조의3에 따른 학업을 중단하거나 개인적 특성에 맞는 교육을 받으려는 학생을 대상으로 현장 실습 등 체험 위주의 교육, 인성 위주의 교육 또는 개인의 소질 · 적성 개발 위주의 교육 등 다양한 교육을 하는 학교로서 각종학교에 해당하는 학교를 말한다. ③은 시행령 제91조에 따른 특성화 고등학교, ④는 제76조의3에 따른 자율 고등학교에 해당한다.

39 「초 · 중등교육법 시행령」(2011. 1. 17. 개정)의 고등학교 구분에서 특성화 고등학교에 해당하는 것은? 11. 국가직

① 자연현장실습 등 체험 위주의 교육을 전문적으로 실시하는 고등학교
② 특수분야의 전문적인 교육을 목적으로 하는 고등학교
③ 학교 또는 교육과정을 자율적으로 운영할 수 있는 고등학교
④ 특정분야가 아닌 다양한 분야에 걸쳐 일반적인 교육을 실시하는 고등학교

해설 「초 · 중등교육법 시행령」 제91조(특성화 고등학교) 제1항에 따르면 교육감은 소질과 적성 및 능력이 유사한 학생을 대상으로 특정분야의 인재양성을 목적으로 하는 교육 또는 자연현장실습 등 체험위주의 교육을 전문적으로 실시하는 고등학교("특성화 고등학교")를 지정 · 고시할 수 있다. ②는 특수목적 고등학교(제90조 제1항), ③은 자율 고등학교(제91조의3에 따른 자율형 사립고등학교 및 제91조의4에 따른 자율형 공립고등학교), ④는 일반 고등학교(제76조의3 제1호)를 가리킨다.

TIP 고등학교의 구분 – 「초 · 중등교육법 시행령」 제76조의3

특수목적 고등학교	특수 분야(예 과학계열, 외국어계열, 국제계열, 예술계열, 체육계열, 산업수요 맞춤형 고등학교)의 전문적인 교육을 목적으로 하는 고교 ⇨ 「초 · 중등교육법 시행령」 제90조
자율 고등학교	학교 또는 교육과정을 자율적으로 운영할 수 있는 고등학교 ⇨ 「초 · 중등교육법 시행령」 제91조의3에 따른 자율형 사립고등학교 및 제91조의4에 따른 자율형 공립고등학교
특성화 고등학교	소질과 적성 및 능력이 유사한 학생을 대상으로 특정 분야의 인재 양성을 목적으로 하는 교육 또는 자연현장실습 등 체험 위주의 교육을 전문적으로 실시하는 고등학교 ⇨ 「초 · 중등교육법 시행령」 제91조
일반 고등학교	특정분야가 아닌 다양한 분야에 걸쳐 일반적인 교육을 실시하는 고등학교를 말하되, 특수목적 고등학교와 특성화 고등학교에 해당하지 않는 고등학교를 포함 ⇨ 「초 · 중등교육법 시행령」 제76조의3 제1호

40 다음은 「초 · 중등교육법 시행령」 제91조의 규정이다. ㉠과 ㉡에 들어갈 말은? 10. 국가직 응용

> ___㉠___은 소질과 적성 및 능력이 유사한 학생을 대상으로 특정 분야의 인재양성을 목적으로 하는 교육 또는 자연현장실습 등 체험 위주의 교육을 전문적으로 실시하는 고등학교(이하 "___㉡___"라 한다)를 지정 · 고시할 수 있다.

	㉠	㉡		㉠	㉡
①	교육부장관	전문계 고등학교	②	교육부장관	특성화 고등학교
③	교육감	전문계 고등학교	④	교육감	특성화 고등학교

해설 「초 · 중등교육법 시행령」 제91조(특성화 고등학교) 제1항에 따르면 교육감은 소질과 적성 및 능력이 유사한 학생을 대상으로 특정분야의 인재양성을 목적으로 하는 교육 또는 자연현장실습 등 체험위주의 교육을 전문적으로 실시하는 고등학교("특성화 고등학교")를 지정 · 고시할 수 있다.

41 현행 「초 · 중등교육법 시행령」에 따른 고등학교 유형에 대한 설명으로 옳지 않은 것은?

13. 국가직 7급 응용

① 고등학교 유형에는 크게 일반고, 특수목적고, 특성화고, 영재고가 있다.
② 특수목적고에는 과학고, 예술고, 체육고, 산업수요 맞춤형 고 등이 있다.
③ 특성화고는 특정 분야의 인재양성을 목적으로 하는 교육 또는 자연현장실습 등 체험 위주의 교육을 전문적으로 실시하는 고등학교를 말한다.
④ 일반고등학교는 특정분야가 아닌 다양한 분야에 걸쳐 일반적인 교육을 실시하는 고등학교를 말한다.

해설 「초 · 중등교육법 시행령」 제76조의3(고등학교의 구분)에 따르면 고등학교는 교육과정 운영과 학교의 자율성을 기준으로 일반고등학교, 특수목적 고등학교, 특성화 고등학교, 자율 고등학교로 구분된다. 또한 자율 고등학교는 학교 또는 교육과정을 자율적으로 운영할 수 있는 고등학교로 자율형 사립고등학교와 자율형 공립고등학교로 구분된다. ②는 제90조(특수목적 고등학교) 제1항, ③은 제91조(특성화 고등학교) 제1항, ④는 제76조의3 제1호(일반 고등학교)에 해당한다.

정답 37 ① 38 ② 39 ① 40 ④ 41 ①

42 **현재 운영 중인 우리나라의 자율형 사립고등학교에 대한 설명으로 옳지 않은 것은?**

10. 국가직 7급 응용

① 사립고등학교 가운데 교육감이 추천하여 교육부장관이 지정 · 고시한다.

② 국가 또는 지방자치단체로부터 「지방교육재정교부금법 시행령」에 따른 교직원 인건비 및 교육과정 운영비를 지급받지 않아야 한다.

③ 교육부령으로 정하는 법인 전입금기준 및 교육과정 운영기준을 충족하여야 한다.

④ 5년 이내로 지정 · 운영하되, 시 · 도 교육규칙으로 정하는 바에 따라 5년의 범위에서 연장할 수 있다.

해설 「초 · 중등교육법 시행령」 제91조의3(자율형 사립고등학교) 제1항에 따르면 교육감은 '국가 또는 지방자치단체로부터 「지방교육재정교부금법 시행령」에 따른 교직원 인건비(교원의 명예퇴직 수당은 제외한다) 및 학교 · 교육과정운영비를 지급받지 아니하고, 교육부령으로 정하는 법인전입금기준 및 교육과정운영기준을 충족할 것'의 요건에 모두 해당하는 사립의 고등학교를 대상으로 법 제61조에 따라 학교 또는 교육과정을 자율적으로 운영할 수 있는 고등학교(이하 "자율형 사립고등학교"라 한다)를 지정 · 고시할 수 있다. 이 경우 미리 교육부장관의 동의를 받아야 한다. ②와 ③은 제1항, ④는 제6항에 해당한다.

43 **다음 설명에 해당하는 학교의 형태는?**

09. 교육사무관 5급 응용

> 학업을 중단하거나 개인적 특성에 맞는 교육을 받고자 하는 학생을 대상으로 현장실습 등 체험위주의 교육, 인성위주의 교육 또는 개인의 소질 · 적성 개발 위주의 교육 등 다양한 교육을 실시하는 학교로서 각종학교에 해당하는 학교이다(「초 · 중등교육법」 제60조의3).

① 특성화학교 ② 대안학교 ③ 외국인학교

④ 자율학교 ⑤ 특수목적학교

해설 외국인학교와 함께 각종학교(「초 · 중등교육법」 제60조)에 해당하는 대안학교는 「초 · 중등교육법」 제60조의3)에 따른 학교로서, 정규학교의 교육과정에 준하는 교육을 실시하는 사회교육적 성격을 지닌 특별학제에 속하는 학교이다.

44 **「초 · 중등교육법 시행령」상 교육감이 자율학교로 지정 · 운영할 수 있는 학교만을 모두 고르면?**

19. 국가직 7급 응용

> ㉠ 특성화 중학교
> ㉡ 산업수요 맞춤형 고등학교 및 특성화 고등학교
> ㉢ 학업에 어려움을 겪는 학생 등에 대한 교육을 실시하는 학교
> ㉣ 「농어업인 삶의 질 향상 및 농어촌지역 개발촉진에 관한 특별법」 제3조 제4호에 따른 농어촌학교

① ㉠, ㉡ ② ㉢, ㉣

③ ㉠, ㉡, ㉣ ④ ㉠, ㉡, ㉢, ㉣

해설 자율학교는 「초 · 중등교육법」 제61조(학교 및 교육과정 운영의 특례) 및 시행령 제105조(학교 및 교육과정 운영의 특례)에 근거를 둔 학교로, 국립 · 공립 · 사립의 초등학교 · 중학교 및 고등학교를 대상으로 학교 또는 교육과정을 자율적으로 운영할 수 있는 학교를 말한다. 교육감이 지정 · 운영할 수 있으며, 국립학교를 자율학교로 지정하려는 경우에는 미리 교육부장관과 협의해야 한다. 교육감이 자율학교로 지정 · 운영할 수 있는 학교로는 ㉠~㉣ 이외에도 개별학생의 적성 · 능력 개발을 위한 다양하고 특성화된 교육과정을 운영하는 학교, 학생의 창의력 계발 또는 인성함양 등을 목적으로 특별한 교육과정을 운영하는 학교, 그 밖에 교육감이 특히 필요하다고 인정하는 학교가 있다. 또한 교육감은 학생의 학력향상 등을 위하여 특히 필요하다고 인정되는 공립학교를 직권으로 자율학교로 지정할 수 있다.

TIP 자율학교 규정 – 「초 · 중등교육법 시행령」

제105조【학교 및 교육과정 운영의 특례】 ① 교육감은 다음 각 호의 어느 하나에 해당하는 국립 · 공립 · 사립의 초등학교 · 중학교 · 고등학교 및 특수학교를 대상으로 법 제61조에 따라 학교 또는 교육과정을 자율적으로 운영할 수 있는 학교(이하 "자율학교"라 한다)를 지정 · 운영할 수 있다. 다만, 국립학교를 자율학교로 지정하려는 경우에는 미리 교육부장관과 협의해야 한다.

1. 학업에 어려움을 겪는 학생에 대한 교육을 실시하는 학교
2. 개별학생의 적성 · 능력 개발을 위한 다양하고 특성화된 교육과정을 운영하는 학교
3. 학생의 창의력 계발 또는 인성함양 등을 목적으로 특별한 교육과정을 운영하는 학교
4. 특성화중학교
5. 산업수요 맞춤형 고등학교 및 특성화고등학교
6. 「농어업인 삶의 질 향상 및 농어촌지역 개발촉진에 관한 특별법」 제3조제4호에 따른 농어촌학교
7. 그 밖에 교육감이 특히 필요하다고 인정하는 학교

③ 제2항에도 불구하고 교육감은 학생의 학력향상 등을 위하여 특히 필요하다고 인정되는 공립학교를 직권으로 자율학교로 지정할 수 있다.

45 「초 · 중등교육법 시행령」 제105조의 '자율학교 지정 · 운영'에 관한 규정에 대해 바르게 설명한 것은?

04. 중등임용

① 모든 자율학교는 해당 교육감이 지정한다.
② 학교급별로 중학교와 고등학교만을 대상으로 한다.
③ 설립별로 국 · 공 · 사립학교가 모두 지정될 수 있다.
④ 5년 이내 한시적으로 지정 · 운영하되, 연장 운영할 수 있다.

해설 「초 · 중등교육법 시행령」 제105조(학교 및 교육과정 운영의 특례) 제1항에 따르면 교육감은 국립 · 공립 · 사립의 초등학교 · 중학교 · 고등학교 및 특수학교를 대상으로 법 제61조에 따라 학교 또는 교육과정을 자율적으로 운영할 수 있는 학교(이하 "자율학교"라 한다)를 지정 · 운영할 수 있다. ①은 강제사항이 아니라 권장사항이다. 즉 교육감이 지정 · 운영할 수 있다. ②는 초등학교 · 중학교 · 고등학교 및 특수학교를 대상으로 한다. ④(제4항)는 5년 이내로 지정 · 운영하되, 교육감이 정하는 바에 따라 연장 운영할 수 있다.

정답 42 ① 43 ② 44 ④ 45 ③

01 실전 예상문제

01 「초 · 중등교육법」의 규정에 대하여 잘못 진술한 것은?

① 학교를 설립하려는 자는 시설 · 설비 등 교육부령으로 정하는 설립 기준을 갖추어야 한다.
② 사립학교를 설립하려는 자는 특별시 · 광역시 · 특별자치시 · 도 · 특별자치도 교육감의 인가를 받아야 한다.
③ 국립학교는 교육부장관의 지도 · 감독을 받으며, 공립 · 사립 학교는 교육감의 지도 · 감독을 받는다.
④ 학교의 장은 법령의 범위에서 학교 규칙(이하 "학칙"이라 한다)을 제정 또는 개정할 수 있다.

해설 「초 · 중등교육법」 제4조(학교의 설립 등) 제1항에 따르면 학교를 설립하려는 자는 시설 · 설비 등 대통령령(즉, 「초 · 중등교육법 시행령」)으로 정하는 설립 기준을 갖추어야 한다. ②는 제2항, ③은 제6조(지도 · 감독), ④는 제8조(학교 규칙) 제1항에 해당한다.

02 다음은 「초 · 중등교육법」과 같은 법 시행령에 규정된 취학의무 규정이다. (　　) 안에 알맞은 내용은?

> • 모든 국민은 보호하는 자녀 또는 아동이 (　　)가 된 날이 속하는 해의 다음 해 3월 1일에 그 자녀 또는 아동을 초등학교에 입학시켜야 하고, 초등학교를 졸업할 때까지 다니게 하여야 한다.
> • 읍 · 면 · 동의 장은 매년 10월 1일 현재 그 관내에 거주하는 자로서 그 해 1월 1일부터 12월 31일까지 연령이 (　　)에 달하는 자를 조사하여 그 해 10월 31일까지 취학아동명부를 작성하여야 한다.

① 5세　　② 6세
③ 7세　　④ 8세

해설 「초 · 중등교육법」 제13조(취학 의무) 제1항과 같은 법 시행령 제15조(취학아동명부의 작성 등) 제1항에 따르면 취학의 의무에 해당하는 아동의 연령은 6세이다. 그러나 5세나 7세가 된 아동도 취학할 수 있다. 이 경우 아동의 보호자는 읍 · 면 · 동의 장에게 조기입학신청서와 입학연기신청서를 제출해야 한다(시행령 제2항 · 제3항). 그리고 조기입학신청서(5세 아동) 또는 입학연기신청서(7세 아동)를 받은 읍 · 면 · 동의 장은 조기입학대상자는 취학아동명부에 등재하여야 하고, 입학연기대상자는 취학아동명부에서 제외하여야 한다. 이 경우 입학연기대상자 명단을 교육장에게 통보하여야 한다(제4항).

03 「초 · 중등교육법 시행령」에 따라 의무교육대상자의 취학 의무를 면제하거나 유예할 수 있는 기간은?

① 6개월 이내　　② 1년 이내
③ 2년 이내　　④ 3년 이내

해설 「초 · 중등교육법 시행령」 제28조(취학 의무의 면제 · 유예) 제6항에 따라 취학 의무의 유예는 1년 이내로 한다. 다만, 특별한 사유가 있는 경우에는 다시 유예하거나 유예 기간을 연장할 수 있다. 한편, 취학 의무를 면제 또는 유예받으려는 아동이나 학생의 보호자는 해당 아동이나 학생이 취학할 예정이거나 취학 중인 학교의 장에게 취학 의무의 면제 또는 유예를 신청하여야 한다(제1항).

04 우리나라 학교교육과 학교행정에 관한 「초 · 중등교육법」의 규정으로 잘못 진술된 것은?

① 학생의 자치활동은 권장 · 보호되며, 그 조직 및 운영에 관한 기본적인 사항은 법률로 정한다.
② 학교의 설립자 · 경영자와 학교의 장은 헌법과 국제인권조약에 명시된 학생의 인권을 보장하여야 한다.
③ 학생의 진급이나 졸업은 학년제로 한다. 그러나 학교의 장은 관할청의 승인을 받아 학년제 외의 제도를 채택할 수 있다.
④ 학교의 장은 교육상 필요한 경우에는 법령과 학칙으로 정하는 바에 따라 학생을 징계하거나 기타의 방법으로 지도할 수 있다. 다만, 의무교육을 받고 있는 학생은 퇴학시킬 수 없다.

해설 「초 · 중등교육법」 제17조(학생의 자치활동)에 따르면 학생의 자치활동은 법률이 아니라 학칙으로 정한다. ②는 제18조의4(학생의 인권보장 등) 제1항, ③은 제26조(학년제) 제1항, ④는 제18조(학생의 징계) 제1항에 해당한다.

05 「초 · 중등교육법」에 따른 교직원 관련 규정 중 잘못된 것은?

① 교원의 정당한 학생생활지도에 대해 아동에 대한 신체적 · 정서적 학대로 보아서는 안 된다.
② 학교는 교원의 전화번호, 주민등록번호 등 개인정보가 관계 법률에 따라 보호될 수 있도록 필요한 조치를 하여야 한다.
③ 교육감은 학교의 교원 정원에 관한 사항을 매년 시 · 도의회에 보고해야 한다.
④ 학교의 장은 학생의 인권을 보호하고 교원의 교육활동을 위하여 필요한 경우에는 법령과 학칙으로 정하는 바에 따라 학생을 지도할 수 있다.

해설 「초 · 중등교육법」 제19조(교직원의 구분) 제4항에 따르면 교원의 정원에 관한 사항을 매년 국회에 보고해야 하는 주체는 교육부장관이다. ①은 제20조의2(학교의 장 및 교원의 학생생활지도) 제2항에 따라 교원의 정당한 학생생활지도는 「아동복지법」상 금지 행위 위반으로 보지 않는다. ②는 제20조의3(교원의 개인정보의 보호)에 따라 학교와 학교의 장은 교원의 개인정보를 보호할 의무가 있다. ④는 제20조의2 제1항에 따라 학교의 장과 교원은 학생의 인권을 보호하고 교원의 교육활동을 위해 필요한 경우 학생을 지도할 수 있다.

06 「초 · 중등교육법」 제20조에 따른 교직원의 임무를 잘못 기술한 것은?

① 교장은 교무를 총괄하고, 민원처리를 책임지며, 소속 교직원을 지도 · 감독하고, 학생을 교육한다.
② 교감은 교장을 보좌하여 교무를 관리하고 교사의 교수 · 연구 활동을 지원하며, 학생을 교육하고, 교장이 부득이한 사유로 직무를 수행할 수 없는 때에는 그 직무를 대행한다.
③ 교사는 법령이 정하는 바에 따라 학생을 교육한다.
④ 행정직원 등 직원은 법령에서 정하는 바에 따라 학교의 행정사무와 기타의 사무를 담당한다.

해설 「초 · 중등교육법」 제20조(교직원의 임무) 제2항에 따르면 교감은 교장을 보좌하여 교무를 관리하고 학생을 교육하며, 교장이 부득이한 사유로 직무를 수행할 수 없는 때에는 그 직무를 대행한다. 다만, 교감을 두지 아니하는 학교의 경우에는 교장이 미리 지명한 교사(수석교사를 포함한다)가 그 직무를 대행한다. ②에서 '교사의 교수 · 연구 활동을 지원'하는 것은 수석교사의 임무에 해당한다. 수석교사는 교사의 교수 · 연구 활동을 지원하며, 학생을 교육한다(제3항). ①은 제1항, ③은 제4항, ④는 제5항에 해당한다.

정답 01 ① 02 ② 03 ② 04 ① 05 ③ 06 ②

07 다음 중 「초 · 중등교육법」 제19조와 제21조에 따른 교원의 자격에 해당되지 않는 것은?

① 교장 ② 준교사

③ 보직교사 ④ 실기교사

해설 「초 · 중등교육법」 제19조(교직원의 구분) 제3항에 따르면 학교에는 원활한 학교 운영을 위하여 교사 중 교무(校務)를 분담하는 보직교사를 둘 수 있다. 그런데 보직교사는 교사에게 주어진 보직(補職)이지 교원의 자격[제19조 제1항과 제21조(교원의 자격)]에는 해당하지 않는다. ①은 제21조 제1항, ②와 ④는 제2항에 규정된 자격이다. 준교사와 실기교사의 경우 1 · 2급 구분이 없는 교사에 해당한다.

08 「초 · 중등교육법」과 같은 법 시행령에 명시된 수석교사 관련 규정 중 잘못된 것은?

① 수석교사는 교원의 자격에 포함된다.

② 수석교사는 교사의 교수 · 연구 활동을 지원하며, 학생을 교육한다.

③ 수석교사는 15년 이상의 교육경력(「교육공무원법」 제2조 제1항 제2호 및 제3호에 따른 교육전문직원으로 근무한 경력을 포함한다)을 가지고 있어야 한다.

④ 수석교사는 학급을 담당한다.

해설 「초 · 중등교육법 시행령」 제36조의5(학급담당교원) 제4항에 따르면 "수석교사는 학급을 담당하지 아니한다. 다만, 학교 규모 등 학교 여건에 따라 학급을 담당할 수 있다"고 규정하고 있다. ①은 「초 · 중등교육법」 제21조(교원의 자격) 제2항, ②는 제20조(교직원의 임무) 제3항, ③은 제21조 제3항에 해당한다. 수석교사는 교사 자격증을 소지한 사람으로서 15년 이상의 교육경력(「교육공무원법」 제2조 제1항 제2호 및 제3호에 따른 교육전문직원으로 근무한 경력을 포함한다)을 가지고 교수 · 연구에 우수한 자질과 능력을 가진 사람 중에서 대통령령으로 정하는 바에 따라 교육부장관이 정하는 연수 이수 결과를 바탕으로 검정 · 수여하는 자격증을 받은 사람이어야 한다. 또한, 「교육공무원법」 제29조의4(수석교사의 임용 등)에 따르면, 수석교사는 교육부장관이 임용하며(제1항), 최초로 임용된 때부터 4년마다 대통령령으로 정하는 업적평가 및 연수실적 등을 반영한 재심사를 받아야 하며, 심사기준을 충족하지 못한 경우 대통령령으로 정하는 바에 따라 수석교사로서의 직무 및 수당 등을 제한할 수 있다(제2항).

09 「초 · 중등교육법」 제23조에 따른 교육과정 등에 관한 관련 규정으로 옳은 것은?

① 학교는 교육과정을 개발하여야 한다.

② 국가교육위원회는 교육과정의 기준과 내용에 관한 기본적인 사항을 정하며, 교육부장관은 국가교육위원회가 정한 교육과정의 범위에서 지역의 실정에 맞는 기준과 내용을 정할 수 있다.

③ 교육부장관은 교육과정이 안정적으로 운영될 수 있도록 대통령령으로 정하는 바에 따라 후속지원 계획을 수립 · 시행한다.

④ 학교의 교과(敎科)는 교육부령으로 정한다.

해설 우리나라의 공식적 교육과정은 제7차 교육과정 이후 국가 수준의 교육과정(국가교육위원회가 정한 교육과정의 기준과 내용)과 지역(시 · 도 교육청 교육과정 편성 · 운영 지침 및 시 · 군 · 구 교육지원청의 학교교육과정 편성 · 운영 장학자료), 그리고 학교(학교교육과정 편성 · 운영) 등 세 수준으로 구성된다. ③은 「초 · 중등교육법」 제23조(교육과정 등) 제3항에 따라 교육부장관은 교육과정의 안정적 운영을 위한 후속지원 계획을 수립 · 시행한다. ①(제1항)은 학교는 교육과정을 운영하여야 하며, ②(제2항)는 지역의 실정에 맞는 기준과 내용을 정할 수 있는 것은 교육감이고, ④는 학교의 교과는 대통령령(「초 · 중등교육법 시행령」)으로 정한다.

TIP **교육부장관의 후속지원 계획 –「초 · 중등교육법 시행령」 제42조의2**

제42조의2【교육과정 후속지원 계획의 수립 · 시행】 ① 법 제23조 제3항에 따른 후속지원 계획에는 다음 각 호의 사항이 포함되어야 한다.
1. 학교의 교육과정 운영 지원을 위한 자료 개발 및 보급에 관한 사항
2. 학교의 교육과정 운영 개선을 위한 관계기관 협력 및 지원에 관한 사항
3. 교원의 교육과정 이해 제고를 위한 연수에 관한 사항
4. 그 밖에 후속지원과 관련하여 교육부장관이 필요하다고 인정하는 사항
② 교육부장관은 법 제23조 제3항에 따라 후속지원 계획을 수립한 때에는 지체 없이 국가교육위원회 및 교육감에게 통보해야 한다.

10 「초 · 중등교육법」 제28조에서 규정하고 있는 학업에 어려움을 겪는 학생에 포함되지 않는 것은?

① 성격장애나 지적(知的) 기능의 저하 등으로 인하여 학습에 제약을 받는 학생

② 학습장애를 지닌 특수교육대상자로 선정된 학생

③ 학업 중단 학생

④ 학업 중단의 징후가 발견되거나 학업 중단의 의사를 밝힌 학생 등 학업 중단 위기에 있는 학생

해설 「초 · 중등교육법」 제28조(학업에 어려움을 겪는 학생에 대한 교육) 제1항에 따른 '학업에 어려움을 겪는 학생'은 성격장애나 지적(知的) 기능의 저하 등으로 인하여 학습에 제약을 받는 학생 중 「장애인 등에 대한 특수교육법」 제15조에 따른 학습장애를 지닌 특수교육대상자로 선정되지 아니한 학생, 학업 중단 학생, 학업 중단의 징후가 발견되거나 학업 중단의 의사를 밝힌 학생 등 학업 중단 위기에 있는 학생이 해당한다.

정답 07 ③ 08 ④ 09 ③ 10 ②

11 **다음은 「초 · 중등교육법 시행령」 제45조에 나타난 학교의 수업일수 규정이다. (가)~(다)에 알맞은 내용을 바르게 나열한 것은?**

> 학교의 수업일수는 초등학교 · 중학교 · 고등학교 · 고등기술학교 및 특수학교(유치부는 제외함)의 경우 매 학년 (가) 이상을 기준으로 하고, (나)가/이 정한다. 다만, (나)는/은 천재지변, 연구학교의 운영 또는 제105조에 따른 자율학교의 운영 등 교육과정의 운영상 필요한 경우에는 (다)의 범위에서 수업일수를 줄일 수 있으며, 이 경우 다음 학년도 개시 30일 전까지 관할청에 보고하여야 한다.

	(가)	(나)	(다)
①	170일	교육감	기준의 10분의 1
②	170일	학교장	기준의 5분의 1
③	190일	교육감	기준의 5분의 1
④	190일	학교장	기준의 10분의 1

해설 학교의 수업일수는 학교의 장이 「초 · 중등교육법 시행령」이 정한 기준(매년 190일 이상)에 따라 정하며, 교육과정 운영상 필요한 경우(천재지변, 연구학교 또는 자율학교 운영 등) 10분의 1 범위에서 감축할 수 있다. 이 경우 학교운영위원회의 심의 또는 자문을 거쳐야 하며, 그 결과를 다음 학년도 개시 30일 전까지 관할청에 보고하여야 한다. 공민학교 및 고등공민학교의 경우는 매 학년 170일 이상을 기준으로 한다.

12 **다음 중 학교의 장이 「초 · 중등교육법」 제25조에 따른 학교생활기록과 「학교보건법」 제7조의3에 따른 건강검사기록을 제3자에게 제공할 수 있는 경우에 해당하는 것은?**

① 학생의 동의 없이 학원에 학생의 성적 정보를 제공하는 경우
② 학생의 동의 없이 학생의 사진을 학교 홍보 자료에 사용하는 경우
③ 학생의 개인정보를 노출시켜 교육 관련 연구에 활용하는 경우
④ 범죄 수사를 위해 수사기관에서 자료 제공을 요청하는 경우

해설 「초 · 중등교육법」 제30조의6(학생관련자료 제공의 제한) 제1항에 따르면, 학교의 장은 학교생활기록과 건강검사기록을 학생의 동의 없이 제3자에게 제공하여서는 아니 된다. 다만, 범죄 수사, 법원의 재판 업무 수행, 학교에 대한 감독 및 감사, 상급학교의 학생 선발, 통계 작성 및 학술연구(단, 자료의 당사자가 누구인지 알아볼 수 없는 형태로 제공) 등의 목적으로 제공하는 경우는 예외이다. 따라서 ④는 자료 제공이 가능한 예외 사항에 해당한다. ①, ②는 학생(미성년자의 경우는 학생과 학생의 부모 등 보호자)의 동의 없이 개인정보를 제3자에게 제공하는 것이므로 법률에 위배된다. ③은 학생 개인정보를 알아볼 수 없는 형태로 제공해야 한다.

13 **국·공립 초·중·고등학교 및 특수학교에 설치하는 학교회계제도에 대한 설명으로 옳지 않은 것은?**

① 학교회계의 회계연도는 매년 3월 1일에 시작하여 다음 해 2월 말일에 끝난다.

② 학교의 장은 회계연도마다 학교회계 세입세출예산안을 편성하여 회계연도가 시작되기 30일 전까지 학교운영위원회에 제출하여야 한다.

③ 학교운영위원회는 학교회계 세입세출예산안을 회계연도가 시작되기 5일 전까지 심의하여야 한다.

④ 학교의 장은 회계연도마다 결산서를 작성하여 회계연도가 끝난 후 4개월 이내에 학교운영위원회에 제출하여야 한다.

해설 「초·중등교육법」 제30조의3(학교회계의 운영) 제5항에 따르면, 학교의 장은 회계연도마다 결산서를 작성하여 회계연도가 끝난 후 2개월 이내에 학교운영위원회에 제출하여야 한다. 그리고 「국(공)립 유치원 및 초·중등학교 회계규칙」 제20조(결산심의)에 따라 학교운영위원회는 결산심의결과를 회계연도 종료 후 4월 안에 학교의 장에게 통보하여야 한다. ①은 법 제30조의3 제1항, ②는 제2항, ③은 제3항에 해당한다.

14 **다음 중 학교회계의 세입원에 해당되지 않는 것은?**

① 국가의 일반회계나 지방자치단체의 교육비 특별회계로부터 받은 전입금

② 교복비, 체육복비, 졸업앨범비 등 학교운영위원회 심의를 거쳐 학부모가 부담하는 경비

③ 학교발전기금으로부터 받은 전입금

④ 학교 운영비

해설 「초·중등교육법」 제30조의2(학교회계의 설치) 제2항에 따른 학교회계의 세입원은 국가의 일반회계나 지방자치단체의 교육비 특별회계로부터 받은 전입금(①), 제32조 제1항에 따라 학교운영위원회 심의를 거쳐 학부모가 부담하는 경비(②), 제33조의 학교발전기금으로부터 받은 전입금(③), 국가나 지방자치단체의 보조금 및 지원금, 사용료 및 수수료, 이월금, 물품매각대금, 그 밖의 수입(예 이자수입, 실습물 매각대금) 등이 있다. ④(제3항)의 경우 학교 운영과 학교시설의 설치 등을 위하여 필요한 모든 경비는 세출원에 해당한다.

15 **학교회계의 운영에서 예산안이 새로운 회계연도가 시작될 때까지 확정되지 아니한 경우, 전년도 예산에 준하여 집행할 수 있는 경비에 해당하지 않는 것은?**

① 교직원 등의 인건비

② 학교교육에 직접 사용되는 교육비

③ 교직원 연수비

④ 학교시설의 유지관리비

해설 「초·중등교육법」 제30조의3(학교회계의 운영) 제4항에 따라 준예산으로 집행할 수 경비는 교직원 등의 인건비(①), 학교교육에 직접 사용되는 교육비(②), 학교시설의 유지관리비(④), 법령상 지급 의무가 있는 경비, 이미 예산으로 확정된 경비이다. 이 경우 전년도 예산에 준하여 집행된 예산은 해당 연도의 예산이 확정되면 그 확정된 예산에 따라 집행된 것으로 본다.

정답 11 ④ 12 ④ 13 ④ 14 ④ 15 ③

16 「초 · 중등교육법 시행령」 제64조에 따른 학교발전기금의 조성 및 사용 목적에 해당하지 않는 경우는?

① 교육용 기자재 및 도서의 구입
② 학생복지 및 학생자치활동의 지원
③ 교직원 연수 및 연구 활동의 지원
④ 학교교육시설의 보수 및 확충

해설 국 · 공 · 사립학교의 경우 학교발전기금의 조성 · 운용 및 사용에 관한 사항[「초 · 중등교육법」 제32조(기능) 제3항]은 학교운영위원회의 심의 · 의결 사항에 해당한다. 학교교육시설의 보수 및 확충(④), 교육용 기자재 및 도서의 구입(①), 학교체육활동 기타 학예활동의 지원, 학생복지 및 학생 자치활동의 지원(②) 등의 목적으로만 조성할 수 있으며, 조성 목적 이외의 용도로 조성 · 운용할 수 없다.

17 초 · 중등학교에 설치된 학교운영위원회의 성격 및 주된 기능을 바르게 설명한 것은?

① 국 · 공 · 사립학교의 경우 모두 필수적인 자문기구이다.
② 국 · 공 · 사립학교의 경우 모두 필수적인 심의기구이다.
③ 국 · 공립학교에서는 심의 · 의결기구, 사립학교에서는 자문기구이다.
④ 국 · 공립학교에서는 필수기구,사립학교에서는 임의기구이다.

해설 학교운영위원회는 「초 · 중등교육법」 제31조(학교운영위원회의 설치)와 「초 · 중등교육법 시행령」 및 시 · 도 조례에 근거하여 설치 · 운영되는 필수적 법정기구이다. 그 성격은 학교운영 전반에 관해 심의기구로서의 위상을 가진다. 그러나 법 제32조(기능) 제1항에 따라 사립학교의 경우 제1호(학교헌장과 학칙의 제정 또는 개정)는 자문사항, 제7호(공모교장의 공모방법, 임용, 평가 등) · 제8호(초빙교사의 추천)는 제외 사항에 해당한다.

18 학교운영위원회에 대한 설명 중 옳지 않은 것은?

① 학부모 대표, 교원 대표, 지역사회 인사로 구성한다.
② 학교장은 당연직 교원위원으로 학교운영위원회 위원장이 된다.
③ 초등학교 · 중학교 · 고등학교 · 특수학교 및 각종학교에 구성 · 운영하여야 한다.
④ 학교운영위원회의 위원 수는 5명 이상 15명 이하의 범위에서 학교의 규모 등을 고려하여 대통령령으로 정한다.

해설 「초 · 중등교육법 시행령」 제59조(위원의 선출 등)에 따르면 국 · 공립학교의 장은 운영위원회의 당연직 교원위원이 된다(제1항). 그러나 제7항(운영위원회에는 위원장 및 부위원장 각 1인을 두되, 교원위원이 아닌 위원 중에서 무기명투표로 선출한다)에 따라 교원위원은 위원장과 부위원장이 될 수 없다. ①은 법 제31조(학교운영위원회의 설치) 제2항, ③은 제1항, ④는 제3항에 해당한다.

19 **다음 내용은 「초 · 중등교육법 시행령」 제58조 국 · 공립 학교운영위원회의 구성에 관한 내용이다. A 중학교의 학생이 1,200명일 때 교원위원의 최대 인원수는?**

> 1. 학부모위원: 100분의 40 내지 100분의 50
> 2. 교원위원: 100분의 30 내지 100분의 40
> 3. 지역위원: 100분의 10 내지 100분의 30

① 4 ② 5
③ 6 ④ 7

해설 「초 · 중등교육법 시행령」 제58조(국 · 공립 학교운영위원회의 구성) 제1항에 따르면 학교운영위원회 위원의 정수는 다음 각 호의 구분에 의한 범위 안에서 학교의 규모 등을 고려하여 당해 학교의 학교운영위원회 규정으로 정한다. 그러므로 A 중학교의 학생이 1,200명이므로, 제3호의 규정에 따라 13인 이상 15인 이내로 운영위원의 정수를 구성할 수 있다. 최대 15인으로 구성한다면 교원위원은 100분의 40까지 가능하므로 6명으로 구성할 수 있다.
1. 학생수가 200명 미만인 학교: 5인 이상 8인 이내
2. 학생수가 200명 이상 1천 명 미만인 학교: 9인 이상 12인 이내
3. 학생수가 1천 명 이상인 학교: 13인 이상 15인 이내

20 **학교장이 학교운영위원회의 심의를 거치지 아니하고 시행할 수 있는 경우를 모두 고르면?**

> ㄱ. 학교운영위원회의 심의를 거치는 경우 교육활동 및 학교운영에 중대한 차질이 발생할 우려가 있는 경우
> ㄴ. 천재 · 지변 기타 불가항력의 사유로 운영위원회를 소집할 여유가 없는 경우
> ㄷ. 학교운영지원비의 조성 · 운용 및 사용
> ㄹ. 「교육공무원법」에 따른 공모 교장의 공모 방법, 임용, 평가 등의 경우

① ㄱ, ㄴ ② ㄴ, ㄷ
③ ㄱ, ㄴ, ㄹ ④ ㄱ, ㄹ

해설 ㄱ과 ㄴ은 「초 · 중등교육법 시행령」 제60조 제2항(심의결과의 시행) 중 학교운영위원회의 심의를 거치지 아니하고 시행할 수 있는 경우에 해당한다. 이러한 경우 학교장은 관련사항과 그 사유를 운영위원회와 관할청에 서면보고 해야 한다. ㄷ[「초 · 중등교육법」 제32조(기능) 제1항 제9호]은 학교운영위원회의 심의사항, ㄹ(제32조 제1항 제7호)은 국 · 공립학교의 경우 심의사항(사립은 자문에서 제외되는 경우)에 해당한다.

정답 16 ③ 17 ② 18 ② 19 ③ 20 ①

21 「초 · 중등교육법」에 따른 학교운영위원회에 대한 진술로 가장 잘못된 것은?

① 초등학교 · 중학교 · 고등학교 · 특수학교 및 각종학교에 학교운영위원회를 구성 · 운영하여야 한다.
② 학교운영위원회는 학교발전기금의 조성 · 운용 및 사용에 관한 사항을 심의 · 의결한다.
③ 학교운영위원회는 「교육공무원법」 제31조 제2항에 따른 초빙교사의 추천에 관한 사항을 심의한다.
④ 사립학교에 두는 학교운영위원회의 경우 학교헌장과 학칙의 제정 또는 개정의 사항에 대하여는 자문한다.

해설 「초 · 중등교육법」 제32조(기능) 제1항에 따르면 ③은 '공모교장의 공모방법, 임용, 평가 등에 관한 사항'과 함께 사립학교의 학교운영위원회는 심의사항에서 제외된다. ①은 제31조(학교운영위원회의 설치) 제1항, ②는 제32조 제3항, ④는 제1항 제1호에 해당한다.

22 「초 · 중등교육법」에 따른 고교학점제 규정으로 잘못된 것은?

① 고교학점제를 운영하는 학교의 학생은 취득 학점 수 등이 일정 기준에 도달하면 고등학교를 졸업한다.
② 고교학점제의 운영 및 졸업 등에 필요한 사항은 교육부령으로 정한다.
③ 교육부장관과 교육감은 고교학점제 운영과 지원을 위하여 고교학점제 지원센터를 설치 · 운영할 수 있다.
④ 국가와 지방자치단체는 고교학점제의 운영을 위하여 필요한 행정적 · 재정적 지원을 하여야 한다.

해설 「초 · 중등교육법」 제48조(학과 및 학점제 등) 제3항에 따르면 고등학교(고등학교에 준하는 교육을 실시하는 특수학교를 포함한다)의 교육과정 이수를 위하여 학점제(이하 "고교학점제"라 한다)를 운영할 수 있다. ②(제5항)의 경우는 대통령령으로 정한다. 그리고 시행령 제92조의3(학점제의 운영 등)에서는 "고교학점제의 운영, 고교학점제를 운영하는 학교의 학생이 졸업에 필요한 교과목 이수의 인정 기준과 학점 수* 등에 관한 사항은 법 제23조 제2항에 따른 교육과정의 범위에서 학칙으로 정한다"고 규정하고 있다. ①은 법 제48조 제4항, ③은 제48조의2(고교학점제 지원 등) 제1항, ④는 제3항에 해당한다.

✎ 고등학교 3년간 누적학점이 총 192학점[교과 174학점(필수이수학점 84학점 + 자율이수학점 90학점) + 창의적 체험활동 18학점] 이상이면 졸업할 수 있다. 과목 이수기준은 수업 횟수 2/3 이상 출석, 학업성취율 40% 이상 충족을 하여야 학점을 취득할 수 있다.

23 「초 · 중등교육법」에 따라 각종학교에 해당하는 것을 모두 고르면?

ㄱ. 외국인학교	ㄴ. 대안학교
ㄷ. 고등공민학교	ㄹ. 특수학교

① ㄱ　② ㄱ, ㄴ
③ ㄱ, ㄴ, ㄷ　④ ㄱ, ㄴ, ㄷ, ㄹ

해설 「초 · 중등교육법」 제60조(각종학교) 제1항에 따르면 각종학교는 초등학교, 중학교, 고등학교와 유사한 교육기관을 말한다. 제60조의2와 제60조의3에 따라 외국인학교와 대안학교는 각종학교에 해당한다. 외국인학교(제60조의2 제1항)는 외국에서 일정기간 거주하고 귀국한 내국인 중 대통령령으로 정하는 사람, 「국적법」 제4조에 따라 국적을 취득한 사람의 자녀 중 해당 학교의 장이 대통령령으로 정하는 기준과 절차에 따라 학업을 지속하기 어렵다고 판단한 사람, 외국인의 자녀를 교육하기 위하여 설립된 학교를, 대안학교(제60조의3 제1항)는 학업을 중단하거나 개인적 특성에 맞는 교육을 받으려는 학생을 대상으로 현장 실습 등 체험 위주의 교육, 인성 위주의 교육 또는 개인의 소질 · 적성 개발 위주의 교육 등 다양한 교육을 하는 학교를 말한다. ㄷ과 ㄹ은 제2조(학교의 종류)에서 정의하는 학교 유형에 해당한다. 고등공민학교(제44조)는 중학교 과정의 교육을 받지 못하고 제13조 제3항에 따른 취학연령을 초과한 사람 또는 일반 성인에게 국민생활에 필요한 중등교육과 직업교육을 하는 것을 목적으로 하며, 수업연한은 1년 이상 3년 이하로 한다. 고등기술학교(제54조)는 국민생활에 직접 필요한 직업기술교육을 하는 것을 목적으로 하며, 수업연한은 1년 이상 3년 이하로 하고, 입학할 수 있는 사람은 중학교 또는 고등공민학교(3년제)를 졸업한 사람, 제27조의2 제1항에 따라 중학교를 졸업한 사람과 동등한 학력이 인정되는 시험에 합격한 사람, 그 밖에 법령에 따라 이와 같은 수준 이상의 학력이 있다고 인정된 사람으로 한다.

24 「초 · 중등교육법」과 「초 · 중등교육법 시행령」상의 학교 형태에 관한 진술 중 잘못된 것은?

① 대안학교 – 학업을 중단하거나 개인적 특성에 맞는 교육을 받고자 하는 학생을 대상으로 현장 실습 등 체험위주의 교육, 인성위주의 교육 또는 개인의 소질 · 적성 개발위주의 교육 등 다양한 교육을 실시하는 학교이다.
② 자율학교 – 국립 · 공립 · 사립의 초등학교 · 중학교 · 고등학교 및 특수학교를 대상으로 학교 또는 교육과정을 자율적으로 운영할 수 있는 학교를 말한다.
③ 산업수요 맞춤형 고등학교 – 특수 분야의 전문적인 교육을 목적으로 하는 고등학교를 말한다.
④ 특성화 고등학교 – 소질과 적성 및 능력이 유사한 학생을 대상으로 특정분야의 인재양성을 목적으로 하는 교육 또는 자연현장실습 등 체험위주의 교육을 전문적으로 실시하는 고등학교를 말한다.

해설 ③은 「초 · 중등교육법 시행령」 제90조 제1항에 따른 특수목적 고등학교의 정의이다. 산업수요 맞춤형 고등학교는 특수목적고등학교의 한 유형으로, 산업계의 수요에 직접 연계된 맞춤형 교육과정을 운영하는 고등학교를 말한다. ①은 「초 · 중등교육법」 제60조의3에 해당하는 학교로 각종학교의 한 형태이며, ②는 「초 · 중등교육법 시행령」 제105조, ④는 제91조에 해당한다.

정답 21 ③　22 ②　23 ②　24 ③

25 「초 · 중등교육법 시행령」에 근거한 특수목적 고등학교에 해당하는 학교를 모두 고르면?

ㄱ. 체육고등학교	ㄴ. 자율고등학교
ㄷ. 특성화 고등학교	ㄹ. 외국어 고등학교

① ㄱ　　② ㄱ, ㄴ
③ ㄷ　　④ ㄱ, ㄹ

해설 「초 · 중등교육법 시행령」 제76조의3(고등학교의 구분)에 따르면 교육과정 운영과 학교의 자율성을 기준으로 고등학교를 일반 고등학교, 특수목적 고등학교, 특성화 고등학교, 자율 고등학교로 구분한다. 이 중 특수목적 고등학교(제90조 제1항)는 특수분야의 전문적인 교육을 목적으로 하는 고등학교로, 과학고, 외국어고, 국제고, 예술고, 체육고, 산업수요 맞춤형 고등학교가 해당한다. ㄴ(제91조의3과 제91조의4)은 학교 또는 교육과정을 자율적으로 운영할 수 있는 고등학교로 자율형 사립고등학교와 자율형 공립고등학교로 구분한다. ㄷ(제91조 제1항)은 소질과 적성 및 능력이 유사한 학생을 대상으로 특정분야의 인재양성을 목적으로 하는 교육 또는 자연현장실습 등 체험위주의 교육을 전문적으로 실시하는 고등학교를 말한다.

26 「초 · 중등교육법」 제61조와 같은 법 시행령 제105조에 규정된 '학교 및 교육과정 운영의 특례' 조항에 포함되지 않는 학교는?

① 대안학교
② 특성화 중학교
③ 산업수요 맞춤형 고등학교
④ 학업에 어려움을 겪는 학생에 대한 교육을 실시하는 학교

해설 자율학교는 「초 · 중등교육법」 제61조(학교 및 교육과정 운영의 특례)와 「초 · 중등교육법 시행령」 제105조에 해당하는 학교형태로서, 국립 · 공립 · 사립의 초등학교 · 중학교 및 고등학교를 대상으로 학교 또는 교육과정을 자율적으로 운영할 수 있는 학교를 말한다. 교육감이 지정 · 운영하되, 다만, 국립학교를 자율학교로 지정하고자 하는 경우에는 미리 교육부 장관과 협의해야 한다. 대안학교는 「초 · 중등교육법」 제60조의3에 해당하는 각종학교에 해당하는 학교로서, 자율학교로 지정 · 운영할 수 없다.

정답 25 ④　26 ②

02 사립학교법

⇨ 「사립학교법 시행령」 일부 포함

관련 이론
제13장 교육행정 – 제9절 교육재정론 2 교육비 – 3. 교육비 관리기법 – (3) 학교회계제도
제10절 교육인사행정론 및 학교실무 2 채용, 4 교원의 근무조건과 사기 – 4. 신분보장 / 5. 징계

1 주요 내용 ※ 「사립학교법 시행령」(대통령령)의 내용도 일부 포함하고 있음.

제1장 총칙

제1조 【목적】 이 법은 사립학교의 특수성에 비추어 그 자주성을 확보하고 공공성을 높임으로써 사립학교의 건전한 발달을 도모함을 목적으로 한다. 06. 중등

제2조 【정의】 이 법에서 사용하는 용어의 뜻은 다음과 같다.

1. "사립학교"란 학교법인, 공공단체 외의 법인 또는 그 밖의 사인(私人)이 설치하는 「유아교육법」 제2조 제2호, 「초·중등교육법」 제2조 및 「고등교육법」 제2조에 따른 학교를 말한다.
2. "학교법인"이란 사립학교만을 설치·경영할 목적으로 이 법에 따라 설립되는 법인을 말한다. 06. 중등
3. "사립학교경영자"란 「유아교육법」, 「초·중등교육법」, 「고등교육법」 및 이 법에 따라 사립학교를 설치·경영하는 공공단체 외의 법인(학교법인은 제외한다) 또는 사인을 말한다. 06. 중등
4. "임용"이란 신규채용, 승진, 전보(轉補), 겸임, 파견, 강임(降任), 휴직, 직위해제, 정직(停職), 강등, 복직, 면직, 해임 및 파면을 말한다.

제4조 【관할청】 ① 다음 각 호의 어느 하나에 해당하는 자는 그 주소지를 관할하는 특별시·광역시·특별자치시·도 및 특별자치도(이하 "시·도"라 한다) 교육감의 지도·감독을 받는다.

1. 사립의 초등학교·중학교·고등학교·고등기술학교·고등공민학교·특수학교·유치원 및 이들에 준하는 각종학교
2. 제1호에 따른 사립학교를 설치·경영하는 학교법인 또는 사립학교경영자

③ 다음 각 호의 어느 하나에 해당하는 자는 교육부장관의 지도·감독을 받는다.

1. 사립의 대학·산업대학·사이버대학·전문대학·기술대학 및 이들에 준하는 각종학교(이하 "대학교육기관"이라 한다)
2. 제1호에 따른 사립학교를 설치·경영하는 학교법인
3. 제1호에 따른 사립학교와 그 밖의 사립학교를 아울러 설치·경영하는 학교법인

제2장 학교법인

제1절 통칙

제6조 【사업】 ① 학교법인은 그가 설치한 사립학교의 교육에 지장이 없는 범위에서 그 수익을 사립학교의 경영에 충당하기 위하여 수익을 목적으로 하는 사업(이하 "수익사업"이라 한다)을 할 수 있다.

④ 수익사업에 관한 회계는 해당 학교법인이 설치·경영하는 사립학교의 경영에 관한 회계와 구분하여 별도 회계로 경리하여야 한다.

제2절 설립

제10조 【설립허가】 ① 학교법인을 설립하려는 자는 일정한 재산을 출연하고, 정관을 작성하여 대통령령으로 정하는 바에 따라 교육부장관의 허가를 받아야 한다. 이 경우 기술대학을 설치·경영하는 학교법인을 설립할 때에는 대통령령으로 정하는 바에 따라 미리 산업체가 일정한 재산을 출연하여야 한다.
② 학교법인의 설립 당초의 임원은 정관으로 정하여야 한다. 23. 지방직

제13조 【「민법」의 준용】 학교법인의 설립에 관하여는 「민법」 제47조, 제48조, 제50조부터 제52조까지, 제52조의2, 제53조, 제54조 및 제55조 제1항을 준용한다.

제3절 기관

제15조 【이사회】 ① 학교법인에 이사회를 둔다.
② 이사회는 이사로 구성한다.
③ 이사장은 이사회를 소집하고 그 의장이 된다.
④ 감사는 이사회에 출석하여 발언할 수 있다.

제16조 【이사회의 기능】 ① 이사회는 다음 각 호의 사항을 심의·의결한다. 08. 중등
1. 학교법인의 예산·결산·차입금 및 재산의 취득·처분과 관리에 관한 사항
2. 정관 변경에 관한 사항
3. 학교법인의 합병 또는 해산에 관한 사항
4. 임원의 임면에 관한 사항
5. 학교법인이 설치한 사립학교의 장 및 교원의 임용에 관한 사항
6. 학교법인이 설치한 사립학교의 경영에 관한 중요 사항
7. 수익사업에 관한 사항
8. 그 밖에 법령이나 정관에 따라 그 권한에 속하는 사항

제4절 재산과 회계

제28조 【재산의 관리 및 보호】 ① 학교법인이 그 기본재산에 대하여 매도·증여·교환·용도변경하거나 담보로 제공하려는 경우 또는 의무를 부담하거나 권리를 포기하려는 경우에는 관할청의 허가를 받아야 한다. 다만, 대통령령으로 정하는 경미한 사항은 관할청에 신고하여야 한다.

제29조 【회계의 구분 등】 ① 학교법인의 회계는 그가 설치·경영하는 학교에 속하는 회계와 법인의 업무에 속하는 회계로 구분한다. 21. 지방직
② 제1항에 따른 학교에 속하는 회계는 교비회계(校費會計)와 부속병원회계(부속병원이 있는 경우로 한정한다)로 구분할 수 있고, 교비회계는 등록금회계와 비등록금회계로 구분하며, 각 회계의 세입·세출에 관한 사항은 대통령령*으로 정하되 학교가 받은 기부금 및 수업료와 그 밖의 납부금(입학금 또는 학교운영지원비를 말한다. 이하 같다)은 교비회계의 수입으로 하여 별도 계좌로 관리하여야 한다.
③ 제1항에 따른 법인의 업무에 속하는 회계는 일반업무회계와 제6조에 따른 수익사업회계로 구분할 수 있다.
④ 제2항에 따른 학교에 속하는 회계의 예산은 해당 학교의 장이 편성하고, 다음 각 호의 구분에 따른 절차에 따라 확정·집행한다.

2. 「초·중등교육법」 제2조에 따른 학교: 학교운영위원회의 심의를 거친 후 이사회의 심사·의결로 확정하고 학교의 장이 집행한다.

[시행령] 제13조【교비회계와 부속병원회계의 세입세출】 ① 교비회계의 세입은 다음 각 호의 수입으로 한다.
1. 법령 또는 학칙에 의하여 학교가 학생으로부터 징수하는 입학금·수업료 및 입학수험료
2. 학사관계 각종 증명 수수료
3. 학교시설의 사용료 및 이용료
4. 다른 회계로부터 전입되는 전입금
5. 학생의 실험실습에서 생기는 생산품등의 판매대금
6. 교비회계의 운용과정에서 생기는 이자수입
7. 교육용 기자재등의 불용품 매각수입
8. 교비회계의 세출에 충당하기 위한 차입금
8의2. 학교가 학교교육에 사용할 목적으로 받은 기부금
9. 기타 학교법인의 수입으로서 다른 회계에 속하지 아니하는 수입
② 교비회계의 세출은 다음 각호의 경비로 한다.
1. 학교운영에 필요한 인건비 및 물건비
2. 학교교육에 직접 필요한 시설·설비를 위한 경비
3. 교원의 연구비, 학생의 장학금, 교육지도비 및 보건체육비
4. 제1항 제8호의 차입금의 상환원리금
5. 기타 학교교육에 직접 필요한 경비

제30조【회계연도】 학교법인의 회계연도는 그가 설치·경영하는 사립학교의 학년도에 따른다.

제31조【예산 및 결산의 제출】 ① 학교법인은 대통령령으로 정하는 바에 따라 매 회계연도가 시작되기 전에는 예산을, 매 회계연도가 끝난 후에는 결산을 관할청에 보고하고 공시하여야 한다.

③ 학교에 속하는 회계의 결산은 매 회계연도가 끝난 후 다음 각 호의 구분에 따른 절차를 거쳐야 한다. 다만, 유치원의 경우에는 그러하지 아니하다.

2. 「초·중등교육법」 제2조에 따른 학교: 학교운영위원회의 심의를 거쳐야 한다.

제4장 사립학교 교원

제1절 자격·임용·복무

제52조【자격】 사립학교 교원의 자격에 관하여는 국립학교·공립학교의 교원의 자격에 관한 규정에 따른다.

제53조【학교의 장의 임용】 ① 각급 학교의 장은 해당 학교를 설치·경영하는 학교법인 또는 사립학교경영자가 임용한다. 23. 지방직, 06. 중등

③ 각급 학교의 장의 임기는 학교법인 및 법인인 사립학교경영자의 경우에는 정관으로 정하고, 사인인 사립학교경영자의 경우에는 규칙으로 정하되, 4년을 초과할 수 없으며, 중임할 수 있다. 다만, 초·중등학교 및 특수학교의 장은 한 차례만 중임할 수 있다.

제53조의2【학교의 장이 아닌 교원의 임용】 ① 각급 학교의 교원은 해당 학교법인 또는 사립학교경영자가 임용하되, 다음 각 호의 구분에 따른 방법으로 하여야 한다. 05. 유초등

1. 학교법인 및 법인인 사립학교경영자가 설치·경영하는 사립학교의 교원: 해당 학교의 장의 제청으로 이사회의 의결을 거쳐 임용
2. 사인인 사립학교경영자가 설치·경영하는 사립학교의 교원: 해당 학교의 장의 제청으로 임용

⑩ 고등학교 이하 각급 학교 교원의 신규채용은 공개전형으로 하며, 담당할 직무에 필요한 자격요건과 공개전형의 실시에 필요한 사항은 대통령령으로 정한다.

⑪ 「초·중등교육법」 제19조에 따른 교원의 임용권자는 제10항에 따른 공개전형을 실시할 때에는 필기시험을 포함하여야 하고, 필기시험은 시·도 교육감에게 위탁하여 실시하여야 한다. 다만, 대통령령으로 정하는 바에 따라 시·도 교육감의 승인을 받은 경우에는 필기시험을 포함하지 아니하거나 시·도 교육감에게 위탁하지 아니할 수 있다.

제54조의2 【해임 요구】 ① 관할청은 각급 학교의 장이 다음 각 호의 어느 하나에 해당할 때에는 임용권자에게 해당 학교의 장의 해임을 요구할 수 있다. 이 경우 해임을 요구받은 임용권자는 특별한 사유가 없으면 이에 따라야 한다.

1. 제58조 제1항 각 호의 어느 하나에 해당할 때
2. 학생의 입학(편입학을 포함한다), 수업 및 졸업에 관한 해당 학교의 장의 권한에 속하는 사항으로서 교육 관계 법률 또는 그 법률에 따른 명령을 위반하였을 때
3. 이 법, 이 법에 따른 명령 또는 다른 교육 관계 법령을 위반하였을 때
4. 학교에 속하는 회계의 집행에 관하여 부정한 일을 하였거나 현저히 부당한 일을 하였을 때

② 제1항에 따른 해임 요구는 관할청이 해당 학교법인 또는 사립학교경영자에게 그 사유를 밝혀 시정을 요구한 날부터 15일이 지나도 이에 따르지 아니한 경우에만 한다.

제54조의3 【임명의 제한】 ① 다음 각 호의 어느 하나에 해당하는 사람은 학교의 장에 임명될 수 없다. 06. 중등

1. 제20조의2에 따라 임원 취임의 승인이 취소된 후 5년이 지나지 아니한 사람
2. 제54조의2에 따른 해임 요구에 의하여 해임된 후 3년이 지나지 아니한 사람
3. 제61조에 따라 파면된 후 5년이 지나지 아니한 사람
4. 「교육공무원법」 제10조의4 각 호의 어느 하나에 해당하는 사람

② 제1항 제1호부터 제3호까지에 해당하는 사람으로서 그 임명 제한 기간이 지난 사람이 학교의 장으로 취임하려면 재적이사 3분의 2 이상의 찬성이 있어야 한다.

③ 학교법인의 이사장과 다음 각 호의 어느 하나의 관계인 사람은 해당 학교법인이 설치·경영하는 학교의 장에 임명될 수 없다. 다만, 이사 정수의 3분의 2 이상의 찬성과 관할청의 승인을 받은 사람은 그러하지 아니하다.

1. 배우자
2. 직계존속 및 직계비속과 그 배우자

제54조의4 【기간제교원】 ① 각급 학교 교원의 임용권자는 다음 각 호의 어느 하나에 해당하는 사유가 있을 때에는 교원자격증을 가진 사람 중에서 기간을 정하여 임용하는 교원(이하 "기간제교원"이라 한다)을 임용할 수 있다. 이 경우 임용권자는 학교법인의 정관 등으로 정하는 바에 따라 그 권한을 학교의 장에게 위임할 수 있다.

1. 교원이 제59조 제1항 각 호의 어느 하나에 해당하는 사유로 휴직하여 후임자의 보충이 불가피할 때
2. 교원이 파견·연수·정직·직위해제 또는 휴가 등으로 1개월 이상 직무에 종사할 수 없어 후임자의 보충이 불가피할 때
3. 파면·해임 또는 면직 처분을 받은 교원이 「교원의 지위 향상 및 교육활동 보호를 위한 특별법」 제9조 제1항에 따라 교원소청심사위원회에 소청심사를 청구하여 후임자의 보충발령을 하지 못하게 되었을 때
4. 특정 교과를 한시적으로 담당할 교원이 필요할 때

② 기간제교원에 대해서는 제56조, 제58조 제2항, 제58조의2, 제59조, 제61조, 제61조의2, 제62조, 제62조의2, 제63조, 제64조, 제64조의2, 제65조, 제66조, 제66조의2, 제66조의3 제2항 · 제3항 및 제66조의4를 적용하지 아니하며, 임용기간이 만료되면 당연히 퇴직된다.

③ 기간제교원의 임용기간은 1년 이내로 하되, 필요한 경우 3년의 범위에서 그 기간을 연장할 수 있다. 23. 지방직

제55조【복무】 ① 사립학교 교원의 복무에 관하여는 국립학교 · 공립학교 교원에 관한 규정(「국가공무원법」)을 준용한다.

제2절 신분보장 및 사회보장

제56조【의사에 반한 휴직 · 면직 등의 금지】 ① 사립학교 교원은 형(刑)의 선고, 징계처분 또는 이 법에서 정하는 사유에 의하지 아니하고는 본인의 의사에 반하여 휴직이나 면직 등 불리한 처분을 받지 아니한다. 다만, 학급이나 학과의 개편 또는 폐지로 인하여 직책이 없어지거나 정원이 초과된 경우에는 그러하지 아니하다.

② 사립학교 교원은 권고에 의하여 사직을 당하지 아니한다. 23. 지방직, 05. 중등

제58조【면직의 사유】 ① 사립학교 교원이 다음 각 호의 어느 하나에 해당할 때에는 해당 교원의 임용권자는 그 교원을 면직시킬 수 있다.

1. 휴직 기간이 끝나거나 휴직 사유가 소멸된 후에도 직무에 복귀하지 아니하거나 직무를 감당할 수 없을 때
2. 근무성적이 매우 불량할 때
3. 정부 파괴를 목적으로 하는 단체에 가입하고 이를 방조(幇助)하였을 때
4. 정치운동을 하거나 집단적으로 수업을 거부하거나 어느 정당을 지지 또는 반대하기 위하여 학생을 지도 · 선동하였을 때
5. 인사기록에 있어서 부정한 채점 · 기재를 하거나 거짓 증명 또는 진술을 하였을 때
6. 거짓이나 그 밖의 부정한 방법으로 임용되었을 때

② 제1항 제2호부터 제6호까지의 규정에 따른 사유로 면직시키는 경우에는 제62조에 따른 교원징계위원회의 동의를 받아야 한다.

제58조의2【직위의 해제】 ① 사립학교 교원이 다음 각 호의 어느 하나에 해당하는 경우에는 그 교원의 임용권자는 직위를 부여하지 아니할 수 있다.

1. 직무수행능력이 부족하거나 근무성적이 매우 불량하거나 교원으로서 근무태도가 매우 불성실한 경우
2. 징계의결이 요구 중인 경우
3. 형사사건으로 기소된 경우(약식명령이 청구된 경우는 제외한다)
4. 금품비위, 성범죄 등 대통령령으로 정하는 비위행위로 인하여 감사원 및 검찰 · 경찰 등 수사기관에서 조사나 수사 중인 경우로서 비위의 정도가 중대하고 이로 인하여 정상적인 업무수행을 기대하기 현저히 어려운 경우

② 제1항에 따라 직위를 부여하지 아니한 경우에 그 사유가 소멸되면 임용권자는 지체 없이 직위를 부여하여야 한다.

③ 임용권자는 제1항 제1호에 따라 직위해제된 사람에게 3개월 이내의 기간대기를 명한다.

④ 임용권자는 제3항에 따라 대기명령을 받은 사람에게 능력 회복이나 태도 개선을 위한 연수 또는 특별한 연구과제의 부과 등 필요한 조치를 하여야 한다.

⑤ 사립학교 교원에게 제1항 제1호와 같은 항 제2호・제3호 또는 제4호의 직위해제 사유가 함께 있는 경우에는 같은 항 제2호・제3호 또는 제4호를 사유로 직위해제 처분을 하여야 한다.

제59조 【휴직의 사유】 ① 사립학교 교원이 다음 각 호의 어느 하나에 해당하는 사유로 휴직을 원하면 그 교원의 임용권자는 휴직을 명할 수 있다. 다만, 제1호부터 제4호까지 및 제11호의 경우에는 본인의 의사와 관계없이 휴직을 명하여야 하고, 제7호 및 제7호의2의 경우에는 본인이 원하면 휴직을 명하여야 한다.

1. 신체・정신상의 장애로 장기요양이 필요한 경우(불임・난임으로 인하여 장기간의 치료가 필요한 경우를 포함한다)
2. 「병역법」에 따른 병역의 복무를 위하여 징집되거나 소집된 경우
3. 천재지변이나 전시・사변 또는 그 밖의 사유로 생사나 소재(所在)를 알 수 없게 된 경우
4. 그 밖에 법률에 따른 의무를 수행하기 위하여 직무를 이탈하게 된 경우
5. 학위취득을 목적으로 해외 유학을 하거나 외국에서 1년 이상 연구 또는 연수를 하게 된 경우
6. 국제기구, 외국기관, 국내외의 대학・연구기관, 국가기관, 재외교육기관(「재외국민의 교육지원 등에 관한 법률」 제2조 제2호의 재외교육기관을 말한다) 또는 정관으로 정하는 민간단체에 임시로 고용되는 경우
7. 만 8세 이하 또는 초등학교 2학년 이하의 자녀를 양육하기 위하여 필요하거나 여성 교원이 임신 또는 출산하게 된 경우

7의2. 만 19세 미만의 아동 청소년(제7호에 따른 육아휴직의 대상이 되는 아동은 제외한다)을 입양하는 경우

8. 교육부장관이 지정하는 국내의 연구기관이나 교육기관 등에서 연수하게 된 경우
9. 사고 또는 질병 등으로 장기간 요양이 필요한 부모, 배우자, 자녀 또는 배우자의 부모를 간호하기 위하여 필요한 경우
10. 배우자가 국외 근무를 하게 되거나 제5호에 해당하게 된 경우
11. 「교원의 노동조합 설립 및 운영 등에 관한 법률」 제5조에 따라 노동조합 전임자로 종사하게 된 경우
12. 「사립학교교직원 연금법」 제31조에 따라 계산한 재직기간이 10년 이상인 교원이 자기개발을 위하여 학습・연구 등을 하게 된 경우
13. 그 밖에 정관으로 정하는 사유가 있는 경우

② 제1항 제7호의 사유로 인한 휴직기간은 자녀 1명에 대하여 3년 이내로 하되 분할하여 휴직할 수 있고, 같은 항 제7호의2의 사유로 인한 휴직기간은 입양자녀 1명에 대하여 6개월 이내로 한다.

③ 임용권자는 제1항 제7호 및 제7호의2에 따른 휴직을 이유로 인사상 불리한 처우를 하여서는 아니 되고, 같은 호의 휴직기간은 근속기간에 포함하며, 그 밖에 같은 호에 따른 휴직자의 신분 및 처우 등에 관하여 필요한 사항은 대통령령으로 정한다.

④ 제1항부터 제3항까지에서 규정한 사항 외에 휴직기간과 휴직자의 신분 및 처우 등에 관하여는 정관(사립학교경영자의 경우에는 그가 정하는 교원의 신분보장 및 징계에 관한 규칙을 말한다. 이하 이 절에서 같다)으로 정한다.

제60조 【교원의 불체포특권】 사립학교 교원은 현행범인 경우를 제외하고는 소속 학교장의 동의 없이 학원(學園) 안에서 체포되지 아니한다.

제3절 징계

제61조【징계의 사유 및 종류】 ① 사립학교 교원이 다음 각 호의 어느 하나에 해당할 때에는 해당 교원의 임용권자는 징계의결을 요구하여야 하고, 징계의결의 결과에 따라 징계처분을 하여야 한다.
1. 이 법과 그 밖의 교육 관계 법령을 위반하여 교원의 본분에 어긋나는 행위를 하였을 때
2. 직무상의 의무를 위반하거나 직무를 게을리하였을 때
3. 직무 관련 여부에 상관없이 교원으로서의 품위를 손상하는 행위를 하였을 때

② 징계는 파면, 해임, 강등, 정직, 감봉, 견책으로 한다.

③ 강등은 동종의 직무 내에서 하위의 직위에 임명하고, 신분은 보유하나 3개월간 직무에 종사하지 못하며 그 기간 중 보수의 전액을 감한다. 다만, 「고등교육법」 제14조에 해당하는 교원 및 조교에 대하여는 강등을 적용하지 아니한다.

④ 정직은 1개월 이상 3개월 이하의 기간으로 하고, 정직처분을 받은 사람은 그 기간 중 교원의 신분은 보유하나 직무에 종사할 수 없으며 보수의 전액을 감한다.

⑤ 감봉은 1개월 이상 3개월 이하의 기간으로 하고, 보수의 3분의 1을 감한다.

⑥ 견책은 전과(前過)에 대하여 훈계하고 뉘우치게 한다.

제66조의4【징계 사유의 시효】 ① 사립학교 교원의 임용권자는 징계 사유가 발생한 날부터 3년이 지난 경우에는 제64조에 따른 징계의결을 요구할 수 없다. 다만, 징계 사유가 「국가공무원법」 제78조의2 제1항 각 호[❶ 금전, 물품, 부동산, 향응 또는 그 밖에 대통령령으로 정하는 재산상 이익을 취득하거나 제공한 경우, ❷ 횡령(橫領), 배임(背任), 절도, 사기 또는 유용(流用)한 경우]의 어느 하나에 해당하는 경우에는 그 징계 사유가 발생한 날부터 5년 이내에, 「국가공무원법」 제83조의2 제1항 제1호 각 목(❶ 「성매매알선 등 행위의 처벌에 관한 법률」 제4조에 따른 금지행위, ❷ 「성폭력범죄의 처벌 등에 관한 특례법」 제2조에 따른 성폭력범죄, ❸ 「아동·청소년의 성보호에 관한 법률」 제2조 제2호에 따른 아동·청소년대상 성범죄, ❹ 「양성평등기본법」 제3조 제2호에 따른 성희롱) 및 「교육공무원법」 제52조 제5호(「학술진흥법」 제15조 제1항에 따른 연구부정행위 및 「국가연구개발혁신법」 제31조 제1항에 따른 국가연구개발사업 관련 부정행위)의 어느 하나에 해당하는 경우에는 그 징계 사유가 발생한 날부터 10년 이내에 징계의결을 요구할 수 있다.

02 주요 기출문제

01 **「사립학교법」의 내용으로 옳지 않은 것은?** 23. 지방직

① 학교법인의 설립 당초의 임원은 정관으로 정하여야 한다.
② 기간제교원의 임용기간은 1년 이내로 하되, 필요한 경우 4년의 범위에서 그 기간을 연장할 수 있다.
③ 사립학교 교원은 권고에 의하여 사직을 당하지 아니한다.
④ 각급 학교의 장은 해당 학교를 설치·경영하는 학교법인 또는 사립학교경영자가 임용한다.

해설 ②는 「사립학교법」 제54조의4(기간제교원) 제2항으로 "기간제교원의 임용기간은 1년 이내로 하되, 필요한 경우 3년의 범위에서 그 기간을 연장할 수 있다(이는 국·공립학교의 경우도 같다)." ①은 제10조(설립허가) 제2항, ③은 제56조(의사에 반한 휴직·면직 등의 금지) 제2항, ④는 제53조(학교의 장의 임용) 제1항에 해당한다.

02 **현행 사립학교법에서 언급하고 있는 내용이 아닌 것은?** 06. 중등임용

① 사학의 공공성
② 사립학교의 학생 선발
③ 학교의 장의 임면(任免)
④ 학교법인 및 사립학교경영자

해설 「사립학교법」 제1조(목적)에 따르면 사립학교의 특수성에 비추어 그 자주성을 확보하고 공공성을 높임으로써 사립학교의 건전한 발달을 도모함을 목적으로 한다. ①은 제1조(목적), ③은 제53조(학교의 장의 임용 – 학교법인 또는 사립학교경영자가 임용한다)와 제54조의2(해임 요구), 제54조의3(임명의 제한), ④는 제2조(정의)에 해당한다. 제2조에 따르면 "학교법인"이란 사립학교만을 설치·경영할 목적으로 이 법에 따라 설립되는 법인을 말하며, "사립학교경영자"란 「유아교육법」, 「초·중등교육법」, 「고등교육법」 및 이 법에 따라 사립학교를 설치·경영하는 공공단체 외의 법인(학교법인은 제외한다) 또는 사인을 말한다. ②에 대한 언급은 없다.

03 **현행 제도상 개별학교의 운영에서 최종적인 의결권을 행사할 수 있는 기구는?** 08. 중등임용

① 사립학교의 이사회
② 국립학교의 전체 교직원회
③ 공립학교의 학교운영위원회
④ 자율학교의 학교운영위원회

해설 「사립학교법」 제16조(이사회의 기능) 제1항에 따르면 학교법인에 설치하는 이사회는 심의·의결 권한을 가진다. 심의·의결사항은 ❶ 학교법인의 예산·결산·차입금 및 재산의 취득·처분과 관리에 관한 사항, ❷ 정관 변경에 관한 사항, ❸ 학교법인의 합병 또는 해산에 관한 사항, ❹ 임원의 임면에 관한 사항, ❺ 학교법인이 설치한 사립학교의 장 및 교원의 임용에 관한 사항, ❻ 학교법인이 설치한 사립학교의 경영에 관한 중요 사항, ❼ 수익사업에 관한 사항, ❽ 그 밖에 법령이나 정관에 따라 그 권한에 속하는 사항이다. ②는 법정기구가 아니며, ③·④는 심의기구이다. ④의 경우는 「초·중등교육법」 제61조 제1항에 따라 학교운영위원회를 설치하지 않아도 된다.

04 교육재정 제도와 정책에 대한 설명으로 옳지 않은 것은? 21. 지방직

① 사립학교의 재원은 학생 등록금, 학교 법인으로부터의 전입금 두 가지로만 구성된다.

② 학부모 재원은 수업료, 입학금, 기성회비 혹은 학교 운영 지원비로 구분할 수 있다.

③ 국세교육세는 「교육세법」에 의하여 세원과 세율이 결정되고, 지방교육세는 「지방세법」에 의하여 세원과 세율이 결정된다.

④ 중앙정부가 부담하는 지방교육재정 교부금 재원은 교육세 세입액 중 일부와 내국세의 일정 비율에 해당하는 금액으로 구성된다.

해설 「사립학교법」 제29조(회계의 구분)에 따르면 학교법인의 회계는 그가 설치·경영하는 학교에 속하는 회계와 법인의 업무에 속하는 회계로 구분한다. 학교에 속하는 회계는 교비회계(校費會計)와 부속병원회계(부속병원이 있는 경우로 한정한다)로 구분할 수 있고, 교비회계는 등록금회계와 비등록금회계로 구분한다. 사립학교 예산에는 학생 등록금, 학교법인으로부터의 전입금, 국고 또는 각종 공공단체로부터의 원조 또는 보조금으로 구성된다. ④는 「지방교육재정교부금법」 제3조(교부금의 종류와 재원) 제2항에 해당한다.

02 실전 예상문제

01 「사립학교법」 제10조에 따른 규정 중 (가)와 (나)에 들어갈 내용은?

> • 학교법인을 설립하려는 자는 일정한 재산을 출연하고, 정관을 작성하여 대통령령으로 정하는 바에 따라 (가)를 받아야 한다.
> • 학교법인의 설립 당초의 임원은 (나)으로 정하여야 한다.

	(가)	(나)
①	교육부장관의 허가	정관
②	교육부장관의 인가	학칙
③	교육감의 허가	관할청의 승낙
④	교육감의 등록	이사회 승인

해설 「고등교육법」 제10조(설립허가)에 따르면, 학교법인의 설립은 대통령령으로 정하는 바에 따라 교육부장관의 허가를 받아야 한다. 이 경우 기술대학을 설치·경영하는 학교법인을 설립할 때에는 대통령령으로 정하는 바에 따라 미리 산업체가 일정한 재산을 출연하여야 한다. 또한, 학교법인의 설립 당초의 임원은 정관으로 정하여야 한다.

정답 01 ② 02 ② 03 ① 04 ① / 01 ①

02 「사립학교법」에 따른 학교법인의 회계는 학교법인의 회계는 그가 설치 · 경영하는 학교에 속하는 회계와 법인의 업무에 속하는 회계로 구분되는데, 밑줄 친 부분에 해당하는 것은?

① 특별회계
② 교비회계
③ 일반업무회계
④ 수익사업회계

해설 「사립학교법」 제29조(회계의 구분 등)에 따르면 학교에 속하는 회계는 교비회계(校費會計)와 부속병원회계(부속병원이 있는 경우로 한정한다)로 구분할 수 있고, 교비회계는 등록금회계와 비등록금회계로 구분하며, 각 회계의 세입 · 세출에 관한 사항은 대통령령으로 정하되 학교가 받은 기부금 및 수업료와 그 밖의 납부금은 교비회계의 수입으로 하여 별도 계좌로 관리하여야 한다. ③과 ④는 법인의 업무에 속하는 회계에 해당한다. ①은 교육부의 특정 목적 사업(예 학교정보화추진 특별회계)이나 「지방교육자치에 관한 법률」 제38조에 따른 시 · 도 교육청 등 지방교육재정에 해당한다.

03 다음 중 사립학교 교비회계에 속하는 세입원에 해당하지 않는 것은?

① 법령 또는 학칙에 의하여 학교가 학생으로부터 징수하는 입학금 · 수업료 및 입학수험료
② 학교시설의 사용료 및 이용료
③ 법인의 수익사업 수입
④ 학교가 학교교육에 사용할 목적으로 받은 기부금

해설 「사립학교법」 제29조(회계의 구분 등) 제2항에 따르면 교비회계는 등록금회계와 비등록금회계로 구분하며, 학교가 받은 기부금 및 수업료와 납부금은 교비회계의 수입으로 하여 별도 계좌로 관리하여야 한다. ③은 법인에 속하는 회계 중 수익사업회계의 세입원에 해당한다.

04 사립학교 각급 학교의 장과 교원에 대한 임용권자는?

① 대통령
② 교육부장관
③ 교육감
④ 해당 학교법인 또는 사립학교 경영자

해설 「사립학교법」 제53조(학교의 장의 임용) 제1항, 제53조의2(학교의 장이 아닌 교원의 임용) 제1항에 따르면 각급 학교의 장과 교원은 해당 학교를 설치 · 경영하는 학교법인 또는 사립학교경영자가 임용한다.

05 사립학교 교원이 본인의 의사에 반하여 휴직이나 면직 등 불리한 처분을 받을 수 있는 경우가 아닌 것은?

① 형(刑)의 선고
② 징계처분
③ 학급의 폐지로 인한 정원 초과
④ 직위해제

해설 「사립학교법」 제56조(의사에 반한 휴직 · 면직 등의 금지) 제1항에 따르면 "사립학교 교원은 형(刑)의 선고, 징계처분 또는 이 법에서 정하는 사유에 의하지 아니하고는 본인의 의사에 반하여 휴직이나 면직 등 불리한 처분을 받지 아니한다. 다만, 학급이나 학과의 개편 또는 폐지로 인하여 직책이 없어지거나 정원이 초과된 경우에는 그러하지 아니하다."로 규정한다. ④는 직무배제 및 조직관리를 목적으로 한 행정처분에 해당한다.

06 **사립학교 교원이 본인의 의사와 관계없이 그 교원의 임용권자가 휴직을 명하여야 하는 경우가 아닌 것은?**

① 신체·정신상의 장애로 장기요양이 필요한 경우(불임·난임으로 인하여 장기간의 치료가 필요한 경우를 포함한다)
② 만 8세 이하 또는 초등학교 2학년 이하의 자녀를 양육하기 위하여 필요하거나 여성 교원이 임신 또는 출산하게 된 경우
③ 천재지변이나 전시·사변 또는 그 밖의 사유로 생사나 소재(所在)를 알 수 없게 된 경우
④ 「교원의 노동조합 설립 및 운영 등에 관한 법률」 제5조에 따라 노동조합 전임자로 종사하게 된 경우

해설 ①, ③, ④는 「사립학교법」 제59조(휴직의 사유) 중 직권휴직에 해당한다. 이 외에 「병역법」에 따른 병역의 복무를 위하여 징집되거나 소집된 경우, 그 밖에 법률에 따른 의무를 수행하기 위하여 직무를 이탈하게 된 경우도 해당한다. ②와 나머지는 본인이 원하면 휴직을 명하는 청원휴직에 해당한다.

07 **사립학교 교원에 대한 징계에 대한 설명으로 옳지 않은 것은?**

① 징계는 파면, 해임, 강등, 정직, 감봉, 견책으로 한다.
② 강등은 동종의 직무 내에서 하위의 직위에 임명하고, 신분은 보유하나 3개월간 직무에 종사하지 못하며 그 기간 중 보수의 전액을 감한다.
③ 정직은 1개월 이상 3개월 이하의 기간으로 하고, 정직처분을 받은 사람은 그 기간 중 교원의 신분은 보유하나 직무에 종사할 수 없으며 보수의 3분의 2를 감한다.
④ 감봉은 1개월 이상 3개월 이하의 기간으로 하고, 보수의 3분의 1을 감한다.

해설 「사립학교법」 제61조(징계의 사유 및 종류) 제4항에 따르면 ③은 보수의 전액을 감한다. ①은 제2항, ②는 제3항, ④는 제5항에 해당한다.

정답 02 ② 03 ③ 04 ④ 05 ④ 06 ② 07 ③

03 고등교육법

관련 이론 • 제1장 교육의 이해 – 제4절 교육제도 3 우리나라의 학교제도 – 2. 학교제도

1 주요 내용

제1절

제1장 총칙

제1조【목적】 이 법은 「교육기본법」 제9조에 따라 고등교육에 관한 사항을 정함을 목적으로 한다.

제2조【학교의 종류】 고등교육을 실시하기 위하여 다음 각 호의 학교를 둔다. 20. 국가직 7급

1. 대학
2. 산업대학
3. 교육대학
4. 전문대학
5. 방송대학 · 통신대학 · 방송통신대학 및 사이버대학(이하 "원격대학"이라 한다)
6. 기술대학
7. 각종학교

제3조【국립 · 공립 · 사립 학교의 구분】 제2조 각 호의 학교(이하 "학교"라 한다)는 국가가 설립 · 경영하거나 국가가 국립대학 법인으로 설립하는 국립학교, 지방자치단체가 설립 · 경영하는 공립학교(설립주체에 따라 시립학교 · 도립학교로 구분할 수 있다), 학교법인이 설립 · 경영하는 사립학교로 구분한다.

제4조【학교의 설립 등】 ① 학교를 설립하려는 자는 시설 · 설비 등 대통령령으로 정하는 설립기준을 갖추어야 한다.

② 국가 외의 자가 학교를 설립하려는 경우에는 교육부장관의 인가를 받아야 한다.

제5조【지도 · 감독】 ① 학교는 교육부장관의 지도(指導) · 감독을 받는다.

제6조【학교규칙】 ① 학교의 장(학교를 설립하는 경우에는 해당 학교를 설립하려는 자를 말한다)은 법령의 범위에서 학교규칙(이하 "학칙"이라 한다)을 제정하거나 개정할 수 있다.

② 학칙의 기재사항, 제정 및 개정 절차 등 필요한 사항은 대통령령으로 정한다.

제7조【교육재정】 ① 국가와 지방자치단체는 학교가 그 목적을 달성하거나, 재난 등 급격한 교육환경 변화의 상황에서 교육의 질을 관리하는 데 필요한 재원(財源)을 지원하거나 보조할 수 있다.

② 학교는 교육부령으로 정하는 바에 따라 예산과 결산을 공개하여야 한다.

제8조【실험실습비 등의 지급】 국가는 학술 또는 학문 연구와 교육 연구를 진흥시키기 위하여 실험실습비 · 연구조성비 · 장학금 지급 등 필요한 조치를 마련하여야 한다.

제9조【학교 간 상호 협조의 지원】 국가와 지방자치단체는 학교 상호간의 교원교류와 연구협력을 활성화하기 위한 지원을 하여야 한다.

제11조【등록금 및 등록금심의위원회】 ① 학교의 설립자 · 경영자는 수업료와 그 밖의 납부금(이하 "등록금"이라 한다)을 현금 또는 「여신전문금융업법」 제2조에 따른 신용카드, 직불카드, 선불카드에 의한 결제로 납부 받을 수 있다. 이 경우 학생은 학칙으로 정하는 바에 따라 해당 학기에 납부하여야 할 등록금을 2회 이상으로 분할하여 납부할 수 있다.

③ 각 학교는 등록금을 책정하기 위하여 교직원(사립대학의 경우에는 학교법인이 추천하는 재단인사를 포함한다), 학생, 관련 전문가 등으로 구성되는 등록금심의위원회를 설치 · 운영하여야 한다. 이 경우 학생 위원은 전체 위원 정수(定數)의 10분의 3 이상, 구성단위별 위원은 10분의 5 미만이 되도록 하고, 관련 전문가 위원을 선임할 때에는 학칙으로 정하는 바에 따라 학교를 대표하는 측과 학생을 대표하는 측이 협의하여야 한다.

④ 학교는 「재난 및 안전관리 기본법」 제3조 제1호에 따른 재난으로 인하여 학교시설의 이용 및 실험 · 실습이 제한되거나 수업시수가 감소하는 등 학사운영이 정상적으로 이루어지지 아니한 경우 등록금을 면제 · 감액할 수 있다.

⑤ 학교는 특별한 사정이 없으면 등록금심의위원회의 심의결과를 최대한 반영하여야 한다.

제2장 학생과 교직원

제1절 학생

제12조 【학생자치활동】 학생의 자치활동은 권장 · 보호되며, 그 조직과 운영에 관한 기본적인 사항은 학칙으로 정한다.

제13조 【학생의 징계】 ① 학교의 장은 교육을 위하여 필요하면 법령과 학칙으로 정하는 바에 따라 학생을 징계할 수 있다.

② 학교의 장은 학생을 징계하려면 그 학생에게 의견을 진술할 기회를 주는 등 적절한 절차를 거쳐야 한다.

제2절 교직원

제14조 【교직원의 구분】 ① 학교(각종학교는 제외한다. 이하 이 조에서 같다)에는 학교의 장으로서 총장 또는 학장을 둔다.

② 학교에 두는 교원은 제1항에 따른 총장이나 학장 외에 교수 · 부교수 · 조교수 및 강사로 구분한다.

③ 학교에는 학교운영에 필요한 행정직원 등 직원과 조교를 둔다.

④ 각종학교에는 제1항부터 제3항까지의 규정에 준하여 필요한 교원, 직원 및 조교(이하 "교직원"이라 한다)를 둔다.

제3장 학교

제1절 통칙

제18조 【학교의 명칭】 ① 학교의 명칭은 국립학교는 대통령령으로 정하고, 공립학교는 해당 지방자치단체의 조례로 정하며, 사립학교는 해당 학교법인의 정관으로 정한다.

② 제1항에 따라 명칭을 정할 때 제2조에 따른 학교의 종류와 다르게 대학 또는 대학교라는 명칭을 사용할 수 있다.

제20조 【학년도 등】 ① 학교의 학년도(學年度)는 3월 1일부터 다음 연도 2월 말일까지로 한다. 다만, 학교운영을 위하여 필요한 경우에는 학칙으로 다르게 정할 수 있다.

② 학기 · 수업일수 및 휴업일 등 필요한 사항은 대통령령으로 정하는 범위에서 학칙으로 정한다.

제21조【교육과정의 운영】 ① 학교는 학칙으로 정하는 바에 따라 교육과정을 운영하여야 한다. 다만, 국내 대학 또는 외국대학과 공동으로 운영하는 교육과정에 대하여는 대통령령으로 정한다.

제23조【학점의 인정 등】 ① 학교는 학생이 다음 각 호의 어느 하나에 해당하는 경우(해당 학교에 입학하기 전의 경우를 포함한다)에 대통령령으로 정하는 범위에서 학칙으로 정하는 바에 따라 이를 해당 학교에서 학점을 취득한 것으로 인정할 수 있다.

1. 국내외의 다른 학교에서 학점을 취득한 경우
2. 「평생교육법」 제31조제4항, 제32조 또는 제33조 제3항에 따른 전문대학 또는 대학졸업자와 동등한 학력・학위가 인정되는 평생교육시설에서 학점을 취득한 경우
3. 국내외의 고등학교와 국내의 제2조 각 호의 학교(다른 법률에 따라 설립된 고등교육기관을 포함한다)에서 대학교육과정에 상당하는 교과목을 이수한 경우
4. 「병역법」 제73조 제2항에 따라 입영 또는 복무로 인하여 휴학 중인 사람이 원격수업을 수강하여 학점을 취득한 경우
5. 「학점인정 등에 관한 법률」 제7조 제1항 또는 제2항에 따라 교육부장관으로부터 학점을 인정받은 경우
6. 국내외의 다른 학교・연구기관 또는 산업체 등에서 학습・연구・실습한 사실이 인정되거나 산업체에서 근무한 사실이 인정되는 경우

② 학점인정의 기준과 절차 등 제1항 제6호에 따라 학점을 인정하는 데 필요한 사항은 대통령령으로 정하는 바에 따라 학칙으로 정한다.

제27조【외국박사학위의 신고 등】 ① 외국에서 박사학위를 받은 사람은 대통령령으로 정하는 바에 따라 교육부장관에게 신고하여야 한다.

제2절 대학 및 산업대학

제1관 대학

제28조【목적】 대학은 인격을 도야(陶冶)하고, 국가와 인류사회의 발전에 필요한 심오한 학술이론과 그 응용방법을 가르치고 연구하며, 국가와 인류사회에 이바지함을 목적으로 한다.

제29조【대학원】 ① 대학(산업대학・교육대학 및 원격대학을 포함한다. 이하 이 조에서 같다)에 대학원을 둘 수 있다. 다만, 사이버대학은 교육여건과 교육과정의 운영에 대한 평가 등 대통령령으로 정하는 기준을 충족한 경우에 한정한다.

제29조의2【대학원의 종류】 ① 대학원은 그 주된 교육목적에 따라 다음 각 호와 같이 구분한다.

1. 일반대학원: 학문의 기초이론과 고도의 학술연구를 주된 교육목적으로 하는 대학원
2. 전문대학원: 전문 직업 분야의 인력양성에 필요한 실천적 이론의 적용과 연구개발을 주된 교육목적으로 하는 대학원
3. 특수대학원: 직업인 또는 일반 성인을 위한 계속교육을 주된 교육목적으로 하는 대학원

제30조【대학원대학】 특정한 분야의 전문인력을 양성하기 위하여 필요하면 제29조제1항에도 불구하고 대학원만을 두는 대학(이하 "대학원대학"이라 한다)을 설립할 수 있다.

제31조【수업연한】 ① 대학 및 대학원의 수업연한(授業年限)은 다음 각 호와 같다.

1. 학사학위과정: 4년 이상 6년 이하로 하되, 수업연한을 6년으로 하는 경우는 대통령령으로 정한다.

2. 학사학위과정과 석사학위과정의 통합과정: 6년 이상으로 하되, 학사학위과정과 석사학위과정의 수업연한을 합한 연한 이상으로 한다.
3. 석사학위과정 및 박사학위과정: 각각 2년 이상
4. 석사학위과정과 박사학위과정의 통합과정: 4년 이상으로 하되, 석사학위과정과 박사학위과정의 수업연한을 합한 연한 이상으로 한다.

제33조【입학자격】 ① 대학(산업대학·교육대학·전문대학 및 원격대학을 포함하며, 대학원대학은 제외한다)에 입학할 수 있는 사람은 고등학교를 졸업한 사람이나 법령에 따라 이와 같은 수준 이상의 학력이 있다고 인정된 사람으로 한다.

제34조【학생의 선발방법 등】 ① 대학(산업대학·교육대학·전문대학 및 원격대학을 포함하며, 대학원대학은 제외한다)의 장은 제33조 제1항에 따른 자격이 있는 사람 중에서 일반전형(一般銓衡)이나 특별전형(이하 "입학전형"이라 한다)에 의하여 입학을 허가할 학생을 선발한다.

제34조의2【입학사정관 등】 ① 제34조 제1항에 따른 대학의 장은 해당 학교에 입학할 학생을 선발하는 경우 같은 조 제3항에 따라 교육부장관이 시행하는 시험의 성적 외에 「초·중등교육법」 제25조의 학교생활기록, 인성·능력·소질·지도성 및 발전가능성과 역경극복 경험 등 학생의 다양한 특성과 경험을 입학전형자료로 생산·활용하여 학생을 선발하는 업무를 전담하는 교원 또는 직원(이하 "입학사정관"이라 한다)을 둘 수 있다.

제34조의8【사회통합전형의 운영】 ① 제34조 제1항에 따른 대학(전문대학 및 원격대학은 제외한다. 이하 이 조에서 같다)의 장은 차별 없는 고등교육 기회 제공을 위하여 차등적인 교육적 보상이 필요한 사람을 대상으로 하는 입학전형의 모집인원이 전체 모집인원의 100분의 15의 범위에서 대학 모집인원, 설립목적 등을 고려하여 대통령령으로 정한 비율(이하 이 조에서 "기회균형선발비율"이라 한다) 이상이 되도록 하는 내용을 제34조의5 제4항의 대학입학전형시행계획에 포함하여 공표하여야 한다.

제35조【학위의 수여】 ① 대학(산업대학·교육대학을 포함하며, 대학원대학은 제외한다)에서 학칙으로 정하는 과정을 마친 사람에게는 학사학위를 수여한다.
② 대학원에서 학칙으로 정하는 과정을 마친 사람에게는 해당 과정의 석사학위나 박사학위를 수여한다.

제36조【시간제 등록】 ① 대학(산업대학, 전문대학 및 원격대학을 포함한다)은 제33조 제1항의 입학자격이 있는 사람에게 시간제로 등록하여 그 대학의 수업을 받게 할 수 있다. 14. 국가직

제2관 산업대학

제37조【목적】 산업대학은 산업사회에서 필요한 학술 또는 전문적인 지식이나 기술의 연구와 연마를 위한 교육을 계속하여 받으려는 사람에게 고등교육의 기회를 제공하여 국가와 사회의 발전에 이바지할 산업인력을 양성함을 목적으로 한다.

제38조【수업연한 등】 산업대학의 수업연한과 재학연한은 제한하지 아니한다.

제3절 교육대학 등

제41조【목적】 ① 교육대학은 초등학교 교원을 양성함을 목적으로 한다.
② 대학의 사범대학(이하 "사범대학"이라 한다)은 중등학교 교원을 양성함을 목적으로 한다.

제42조【교육대학의 설립 및 수업연한】 ① 교육대학은 국가나 지방자치단체가 설립한다.
② 교육대학의 수업연한은 4년으로 한다.

제43조 【종합교원양성대학】 ① 국가와 지방자치단체는 특별한 필요가 있는 경우에 대통령령으로 정하는 바에 따라 교육대학과 사범대학의 목적을 동시에 수행할 수 있는 대학(이하 "종합교원양성대학"이라 한다)을 설립할 수 있다.

제4절 전문대학

제47조 【목적】 전문대학은 사회 각 분야에 관한 전문적인 지식과 이론을 가르치고 연구하며 재능을 연마하여 국가사회의 발전에 필요한 전문직업인을 양성함을 목적으로 한다.

제48조 【수업연한】 ① 전문대학의 수업연한은 다음 각 호와 같다.

1. 전문학사학위과정 : 2년 이상 3년 이하로 하되, 수업연한을 3년으로 하는 경우는 대통령령으로 정한다.
2. 전문기술석사학위과정 : 2년 이상

제49조 【전공심화과정】 전문대학을 졸업한 사람의 계속교육을 위하여 대통령령으로 정하는 바에 따라 전문대학에 전공심화과정을 설치·운영할 수 있다.

제5절 원격대학

제52조 【목적】 원격대학은 국민에게 정보·통신 매체를 통한 원격교육(遠隔敎育)으로 고등교육을 받을 기회를 제공하여 국가와 사회에 필요한 인재를 양성함과 동시에 열린 학습사회를 구현함으로써 평생교육의 발전에 이바지함을 목적으로 한다.

제53조 【원격대학의 과정 및 수업연한】 ① 원격대학에는 대통령령으로 정하는 바에 따라 전문학사학위과정과 학사학위과정을 둘 수 있다. 14. 국가직

② 원격대학의 전문학사학위과정의 수업연한은 2년으로 하고, 학사학위과정의 수업연한은 4년으로 한다.

③ 원격대학은 학칙으로 정하는 바에 따라 학위취득에 필요한 학점 이상을 취득한 사람에 대하여는 대통령령으로 정하는 바에 따라 제2항에 따른 수업연한을 단축할 수 있다.

제53조의2 【사이버대학의 전공심화과정】 전문학사학위를 취득한 사람의 계속교육을 위하여 대통령령으로 정하는 바에 따라 원격대학 중 전문학사학위과정을 운영하는 사이버대학에 전공심화과정을 설치·운영할 수 있다.

제6절 기술대학

제55조 【목적】 기술대학은 산업체 근로자가 산업현장에서 전문적인 지식·기술의 연구·연마를 위한 교육을 계속하여 받을 수 있도록 함으로써 이론과 실무능력을 고루 갖춘 전문인력을 양성함을 목적으로 한다.

제56조 【기술대학의 과정 및 수업연한】 ① 기술대학에는 전문학사학위과정과 학사학위과정을 둔다.

② 제1항에 따른 각 과정의 수업연한은 각각 2년으로 한다.

제7절 각종학교

제59조 【각종학교】 ① 각종학교란 제2조 제1호부터 제6호까지의 학교와 유사한 교육기관을 말한다.

② 각종학교는 제2조 제1호부터 제6호까지의 학교와 유사한 명칭을 사용할 수 없다.

03 주요 기출문제

01 「고등교육법」상 고등교육기관이 아닌 것은? 20. 국가직 7급

① 기술대학 ② 산업대학
③ 시민대학 ④ 사이버대학

해설 ③은 지역 주민들의 고등교육 욕구 충족 및 자기 개발을 위해 지자체가 마련한 평생교육사업에 해당하는 학교이다. 「고등교육법」 제2조에 나타난 고등교육기관은 대학, 산업대학, 교육대학, 전문대학, 원격대학(방송대학 · 통신대학 · 방송통신대학 · 사이버대학), 기술대학 및 각종 학교를 말한다.

TIP 「고등교육법」상 학교의 종류

제2조 【학교의 종류】 고등교육을 실시하기 위하여 다음 각 호의 학교를 둔다.
1. 대학
2. 산업대학
3. 교육대학
4. 전문대학
5. 방송대학 · 통신대학 · 방송통신대학 및 사이버대학(이하 "원격대학"이라 한다)
6. 기술대학
7. 각종 학교

03 실전 예상문제

01 「고등교육법」에 따른 학교의 종류가 아닌 것은?

① 교육대학 ② 전문대학
③ 원격대학 ④ 특수학교

해설 「고등교육법」 제2조(학교의 종류)에 따르면 고등교육을 실시하기 위하여 7가지 종류의 학교, 즉, 대학, 산업대학, 교육대학, 전문대학, 원격대학, 기술대학, 각종학교를 둔다. 특수학교는 「고등교육법」이 아닌, 「장애인 등에 대한 특수교육법」 제2조(정의) 제10호에 따른 학교이다.

정답 01 ③ / 01 ④

02 **다음 (　　) 안에 알맞은 내용은?**

> "학교는 (　　)의 지도·감독을 받는다." — 「고등교육법」 제5조

① 교육부장관　② 교육감
③ 대통령　④ 시·도지사

해설 「고등교육법」 제5조(지도·감독) 제1항에 따르면 모든 학교는 교육부장관의 지도·감독을 받는다. ②는 「유아교육법」 제18조(지도·감독) 제1항과 「초·중등교육법」 제6조(지도·감독)에 따라 공립·사립 유치원과 공립·사립 초·중·고등학교의 지도·감독권을 갖는다(단, 국립 유·초·중·고등학교는 교육부장관의 지도·감독을 받는다).

03 **「고등교육법」에 따중 학교의 장이 학칙으로 정할 수 없는 사항은?**

① 학생의 징계에 관한 사항　② 학교의 명칭
③ 학년도 및 휴업일　④ 교육과정의 운영

해설 학교의 명칭은 「고등교육법」 제18조(학교의 명칭) 제1항에 따라 국립학교는 대통령령으로, 공립학교는 해당 지방자치단체의 조례로, 사립학교는 해당 학교법인의 정관으로 정한다. ①은 제13조(학생의 징계), ③은 제20조(학년도 등), ④는 제21조(교육과정의 운영)에 따라 학칙으로 정할 수 있는 사항이다.

04 **다음 중 고등교육기관에서 대통령령으로 정하는 범위에서 학칙으로 정하는 바에 따라 학점을 인정받을 수 있는 경우가 아닌 것은?**

① 국내외의 다른 학교에서 학점을 취득한 경우
② 「병역법」 제73조 제2항에 따라 입영 또는 복무로 인하여 휴학 중인 사람이 원격수업을 수강한 경우
③ 「학점인정 등에 관한 법률」 제7조 제1항 또는 제2항에 따라 교육부장관으로부터 학점을 인정받은 경우
④ 국내외의 고등학교에서 대학교육과정에 상당하는 교과목을 이수한 경우

해설 「고등교육법」 제23조(학점의 인정 등) 제1항에 따르면 ②는 「병역법」 제73조 제2항에 따라 입영 또는 복무로 인하여 휴학 중인 사람이 원격수업을 수강하여 '학점을 취득한 경우'에 한한다. 이 외에도 「평생교육법」 제31조 제4항, 제32조 또는 제33조 제3항에 따른 전문대학 또는 대학졸업자와 동등한 학력·학위가 인정되는 평생교육시설에서 학점을 취득한 경우, 국내외의 다른 학교·연구기관 또는 산업체 등에서 학습·연구·실습한 사실이 인정되거나 산업체에서 근무한 사실이 인정되는 경우 등도 해당된다.

05 **대학에 설치될 수 있는 대학원의 종류가 아닌 것은?**

① 일반대학원　② 전문대학원
③ 특수대학원　④ 방송통신대학원

해설 「고등교육법」 제29조의2(대학원의 종류) 제1항에 따르면, 대학원은 일반대학원, 전문대학원, 특수대학원으로 구분된다. '방송통신대학'은 법 제2조(학교의 종류)에서 규정한 원격대학에 해당한다.

정답 02 ①　03 ②　04 ②　05 ④

04 국립 유치원 및 초 · 중등학교 회계규칙(교육부령)

⇨ 「공립학교 회계규칙」 일부 포함

관련 이론 • 제13장 교육행정 – 제9절 교육재정론 2 교육비 – 3. 교육비 관리기법 – (3) 학교회계제도

1 주요 내용 ※ 「공립학교 회계규칙」(교육규칙)의 내용도 일부 포함하고 있음.

제1장 총칙

제1조 【목적】 이 규칙은 「유아교육법」 제19조의7 제6항 및 제19조의8 제6항과 「초 · 중등교육법」 제30조의2 제5항 및 제30조의3 제6항에 따라 국립 유치원의 유치원회계와 국립 초등학교 · 중학교 · 고등학교 및 특수학교의 학교회계의 설치 · 운영에 필요한 사항을 규정함을 목적으로 한다.

제2조 【회계운영의 기본원칙】 「유아교육법」 제19조의7 제1항 또는 「초 · 중등교육법」 제30조의2 제1항에 따라 국립 유치원 · 초등학교 · 중학교 · 고등학교 및 특수학교(이하 "학교"라 한다)에 설치하는 회계(이하 "학교회계"라 한다)는 학교의 설립목적과 교육과정에 따라 건전하게 관리 · 운영되어야 한다.

제3조 【회계연도 독립의 원칙】 ① 학교회계의 각 회계연도의 경비는 해당회계연도의 세입으로 충당하여야 한다.
② 학교회계의 수입 및 지출은 그 원인이 되는 사실이 발생한 날을 기준으로 회계연도를 구분한다. 다만, 그 사실이 발생한 날을 정할 수 없는 경우에는 그 사실을 확인한 날을 기준으로 소속 회계연도를 구분한다.

제4조 【출납폐쇄기한】 학교회계의 출납은 회계연도 종료 후 20일이 되는 날에 폐쇄한다.

제5조 【회계의 방법】 학교회계는 복식부기 방식으로 처리한다.

제6조 【수입의 직접 사용금지】 학교의 장은 학교회계의 모든 수입을 제51조 제1항에 따라 지정된 금융회사 등이나 체신관서에 예치하여야 하며, 이 규칙 또는 다른 법령에서 달리 정하고 있는 경우를 제외하고는 이를 직접 사용하지 못한다.

제7조 【통합 · 운영국립학교의 회계】 법 제30조 및 같은 법 시행령 제56조*에 따른 통합 · 운영국립학교에는 하나의 학교회계를 설치 · 운영할 수 있다. 18. 국가직 7급

> ✎ [공립학교 회계규칙] **제6조 【통합운영학교의 학교회계】** 「유아교육법」 제19조의7(유치원 회계의 설치) 제5항과 「초 · 중등교육법」 제30조(학교의 통합 · 운영) 및 같은 법 시행령 제56조에 따른 통합 · 운영국립학교에는 하나의 학교회계를 설치 · 운영할 수 있다.

제2장 예산

제9조 【예산총계주의】 학교회계의 세입과 세출은 모두 「유아교육법」 제19조의8 제2항에 따른 유치원회계 세입세출예산 또는 「초 · 중등교육법」 제30조의3(학교회계의 운영) 제2항에 따른 학교회계 세입세출예산(이하 "예산"이라 한다)에 각각 편입하여야 한다.

제10조 【예산편성매뉴얼】 *교육부장관은 매년 예산편성매뉴얼을 작성하여 소속 학교의 장에게 알릴 수 있다. 다만, 예산편성매뉴얼을 알린 후 학교회계운영에 영향을 미치는 중요한 교육시책이 수립되거나 수정되는 경우에는 해당 예산편성매뉴얼을 변경하여 다시 알릴 수 있다.

> ✎ [공립학교 회계규칙] **제8조 【예산편성지침】** 교육감은 매년 예산편성기본지침을 작성하여 이를 회계연도 개시 3월 전까지 소속 학교의 장에게 시달하여야 한다. 다만, 예산편성기본지침이 시달된 후 학교회계운영에 영향을 미치는 중요한 교육시책이 수립되거나 수정되는 경우에는 이미 시달된 지침을 변경하여 시달할 수 있다. 18. 국가직 7급

제11조 【전입금의 교부계획통보】 *① 교육부장관은 학교회계의 원활한 운영을 위하여 「유아교육법」 제19조의7 제2항 제1호 및 「초 · 중등교육법」 제30조의2(학교회계의 설치) 제2항 제1호에 따른 전입금의 총 규모 및 분기별 자금교부계획을 수립하여 이를 회계연도 개시 50일 전까지 소속 학교의 장에게 통보하여야 한다.

> [공립학교 회계규칙] **제9조 【전입금의 교부계획통보】** ① 교육감은 학교회계의 원활한 운영을 위하여 「유아교육법」 제19조의7 제2항 제1호 및 「초 · 중등교육법」 제30조의2 제2항 제1호의 규정에 의한 전입금의 총 규모 및 분기별 자금교부계획을 수립하여 이를 회계연도 개시 50일 전까지 소속 학교의 장에게 통보하여야 한다.
> ② 교육감은 예산의 증감 등으로 인하여 전입금의 총 규모 및 분기별 자금교부계획을 변경하는 경우에는 변경된 사항을 학교의 장에게 즉시 통보하여야 한다.

제12조 【예산안의 편성】 ① 학교의 장은 제10조에 따른 예산편성매뉴얼*에 따라 예산안을 편성하여야 한다.
② 제1항에 따른 예산안의 편성에 있어서 교직원은 학교운영 및 교육활동에 필요한 경비를 기재한 예산요구서를 작성하여 학교의 장에게 제출할 수 있다.

[공립학교 회계규칙] 예산편성 기본지침

제13조 【예산의 내용 및 구분】 ① 예산은 예산총칙, 세입 · 세출예산, 계속비, 명시이월비를 총칭한다.
③ 세입 · 세출예산 중 세입예산은 그 내용의 성질과 기능을 고려하여 장 · 관 · 항 · 목으로 구분하고, 세출예산은 사업별 또는 성질별로 정책사업 · 단위사업 · 세부사업 · 목으로 구분한다.
④ 제3항에 따른 세입예산의 장 · 관 · 항 · 목과 세출예산의 정책사업 · 단위사업의 구분과 설정에 필요한 사항은 교육부장관이 정하고 세출예산의 세부사업 · 목의 구분과 설정에 필요한 사항은 정책사업 · 단위사업을 고려하여 학교의 장이 자율적으로 정한다.

제14조 【예산안심의】 ① 학교운영위원회위원장은 「유아교육법」 제19조의8 제2항 또는 「초 · 중등교육법」 제30조의3 제2항에 따라 학교운영위원회에 제출된 예산안을 회의 개최 7일 전까지 학교운영위원회위원에게 통지하여야 한다.
② 학교의 장은 「유아교육법」 제19조의8 제3항 또는 「초 · 중등교육법」 제30조의3 제3항에 따라 학교운영위원회가 예산안을 심의할 때에는 학교운영위원회에 출석하여 예산안에 관한 제안 설명을 하여야 한다.
③ 학교운영위원회는 학교의 설립목적과 교육과정을 고려하여 예산안을 성실하게 심의하여야 한다.
④ 학교운영위원회는 예산안의 효율적인 심의를 위하여 의결에 의하여 소위원회를 구성할 수 있다.
⑤ 학교운영위원회는 예산안을 심의하는 경우에 학생(유치원생을 포함한다)의 수업에 지장을 주지 않는 범위에서 관련 교직원의 의견을 들을 수 있다.
⑥ 학교운영위원회는 학교의 장의 동의 없이 세출예산 각목의 금액을 증가하거나 새로운 비목을 설치할 수 없다.

제15조 【추가경정예산】 ① 학교의 장은 예산 성립 후에 생긴 사유로 인하여 이미 성립한 예산에 변경을 가할 필요가 있을 때에는 추가경정예산을 편성할 수 있다. 이 경우 예산편성 및 예산심의절차 등에 있어서 제12조에서 제14조까지의 규정을 준용한다.

제16조 【예비비의 사용제한 및 관리】 ① 「유아교육법」 제19조의7 제4항 및 「초 · 중등교육법」 제30조의2 제4항에 따른 예비비는 업무추진비에 지출할 수 없다.

제17조 【예산의 목적 외 사용금지 및 예산의 이용】 학교의 장은 세출예산에서 정한 목적 외의 경비를 사용하거나 세출예산에서 정한 각 정책사업 사이에 상호 이용(移用)할 수 없다. 다만, 예산집행상 필요에 따라 미리 학교운영위원회의 심의를 거쳐 예산으로 정한 경우에는 그렇지 않다.

제18조 【예산의 전용】 ① 학교의 장은 인건비·시설비를 제외한 예산의 동일한 정책사업 안에서 각 단위사업·세부사업·목의 금액을 전용(轉用)할 수 있다. 다만, 회계연도 경과 후 또는 업무추진비에 충당하기 위한 경우에는 그렇지 않다.

② 제17조 및 제18조 제1항에 따라 이용 또는 전용한 경비의 금액은 제21조에 따른 세입·세출결산서에 이를 명시하고 그 이유를 기재하여야 한다.

제19조 【계속비】 ① 학교의 장은 공사나 제조 기타의 사업을 완성하는 데 수년도가 소요되는 경우에는 소요경비의 총액과 연도별 금액을 정하여 미리 학교운영위원회의 심의를 거쳐 계속비로서 수년도에 걸쳐 지출할 수 있다.

② 제1항에 따라 계속비로서 지출할 수 있는 연한은 해당회계연도부터 5년 이내로 한다. 다만, 학교의 장이 필요하다고 인정하는 경우에는 학교운영위원회의 심의를 거쳐 다시 그 연한을 연장할 수 있다.

제20조 【세출예산의 이월】 ① 세출예산 중 경비의 성질상 해당회계연도 내에 지출을 끝내지 못할 것이 예상되어 명시이월비로서 특히 그 취지를 세입·세출예산에 명시하여 학교운영위원회의 심의를 거친 경비는 다음 회계연도에 이월하여 사용할 수 있다.

② 세출예산 중 해당회계연도 내에 지출원인행위를 하고 불가피한 사유로 인하여 해당회계연도 내에 지출하지 못한 경비(지출원인행위를 하지 않은 부대경비를 포함한다)의 금액은 사고이월비로서 다음 회계연도에 이월하여 사용할 수 있다.

③ 계속비의 연도별 소요경비의 금액 중 해당회계연도 내에 지출하지 못한 금액은 해당계속비의 사업완성연도까지 차례로 이월하여 사용할 수 있다.

제3장 결산

제21조 【결산심의】 ① 학교의 장이 「유아교육법」 제19조의8 제5항 또는 「초·중등교육법」 제30조의3 제5항에 따라 세입·세출결산서를 학교운영위원회에 제출하는 경우에는 서류를 첨부하여야 한다.

② 학교운영위원회는 결산심의결과를 회계연도 종료 후 4월 안에 학교의 장에게 통보하여야 한다.

제22조 【수익자부담경비의 관리】 ① 학교의 장은 수익자부담경비에 대하여 각 사업별로 별도의 계정을 두어 관리하고 해당 사업이 끝난 후 10일 이내에 정산하여야 한다.

② 학교의 장은 수익자부담사업의 사업별 예산·결산내역을 해당 사업이 끝난 후 30일 이내에 홈페이지 등을 통해 학부모에게 공개하여야 한다.

제23조 【결산상 잉여금의 처리】 매 회계연도 세입·세출결산에서 잉여금이 발생한 경우에는 다음 회계연도의 세입으로 한다.

제4장 수입

제24조 【세입의 징수와 수납】 학교회계의 세입은 법령이 정하는 바에 따라 징수 또는 수납하여야 한다.

제25조 【전입금의 교부) 교육부장관*은 제11조에 따른 분기별 자금교부계획에 따라 전입금을 분기별로 학교회계에 전출하여야 한다.

✎ [공립학교 회계규칙] 교육감(이하 같다.)

제26조 【사용료 및 수수료】 ①「유아교육법」 제19조의7 제2항 제4호 및「초·중등교육법」 제30조의2 제2항 제5호에 따른 사용료는 다음 각 호의 수입을 말한다.

1. 「국유재산법」 제32조*에 따른 학교시설의 사용허가에 따른 사용료 수입
2. 「물품관리법」 제41조**에 따라 물품의 대부로 인하여 발생하는 수입

② 「유아교육법」 제19조의7 제2항 제4호 및「초·중등교육법」 제30조의2 제2항 제5호에 따른 수수료는 「국립학교 각종 증명 수수료 규칙」에 따른 학교의 수수료를 말한다.

*[공립학교 회계규칙]「공유재산 및 물품관리법」 제22조, **「공유재산 및 물품관리법」 제22조

제27조 【그 밖의 수입 등】 ①「유아교육법」 제19조의7 제2항 제6호 및「초·중등교육법」 제30조의2 제2항 제7호에 따른 물품매각대금은「물품관리법」 제36조에 따라 불용결정을 한 물품의 매각대금, 실습물 매각대금 등을 말한다.

② 「유아교육법」 제19조의7 제2항 제7호 및「초·중등교육법」 제30조의2 제2항 제8호에 따른 그 밖의 수입은 예금이자와 그 밖에 교육부장관이 학교 자체수입으로 정하는 수입을 말한다.

제5장 지출

제32조 【지출원인행위】 ① 지출의 원인이 되는 계약 기타의 행위(이하 "지출원인행위"라 한다)는 학교의 장이 행한다.

제34조 【지급의 방법】 출납원의 지급행위는 금융회사 등의 예금계좌 또는 체신관서의 우편대체계좌에 입금하는 방법이나 전산망을 통한 자금 이체의 방법으로 한다. 다만, 지급액이 10만원 미만인 경우와 제37조에 따른 개산급의 경우에는 다른 방법으로 지급할 수 있다.

제37조 【개산급】 ① 다음 각 호의 경비는 개산급(概算給)으로 할 수 있다.

1. 여비 및 업무추진비(직책급업무추진비에 한한다)
2. 수학여행비·수련활동비 등 성질상 개산하여 지급하지 않으면 학교운영 또는 교육활동에 지장을 초래할 우려가 있는 경비

② 개산급을 받은 자는 그 경비를 지출한 후 5일 이내에 정산서를 작성하여 증빙서와 함께 출납원에게 제출하여야 한다. 다만, 제1항 제1호의 경비의 경우 과부족이 없는 때에는 정산서를 제출하지 않을 수 있다.

제6장 계약 등

제38조 【계약의 원칙】 계약은 상호 대등한 입장에서 당사자의 합의에 따라 체결되어야 하고 당사자는 계약의 내용을 신의와 성실의 원칙에 따라 이를 이행하여야 한다.

제39조 【계약의 방법】 학교의 장은 계약을 체결하고자 하는 경우에는 이를 공고하여 일반경쟁에 부쳐야 한다. 다만, 계약의 목적·성질·규모 및 지역 특수성 등에 비추어 필요하다고 인정되는 경우에는 입찰참가자의 자격을 제한하거나 참가자를 지명하여 경쟁에 부치거나 수의계약에 의할 수 있다.

제7장 회계관계직원

제45조 【회계관계직원의 정의】 이 규칙에서 "회계관계직원"이란 학교의 회계사무를 집행하는 사람으로서 다음 각 호에 해당하는 사람을 말한다.

1. 학교의 장 및 출납원
2. 제1호에 규정된 자가 집행하는 회계사무에 준하는 사무를 처리하는 자

제46조 【출납원】 ① 출납원은 「유아교육법」 제20조 제2항 및 「초・중등교육법」 제19조 제2항에 따른 행정직원 (이하 이 조에서 "행정직원"이라 한다)으로서 행정직렬에 속하는 사람 중 최상급자로 하되, 해당 학교에 행정직렬에 속하는 행정직원이 없는 경우에는 소속 공무원 중 학교의 장이 임명하는 사람으로 한다.
② 출납원은 법령에서 정하는 바에 따라 현금 또는 물품을 출납・보관하여야 한다.

제47조 【임시출납원의 임명】 학교의 장은 출납원이 장기휴가나 장기출장 등으로 장기간 회계업무를 처리하지 못하는 사유가 발생하거나 수학여행・현장학습 등의 업무수행을 위하여 필요한 경우에는 출납원의 사무를 대리하여 처리하는 임시출납원을 임명할 수 있다.

제8장 세입세출외 현금 및 장부・서식 등

제58조 【예산・결산의 공개 및 자료의 제출】 ① 학교의 장은 학교운영위원회의 심의를 거쳐 확정된 세입・세출예산서 및 결산서를 학부모 및 교직원에게 공개하여야 한다.

04 주요 기출문제

01 공립의 초등학교・중학교・고등학교 및 특수학교의 학교회계 제도에 대한 설명으로 옳은 것은?

18. 국가직 7급

① 학교운영지원비뿐만 아니라 수업료도 당해 학교에 설치된 학교회계의 세입항목에 포함된다.
② 교직원은 예산요구서를 작성하여 제출하는 방식으로 학교 예산안을 편성하는 과정에 참여할 수 있다.
③ 「초・중등교육법」 제30조에 따른 통합운영학교라고 해도 학교회계는 학교별로 설치하여야 한다.
④ 학교자율화 정책에 따라 교육감이 학교회계 예산편성기본지침을 학교의 장에게 시달하는 것은 금지되었다.

해설 ②는 「국(공)립 유치원 및 초・중등학교 회계규칙」 제12조(예산안의 편성) 제2항("제1항에 따른 예산안의 편성에 있어서 교직원은 학교운영 및 교육활동에 필요한 경비를 기재한 예산요구서를 작성하여 학교의 장에게 제출할 수 있다."). ①은 수업료는 지방교육재정(시・도 교육청의 교육비 특별회계)의 세입원에 해당한다. 즉, 「지방교육자치에 관한 법률(교육자치법)」 제37조(의무교육경비 등) 제1항에 따르면 "의무교육에 종사하는 교원의 보수와 그 밖의 의무교육에 관련되는 경비(입학금, 수업료, 학교운영지원비 및 교과용도서 구입비)는 「지방교육재정교부금법」에서 정하는 바에 따라 국가 및 지방자치단체가 부담한다." ③은 「국(공)립 유치원 및 초・중등학교 회계규칙」 제7조(통합・운영국립학교의 회계)에 따라 통합운영학교에는 하나의 학교회계를 설치・운영할 수 있다. ④는 「국(공)립 유치원 및 초・중등학교 회계규칙」 제10조에 따라 교육감은 매년 예산편성기본지침(교육부장관은 예산편성매뉴얼)을 회계연도 개시 3개월 전까지 학교의 장에게 시달한다.

정답 01 ②

04 실전 예상문제

01 국 · 공립 초등학교 · 중학교 · 고등학교 및 특수학교의 학교회계의 기본 원칙에 해당하지 않는 것은?

① 회계연도 독립의 원칙
② 수입의 직접 사용의 원칙
③ 예산총계주의 원칙
④ 예산의 목적 외 사용금지의 원칙

해설 「국립 유치원 및 초 · 중등학교 회계규칙」 제6조(수입의 직접 사용금지)에 따르면 학교의 장은 학교회계의 모든 수입을 제51조 제1항에 따라 지정된 금융회사 등이나 체신관서에 예치하여야 하며, 이 규칙 또는 다른 법령에서 달리 정하고 있는 경우를 제외하고는 이를 직접 사용하지 못한다. ①은 규칙 제3조(회계연도 독립의 원칙) 제1항, ③은 제9조(예산총계주의), ④는 제17조(예산의 목적 외 사용금지 및 예산의 이용)에 해당한다.

02 학교회계 운영의 기본 원칙으로 옳지 않은 것은?

① 학교의 설립목적과 교육과정에 따라 건전하게 관리 · 운영되어야 한다.
② 학교의 장은 학교회계의 모든 수입을 지정된 금융회사 등이나 체신관서에 예치하여야 한다.
③ 학교의 장 및 출납원은 예산의 범위 안에서 자금 수급을 고려하여 지출원인행위를 하여야 한다.
④ 학교의 장은 학교운영위원회의 심의를 거쳐 확정된 세입 · 세출예산서 및 결산서를 학부모 및 교직원에게 공개하여야 한다.

해설 「국립 유치원 및 초 · 중등학교 회계규칙」 제32조(지출원인행위)에 따르면 지출의 원인이 되는 계약 기타의 행위(지출원인행위)는 학교의 장이 행한다. 출납원(제46조)은 「유아교육법」 제20조 제2항 및 「초 · 중등교육법」 제19조 제2항에 따른 행정직원으로서 행정직렬에 속하는 사람 중 최상급자로 하되, 해당 학교에 행정직렬에 속하는 행정직원이 없는 경우에는 소속 공무원 중 학교의 장이 임명하는 사람으로 하며, 법령에서 정하는 바에 따라 현금 또는 물품을 출납 · 보관하여야 한다. ①은 제2조(회계운영의 기본 원칙), ②는 제6조(수입의 직접 사용금지), ④는 제58조(예산 · 결산의 공개 및 자료의 제출) 제1항에 해당한다.

03 학교회계의 예산의 내용 및 구조에 포함되지 않는 것은?

① 예산총칙　　② 세입 · 세출예산
③ 추가경정예산　　④ 계속비, 명시이월비

해설 「국립 유치원 및 초 · 중등학교 회계규칙」 제13조(예산의 내용 및 구조)에 따르면 예산은 예산총칙, 세입 · 세출예산, 계속비, 명시이월비를 총칭한다. 예산총칙에는 세입 · 세출예산, 계속비, 명시이월비에 관한 총괄적 규정과 기타 예산집행에 관하여 필요한 사항을 정한다. 세입 · 세출예산 중 세입예산은 그 내용의 성질과 기능을 고려하여 장 · 관 · 항 · 목으로 구분하고, 세출예산은 사업별 또는 성질별로 정책사업 · 단위사업 · 세부사업 · 목으로 구분한다. ③[제15조(추가경정예산)]은 예산 성립 후에 생긴 사유로 인하여 이미 성립한 예산에 변경을 가할 필요가 있을 때에는 학교의 장이 편성할 수 있는 예산을 말한다. ④의 경우 계속비[제19조(계속비)]로 지출할 수 있는 연한은 해당회계연도부터 5년 이내로 한다.

04 국 · 공립 초 · 중 · 고등학교 및 특수학교에 설치 · 운영하고 있는 학교회계에 대한 설명으로 잘못된 것은?

① 학교회계의 출납은 회계연도 종료 후 20일이 되는 날에 폐쇄한다.
② 학교회계는 복식부기 방식으로 처리한다.
③ 학교운영위원회위원장은 「유아교육법」 제19조의8 제2항 또는 「초 · 중등교육법」 제30조의3 제2항에 따라 학교운영위원회에 제출된 예산안을 회의 개최 30일 전까지 학교운영위원회위원에게 통지하여야 한다.
④ 「유아교육법」 제19조의7 제4항 및 「초 · 중등교육법」 제30조의2 제4항에 따른 예비비는 업무추진비에 지출할 수 없다.

해설 「국립 유치원 및 초 · 중등학교 회계규칙」 제14조(예산안심의) 제1항에 따르면 학교운영위원회위원장은 학교운영위원회에 제출된 예산안을 회의 개최 7일 전까지 학교운영위원회위원에게 통지하여야 한다. ①은 제4조(출납폐쇄기한), ②는 제5조(회계의 방법), ④는 제16조(예비비의 사용제한 및 관리)에 해당한다.

정답 01 ② 02 ③ 03 ③ 04 ③

05 다음 중 세출예산의 이월 종류에 속하지 않는 것은?

① 명시이월비 ② 사고이월비
③ 계속비 이월 ④ 예비비 이월

해설 「국립 유치원 및 초·중등학교 회계규칙」 제20조(세출예산의 이월)에 따르면 세출예산의 이월에는 명시이월비, 사고이월비, 계속비 이월이 있다. ①은 해당 회계연도 내에 지출을 끝내지 못할 것이 예상되어 세입·세출예산에 명시하여 학교운영위원회의 심의를 거친 경비, ②는 해당 회계연도 내에 지출원인행위를 하고 불가피한 사유로 인하여 해당 회계연도 내에 지출하지 못한 경비, ③은 계속비의 연도별 소요경비의 금액 중 해당 회계연도 내에 지출하지 못한 금액에 해당한다.

06 학교회계 설치 및 운영에 대한 설명으로 옳지 않은 것은?

① 학교회계 관계 직원은 학교의 장, 교감 및 출납원이 해당한다.
② 학교운영위원회는 결산심의결과를 회계연도 종료 후 4월 안에 학교의 장에게 통보하여야 한다.
③ 학교의 장은 수익자부담경비에 대하여 각 사업별로 별도의 계정을 두어 관리하고 해당 사업이 끝난 후 10일 이내에 정산하여야 한다.
④ 제38조(계약의 원칙) 계약은 상호 대등한 입장에서 당사자의 합의에 따라 체결되어야 하고 당사자는 계약의 내용을 신의와 성실의 원칙에 따라 이를 이행하여야 한다.

해설 「국립 유치원 및 초·중등학교 회계규칙」 제45조(회계관계직원의 정의) 이 규칙에서 "회계관계직원"이란 학교의 회계사무를 집행하는 사람으로서 학교의 장, 출납원과 학교의 장과 출납원이 집행하는 회계사무에 준하는 사무를 처리하는 자를 말한다. 교감과 교사는 해당되지 않는다. ②는 제21조(결산심의) 제2항, ③은 제22조(수익자부담경비의 관리) 제1항, ④는 제38조(계약의 원칙)에 해당한다.

정답 05 ④ 06 ①

03 TOPIC 평생교육

02

01 평생교육법 ⇨ 「평생교육법 시행령」 일부 포함

관련 이론 •— 제1장 교육의 이해 – 제3절 교육의 유형(형태) 1 평생교육

1 편성체계

구분	내용
제1장 총칙(제1조~제8조)	• 평생교육법의 목적 및 이념, 관련 개념의 정의 • 다른 법률과의 관계, 국가 및 지방자치단체의 임무 • 교육과정, 공공시설의 이용, 학습휴가 및 학습비 지원
제2장 평생교육진흥 기본계획 등 (제9조~제18조의2)	• 평생교육진흥 기본계획의 수립, 평생교육사업에 대한 조사·분석 등 • 평생교육진흥위원회의 설치 • 연도별 평생교육진흥 시행계획의 수립·시행 • 시·도 평생교육협의회 • 시·군·자치구 평생교육협의회 • 평생학습도시 • 경비보조 및 지원, 평생교육이용권의 발급·사용, 평생교육 통계 조사 등 • 평생교육 종합정보시스템의 구축·운영 등
제3장 국가 평생교육진흥원 등 (제19조~제23조)	• 국가 평생교육진흥원, 국가 장애인 평생교육진흥센터 • 시·도 평생교육진흥원의 운영, 장애인평생교육시설, 노인평생교육시설 • 시·군·구 평생학습관의 설치·운영 등, 장애인평생교육과정, 읍·면·동 평생학습센터의 운영, 자발적 학습모임의 지원 • 정보화 관련 평생교육의 진흥 • 학습계좌
제4장 평생교육사 (제24조~제27조)	• 평생교육사의 자격 및 업무 • 평생교육사 양성기관 • 평생교육사의 배치 및 채용, 실태조사 • 평생교육사 채용에 대한 경비보조
제5장 평생교육기관 (제28조~제38조의3)	• 평생교육기관의 설치자, 평생교육기관의 평가 및 인증 • 학교의 평생교육, 학점은행기관의 평생교육 • 학교 부설 평생교육시설 • 학교형태의 평생교육시설 • 사내대학, 원격대학 형태의 평생교육시설 • 사업장 부설, 시민사회단체 부설, 언론기관 부설 평생교육시설 • 지식·인력개발 관련 평생교육시설
제6장 문해교육 (제39조~제40조의2)	• 문해교육의 실시, 문해교육센터 설치 등 • 문해교육 프로그램의 교육과정, 문해교육정보시스템 구축·운영 등

제7장 성인 진로교육(제40조의3)	성인 진로교육의 실시
제8장 평생학습 결과의 관리 · 인정(제41조)	학점, 학력 등의 인정
제9장 보칙(제42조~제46조)	• 행정처분, 지도 · 감독, 청문, 권한의 위임 및 위탁 • 유사 명칭의 사용 금지, 벌칙, • 과태료

❷ 추진 체계

구 분	행정기구	심의 · 협의기구	전담 · 지원기구
국가 수준	교육부 장관 ⇨ 매 5년마다(평생교육 진흥에 관한) 기본계획 수립	평생교육진흥위원회 (20인 이내)	• 국가 평생교육진흥원 • 국가 장애인 평생교육지원센터
광역 수준	시장, 도지사 ⇨ 매년(평생교육 진흥을 위한) 시행계획 수립	시 · 도 평생교육협의회 (20인 이내)	시 · 도 평생교육진흥원
기초 수준	시장, 군수, 구청장	시 · 군 · 자치구 평생교육협의회 (12인 이내)	• 시 · 군 · 자치구 평생학습관(시 · 도 교육감&시장 · 군수 · 자치구의 구청장) • 읍 · 면 · 동 평생학습센터(시장 · 군수 · 자치구의 구청장)

❸ 주요 내용 ※ 「평생교육법 시행령」(대통령령)의 내용도 일부 포함하고 있음.

제1장 총칙

제1조 【목적】 이 법은 「헌법」과 「교육기본법」에 규정된 평생교육의 진흥에 대한 국가 및 지방자치단체의 책임과 평생교육제도와 그 운영에 관한 기본적인 사항을 정하고, 모든 국민이 평생에 걸쳐 학습하고 교육받을 수 있는 권리를 보장함으로써 모든 국민의 삶의 질 향상 및 행복 추구에 이바지함을 목적으로 한다. 07. 중등

제2조 【정의】 이 법에서 사용하는 용어의 정의는 다음과 같다.

1. "평생교육"이란 학교의 정규교육과정을 제외한 학력보완교육, 성인 문해교육, 직업능력 향상교육, 성인 진로개발역량 향상교육, 인문교양교육, 문화예술교육, 시민참여교육 등을 포함하는 모든 형태의 조직적인 교육활동을 말한다. 15. 국가직, 24. 지방직, 07. 중등
2. "평생교육기관"이란 다음 각 목의 어느 하나에 해당하는 시설 · 법인 또는 단체를 말한다.
   가. 이 법에 따라 인가 · 등록 · 신고된 시설 · 법인 또는 단체
   나. 「학원의 설립 · 운영 및 과외교습에 관한 법률」에 따른 학원 중 학교교과교습학원을 제외한 평생직업교육을 실시하는 학원 16. 지방직, 07. 중등
   다. 그 밖에 다른 법령에 따라 평생교육을 주된 목적으로 하는 시설 · 법인 또는 단체

3. "문해교육"이란 일상생활을 영위하는 데 필요한 문자해득(文字解得)능력을 포함한 사회적·문화적으로 요청되는 기초생활능력 등을 갖출 수 있도록 하는 조직화된 교육프로그램을 말한다.
4. "평생교육사업"이란 국가 및 지방자치단체가 국민과 주민의 평생교육을 위하여 예산 또는 기금으로 조직적인 교육활동을 직·간접적으로 지원하는 사업을 말한다.
5. "평생교육이용권" 이란 평생교육프로그램을 이용할 수 있도록 금액이 기재(전자적 또는 자기적 방법에 따른 기록을 포함한다)된 증표를 말한다. 22. 지방직
6. "성인 진로개발역량 향상교육"(이하 "성인 진로교육"이라 한다)이란 성인이 자신에게 적합한 직업을 찾고 진로를 인식·탐색·준비·결정 및 관리할 수 있도록 진로수업·진로심리검사·진로상담·진로정보·진로체험 및 취업지원 등을 제공하는 활동을 말한다.

제4조【평생교육의 이념】 17. 국가직 7급 ① 모든 국민은 평생교육의 기회를 균등하게 보장받는다.

② 평생교육은 학습자의 자유로운 참여와 자발적인 학습을 기초로 이루어져야 한다.

③ 평생교육은 정치적·개인적 편견의 선전을 위한 방편으로 이용되어서는 아니 된다.

④ 일정한 평생교육과정을 이수한 자에게는 그에 상응하는 자격 및 학력인정 등 사회적 대우를 부여하여야 한다.

제5조【국가 및 지방자치단체의 임무】 ① 국가 및 지방자치단체는 모든 국민에게 평생교육 기회가 부여될 수 있도록 평생교육진흥정책과 평생교육사업을 수립·추진하여야 한다.

② 국가와 지방자치단체는 장애인이 평생교육의 기회를 부여받을 수 있도록 장애인 평생교육에 대한 정책을 수립·시행하여야 한다.

③ 국가와 지방자치단체는 장애인 평생교육을 체계적이고 지속적으로 실시하기 위하여 유기적인 협조체제를 구축하여야 한다.

④ 국가 및 지방자치단체는 그 소관에 속하는 단체·시설·사업장 등의 설치자에 대하여 평생교육의 실시를 적극 권장하여야 한다.

⑤ 국가 및 지방자치단체는 모든 국민이 여건과 수요에 적합한 평생교육을 선택하고 참여할 수 있도록 관련 정보를 제공하고 상담 등 지원 활동을 하여야 한다.

제6조【교육과정 등】 평생교육의 교육과정·방법·시간 등에 관하여 이 법과 다른 법령에 특별한 규정이 있는 경우를 제외하고는 평생교육을 실시하는 자가 정하되, 학습자의 필요와 실용성을 존중하여야 한다.

제7조【공공시설의 이용】 ① 평생교육을 실시하는 자는 평생교육을 위하여 공공시설을 그 본래의 용도에 지장이 없는 범위 안에서 관련 법령으로 정하는 바에 따라 이용할 수 있다.

② 제1항의 경우 공공시설의 관리자는 특별한 사유가 없으면 그 이용을 허용하여야 한다.

제8조【학습휴가 및 학습비 지원】 국가·지방자치단체와 공공기관의 장 또는 각종 사업의 경영자는 소속 직원의 평생학습기회를 확대하기 위하여 유급 또는 무급의 학습휴가를 실시하거나 도서비·교육비·연구비 등 학습비를 지원할 수 있다. 22·18. 지방직, 24. 국가직 7급, 07. 중등

제2장 평생교육진흥기본계획 등

제9조【평생교육진흥기본계획의 수립】 ① 교육부장관은 5년마다 평생교육진흥기본계획(이하 "기본계획"이라 한다)을 수립하여야 한다. 24. 국가직 7급

② 기본계획에는 다음 각 호의 사항이 포함되어야 한다.

1. 평생교육진흥의 중・장기 정책목표 및 기본방향에 관한 사항
2. 평생교육의 기반구축 및 활성화에 관한 사항
3. 평생교육진흥을 위한 투자확대 및 소요재원에 관한 사항
4. 평생교육진흥정책에 대한 분석 및 평가에 관한 사항
5. 장애인의 평생교육진흥에 관한 사항
6. 장애인평생교육진흥정책의 평가 및 제도개선에 관한 사항
7. 그 밖에 평생교육진흥을 위하여 필요한 사항

③ 교육부장관은 기본계획을 관계 중앙행정기관의 장, 특별시장・광역시장・특별자치시장・도지사・특별자치도지사(이하 "시・도지사"라 한다), 시・도교육감 및 시장・군수・자치구의 구청장에게 통보하여야 한다.

제9조의2 【평생교육사업에 대한 조사・분석 등】 ① 교육부장관은 매년 국가 및 지방자치단체에서 추진하는 평생교육사업에 대한 조사・분석(이하 "분석등"이라 한다)을 하여야 한다.

제10조 【평생교육진흥위원회의 설치】 ① 평생교육진흥정책에 관한 주요사항을 심의하기 위하여 교육부장관 소속으로 평생교육진흥위원회(이하 "진흥위원회"라 한다)를 둔다.

② 진흥위원회는 다음 각 호의 사항을 심의한다.

1. 기본계획에 관한 사항
2. 제11조 제2항에 따른 추진실적 평가에 관한 사항
3. 평생교육진흥정책의 평가 및 제도개선에 관한 사항
4. 평생교육지원 업무의 협력과 조정에 관한 사항
5. 그 밖에 평생교육진흥정책을 위하여 대통령령으로 정하는 사항

③ 진흥위원회는 위원장을 포함하여 20인 이내의 위원으로 구성한다.

④ 진흥위원회의 위원장은 교육부장관으로 하고, 위원은 평생교육과 관련된 관계 부처 차관, 평생교육・장애인교육과 관련된 전문가 등 평생교육에 관한 전문지식 및 경험이 풍부한 사람 중에서 위원장이 위촉한다.

⑤ 진흥위원회의 구성・운영에 필요한 사항은 대통령령으로 정한다.

제11조 【연도별 평생교육진흥시행계획의 수립・시행】 ① 관계 중앙행정기관의 장 및 시・도지사는 기본계획에 따라 연도별 평생교육진흥시행계획(이하 "시행계획"이라 한다)을 수립・시행하여야 한다. 이 경우 시・도지사는 시・도교육감과 협의하여야 한다.

② 관계 중앙행정기관의 장 및 시・도지사는 제1항에 따른 시행계획 및 그 추진실적을 대통령령으로 정하는 바에 따라 매년 교육부장관에게 제출하고, 교육부장관은 진흥위원회의 심의를 거쳐 매년 제출된 추진실적을 평가하여야 한다.

③ 교육부장관은 제2항에 따른 평가 결과를 관계 중앙행정기관의 장 및 시・도지사에게 통보하여야 한다.

④ 시행계획의 수립・시행 및 그 추진실적의 평가 등에 필요한 사항은 대통령령으로 정한다.

제12조 【시・도평생교육협의회】 ① 시행계획의 수립・시행에 필요한 사항을 심의하기 위하여 시・도지사 소속으로 시・도평생교육협의회(이하 "시・도협의회"라 한다)를 둔다.

② 시・도협의회는 의장・부의장을 포함하여 20인 이내의 위원으로 구성한다.

③ 시·도협의회의 의장은 시·도지사로 하고, 부의장은 시·도의 부교육감으로 한다.

④ 시·도협의회 위원은 관계 공무원, 평생교육과 관련된 전문가, 장애인 평생교육 전문가, 평생교육 관계 기관의 운영자 등 평생교육에 관한 전문지식 및 경험이 풍부한 사람 중에서 해당 시·도의 교육감과 협의하여 의장이 위촉한다.

⑤ 시·도협의회의 구성·운영에 필요한 사항은 해당 지방자치단체의 조례로 정한다.

제14조【시·군·자치구평생교육협의회】 ① 시·군 및 자치구에는 지역주민을 위한 평생교육의 실시와 관련되는 사업간 조정 및 유관기관 간 협력 증진을 위하여 시·군·자치구평생교육협의회(이하 "시·군·구협의회"라 한다)를 둔다.

② 시·군·구협의회는 의장 1인과 부의장 1인을 포함하여 12인 이내의 위원으로 구성한다.

④ 시·군·구협의회의 구성·운영 등에 필요한 사항은 지방자치단체의 조례로 정한다.

제15조【평생학습도시】 21. 지방직 ① 국가는 지역사회의 평생교육 활성화를 위하여 특별자치시, 시(「제주특별자치도 설치 및 국제자유도시 조성을 위한 특별법」 제10조 제2항에 따른 행정시를 포함한다. 이하 이 조 및 제15조의2에서 같다)·군 및 자치구를 대상으로 평생학습도시를 지정 및 지원할 수 있다. 이 경우 이미 지정된 평생학습도시에 대하여 평가를 거쳐 재지정 여부를 결정할 수 있다. 12. 유초등

② 제1항에 따른 평생학습도시 간의 연계·협력 및 정보교류의 증진을 위하여 전국평생학습도시협의회를 둘 수 있다.

③ 제2항에 따른 전국평생학습도시협의회의 구성·운영에 필요한 사항은 대통령령으로 정한다.

④ 제1항에 따른 평생학습도시의 지정, 지원 및 평가 등에 필요한 사항은 교육부장관이 정한다.

제15조의2【장애인 평생학습도시】 ① 국가는 장애인의 평생교육 활성화를 위하여 특별자치시, 시·군 및 자치구를 대상으로 장애인 평생학습도시를 지정 및 지원할 수 있다.

제16조의2【평생교육이용권의 발급 등】 ① 국가 및 지방자치단체는 모든 국민에게 평생교육의 기회를 제공할 수 있도록 신청을 받아 평생교육이용권을 발급할 수 있다.

② 교육부장관은 평생교육소외계층에게 우선적으로 평생교육이용권을 발급할 수 있도록 대통령령으로 신청자의 요건을 정할 수 있다.

③ 국가 및 지방자치단체는 평생교육이용권의 수급자 선정 및 수급자격 유지에 관한 사항을 확인하기 위하여 가족관계 증명·국세 및 지방세 등에 관한 자료 등 대통령령으로 정하는 자료의 제공을 당사자의 동의를 받아 관계 중앙행정기관의 장 또는 지방자치단체의 장에게 요청할 수 있다. 이 경우 요청을 받은 자는 특별한 사유가 없으면 이에 따라야 한다.

④ 국가 및 지방자치단체는 제3항에 따른 자료의 확인을 위하여 「사회보장기본법」 제37조에 따른 사회보장정보시스템을 연계하여 사용할 수 있다.

⑤ 지방자치단체는 평생교육이용권의 발급, 정보시스템의 구축·운영 등 평생교육이용권 업무의 효율적 수행을 위하여 대통령령으로 정하는 바에 따라 전담기관을 지정할 수 있다.

⑥ 그 밖에 평생교육이용권 발급에 필요한 사항은 대통령령*으로 정한다.

[시행령] 제7조의4 **【평생교육이용권의 발급 등】** ① 법 제16조의2 제1항에 따라 평생교육이용권을 발급받으려는 사람은 교육부령으로 정하는 바에 따라 교육부장관 또는 지방자치단체의 장에게 발급을 신청해야 한다.
② 법 제16조의2 제2항에 따라 우선적으로 평생교육이용권 발급을 신청할 수 있는 사람은 다음 각 호와 같다.
1. 「국민기초생활 보장법」에 따른 수급자 또는 차상위계층
2. 「장애인복지법」 제49조에 따른 장애수당을 지급받는 사람
3. 「장애인연금법」에 따른 수급자
4. 「한부모가족지원법」 제5조 및 제5조의2에 따른 지원대상자
5. 그 밖에 가구 소득이나 재산 등 경제적 수준이 교육부장관이 정하여 고시하는 기준에 해당하는 사람
④ 교육부장관 및 지방자치단체의 장은 평생교육이용권의 발급 및 사용 관리 등 평생교육이용권 업무를 효율적으로 수행하기 위하여 정보시스템을 구축·운영할 수 있다.
⑤ 제1항부터 제4항까지에서 규정한 사항 외에 평생교육이용권의 신청, 발급 및 사용 관리 등에 필요한 사항은 교육부령으로 정한다.

제16조의3 【평생교육이용권의 사용 등】 ① 평생교육이용권을 발급받은 사람(이하 이 조에서 "이용자"라 한다)은 평생교육프로그램을 제공하는 자에게 평생교육이용권을 제시하고 평생교육을 제공받을 수 있다.
② 제1항에 따라 평생교육이용권을 제시받은 자는 정당한 사유 없이 평생교육프로그램의 제공을 거부할 수 없다.
③ 누구든지 평생교육이용권을 판매·대여하거나 부정한 방법으로 사용하여서는 아니 된다.
④ 국가 및 지방자치단체는 이용자가 평생교육이용권을 판매·대여하거나 부정한 방법으로 사용한 경우에는 그 평생교육이용권을 회수하거나 평생교육이용권 기재금액에 상당하는 금액의 전부 또는 일부를 환수할 수 있다.
⑤ 그 밖에 평생교육이용권의 사용, 회수 및 환수 등에 필요한 사항은 대통령령으로 정한다.

제3장 국가평생교육진흥원 등

제19조 【국가평생교육진흥원】 ① 국가는 평생교육진흥과 관련된 업무를 지원하기 위하여 국가평생교육진흥원(이하 "진흥원"이라 한다)을 설립한다.

제19조의2 【국가장애인평생교육진흥센터】 ① 국가는 장애인의 평생교육진흥과 관련된 업무를 지원하기 위하여 국가장애인평생교육진흥센터(이하 "장애인평생교육진흥센터"라 한다)를 둔다.

제20조 【시·도평생교육진흥원의 운영 등】 ① 시·도지사는 대통령령으로 정하는 바에 따라 시·도평생교육진흥원을 설치 또는 지정·운영하여야 한다.

제20조의2 【장애인평생교육시설 등의 설치】 ① 국가·지방자치단체 및 시·도교육감은 관할 구역 안의 장애인을 대상으로 평생교육프로그램 운영과 평생교육 기회를 제공하기 위하여 장애인평생교육시설을 설치 또는 지정·운영할 수 있다. 이 경우 대통령령으로 정하는 바에 따라 청각장애 등 장애 유형별 맞춤형 평생교육프로그램을 운영하여야 한다.

제20조의3 【노인평생교육시설 설치 등】 ① 국가·지방자치단체 및 시·도교육감은 관할 구역 안의 노인을 대상으로 평생교육프로그램 운영과 평생교육 기회를 제공하기 위하여 노인평생교육시설을 설치 또는 지정·운영할 수 있다.

제21조 【시 · 군 · 구평생학습관 등의 설치 · 운영 등】 ① 시 · 도교육감 및 시장 · 군수 · 자치구의 구청장은 관할 구역 안의 주민을 대상으로 평생교육프로그램 운영과 평생교육 기회를 제공하기 위하여 평생학습관을 설치 또는 지정 · 운영하여야 한다. 24. 국가직 7급

④ 제1항 및 제2항에 따른 평생학습관의 설치 · 운영 등에 필요한 사항은 해당 지방자치단체의 조례로 정한다.

제21조의3 【읍 · 면 · 동 평생학습센터의 운영】 ① 시장 · 군수 · 자치구의 구청장은 읍 · 면 · 동별로 주민을 대상으로 하여 평생교육프로그램을 운영하고 상담을 제공하는 평생학습센터를 설치하거나 지정하여 운영하여야 한다.

② 제1항에 따른 읍 · 면 · 동 평생학습센터의 설치 또는 지정 및 운영에 관한 사항은 해당 지방자치단체의 조례로 정한다.

제21조의4 【자발적 학습모임의 지원 등】 ① 지방자치단체는 지역사회 주민이 평생학습을 주된 목적으로 자발적으로 참여하는 모임(이하 "자발적 학습모임"이라 한다)의 활동을 지원할 수 있다.

② 지방자치단체는 자발적 학습모임이 창출한 성과를 활용하여 사회적 가치를 창출할 수 있도록 노력하여야 하고, 자발적 학습모임이 지역사회의 문제 해결에 참여할 수 있도록 지원하여야 한다.

제22조 【정보화 관련 평생교육의 진흥】 ① 국가 및 지방자치단체는 각급학교 · 민간단체 · 기업 등과 연계하여 교육의 정보화와 이와 관련된 평생교육과정의 개발을 위하여 노력하여야 한다.

② 국가 및 지방자치단체는 각급학교 · 평생교육기관 등이 필요한 인적자원을 활용할 수 있도록 하기 위하여 대통령령*으로 정하는 바에 따라 강사에 관한 정보를 수집 · 제공하는 제도(전문인력정보은행제)를 운영할 수 있다. 12. 중등

[시행령] 제13조 【전문인력정보은행제의 운영】 ① 교육부장관 및 지방자치단체의 장은 법 제22조 제2항에 따라 강사에 관한 정보를 수집하여 제공 · 관리하는 제도(이하 "전문인력정보은행제"라 한다)를 운영할 수 있다.

② 제1항에 따른 정보의 수집, 제공 및 관리는 본인의 동의가 있는 경우에만 할 수 있다.

③ 교육부장관 및 지방자치단체의 장은 전문인력정보은행제의 운영업무를 진흥원 및 시 · 도진흥원에 위탁할 수 있다.

④ 제1항에 따른 정보의 범위 등에 필요한 사항은 교육부령으로 정한다.

제23조 【학습계좌】 21 · 14. 국가직, 16. 지방직, 18 · 11 · 10. 국가직 7급, 03. 중등, 09 · 05. 유초등 ① 교육부장관은 국민의 평생교육을 촉진하고 인적자원의 개발 · 관리를 위하여 학습계좌(국민의 개인적 학습경험을 종합적으로 집중 관리하는 제도를 말한다)를 도입 · 운영할 수 있도록 노력하여야 한다*. 22. 지방직, 12. 중등

② 교육부장관은 제1항의 학습계좌에서 관리할 학습과정을 대통령령으로 정하는 바에 따라 평가인정할 수 있다.

③ 교육부장관은 제2항에 따라 평가인정을 받은 학습과정의 이수결과를 학점이나 학력 또는 자격으로 인정할 수 있다. 이 경우 그 인정 절차 및 방식 등에 필요한 사항은 대통령령으로 정한다.

④ 교육부장관은 제2항에 따라 평가인정을 받은 학습과정을 설치 · 운영하는 평생교육기관이 다음 각 호의 어느 하나에 해당하면 그 평가인정을 취소할 수 있다. 다만, 제1호에 해당하는 경우에는 평가인정을 취소하여야 한다.

1. 거짓이나 그 밖의 부정한 방법으로 평가인정을 받은 경우
2. 제2항에 따라 평가인정 받은 내용을 위반하여 학습과정을 운영한 경우
3. 제2항에 따른 평가인정의 기준에 이르지 못하게 된 경우

⑤ 교육부장관은 제4항 제2호 및 제3호에 따라 평가인정을 취소하고자 할 경우에는 대통령령으로 정하는 기간과 절차에 따라 평생교육기관의 장에게 시정을 명하여야 한다.
⑥ 교육부장관은 제5항에 따라 시정명령을 하는 경우에는 평생교육기관의 장에게 시정명령을 받은 사실을 공표할 것을 명할 수 있다.
⑦ 교육부장관 및 지방자치단체의 장은 제16조의2에 따른 평생교육이용권으로 수강한 교육이력을 학습계좌를 통해 관리할 수 있다.
⑧ 교육부장관은 학습계좌의 운영을 위하여 필요한 경우에는 관계 행정기관등의 장에게 필요한 자료의 제공을 요청할 수 있다. 이 경우 자료의 제공을 요청받은 관계 행정기관등의 장은 특별한 사유가 없으면 이에 따라야 한다.

[시행령] 제14조 【학습계좌의 운영】 ① 교육부장관은 법 제23조제1항에 따른 학습계좌를 운영할 수 있다.
② 제1항에 따른 학습계좌의 개설은 본인 또는 본인의 위임을 받은 자가 신청한 경우에만 할 수 있다.
③ 제1항에 따른 학습계좌에 수록된 정보를 열람하거나 증명서를 발급받으려는 자는 교육부장관에게 신청할 수 있다. 이 경우 정보의 열람 또는 발급 신청은 본인 또는 본인의 위임을 받은 자만 할 수 있다.
④ 교육부장관은 학습계좌의 운영업무를 진흥원에 위탁할 수 있다.
⑤ 제1항에 따른 학습계좌에 수록되는 정보의 범위 등에 필요한 사항은 교육부령으로 정한다.
⑥ 교육부장관(제4항에 따라 학습계좌의 운영업무를 위탁받은 자를 포함한다)은 학습계좌에 수록된 정보의 열람 및 증명서 발급 사무를 수행하기 위하여 불가피한 경우 「개인정보 보호법 시행령」 제19조제1호에 따른 주민등록번호가 포함된 자료를 처리할 수 있다.

제4장 평생교육사

제24조 【평생교육사】 21. 국가직 ① 교육부장관은 평생교육 전문인력을 양성하기 위하여 다음 각 호의 어느 하나에 해당하는 사람에게 평생교육사의 자격을 부여하며, 자격을 부여받은 사람에게는 자격증을 발급하여야 한다. 12. 유초등

1. 「고등교육법」 제2조에 따른 학교(이하 "대학"이라 한다) 또는 이와 같은 수준 이상의 학력이 있다고 인정되는 기관에서 교육부령으로 정하는 평생교육 관련 교과목을 일정 학점 이상 이수하고 학위를 취득한 사람
2. 「학점인정 등에 관한 법률」 제3조 제1항에 따라 평가인정을 받은 학습과정을 운영하는 교육훈련기관(이하 "학점은행기관"이라 한다)에서 교육부령으로 정하는 평생교육 관련 교과목을 일정 학점 이상 이수하고 학위를 취득한 사람
3. 대학을 졸업한 사람 또는 이와 같은 수준 이상의 학력이 있다고 인정되는 사람으로서 대학 또는 이와 같은 수준 이상의 학력이 있다고 인정되는 기관, 제25조에 따른 평생교육사 양성기관, 학점은행기관에서 교육부령으로 정하는 평생교육 관련 교과목을 일정 학점 이상 이수한 사람
4. 그 밖에 대통령령으로 정하는 자격요건을 갖춘 사람

② 평생교육사는 평생교육의 기획·진행·분석·평가 및 교수업무를 수행한다.
③ 다음 각 호의 어느 하나에 해당하는 사람은 평생교육사가 될 수 없다.

1. 제24조의2에 따라 자격이 취소된 후 그 자격이 취소된 날부터 3년이 지나지 아니한 사람(제28조 제2항 제1호에 해당하여 자격이 취소된 경우는 제외한다)
2. 제28조 제2항 제1호부터 제5호까지의 어느 하나에 해당하는 사람

④ 평생교육사의 등급, 직무범위, 이수과정, 연수 및 자격증의 교부절차 등에 필요한 사항은 대통령령*으로 정한다.

[시행령] **제16조 【평생교육사의 등급 등】** ① 법 제24조 제4항에 따른 평생교육사의 등급은 1급부터 3급까지로 구분한다. ② 제1항에 따른 평생교육사의 등급별 자격요건은 별표 1의3과 같다. 21. 국가직

1급(승급)	2급 자격증 취득 후 평생교육 관련업무 5년 이상 종사한 경력+진흥원(또는 지정양성기관)에서 1급 승급과정 이수한 자
2급(승급/양성)	① 대학원에서 평생교육 관련과목 중 필수과목을 15학점 이상 이수하고 석사 또는 박사학위를 취득한 자, ② 대학(또는 동등기관), 학점은행기관에서 관련과목을 30학점 이상 이수하고 학위를 취득한 자, ③ [대학 졸업자 또는 동등 학력이 있다고 인정되는 자] 대학(또는 동등기관), 지정양성기관, 학점은행기관에서 관련과목을 30학점 이상 이수한 자, ④ 3급 자격증을 보유하고 관련업무에 3년 이상 종사한 경력+진흥원(또는 지정양성기관)에서 2급 승급과정 이수한 자
3급(양성)	① 대학(또는 동등기관), 학점은행기관에서 관련과목을 21학점 이상 이수하고 학위를 취득한 자, ② [대학 졸업자 또는 동등 학력이 있다고 인정되는 자] 대학(또는 동등기관), 지정양성기관, 학점은행기관에서 관련과목을 21학점 이상 이수한 자, ③ 관련업무에 2년 이상 종사하고 진흥원(또는 지정양성기관)에서 평생교육사 3급 양성과정 이수한 자, ④ 관련업무에 1년 이상 종사한 공무원 및 교원으로서 평생교육사 3급 양성과정 이수한 자

제17조 【직무범위】 법 제24조 제4항에 따라 평생교육사는 평생교육 진흥을 위하여 다음 각 호에 해당하는 직무를 수행한다. 17. 국가직, 09. 국가직 7급

1. 평생교육 프로그램의 요구분석 · 개발 · 운영 · 평가 · 컨설팅
2. 학습자에 대한 학습정보 제공, 생애능력개발 상담 · 교수
3. 그 밖에 평생교육 진흥 관련 사업계획 등 관련 업무

제26조 【평생교육사의 배치 및 채용】 ① 평생교육기관에는 제24조 제1항에 따른 평생교육사를 배치하여야 한다.

② 「유아교육법」, 「초 · 중등교육법」 및 「고등교육법」에 따른 유치원 및 학교의 장은 평생교육프로그램 운영에 필요할 때에는 평생교육사를 채용할 수 있다. 24. 국가직 7급

③ 제20조에 따른 시 · 도평생교육진흥원, 제20조의2에 따른 장애인평생교육시설 및 제21조에 따른 시 · 군 · 구평생학습관에 평생교육사를 배치하여야 한다.

④ 제1항부터 제3항까지의 규정에 따른 평생교육사의 배치대상기관 및 배치기준은 대통령령*으로 정한다.

[시행령] **제22조 별표2 평생교육사 배치대상기관 및 배치기준**

배치대상	배치기준
1. 국가 평생교육진흥원, 시 · 도 평생교육진흥원	1급 평생교육사 1명 이상을 포함한 5명 이상
2. 장애인 평생교육시설	평생교육사 1명 이상
3. 시 · 군 · 구 평생학습관* 시 · 도교육감 및 시장 · 군수 · 자치구의 구청장이 설치 또는 지정 · 운영	• 정규직원 20명 이상 : 1급 또는 2급 평생교육사 1명을 포함한 2명 이상 • 정규직원 20명 미만 : 1급 또는 2급 평생교육사 1명 이상
4. 법 제30조에서 제38조까지의 규정에 따른 평생교육 시설(학력인정 평생교육 시설은 제외한다), 「학점인정 등에 관한 법률」 제3조 제1항에 따라 평가인정을 받은 학습 과정을 운영하는 교육훈련기관 및 법 제2조 제2호 다목의 시설 · 법인 또는 단체	평생교육사 1명 이상

제26조의2 【실태조사】 ① 교육부장관은 평생교육사의 배치 현황, 보수 수준 및 지급 실태 등에 관하여 3년마다 조사하여야 한다.

제5장 평생교육기관

「평생교육법」상의 평생교육시설

평생교육시설 구분		유형	설치요건
학교 형태*		각종 학교, 기술학교, 방송통신고교 등	교육감에게 등록
사내대학 형태*		사내대학(종업원 200명 이상)	교육부장관의 인가
독립형	원격 형태	원격대학*(전문학사 80학점, 학사학위 140학점 이상)	
		원격교육(10명 이상의 불특정 학습자에게 30시간 이상의 교습)	교육감에게 신고
	지식·인력개발사업 관련	산업교육기관, 학교실습기관	
부설형	사업장 부설	산업체, 백화점 문화센터(종업원 100명 이상) 등	
	시민사회단체 부설	법인, 주무관청 등록, 회원 300명 이상인 시민단체	
	언론기관 부설	신문, 방송 등의 언론기관	
	학교 부설	대학이나 전문대학 부설 평생교육원 등	관할청에 보고

별표(*) 시설은 학력 인정 시설임. 10. 중등

제29조【학교의 평생교육】 24·16. 국가직, 11. 중등 ①「초·중등교육법」및「고등교육법」에 따른 각급학교의 장은 평생교육을 실시하는 경우 평생교육의 이념에 따라 교육과정과 방법을 수요자 관점으로 개발·시행하도록 하며, 학교를 중심으로 공동체 및 지역문화 개발에 노력하여야 한다.

② 각급학교의 장은 해당 학교의 교육여건을 고려하여 학생·학부모와 지역 주민의 요구에 부합하는 평생교육을 직접 실시하거나 지방자치단체 또는 민간에 위탁하여 실시할 수 있다. 다만, 영리를 목적으로 하는 법인 및 단체는 제외한다. 12. 유초등

③ 제2항에 따른 학교의 평생교육을 실시하기 위하여 각급학교의 교실·도서관·체육관, 그 밖의 시설을 활용하여야 한다.

④ 제2항 및 제3항에 따라 학교의 장이 학교를 개방할 경우 개방시간 동안의 해당 시설의 관리·운영에 필요한 사항은 해당 지방자치단체의 조례로 정한다.

제30조【학교 부설 평생교육시설】 11·04. 중등 ① 각급학교의 장은 학생·학부모와 지역 주민을 대상으로 교양의 증진 또는 직업교육을 위한 평생교육시설을 설치·운영할 수 있다. 평생교육시설을 설치하는 경우 각급학교의 장은 관할청에 보고하여야 한다. 16. 지방직

② 대학의 장은 대학생 또는 대학생 외의 사람을 대상으로 자격취득을 위한 직업교육과정 등 다양한 평생교육과정을 운영할 수 있다. 19. 국가직 7급

③ 각급학교의 시설은 다양한 평생교육을 실시하기에 편리한 형태의 구조와 설비를 갖추어야 한다.

제31조【학교형태의 평생교육시설】 ① 학교형태의 평생교육시설을 설치·운영하고자 하는 자는 대통령령으로 정하는 시설·설비를 갖추어 교육감에게 등록하여야 한다. 19. 국가직 7급

② 교육감은 제1항에 따른 학교형태의 평생교육시설 중 일정 기준 이상의 요건*을 갖춘 평생교육시설에 대하여는 이를 고등학교졸업 이하의 학력이 인정되는 시설로 지정할 수 있다. 다만, 제6항에 따라 지방자치단체로부터 지원받은 보조금을 목적 외 사용, 부당집행하였을 경우에는 그 지정을 취소할 수 있다. 14. 국가직 7급

✎ **[시행령] 제27조 【학력인정시설의 지정기준】** ① 법 제31조 제2항 본문 및 같은 조 제5항에 따른 고등학교 졸업 이하의 학력이 인정되는 평생교육시설(이하 "학력인정시설"이라 한다)의 지정기준은 제2항부터 제6항까지의 규정에서 정한 사항을 제외하고는 다음 각 호의 사항에 관하여 각각 초등학교, 중학교 또는 고등학교에 준하는 각종학교(「초·중등교육법」 제2조 제5호에 따른 학교를 말한다. 이하 같다)의 설립·운영 기준에 따른다.

1. 수업연한·학기·수업일수 및 수업시간
2. 교육과정
3. 학생정원·학급수 및 학급편성
4. 입학자격
5. 교원자격·정원
6. 수료·졸업
7. 시설·설비
8. 교과서·교재
9. 재무·회계 규칙

② 제1항 제1호의 학기는 관할청의 승인을 받아 매 학년도를 3학기로 나누어 운영할 수 있다. 이 경우 수업연한은 초등학교과정은 2년, 중학교 및 고등학교과정은 1년의 범위에서 단축할 수 있도록 하되, 단축된 고등학교과정에 입학할 수 있는 자는 제3항의 입학자격을 갖춘 자 중에서 다음 각 호의 어느 하나에 해당하는 자로 한다. 14. 국가직 7급

1. 16세를 넘은 자
2. 고등학교 입학 후 퇴학 등의 사유로 학업을 중단한 자
3. 산업체에 근무하는 청소년

제32조 【사내대학형태의 평생교육시설】 ① 다음 각 호의 어느 하나에 해당하는 자는 교육부장관의 인가를 받아 전문대학 또는 대학졸업자와 동등한 학력·학위가 인정되는 평생교육시설을 설치·운영하거나 「고등교육법」 제2조에 따른 학교에 위탁하여 운영할 수 있다. 16. 지방직

1. 대통령령*으로 정하는 규모 이상의 사업장(공동으로 참여하는 사업장도 포함한다)의 경영자

✎ **[시행령] 제35조 【사업장의 범위】** 해당 사업장에 고용된 종업원 및 해당 사업장에서 일하는 다른 업체 종업원을 포함한 수가 200명 이상인 사업장

2. 「산업입지 및 개발에 관한 법률」에 따라 설립된 산업단지 입주기업의 연합체(이하 "산업단지 기업연합체"라 한다). 이 경우 산업단지 기업연합체는 제1호에서 대통령령으로 정하는 규모 이상이어야 한다.
3. 「산업발전법」 제12조 제2항에 따라 구성된 산업부문별 인적자원개발협의체(이하 "산업별 협의체"라 한다). 이 경우 산업별 협의체는 제1호에서 대통령령으로 정하는 규모 이상이어야 한다.

② 제1항에 따른 사내대학형태의 평생교육시설은 다음 각 호의 어느 하나에 해당하는 사람을 대상으로 한다. 19. 국가직 7급

1. 해당 사업장 또는 산업단지 기업연합체에 속한 사업장에 고용된 종업원
2. 해당 사업장 또는 산업단지 기업연합체에 속한 사업장에서 일하는 다른 업체의 종업원
3. 해당 사업장 또는 산업단지 기업연합체에 속한 사업장과 하도급 관계에 있는 업체 또는 부품·재료 공급 등을 통하여 해당 사업장 또는 산업단지 기업연합체에 속한 사업장과 협력관계에 있는 업체의 종업원
4. 해당 사업장 또는 산업단지 기업연합체에 속한 사업장과 동종 업종 또는 관련 분야에 속하는 업체의 종업원
5. 산업별 협의체의 해당 업종 또는 관련 분야에 속하는 업체의 종업원

③ 제1항에 따른 사내대학형태의 평생교육시설에서의 교육에 필요한 비용*은 제2항 각 호에 해당하는 사람을 고용한 고용주가 부담하는 것을 원칙으로 한다.

[시행령] **제38조 【사내대학 운영경비의 부담범위】** 고용주가 부담하는 교육에 필요한 비용은 사내대학 운영을 위한 인건비, 시설 · 설비비, 실험실습비, 일반관리비 및 그 부대경비로 한다.

제43조 【사내대학의 학년도 · 학기 등】 ① 사내대학의 학년도는 3월 1일부터 다음 해 2월 말일까지로 하되, 필요한 경우 학칙으로 달리 정할 수 있다.

② 사내대학의 수업연한은 제44조 제1항에 따른 전문학사학위과정의 경우에는 2년 이상으로 하고, 학사학위과정의 경우에는 2년 또는 4년 이상으로 한다. 다만, 학사학위과정(2년제 학사학위과정은 제외한다)의 경우 학칙으로 정하는 학점 이상을 취득한 자에 대하여는 1년의 범위에서 수업연한을 단축할 수 있다.

③ 사내대학의 학기는 매 학년도 2학기 또는 3학기로 하며, 매 학기의 수업일수는 15주 이상으로 한다.

④ 사내대학은 매 학기 취득기준학점의 2분의 1을 넘지 아니하는 범위에서 계절제수업을 운영할 수 있다.

제33조 【원격대학형태의 평생교육시설】 ① 누구든지 정보통신매체를 이용하여 특정 또는 불특정 다수인에게 원격교육을 실시하거나 다양한 정보를 제공하는 등의 평생교육을 실시할 수 있다.

② 제1항에 따라 불특정 다수인을 대상으로 학습비를 받고 교육을 실시하고자 하는 경우(「학원의 설립 · 운영 및 과외교습에 관한 법률」 제2조의2 제1항 제1호의 학교교과교습학원에 해당하는 경우는 제외한다)에는 대통령령으로 정하는 바에 따라 교육감에게 신고하여야 한다*. 이를 폐쇄하고자 하는 경우에는 그 사실을 교육감에게 통보하여야 한다.

[시행령] **제48조 【원격교육 형태의 평생교육시설의 신고대상】** 법 제33조 제2항 전단에 따라 교육감에게 신고하여야 하는 원격교육 형태의 평생교육시설(이하 "원격평생교육시설"이라 한다)은 학습비를 받고 10명 이상의 불특정 학습자에게 30시간 이상의 교습과정에 따라 영상강의 또는 인터넷강의 등을 통하여 지식 · 기술 · 기능 및 예능에 관한 교육을 하는 시설로 한다.

③ 제1항에 따라 전문대학 또는 대학졸업자와 동등한 학력 · 학위가 인정되는 원격대학형태의 평생교육시설을 설치하고자 하는 경우에는 대통령령으로 정하는 바에 따라 교육부장관의 인가를 받아야 한다. 이를 폐쇄하고자 하는 경우에는 교육부장관에게 신고하여야 한다.

TIP [시행령] **제60조 【원격대학 형태의 평생교육시설의 학위수여】** 원격대학 형태의 평생교육시설의 학위수여에 관하여는 제46조를 준용하되, 학위를 받기 위하여는 다음 각 호의 구분에 따른 학점을 취득하여야 한다.
1. 전문학사학위과정: 80학점 이상
2. 학사학위과정: 140학점 이상

제35조 【사업장 부설 평생교육시설】 ① 대통령령*으로 정하는 규모 이상 사업장의 경영자는 해당 사업장의 고객 등을 대상으로 하는 평생교육시설을 설치 · 운영할 수 있다. 19. 국가직 7급

[시행령] **제64조 【사업장 부설 평생교육시설의 설치신고】** ① 법 제35조 제1항에서 "대통령령으로 정하는 규모 이상의 사업장"이란 종업원이 100명 이상인 사업장을 말한다.

② 제1항에 따른 사업장 부설 평생교육시설을 설치하고자 하는 자는 대통령령으로 정하는 바에 따라 교육감에게 신고하여야 한다. 이를 폐쇄하고자 하는 경우에는 그 사실을 교육감에게 통보하여야 한다.

제36조 【시민사회단체 부설 평생교육시설】 ① 시민사회단체는 상호 유기적인 협조체제를 구축하고 공공시설 및 민간시설 등 유휴시설을 활용하여 해당 시민사회단체의 목적에 부합하는 평생교육과정을 운영하도록 노력하여야 한다.

② 대통령령으로 정하는 시민사회단체*는 일반 시민을 대상으로 하는 평생교육시설을 설치 · 운영할 수 있다.

③ 제2항에 따른 시민사회단체 부설 평생교육시설을 설치하고자 하는 자는 대통령령으로 정하는 바에 따라 교육감에게 신고하여야 한다. 이를 폐쇄하고자 하는 경우에는 그 사실을 교육감에게 통보하여야 한다. 16. 지방직

[시행령] **제65조【시민사회단체 부설 평생교육시설의 설치신고】** ① 법 제36조 제2항에서 "대통령령으로 정하는 시민사회단체"란 다음 각 호의 어느 하나에 해당하는 시민사회단체로서 전문인력(평생교육프로그램 운영을 전담하는 인력을 말한다)을 1명 이상 확보하고 있는 단체를 말한다.

1. 법인인 시민사회단체
2. 법령에 따라 주무관청에 등록된 시민사회단체
3. 회원이 300명 이상인 시민사회단체

제37조【언론기관 부설 평생교육시설】 ① 신문·방송 등 언론기관을 경영하는 자는 해당 언론매체를 통하여 다양한 평생교육프로그램을 방영하는 등 국민의 평생교육진흥에 기여하여야 한다.

② 대통령령으로 정하는 언론기관을 경영하는 자는 일반 국민을 대상으로 교양의 증진과 능력향상을 위한 평생교육시설을 설치·운영할 수 있다.

③ 제2항에 따른 언론기관 부설 평생교육시설을 설치하고자 하는 자는 대통령령으로 정하는 바에 따라 교육감에게 신고하여야 한다. 이를 폐쇄하고자 하는 경우에는 그 사실을 교육감에게 통보하여야 한다.

제38조【지식·인력개발 관련 평생교육시설】 ① 국가 및 지방자치단체는 지식정보의 제공과 교육훈련을 통한 인력개발을 주된 내용으로 하는 지식·인력개발사업을 진흥·육성하여야 한다.

② 제1항에 따른 지식·인력개발사업을 경영하는 자 중 대통령령으로 정하는 자*는 평생교육시설을 설치·운영할 수 있다.

[시행령] **제67조【지식·인력개발사업 관련 평생교육시설의 설치신고】** ① 법 제38조 제2항에서 "대통령령으로 정하는 자"란 지식정보의 제공사업, 교육훈련 및 연구용역사업, 교육위탁사업, 교육훈련기관의 경영진단 및 평가사업, 교육자문 및 상담사업, 교수·학습프로그램의 개발 및 공급사업 등을 1년 이상 경영한 실적이 있는 자로서 자본금 또는 자산이 3억원 이상이고 전문인력(평생교육프로그램 운영을 전담하는 인력을 말한다)을 1명 이상 확보하고 있는 법인을 말한다.

③ 제2항에 따른 지식·인력개발사업과 관련하여 평생교육시설을 설치하고자 하는 자는 대통령령으로 정하는 바에 따라 교육감에게 신고하여야 한다. 이를 폐쇄하고자 하는 경우에는 그 사실을 교육감에게 통보하여야 한다.

제6장 문해교육

제39조【문해교육의 실시 등】 ① 국가 및 지방자치단체는 성인의 사회생활에 필요한 문해능력 등 기초능력을 높이기 위하여 노력하여야 한다. 15. 국가직

② 교육감은 대통령령으로 정하는 바에 따라 관할 구역 안에 있는 초·중학교에 성인을 위한 문해교육 프로그램을 설치·운영하거나 지방자치단체·법인 등이 운영하는 문해교육 프로그램을 지정할 수 있다.

③ 국가 및 지방자치단체는 문해교육 프로그램을 위하여 대통령령으로 정하는 바에 따라 우선하여 재정적 지원을 할 수 있다.

제39조의2【문해교육센터 설치 등】 ① 국가는 문해교육의 활성화를 위하여 진흥원에 국가문해교육센터를 둔다.

② 시·도교육감 및 시·도지사는 시·도문해교육센터를 설치하거나 지정·운영할 수 있다.

③ 국가문해교육센터 및 시 · 도문해교육센터의 구성, 기능 및 운영, 그 밖에 필요한 사항은 대통령령으로 정한다.

제40조 【문해교육 프로그램의 교육과정 등】 제39조에 따라 설치 또는 지정된 문해교육 프로그램을 이수한 자에 대하여는 그에 상응하는 학력을 인정하되, 교육과정 편성 및 학력인정 절차 등에 필요한 사항은 대통령령으로 정한다.

제7장 성인 진로교육

제40조의3 【성인 진로교육의 실시】 평생교육기관, 대학, 「진로교육법」 제15조에 따른 국가진로교육센터 및 같은 법 제16조에 따른 지역진로교육센터는 성인 진로교육을 실시할 수 있다.

제8장 평생학습 결과의 관리 · 인정

제41조 【학점, 학력 등의 인정】 ① 이 법에 따라 학력이 인정되는 평생교육과정 외에 이 법 또는 다른 법령의 규정에 따른 평생교육과정을 이수한 사람은 「학점인정 등에 관한 법률」로 정하는 바에 따라 학점 또는 학력을 인정받을 수 있다. 12. 유초등

② 다음 각 호의 어느 하나에 해당하는 사람은 「학점인정 등에 관한 법률」로 정하는 바에 따라 그에 상응하는 학점 또는 학력을 인정받을 수 있다.

1. 각급학교 또는 평생교육시설에서 각종 교양과정 또는 자격취득에 필요한 과정을 이수한 사람
2. 산업체 등에서 일정한 교육을 받은 후 사내인정자격을 취득한 사람
3. 국가 · 지방자치단체 · 각급학교 · 산업체 또는 민간단체 등이 실시하는 능력측정검사를 통하여 자격을 인정받은 사람
4. 「무형유산의 보전 및 진흥에 관한 법률」에 따라 인정된 국가무형유산의 보유자와 그 전수교육을 받은 사람 17. 국가직
5. 대통령령으로 정하는 시험에 합격한 사람

③ 각급학교 및 평생교육시설의 장은 학습자가 제31조에 따라 국내외의 각급학교 · 평생교육시설 및 평생교육기관으로부터 취득한 학점 · 학력 및 학위를 상호 인정할 수 있다.

01 주요 기출문제

01 「평생교육법」상 (가), (나)에 들어갈 말을 바르게 연결한 것은? 24. 지방직

> "평생교육"이란 학교의 정규교육과정을 (가) 학력보완교육, 성인 문해교육, 직업능력 향상교육, 성인 진로개발역량 향상교육, 인문교양교육, 문화예술교육, 시민참여교육 등을 포함하는 모든 형태의 (나) 교육활동을 말한다.

	(가)	(나)		(가)	(나)
①	포함한	조직적인	②	포함한	비조직적인
③	제외한	조직적인	④	제외한	비조직적인

해설 「평생교육법」 제2조에 나타난 평생교육 용어 정의이다. 일반적으로 평생교육은 전 생애에 걸친 교육을 의미하나, 「평생교육법」 제2조에서는 사회교육(social education)의 의미로 평생교육을 "학교의 정규 교육과정을 제외한 학력보완교육, 성인 문해교육, 직업능력 향상 교육, 성인 진로개발역량 향상교육, 인문교양교육, 문화예술교육, 시민참여교육 등을 포함하는 모든 형태의 조직적인 교육활동"으로 규정한다. 이처럼 법적 성격에서 학교의 정규교육을 제외한 이유는 초·중등 교육에 관한 내용은 「초·중등교육법」에 명시되어 있고, 대학교육은 「고등교육법」에 명시되어 있기 때문이다. 또한 '조직적인 활동'으로 규정하는 것은 비조직적·우연적 활동을 법으로 제약할 수 없기 때문이다.

TIP **평생교육 7대 영역**

학력보완 교육	「초·중등교육법」과 「고등교육법」에 따라 학력인정을 받기 위해 필요한 이수단위 및 학점 취득과 관련된 평생교육 **예** 검정고시 강좌(중입, 고입, 대입), 독학사 강좌, 학점은행제 강좌, 시간제 등록제 강좌, 대학의 비학점 강좌 등
문해교육 (문자해득교육)	일상생활을 영위하는 데 필요한 문자해득(文字解得)능력을 포함한 사회적·문화적으로 요청되는 기초생활능력 등을 갖출 수 있도록 하는 조직화된 교육프로그램 **예** 기초문해교육, 생활문해교육
직업능력 향상교육	직업 준비 및 직무역량 개발을 목적으로 하는 교육 ⇨ 직업생활에 필요한 자격과 조건을 체계적으로 준비하고, 주어진 직무와 역할을 효과적으로 수행할 수 있도록 지원하는 평생교육 **예** 직업준비 프로그램, 자격인증 프로그램, 현직 직무역량 프로그램
성인 진로개발 역량향상 교육	'성인 진로교육'이라고도 불림, 성인이 자신에게 적합한 직업을 찾고 진로를 인식·탐색·준비·결정 및 관리할 수 있도록 진로수업·진로심리검사·진로상담·진로정보·진로체험 및 취업지원 등을 제공하는 활동
인문교양 교육	인문교육과 교양교육을 결합한 용어 ⇨ 전문적인 능력보다는 전인적인 성품과 소양을 계발하고 배움 자체를 즐길 수 있는 신체적·정신적 건강을 겸비하는 것을 지원하는 평생교육 **예** 건강심성 프로그램, 기능적 소양 프로그램, 인문학적 교양 프로그램
문화예술 교육	상상력과 창의력을 촉진하고 창작 활동에 필요한 기능을 익힐 수 있도록 지원하거나, 생활 속에서 문화예술을 향유할 수 있는 능력을 개발하는 평생교육 **예** 레저생활 스포츠 프로그램, 생활문화예술 프로그램, 문화예술향상 프로그램
시민참여 교육	사회적 책무성과 공익성 활용을 목적으로 민주시민으로서 갖추어야 할 자질과 역량을 개발하며, 사회통합 및 공동체 형성과 관련된 시민들의 참여를 촉진하고 지원하는 평생교육 **예** 시민책무성 프로그램, 시민리더역량 프로그램, 시민참여활동 프로그램

정답 01 ③

02 **다음은 「평생교육법」 조항의 일부이다. 괄호 안에 공통으로 들어가는 말은?** 15. 국가직 응용

> 제2조 【정의】 이 법에서 사용하는 용어의 정의는 다음과 같다.
> 1. "평생교육"이란 학교의 정규교육과정을 제외한 학력보완교육, 성인 ( )교육, 직업능력 향상교육, 성인 진로개발역량 향상교육, 인문교양교육, 문화예술교육, 시민참여교육 등을 포함하는 모든 형태의 조직적인 교육활동을 말한다.
>
> 제39조 … ① 국가 및 지방자치단체는 성인의 사회생활에 필요한 ( )능력 등 기초능력을 높이기 위하여 노력하여야 한다.

① 취업
② 문해
③ 의사소통
④ 정보통신

해설 문해교육(문자해득교육)이란 일상생활을 영위하는 데 필요한 문자해득(文字解得)능력을 포함한 사회적 · 문화적으로 요청되는 기초생활능력 등을 갖출 수 있도록 하는 조직화된 교육프로그램을 말한다(「평생교육법」 제2조 제3호).

03 **「평생교육법」 제4조에 규정된 평생교육의 이념에 해당하지 않는 것은?** 17. 국가직 7급

① 일정한 평생교육 과정을 이수한 자에게는 그에 상응하는 자격 및 학력 인정 등 사회적 대우를 부여하여야 한다.
② 평생교육은 학습자의 자유로운 참여와 자발적인 학습을 기초로 이루어져야 한다.
③ 평생교육은 정치적 · 개인적 편견의 선전을 위한 방편으로 이용되어서는 아니 된다.
④ 평생교육은 학습자의 필요와 실용성을 존중하여야 한다.

해설 「평생교육법」(제4조)상의 이념은 기회균등, 자율성(②), 정치적 중립성(③), 그리고 그에 상응한 사회적 대우(①)이다. ④는 법 제6조(교육과정 등)의 내용으로 "평생교육의 과정 · 방법 · 시간 등에 관하여 이 법(「평생교육법」)과 다른 법령에 특별한 규정이 있는 경우를 제외하고는 평생교육을 실시하는 자가 정하되, 학습자의 필요와 실용성을 존중하여야 한다."의 일부이다.

TIP **평생교육의 이념(「평생교육법」 제4조)**

1. 모든 국민은 평생교육의 기회를 균등하게 보장받는다(능력에 따라 ×).
2. 평생교육은 학습자의 자유로운 참여와 자발적인 학습을 기초로 이루어져야 한다.
3. 평생교육은 정치적 · 개인적 편견의 선전을 위한 방편으로 이용되어서는 아니 된다.
4. 일정한 평생교육 과정을 이수한 자에게는 그에 상응한 자격 및 학력인정 등 사회적 대우를 부여해야 한다.

04 「평생교육법」상 학습휴가제에 대한 설명으로 옳은 것은? 18. 지방직

① 도서비·교육비·연구비 등 학습비를 지원할 수 있다.
② 공공기관 소속 직원의 경우에는 무급으로만 가능하다.
③ 100인 이상의 사업장에서는 의무적으로 실시해야 한다.
④ 지방자치단체 소속 직원의 경우에는 적용 대상에서 제외한다.

해설 학습휴가제는 국가·지방자치단체와 공공기관의 장 또는 각종 사업의 경영자가 소속 직원의 평생학습 기회 확대를 위해 유급 또는 무급의 학습휴가를 실시하는 제도를 말한다(「평생교육법」 제8조). 경제협력개발기구(OECD)가 제안한 순환교육의 실천방법으로 중시된다. 특히, 도서비·교육비·연구비 등 평생학습 기회 확대를 위해 학습비를 지원하는 것은 교육비지급 보증제도(Voucher system)에 해당한다. ②는 유급 또는 무급으로 실시하는 것이며, ③은 의무 조항이 아닌 권장 사항에 해당하며, ④는 지방자치단체 소속 직원의 경우에도 적용된다.

TIP **학습휴가제 – 「평생교육법」(제8조)**

제8조 【학습휴가 및 학습비 지원】 국가·지방자치단체와 공공기관의 장 또는 각종 사업의 경영자는 소속 직원의 평생학습 기회를 확대하기 위하여 유급 또는 무급의 학습휴가를 실시하거나 도서비·교육비·연구비 등 학습비를 지원할 수 있다.

05 「평생교육법」상 평생학습도시에 대한 설명으로 옳지 않은 것은? 21. 지방직 응용

① 평생학습도시의 지정 및 지원에 필요한 사항은 교육부장관이 정한다.
② 전국 평생학습도시 협의회의 구성 및 운영에 필요한 사항은 교육부령으로 정한다.
③ 평생학습도시 간의 연계·협력 및 정보교류의 증진을 위하여 전국 평생학습도시 협의회를 둘 수 있다.
④ 국가는 지역사회의 평생교육 활성화를 위하여 특별자치시, 시·군 및 자치구를 대상으로 평생학습도시를 지정 및 지원할 수 있다.

해설 평생학습도시(lifelong learning city)는 1968년 허친스(Hutchins)가 학습사회론을 제창한 후 평생학습사회를 현실화하는 정책수단의 하나로서 주목받고 있는 개념이다. 이는 개인의 자아실현, 사회적 통합 증진, 경제적 경쟁력을 제고하여 궁극적으로 개인의 삶의 질 제고와 도시 전체의 경쟁력을 향상시킬 수 있도록 언제나, 어디서나, 누구나 원하는 학습을 즐길 수 있는 학습공동체 건설을 도모하는 총체적 도시 재구조화 운동이자 지역사회의 모든 교육자원을 기관 간 연계, 지역사회 간 연계, 국가 간 연계시킴으로써 네트워킹 학습공동체를 형성하려는 지역시민에 의한, 시민을 위한, 시민의 지역사회 교육운동이라고 할 수 있다(한국교육개발원, 2000. 7). 우리나라의 「평생교육법」(제15조)에 따르면 "국가는 지역사회의 평생교육 활성화를 위하여 특별자치시, 시·군 및 자치구를 대상으로 평생학습도시를 지정 및 지원할 수 있다."고 규정하고 있다. 「평생교육법」(제15조)에 따르면 ②는 대통령령(「평생교육법 시행령」)으로 정한다고 규정하고 있다(제3항). ①은 제4항, ③은 제2항, ④는 제1항에 해당한다.

TIP **평생학습도시 – 「평생학습법」(제15조)**

제15조 【평생학습도시】 ① 국가는 지역사회의 평생교육 활성화를 위하여 특별자치시, 시(「제주특별자치도 설치 및 국제자유도시 조성을 위한 특별법」 제10조 제2항에 따른 행정시를 포함한다. 이하 이 조 및 제15조의2에서 같다)·군 및 자치구를 대상으로 평생학습도시를 지정 및 지원할 수 있다. 이 경우 이미 지정된 평생학습도시에 대하여 평가를 거쳐 재지정 여부를 결정할 수 있다.
② 제1항에 따른 평생학습도시 간의 연계·협력 및 정보교류의 증진을 위하여 전국 평생학습도시 협의회를 둘 수 있다.
③ 제2항에 따른 전국 평생학습도시 협의회의 구성·운영에 필요한 사항은 대통령령으로 정한다.
④ 제1항에 따른 평생학습도시의 지정 및 지원에 필요한 사항은 교육부 장관이 정한다.

정답 02 ② 03 ④ 04 ① 05 ②

06 **평생교육을 촉진하고 인적자원의 개발 · 관리를 위하여 국민의 개인적 학습경험을 종합적으로 집중 관리하는 제도는?** 18. 국가직 7급

① 입학사정관제 ② 학습계좌제
③ 편입학제도 ④ 조기이수제

해설 학습계좌제(「평생교육법」 제23조)는 국민의 평생교육을 촉진하고 인적자원의 개발 · 관리를 위하여 국민의 개인적 학습경험을 종합적으로 집중 · 관리하는 제도로서, 일종의 성인용 학습기록부에 해당된다.

TIP **학습계좌 – 「평생교육법」(제23조)**

「평생교육법」 제23조 【학습계좌】 ① 교육부장관은 국민의 평생교육을 촉진하고 인적자원의 개발 · 관리를 위하여 학습계좌(국민의 개인적 학습경험을 종합적으로 집중관리하는 제도를 말한다)를 도입 · 운영할 수 있도록 노력하여야 한다.
② 교육부장관은 제1항의 학습계좌에서 관리할 학습과정을 대통령령으로 정하는 바에 따라 평가 인정할 수 있다.
③ 교육부장관은 제2항에 따라 평가인정을 받은 학습과정의 이수결과를 학점이나 학력 또는 자격으로 인정할 수 있다. 이 경우 그 인정 절차 및 방식 등에 필요한 사항은 대통령령으로 정한다.

07 **「평생교육법」 제23조 제1항에는 "교육부장관은 국민의 평생교육을 촉진하고 인적 자원의 개발 · 관리를 위하여 국민의 개인적 학습경험을 종합적으로 집중 관리하는 제도를 도입 · 운영할 수 있도록 노력하여야 한다."고 되어 있다. 이 조항과 관련된 제도는?** 03. 중등임용 응용

① 학습계좌제 ② 학점 인정제
③ 전문인력 정보은행제 ④ 직업능력 인증제

해설 「평생교육법」 제23조 제1항에 따른 학습계좌는 일종의 성인용 학습기록부로 국민의 평생교육 촉진과 인적 자원 개발 · 관리를 위한 목적으로 도입된 학력인증방안에 해당한다. ③은 제22조(정보화 관련 평생교육의 진흥) 제2항과 같은 법 시행령 제13조(전문인력정보은행제의 운영) 제1항에 따른 각급 학교 · 평생교육기관 등이 필요한 인적자원을 활용할 수 있도록 하기 위하여 강사에 관한 정보를 수집 · 제공하는 제도를 말한다. ④는 「국민 평생 직업능력 개발법」 제26조(직무능력의 인정 등) 제1항에 따라 고용노동부장관이 직업인으로서 갖추어야 할 기초 직업능력(직무 기초 소양 및 직업 수행능력)을 분야별 · 수준별로 기준(NCS : 국가직무능력표준)을 설정하고, 객관적 측정을 통하여 해당 능력의 소지 여부를 공식적으로 인증해 주는 제도를 말한다.

08 **국민의 평생교육, 특히 취업자의 계속교육을 촉진하기 위해 개별적으로 취득한 학력, 학위, 자격 등 인증된 학습 경험과 학교 외 교육 등에서 얻은 학습 경험을 누적 기록, 관리하고 이를 객관적으로 인증하기 위한 제도는?** 05. 유초등임용 응용

① 직업능력 인증제 ② 독학학위 제도
③ 학습계좌제 ④ 전문인력 정보은행제

해설 「평생교육법」 제23조 제1항에 따른 학습계좌는 일종의 성인용 학습기록부로 국민의 평생교육 촉진과 인적 자원 개발 · 관리를 위한 목적으로 도입된 학력인증방안에 해당한다. ②는 「독학에 의한 학위취득에 관한 법률」에 따라 고교 졸업자 중 국가가 시행하는 단계별 시험(1단계 교양과정 인정시험 → 2단계 전공기초과정 인정시험 → 3단계 전공심화과정 인정시험 → 4단계 학위취득 종합시험)에 합격하면 학사학위를 취득할 수 있는 제도를 말한다.

09 다음에 해당하는 우리나라의 평생교육 제도는?

21. 국가직

- 국민의 학력·자격이수 결과에 대한 사회적 인정 및 활용기반을 확대하기 위한 제도이다.
- 학교교육, 비형식교육 등 국민의 다양한 개인적 학습경험을 학습이력관리시스템으로 누적·관리한다.

① 학습휴가제
② 학습계좌제
③ 시간제 등록제
④ 평생교육 바우처

해설 학습계좌제(「평생교육법」 제23조)는 국민의 평생교육을 촉진하고 인적자원의 개발·관리를 위하여 국민의 개인적 학습경험을 종합적으로 집중·관리하는 제도로서, 일종의 성인용 학습기록부에 해당된다. ①은 국가·지방자치단체와 공공기관의 장 또는 각종 사업의 경영자가 소속 직원의 평생학습 기회 확대를 위해 유급 또는 무급의 학습휴가를 실시하는 제도를 말하며, ③은 성인들에 대한 교육기회 확대를 위해 전일제 학생 외에 추가적으로 학생들을 모집하여(대학의 입학자격이 있는 사람을 대상으로) 대학교육을 제공하는 제도이다. ④는 평생교육을 받고자 하는 개인에게 평생학습비의 일부를 직접 지원해 주는 제도를 말한다.

TIP 용어 설명

학점은행제	「학점인정 등에 관한 법률」에 따라 학교 및 학교 밖에서 이루어지는 다양한 형태의 학습경험 및 자격을 학점으로 인정하고, 학점이 누적되어 일정한 기준이 충족되면 학위취득도 가능하게 한 제도 ⇨ 전문학사 80학점 이상, 학사 140학점, 기술사 45학점, 기능장 39학점 이상
독학학위제	「독학에 의한 학위취득에 관한 법률」에 따라 고교 졸업자 중 국가가 시행하는 단계별 시험(1단계 교양과정 인정시험 → 2단계 전공기초과정 인정시험 → 3단계 전공심화과정 인정시험 → 4단계 학위취득 종합시험)에 합격하면 학사학위를 취득할 수 있는 제도
시간제 등록제	「고등교육법」(제36조)에 따라 대학(산업대학·교육대학·전문대학 및 원격대학 포함, 대학원대학은 제외)에 입학자격이 있는 사람에게 시간제로 등록하여 그 대학의 수업을 받게 할 수 있는 제도 ⇨ 매학기 24학점 및 연간 42학점을 초과할 수 없다.
문하생 학력인정제	「무형유산 보전 및 진흥에 관한 법률」에 따라 인정된 국가 무형유산의 보유자와 그 전수교육을 받은 사람에 대한 학점 및 학력인정제도
민간자격 인증제	「자격기본법」에 따라 국가 외의 법인·단체 또는 개인이 운영하는 민간자격 중에서 사회적 수요에 부응하는 우수한 민간자격을 국가에서 공인해 주는 제도
직업능력 인증제	「국민 평생 직업능력 개발법」 제26조에 따라 직업인으로서 갖추어야 할 기초 직업능력(직무 기초 소양 및 직업 수행능력)을 분야별·수준별로 기준(예 NCS : 국가직무능력표준)을 설정하고, 객관적 측정을 통하여 해당 능력의 소지 여부를 공식적으로 인증해 주는 제도 ⇨ 학력 중심 사회 극복, 취업과 승진의 근거로 활용
직업능력(개발) 계좌제	구직자(신규 실업자, 전직 실업자)에게 일정 금액을 지원해, 그 범위 이내에서 자기주도적으로 직업능력개발훈련에 참여할 수 있도록 하고, 훈련이력 등을 개인별로 통합 관리하는 제도 ⇨ 평생교육 복지제도에 해당함. 평생학습 인증방안이 아님. ✎ 직업능력개발 계좌제는 고용노동부가 주관하는 국민내일배움카드제로 통합됨.

정답 06 ② 07 ① 08 ③ 09 ②

10 **학습계좌제에 대한 설명으로 가장 적절한 것은?** 09. 유 · 초등임용 응용

① 학습자 스스로 독학을 하여 일정시험을 통과한 자에게 학사학위를 부여하는 제도이다.

② 여러 직종에서 공통적으로 요구되는 직무기초소양과 직무수행능력을 평가하여 인증하는 제도이다.

③ 저소득층 성인의 직업능력개발을 장려하기 위해 교육비를 지원하는 제도로서 일종의 평생교육 복지제도이다.

④ 인적자원의 효율적 개발 · 관리를 위해 개인의 일생에 걸친 총체적 학습경험을 종합적으로 누적하여 집중관리하는 제도이다.

⑤ 학교 안팎의 다양한 학습경험과 자격을 학점으로 인정하고, 학점이 누적되어 일정기준을 충족하면 학위취득을 가능하게 하는 제도이다.

해설 학습계좌제(「평생교육법」 제23조)는 성인들이 개별적으로 취득한 다양한 교육과 학습경험을 누적기록 · 관리하고 이를 객관적으로 인증하기 위한 제도로, 국민의 개인적 학습경험을 종합적으로 집중관리하는 제도를 말한다. ①은 독학학위제, ②는 직업능력인증제, ③은 직업능력(개발) 계좌제, ⑤는 학점은행제에 관한 설명이다.

11 **현행 「평생교육법」과 「평생교육법 시행령」에 규정된 '학습계좌' 제도에 대한 설명으로 옳지 않은 것은?** 10. 국가직 7급 응용

① 국민의 평생교육을 촉진하고 인적자원의 개발 · 관리를 위하여 국민의 개인적 학습경험을 종합적으로 집중관리하는 제도이다.

② 교육부장관은 학습계좌에서 관리할 학습과정을 교육부령으로 정하는 바에 따라 평가 인정할 수 있다.

③ 학습계좌의 개설은 본인 또는 본인의 위임을 받은 자가 신청한 경우에만 할 수 있다.

④ 학습계좌에 수록된 정보의 열람 또는 증명서의 발급 신청은 본인 또는 본인의 위임을 받은 자만 할 수 있다.

해설 교육부장관은 학습계좌에서 관리할 학습과정을 대통령령(「평생교육법 시행령」)으로 정하는 바에 따라 평가 · 인정할 수 있다(「평생교육법」 제23조 제2항). ①은 제1항, ③은 「평생교육법 시행령」 제14조(학습계좌의 운영) 제2항, ④는 시행령 제14조 제3항에 해당한다.

12 다음 중 우리나라의 현행 평생교육사 제도에 대한 설명으로 옳은 것만을 모두 고르면? 21. 국가직

> ㉠ 평생교육사의 등급은 1급부터 3급까지로 구분한다.
> ㉡ 평생교육사 2급은 대학 수준에서, 평생교육사 3급은 전문대학 수준에서 각각 양성한다.
> ㉢ 「학점인정 등에 관한 법률」에 따라 평가인정을 받은 학습과정을 운영하는 교육훈련기관에서도 평생교육사 자격 취득에 필요한 학점을 이수할 수 있다.

① ㉠　　② ㉠, ㉢
③ ㉡, ㉢　　④ ㉠, ㉡, ㉢

해설 ㉢의 경우 평생교육 담당 전문인력인 평생교육사의 자격(「평생교육법」 제24조)은 교육부장관이 부여한다. ㉠에서 그 등급[「평생교육법 시행령」 제16조(평생교육사의 등급 등) 제1항]은 1급부터 3급이 있으며, 1·2급은 승급과정, 2·3급은 양성과정을 거쳐 취득한다. ㉡의 경우 「평생교육법」 제24조 제1항에 따라, 「고등교육법」 제2조에 따른 학교(이하 "대학"이라 한다) 또는 이와 같은 수준 이상의 학력이 있다고 인정되는 기관에서 교육부령으로 정하는 평생교육 관련 교과목을 일정 학점[2급은 30학점(대학원은 15학점), 3급은 21학점] 이상 이수하고 학위를 취득한 사람에게 자격을 부여한다.

13 현행 「평생교육법 시행령」에 명시된 평생교육사의 직무범위에 해당되지 않는 것은? 09. 국가직 7급

① 평생교육 프로그램의 요구분석·개발·운영·평가·컨설팅
② 프로그램에 소요되는 인적·물적 자원과 예산 확보
③ 학습자에 대한 학습정보 제공, 생애능력개발 상담·교수
④ 평생교육 진흥관련 사업계획 업무

해설 ②는 평생교육기관의 업무에 해당한다. 「평생교육법 시행령」(제17조)에서는 평생교육사의 직무범위를 ①, ③, ④ 등 세 가지로 제시하고 있다.

> **「평생교육법 시행령」 제17조 【직무범위】** 법 제24조 제4항에 따라 평생교육사는 평생교육 진흥을 위하여 다음 각 호에 해당하는 직무를 수행한다.
> 1. 평생교육 프로그램의 요구분석·개발·운영·평가·컨설팅
> 2. 학습자에 대한 학습정보 제공, 생애능력개발 상담·교수
> 3. 그 밖에 평생교육 진흥 관련 사업계획 등 관련 업무

14 현행 「평생교육법」에 의하여 학력이 인정되는 평생교육시설 유형은? 10. 중등임용

① 사업장 부설 평생교육시설
② 사내대학 형태 평생교육시설
③ 언론기관 부설 평생교육시설
④ 시민사회단체 부설 평생교육시설
⑤ 지식·인력개발사업 관련 평생교육시설

해설 ①, ③, ④, ⑤의 경우 학력을 인정받기 위해서는 검정고시와 같은 별도의 학력인정절차를 거쳐야 한다.

정답 10 ④　11 ②　12 ②　13 ②　14 ②

15 **「평생교육법」상 평생교육시설에 대한 설명으로 옳은 것은?** 19. 국가직 7급

① 학교 부설 평생교육시설은 대학을 제외한 각급 학교의 장이 설치·운영할 수 있다.
② 학교형태의 평생교육시설을 설치·운영하고자 하는 자는 대통령령으로 정하는 시설·설비를 갖추어 교육부장관에게 등록하여야 한다.
③ 사내대학 형태의 평생교육시설은 해당 사업장에 고용된 종업원만을 대상으로 한다.
④ 사업장 부설 평생교육시설은 대통령령으로 정하는 규모 이상 사업장의 경영자가 해당 사업장의 고객 등을 대상으로 설치·운영할 수 있다.

해설 사업장 부설 평생교육시설(「평생교육법」 제35조 제1항)의 규모는 종업원 100명 이상이며, 설치 시 교육감에게 신고해야 한다. ①은 대학을 포함하며(법 제30조 제2항), ②는 교육감에게 등록하여야 하고(법 제31조 제1항), ③은 해당 사업장에서 일하는 다른 업체의 종업원이나 해당 사업장과 하도급 관계에 있는 업체 또는 부품·재료 공급 등을 통하여 해당 사업장과 협력관계에 있는 업체의 종업원도 그 대상이 될 수 있다(법 제32조 제2항).

16 **「평생교육법」에 근거할 때, 평생교육기관이 아닌 것은?** 16. 지방직

① 교육감에게 등록된 학교교과 교습학원
② 관할청에 보고된 대학 부설 평생교육원
③ 교육감에게 신고된 시민사회단체의 평생교육시설
④ 교육부장관의 인가를 받은 사업장 부설 사내대학

해설 「평생교육법」 제2조에서 '평생교육기관'이란 「평생교육법」에 따라 인가·등록·신고된 시설·법인 또는 단체, 「학원의 설립·운영 및 과외교습에 관한 법률」에 따른 학원 중 학교교과 교습학원을 제외한 평생직업교육을 실시하는 학원, 그 밖에 다른 법령에 따라 평생교육을 주된 목적으로 하는 시설·법인 또는 단체를 말한다. 따라서 ①은 평생교육기관에서 제외된다.

17 **「초·중등교육법」에 따른 각급 학교의 장이 「평생교육법」에 의거하여 학교의 평생교육을 실시하고자 할 때, 그 방법으로 옳지 않은 것은?** 16. 국가직

① 평생교육을 직접 실시하거나 영리를 목적으로 하는 법인 및 단체에 위탁하여 실시할 수 있다.
② 학교의 평생교육을 실시하기 위하여 각급 학교의 교실·도서관·체육관, 그 밖의 시설을 활용하여야 한다.
③ 평생교육을 실시함에 있어서 평생교육의 이념에 따라 교육과정과 방법을 수요자 관점으로 개발·시행하도록 한다.
④ 학교를 개방할 경우 개방시간 동안의 해당 시설의 관리·운영에 필요한 사항은 해당 지방자치단체의 조례로 정한다.

해설 각급 학교의 장은 해당 학교의 교육여건을 고려하여 학생·학부모와 지역주민의 요구에 부합하는 평생교육을 직접 실시하거나 지방자치단체 또는 민간에 위탁하여 실시할 수 있다. 다만, 영리를 목적으로 하는 법인 및 단체는 제외한다(「평생교육법」 제29조 제2항). ②는 제3항, ③은 제1항, ④는 제4항에 해당한다.

TIP 학교의 평생교육 – 「평생교육법」(제29조)

제29조 【학교의 평생교육】 ① 「초·중등교육법」 및 「고등교육법」에 따른 각급 학교의 장은 평생교육을 실시하는 경우 평생교육의 이념에 따라 교육과정과 방법을 수요자 관점으로 개발·시행하도록 하며, 학교를 중심으로 공동체 및 지역문화 개발에 노력하여야 한다.
② 각급 학교의 장은 해당 학교의 교육여건을 고려하여 학생·학부모와 지역주민의 요구에 부합하는 평생교육을 직접 실시하거나 지방자치단체 또는 민간에 위탁하여 실시할 수 있다. 다만, 영리를 목적으로 하는 법인 및 단체는 제외한다.
③ 제2항에 따른 학교의 평생교육을 실시하기 위하여 각급 학교의 교실·도서관·체육관, 그 밖의 시설을 활용하여야 한다.
④ 제2항 및 제3항에 따라 학교의 장이 학교를 개방할 경우 개방시간 동안의 해당 시설의 관리·운영에 필요한 사항은 해당 지방자치단체의 조례로 정한다.

18 학교의 평생교육을 규정한 「평생교육법」 제29조에 대한 설명으로 옳지 않은 것은? 24. 국가직

① 학교의 평생교육을 실시하기 위하여 각급학교의 교실·도서관·체육관, 그 밖의 시설을 활용하여야 한다.

② 학교의 장은 학교를 개방할 경우 개방시간 동안의 해당 시설의 관리·운영에 필요한 사항을 정할 수 있다.

③ 각급학교의 장은 해당 학교의 교육여건을 고려하여 학생·학부모와 지역 주민의 요구에 부합하는 평생교육을 직접 실시하거나 지방자치단체 또는 민간(영리를 목적으로 하는 법인 및 단체는 제외)에 위탁하여 실시할 수 있다.

④ 「초·중등교육법」 및 「고등교육법」에 따른 각급학교의 장은 평생교육을 실시하는 경우 평생교육의 이념에 따라 교육과정과 방법을 수요자 관점으로 개발·시행하도록 하며 학교를 중심으로 공동체 및 지역문화 개발에 노력하여야 한다.

해설 ②는 학교 개방에 필요한 사항은 학교장이 결정하는 것이 아니라 해당 지방자치단체의 조례로 정한다(「평생교육법」 제29조 제4항).

정답 15 ④ 16 ① 17 ① 18 ②

19 현행 「평생교육법」에 명시된 학교의 평생교육 실시에 대한 규정으로 옳은 것만을 모두 고른 것은? 11. 중등임용

ㄱ. 학교에서 평생교육을 실시할 경우, 각급 학교의 장은 각급 학교의 교실 · 도서관 · 체육관, 그 밖의 시설을 활용하여야 한다.
ㄴ. 각급학교의 장은 학생 · 학부모와 지역주민을 대상으로 교양의 증진 또는 직업교육을 위한 평생교육시설을 설치 · 운영할 수 있다.
ㄷ. 평생교육실시를 위해 학교를 개방할 경우, 개방시간 동안의 해당 시설의 관리 · 운영에 필요한 사항은 해당 지방자치 단체의 조례로 정한다.
ㄹ. 각급학교의 장은 해당 학교의 교육여건을 고려하여 학생 · 학부모와 지역 주민의 요구에 부합하는 평생교육을 직접 실시하거나 영리를 목적으로 하는 법인 및 단체에 위탁하여 실시할 수 있다.

① ㄱ, ㄷ　② ㄱ, ㄹ　③ ㄴ, ㄷ
④ ㄱ, ㄴ, ㄷ　⑤ ㄴ, ㄷ, ㄹ

해설 「평생교육법」 제29조(학교의 평생교육)와 제30조(학교 부설 평생교육시설)의 내용이다. ㄱ은 제29조 제3항, ㄴ은 제30조 제1항, ㄷ은 제29조 제4항에 해당한다. ㄹ은 제29조 제2항에 따르면, '영리를 목적으로 하는 법인 및 단체'는 제외한다고 명시하고 있기 때문에 "직접 실시하거나 지방자치단체 또는 민간에 위탁하여 실시할 수 있다"로 수정되어야 한다.

20 「평생교육법」 제30조의 '학교 부설 평생교육시설'에 규정된 내용과 거리가 먼 것은? 04. 중등임용 응용

① 각급 학교의 장은 관할청의 허가를 받아 평생교육 시설을 설치할 수 있다.
② 대학의 장은 대학생 또는 대학생 외의 사람을 대상으로 자격취득을 위한 직업교육과정 등 다양한 평생교육과정을 운영할 수 있다.
③ 각급 학교의 시설은 다양한 평생교육을 실시하기에 편리한 형태의 구조와 설비를 갖추어야 한다.
④ 각급 학교의 장은 학생, 학부모와 지역주민을 대상으로 교양의 증진 또는 직업교육을 위한 평생교육시설을 설치 · 운영할 수 있다.

해설 「평생교육법」 제30조(학교 부설 평생교육시설) 제1항에 따르면 각급 학교의 장이 평생교육시설을 설치 · 운영하는 경우 각급 학교의 장은 관할청에 보고하여야 한다. 같은 법 시행령 제24조(학교 부설 평생교육시설의 설치보고)에 따라 학교 부설 평생교육시설을 설치한 각급 학교의 장은 교육부령으로 정하는 보고서에 운영규칙을 첨부하여 관할청에 보고하여야 한다. ②는 제2항, ③은 제3항, ④는 제1항에 해당한다.

21 ㉠, ㉡에 들어갈 말로 옳은 것은?

14. 국가직 7급

> • 「평생교육법」상 (㉠)은 학교형태의 평생교육시설 중 일정 기준 이상의 요건을 갖춘 평생교육시설에 대하여는 이를 고등학교 졸업 이하의 학력이 인정되는 시설로 지정할 수 있다.
> • 「평생교육법 시행령」상 학력인정시설로 지정된 기관은 관할청의 승인을 받아 매 학년도를 (㉡)로 나누어 운영할 수 있다.

	㉠	㉡
①	교육부장관	4학기
②	교육부장관	3학기
③	교육감	4학기
④	교육감	3학기

해설 학교형태의 평생교육시설에 관한 규정으로, 교육감이 지정하며(「평생교육법」 제31조 제2항), 학기는 관할청의 승인을 받아 매 학년도를 3학기로 나누어 운영할 수 있다. 이 경우 수업연한은 초등학교과정은 2년, 중학교 및 고등학교과정은 1년의 범위에서 단축할 수 있도록 한다(「평생교육법 시행령」 제27조 제2항).

22 현행 평생교육제도에 부합하는 사례를 모두 고르면?

12. 유 · 초등임용

> ○○군 ○○면에 위치한 하늘초등학교의 ㉠ 김 교장은 지역주민들의 요구를 받아들여 방과 후에 학교에서 평생교육 프로그램을 직접 운영하고 있다. 이 학교의 강좌에 참여하는 철수 어머니는 ㉡ 학점은행제에 등록하여 학점인정 교과목으로 인정받은 강좌를 이수하고, 법으로 규정하는 학점을 취득하여 학사학위를 받았다. 또한 최 교사는 김 교장의 권유로 평일 야간과 주말을 이용하여 ㉢ 인근 대학부설 평생교육원에 개설된 평생교육사 양성과정을 통해 2급 자격증을 취득하였다. 하늘초등학교의 우수 사례가 확산되면서 ㉣ ○○군은 평생교육이 매우 활성화되었으나, 시(市)지역이 아니라는 이유로 아쉽게도 '평생학습도시'로 지정받지 못하였다.

① ㉠, ㉡
② ㉠, ㉢
③ ㉠, ㉡, ㉢
④ ㉠, ㉢, ㉣
⑤ ㉡, ㉢, ㉣

해설 평생학습도시는 특별자치시, 시 · 군 · 자치구를 대상으로 지정 및 지원할 수 있다(「평생교육법」 제15조 제1항). ㉠은 제29조(학교의 평생교육) 제2항, ㉡은 제41조(학점, 학력 등의 인정) 제2항, ㉢은 「평생교육법 시행령」 제16조 제2항(평생교육사 2급은 양성 및 승급과정에 의해 자격이 부여)에 해당한다.

정답 19 ④ 20 ① 21 ④ 22 ③

23 **다음 (가), (나)의 내용에 해당하는 평생교육제도를 바르게 짝지은 것은?** 16. 지방직

> (가) 개인의 다양한 학습경험을 공식적인 이력부에 종합적으로 누적 · 관리하고 그 결과를 학력이나 자격 인정과 연계하거나 고용정보로 활용하는 제도이다.
> (나) 학교에서뿐만 아니라 학교 밖에서 이루어지는 다양한 형태의 학습경험 및 자격을 학점으로 인정하고, 학점이 누적되어 일정 기준을 충족하면 학위취득을 가능하게 하는 제도이다.

	(가)	(나)
①	평생학습 계좌제	학점은행제
②	문하생 학력인정제	학점은행제
③	평생학습 계좌제	독학학위제
④	문하생 학력인정제	독학학위제

해설 학습계좌제(「평생교육법」 제23조)는 국민의 평생교육을 촉진하고 인적자원의 개발 · 관리를 위하여 국민의 개인적 학습경험을 종합적으로 집중 관리하는 제도를 말하며, 학점은행제는 「학점인정 등에 관한 법률」에 따라 학교 및 학교 밖에서 이루어지는 다양한 형태의 학습경험 및 자격을 학점으로 인정하고, 학점이 누적되어 일정한 기준(전문학사 80학점 이상, 학사 140학점)이 충족되면 학위취득도 가능하게 한 제도를 말한다.

24 **평생교육과 관련된 제도와 그에 대한 설명으로 옳지 않은 것은?** 12. 중등임용

① 평생교육사: 평생교육의 기획, 진행, 분석, 평가, 교수 업무를 수행하는 전문인력
② 학점은행제: 학교 내외에서 이루어지는 다양한 학습활동을 학점으로 인정하여 학위취득을 가능하게 하는 제도
③ 학습계좌제: 평생교육을 촉진하고 인적자원의 개발 관리를 위하여 개인의 학습경험을 종합적으로 관리하는 제도
④ 전문인력 정보은행제: 평생교육기관의 전문인력을 선발하는 데 필요한 문제은행을 만들어 체계적으로 제공 · 관리하는 제도
⑤ 학습휴가제: 국가 · 지방자치단체와 공공기관의 장 또는 각종 사업의 경영자가 소속 직원의 평생학습 기회 확대를 위해 유급 또는 무급의 학습휴가를 실시하는 제도

해설 전문인력 정보은행제(강사 정보은행제 – 「평생교육법」 제22조(정보화 관련 평생교육의 진흥) 제2항)는 각급 학교 · 평생교육기관 등이 필요한 인적자원을 활용할 수 있도록 하기 위하여 강사에 관한 정보를 수집 · 제공하는 제도를 말한다. ①은 법 제24조(평생교육사) 제2항, ③은 법 제23조(학습계좌) 제1항, ⑤는 법 제8조(학습 휴가 및 학습비 지원)에 해당한다.

25 **우리나라 평생교육제도에 대한 설명으로 옳지 않은 것은?** 17. 국가직 응용

① 국가 무형유산의 보유자로 인정된 사람과 그 전수교육을 받은 사람으로서 대통령령으로 정하는 사람은 그에 상당하는 학점을 인정받을 수 있다.

② 헌법은 "국가가 평생교육을 진흥하여야 한다."라고 규정하고 있다.

③ 평생교육사는 평생교육의 기획·진행·분석·평가 및 교수 업무를 수행한다.

④ 대표적인 평생교육제도인 독학학위제, 학점은행제, 평생학습 계좌제, 내일 배움 카드제는 국가평생교육진흥원에서 운영하고 있다.

해설 내일 배움 카드제는 고용노동부에서 실업자와 재직자 등의 직업능력개발을 자율적으로 향상시키기 위한 지원사업으로, '내일 배움 카드'를 발급하여 국가에서 훈련비(1인당 최대 200만 원까지 훈련비의 50~100%를 지원)를 지원해 주는 제도를 말한다. ①은 「평생교육법」 제41조(학점, 학력 등의 인정) 제2항 제4호(문하생 학력인증제), ②는 「헌법」 제31조 제5항, ③은 「평생교육법」 제24조 제2항에 해당한다.

26 **평생교육 제도에 대한 설명으로 옳은 것은?** 14. 국가직

① 학점은행제는 다양한 학습 경험을 학점으로 인정하나 학위취득은 불가능한 제도이다.

② 학습계좌제는 학습자에게 교육비를 무상으로 지원해주기 위한 제도이다.

③ 시간제 등록제는 대학의 입학 자격이 있는 사람이 시간제로 등록하여 수업을 받을 수 있게 하는 제도이다.

④ 산업대학은 원격교육을 통해 정식 학위를 수여하는 제도이다.

해설 시간제 등록제(「고등교육법」 제36조)는 전일제 학생 외에 추가적으로 학생들을 모집하여 대학교육을 제공하는 것으로, 성인들에 대한 교육기회 확대를 목적으로 한다. ①은 전문(80학점)·학사(140학점) 학위취득이 가능하며, ②는 학력인증방안에 해당한다. 평생교육 복지제도로는 평생교육이용권, 국민내일 배움카드제 등이 있다. ④는 원격대학에 해당한다.

27 **평생교육 제도에 대한 설명으로 옳지 않은 것은?** 22. 지방직

① 학습휴가제 – 평생학습 기회를 확대하기 위하여 소속 직원에게 유급 또는 무급의 학습휴가를 실시할 수 있다.

② 평생교육이용권 – 국민에게 평생교육의 기회를 제공하기 위하여 신청을 받아 평생교육이용권을 발급할 수 있다.

③ 학습계좌제 – 평생교육을 촉진하고 인적자원의 개발·관리를 위해 국민의 개인적 학습경험을 종합적으로 집중 관리한다.

④ 독학학위제 – 고등학교 졸업이나 이와 같은 수준 이상의 학력을 인정받지 못한 경우에도 학사학위 취득시험의 응시자격이 있다.

해설 독학학위제는 「독학에 의한 학위취득에 관한 법률」에 근거한 평생학습 학력인증방안의 하나이다. 국가가 시행하는 단계별 시험에 합격하면 학사학위를 취득할 수 있는 제도인데, 응시자격은 '고등학교 졸업이나 이와 같은 수준 이상의 학력이 있다고 인정된 사람'이어야 한다(제4조 제1항). 평생교육진흥원에서 주관하며, 학위취득을 위해서는 1단계 교양과정 인정시험, 2단계 전공기초과정 인정시험, 3단계 전공심화과정 인정시험, 4단계 학위취득 종합시험이라는 4단계의 시험을 거쳐야 한다. ②에서 '평생교육이용권'은 평생교육프로그램을 이용할 수 있도록 금액이 기재(전자적 또는 자기적 방법에 따른 기록을 포함한다)된 증표를 말한다(제2조 제4호).

정답 23 ① 24 ④ 25 ④ 26 ③ 27 ④

28 다음의 「평생교육법」 내용에 관한 진술 중 옳은 것으로만 묶인 것은? 07. 중등임용

ㄱ. 학원의 설립 및 운영에 관한 사항을 규정하고 있다.
ㄴ. 직장인의 재교육을 위한 학습휴가제를 도입하고 있다.
ㄷ. 국가가 평생교육을 진흥해야 할 법률적 근거를 마련하고 있다.
ㄹ. 평생교육은 가정교육, 학교교육, 사회교육을 포함한 모든 형태의 조직적인 교육활동이다.

① ㄱ, ㄴ
② ㄱ, ㄹ
③ ㄴ, ㄷ
④ ㄷ, ㄹ

해설 ㄴ은 순환교육 구현 정책의 일환으로 유·무급 학습휴가를 도입하고 있고[「평생교육법」 제8조(학습휴가 및 학습비 지원)], ㄷ은 「헌법」 제31조 제5항과 제6항, 「교육기본법」 제10조(평생교육), 「평생교육법」에 평생교육 진흥에 관한 법적 근거가 마련되어 있다.
ㄱ은 「평생교육법」이 아닌 「학원의 설립·운영 및 과외교습에 관한 법률(이하 '학원법'이라 함)」에 규정되어 있으며, '학원법'에 따른 학원 중 학교교과교습학원을 제외한 평생직업교육을 실시하는 학원은 평생교육기관에 해당한다(「평생교육법」 제2조). ㄹ에서 평생교육은 학교의 정규교육과정을 제외한 모든 형태의 조직적인 교육활동을 말한다(「평생교육법」 제2조).

29 「평생교육법」의 내용으로 옳지 않은 것은? 24. 국가직 7급

① 교육부장관은 매년 평생교육진흥기본계획을 수립하여야 한다.
② 유치원 및 학교의 장은 평생교육프로그램 운영에 필요할 때에는 평생교육사를 채용할 수 있다.
③ 국가·지방자치단체와 공공기관의 장 또는 각종 사업의 경영자는 소속 직원의 평생학습기회를 확대하기 위하여 유급 또는 무급의 학습휴가를 실시하거나 도서비·교육비·연구비 등 학습비를 지원할 수 있다.
④ 시·도교육감 및 시장·군수·자치구의 구청장은 관할 구역 안의 주민을 대상으로 평생교육프로그램 운영과 평생교육 기회를 제공하기 위하여 평생학습관을 설치 또는 지정·운영하여야 한다.

해설 「평생교육법」 제9조 제1항에서는 교육부장관은 5년마다 평생교육진흥기본계획을 수립하여야 한다고 규정한다. 연도별 평생교육진흥시행계획(제11조 제1항)은 관계 중앙행정기관의 장 및 시·도지사가 기본계획에 따라 연도별 평생교육진흥시행계획을 수립·시행하여야 한다. ②는 제26조(평생교육사의 배치 및 채용) 제2항, ③은 제8조(학습휴가 및 학습비 지원), ④는 제21조(시·군·구평생학습관 등의 설치·운영 등) 제1항에 해당한다.

01 실전 예상문제

01 다음은 「평생교육법」 제1조의 내용이다. (가)와 (나)에 해당하는 내용이 바르게 연결된 것은?

> 이 법은 (가)에 규정된 평생교육의 진흥에 대한 국가 및 지방자치단체의 책임과 평생교육제도와 그 운영에 관한 기본적인 사항을 정하고, 모든 국민이 평생에 걸쳐 학습하고 교육받을 수 있는 권리를 보장함으로써 모든 국민의 (나) 및 행복 추구에 이바지함을 목적으로 한다.

	(가)	(나)
①	헌법	삶의 질 향상
②	교육기본법	자아실현
③	헌법과 교육기본법	삶의 질 향상
④	헌법과 사회교육법	자아실현

해설 현행 「평생교육법」 제1조(목적)에 대한 규정이다. 평생교육의 법적 근거는 「헌법」(제31조 제5항)과 「교육기본법」(제10조)이고, 평생교육의 목적은 모든 국민의 삶의 질 향상에 있다.

TIP **평생교육의 법적 근거**

- 「헌법」 제31조 제5항 : " 국가는 평생교육을 진흥하여야 한다."
- 「교육기본법」 제10조(평생교육) : "① 전 국민을 대상으로 하는 모든 형태의 평생교육은 장려되어야 한다.
  ② 평생교육의 이수(履修)는 법령으로 정하는 바에 따라 그에 상응하는 학교교육의 이수로 인정될 수 있다.
  ③ 평생교육시설의 종류와 설립 · 경영 등 평생교육에 관한 기본적인 사항은 따로 법률로 정한다."

02 「평생교육법」에서 규정하고 있는 평생교육의 정의로 가장 가까운 것은?

① 학교교육을 제외한 모든 형태의 조직적인 교육활동을 의미한다.
② 일정 단계의 학교교육을 마친 성인을 대상으로 한 단기간에 걸친 보충교육을 의미한다.
③ 학교교육 바깥에서 행해지는 보다 조직적인 교육활동을 말한다.
④ 정규교육을 마친 성인을 대상으로 정규 교육기관에 재입학시켜 재교육의 기회를 제공하는 교육을 의미한다.

해설 일반적으로 평생교육은 전 생애에 걸친 교육을 의미하나, 「평생교육법」 제2조(정의)에서는 사회교육(social education)의 의미로 평생교육을 "학교의 정규 교육과정을 제외한 학력보완교육, 성인 문해교육, 직업능력 향상교육, 성인 진로개발역량 향상교육, 인문교양교육, 문화예술교육, 시민참여교육 등을 포함하는 모든 형태의 조직적인 교육활동"으로 규정한다. 이처럼 법적 성격에서 학교의 정규교육을 제외한 이유는 초 · 중등교육에 관한 내용은 「초 · 중등교육법」에 명시되어 있고, 대학교육은 「고등교육법」에 명시되어 있기 때문이다. ②는 계속교육(continuing education), ③은 비형식적 교육(nonformal education), ④는 순환교육(recurrent education)에 해당한다.

정답 28 ③ 29 ① / 01 ③ 02 ①

03 「평생교육법」 제2조에 명시된 평생교육 영역에 해당하지 않는 것은?

① 성인 진로교육
② 인문교양교육
③ 성인문해교육
④ 예술참여교육

해설 「평생교육법」 제2조(정의)에서는 평생교육을 "학교의 정규 교육과정을 제외한 학력보완교육, 성인 문해교육, 직업능력 향상교육, 성인 진로개발역량 향상교육(성인 진로교육), 인문교양교육, 문화예술교육, 시민참여교육 등을 포함하는 모든 형태의 조직적인 교육활동"으로 규정한다. ④는 문화예술교육으로 수정되어야 한다.

04 「평생교육법」에 나타난 (가)와 (나)에 해당하는 평생교육 관련 용어는?

(가) 국가 및 지방자치단체가 국민과 주민의 평생교육을 위하여 예산 또는 기금으로 조직적인 교육활동을 직·간접적으로 지원하는 사업을 말한다.
(나) 평생교육프로그램을 이용할 수 있도록 금액이 기재(전자적 또는 자기적 방법에 따른 기록을 포함한다)된 증표를 말한다.

	(가)	(나)
①	평생교육계획	학습계좌제
②	평생교육사업	평생교육이용권
③	평생교육사업	내일배움카드
④	평생교육계획	평생교육이용권

해설 (가)는 평생교육사업, (나)는 평생교육이용권에 해당한다. 학습계좌제는 「평생교육법」 제23조에 따라 성인들이 개별적으로 취득한 다양한 교육과 학습경험을 누적기록·관리하고 이를 객관적으로 인증하기 위한 제도로 국민의 개인적 학습경험을 종합적으로 집중 관리하는 제도를 말한다. 내일배움카드제는 고용노동부에서 실업자와 재직자 등의 직업능력개발을 자율적으로 향상시키기 위한 지원사업으로 평생교육 복지제도에 해당한다.

05 「평생교육법」 제4조에 명시된 평생교육의 이념에 대한 진술로 옳지 않은 것은?

① 모든 국민은 평생교육의 기회를 균등하게 보장받는다.
② 평생교육은 학습자의 자유로운 참여와 자발적인 학습을 기초로 이루어져야 한다.
③ 평생교육은 정치적·종교적 편견의 선전을 위한 방편으로 이용되어서는 아니 된다.
④ 일정한 평생교육과정을 이수한 자에게는 그에 상응하는 자격 및 학력인정 등 사회적 대우를 부여하여야 한다.

해설 「평생교육법」상의 이념은 기회균등(①), 자율성(②), 정치적 중립성(③), 그에 상응한 사회적 대우(④) 등이다. ③의 경우 '정치적·개인적 편견의 선전을 위한 방편'으로 수정되어야 한다.

06 우리나라 평생교육제도에 대한 설명으로 옳지 않은 것은?

① 「학점인정 등에 관한 법률 시행령」에 따르면 학점 인정에 따른 표준교육과정을 교육부령으로 정하고 있다.

② 「평생교육법」에 따르면 국가는 지역사회의 평생교육 활성화를 위하여 시・도를 대상으로 평생학습도시를 지정 및 지원할 수 있다.

③ 「평생교육법」에 따르면 평생교육 전문인력인 평생교육사의 자격은 교육부장관이 부여한다.

④ 「독학에 의한 학위취득에 관한 법률」에 따르면 학위취득을 위해 교양과정 인정시험, 전공기초과정 인정시험, 전공심화과정 인정시험, 학위취득 종합시험의 4단계의 시험을 거쳐야 한다.

해설 평생학습도시(lifelong learning city)는 1968년 허친스(Hutchins)가 학습사회론을 제창한 후 평생학습사회를 현실화하는 정책수단의 하나로서 주목받고 있는 개념이다. 이는 개인의 자아실현, 사회적 통합증진, 경제적 경쟁력을 제고하여 궁극적으로 개인의 삶의 질 제고와 도시 전체의 경쟁력을 향상시킬 수 있도록 언제나, 어디서나, 누구나 원하는 학습을 즐길 수 있는 학습공동체 건설을 도모하는 총체적 도시 재구조화 운동이자 지역사회의 모든 교육자원을 기관 간 연계, 지역사회 간 연계, 국가 간 연계시킴으로써 네트워킹 학습공동체를 형성하려는 지역시민에 의한, 시민을 위한, 시민의 지역사회 교육운동이라고 할 수 있다. 「평생교육법」(제15조)에 따르면 "국가는 지역사회의 평생교육 활성화를 위하여 특별자치시, 시・군 및 자치구를 대상으로 평생학습도시를 지정 및 지원할 수 있다."고 규정하고 있다. ①은 「학점인정 등에 관한 법률 시행령」 제17조에 해당하며, ③은 「평생교육법」 제24조, ④는 「독학에 의한 학위취득에 관한 법률」 제5조에 해당한다.

TIP 평생학습도시의 유형

경제발전 중심	산업혁신형
학습 파트너형	교육훈련 제공자와 학습자를 위한 협력체제 구축
시민사회 중심	지역사회 재생형
이웃 공동체 건설형	이웃을 위한 교육 제공을 통해 시민정신 고양

07 「평생교육법」에서 규정하고 있는 교육감의 역할에 해당하는 것은?

① 평생학습관을 설치 또는 지정・운영하여야 한다.

② 5년마다 평생교육진흥기본계획을 수립하여야 한다.

③ 평생교육사의 자격을 부여한다.

④ 학습계좌를 도입・운영할 수 있도록 노력하여야 한다.

해설 「평생교육법」 제21조(시・군・구 평생학습관 등의 설치・운영 등) 제1항에서는 "시・도교육감은 관할 구역 안의 주민을 대상으로 평생교육프로그램 운영과 평생교육 기회를 제공하기 위하여 평생학습관을 설치 또는 지정・운영하여야 한다."고 규정하고 있다. 국가의 평생교육진흥원은 국가가 설립하며(제19조 제1항), 시・도의 평생교육진흥원은 시・도지사가 설치 또는 지정・운영하여야 한다[제20조(시・도평생교육진흥원의 운영 등) 제1항]. ②[제9조(평생교육진흥기본계획의 수립) 제1항], ③[제24조(평생교육사) 제1항], ④[제23조(학습계좌) 제1항]는 교육부장관의 역할에 해당한다. 학습계좌제는 국민의 평생교육을 촉진하고 인적자원의 개발・관리를 위하여 국민의 개인적 학습경험을 종합적으로 집중 관리하는 제도를 말한다. 한편, 시・도지사는 평생교육진흥기본계획에 따라 연도별 평생교육진흥시행계획을 매년 수립・시행하여야 한다. 이 경우 시・도교육감과 협의하여야 한다[제11조(연도별 평생교육진흥시행계획의 수립・시행) 제1항].

정답 03 ④ 04 ② 05 ③ 06 ② 07 ①

08 「평생교육법」에 나타난 평생학습도시에 대한 규정이 잘못 진술된 것은?

① 국가는 지역사회의 평생교육 활성화를 위하여 특별자치시, 시·군 및 자치구를 대상으로 평생학습도시를 지정 및 지원할 수 있다.

② 이미 지정된 평생학습도시에 대하여 평가를 거쳐 재지정 여부를 결정할 수 있다.

③ 평생학습도시 간의 연계·협력 및 정보교류의 증진을 위하여 전국평생학습도시협의회를 둘 수 있다.

④ 평생학습도시의 지정, 지원 및 평가 등에 필요한 사항은 교육감이 정한다.

해설 「평생교육법」 제15조(평생학습도시) 제4항에 따르면 "평생학습도시의 지정, 지원 및 평가 등에 필요한 사항은 교육부장관이 정한다." ①, ②는 제1항, ③은 제2항에 해당한다.

09 국가는 국민의 평생교육을 촉진하고 인적자원의 개발·관리를 위하여 국민의 개인적 학습경험을 종합적으로 집중 관리하는 제도를 도입·운영할 수 있도록 노력하여야 한다. 이와 관련된 제도는?

① 직업능력인증제
② 독학학위취득제도
③ 학습계좌제
④ 전문인력 정보은행제

해설 학습계좌제(「평생교육법」 제23조)는 성인들이 개별적으로 취득한 다양한 교육과 학습경험을 누적기록·관리하고 이를 객관적으로 인증하기 위한 제도로 국민의 개인적 학습경험을 종합적으로 집중관리하는 제도를 말한다. 교육부장관이 도입·운영하며, 학습계좌의 개설, 정보의 열감 또는 증명서의 발급 신청은 본인 또는 본인의 위임을 받은 자만 할 수 있다.

10 「평생교육법」(제23조)에 나타난 학습계좌제에 대한 규정으로 옳지 않은 것은?

① 교육부장관은 국민의 평생교육을 촉진하고 인적자원의 개발·관리를 위하여 학습계좌(국민의 개인적 학습경험을 종합적으로 집중 관리하는 제도를 말한다)를 도입·운영할 수 있도록 노력하여야 한다.

② 교육부장관은 학습계좌에서 관리할 학습과정을 대통령령으로 정하는 바에 따라 평가인정할 수 있다.

③ 교육부장관은 평가인정을 받은 학습과정의 이수결과를 학점이나 학력 또는 자격으로 인정할 수 있다. 이 경우 그 인정 절차 및 방식 등에 필요한 사항은 대통령령으로 정한다.

④ 교육부장관은 평가인정을 받은 학습과정을 설치·운영하는 평생교육기관이 거짓이나 그 밖의 부정한 방법으로 평가인정을 받은 경우 그 평가인정을 취소할 수 있다.

해설 「평생교육법」(제23조) 학습계좌에 대한 내용이다. ①은 제1항, ②는 제2항, ③은 제3항, ④는 제4항에 해당한다. ④는 취소할 수 있는 권장사항이 아니라, 취소해야만 하는 의무사항에 해당한다.

11 **평생교육시설 중 설치할 때 교육감에게 신고를 해야 하는 것은?**

① 원격대학 형태 평생교육시설
② 학교 형태 평생교육시설
③ 원격교육 형태 평생교육시설
④ 사내대학 형태 평생교육시설

해설 원격교육 형태 평생교육시설(법 제33조 제2항)은 학습비를 받고 10명 이상의 불특정 학습자에게 30시간 이상의 교습과정에 따라 화상강의 또는 인터넷강의 등을 통하여 지식 · 기술 · 기능 및 예능에 관한 교육을 실시하는 시설로 설치시 교육감에게 신고해야 한다. ①(법 제33조 제3항), ④(법 제32조 제1항)는 교육부장관의 인가, ②(법 제31조 제2항)는 교육감에게 등록을 해야 하는 시설에 해당한다.

12 **「평생교육법」에 명시된 평생교육시설 중 학력인정시설에 포함되지 않는 것은?**

① 학교 형태의 평생교육시설
② 원격대학 형태의 평생교육시설
③ 사내대학 형태의 평생교육시설
④ 학교 부설 평생교육시설

해설 학교 형태의 평생교육시설(법 제31조 제2항)은 초 · 중등교육, 사내대학(법 제32조 제1항)과 원격대학 형태(법 제33조 제3항)의 평생교육시설은 고등교육(대학교육) 인정시설에 해당한다. ④는 학력인정시설에 해당되지 않는다.

13 **「평생교육법」 제29조에 따른 학교의 평생교육 관련 규정으로 잘못된 것은?**

① 「초 · 중등교육법」 및 「고등교육법」에 따른 각급학교의 장은 평생교육을 실시하는 경우 평생교육의 이념에 따라 교육과정과 방법을 수요자 관점으로 개발 · 시행하도록 하며, 학교를 중심으로 공동체 및 지역문화 개발에 노력하여야 한다.
② 각급학교의 장은 해당 학교의 교육여건을 고려하여 학생 · 학부모와 지역 주민의 요구에 부합하는 평생교육을 직접 실시하거나 지방자치단체 또는 민간에 위탁하여 실시할 수 있다. 다만, 영리를 목적으로 하는 법인 및 단체는 제외한다.
③ 학교의 평생교육을 실시하기 위하여 각급학교의 교실 · 도서관 · 체육관, 그 밖의 시설을 활용하여야 한다.
④ 학교의 장이 학교를 개방할 경우 개방시간 동안의 해당 시설의 관리 · 운영에 필요한 사항은 대통령령으로 정한다.

해설 학교의 장이 평생교육 실시를 위하여 학교를 개방할 경우 개방시간 동안의 해당 시설의 관리 · 운영에 필요한 사항은 해당 지방자치단체의 조례로 정한다(「평생교육법」 제29조 제4항).

정답 08 ④ 09 ③ 10 ④ 11 ③ 12 ④ 13 ④

14 현행 「평생교육법」 규정으로 잘못 진술된 것은?

① 국가·지방자치단체 및 시·도교육감은 관할 구역 안의 노인을 대상으로 평생교육프로그램 운영과 평생교육 기회를 제공하기 위하여 노인평생교육시설을 설치 또는 지정·운영할 수 있다.
② 평생교육이용권은 평생교육프로그램을 이용할 수 있도록 금액이 기재(전자적 또는 자기적 방법에 따른 기록을 포함한다)된 증표를 말한다.
③ 시장·군수·자치구의 구청장은 읍·면·동별로 주민을 대상으로 하여 평생교육프로그램을 운영하고 상담을 제공하는 평생학습관을 설치하거나 지정하여 운영하여야 한다.
④ 지방자치단체는 지역사회 주민이 평생학습을 주된 목적으로 자발적으로 참여하는 모임(이하 "자발적 학습모임"이라 한다)의 활동을 지원할 수 있다.

해설 ③은 평생학습센터를 말한다. "시·도교육감 및 시장·군수·자치구의 구청장은 관할 구역 안의 주민을 대상으로 평생교육프로그램 운영과 평생교육 기회를 제공하기 위하여 평생학습관을 설치 또는 지정·운영하여야 한다(「평생교육법」 제21조(시·군·구평생학습관 등의 설치·운영 등) 제1항". ①은 제20조의3(노인평생교육시설 설치 등) 제1항, ②는 제2조(정의) 제5호, ④는 제21조의4(자발적 학습모임의 지원 등) 제1항에 해당한다.

15 우리나라의 평생교육에 관한 진술로 옳은 것은?

① 평생학습도시는 특별자치시, 시·군 및 자치구를 대상으로 교육감이 지정 및 지원한다.
② 교육부장관은 국민의 평생교육을 촉진하고 인적자원의 개발·관리를 위하여 국민의 개인적 학습경험을 종합적으로 집중 관리하는 학점은행제를 도입·운영할 수 있도록 노력하여야 한다.
③ 평생교육과정은 학습자의 필요와 실용성을 존중하여 시·도의 교육감이 정한다.
④ 평생교육진흥 기본계획은 교육부장관이 매 5년마다 수립한다.

해설 「평생교육법」 제9조(평생교육진흥 기본계획의 수립) 제1항에서는 교육부장관은 5년마다 평생교육진흥 기본계획(이하 "기본계획"이라 한다)을 수립하여야 하며, 시·도지사[제11조(연도별 평생교육진흥시행계획의 수립·시행)]는 기본계획에 따라 연도별 평생교육진흥시행계획(이하 "시행계획"이라 한다)을 수립·시행하여야 한다. 이 경우 시·도교육감과 협의하여야 한다. ①[제15조(평생학습도시) 제1항]은 국가가 지정 및 지원하며, ②[제23조(학습계좌) 제1항]는 학습계좌를 도입·운영할 수 있도록 노력하여야 하며, ③[제6조(교육과정 등)]은 평생교육을 실시하는 자가 정한다.

정답 14 ③ 15 ④

02 학점인정 등에 관한 법률(학점인정법)

⇨ 「학점인정 등에 관한 법률 시행령」 일부 포함

관련 이론 — 제1장 교육의 이해 – 제3절 교육의 유형(형태) Ⅱ 평생교육

1 주요 내용 ※ 「학점인정 등에 관한 법률 시행령」(대통령령)의 내용도 일부 포함하고 있음.

제1조 【목적】 이 법은 평가인정을 받은 학습과정(學習課程)을 마친 자 등에게 학점인정을 통하여 학력인정과 학위취득의 기회를 줌으로써 평생교육의 이념을 구현하고 개인의 자아실현과 국가사회의 발전에 이바지함을 목적으로 한다. 06. 중등

제3조 【학습과정의 평가인정】 ① 교육부장관은 대통령령으로 정하는 평생교육시설, 직업교육훈련기관 및 군(軍)의 교육・훈련시설 등(이하 "교육훈련기관"이라 한다)이 설치・운영하는 학습과정에 대하여 대통령령으로 정하는 바에 따라 평가인정을 할 수 있다. 12. 국가직, 06・05. 중등

⑤ 제1항에 따른 평가인정에 필요한 교수 또는 강사의 자격, 학습시설・학습설비, 학습과정의 내용 등 평가인정 기준의 내용은 대통령령*으로 정한다.

> ✎ [시행령] **제17조 【표준교육과정】** 제5조에 따른 평가인정의 기준, 제11조에 따른 학점인정의 기준, 제13조에 따른 학력인정의 기준 및 제16조에 따른 학위수여 요건에 관한 사항을 종합적으로 연계하기 위하여 다음 각 호의 사항이 포함된 표준교육과정을 교육부령으로 정한다. 12. 국가직 7급
> 1. 학위의 종류에 따른 전공
> 2. 교양과목 및 전공별 전공과목과 해당 학점
> 3. 전공별 학위수여의 요건

제7조 【학점인정】 ① 교육부장관은 제3조 제1항에 따라 평가인정을 받은 학습과정을 마친 자에게 그에 상당하는 학점을 인정한다. 16. 지방직, 12. 중등

② 교육부장관은 다음 각 호의 어느 하나에 해당하는 자에게 그에 상당하는 학점을 인정할 수 있다. 22. 국가직

1. 대통령령으로 정하는 학교 또는 평생교육시설에서 「고등교육법」, 「평생교육법」 또는 학칙으로 정하는 바에 따라 교육과정을 마친 자
2. 외국이나 군사분계선 이북지역에서 대학교육에 상응하는 교육과정을 마친 자
3. 「고등교육법」 제36조 제1항, 「평생교육법」 제32조 또는 제33조에 따라 시간제로 등록하여 수업을 받은 자
4. 대통령령으로 정하는 자격을 취득하거나 그 자격 취득에 필요한 교육과정을 마친 자
5. 대통령령으로 정하는 시험(독학학위법에 따른 시험)에 합격하거나 그 시험이 면제되는 교육과정을 마친 자 12. 국가직 7급
6. 「무형유산의 보전 및 진흥에 관한 법률」 제17조에 따라 국가무형유산의 보유자로 인정된 사람과 그 전수교육을 받은 사람으로서 대통령령으로 정하는 사람 예 국가무형 유산 보유자 140학점

④ 거짓이나 그 밖의 부정한 방법으로 제1항 또는 제2항에 따른 학점인정을 받은 경우 교육부장관은 이를 취소할 수 있다.

⑤ 제1항과 제2항에 따른 학점인정의 기준, 절차, 그 밖에 필요한 사항은 대통령령*으로 정한다.

[시행령] **제9조 【학점인정 대상학교 등】** ① 법 제7조 제2항 제1호에서 "대통령령으로 정하는 학교 또는 평생교육시설"이란 다음 각 호의 학교 및 평생교육시설을 말한다.
1. 「사관학교 설치법」에 따른 사관학교
2. 「경찰대학 설치법」에 따른 경찰대학
3. 「육군3사관학교 설치법」에 따른 육군3사관학교
4. 「국군간호사관학교 설치법」에 따른 국군간호사관학교
5. 「한국과학기술원법」에 따른 한국과학기술원
6. 「산업교육진흥 및 산학연협력촉진에 관한 법률」 제6조에 따른 단기 산업교육시설
7. 「국민 평생 직업능력 개발법」에 따른 기능대학(다기능기술자과정으로 한정한다)
8. 「평생교육법」 제31조 제4항에 따른 학교형태의 평생교육시설, 같은 법 제32조에 따른 사내대학형태의 평생교육시설 및 같은 법 제33조 제3항에 따른 원격대학형태의 평생교육시설
9. 법 제2조 제3호의 대학(「고등교육법」 제6조 제1항에 따른 학칙으로 정하는 교육과정에 한정한다)
10. 「고등교육법」 제59조 제4항에 따른 각종학교

② 법 제7조 제2항 제4호에 따른 학점인정의 대상이 되는 자격은 「자격기본법」에 따른 국가자격과 국가의 공인을 받은 민간자격으로 한다. 12. 국가직

③ 법 제7조 제2항 제5호에 따른 학점인정의 대상이 되는 시험은 「독학에 의한 학위취득에 관한 법률」에 따른 시험으로 한다.

제8조 【학력인정】 ① 제7조에 따라 일정한 학점을 인정받은 자는 「고등교육법」 제2조 제1호에 따른 대학이나 같은 법 제2조제4호에 따른 전문대학을 졸업한 자와 같은 수준 이상의 학력이 있는 것으로 인정한다. 06. 중등

② 제1항에 따른 학력인정의 기준은 대통령령*으로 정한다.

[시행령] **제13조 【학력인정의 기준】** ① 학습자가 법 제8조 제1항에 따라 대학 또는 전문대학 졸업자와 같은 수준의 학력을 인정받기 위해서는 다음 각 호의 학점을 인정받아야 한다. 12. 국가직, 05. 중등
1. 대학 졸업학력 : 140학점 이상
2. 전문대학 졸업학력 : 80학점(「고등교육법 시행령」 제57조 제1항에 따라 수업연한이 3년인 경우 120학점) 이상

② 제1항에 따른 인정학점에는 교양과목 및 전공과목의 학점을 포함하되, 그 세부 기준과 그 밖에 학력인정에 관하여 필요한 사항은 교육부령으로 정한다.

제9조 【학위수여】 ① 교육부장관은 고등학교를 졸업한 자 또는 이와 같은 수준 이상의 학력이 있다고 인정된 자로서 제7조에 따라 일정한 학점을 인정받고 대통령령으로 정하는 요건을 충족한 자에게 학위를 수여한다.

④ 제1항과 제2항에 따른 학위의 종류, 학위수여 절차, 그 밖에 필요한 사항은 대통령령*으로 정한다.

[시행령] **제14조 【학위의 종류】** 법 제9조 제4항에 따른 학위의 종류는 인문, 사회, 이학, 공학, 예·체능 및 보건의료 계열로 구분하되, 그 세부 사항은 제17조에 따른 표준교육과정 또는 해당 대학 등의 학칙으로 정한다.

02 주요 기출문제

01 다음 설명에 해당하는 평생교육제도는? 20. 국가직 7급

> 학교 안팎에서 이루어지는 다양한 형태의 학습경험과 자격을 학점으로 인정하여, 일정 기준을 충족하면 대학졸업학력 또는 전문대학졸업학력을 인정하는 제도

① 독학학위제 ② 학점은행제
③ 평생학습계좌제 ④ 국가직무능력표준제

해설 학점은행제는 학교 내·외에서 이루어지는 다양한 형태의 학습경험과 자격을 학점으로 인정하고 기준(전문학사학위 과정은 80학점, 학사학위 과정은 140학점)이 충족되면 학위 취득이 가능한 제도이다.

02 학점은행제에 대한 설명으로 옳은 것은? 12. 국가직

① 평가인정의 기준, 학점인정의 기준, 학위 수여요건에 대한 사항은 기관운영의 편이성 차원에서 해당 대학의 장이 정한다.
② 평생교육훈련이나 독학사 시험 및 독학시험 면제교육과정 이수 등의 학습경험을 학점으로 인정하지만, 국가기술자격은 학점으로 인정하지 않는다.
③ 표준교육과정은 학위의 종류에 따른 전공별로 정하되, 전문 학사과정의 학위취득 최소이수학점은 140학점이다.
④ 학교뿐 아니라 학교 밖에서 이루어지는 다양한 형태의 학습 경험을 제도적 인정기준과 절차에 따라 평가하여 학점이나 학력 또는 국가자격 등과 같이 사회적 공인된 교육결과를 인정하는 제도이다.

해설 학점은행제는 「학점인정 등에 관한 법률」(1997)에 의거한 제도로, 학교 및 학교 밖에서 이루어지는 다양한 형태의 학습경험 및 자격을 학점으로 인정하고, 학점이 누적되어 일정한 기준이 충족되면 학위취득도 가능하게 한 제도를 말한다. ①은 교육부장관이 정하며(법 제3조 제1항), ②는 국가기술자격도 학점으로 인정되며[시행령 제9조(학점인정 대상학교 등) 제2항], ③은 전문학사학위 과정은 80학점, 학사학위 과정은 140학점이다[시행령 제13조(학력인정의 기준) 제1항].

03 「학점인정 등에 관한 법률」상 교육부장관이 그에 상당하는 학점을 인정할 수 있는 자에 해당하지 않는 것은? 22. 국가직 응용

① 외국이나 군사분계선 이북 지역에서 중등교육에 상응하는 교육과정을 마친 자
② 대통령령으로 정하는 자격을 취득하거나 그 자격 취득에 필요한 교육과정을 마친 자
③ 「고등교육법」 제36조 제1항, 「평생교육법」 제32조 또는 제33조에 따라 시간제로 등록하여 수업을 받은 자
④ 「무형유산의 보전 및 진흥에 관한 법률」 제17조에 따라 국가무형유산의 보유자로 인정된 사람과 그 전수교육을 받은 사람으로서 대통령령으로 정하는 사람

정답 01 ② 02 ④ 03 ②

해설 「학점인정 등에 관한 법률」에서 규정한 '학점인정(제7조) 제2항'의 경우에 관한 질문이다. 학점은행제는 학교 및 학교 밖에서 이루어지는 다양한 형태의 학습경험 및 자격을 학점으로 인정하고, 학점이 누적되어 일정한 기준(전문학사 80학점 이상, 학사 140학점 이상)이 충족되면 학위취득도 가능하게 한 제도인데, 이는 교육부장관이 고등교육에 해당하는 학위 수여를 가능하게 한 제도이다. 그러므로 ①에서 '중등교육'이 아닌 '대학교육'에 상응하는 교육과정을 마친 자에게 학점을 인정할 수 있다(제7조 제2항 제2호). ②는 제4호, ③은 제3호, ④는 제6호에 해당한다.

제7조 【학점인정】 ① 교육부장관은 제3조 제1항에 따라 평가인정을 받은 학습과정을 마친 자에게 그에 상당하는 학점을 인정한다.
② 교육부장관은 다음 각 호의 어느 하나에 해당하는 자에게 그에 상당하는 학점을 인정할 수 있다.
1. 대통령령으로 정하는 학교 또는 평생교육시설에서 「고등교육법」, 「평생교육법」 또는 학칙으로 정하는 바에 따라 교육과정을 마친 자
2. 외국이나 군사분계선 이북지역에서 대학교육에 상응하는 교육과정을 마친 자
3. 「고등교육법」 제36조 제1항, 「평생교육법」 제32조 또는 제33조에 따라 시간제로 등록하여 수업을 받은 자
4. 대통령령으로 정하는 자격을 취득하거나 그 자격 취득에 필요한 교육과정을 마친 자
5. 대통령령으로 정하는 시험에 합격하거나 그 시험이 면제되는 교육과정을 마친 자
6. 「무형유산의 보전 및 진흥에 관한 법률」 제17조에 따라 국가무형유산의 보유자로 인정된 사람과 그 전수교육을 받은 사람으로서 대통령령으로 정하는 사람

04 학점인정제에 대한 설명 중 옳은 것끼리 묶인 것은? 05. 중등임용 응용

ㄱ. 학점에 따라 학사학위나 전문학사 학위를 받을 수 있다.
ㄴ. 기초직업능력 소지여부를 확인하여 공식적인 학점으로 인정한다.
ㄷ. 평가인정된 평생교육기관의 이수 결과를 대학의 학점에 준해 인정한다.
ㄹ. 학습자의 다양한 교육과 학습경험을 학점으로 변환하여 '종합교육학습기록부'로 작성한다.

① ㄱ, ㄴ ② ㄱ, ㄷ ③ ㄴ, ㄷ ④ ㄷ, ㄹ

해설 ㄱ은 「학점인정 등에 관한 법률」 제8조(학력인정) 제1항과 같은 법 시행령 제13조(학력인정의 기준) 제1항에 따라 대학 졸업학력(학사 학위)은 140학점 이상, 전문대학 졸업학력(전문학사 학위)은 80학점 이상 이면 인정받을 수 있다. ㄷ은 법 제3조(학습과정의 평가인정) 제1항에 따라 교육부장관은 평생교육시설, 직업교육훈련기관 및 군(軍)의 교육·훈련시설 등(이하 "교육훈련기관"이라 한다)이 설치·운영하는 학습과정에 대하여 대통령령으로 정하는 바에 따라 평가인정을 할 수 있으며, 제7조(학점인정)에 따라 평가인정을 받은 학습과정을 마친 자에게 그에 상당하는 학점을 인정한다. ㄴ은 직업능력인증제(「국민 평생 직업능력 개발법」), ㄹ은 학습계좌제(「평생교육법」 제23조)에 해당한다.

05 우리나라의 학점은행제에 대한 설명으로 옳지 않은 것은? 06. 중등 임용

① 평생학습사회를 구현하기 위해 마련된 제도이다.
② 학위를 취득하려면 대학에서 최소 두 학기 이상의 과정을 이수해야 한다.
③ 대학 이외의 교육훈련기관에서도 평가인정 학습과목을 운영할 수 있다.
④ 기준 학점을 취득하면 전문학사 또는 학사 학위를 받을 수 있다.

해설 ②는 「학점인정 등에 관한 법률」 제8조(학력인정) 제1항과 같은 법 시행령 제13조(학력인정의 기준) 제1항에 따라 대학 졸업학력(학사 학위)은 140학점 이상, 전문대학 졸업학력(전문학사 학위)는 80학점 이상이면 인정받을 수 있으므로, 최소 4학기 이상의 과정을 이수해야 한다. ①은 법 제1조(목적)에 따르면 평생교육의 이념을 구현하고 개인의 자아실현과 국가사회의 발전에 이바지함을 목적으로 한다. ③은 제3조(학습과정의 평가인정) 제1항, ④는 제8조(학력인정) 제1항에 해당한다.

02 실전 예상문제

01 「학점인정 등에 관한 법률」 제3조 규정이다. (가)와 (나)에 알맞은 내용은?

> **제3조【학습과정의 평가인정】** (가)는/은 (나)으로 정하는 평생교육시설, 직업교육훈련기관 및 군(軍)의 교육·훈련시설 등(이하 "교육훈련기관"이라 한다)이 설치·운영하는 학습과정에 대하여 (나)으로 정하는 바에 따라 평가인정을 할 수 있다.

	(가)	(나)
①	대학의 장	교육부령
②	교육부장관	대통령령
③	교육부장관	교육부령
④	대학의 장	대통령령

해설 「학점인정 등에 관한 법률」 제3조(학습과정의 평가인정) 제1항이다. 학점은행제는 대학교육에 해당하는 학위를 수여하는 제도이므로, 교육부장관이 관할하며, 관련된 구체적 사항은 하위법인 대통령령, 즉 시행령으로 규정한다.

02 「학점인정 등에 관한 법률 시행령」에 따른 학력인정의 기준으로 옳은 것은?

① 전문대학 졸업학력은 60학점 이상이다.
② 대학 졸업학력은 140학점 이상이다.
③ 전문대학, 대학 모두 140학점 이상이다.
④ 「고등교육법 시행령」 제57조 제1항에 따라 수업연한이 3년인 전문대학의 경우는 110학점 이상이다.

해설 「학점인정 등에 관한 법률 시행령」 제13조(학력인정의 기준) 제1항에 따르면 대학 졸업학력은 140학점 이상, 전문대학 졸업학력은 80학점(단, 「고등교육법 시행령」 제57조 제1항에 따라 수업연한이 3년인 경우 120학점) 이상이다. 제1항에 따른 인정학점에는 교양과목 및 전공과목의 학점을 포함하되, 그 세부 기준과 그 밖에 학력인정에 관하여 필요한 사항은 교육부령으로 정한다.

정답 04 ② 05 ② / 01 ② 02 ②

03 독학에 의한 학위취득에 관한 법률(독학학위법)

⇨ 「독학에 의한 학위취득에 관한 법률 시행령」 일부 포함

관련 이론 • 제1장 교육의 이해 - 제3절 교육의 유형(형태) Ⅱ 평생교육

❶ 주요 내용 ※ 「독학에 의한 학위취득에 관한 법률 시행령」(대통령령)의 내용도 일부 포함하고 있음.

제1조 【목적】 이 법은 독학자(獨學者)에게 학사학위(學士學位) 취득의 기회를 줌으로써 평생교육의 이념을 구현하고 개인의 자아실현과 국가·사회의 발전에 이바지하는 것을 목적으로 한다.

제2조 【국가의 임무】 국가는 독학자가 학사학위(이하 "학위"라 한다)를 취득하는 데에 필요한 편의를 제공하여야 한다. 23. 지방직

제3조 【시험의 실시기관 등】 ① 교육부장관은 독학자에 대한 학위취득시험(이하 "시험"이라 한다)을 실시한다.

② 시험의 실시에 필요한 사항은 대통령령으로 정한다.

제4조 【응시자격】 ① 시험에 응시할 수 있는 사람은 고등학교 졸업이나 이와 같은 수준 이상의 학력(學力)이 있다고 인정된 사람이어야 한다. 23·22. 지방직

② 제5조 제1항에 따른 과정별 인정시험에 관한 응시자격은 대통령령으로 정한다.

제5조 【시험의 과정 및 과목】 ① 시험은 다음 각 호의 과정별 시험을 거쳐야 하며, 제4호의 학위취득 종합시험에 응시하려는 사람은 제1호부터 제3호까지의 각 과정별 시험을 모두 거쳐야 한다. 다만, 대통령령*으로 정하는 바에 따라 일정한 학력(學歷)이나 자격이 있는 사람에 대하여는 제1호부터 제3호까지의 각 과정별 인정시험 또는 시험과목의 전부 또는 일부를 면제할 수 있다. 18·15. 국가직, 23. 지방직, 23. 국가직 7급

1. 교양과정 인정시험
2. 전공기초과정 인정시험
3. 전공심화과정 인정시험
4. 학위취득 종합시험

② 제1항에 따른 과정별 시험과목은 교육부장관이 정한다.

③ 제1항에 따른 시험에 응시하는 사람은 교육부령으로 정하는 수수료를 내야 한다.

> **[시행령] 제2조 【평가영역】** 독학자에 대한 학위취득시험(이하 "시험"이라 한다)의 평가영역은 다음 각 호의 구분에 따른다.
> 1. 교양과정 인정시험: 대학의 교육과정을 마친 사람이 일반적으로 갖추어야 할 교양
> 2. 전공기초과정 인정시험: 각 전공영역의 학문을 연구하기 위하여 각 학문계열에서 공통적으로 필요한 지식과 기술
> 3. 전공심화과정 인정시험: 각 전공영역에 관하여 보다 심화된 전문적인 지식과 기술
> 4. 학위취득 종합시험: 시험의 최종 단계로서 학위를 취득한 사람이 일반적으로 갖추어야 할 소양 및 전문지식과 기술의 종합
>
> **제7조 【응시자격】** ① 과정별 인정시험에 대한 응시자격은 다음 각 호와 같다.
> 1. 교양과정 인정시험, 전공기초과정 인정시험 및 전공심화과정 인정시험에 응시할 수 있는 사람은 다음 각 목의 어느 하나에 해당하는 사람으로 한다.
>
> 가. 고등학교 졸업자
>
> 나. 「초·중등교육법 시행령」 제98조 제1항에 따라 상급학교의 입학에 있어 고등학교를 졸업한 사람과 같은 수준의 학력이 있다고 인정되는 사람
>
> 다. 「평생교육법」 제31조 제2항에 따라 지정된 학력이 인정되는 학교형태의 평생교육시설에서 고등학교 교과과정에 상응하는 교육과정을 마친 사람
>
> 라. 「보호소년 등의 처우에 관한 법률」 제29조에 따른 소년원학교에서 고등학교 교육과정을 마친 사람
>
> 4. 학위취득 종합시험에 응시할 수 있는 사람은 다음 각 목의 어느 하나에 해당하는 사람으로 하되, 나목부터 마목까지의 규정에 해당하는 사람은 취득하려는 학위분야와 전공분야가 같아야 한다.

가. 교양과정 인정시험, 전공기초과정 인정시험 및 전공심화과정 인정시험에 합격한 사람
나. 대학(「고등교육법」 제2조 제2호 · 제3호 및 제5호에 따른 학교와 다른 법령에 따라 설립된 대학을 포함한다) 및 이에 준하는 각종학교(학력인정학교로 지정된 학교만 해당한다)에서 3년 이상의 교육과정을 수료하였거나 105학점 이상을 취득한 사람
다. 수업연한이 3년인 전문대학을 졸업한 사람 또는 이와 같은 수준의 자격이 있다고 인정되는 사람
라. 「학점인정 등에 관한 법률」 제7조에 따라 105학점 이상을 인정받은 사람 18. 국가직
마. 외국에서 15년 이상의 학교교육 과정을 수료한 사람

제8조 【시험의 방법】 ① 교양과정 인정시험 및 전공기초과정 인정시험은 선택형에 서술적 단답형을 혼합하여 실시할 수 있다.
② 전공심화과정 인정시험 및 학위취득 종합시험은 선택형과 논문형을 혼합하여 실시한다.
③ 실험 · 실습 또는 실기가 필요한 과목에 대한 평가방법은 원장이 따로 정한다.

제9조 【시험과목 면제 대상】 ① 법 제5조 제1항 각 호 외의 부분 단서에 따라 각 과정별 인정시험(학위취득 종합시험은 제외한다) 또는 시험과목의 전부 또는 일부를 면제받을 수 있는 사람은 다음 각 호의 어느 하나에 해당하는 사람으로 한다. 23 · 12. 국가직 7급
1. 「국가기술자격법」에 따라 자격을 취득한 사람
2. 국가 또는 지방자치단체가 시행하는 시험 중 교육부령으로 정하는 시험에 합격한 사람
3. 교육부령으로 정하는 자격 또는 면허를 취득한 사람
4. 대학이 실시하는 공개강좌, 기능대학이 실시하는 기능장 양성과정, 정부출연연구기관 등이 실시하는 교육과정 및 기업체가 실시하는 연수과정 중 원장이 지정하는 강좌 또는 연수과정을 마친 사람
5. 그 밖에 수료한 교육과정 또는 인정받은 학점 등을 고려하여 교육부령으로 정하는 사람

② 제1항에 따라 면제되는 과정별 인정시험 또는 시험과목의 범위 및 면제 절차와 강좌 또는 과정의 지정 절차 등에 관하여 필요한 사항은 교육부령으로 정한다.

제12조 【시험의 합격결정】 ① 교양과정 인정시험, 전공기초과정 인정시험 및 전공심화과정 인정시험에서는 매 과목 100점을 만점으로 하여 전(全) 과목 60점 이상을 득점하면 합격으로 한다.
② 교양과정 인정시험, 전공기초과정 인정시험 및 전공심화과정 인정시험에서 60점 이상을 득점한 과목에 대해서는 해당 과정 인정시험에 한정하여 다음 회 이후의 시험에서 과목합격을 인정한다.
③ 학위취득 종합시험에서는 총점의 60퍼센트 이상을 득점하면 합격으로 한다. 다만, 교육부장관은 필요하다고 인정하는 경우에는 제1항 및 제2항에 따른 시험의 합격결정 방식을 병행할 수 있다.

제6조 【학위 수여 등】 ① 교육부장관은 「고등교육법」 제35조 제1항에도 불구하고 제5조 제1항 제4호에 따른 학위취득 종합시험에 합격한 사람에게는 학위를 수여한다. 23. 지방직
③ 제1항에 따른 학위 수여와 그 밖의 학사(學事) 관리에 필요한 사항은 대통령령으로 정한다.

제7조 【권한의 위임】 교육부장관은 대통령령*으로 정하는 바에 따라 시험 실시, 학사 관리, 그 밖에 독학에 의한 학위취득에 관한 업무를 그 소속 기관의 장이나 국립학교(전문대학과 고등학교 이하의 각급학교는 제외한다)의 장에게 위임할 수 있다.

[시행령] 제4조 【권한의 위탁】 ① 교육부장관은 「독학에 의한 학위취득에 관한 법률」(이하 "법"이라 한다) 제7조에 따라 법 제3조 제1항에 따른 시험 실시(법 제5조의2 제1항에 따른 부정행위자 등에 대한 조치에 관한 사항을 포함한다)에 관한 권한을 평생교육진흥원장(이하 "원장"이라 한다)에게 위탁한다. 18. 국가직
② 원장은 시험을 실시하기 위하여 필요하다고 인정할 때에는 교육부장관의 승인을 받아 시험 실시에 관한 사무의 일부를 특별시 · 광역시 · 도 또는 특별자치도 교육감에게 위탁할 수 있다.
③ 원장은 필요하다고 인정할 때에는 실험 · 실습 또는 실기과목 시험의 전부 또는 일부를 교육기관, 교육연구기관, 그 밖의 관계 기관 또는 단체에 위탁하여 실시할 수 있다.

03 주요 기출문제

01 다음 설명에 해당하는 우리나라의 평생교육 제도는? 23. 국가직 7급

- 학습자가 자기 주도적으로 공부한 정도가 학사학위를 취득할 수 있는 수준에 이르렀는지를 오직 시험만으로 평가해 국가가 학위를 수여하는 제도이다.
- 학위취득을 위해서 교양과정 인정시험, 전공기초과정 인정시험, 전공심화과정 인정시험, 학위취득 종합시험을 모두 거쳐야 한다.
- 7급 이상의 공무원 공개경쟁 채용시험 합격자, 국가기술자격 취득자, 공인회계사, 세무사, 관세사, 유치원·초중등학교 준교사 및 특수학교 교사 등과 같이 일정한 자격이나 면허를 취득한 자에게는 시험 일부를 면제할 수 있다.

① 검정고시 ② 독학학위제
③ 학점은행제 ④ 평생학습계좌제

해설 지문은 「독학에 의한 학위취득에 관한 법률」 제5조(시험의 과정 및 과목), 시행령 제9조(시험과목 면제 대상)에 관한 내용이다. 독학학위제는 고교 졸업자 중 국가가 시행하는 단계별 시험(1단계 교양과정 인정시험 ⇨ 2단계 전공기초과정 인정시험 ⇨ 3단계 전공심화과정 인정시험 ⇨ 4단계 학위취득 종합시험)에 합격하면 학사학위를 취득할 수 있는 제도를 말한다. 3단계 시험까지는 학점은행제와 상호 연계하여 활용할 수 있으나, 4단계는 반드시 통과해야 학위를 취득할 수 있다. ③은 「학점인정 등에 관한 법률」에 따라 학교 및 학교 밖에서 이루어지는 다양한 형태의 학습경험 및 자격을 학점으로 인정하고, 학점이 누적되어 일정한 기준(예 전문학사 80학점 이상, 학사 140학점)이 충족되면 학위취득도 가능하게 한 제도를 말하며, ④는 「평생교육법」(제23조)에 따라 성인들이 개별적으로 취득한 다양한 교육과 학습경험을 누적기록·관리하고 이를 객관적으로 인증하기 위한 제도를 말한다. 국민의 개인적 학습경험을 종합적으로 집중 관리하는 제도로, 국민의 평생교육을 촉진하고 인적자원의 개발·관리를 위하여 도입되었다.

02 우리나라의 독학자 학위취득시험 단계에서 [ ] 안에 들어갈 것은? 15. 국가직

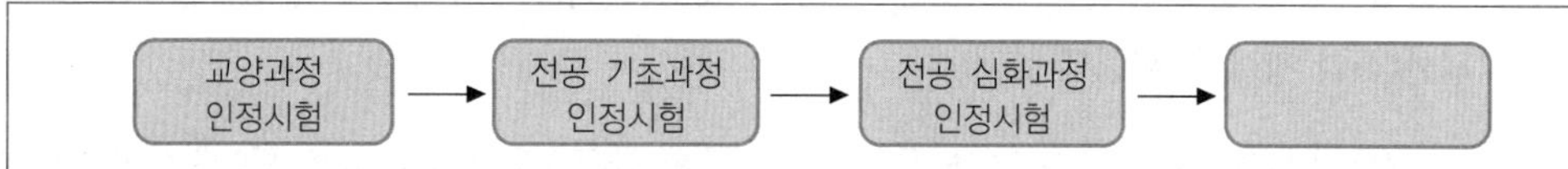

① 심층면접 ② 학위취득 종합시험
③ 실무능력 인정시험 ④ 독학능력 인정시험

해설 독학학위제는 고교 졸업자 중 국가가 시행하는 단계별 시험(예 1단계 교양과정 인정시험 ⇨ 2단계 전공 기초과정 인정시험 ⇨ 3단계 전공 심화과정 인정시험 ⇨ 4단계 학위취득 종합시험)에 합격하면 학사학위를 취득할 수 있는 제도이다 [제5조(시험의 과정 및 과목)].

03 독학학위제에 대한 설명으로 옳은 것만을 모두 고른 것은? 18. 국가직

> ㉠ 교양과정, 전공기초과정, 전공심화과정 등의 3개 인정시험을 통과하면, 학사학위를 수여하는 제도이다.
> ㉡ 학점은행제로 취득한 학점은 일정 조건을 갖추게 되면, 독학학위제의 시험 응시자격에 활용될 수 있다.
> ㉢ 특성화고등학교를 졸업한 사람은 독학학위제에 응시할 수 없다.
> ㉣ 교육부장관은 독학학위제의 시험 실시 권한을 평생교육진흥원장에게 위탁하고 있다.

① ㉠, ㉢ ② ㉠, ㉣ ③ ㉡, ㉢ ④ ㉡, ㉣

해설 독학학위제는 고교 졸업자 중 국가가 시행하는 단계별 시험에 합격하면 학사학위를 취득할 수 있는 제도로서, 평생교육진흥원에서 주관하며, 국어국문학, 영어영문학, 경영학, 법학, 행정학, 유아교육학, 컴퓨터과학, 가정학, 간호학 등 9개 전공영역의 학위를 취득할 수 있다. ㉡은 법 제5조(시험의 과정 및 과목) 제1항, 시행령 제7조(응시자격) 제1항 제4호, ㉣은 시행령 제4조(권한의 위탁) 제1항에 해당한다. ㉠[법 제5조(시험의 과정 및 과목) 제1항]의 경우, 학위취득을 위해서는 1단계 교양과정 인정시험, 2단계 전공기초과정 인정시험, 3단계 전공심화과정 인정시험, 4단계 학위취득 종합시험이라는 모두 4단계의 시험을 거쳐야 한다. ㉢[시행령 제7조(응시자격) 제1항 가호]은 고교졸업자이면 응시할 수 있다.

04 「독학에 의한 학위취득에 관한 법률」의 내용으로 옳지 않은 것은? 23. 지방직

① 국가는 독학자가 학사학위를 취득하는 데에 필요한 편의를 제공하여야 한다.
② 학위취득시험에 응시할 수 있는 사람은 고등학교 졸업이나 이와 같은 수준 이상의 학력이 있다고 인정된 사람이어야 한다.
③ 일정한 학력이나 자격이 있는 사람에 대하여는 학위취득 종합시험을 면제할 수 있다.
④ 교육부장관은 학위취득 종합시험에 합격한 사람에게는 학위를 수여한다.

해설 독학학위제는 고교 졸업자 중 국가가 시행하는 단계별 시험, 즉 1단계 교양과정 인정시험 ⇨ 2단계 전공 기초과정 인정시험 ⇨ 3단계 전공 심화과정 인정시험 ⇨ 4단계 학위취득 종합시험에 합격하면 학사학위를 취득할 수 있는 제도이다. 이 중 대통령령으로 정하는 바에 따라 일정한 학력(學歷)이나 자격이 있는 사람에 대하여는 제1단계부터 제3단계까지의 각 과정별 인정시험 또는 시험과목의 전부 또는 일부를 면제할 수 있으나, 4단계 학위취득 종합시험은 면제할 수 없다(「독학에 의한 학위취득에 관한 법률」 제5조(시험의 과정 및 과목) 제1항). ①은 제2조(국가의 임무), ②는 제4조(응시자격) 제1항, ④는 제6조(학위 수여 등) 제1항에 해당한다.

05 우리나라 평생교육제도에 대한 설명으로 옳은 것은? 12. 국가직 7급

① 학점은행제에서는 표준교육과정을 정하고 있지 않다.
② 독학학위제에서는 일정한 학습 수준을 보장할 수 있는 자격이나 학점을 취득한 경우 부분적으로 시험을 면제받을 수 있다.
③ 평생교육사 자격증은 평생교육 업무를 전문적으로 수행하는 데 필요한 자격이지만, 국가에서 부여하는 자격증은 아니다.
④ 우리나라 평생학습도시 운동은 중앙정부 수준에서 먼저 진행되었다.

정답 01 ② 02 ② 03 ④ 04 ③ 05 ②

해설 ②는 「독학에 의한 학위취득에 관한 법률 시행령」 제9조(시험과목 면제 대상) 제1항에 해당한다. 독학학위제는 학위취득을 위해서 1단계 교양과정 인정시험, 2단계 전공기초과정 인정시험, 3단계 전공심화과정 인정시험, 4단계 학위취득 종합시험이라는 모두 4단계의 시험을 거쳐야 한다. 이 중 4단계는 반드시 응시해야 하지만, 1단계~3단계 시험의 경우 자격요건에 따라 시험과목의 전부 또는 일부를 면제받을 수 있다. ①은 표준교육과정을 교육부령으로 정하고 있으며[「학점인정 등에 관한 법률 시행령」 제17조(표준교육과정)], ③은 국가(교육부장관)에서 부여하며[「평생교육법」 제24조(평생교육사) 제1항], ④는 1999년 경기도 광명시가 최초로 선언하였으며, 중앙정부 수준에서 진행된 것은 2001년부터이다.

03 실전 예상문제

01 「독학에 의한 학위취득에 관한 법률 시행령」에 따른 학위취득 종합시험에 응시할 수 있는 사람에 해당하지 않는 것은?

① 교양과정 인정시험, 전공기초과정 인정시험에 합격한 사람
② 대학(「고등교육법」 제2조 제2호·제3호 및 제5호에 따른 학교와 다른 법령에 따라 설립된 대학을 포함한다) 및 이에 준하는 각종학교(학력인정학교로 지정된 학교만 해당한다)에서 3년 이상의 교육과정을 수료하였거나 105학점 이상을 취득한 사람
③ 「학점인정 등에 관한 법률」 제7조에 따라 105학점 이상을 인정받은 사람
④ 외국에서 15년 이상의 학교교육 과정을 수료한 사람

해설 「독학에 의한 학위취득에 관한 법률 시행령」 제7조(응시자격) 제1항 제4호에 해당한다. 독학학위제는 학위취득을 위해서 1단계 교양과정 인정시험, 2단계 전공기초과정 인정시험, 3단계 전공심화과정 인정시험, 4단계 학위취득 종합시험이라는 모두 4단계의 시험을 거쳐야 하므로, ①은 '교양과정 인정시험, 전공기초과정 인정시험 및 전공심화과정 인정시험에 합격한 사람'으로 수정되어야 한다. 이 외에 '수업연한이 3년인 전문대학을 졸업한 사람 또는 이와 같은 수준의 자격이 있다고 인정되는 사람'도 응시할 수 있다.

02 우리나라 독학학위제에 대한 설명으로 옳지 않은 것은?

① 시험에 응시할 수 있는 사람은 고등학교 졸업이나 이와 같은 수준 이상의 학력(學力)이 있다고 인정된 사람이어야 한다.
② 시험 과정별 시험과목은 각 대학의 장이 정한다.
③ 전공심화과정 인정시험 및 학위취득 종합시험은 선택형과 논문형을 혼합하여 실시한다.
④ 학위취득 종합시험에서는 총점의 60퍼센트 이상을 득점하면 합격으로 한다.

해설 ②는 「독학에 의한 학위취득에 관한 법률」 제5조(시험의 과정 및 과목) 제2항으로 교육부장관이 정한다. ①은 법 제4조(응시자격) 제1항, ③은 법 제8조(시험의 방법) 제2항, ④는 시행령 제12조(시험의 합격결정) 제3항에 해당한다. 한편, ③에서 교양과정 인정시험 및 전공기초과정 인정시험은 선택형에 서술적 단답형을 혼합하여 실시할 수 있다. 또한 ④에서 교양과정 인정시험, 전공기초과정 인정시험 및 전공심화과정 인정시험에서는 매 과목 100점을 만점으로 하여 전(全) 과목 60점 이상을 득점하면 합격으로 한다.

정답 01 ① 02 ②

04 자격기본법

⇨ 「자격기본법 시행령」 일부 포함

관련 이론 ─ 제1장 교육의 이해 – 제3절 교육의 유형(형태) 1 평생교육

1 주요 내용 ※ 「자격기본법 시행령」(대통령령)의 내용도 일부 포함하고 있음.

제1장 총칙

제1조 【목적】 이 법은 자격에 관한 기본적인 사항을 정함으로써 자격제도의 관리·운영을 체계화하고 평생직업능력 개발을 촉진하여 국민의 사회경제적 지위를 높이고 능력중심사회의 구현에 이바지함을 목적으로 한다.

제2조 【정의】 이 법에서 사용하는 용어의 정의는 다음과 같다.

1. "자격"이란 직무수행에 필요한 지식·기술·소양 등의 습득정도가 일정한 기준과 절차에 따라 평가 또는 인정된 것을 말한다.
2. "국가직무능력표준(NCS)"이란 산업현장에서 직무를 수행하기 위하여 요구되는 지식·기술·소양 등의 내용을 국가가 산업부문별·수준별로 체계화한 것을 말한다. 11. 국가직 7급
3. "자격체제"란 국가직무능력표준을 바탕으로 학교교육·직업훈련(이하 "교육훈련"이라 한다) 및 자격이 상호 연계될 수 있도록 한 자격의 수준체계를 말한다.
4. "국가자격"이란 법령에 따라 국가가 신설하여 관리·운영하는 자격을 말한다.
5. "민간자격"이란 국가 외의 자가 신설하여 관리·운영하는 자격을 말한다.

5의2. "등록자격"이란 제17조 제2항에 따라 해당 주무부장관에게 등록한 민간자격 중 공인자격을 제외한 자격을 말한다.

5의3. "공인자격"이란 제19조 제1항에 따라 주무부장관이 공인한 민간자격을 말한다.

6. "국가자격관리자"란 해당 국가자격을 관리·운영하는 중앙행정기관의 장을 말한다.
7. "민간자격관리자"란 해당 민간자격을 관리·운영하는 자를 말한다.
8. "주무부장관"이란 소관 민간자격을 등록받거나 공인하고 이를 지도·감독하는 중앙행정기관의 장을 말한다.
9. "자격검정"이란 자격을 부여하기 위하여 필요한 직무수행능력을 평가하는 과정을 말한다.
10. "공인"이란 자격의 관리·운영 수준이 국가자격과 같거나 비슷한 민간자격을 이 법에서 정한 절차에 따라 국가가 인정하는 행위를 말한다.

제4조 【국가의 책무】 ① 국가는 국가직무능력표준을 수립하고 이에 따라 자격이 관리·운영되도록 필요한 시책을 수립·시행하기 위하여 노력하여야 한다.

② 국가는 자격체제를 구축하는데 필요한 시책을 수립·시행하기 위하여 노력하여야 한다.

③ 국가는 교육훈련·자격 및 산업현장의 연계를 위한 시책을 강구하여야 한다.

④ 국가는 자격의 관리 및 운영과정에서 산업계의 의견을 존중하고 그 참여를 보장하여야 한다.

⑤ 국가는 민간자격을 활성화하고 공신력을 높이기 위하여 필요한 시책을 강구하여야 한다.

⑥ 국가는 자격 간의 호환성 및 국제적 통용성의 확보에 필요한 시책을 수립·시행하여야 한다.

제2장 자격관리 · 운영체제

제5조 【국가직무능력표준】 ① 정부는 국제기준 및 산업기술의 변화 등을 고려하여 국가직무능력표준을 개발 · 개선하여야 한다.

② 국가직무능력표준에는 다음 각 호의 사항이 포함되어야 한다.

1. 직무의 범위 · 내용 · 수준
2. 직무수행에 필요한 지식 · 기술 · 소양 및 평가의 기준과 방법
3. 그 밖에 직무수행에 필요한 사항

③ 정부는 정부가 정하는 교육훈련과정, 국가자격의 검정 및 출제기준, 민간자격의 공인기준 등이 국가직무능력표준에 따라 마련되도록 노력하여야 한다.

④ 국가직무능력표준의 개발 · 개선 및 활용에 관한 세부적인 사항은 대통령령*으로 정한다.

> [시행령] **제3조 【국가직무능력표준의 개발 등】** ① 고용노동부장관은 법 제7조에 따른 자격관리 · 운영기본계획 및 연도별 시행계획에 자격이 반영되어 있으면 그 자격에 해당하는 업무에 대하여 국가직무능력표준을 개발하여야 한다.
>
> **제6조 【국가직무능력표준의 확정 및 고시 등】** ① 고용노동부장관은 제4조와 제5조에 따라 마련된 국가직무능력표준안과 국가직무능력표준 시안에 대하여 심의회의 심의를 거쳐 국가직무능력표준으로 확정 · 고시한다.
>
> **제7조 【국가직무능력표준의 개선 · 폐지 등】** ① 고용노동부장관은 국가직무능력표준을 개발 또는 개선한 날부터 5년마다 국제기준 및 산업기술의 변화에 부합하는지를 확인하여 그 국가직무능력표준을 개선 또는 폐지할 수 있다. 다만, 교육훈련과정 · 직업능력의 변동 등으로 국가직무능력표준의 개선 또는 폐지가 필요하다고 고용노동부장관이 인정하는 경우에는 5년이 지나지 아니하여도 개선 또는 폐지할 수 있다.

제6조 【자격체제】 ① 정부는 국가직무능력표준을 바탕으로 자격체제를 구축하고 이를 활용한다.

② 자격체제의 구축에 필요한 사항은 대통령령*으로 정한다.

04 주요 기출문제

01 **학습경험의 평가인증방안에 대한 설명으로 옳지 않은 것은?** 11. 국가직 7급

① 학점은행제는 학교 내・외에서 이루어지는 다양한 형태의 학습경험과 자격을 학점으로 인정하고 기준이 충족되면 학위취득이 가능한 제도이다.

② 독학학위제는 학습자의 자기주도적 학습 정도가 학사학위 취득의 수준에 도달하였는지를 평가하여 국가가 학위를 수여하는 제도이다.

③ 학습계좌제는 국민의 개인적 학습경험을 국가가 집중적으로 관리하는 제도로 평생교육과 인적자원 개발을 위한 제도이다.

④ 국가직무능력표준은 직무수행에 필요한 지식・기술・소양 등의 표준을 국가가 규정한 것으로 개인의 학력과 경력을 기초로 작성된다.

해설 국가직무능력표준(NCS ; National Competency Standards)은 산업현장에서 직무를 수행하기 위하여 요구되는 지식・기술・소양 등의 내용을 국가가 산업부문별・수준별로 체계화한 것을 말한다(「자격기본법」 제2조 제2항). 학력 중심의 사회를 극복하기 위한 제도적 노력으로, 「자격기본법」의 제정은 평생직업능력 개발을 촉진하여 국민의 사회경제적 지위를 높이고 능력중심사회의 구현에 이바지함을 목적으로 한다. 국가직무능력표준에 포함되어야 할 사항은 직무의 범위・내용・수준, 직무수행에 필요한 지식・기술・소양 및 평가의 기준과 방법, 그밖에 직무수행에 필요한 사항 등이다. 개인이 학습을 통해 획득된 능력을 외부로 표시하는 방법에는 학력을 나타내는 '학위'와 특정한 전문적 분야의 지식, 기술, 태도를 갖추었음을 나타내는 '자격'이 있는데, 학점은행제나 독학학위제, 학습계좌제는 전자에 해당하고, 국가직무능력표준은 후자에 해당한다.

04 실전 예상문제

01 **국가직무능력표준에 대한 설명으로 옳은 것은?**

① 직무수행에 필요한 지식・기술・소양 등의 습득정도가 일정한 기준과 절차에 따라 평가 또는 인정된 것을 말한다.

② 산업현장에서 직무를 수행하기 위하여 요구되는 지식・기술・소양 등의 내용을 국가가 산업부문별・수준별로 체계화한 것을 말한다.

③ 학교교육・직업훈련(이하 "교육훈련"이라 한다) 및 자격이 상호 연계될 수 있도록 한 자격의 수준체계를 말한다.

④ 법령에 따라 국가가 신설하여 관리・운영하는 자격을 말한다.

해설 「자격기본법」 제2조(정의)에 따르면 ①은 자격, ③은 자격체제, ④는 국가자격에 대한 설명이다.

정답 01 ④ / 01 ②

04 TOPIC 지방교육자치와 교육재정

01 지방교육자치에 관한 법률(교육자치법) ⇨ 「지방교육자치에 관한 법률 시행령」 일부 포함

관련 이론 ─ 제13장 교육행정 – 제3절 교육자치제

❶ 편성 체계

구분	내용
제1장 총칙(제1조~제3조)	• 목적 • 교육·학예사무의 관장 • 「지방자치법」과의 관계
제3장 교육감 (제18조~제35조)	• [제1절 지위와 권한 등] 교육감, 국가행정사무의 위임, 관장사무, 교육감의 임기, 선거, 겸직의 제한, 후보자의 자격, 교육감의 소환, 퇴직, 교육규칙의 제정, 사무의 위임·위탁, 직원의 임용 등, 시·도의화 등의 의결에 대한 제의와 제소, 교육감의 선결처분, 의안의 제출 등, 시·도의회의 교육·학예에 관한 사무의 지원 • [제2절 보조기관 및 소속교육기관] 보조기관, 교육감의 권한대행·직무대리, 교육기관의 설치, 공무원의 배치 • [제3절 하급교육행정기관] 하급교육행정기관의 설치 등, 교육장의 분장사무
제4장 교육재정 (제36조~제40조)	• 교육·학예에 관한 경비 • 의무교육경비 등 • 교육비특별회계 • 교육비의 보조 • 특별부과금의 부과·징수
제5장 지방교육에 관한 협의 (제41조~제42조)	• 지방교육행정협의회의 설치 • 교육감 협의체
제6장 교육감 선거 (제43조~제50조의2)	• 선출, 선거구선거관리, 선거구, 정당의 선거관여행위 금지 등, 공무원 등의 입후보, 투표용지의 후보자 게재순위 등 • 「공직선거법」의 준용, 「정치자금법」의 준용 • 교육감직인수위원회의 설치

❷ 주요 내용 ※ 「지방교육자치에 관한 법률 시행령」(대통령령)의 내용도 일부 포함하고 있음.

제1장 총칙

제1조 【목적】 이 법은 교육의 자주성 및 전문성과 지방교육의 특수성을 살리기 위하여 지방자치단체의 교육·과학·기술·체육 그 밖의 학예에 관한 사무를 관장하는 기관의 설치와 그 조직 및 운영 등에 관한 사항을 규정함으로써 지방교육의 발전에 이바지함을 목적으로 한다. 07. 영양교사

제2조 【교육·학예사무의 관장】 지방자치단체의 교육·과학·기술·체육 그 밖의 학예(이하 "교육·학예"라 한다)에 관한 사무는 특별시·광역시 및 도(이하 "시·도"라 한다)의 사무로 한다. 21. 지방직, 15. 국가직 7급

제3조 【「지방자치법」과의 관계】 지방자치단체의 교육·학예에 관한 사무를 관장하는 기관의 설치와 그 조직 및 운영 등에 관하여 이 법에서 규정한 사항을 제외하고는 그 성질에 반하지 아니하는 범위에서 「지방자치법」의 관련 규정을 준용한다.

제3장 교육감

제1절 지위와 권한 등

제18조 【교육감】 ① 시·도의 교육·학예에 관한 사무의 집행기관으로 시·도에 교육감을 둔다. 15. 국가직, 22·19. 지방직, 06. 중등

② 교육감은 교육·학예에 관한 소관 사무로 인한 소송이나 재산의 등기 등에 대하여 해당 시·도를 대표한다. 23. 국가직 7급

제19조 【국가행정사무의 위임】 국가행정사무 중 시·도에 위임하여 시행하는 사무로서 교육·학예에 관한 사무는 교육감에게 위임하여 행한다. 다만, 법령에 다른 규정이 있는 경우에는 그러하지 아니하다.

제20조 【관장사무】 교육감은 교육·학예에 관한 다음 각 호의 사항에 관한 사무를 관장한다. 24. 국가직 7급

1. 조례안의 작성 및 제출에 관한 사항 17. 국가직
2. 예산안의 편성 및 제출에 관한 사항
3. 결산서의 작성 및 제출에 관한 사항
4. 교육규칙의 제정에 관한 사항 17·09. 국가직, 22. 지방직, 14. 국가직 7급
5. 학교, 그 밖의 교육기관의 설치·이전 및 폐지에 관한 사항
6. 교육과정의 운영에 관한 사항
7. 과학·기술교육의 진흥에 관한 사항
8. 평생교육, 그 밖의 교육·학예진흥에 관한 사항
9. 학교체육·보건 및 학교환경정화에 관한 사항
10. 학생통학구역에 관한 사항 23. 국가직 7급
11. 교육·학예의 시설·설비 및 교구(教具)에 관한 사항
12. 재산의 취득·처분에 관한 사항
13. 특별부과금·사용료·수수료·분담금 및 가입금에 관한 사항
14. 기채(起債)·차입금 또는 예산 외의 의무부담에 관한 사항
15. 기금의 설치·운용에 관한 사항
16. 소속 국가공무원 및 지방공무원의 인사관리에 관한 사항
17. 그 밖에 해당 시·도의 교육·학예에 관한 사항과 위임된 사항

제21조 【교육감의 임기】 교육감의 임기는 4년으로 하며, 교육감의 계속 재임은 3기에 한정한다. 17·15·09. 국가직, 21·20. 지방직, 14. 국가직 7급, 08. 유초등

제23조 【겸직의 제한】 ① 교육감은 다음 각 호의 어느 하나에 해당하는 직을 겸할 수 없다.

1. 국회의원·지방의회의원

2. 「국가공무원법」 제2조에 규정된 국가공무원과 「지방공무원법」 제2조에 규정된 지방공무원 및 「사립학교법」 제2조의 규정에 따른 사립학교의 교원
3. 사립학교경영자 또는 사립학교를 설치·경영하는 법인의 임·직원

② 교육감이 당선 전부터 제1항의 겸직이 금지된 직을 가진 경우에는 임기개시일 전일에 그 직에서 당연 퇴직된다.

제24조 【교육감후보자의 자격】 ① 교육감후보자가 되려는 사람은 해당 시·도지사의 피선거권이 있는 사람으로서 후보자등록신청개시일부터 과거 1년 동안 정당의 당원이 아닌 사람이어야 한다. 23·14. 국가직 7급

② 교육감후보자가 되려는 사람은 후보자등록신청개시일을 기준으로 다음 각 호의 어느 하나에 해당하는 경력이 3년 이상 있거나 다음 각 호의 어느 하나에 해당하는 경력을 합한 경력이 3년 이상 있는 사람이어야 한다. 09. 국가직, 22. 지방직, 11. 국가직 7급, 06. 중등

1. 교육경력: 「유아교육법」 제2조 제2호에 따른 유치원, 「초·중등교육법」 제2조 및 「고등교육법」 제2조에 따른 학교(이와 동등한 학력이 인정되는 교육기관 또는 평생교육시설로서 다른 법률에 따라 설치된 교육기관 또는 평생교육시설을 포함한다)에서 교원으로 근무한 경력
2. 교육행정경력: 국가 또는 지방자치단체의 교육기관에서 국가공무원 또는 지방공무원으로 교육·학예에 관한 사무에 종사한 경력과 「교육공무원법」 제2조 제1항 제2호 또는 제3호에 따른 교육공무원으로 근무한 경력

제24조의2 【교육감의 소환】 ① 주민은 교육감을 소환할 권리를 가진다. 17. 국가직, 22. 지방직

제24조의3 【교육감의 퇴직】 교육감이 다음 각 호의 어느 하나에 해당된 때에는 그 직에서 퇴직된다.

1. 교육감이 제23조 제1항의 겸임할 수 없는 직에 취임한 때
2. 피선거권이 없게 된 때(지방자치단체의 구역이 변경되거나, 지방자치단체가 없어지거나 합쳐진 경우 외의 다른 사유로 교육감이 그 지방자치단체의 구역 밖으로 주민등록을 이전함으로써 피선거권이 없게 된 때를 포함한다)
3. 정당의 당원이 된 때
4. 제3조에서 준용하는 「지방자치법」 제110조에 따라 교육감의 직을 상실할 때

제25조 【교육규칙의 제정】 ① 교육감은 법령 또는 조례의 범위 안에서 그 권한에 속하는 사무에 관하여 교육규칙을 제정할 수 있다. 17·09. 국가직, 22. 지방직, 15·14. 국가직 7급

② 교육감은 대통령령으로 정하는 절차와 방식에 따라 교육규칙을 공포하여야 하며, 교육규칙은 특별한 규정이 없으면 공포한 날부터 20일이 지남으로써 효력이 발생한다.

제26조 【사무의 위임·위탁 등】 ① 교육감은 조례 또는 교육규칙으로 정하는 바에 따라 그 권한에 속하는 사무의 일부를 보조기관, 소속교육기관 또는 하급교육행정기관에 위임할 수 있다.

제27조 【직원의 임용 등】 교육감은 소속 공무원을 지휘·감독하고 법령과 조례·교육규칙으로 정하는 바에 따라 그 임용·교육훈련·복무·징계 등에 관한 사항을 처리한다.

제28조 【시·도의회 등의 의결에 대한 재의와 제소】 ① 교육감은 교육·학예에 관한 시·도의회의 의결이 법령에 위반되거나 공익을 현저히 저해한다고 판단될 때에는 그 의결사항을 이송받은 날부터 20일 이내에 이유를 붙여 재의를 요구할 수 있다. 교육감이 교육부장관으로부터 재의요구를 하도록 요청받은 경우에는 시·도의회에 재의를 요구하여야 한다.

② 제1항의 규정에 따른 재의요구가 있을 때에는 재의요구를 받은 시·도의회는 재의에 붙이고 시·도의회 재적의원 과반수의 출석과 시·도의회 출석의원 3분의 2이상의 찬성으로 전과 같은 의결을 하면 그 의결사항은 확정된다.

③ 제2항의 규정에 따라 재의결된 사항이 법령에 위반된다고 판단될 때에는 교육감은 재의결된 날부터 20일 이내에 대법원에 제소할 수 있다.

④ 교육부장관은 재의결된 사항이 법령에 위반된다고 판단됨에도 해당교육감이 소를 제기하지 않은 때에는 해당교육감에게 제소를 지시하거나 직접 제소할 수 있다.

⑤ 제4항의 규정에 따른 제소의 지시는 제3항의 기간이 지난 날부터 7일 이내에 하고, 해당교육감은 제소 지시를 받은 날부터 7일 이내에 제소하여야 한다.

⑥ 교육부장관은 제5항의 기간이 지난 날부터 7일 이내에 직접 제소할 수 있다.

⑦ 제3항 및 제4항의 규정에 따라 재의결된 사항을 대법원에 제소한 경우 제소를 한 교육부장관 또는 교육감은 그 의결의 집행을 정지하게 하는 집행정지결정을 신청할 수 있다.

제29조 【교육감의 선결처분】 ① 교육감은 소관 사무 중 시·도의회의 의결이 필요한 사항에 대하여 다음 각 호의 어느 하나에 해당하는 경우에는 선결처분을 할 수 있다. 23. 국가직 7급

1. 시·도의회가 성립되지 아니한 때(시·도의회의원의 구속 등의 사유로 「지방자치법」 제73조의 규정에 따른 의결정족수에 미달하게 된 때를 말한다)
2. 학생의 안전과 교육기관 등의 재산보호를 위하여 긴급하게 필요한 사항*으로서 시·도의회가 소집될 시간적 여유가 없거나 시·도의회에서 의결이 지체되어 의결되지 아니한 때

② 제1항의 규정에 따른 선결처분은 지체 없이 시·도의회에 보고하여 승인을 얻어야 한다.

③ 시·도의회에서 제2항의 승인을 얻지 못한 때에는 그 선결처분은 그때부터 효력을 상실한다.

④ 교육감은 제2항 및 제3항에 관한 사항을 지체 없이 공고하여야 한다.

[시행령] 제4조 【선결처분】 법 제29조 제1항 제2호에서 "학생의 안전과 교육기관 등의 재산보호를 위하여 긴급하게 필요한 사항"이란 다음 각 호의 어느 하나에 해당하는 사항을 말한다.

1. 천재지변이나 대형화재로 인한 피해의 복구 및 구호
2. 그 밖에 긴급하게 조치하지 아니하면 학생의 안전과 교육기관 등의 재산에 중대한 피해가 발생할 우려가 있는 사항

제29조의2 【의안의 제출 등】 ① 교육감은 교육·학예에 관한 의안 중 다음 각 호의 어느 하나에 해당하는 의안을 시·도의회에 제출하고자 할 때에는 미리 시·도지사와 협의하여야 한다.

1. 주민의 재정적 부담이나 의무부과에 관한 조례안
2. 지방자치단체의 일반회계와 관련되는 사항

제29조의3 【시·도의회의 교육·학예에 관한 사무의 지원】 ① 시·도의회의 교육·학예에 관한 사무를 처리하기 위하여 조례로 정하는 바에 따라 시·도의회의 사무처에 지원조직과 사무직원을 둔다.

② 제1항에 따라 두는 사무직원은 지방공무원으로 보한다.

③ 제1항에 따라 두는 사무직원은 시·도의회의장의 추천에 따라 교육감이 임명한다.

제2절 보조기관 및 소속교육기관

제30조 【보조기관】 ① 교육감 소속하에 국가공무원으로 보하는 부교육감 1인(인구 800만 명 이상이고 학생 150만 명 이상인 시·도는 2인)을 두되, 대통령령으로 정하는 바에 따라 「국가공무원법」 제2조의2의 규정에 따른 고위공무원단에 속하는 일반직공무원 또는 장학관으로 보한다. 20. 국가직 7급

② 부교육감은 해당 시・도의 교육감이 추천한 사람을 교육부장관의 제청으로 국무총리를 거쳐 대통령이 임명한다. 15. 국가직, 21. 지방직

③ 부교육감은 교육감을 보좌하여 사무를 처리한다.

④ 제1항의 규정에 따라 부교육감 2인을 두는 경우에 그 사무 분장에 관한 사항은 대통령령으로 정한다. 이 경우 그중 1인으로 하여금 특정 지역의 사무를 담당하게 할 수 있다.

⑤ 교육감 소속하에 보조기관을 두되, 그 설치・운영 등에 관하여 필요한 사항은 대통령령으로 정한 범위 안에서 조례로 정한다.

⑥ 교육감은 제5항의 규정에 따른 보조기관의 설치・운영에 있어서 합리화를 도모하고 다른 시・도와의 균형을 유지하여야 한다.

제32조 【교육기관의 설치】 교육감은 그 소관 사무의 범위 안에서 필요한 때에는 대통령령 또는 조례로 정하는 바에 따라 교육기관을 설치할 수 있다.

제3절 하급교육행정기관

제34조 【하급교육행정기관의 설치 등】 ① 시・도의 교육・학예에 관한 사무를 분장하기 위하여 1개 또는 2개 이상의 시・군 및 자치구를 관할구역으로 하는 하급교육행정기관으로서 교육지원청을 둔다. 20. 국가직 7급

② 교육지원청의 관할구역과 명칭은 대통령령으로 정한다.

③ 교육지원청에 교육장을 두되 장학관으로 보하고, 그 임용에 관하여 필요한 사항은 대통령령으로 정한다. 15. 국가직

④ 교육지원청의 조직과 운영 등에 관하여 필요한 사항은 대통령령으로 정한다.

제35조 【교육장의 분장 사무】 교육장은 시・도의 교육・학예에 관한 사무 중 다음 각 호의 사무를 위임받아 분장한다.

1. 공・사립의 유치원・초등학교・중학교・고등공민학교 및 이에 준하는 각종학교의 운영・관리에 관한 지도・감독
2. 그 밖에 조례로 정하는 사무

제4장 교육재정

제36조 【교육・학예에 관한 경비】 교육・학예에 관한 경비는 다음 각 호의 재원(財源)으로 충당한다. 22. 지방직, 11. 유초등

1. 교육에 관한 특별부과금・수수료 및 사용료
2. 지방교육재정교부금
3. 해당지방자치단체의 일반회계로부터의 전입금
4. 유아교육지원특별회계에 따른 전입금
5. 제1호부터 제4호까지 외의 수입으로서 교육・학예에 속하는 수입

제37조 【의무교육경비 등】 ① 의무교육에 종사하는 교원의 보수와 그 밖의 의무교육에 관련되는 경비는 「지방교육재정교부금법」에서 정하는 바에 따라 국가 및 지방자치단체가 부담한다. 24・22. 국가직 7급

② 제1항의 규정에 따른 의무교육 외의 교육에 관련되는 경비는 「지방교육재정교부금법」에서 정하는 바에 따라 국가・지방자치단체 및 학부모 등이 부담한다.

제38조 【교육비특별회계】 시・도의 교육・학예에 관한 경비를 따로 경리하기 위하여 해당지방자치단체에 교육비특별회계를 둔다. 19. 지방직, 24・15. 국가직 7급

제39조 【교육비의 보조】 ① 국가는 예산의 범위 안에서 시·도의 교육비를 보조한다.
② 국가의 교육비보조에 관한 사무는 교육부장관이 관장한다.

제40조 【특별부과금의 부과·징수】 ① 제36조의 규정에 따른 특별부과금은 특별한 재정수요가 있는 때에 조례로 정하는 바에 따라 부과·징수한다.
② 제1항의 규정에 따른 특별부과금은 특별부과가 필요한 경비의 총액을 초과하여 부과할 수 없다.

제5장 지방교육에 관한 협의

제41조 【지방교육행정협의회의 설치】 ① 지방자치단체의 교육·학예에 관한 사무를 효율적으로 처리하기 위하여 지방교육행정협의회를 둔다. 19. 지방직
② 제1항의 규정에 따른 지방교육행정협의회의 구성·운영에 관하여 필요한 사항은 교육감과 시·도지사가 협의하여 조례로 정한다.

제42조 【교육감 협의체】 ① 교육감은 상호 간의 교류와 협력을 증진하고, 공동의 문제를 협의하기 위하여 전국적인 협의체를 설립할 수 있다.
② 제1항의 규정에 따른 협의체를 설립한 때에는 해당협의체의 대표자는 이를 지체 없이 교육부장관에게 신고하여야 한다.
③ 제1항의 규정에 따른 협의체는 지방교육자치에 직접적 영향을 미치는 법령 등에 관하여 교육부장관을 거쳐 정부에 의견을 제출할 수 있으며, 교육부장관은 제출된 의견을 관계 중앙행정기관의 장에게 통보하여야 한다.
④ 교육부장관은 제3항에 따라 제출된 의견에 대한 검토 결과 타당성이 없다고 인정하면 구체적인 사유 및 내용을 명시하여 협의체에 통보하여야 하며, 타당하다고 인정하면 관계 법령 등에 그 내용이 반영될 수 있도록 적극 협력하여야 한다.
⑤ 관계 중앙행정기관의 장은 제3항에 따라 통보받은 내용에 대하여 통보를 받은 날부터 2개월 이내에 타당성을 검토하여 교육부장관에게 그 결과를 통보하여야 하고, 교육부장관은 통보받은 검토 결과를 협의체에 지체 없이 통보하여야 한다.

제6장 교육감선거

제43조 【선출】 교육감은 주민의 보통·평등·직접·비밀선거에 따라 선출한다. 09. 국가직, 11. 유초등

제45조 【선거구】 교육감은 시·도를 단위로 하여 선출한다.

제46조 【정당의 선거관여행위 금지 등】 ① 정당은 교육감선거에 후보자를 추천할 수 없다. 20·19. 지방직, 15. 국가직 7급
③ 후보자는 특정 정당을 지지·반대하거나 특정 정당으로부터 지지·추천받고 있음을 표방(당원경력의 표시를 포함한다)하여서는 아니 된다.

제47조 【공무원 등의 입후보】 ① 「공직선거법」 제53조 제1항 각 호의 어느 하나에 해당하는 사람 중 후보자가 되려는 사람은 선거일 전 90일(제49조 제1항에서 준용되는 「공직선거법」 제35조 제4항의 보궐선거등의 경우에는 후보자등록신청 전을 말한다)까지 그 직을 그만두어야 한다. 다만, 교육감선거에서 해당 지방자치단체의 교육감이 그 직을 가지고 입후보하는 경우에는 그러하지 아니하다.

01 주요 기출문제

01 〈보기〉의 내용이 설명하는 제도는? 07. 영양교사 임용 응용

보기
- 17개 시·도의 광역단위로 실시되고 있다.
- 궁극적인 목적은 지방교육의 발전에 있다.
- 교육의 자주성 및 전문성과 지방교육의 특수성을 살리기 위한 제도이다.

① 지방교육자치제도 ② 학교운영위원회제도
③ 학교단위 예산제도 ④ 학교단위 책임경영제도

해설 「지방교육자치에 관한 법률」 제1조(목적)에 따르면 지방교육자치제도는 교육의 자주성 및 전문성과 지방교육의 특수성을 살리기 위하여 지방자치단체의 교육·과학·기술·체육 그 밖의 학예에 관한 사무를 관장하는 기관의 설치와 그 조직 및 운영 등에 관한 사항을 규정함으로써 지방교육의 발전에 이바지함을 목적으로 한다. ④ 학교단위 책임경영제(SBM)는 학교경영의 분권화를 통한 단위학교의 자율적 경영체제를 구축하여 학교의 효율성을 증대하는 것으로, 그 실천방안으로 학교회계제도, 학교운영위원회, 공모교장제 및 초빙교사제, 학교정보 공시제 등이 있다.

02 지방교육자치제의 기본원리 가운데 「헌법」 제31조 제4항에 규정된 내용이 아닌 것은? 14. 지방직

① 지방분권 ② 자주성
② 정치적 중립성 ④ 전문성

해설 교육은 일반행정과는 다른 특수성이 있으므로 「헌법」에서 특별히 교육의 자주성, 전문성, 중립성의 원리를 규정하고 있다. 「헌법」 제31조 제4항은 "교육의 자주성·전문성·정치적 중립성 및 대학의 자율성은 법률이 정하는 바에 의하여 보장된다."는 내용이다.

TIP 지방교육자치제의 기본 원리

지방분권의 원리(단체자치의 원리)	중앙의 획일적 통제를 지양하고 각 지역사회의 실정에 맞고 다양한 요구에 부합하는 교육행정을 실시하려는 것으로, 교육의 특수성 제고, 자율·자치 함양, 교육에 대한 개성화 추구 등을 목적으로 한다. ⇨ 「지방교육자치에 관한 법률」 제1조(목적)
민중통제의 원리(주민자치의 원리)	민중(주민)에 의해 스스로 운영되어야 한다는 것으로, 지역 민중이 그들의 대표를 통하여 교육정책을 심의·의결하는 것을 의미한다. 대의민주정치 이념과 상통하는 원리로, 교육행정의 민주화를 위한 필수적인 조건이다. ⇨ 「지방교육자치에 관한 법률」 제43조(선출) "교육감은 주민의 보통·평등·직접·비밀선거에 따라 선출한다."
자주성의 원리	교육행정을 일반행정으로부터 분리·독립하여 운영한다는 것으로, 교육의 자주성·전문성·중립성을 보장하려는 원리이다. 교육행정 기구, 인사, 재정, 장학 등을 일반행정과 분리하여 자주적으로 운영한다는 것이다.
전문적 관리의 원리(전문성의 원리)	전문적 지도 역량을 가진 사람들에 의해 교육행정을 운영하여야 한다. ⇨ 「지방교육자치에 관한 법률」 제24조(교육감후보자의 자격) 제2항 "교육감후보자가 되려는 사람은 후보자등록신청개시일을 기준으로 교육경력 또는 교육행정경력이 3년 이상 있거나 두 경력을 합한 경력이 3년 이상 있는 사람이어야 한다".

03 **현행 법령에 따르면, 교육감 후보자의 자격은 교육경력 또는 교육행정경력이 3년 이상이거나 두 경력을 합하여 3년 이상인 자로 제한되어 있다. 이와 가장 관련이 깊은 교육자치의 원리는?**

11. 국가직 7급 응용

① 지방분권의 원리
② 자주성 존중의 원리
③ 민중통제의 원리
④ 전문적 관리의 원리

해설 교육자치제의 기본원리는 지방분권, 민중통제(주민자치), 교육행정의 분리 · 독립, 전문적 관리의 원리이다. 이 중 전문적 관리의 원리(= 전문성의 원리)는 전문적 지도 역량을 가진 사람들에 의해 교육행정을 운영하여야 한다는 원리를 말한다. 이는 「지방교육자치에 관한 법률」 제24조(교육감후보자의 자격) 제2항에 "교육감후보자가 되려는 사람은 후보자 등록신청개시일을 기준으로 교육경력 또는 교육행정경력이 3년 이상 있거나 두 경력을 합한 경력이 3년 이상 있는 사람이어야 한다".는 규정에 잘 나타나 있다.

04 **우리나라 지방교육자치제도에 대한 설명으로 옳지 않은 것은?** 19. 지방직

① 시 · 도의 교육 · 학예에 관한 경비를 따로 경리하기 위하여 당해 지방자치단체에 교육비특별회계를 둔다.
② 정당은 교육감선거에 후보자를 추천할 수 없다.
③ 지방자치단체의 교육 · 학예에 관한 사무를 효율적으로 처리하기 위하여 지방교육행정협의회를 둔다.
④ 시 · 도의 교육 · 학예에 관한 사무의 심의기관으로 교육감을 둔다.

해설 우리나라의 경우 교육위원회는 위임형 심사 · 의결기구이고, 교육감은 독임제 집행기관이다. 교육감은 시 · 도의 교육 · 학예에 관한 사무의 집행기관이다[「지방교육자치에 관한 법률」 제18조(교육감) 제1항]. ①은 제38조(교육비 특별회계), ②는 제46조(정당의 선거관여행위 금지 등) 제1항, ③은 제41조(지방교육행정협의회의 설치)에 해당한다.

05 **현행 지방교육자치제도의 특징을 기술한 내용으로 적절한 것은?** 06. 중등임용

① 합의제 집행기관으로 교육위원회를 두고 있다.
② 학교자치 차원에서 단위학교 교무회의를 법제화하고 있다.
③ 지방자치와는 달리 시 · 도 수준의 광역(廣域) 단위에서만 시행하고 있다.
④ 교육감 선거에서는 입후보자의 자격 제한을 두지 않는다.

해설 「지방교육자치에 관한 법률」 제2조(교육 · 학예사무의 관장)에 따르면, 일반자치가 시 · 군 · 구의 사무를 관장하는 기초자치까지 시행되는 것과는 달리 지방교육자치는 기초자치는 시행하지 않고 특별시 · 광역시 및 도의 교육 · 과학 · 기술 · 체육 그 밖의 학예(이하 "교육 · 학예"라 한다) 사무를 관장하는 광역자치로 시행한다. ①[제18조(교육감) 제1항]은 교육감이 시 · 도의 교육 · 학예에 관한 사무의 (독임제) 집행기관에 해당한다. 교육위원회는 시 · 도의회 내에 상임위원회로 설치하는 위임형 심사 · 의결기구에 해당한다. ②는 교무회의는 아직 법제화되어 있지 않다. ④[제24조(교육감후보자의 자격)]는 교육감후보자가 되려는 사람은 해당 시 · 도지사의 피선거권이 있는 사람으로서 후보자등록신청개시일부터 과거 1년 동안 정당의 당원이 아닌 사람이어야 하며(제1항), 교육감후보자가 되려는 사람은 후보자등록 신청 개시일을 기준으로 교육경력이 3년 이상 있거나 교육행정경력을 합한 경력이 3년 이상 있는 사람이어야 한다(제2항).

정답 01 ① 02 ① 03 ④ 04 ④ 05 ③

06 지방교육자치제도에 대한 설명으로 옳은 것은?

14. 국가직 7급

① 교육위원회는 시・도의회와는 독립하여 구성한다.
② 교육감의 임기는 4년이고 계속 재임은 2기에 한정한다.
③ 교육감은 집행기관으로서 교육규칙 제정권을 갖고 있지 않다.
④ 교육감 후보자가 되려는 사람은 당해 시・도지사의 피선거권이 있는 사람으로서 후보자 등록신청 개시일로부터 과거 1년 동안 정당의 당원이 아닌 사람이어야 한다.

해설 ④는 「지방교육자치에 관한 법률」 제24조(교육감 후보자의 자격) 제1항의 규정이다. ①은 시・도의회 내에 상임위원회로 설치한다. ②[법 제21조(교육감의 임기)]는 임기는 4년이고 계속 재임은 3기에 한정한다. ③[제25조(교육규칙의 제정) 제1항]은 교육규칙 제정권을 갖고 있다. 즉, 교육감은 법령 또는 조례의 범위 안에서 그 권한에 속하는 사무에 관하여 교육규칙을 제정할 수 있다.

TIP 교육감의 권한 – 「지방교육자치에 관한 법률」

사무집행권(제18조 제1항)	시・도의 교육 및 학예(학문과 예능)에 관한 모든 사무를 관장・집행한다.
대표권(제18조 제2항)	교육・학예에 관하여 당해 지방자치단체를 대표한다.
교육규칙 제정권(제25조)	법령 또는 조례의 범위 안에서 그 권한에 속하는 사무에 관하여 교육규칙을 제정・공포할 수 있다.
지휘・감독권(제27조)	소속 공무원을 지휘・감독하고 법령과 조례・교육규칙으로 정하는 바에 따라 그 임용・교육훈련・복무・징계 등에 관한 사항을 처리한다.
재의요구권(제28조 제1항)	교육・학예에 관한 시・도의회의 의결이 법령에 위반되거나 공익을 현저히 저해한다고 판단될 때에는 그 의결사항을 이송받은 날부터 20일 이내에 이유를 붙여 재의를 요구할 수 있다. ⇨ 시・도의회 재적의원 과반수의 출석과 시・도의회 출석의원 3분의 2 이상의 찬성으로 재의결 사항 확정
제소권(제28조 제3항)	시・도의회에서 재의결된 사항이 법령에 위반된다고 판단될 때에는 교육감은 재의결된 날부터 20일 이내에 대법원에 제소할 수 있다.
선결처분권(제29조)	소관 사무 중 시・도의회의 의결이 필요한 사항에 대하여 시・도의회가 성립되지 아니한 때 또는 학생의 안전과 교육기관 등의 재산보호를 위하여 긴급하게 필요한 사항으로서 시・도의회가 소집될 시간적 여유가 없거나 시・도의회에서 의결이 지체되어 의결되지 아니한 때에는 선결처분을 할 수 있다. ⇨ 선결처분은 지체 없이 시・도의회에 보고하여 승인을 얻어야 한다.

07 지방교육자치에 관한 법령상 교육감에 대한 설명으로 옳은 것만을 모두 고른 것은?

17. 국가직

㉠ 교육규칙의 제정에 관한 사항은 교육감의 관장사무에 해당한다.
㉡ 주민은 교육감을 소환할 권리를 가진다.
㉢ 시・도의회에 제출할 교육・학예에 관한 조례안과 관련하여 심의・의결할 권한을 가진다.
㉣ 교육감의 임기는 4년으로 하며, 교육감의 계속 재임은 3기에 한정한다.

① ㉠, ㉡
② ㉢, ㉣
③ ㉠, ㉡, ㉣
④ ㉠, ㉡, ㉢, ㉣

해설 시・도의회에 제출할 교육・학예에 관한 조례안과 관련하여 심의・의결할 권한은 시・도 의회에 있다[「지방자치법」 제28조(조례)]. ㉠은 「지방교육자치에 관한 법률」 제25조(교육규칙의 제정), ㉡은 제24조의2(교육감의 소환) 제1항, ㉣은 제21조(교육감의 임기)에 해당한다.

08 지방교육자치에 관한 법률상 교육감에 대한 설명으로 옳지 않은 것은? 22. 지방직

① 시·도의 교육·학예에 관한 사무의 집행기관이다.
② 교육·학예에 관한 교육규칙의 제정에 관한 사항을 관장한다.
③ 교육감후보자가 되려면 교육경력과 교육행정경력을 각각 최소 1년 이상 갖추어야 한다.
④ 주민은 교육감을 소환할 권리를 가진다.

해설 교육감후보자가 되려는 사람은 후보자등록 신청 개시일을 기준으로 교육경력이 3년 이상 있거나 교육행정경력을 합한 경력이 3년 이상 있는 사람이어야 한다(「지방교육자치에 관한 법률」 제24조(교육감후보자의 자격) 제2항). ①은 제18조(교육감) 제1항, ②는 제20조(관장사무), ④는 제24조의2(교육감의 소환) 제1항에 해당한다.

09 각 시·도의 교육·학예에 관한 사무를 집행하는 장(長)인 교육감에 관한 설명으로 옳은 것은? 09. 국가직

① 학교운영위원들이 선출한다.
② 10년 이상의 교육경력과 교육행정 경력이 있어야 한다.
③ 교육규칙을 제정할 수 없다.
④ 임기는 4년이며 계속 재임은 3기에 한정한다.

해설 「지방교육자치에 관한 법률」 제21조에 따르면 교육감의 임기는 4년으로 하며, 교육감의 계속 재임은 3기에 한정한다. 교육감은 ①[「지방교육자치에 관한 법률」 제43조(선출)]은 해당 지역 주민의 보통·평등·직접·비밀선거에 따라 선출하며, ②[제24조(교육감후보자의 자격) 제2항]는 3년 이상의 교육경력 또는 교육행정경력(또는 양경력 합한 경력)이 있어야 하고, ③[제25조(교육규칙의 제정)]은 교육규칙을 제정·공포할 수 있다.

10 「지방교육자치에 관한 법률」상 교육감과 관련된 규정으로 옳지 않은 것은? 23. 국가직 7급

① 교육감은 학생통학구역에 관한 사항을 담당 지역 교육장이 그 사무를 관장하도록 권한을 위임하여야 한다.
② 교육감은 교육과 학예에 관한 소관 사무로 인한 소송이나 재산의 등기에 대하여 해당 시·도를 대표한다.
③ 교육감은 소관 사무 중 시·도의회의 의결이 필요한 사항에 대하여 학생의 안전과 교육기관 등의 재산 보호를 위하여 긴급하게 필요한 사항으로서 시·도의회에서 의결이 지체되어 의결되지 아니한 때에는 선결처분을 할 수 있다.
④ 교육감 후보자가 되려는 자는 해당 시·도지사의 피선거권이 있는 사람으로서 후보자등록신청개시일로부터 과거 1년 동안 정당의 당원이 아닌 사람이어야 한다.

해설 학생통학구역에 관한 사항은 교육감의 관장사무에 해당한다[「지방교육자치에 관한 법률」 제20조(관장사무) 제10호]. ②는 제18조(교육감) 제2항, ③은 제29조(교육감의 선결처분) 제1항 제2호, ④는 제24조(교육감후보자의 자격) 제1호에 해당한다.

정답 06 ④ 07 ③ 08 ③ 09 ④ 10 ①

11 **「지방교육자치에 관한 법률」상 교육감의 교육 · 학예에 관한 관장사무에 해당하지 않는 것은?**

24. 국가직 7급

① 학교, 그 밖의 교육기관의 설치 · 이전 및 폐지에 관한 사항
② 과학 · 기술교육의 진흥에 관한 사항
③ 평생교육, 그 밖의 교육 · 학예진흥에 관한 사항
④ 대학 등 고등교육의 진흥에 관한 사항

해설 「지방교육자치에 관한 법률」 제20조(관장사무)에 따르면 ①(제5호), ②(제7호), ③(제8호)은 교육 · 학예에 관한 교육감의 관장사무에 해당한다. ④는 「고등교육법」 제5조에 따르면 교육부장관의 관장 사무에 해당한다.

TIP **교육감의 관장사무 – 「지방교육자치에 관한 법률」 제20조**

1. 조례안의 작성 및 제출에 관한 사항
2. 예산안의 편성 및 제출에 관한 사항
3. 결산서의 작성 및 제출에 관한 사항
4. 교육규칙의 제정에 관한 사항
5. 학교, 그 밖의 교육기관의 설치 · 이전 및 폐지에 관한 사항
6. 교육과정의 운영에 관한 사항
7. 과학 · 기술교육의 진흥에 관한 사항
8. 평생교육, 그 밖의 교육 · 학예진흥에 관한 사항
9. 학교체육 · 보건 및 학교환경정화에 관한 사항
10. 학생통학구역에 관한 사항
11. 교육 · 학예의 시설 · 설비 및 교구(敎具)에 관한 사항
12. 재산의 취득 · 처분에 관한 사항
13. 특별부과금 · 사용료 · 수수료 · 분담금 및 가입금에 관한 사항
14. 기채(起債) · 차입금 또는 예산 외의 의무부담에 관한 사항
15. 기금의 설치 · 운용에 관한 사항
16. 소속 국가공무원 및 지방공무원의 인사관리에 관한 사항
17. 그 밖에 해당 시 · 도의 교육 · 학예에 관한 사항과 위임된 사항

12 **우리나라의 지방교육자치제에 대한 설명으로 옳지 않은 것은?**

15. 국가직 응용

① 교육지원청에 교육장을 두되 장학관으로 보한다.
② 교육감은 시 · 도의 교육 · 학예에 관한 사무의 집행기관이다.
③ 교육감의 임기는 4년으로 하며, 교육감의 계속 재임은 2기에 한정한다.
④ 부교육감은 해당 시 · 도의 교육감이 추천한 사람을 교육부장관의 제청으로 국무총리를 거쳐 대통령이 임명한다.

해설 「지방교육자치에 관한 법률」 제21조에 따르면 교육감의 임기는 4년으로 하며, 교육감의 계속 재임은 3기에 한정한다. 부교육감은 교육감의 업무를 보좌하며 고위공무원단에 속하는 일반직공무원 또는 장학관으로 보한다. 임기는 제한이 없다. 이에 비해 교육장의 임기는 2년이다. ①은 법 제34조(하급교육행정기관의 설치 등) 제3항, ②는 제18조(교육감) 제1항, ④는 제30조(보조기관) 제3항에 해당한다.

13 「지방교육자치에 관한 법률」상 지방교육자치제에 대한 설명으로 옳은 것은? 15. 국가직 7급 응용

① 지방자치단체의 교육・과학・기술・체육 그 밖의 학예에 관한 사무는 특별시・광역시 및 도・시・군・구의 사무로 한다.

② 정당은 교육감선거에 후보자를 추천할 수 있다.

③ 시・도의 교육・학예에 관한 경비를 따로 경리하기 위하여 해당 지방자치단체에 교육비특별회계를 둔다.

④ 교육위원회는 법령 또는 조례의 범위 안에서 그 권한에 속하는 사무에 관하여 교육규칙을 제정할 수 있다.

해설 ③은 「지방교육자치에 관한 법률」 제38조(교육비특별회계)의 규정이다. ①[법 제2조(교육・학예사무의 관장)]은 일반자치가 시・군・구의 사무를 관장하는 기초자치까지 시행되는 것과는 달리 지방교육자치는 기초자치는 시행하지 않고 특별시・광역시 및 도의 사무를 관장하는 광역자치로 시행한다. ②[제46조(정당의 선거관여행위 금지 등) 제1항]는 정치적 중립성에 따라 정당은 교육감선거에 후보자를 추천할 수 없다. ④[제25조(교육규칙의 제정) 제1항]는 교육위원회가 아닌 교육감의 권한에 해당한다.

14 현행 지방 교육행정조직에 대한 설명으로 옳지 않은 것은? 20. 국가직 7급

① 정당은 교육감 선거에 후보자를 추천할 수 없다.

② 교육감의 임기는 4년으로 하며, 교육감의 계속 재임은 3기에 한정한다.

③ 부교육감은 고위공무원단에 속하는 일반직공무원 또는 장학관으로 보한다.

④ 특별시・광역시・도의 교육・학예에 관한 사무를 분장하기 위하여 시・군 및 자치구를 관할구역으로 하는 하급 교육행정기관으로서 지역교육청을 둔다.

해설 ④는 교육지원청에 해당한다(「지방교육자치에 관한 법률」 제34조 제1항). 2010년 9월 1일부터 전국의 180개 '지역교육청'의 명칭이 '교육지원청'으로 변경되었다. 이는 '지역교육청'의 기능을 종전의 관리・감독 위주에서 벗어나 학생・학부모・학교 현장지원 위주의 '교육지원청'으로로 새롭게 정립하려는 전환적 노력의 일환에서 비롯되었다. ①은 제46조(정당의 선거관여행위 금지 등) 제1항, ②는 제21조(교육감의 임기), ③은 제30조(보조기관) 제1항에 해당한다.

15 우리나라의 현행 지방교육자치제도에 대한 설명으로 옳은 것은? 21. 지방직

① 부교육감은 대통령이 임명한다.

② 교육감의 임기는 4년이며 2기에 걸쳐 재임할 수 있다.

③ 지방교육자치제의 실시 단위는 시・군・구 기초자치단체를 단위로 한다.

④ 시・도 교육청에 교육위원회를 두고 교육의원은 주민이 직접 선거하여 선출한다.

해설 「지방교육자치에 관한 법률」 제30조(보조기관) 제2항에 따르면 부교육감은 해당 시・도의 교육감이 추천한 사람을 교육부장관의 제청으로 국무총리를 거쳐 대통령이 임명한다. ②(제21조)는 교육감의 임기는 4년으로 하며, 교육감의 계속 재임은 3기에 한정한다. ③[제2조(교육・학예사무의 관장)]은 지방교육자치제의 실시 단위는 특별시・광역시 및 도 등 광역자치단체를 단위로 한다. ④는 시・도 교육위원회는 시・도 의회 내 상임위원회로 설치하고 교육위원은 시・도의회 의원 중에 배정한다.

정답 11 ④ 12 ③ 13 ③ 14 ④ 15 ①

16 **「지방교육자치에 관한 법률」 및 「지방자치법」상 지방교육자치에 대한 설명으로 옳지 않은 것은?**

22. 국가직 7급

① 지방자치단체의 교육・학예에 관한 경비 중 의무교육에 관련되는 경비는 국가가 모두 부담하여야 한다.
② 주민의 권리 제한 또는 의무 부과에 관한 사항이나 벌칙을 정하는 교육조례는 법률의 위임이 있어야 한다.
③ 교육조례안의 의결이 법령에 위반되거나 공익을 현저히 해친다고 판단되면 교육부장관은 교육감에게 재의를 요구하게 할 수 있다.
④ 교육부장관의 직무이행명령에 대해 이의가 있으면 교육감은 대법원에 소를 제기할 수 있다.

해설 「지방교육자치에 관한 법률」 제37조(의무교육경비 등) 제1항에 따르면 의무교육에 종사하는 교원의 보수와 그 밖의 의무교육에 관련되는 경비는 「지방교육재정교부금법」에서 정하는 바에 따라 국가 및 지방자치단체가 부담한다. 또한 의무교육 외의 교육에 관련되는 경비는 「지방교육재정교부금법」에서 정하는 바에 따라 국가・지방자치단체 및 학부모 등이 부담한다(제2항). ②는 「지방자치법」 제28조(조례) 제1항, ③은 같은 법 제192조(지방의회 의결의 재의와 제소) 제1항, ④는 같은 법 제189조(지방자치단체의 장에 대한 직무이행명령) 제6항에 해당한다. ③은 「지방교육자치에 관한 법률」 제28조(시・도의회 등의 의결에 대한 재의와 제소) 제1항과도 관련이 있다.

17 **교육제도의 운영에 관한 지방자치단체의 권한에 해당하는 것은?**

08. 중등

① 6-3-3-4제의 기본 학제 변경
② 지방교육재정교부금 제도의 개편
③ 공립학교의 운영에 관한 조례의 제정
④ 교원의 자격에 관한 일반 기준의 설정

해설 지방자치법규 중 교육 조례 제정은 시・도의회의 권한이며, 교육규칙은 교육감 관장 사무에 해당한다. ①은 「헌법」 제31조 제6항과 법률, ②・④는 법률(국회)에 따른다.

18 **다음 사례를 읽고 (가)~(라) 중에서 현행 지방교육자치제도에 비추어 잘못된 것을 모두 고르면?**

11. 유초등임용 응용

> 초등학교에 근무하던 김 교사는 (가) 정당의 추천을 받아 교육감 선거에 출마하였다. 참신하고 현실성 있는 공약을 내세운 덕분에, 그는 (나) 주민의 보통・평등・직접・비밀 선거에 의해 선출되는 교육감에 당선될 수 있었다. 취임을 한 후, 그는 (다) 교육 예산안을 심사(심의)・의결하고, (라) 교육규칙을 제정하는 등 교육감으로서 의미 있는 일들을 많이 하였다.

① (가), (나) ② (가), (다) ③ (가), (라)
④ (나), (다) ⑤ (나), (라)

해설 (가)는 「지방교육자치에 관한 법률」 제46조(정당의 선거관여행위 금지 등) 제1항에 따르면 정당은 교육감선거에 후보자를 추천할 수 없다. (다)는 제20조(관장사무) 제2호에 따르면, 교육감은 교육・학예에 관한 예산안의 편성 및 제출에 관한 사항을 관장하며 심의・의결권한 시・도의회가 가진다. (나)는 제43조(선출), (라)는 제20조 제4호에 해당한다.

19 **현행 '지방교육자치에 관한 법률'에 규정된 내용으로 옳은 것은?** 08. 유초등임용 응용

① 교육감은 국회의원을 겸직할 수 있다.

② 교육감은 시·도를 단위로 하여 선출한다.

③ 교육감의 임기는 4년이며, 계속 재임은 2기에 한한다.

④ 교육감은 교육·학예에 관한 조례안의 작성·제출 및 제정에 관한 사항을 관장한다.

해설 「지방교육자치에 관한 법률」 제45조(선거구)에 따르면 교육감은 (광역자치인) 시·도를 단위로 하여 선출한다. ①은 제23조(겸직의 제한) 제1항에 따라 교육감은 국회의원·지방의원, 공무원, 사립학교의 교원, 사립학교경영자 또는 사립학교를 설치·경영하는 법인의 임·직원을 겸직할 수 없다. ③은 제21조(교육감의 임기)에 따라 교육감의 임기는 4년으로 하며, 교육감의 계속 재임은 3기에 한정한다. ④는 제20조(관장사무) 제1호에 따라 조례안의 작성 및 제출에 관한 사항을 관장하지만, 조례안의 제정 및 개정은 시·도의회의 소관사무에 해당한다.

20 **학교회계 등 교육재정에 대한 설명으로 옳은 것은?** 24. 국가직 7급

① 시·도의 교육·학예에 관한 경비를 따로 경리하기 위하여 해당지방자치단체에 학교회계를 둔다.

② 초·중·고 학교회계는 지방자치단체의 심의·의결을 거쳐 성립되며, 회계연도는 매년 1월 1일에 시작하여 12월 31일에 끝난다.

③ 학교회계는 국가의 일반회계나 지방자치단체의 교육비특별회계로부터 받은 전입금, 학교운영위원회 심의를 거쳐 학부모가 부담하는 경비, 학교발전기금으로부터 받은 전입금, 국가나 지방자치단체의 보조금 및 지원금, 사용료 및 수수료, 이월금, 물품매각대금, 그 밖의 수입을 세입으로 한다.

④ 의무교육에 종사하는 교원의 보수와 그 밖의 의무교육에 관련되는 경비는 「지방교육재정교부금법」에서 정하는 바에 따라 학부모가 부담한다.

해설 ③은 「초·중등교육법」 제30조의2(학교회계의 설치) 제2항에 따라 국립·공립의 초등학교·중학교·고등학교 및 특수학교에 각 학교별로 설치된 학교회계(學校會計)의 세입원에 해당한다. ①은 「지방교육자치에 관한 법률」 제38조)에 따라 교육비특별회계를 설치하며, ②는 「초·중등교육법」 제30조의3(학교회계의 운영)에 따라 학교회계의 회계연도는 매년 3월 1일에 시작하여 다음 해 2월 말일에 끝나며(제1항), 학교운영위원회가 학교회계 세입세출예산안을 회계연도가 시작되기 5일 전까지 심의한다(제3항). ④는 「지방교육자치에 관한 법률」 제37조(의무교육경비 등)에 따라 국가 및 지방자치단체가 부담하며(제1항), 의무교육 외의 교육에 관련되는 경비는 국가·지방자치단체 및 학부모 등이 부담한다(제2항).

정답 16 ① 17 ③ 18 ② 19 ② 20 ③

21 **(가)~(마) 중에서 현재 시 · 도교육청의 세입 재원이 아닌 것은?** 11. 유초등 임용

> 시 · 도교육청의 예산은 중앙정부로부터의 재정 지원이 대부분을 차지하지만, 지방자치단체로부터의 재정 지원도 적지 않은 비중을 차지하고 있다. 즉, 중앙정부로부터의 (가) 보통교부금, (나) 특별교부금, (다) 봉급교부금, (라) 국고보조금뿐만 아니라 (마) 지방자치단체로부터의 전입금 등이 그 세입 재원을 이루고 있는 것이다. 따라서 교육자치와 일반자치는 재정적 측면에서도 동반자 관계를 맺고 있다고 할 수 있다.

① (가) ② (나) ③ (다)
④ (라) ⑤ (마)

해설 「지방교육자치에 관한 법률」 제36조(교육 · 학예에 관한 경비)에 따르면 시 · 도교육청 교육비특별회계의 세입 재원은 ❶ 교육에 관한 특별부과금 · 수수료 및 사용료, ❷ 지방교육재정교부금(보통교부금, 특별교부금), ❸ 해당지방자치단체의 일반회계로부터의 전입금, ❹ 유아교육지원특별회계에 따른 전입금, ❺ 그 밖의 수입으로서 교육 · 학예에 속하는 수입이 있다. 또한 제39조(교육비의 보조)에 따라 국가는 예산의 범위 안에서 시 · 도의 교육비를 보조하는데, 이러한 '국고보조금'도 세입원에 해당한다. 봉급교부금은 현재 보통교부금에 통합되어 독립적인 세입원에 해당되지 않는다.

01 실전 예상문제

01 **다음에서 설명하는 지방교육 자치제의 원리는?**

> - 「헌법」 제31조 제4항에 규정되어 있다.
> - 교육 활동의 자율성을 보장해 준다.
> - 교육 행정을 일반 행정으로부터 분리 · 독립시키기 위한 것이다.
> - 교육의 본질을 추구하고 정치적 중립성을 보장하도록 해준다.

① 지방분권의 원리 ② 자주성 존중의 원리
③ 주민통제의 원리 ④ 전문적 관리의 원리

해설 교육자치의 기본 원리에는 지방분권(단체자치), 자주성 존중, 주민통제(민중자치), 전문적 관리의 원리가 있다. 이 중 자주성 존중의 원리는 학교나 교육행정기관이 자율적으로 운영되고 교육의 독자성이 보장되어야 한다는 원리이다. ①은 중앙집권화를 방지하고, 교육의 특수성 제고, 자율 · 자치 함양, 교육에 대한 개성화 추구 등을 실현하는 원리이고, ③은 민중(주민)에 의해 스스로 운영되어야 한다는 것이며, ④는 전문적 지도역량을 가진 사람들에 의해 교육행정을 운영하여야 한다는 것이다.

02 지방교육자치의 원리 중 단체자치의 정신과 관련이 있는 것은?

① 주민자치의 원리 ② 자주성 존중의 원리
③ 지방분권의 원리 ④ 전문적 관리의 원리

해설 「지방교육자치에 관한 법률」 제1조(목적)에 따르면 "교육의 자주성 및 전문성과 지방교육의 특수성을 살리기 위하여 지방자치단체의 교육·과학·기술·체육 그 밖의 학예에 관한 사무를 관장하는 기관의 설치와 그 조직 및 운영 등에 관한 사항을 규정함으로써 지방교육의 발전에 이바지함을 목적으로 한다"고 규정한다. 즉, 지방교육자치가 지방분권의 취지에 따라 교육자치를 구현하려는 목적을 명시하고 있으며, 이 조항은 지방자치단체와 교육청이 독립적으로 운영되며, 단체자치 정신을 구현하려는 목적과 연결된다.

03 「지방교육자치에 관한 법률」에서 규정한 사항을 제외하고는 (   )의 관련 규정을 준용한다. 빈 칸에 알맞은 내용은?

① 「교육기본법」 ② 「지방재정법」
③ 「지방자치법」 ④ 「공직선거법」

해설 「지방교육자치에 관한 법률」 제3조에 따르면 지방자치단체의 교육·학예에 관한 사무를 관장하는 기관의 설치와 그 조직 및 운영 등에 관하여 이 법에서 규정한 사항을 제외하고는 그 성질에 반하지 아니하는 범위에서 「지방자치법」의 관련 규정을 준용한다. ④는 「지방교육자치에 관한 법률」 제49조에 따르면 교육감 선거에 관하여 이 법에서 규정한 사항을 제외하고는 「공직선거법」의 시·도지사 및 시·도지사선거에 관한 규정을 준용한다.

04 시·도의 교육·학예에 관한 교육감의 관장사무에 해당하는 것을 모두 골라 묶은 것은?

ㄱ. 학교체육·보건 및 학교환경정화에 관한 사항
ㄴ. 대학입학 특별전형 중 학교장 추천에 관한 사항
ㄷ. 학생통학구역에 관한 사항
ㄹ. 예산안 및 결산의 심의·의결에 관한 사항

① ㄱ, ㄴ ② ㄴ, ㄷ
③ ㄱ, ㄷ ④ ㄷ, ㄹ

해설 ㄱ과 ㄷ은 「지방교육자치에 관한 법률」 제20조(관장사무)에 해당한다. ㄴ[「초·중등교육법」 제32조(기능) 제1항]은 학교운영위원회 심의 사항에 해당하며, ㄹ[「지방교육자치에 관한 법률」 제20조 제2호·제3호]은 시·도의회에 해당하는 사항이며, 교육감은 예산안의 편성 및 제출, 결산서의 작성 및 제출에 관한 사항을 관장한다.

정답 21 ③ / 01 ② 02 ③ 03 ③ 04 ③

05 **현행 「지방교육자치에 관한 법률」에 따른 교육감 관련 규정으로 잘못된 것은?**

① 교육감은 조례 또는 교육규칙으로 정하는 바에 따라 그 권한에 속하는 사무의 일부를 보조기관, 소속교육기관 또는 하급교육행정기관에 위임할 수 있다.

② 주민은 교육감을 소환할 수 없다.

③ 교육감이 정당의 당원이 된 때, 피선거권이 없게 된 때에는 그 직에서 퇴직된다.

④ 사립학교경영자는 교육감을 겸직할 수 없다.

해설 「지방교육자치에 관한 법률」 제24조의2에 따르면 주민은 교육감을 소환할 권리를 가진다. ①은 제26조(사무의 위임·위탁 등) 제1항에 해당한다. 이 경우 교육감은 미리 해당사무를 위임 또는 위탁한 기관의 장의 승인을 얻어야 한다(제4항). ③은 제24조의3(교육감의 퇴직)으로, 교육감이 겸임할 수 없는 직에 취임한 때, 피선거권이 없게 된 때, 정당의 당원이 된 때, 교육감의 직을 상실할 때 그 직에서 퇴직된다. ④는 제23조(겸직의 제한)로, 교육감은 국회의원, 지방의회의원, 국가공무원, 지방공무원, 사립학교 교원, 사립학교경영자 또는 사립학교를 설치·경영하는 법인의 임·직원을 겸직할 수 없으며(제1항), 교육감이 당선 전부터 제1항의 겸직이 금지된 직을 가진 경우에는 임기개시일 전일에 그 직에서 당연 퇴직된다(제2항).

06 **현행 「지방교육자치에 관한 법률」에 규정된 지방교육행정기관에 대한 설명으로 옳지 않은 것은?**

① 시·도교육청의 장을 교육감이라 한다.

② 부교육감은 해당 시·도의 교육감이 추천한 사람을 교육부장관의 제청으로 국무총리를 거쳐 대통령이 임명한다.

③ 시·도교육청 산하에 시·군 및 자치구를 관할구역으로 하는 하급교육행정기관으로서 교육지원청을 둔다.

④ 교육장은 고위공무원단에 속하는 일반직공무원 또는 장학관으로 보한다.

해설 「지방교육자치에 관한 법률」 제34조(하급교육행정기관의 설치 등) 제3항에 따르면 교육지원청에 교육장을 두되 장학관으로 보(補)한다. "고위공무원단에 속하는 일반직공무원 또는 장학관으로 보(補)한다."는 부교육감에 해당한다[제30조(보조기관) 제1항]. ①은 제18조(교육감) 제1항, ②는 제30조 제2항, ③은 제34조 제1항에 해당한다.

07 **교육감이 소관 사무 중 시·도의회의 의결이 필요한 사항에 대하여 선결처분을 할 수 있는 경우는?**

① 교육감이 부득이한 사유로 출장 중인 때

② 학생의 안전과 교육기관 등의 재산보호를 위하여 긴급하게 필요한 사항으로서 시·도의회가 소집될 시간적 여유가 없거나 시·도의회에서 의결이 지체되어 의결되지 아니한 때

③ 교육감이 시·도의회의 의결을 거치는 것이 불필요하다고 판단하는 때

④ 교육부장관이 선결처분을 지시하는 때

해설 「지방교육자치에 관한 법률」 제29조(교육감의 선결처분) 제1항에 따르면 교육감은 소관 사무 중 시·도의회의 의결이 필요한 사항에 대하여 시·도의회가 성립되지 아니한 때 또는 학생의 안전과 교육기관 등의 재산보호를 위하여 긴급하게 필요한 사항[(시행령 제4조) 천재지변이나 대형화재로 인한 피해의 복구 및 구호, 그 밖에 긴급하게 조치하지 아니하면 학생의 안전과 교육기관 등의 재산에 중대한 피해가 발생할 우려가 있는 사항]으로서 시·도의회가 소집될 시간적 여유가 없거나 시·도의회에서 의결이 지체되어 의결되지 아니한 때에는 선결처분을 할 수 있다. 선결처분은 지체없이 시·도의회에 보고하여 승인을 얻어야 한다(제2항).

08 지방교육행정기관에 대한 설명으로 옳지 않은 것은?

① 교육감 소속하에 국가공무원으로 보하는 부교육감 1인(인구 800만 명 이상이고 학생 150만 명 이상인 시·도는 2인)을 둔다.

② 시·도의 교육·학예에 관한 사무를 분장하기 위하여 1개 또는 2개 이상의 시·군 및 자치구를 관할구역으로 하는 하급교육행정기관으로서 교육지원청을 둔다.

③ 교육지원청의 관할구역과 명칭은 조례로 정한다.

④ 보조기관과 소속교육기관 및 하급교육행정기관에는 해당 시·도의 교육비특별회계가 부담하는 경비로써 지방공무원을 두되, 그 정원은 법령에서 정한 기준에 따라 조례로 정한다.

해설 ③은 「지방교육자치에 관한 법률」 제34조(하급교육행정기관의 설치 등) 제2항에 따르면 대통령령으로 정한다. ①은 제30조(보조기관) 제1항, ②는 제34조 제1항, ④는 제33조(공무원의 배치) 제1항에 해당한다.

09 「지방교육자치에 관한 법률」 중 교육재정에 대한 규정으로 잘못된 것은?

① 교육·학예에 관한 경비 규정에 따른 특별부과금은 특별한 재정수요가 있는 때에 조례로 정하는 바에 따라 부과·징수한다.

② 의무교육에 종사하는 교원의 보수와 그 밖의 의무교육에 관련되는 경비는 「지방교육재정교부금법」에서 정하는 바에 따라 국가·지방자치단체 및 학부모가 부담한다.

③ 시·도의 교육·학예에 관한 경비를 따로 경리하기 위하여 해당지방자치단체에 교육비특별회계를 둔다.

④ 국가는 예산의 범위 안에서 시·도의 교육비를 보조한다. 국가의 교육비보조에 관한 사무는 교육부장관이 관장한다.

해설 ②는 「지방교육자치에 관한 법률」 제37조(의무교육경비 등)에 따라 국가(교부금) 및 지방자치단체(일반회계 전입금)가 부담하며, 의무교육 외의 교육에 관련되는 경비는 국가(교부금)·지방자치단체(일반회계 전입금) 및 학부모(수업료 및 입학금 등) 등이 부담한다. ①은 제40조(특별부과금의 부과·징수), ③은 제38조(교육비특별회계), ④는 제39조(교육비의 보조)에 해당한다.

10 「지방교육자치에 관한 법률」 제36조에 따른 교육·학예에 관한 경비로 충당할 수 있는 재원에 해당하지 않는 것은?

① 교육에 관한 특별부과금·수수료 및 사용료

② 지방교육재정교부금

③ 해당 지방자치단체의 일반회계로부터의 전입금

④ 고등·평생교육지원특별회계에 따른 전입금

해설 「지방교육자치에 관한 법률」 제36조(교육·학예에 관한 경비)에 따르면 교육비특별회계의 재원은 교육에 관한 특별부과금(**예** 교육환경개선 특별부과금, 지역 특화 교육 프로그램 운영 부과금, 학생안전강화 특별부과금)·수수료 및 사용료(①), 지방교육재정교부금(②), 해당 지방자치단체의 일반회계로부터의 전입금(③), 유아교육지원특별회계에 따른 전입금, 기타 교육·학예에 속하는 수입으로 충당한다.

정답 05 ② 06 ④ 07 ② 08 ③ 09 ② 10 ④

11 **「지방교육자치에 관한 법률」에 따른 지방교육에 관한 협의 규정으로 옳은 것은?**

① 지방자치단체의 교육·학예에 관한 사무를 효율적으로 처리하기 위하여 지방교육행정협의회를 둔다.

② 교육부장관은 교육감 상호 간의 교류와 협력을 증진하고, 공동의 문제를 협의하기 위하여 전국적인 협의체를 설립할 수 있다.

③ 교육감 협의체를 설립한 때에는 해당협의체의 대표자는 이를 지체 없이 교육부장관에게 인가를 받아야 한다.

④ 교육감 협의체는 지방교육자치에 직접적 영향을 미치는 법령 등에 관하여 정부에 의견을 직접 제출할 수 있다.

해설 ①은 제41조(지방교육행정협의회의 설치) 제1항에 해당한다. 지방교육행정협의회의 구성·운영에 관하여 필요한 사항은 교육감과 시·도지사가 협의하여 조례로 정한다(제2항). ②[제42조(교육감 협의체) 제1항]은 교육감이 설립하며, ③(제42조 제2항)는 교육부장관에게 신고하여야 하고, ④(제42조 제3항)는 교육부장관을 거쳐 정부에 의견을 제출할 수 있으며, 교육부장관은 제출된 의견을 관계 중앙행정기관의 장에게 통보하여야 한다.

12 **교육감 선거에 관한 규정 중 잘못된 것은?**

① 교육감은 주민의 보통·평등·직접·비밀선거에 따라 선출한다.

② 「공직선거법」 제53조 제1항에 해당하는 공무원 중 후보자가 되려는 사람은 선거일 전 60일까지 그 직을 그만두어야 한다.

③ 교육감은 시·도를 단위로 하여 선출한다.

④ 정당은 교육감선거에 후보자를 추천할 수 없다.

해설 「지방교육자치에 관한 법률」 제47조(공무원 등의 입후보) 제1항에 따르면 공무원 중 후보자가 되려는 사람은 선거일 전 90일(제49조 제1항에서 준용되는 「공직선거법」 제35조 제4항의 보궐선거등의 경우에는 후보자등록신청 전을 말한다)까지 그 직을 그만두어야 한다. 다만, 교육감선거에서 해당 지방자치단체의 교육감이 그 직을 가지고 입후보하는 경우에는 그러하지 아니하다. ①은 제43조(선출), ③은 제45조(선거구), ④는 제46조(정당의 선거관여행위 금지 등) 제1항에 해당한다.

정답 11 ① 12 ②

02 지방교육재정 교부금법(지방교육교부금법)

관련 이론 — 관련이론 – 제13장 교육행정 – 제9절 교육재정론 3 교육수입: 초중등교육을 위한 지방교육재원

1 주요 내용

제1조 【목적】 이 법은 지방자치단체가 교육기관 및 교육행정기관(그 소속기관을 포함한다. 이하 같다)을 설치·경영하는 데 필요한 재원(財源)의 전부 또는 일부를 국가가 교부하여 교육의 균형 있는 발전을 도모함을 목적으로 한다. 23. 지방직, 15. 국가직 7급, 10. 중등, 03. 유초등

제2조 【정의】 이 법에서 사용하는 용어의 뜻은 다음과 같다.

1. "기준재정수요액"이란 지방교육 및 그 행정 운영에 관한 재정수요를 제6조에 따라 산정한 금액을 말한다. 예 기준재정수요액 = 측정단위 × 단위비용
2. "기준재정수입액"이란 교육·과학·기술·체육, 그 밖의 학예(이하 "교육·학예"라 한다)에 관한 모든 재정수입으로서 제7조에 따른 금액을 말한다. 18. 국가직 예 기준재정수입액 = 일반회계 전입금(지방교육세+담배소비세+지방세+기타 전입금)+입학금·수업료+교육비특별회계 자체수입
3. "측정단위"란 지방교육행정을 부문별로 설정하여 그 부문별 양(量)을 측정하기 위한 단위를 말한다. 예 학교수, 학생수, 교원수, 시설면적(학교 건물의 총 면적) 등
4. "단위비용"이란 기준재정수요액을 산정하기 위한 각 측정단위의 단위당 금액을 말한다. 18. 국가직 예 학생 1인당 연간 교육비, 교원 1인당 연간 인건비, 학교 1개당 운영비, 학교시설 $1m^2$당 유지·보수비

제3조 【교부금의 종류와 재원】 ① 국가가 제1조의 목적을 위하여 지방자치단체에 교부하는 교부금(이하 "교부금"이라 한다)은 보통교부금과 특별교부금으로 나눈다. 21. 국가직, 22·21. 지방직, 15. 국가직 7급, 10. 중등

② 교부금 재원은 다음 각 호의 금액을 합산한 금액으로 한다. 08. 중등, 08. 유초등

1. 해당 연도 내국세[목적세 및 종합부동산세, 담배에 부과하는 개별소비세 총액의 100분의 45 및 다른 법률에 따라 특별회계의 재원으로 사용되는 세목(稅目)의 해당 금액은 제외한다. 이하 같다] 총액의 1만분의 2,079
2. 해당 연도 「교육세법」에 따른 교육세 세입액 중 「유아교육지원특별회계법」 제5조 제1항에서 정하는 금액 및 「고등·평생교육지원특별회계법」 제6조 제1항에서 정하는 금액을 제외한 금액 15. 국가직

③ 보통교부금 재원은 제2항 제2호에 따른 금액에 같은 항 제1호에 따른 금액의 100분의 97을 합한 금액으로 하고, 특별교부금 재원은 제2항 제1호에 따른 금액의 100분의 3으로 한다. 10. 중등

④ 국가는 지방교육재정상 부득이한 수요가 있는 경우에는 국가예산으로 정하는 바에 따라 제1항 및 제2항에 따른 교부금 외에 따로 증액교부할 수 있다. 23. 지방직

제4조 【교부율의 보정】 ① 국가는 의무교육기관 교원 수의 증감 등 불가피한 사유로 지방교육재정상 필요한 인건비*가 크게 달라질 때에는 내국세 증가에 따른 교부금 증가 등을 고려하여 제3조 제2항 제1호에서 정한 교부율을 보정(補正)하여야 한다.

✎ 봉급교부금은 보통교부금에 통합됨.

② 제1항에 따라 교부율을 보정하여야 하는 경우 그 교부방법 등에 관한 사항은 대통령령으로 정한다.

제5조 【보통교부금의 교부】 ① 교육부장관은 기준재정수입액이 기준재정수요액에 미치지 못하는 지방자치단체에 대해서는 그 부족한 금액을 기준으로 하여 보통교부금을 총액으로 교부한다. 18. 국가직, 15. 국가직 7급, 08. 유초등

② 교육부장관은 제1항에 따라 보통교부금을 교부하려는 경우에는 해당 특별시·광역시·특별자치시·도 및 특별자치도(이하 "시·도"라 한다)의 교육감에게 그 교부의 결정을 알려야 한다. 이 경우 교육부장관은 보통교부금의 산정기초, 지방자치단체별 명세 및 관련 자료를 작성하여 각 시·도 교육감에게 송부하여야 한다.

제5조의2 【특별교부금의 교부】 10 중등 ① 교육부장관은 다음 각 호의 구분에 따라 특별교부금을 교부한다.

1. 「지방재정법」 제58조에 따라 전국에 걸쳐 시행하는 교육 관련 국가시책사업으로 따로 재정지원계획을 수립하여 지원하여야 할 특별한 재정수요가 있거나 지방교육행정 및 지방교육재정의 운용실적이 우수한 지방자치단체에 대한 재정지원이 필요할 때: 특별교부금 재원의 100분의 60 18. 국가직
2. 기준재정수요액의 산정방법으로 파악할 수 없는 특별한 지역교육현안에 대한 재정수요가 있을 때: 특별교부금 재원의 100분의 30
3. 보통교부금의 산정기일 후에 발생한 재해로 인하여 특별한 재정수요가 생기거나 재정수입이 감소하였을 때 또는 재해를 예방하기 위한 특별한 재정수요가 있는 때: 특별교부금 재원의 100분의 10

② 교육부장관은 제1항 제2호 또는 제3호에 해당하는 사유가 발생하여 시·도의 교육감이 특별교부금을 신청하면 그 내용을 심사한 후 교부한다. 다만, 제1항 제1호에 해당하는 사유가 발생한 경우 또는 교육부장관이 필요하다고 인정하는 경우에는 신청이 없어도 일정한 기준을 정하여 특별교부금을 교부할 수 있다.

③ 제1항에 따른 특별교부금의 사용에 대해서는 조건을 붙이거나 용도를 제한할 수 있다. 15. 국가직

④ 시·도의 교육감은 제3항에 따른 조건이나 용도를 변경하여 특별교부금을 사용하려면 미리 교육부장관의 승인을 받아야 한다.

⑤ 교육부장관은 시·도의 교육감이 제3항에 따른 조건이나 용도를 위반하여 특별교부금을 사용하거나 2년 이상 사용하지 아니하는 경우에는 그 반환을 명하거나 다음에 교부할 특별교부금에서 해당 금액을 감액할 수 있다. 15. 국가직 7급

⑥ 제1항 제1호에 따른 우수한 지방자치단체의 선정기준 및 선정방법과 특별교부금의 교부시기 등 절차에 관한 사항은 대통령령으로 정한다.

제5조의3 【교부금의 재원 배분 및 특별교부금의 교부에 관한 특례】 ① 제3조 제3항에도 불구하고 2026년 12월 31일까지는 보통교부금 재원은 같은 조 제2항 제2호에 따른 금액에 같은 항 제1호에 따른 금액의 1,000분의 962를 합한 금액으로 하고, 특별교부금 재원은 같은 호에 따른 금액의 1,000분의 38로 한다.

② 제5조의2 제1항에도 불구하고 교육부장관은 제1항에 따라 배분된 특별교부금을 다음 각 호의 구분에 따라 교부한다.

1. 「지방재정법」 제58조에 따라 전국에 걸쳐 시행하는 교육 관련 국가시책사업으로 따로 재정지원계획을 수립하여 지원하여야 할 특별한 재정수요가 있거나 지방교육행정 및 지방교육재정의 운용실적이 우수한 지방자치단체에 대한 재정지원이 필요할 때: 특별교부금 재원의 380분의 180
2. 기준재정수요액의 산정방법으로 파악할 수 없는 특별한 지역교육현안에 대한 재정수요가 있을 때: 특별교부금 재원의 380분의 90
3. 보통교부금의 산정기일 후에 발생한 재해로 인하여 특별한 재정수요가 생기거나 재정수입이 감소하였을 때 또는 재해를 예방하기 위한 특별한 재정수요가 있는 때: 특별교부금 재원의 380분의 30
4. 다음 각 목의 어느 하나에 해당하는 사유로 특별한 재정수요가 있거나 재정지원이 필요할 때: 특별교부금 재원의 380분의 80

가. 「초·중등교육법」 제21조에 따른 교원에 대한 인공지능 기반 교수학습 역량 강화 사업 등 디지털 기반 교육혁신을 위한 특별한 재정수요가 있는 때

나. 초등학교·중학교·고등학교 방과후학교 사업 등 방과후 교육의 활성화를 위한 특별한 재정수요가 있는 때

다. 가목 또는 나목과 관련하여 디지털 기반 교육혁신 또는 방과후 교육 활성화 성과가 우수한 지방자치단체에 대한 재정지원이 필요한 때

③ 제2항 제4호에 따라 교부되는 특별교부금의 교부시기, 절차 및 우수한 지방자치단체의 선정기준 등 필요한 사항은 대통령령으로 정한다.

TIP 「지방교육재정교부금법」 개정(시행 2024.1.1.~2026.12.31.)

제5조의3【교부금의 재원 배분 및 특별교부금의 교부에 관한 특례】

① 보통교부금 재원 : 해당 연도 내국세 총액의 20.79%의 962/1,000

② 특별교부금 재원 : 해당 연도 내국세 총액의 20.79%의 38/1,000

③ 특별교부금 교부기준

1. 재원의 90/380 : 국가시책사업 수요 또는 우수지방자치단체 교부
2. 재원의 50/380 : 지역교육 현안 수요
3. 재원의 30/380 : 재해발생 수요, 재해예방 수요 또는 재정수입 감소
4. 재원의 80/380

㉠ 「초·중등교육법」 제21조에 따른 교원에 대한 인공지능 기반 교수학습 역량 강화 사업 등 디지털 기반 교육혁신을 위한 특별한 재정수요가 있는 때

㉡ 초등학교·중학교·고등학교 방과후학교 사업 등 방과후 교육의 활성화를 위한 특별한 재정수요가 있는 때

㉢ ㉠ 또는 ㉡과 관련하여 디지털 기반 교육혁신 또는 방과후 교육 활성화 성과가 우수한 지방자치단체에 대한 재정지원이 필요한 때

제6조【기준재정수요액】 ① 기준재정수요액은 각 측정항목별로 측정단위의 수치를 그 단위비용에 곱하여 얻은 금액을 합산한 금액으로 한다.

② 측정항목과 측정단위는 대통령령으로 정하고, 단위비용은 대통령령으로 정하는 기준 이내에서 물가변동 등을 고려하여 교육부령으로 정한다.

제7조【기준재정수입액】 ① 기준재정수입액은 제11조에 따른 일반회계 전입금 등 교육·학예에 관한 지방자치단체 교육비특별회계의 수입예상액으로 한다. 08. 유초등

② 제1항에 따른 수입예상액 중 지방세를 재원으로 하는 것은 「지방세기본법」 제2조 제1항 제6호에 따른 표준세율에 따라 산정한 금액으로 하되, 산정한 금액과 결산액의 차액은 다음다음 회계연도의 기준재정수입액을 산정할 때에 정산하며, 그 밖의 수입예상액 산정방법은 대통령령으로 정한다.

제8조【교부금의 조정 등】 ① 교부금이 산정자료의 착오 또는 거짓으로 인하여 부당하게 교부되었을 때에는 교육부장관은 해당 시·도가 정당하게 받을 수 있는 교부금액을 초과하는 금액을 다음에 교부할 교부금에서 감액한다.

② 지방자치단체가 법령을 위반하여 지나치게 많은 경비를 지출하였거나 확보하여야 할 수입의 징수를 게을리하였을 때에는 교육부장관은 그 지방자치단체에 교부할 교부금을 감액하거나 이미 교부한 교부금의 일부를 반환할 것을 명할 수 있다. 이 경우 감액하거나 반환을 명하는 교부금의 금액은 법령을 위반하여 지출하였거나 징수를 게을리하여 확보하지 못한 금액을 초과할 수 없다.

제9조【예산 계상】 ① 국가는 회계연도마다 이 법에 따른 교부금을 국가예산에 계상(計上)하여야 한다. 22. 지방직

② 추가경정예산에 따라 내국세나 교육세의 증감이 있는 경우에는 교부금도 함께 증감하여야 한다. 다만, 내국세나 교육세가 줄어드는 경우에는 지방교육재정 여건 등을 고려하여 다음다음 회계연도까지 교부금을 조절할 수 있다.

③ 내국세 및 교육세의 예산액과 결산액의 차액으로 인한 교부금의 차액은 늦어도 다음다음 회계연도의 국가예산에 계상하여 정산하여야 한다.

제10조【행정구역 변경 등에 따른 조치】 교육부장관은 시·도가 폐지·설치·분리·병합되거나 관할구역이 변경된 경우에는 대통령령으로 정하는 바에 따라 해당 시·도에 대한 교부금을 조정하여 교부하여야 한다.

제11조【지방자치단체의 부담】 ① 시·도의 교육·학예에 필요한 경비는 해당 지방자치단체의 교육비특별회계에서 부담하되, 의무교육과 관련된 경비는 교육비특별회계의 재원 중 교부금과 제2항에 따른 일반회계로부터의 전입금으로 충당하고, 의무교육 외 교육과 관련된 경비는 교육비특별회계 재원 중 교부금, 제2항에 따른 일반회계로부터의 전입금, 수업료 및 입학금 등으로 충당한다. 23. 지방직

② 공립학교의 설치·운영 및 교육환경 개선을 위하여 시·도는 다음 각 호의 금액을 각각 매 회계연도 일반회계예산에 계상하여 교육비특별회계로 전출하여야 한다. 추가경정예산에 따라 증감되는 경우에도 또한 같다.

1. 「지방세법」 제151조에 따른 지방교육세에 해당하는 금액
2. 담배소비세의 100분의 45[도(道)는 제외한다] 15. 국가직
3. 서울특별시의 경우 특별시세 총액(「지방세기본법」 제8조 제1항 제1호에 따른 보통세 중 주민세 사업소분 및 종업원분, 같은 항 제2호에 따른 목적세 및 같은 법 제9조에 따른 특별시분 재산세, 「지방세법」 제71조 제3항 제3호 가목에 따라 특별시에 배분되는 지방소비세에 해당하는 금액은 제외한다)의 100분의 10, 광역시 및 경기도의 경우 광역시세 또는 도세 총액(「지방세기본법」 제8조 제2항 제2호에 따른 목적세, 「지방세법」 제71조 제3항 제3호 가목에 따라 광역시 및 경기도에 배분되는 지방소비세에 해당하는 금액은 제외한다)의 100분의 5, 그 밖의 도 및 특별자치도의 경우 도세 또는 특별자치도세 총액(「지방세기본법」 제8조 제2항 제2호에 따른 목적세, 「지방세법」 제71조 제3항 제3호 가목에 따라 그 밖의 도 및 특별자치도에 배분되는 지방소비세에 해당하는 금액은 제외한다)의 1천분의 36

③ 특별시장·광역시장·특별자치시장·도지사 및 특별자치도지사(이하 "시·도지사"라 한다)는 제2항 각 호에 따른 세목의 월별 징수내역을 다음 달 말일까지 해당 시·도의 교육감에게 통보하여야 한다.

④ 시·도는 제2항 각 호에 따른 세목의 월별 징수액 중 같은 항에 따라 교육비특별회계로 전출하여야 하는 금액의 100분의 90 이상을 다음 달 말일까지 교육비특별회계로 전출하되, 전출하여야 하는 금액과 전출한 금액의 차액을 분기별로 정산하여 분기의 다음 달 말일(마지막 분기는 분기의 말일로 한다)까지 전출하여야 한다.

⑤ 예산액과 결산액의 차액으로 인한 전출금(轉出金)의 차액은 늦어도 다음다음 회계연도의 예산에 계상하여 정산하여야 한다.

⑥ 시·도의 교육감은 제2항부터 제5항까지에 따른 일반회계로부터의 전입금으로 충당되는 세출예산을 편성할 때에는 미리 해당 시·도지사와 협의하여야 한다.

⑦ 시·도교육위원회는 제6항에 따라 편성된 세출예산을 감액하려면 미리 해당 교육감 및 시·도지사와 협의하여야 한다.

⑧ 시·도 및 시·군·자치구는 대통령령으로 정하는 바에 따라 관할구역에 있는 고등학교 이하 각급 학교의 교육에 드는 경비를 보조할 수 있다. 15. 국가직, 23. 지방직

⑨ 시·도 및 시·군·자치구는 관할구역의 교육·학예 진흥을 위하여 제2항 및 제8항 외에 별도 경비를 교육비특별회계로 전출할 수 있다.

⑩ 시·도지사는 제2항부터 제5항까지에 따른 교육비특별회계로의 회계연도별·월별 전출 결과를 매년 2월 28일까지 교육부장관에게 제출하고, 교육부장관은 매년 3월 31일까지 국회 소관 상임위원회에 보고하여야 한다.

제12조【교부금의 보고】 교육부장관은 매년 3월 31일까지 다음 각 호의 사항을 국회 소관 상임위원회에 보고하여야 한다.

1. 보통교부금의 배분기준 · 배분내용 · 배분금액, 그 밖에 보통교부금의 운영에 필요한 주요사항
2. 특별교부금의 전년도 배분기준 · 배분내용 · 집행실적 등 특별교부금의 운영에 따른 결과

제13조【교부금액 등에 대한 이의신청】 ① 시 · 도의 교육감은 제5조 제2항에 따라 보통교부금의 결정 통지를 받은 경우에 해당 지방자치단체의 교부금액 산정기초 등에 대하여 이의가 있으면 통지를 받은 날부터 30일 이내에 교육부장관에게 이의를 신청할 수 있다.

② 교육부장관은 제1항에 따른 이의신청을 받은 날부터 30일 이내에 그 내용을 심사하여 결과를 해당 지방자치단체의 교육감에게 알려야 한다.

❷ 지방교육재원(교육비특별회계)의 분류

(1) 국가지원금 –「지방교육재정교부금법」 제3조(교부금의 종류와 재원), 제5조(보통교부금의 교부), 제5조의2(특별교부금의 교부)

지방교육 재정교부금 (※가장 규모가 큼)	보통교부금	• 재원 : ① 내국세 일부의 2,079/10,000(20.79%)의 97/100 + ② 교육세 일부 ① 해당 연도의 내국세[목적세 및 종합부동산세, 담배에 부과하는 개별소비세 총액의 100분의 45 및 다른 법률에 따라 특별회계의 재원으로 사용되는 세목(稅目)의 해당 금액은 제외] 총액의 2,079/10,000의 97/100에 해당하는 금액 ② 해당 연도의 「교육세법」에 따른 교육세(국세) 세입액 중 「유아교육지원특별회계법」 제5조 제1항에서 정하는 금액 및 「고등 · 평생교육지원특별회계법」 제6조 제1항을 제외한 금액 • 교부기준 : 기준재정수입액이 기준재정수요액에 미치지 못하는 지방자치단체에 그 부족한 금액을 기준으로 하여 총액으로 교부 • 종전의 봉급교부금(예 의무교육기관의 봉급)과 증액교부금(예 저소득층학생 지원금, 중식지원금, 특성화고교 학생들의 실습지원금)을 흡수 · 통합한 금액
	특별교부금	• 재원 : 내국세 일부의 2,079/10,000(20.79%)의 3/100 ⇨ 해당 연도 내국세[목적세 및 종합부동산세, 담배에 부과하는 개별소비세 총액의 100분의 45 및 다른 법률에 따라 특별회계의 재원으로 사용되는 세목(稅目)의 해당 금액은 제외] 총액의 2,079/10,000(20.79%)의 3/100에 해당하는 금액 • 교부기준 ① 재원의 60/100(국가시책사업수요 또는 우수 지방자치단체에 교부) : 전국에 걸쳐 시행하는 교육 관련 국가시책사업으로 따로 재정지원계획을 수립하여 지원하여야 할 특별한 재정수요가 있거나 지방교육행정 및 지방교육재정의 운용실적이 우수한 지방자치단체에 대한 재정지원이 필요할 때 ② 재원의 30/100(지역교육현안수요) : 기준재정수요액의 산정방법으로 파악할 수 없는 특별한 지역교육현안에 대한 재정수요가 있을 때 ③ 재원의 10/100(재해대책수요 또는 재정수입 감소) : 보통교부금의 산정기일 후에 발생한 재해로 인하여 특별한 재정수요가 생기거나 재정수입이 감소하였을 때 또는 재해를 예방하기 위한 특별한 재정수요가 있는 때
국고보조금		국고사업 보조금(예 교육 복지 지원, 기초학력 지원 사업)

(2) **지방부담 : 지방자치단체(시 · 도)의 일반회계로부터의 전입금 －「지방교육재정교부금법」 제11조** (지방자치단체의 부담)

담배소비세 전입금	특별시 · 광역시 담배소비세 수입액의 45/100(45%)
시 · 도세(지방세) 전입금	특별시세 총액의 10%, 광역시세 · 경기도세 총액의 5%, 나머지 도세 총액의 3.6%
지방교육세 전입금	등록세액 · 재산세액의 20%, 자동차세액 30%, 주민세균등할의 10～25%, 담배소비세액의 43.39%, 레저세액의 40%
기타 전입금 (지원금 · 보조금 포함)	도서관 운영비, 학교용지부담금, 보조금 등

(3) **교육비특별회계 －「지방교육자치에 관한 법률」 제36조**(교육 · 학예에 관한 경비)

① 특별부과금(예 교육환경개선 특별부과금, 지역특화교육 프로그램 운영 부과금, 학생안전강화 특별부과금)

② 학생입학금 및 수업료(고등학생에 한함)

③ 사용료 및 수수료 수입

④ 그 밖의 수입(예 재산수입)

02 주요 기출문제

01 **현행 지방교육재정 교부금제도에 대한 설명으로 옳지 않은 것은?** 10. 중등임용 응용

① 지방교육재정 교부금은 보통교부금과 특별교부금으로 나눈다.

② 지방교육재정 교부금의 목적은 지방교육의 균형 있는 발전을 도모함에 있다.

③ 특별교부금은 시책사업 수요, 지역교육현안 수요, 재해대책 수요가 있을 때 교부한다.

④ 의무교육기관 교원에 대한 종전의 봉급교부금은 보통교부금에 통합되어 있다.

⑤ 보통교부금의 재원은 내국세 총액의 20.27% 해당액과 교육세 세입액 전액을 합한 금액이다.

해설 「지방교육재정교부금법」 제1조(목적)에 따르면 지방교육재정 교부금은 지방자치단체가 교육기관 및 교육행정기관을 설치 · 경영하는 데 필요한 재원의 전부 또는 일부를 국가가 교부하여 교육의 균형 있는 발전을 도모함을 목적으로 사용하는 예산이다. 제3조(교부금의 종류와 재원) 제3항에 따르면 ⑤는 해당연도 내국세 일부의 1만분의 2,079에 해당하는 금액(20.79%) 중 100분의 97에 해당하는 금액과 해당연도 교육세 세입액 일부를 합한 금액이다. ①은 제3조 제1항, ②는 제1조(목적), ③은 제5조의2(특별교부금의 부과), ④는 「지방교육재정 교부금법 시행규칙」 제2조에 명시되어 있다.

02 지방교육재정 교부금제도에 대한 설명으로 옳지 않은 것은? 18. 국가직

① 기준재정수입액은 교육・학예에 관한 지방자치단체 교육비 특별회계의 수입예상액으로 한다.
② 기준재정수입액을 산정하기 위한 각 측정단위의 단위당 금액을 단위비용이라 한다.
③ 교육부장관은 기준재정수입액이 기준재정수요액에 미치지 못하는 지방자치단체에 대해서는 그 부족한 금액을 기준으로 하여 보통교부금을 총액으로 교부한다.
④ 특별교부금은 지방교육행정 및 지방교육재정의 운용실적이 우수한 지방자치단체에 재정지원이 필요할 때 교부한다.

해설 「지방교육재정교부금법」 제2조(정의) 제3호에 따르면 ②의 '단위비용'은 기준재정수요액을 산정하기 위한 각 측정단위의 단위당 금액을 말한다. '기준재정수요액'은 지방교육 및 그 행정 운영에 관한 재정수요를 산정한 금액을 말하며[제2조 제1호, 제6조(기준재정수입액)], '측정단위'는 지방교육행정을 부문별로 설정하여 그 부문별 양(量)을 측정하기 위한 단위를 말한다(제3호). ①은 제2조 제2호, 제7조(기준재정수입액), ③은 제5조(보통교부금의 교부) 제1항, ④는 제5조의2(특별교부금의 교부) 제1항 제1호에 해당한다.

03 지방교육재정교부금에 대한 설명으로 옳지 않은 것은? 22. 지방직

① 교육의 균형 있는 발전을 목적으로 확보・배분된다.
② 지방자치단체 교육비특별회계의 세입 재원에 포함되지 않는다.
③ 국가는 회계연도마다 「지방교육재정교부금법」에 따른 교부금을 국가예산에 계상(計上)하여야 한다.
④ 「지방교육재정교부금법」상 지방자치단체에 교부하는 교부금은 보통교부금과 특별교부금으로 나눈다.

해설 「지방교육자치에 관한 법률」 제36조(교육・학예에 관한 경비)에 따르면 교육비특별회계의 재원(시・도교육청의 지방교육재원)은 교육에 관한 특별부과금・수수료 및 사용료, 지방교육재정교부금, 해당지방자치단체의 일반회계로부터의 전입금, 유아교육지원특별회계에 따른 전입금, 기타 교육・학예에 속하는 수입으로 충당한다. 이 중 가장 규모가 큰 것은 중앙정부의 지원금인 지방교육재정 교부금이다. ②[「지방교육재정교부금법」 제11조(지방자치단체의 부담) 제1항]의 경우 지방자치단체 교육비특별회계 세입 재원에 포함된다. ①은 제1조(목적), ③은 제9조(예산 계상) 제1항, ④는 제3조(교부금의 종류와 재원) 제1항에 해당한다.

04 현행 지방교육재정교부금에 대한 설명으로 옳은 것은? 08. 유초등임용 응용

① 특별교부금은 해당연도 교육세 세입액 전액으로 한다.
② 재원은 내국세 총액의 100분의 25에 해당하는 금액으로 한다.
③ 기준재정수요액은 일반회계 전입금 등 교육・학예에 관한 지방자치단체 교육비특별회계의 수입예상액으로 한다.
④ 보통교부금은 기준재정수입액이 기준재정수요액에 미치지 못하는 지방자치단체에 대해서는 그 부족한 금액을 기준으로 하여 총액으로 교부한다.

해설 ④는 「지방교육재정교부금법」 제5조(보통교부금의 교부) 제1항에 따라 교육부장관이 교부한다. ①[제3조(교부금의 종류와 재원) 제3항]은 내국세 일부의 20.79%의 3/100에 해당하며, 해당연도 교육세 세입액 일부는 보통교부금의 재원에 해당한다. ②(제3조 제2항)는 내국세 일부의 20.79%에 해당하는 금액과 교육세 일부를 합한 금액으로 한다. ③[제7조(기준재정수입액) 제1항]은 기준재정수입액에 해당한다. 제6조(기준재정수요액) 제1항에 따른 '기준재정수요액'은 각 측정항목별로 측정단위의 수치를 그 단위비용에 곱하여 얻은 금액을 합산한 금액으로 한다.

정답 01 ⑤ 02 ② 03 ② 04 ④

05 「지방교육재정 교부금법」상 지방교육재정 교부금에 대한 설명으로 옳지 않은 것은? 15. 국가직 7급 응용

① 지방교육재정 교부금의 목적은 지방자치단체가 교육기관 및 교육행정기관을 설치・경영함에 필요한 재원의 전부 또는 일부를 국가가 교부하여 교육의 균형 있는 발전을 도모하는 것이다.
② 국가가 지방자치단체에 교부하는 교부금은 이를 보통교부금과 특별교부금으로 나눈다.
③ 교육부장관은 특별교부금을 기준재정 수입액이 기준재정 수요액에 미달하는 지방자치단체에 총액으로 교부한다.
④ 교육부장관은 시・도의 교육감이 교부된 특별교부금을 2년 이상 사용하지 아니하는 경우에는 그 반환을 명할 수 있다.

해설 「지방교육재정교부금법」 제5조(보통교부금의 교부) 제1항에 따르면 ③은 보통교부금에 해당한다. ①은 제1조(목적), ②는 제3조(교부금의 종류와 재원) 제1항, ④는 제5조의2(특별교부금의 교부) 제5항에 해당한다("교육부장관은 시・도의 교육감이 제3항에 따른 조건이나 용도를 위반하여 특별교부금을 사용하거나 2년 이상 사용하지 아니하는 경우에는 그 반환을 명하거나 다음에 교부할 특별교부금에서 해당 금액을 감액할 수 있다.").

06 우리나라의 지방교육재정에 대한 설명으로 옳은 것은? 15. 국가직

① 교육세는 지방교육재정 교부금의 재원에 포함되지 않는다.
② 광역시는 담배소비세의 100분의 45에 해당하는 금액을 교육비 특별회계로 전출하여야 한다.
③ 교육부장관은 특별교부금의 사용에 관하여 조건을 붙이거나 용도를 제한할 수 없다.
④ 시・군・자치구는 고등학교 이하 각급 학교의 교육에 소요되는 경비를 보조할 수 없다.

해설 ②는 「지방교육재정교부금법」 제11조(지방자치단체의 부담) 제1항 제2호에 해당하는 지방교육재정 중 시・도 일반회계로부터 교육비특별회계로의 전입금에 해당한다. 특별시・광역시 담배소비세의 45%로 도(道)는 제외한다. ①[제3조(교부금의 종류와 재원) 제2항 제2호]은 지방교육재정 교부금의 재원 중 보통교부금의 재원에 포함되며, ③[제5조의2(특별교부금의 교부) 제3항]은 조건을 붙이거나 용도를 제한할 수 있고, ④[제11조(지방자치단체의 부담) 제8항]는 시・도 및 시・군・자치구는 대통령령으로 정하는 바에 따라 관할구역에 있는 고등학교 이하 각급학교의 교육에 드는 경비를 보조할 수 있다.

07 우리나라의 현행 교육재정의 구조에 대한 설명으로 옳지 않은 것은? 21. 국가직

① 국가가 지방자치단체에 교부하는 교부금은 보통교부금과 특별교부금으로 나눈다.
② 교육부의 일반회계와 특별회계는 정부가 교육과 학예활동을 위해 투자하는 예산을 말한다.
③ 교육부 일반회계의 세출 내역 중에서 가장 규모가 큰 것은 지방교육재정 교부금이다.
④ 시・도교육비 특별회계의 세입 중에서 가장 큰 비중을 차지하는 것은 지방자치단체 일반회계로부터의 전입금이다.

해설 시・도 교육청의 지방교육재원(시・도교육비 특별회계의 세입)은 중앙정부로부터 지원되는 지방교육재정 교부금과 국고보조금, 지방자치단체(시・도)로부터 지원되는 지방자치단체의 일반회계로부터의 전입금, 그리고 교육비 특별회계 자체수입으로 구성되어 있다. 이 중 가장 규모가 큰 것은 중앙(교육부 특별회계)으로부터 전입되는 지방교육재정 교부금이다. ①은 「지방교육재정교부금법」 제3조(교부금의 종류와 재원) 제1항에 해당한다. ②에서 교육부 일반회계는 특정한 목적이 아닌, 교육부 및 국립학교의 기본적인 행정 운영 및 전국적인 교육정책 집행에 사용되는 경비를, 교육부 특별회계는 특정한 목적을 위해 마련된 재정으로, 지방교육재정교부금, 유아교육지원특별회계, 고등・평생교육지원특별회계 등이 해당된다. ③에서 지방교육재정 교부금은 교육부의 일반회계의 세출(일반회계에서 교육부 특별회계로 전입) 내역 중 가장 규모가 큰 것으로, 교육부 특별회계의 세입원에 해당한다.

08 **교육재정의 구조와 배분에 대한 설명으로 옳지 않은 것은?** 23. 지방직

① 학생이 교육을 받는 기간 동안 미취업에 따른 유실소득은 공부담 교육기회비용에 해당된다.
② 국가는 지방교육재정상 부득이한 수요가 있는 경우, 국가예산으로 정하는 바에 따라 보통교부금과 특별교부금 외에 따로 증액교부할 수 있다.
③ 시·도 및 시·군·자치구는 관할구역에 있는 고등학교 이하 각급학교의 교육경비를 보조할 수 있다.
④ 시·도의 교육·학예에 필요한 경비는 해당 지방자치단체의 교육비특별회계에서 부담한다.

해설 ①은 사부담 간접교육비(교육기회비용)에 해당한다. 공부담 간접교육비로는 건물과 장비의 감가상각비, 이자, 비영리 교육기관이 향유하는 면세의 가치 등이 해당한다. ②는 「지방교육재정교부금법」 제3조(교부금의 종류와 재원) 제4항, ③은 제11조(지방자치단체의 부담) 제8항, ④는 제11조(지방자치단체의 부담) 제1항에 해당한다.

09 **교육재정 제도와 정책에 대한 설명으로 옳지 않은 것은?** 21. 지방직

① 사립학교의 재원은 학생 등록금, 학교 법인으로부터의 전입금 두 가지로만 구성된다.
② 학부모 재원은 수업료, 입학금, 기성회비 혹은 학교 운영 지원비로 구분할 수 있다.
③ 국세교육세는 「교육세법」에 의하여 세원과 세율이 결정되고, 지방교육세는 「지방세법」에 의하여 세원과 세율이 결정된다.
④ 중앙정부가 부담하는 지방교육재정 교부금 재원은 교육세 세입액 중 일부와 내국세의 일정 비율에 해당하는 금액으로 구성된다.

해설 「사립학교법」 제29조(회계의 구분)에 따르면 학교법인의 회계는 그가 설치·경영하는 학교에 속하는 회계와 법인의 업무에 속하는 회계로 구분한다. 학교에 속하는 회계는 교비회계(校費會計)와 부속병원회계(부속병원이 있는 경우로 한정한다)로 구분할 수 있고, 교비회계는 등록금회계와 비등록금회계로 구분한다. 사립학교 예산에는 학생 등록금, 학교법인으로부터의 전입금, 국고 또는 각종 공공단체로부터의 원조 또는 보조금으로 구성된다. ④는 「지방교육재정교부금법」 제3조(교부금의 종류와 재원) 제2항에 해당한다.

10 **다음 중 각 공립학교에서 운영비를 확보하는 방식을 바르게 설명한 것을 모두 고른 것은?** 08. 중등임용

ㄱ. 수업료 등 학생 납입금액은 각 학교가 자체적으로 결정하여 징수한다.
ㄴ. 학교별로 배분되는 운영비가 부족할 경우 각 학교는 공채를 발행하여 보충한다.
ㄷ. 교육세로 확보한 재정은 각 지방자치단체에 배분되고, 각 지방자치단체는 그 재정을 공립학교에 배분한다.
ㄹ. 지방교육재정교부금의 대부분은 내국세의 법정 비율로 확보되어 각 지방자치단체를 통해 공립학교로 배분된다.

① ㄱ, ㄷ ② ㄷ, ㄹ
③ ㄱ, ㄴ, ㄹ ④ ㄴ, ㄷ, ㄹ

정답 05 ③ 06 ② 07 ④ 08 ① 09 ① 10 ②

해설 ㄷ과 ㄹ은 지방교육재정교부금 중 보통교부금에 대한 설명이다. ㄷ의 경우 「지방교육재정교부금법」 제3조(교부금의 종류와 재원) 제2항 제2호에 따르면, 해당 연도 교육세(국세) 세입액 중 일부(「유아교육지원특별회계법」과 「고등 · 평생교육지원특별회계법」에서 정하는 금액을 제외한 금액)가 보통교부금의 재원이 된다. 이렇게 교육세로 확보한 재정은 제5조(보통교부금의 교부)에 따라 교육부장관이 기준재정수입액이 기준재정수요액에 미치지 못하는 지방자치단체(시 · 도교육청)에 그 부족한 금액을 기준으로 하여 총액으로 교부하며, 교육청이 관할하는 공립학교에 분기별로 배부하여 학교 운영비 등에 사용된다. ㄹ은 제3조 제2항 제1호에 따른 보통교부금의 재원에 대한 설명이다. 내국세[목적세 및 종합부동산세, 담배에 부과하는 개별소비세 총액의 100분의 45 및 다른 법률에 따라 특별회계의 재원으로 사용되는 세목(稅目)의 해당 금액은 제외한다.] 총액의 20.79%(2,027/10,000)에 해당한다. ㄱ은 「초 · 중등교육법」 제10조(수업료 등) 제2항에 따라 "수업료와 그 밖의 납부금을 거두는 방법 등에 필요한 사항은 국립학교의 경우에는 교육부령으로 정하고, 공립 · 사립 학교의 경우에는 특별시 · 광역시 · 특별자치시 · 도 · 특별자치도의 조례로 정한다. 이 경우 국민의 교육을 받을 권리를 본질적으로 침해하는 내용을 정하여서는 아니 된다". ㄴ은 「지방재정법」 제11조(지방채의 발행) 제1항에 따라 지방자치단체의 장(시 · 도교육감)이 자금 조달에 필요할 때에 지방채를 발행할 수 있다. 특히 교육감은 「지방교육재정교부금법」 제9조 제3항에 따른 교부금 차액의 보전이나 명예퇴직(「교육공무원법」 제36조 및 「사립학교법」 제60조의3에 따른 명예퇴직을 말한다. 이하 같다) 신청자가 직전 3개 연도 평균 명예퇴직자의 100분의 120을 초과하는 경우 추가로 발생하는 명예퇴직 비용의 충당을 위하여 지방채를 발행할 수 있다.

11 **우리나라 교육 재정이 안고 있는 문제점이 아닌 것은?** 03. 유초등임용

① 교육 자치 단체의 재정 자립도가 너무 낮다.

② 교육세가 목적세로서의 역할을 다하지 못하고 있다.

③ 담배세와 주세에 교육세를 부과함으로써 세원이 안정적이지 못하다.

④ 지방교육재정교부금법이 지방자치단체 간의 교육비 불균형을 심화시키고 있다.

해설 「지방교육재정교부금법」 제1조(목적)에 따르면 이 법은 지방자치단체가 교육기관 및 교육행정기관(그 소속기관을 포함)을 설치 · 경영하는 데 필요한 재원(財源)의 전부 또는 일부를 국가가 교부하여 교육의 균형 있는 발전을 도모함을 목적으로 한다고 명시하고 있다. 그러므로 ④는 잘못되었다.

02 실전 예상문제

01 **「지방교육재정교부금법」의 목적으로 가장 알맞은 것은?**

① 교육의 질 향상

② 교육의 균형 있는 발전 도모

③ 지방교육재정 확충

④ 국가의 교육지원 책무 강화

해설 「지방교육재정교부금법」 제1조(목적)는 "이 법은 지방자치단체가 교육기관 및 교육행정기관(그 소속기관을 포함한다. 이하 같다)을 설치 · 경영하는 데 필요한 재원의 전부 또는 일부를 국가가 교부하여 교육의 균형 있는 발전을 도모함을 목적으로 한다."고 명시하고 있다.

02 「지방교육재정교부금법」에서 정의하는 '기준재정수요액'에 대한 설명으로 옳은 것은?

① 지방교육 및 그 행정 운영에 필요한 실제 지출액을 말한다.
② 지방교육 및 그 행정 운영에 관한 재정수요를 제6조에 따라 산정한 금액을 말한다.
③ 일반회계 전입금 등 교육·학예에 관한 지방자치단체 교육비특별회계의 수입예상액을 말한다.
④ 지방교육행정을 부문별로 설정하여 그 부문별 양(量)을 측정하기 위한 단위를 말한다.

해설 「지방교육재정교부금법」 제2조(정의) 제1호에 따르면 '기준재정수요액'이란 지방교육 및 그 행정 운영에 관한 재정수요를 제6조에 따라 산정한 금액을 말한다. 또한 제6조(기준재정수요액) 제1항에서는 "기준재정수요액은 각 측정항목별로 측정단위의 수치를 그 단위비용에 곱하여 얻은 금액을 합산한 금액으로 한다"고 명시하고 있다. ①은 실제 지출액은 '기준재정수요액'과 다를 수 있으며, ③은 제7조 제1항에 따른 '기준재정수입액'에 해당한다. ④(제2조)는 '측정단위'에 해당한다.

03 시·도 교육청 교육비특별회계 재원 중 중앙정부에서 지원해 주는 경비에 해당하는 것을 모두 고르면?

ㄱ. 보통교부금	ㄴ. 지방교육세 전입금
ㄷ. 담배소비세 전입금	ㄹ. 특별교부금
ㅁ. 시·도세 전입금	ㅂ. 특별부과금, 수수료, 사용료

① ㄱ, ㄷ, ㄹ
② ㄴ, ㄷ, ㅁ
③ ㄱ, ㄹ
④ ㄴ, ㄷ, ㅁ, ㅂ

해설 「지방교육재정교부금법」에 따르면 ㄱ[제5조(보통교부금의 교부) 제1항]과 ㄹ[제5조의2(특별교부금의 교부) 제1항]은 지방교육의 균형 있는 발전을 도모하기 위해 국가(교육부장관)에서 교부해 주는 지방교육재정 교부금에 해당한다. ㄴ, ㄷ과 ㅁ은 제11조(지방자치단체의 부담) 제2항에 따른 지방자치단체(시·도)의 일반회계로부터 시·도 교육청 교육비 특별회계로 지원해 주는 전입금에 해당한다. ㅂ은 시·도교육청(교육비 특별회계) 자체수입에 해당한다.

04 국가가 지방자치단체에 교부하는 교부금의 종류가 아닌 것은?

① 보통교부금
② 특별교부금
③ 국고보조금
④ 증액교부금

해설 「지방교육재정교부금법」 제3조(교부금의 종류와 재원) 제1항은 "국가가 제1조의 목적을 위하여 지방자치단체에 교부하는 교부금은 보통교부금과 특별교부금으로 나눈다."고 명시하고 있다. 또한, 제3조 제4항은 "국가는 지방교육재정상 부득이한 수요가 있는 경우에는 국가예산으로 정하는 바에 따라 제1항 및 제2항에 따른 교부금 외에 따로 증액교부할 수 있다."고 규정하고 있다. 국고보조금은 다른 법률에 따라 지급되는 것이므로, 지방교육재정교부금법상 교부금의 종류에 속하지 않는다.

정답 11 ④ / 01 ② 02 ② 03 ③ 04 ③

05 지방교육재정 중 특별교부금의 교부 기준으로 옳지 않은 것은?

① 전국에 걸쳐 시행하는 교육 관련 국가시책사업으로 따로 재정지원계획을 수립하여 지원하여야 할 특별한 재정수요가 있을 때
② 지방교육행정 및 지방교육재정의 운용실적이 우수한 지방자치단체에 대한 재정지원이 필요할 때
③ 기준재정수요액의 산정방법으로 파악할 수 있는 특별한 지역교육현안에 대한 재정수요가 있을 때
④ 보통교부금의 산정기일 후에 발생한 재해로 인하여 특별한 재정수요가 생기거나 재정수입이 감소하였을 때 또는 재해를 예방하기 위한 특별한 재정수요가 있는 때

해설 「지방교육재정교부금법」 제3조(교부금의 종류와 재원) 제1항에 따르면 지방교육재정교부금은 보통교부금과 특별교부금으로 나눈다. 이 중 보통교부금은 지방교육행정기관의 경상적 경비지출에 활용되며, 특별교부금(제5조의2 제1항)은 국가시책사업수요 또는 우수지방자치단체 교부(재원의 60%), 지역교육현안수요(재원의 30%), 재해대책수요 또는 재정입감소 수요(재원의 10%) 발생시 교부한다. ③은 기준재정수요액의 산정방법으로 파악할 수 없는 특별한 지역교육현안에 대한 재정수요가 있을 때 재원의 30/100을 교부할 수 있다. 파악할 수 있는 지역교육현안에 대한 재정수요는 보통교부금에 반영하여 책정한다.

06 교육비 특별회계의 세입원 중 지방자치단체 일반회계로부터의 전입금에 포함되지 않는 것은?

① 담배소비세 전입금
② 시 · 도세 전입금
③ 지방교육재정교부금
④ 지방교육세 전입금

해설 시 · 도 교육청 교육재원, 즉 교육비 특별회계의 세입원은 중앙정부로부터 지원되는 지방교육재정교부금과 국고보조금, 지방자치단체로부터 지원되는 지방자치단체의 일반회계로부터의 전입금, 그리고 교육비 특별회계 자체수입으로 충당한다. 이 중 지방자치단체의 일반회계로부터의 전입금[「지방교육재정교부금법」 제11조(지방자치단체의 부담) 제2항]은 지방교육세 전입금(④), 담배소비세 전입금(①), 시 · 도세(지방세) 전입금(②), 기타 전입금으로 구성된다. ③[제5조(보통교부금의 교부), 제5조의2(특별교부금의 교부)]은 교육부장관이 교부하는 중앙정부로부터의 이전 수입에 해당한다.

07 「지방교육재정교부금법」에 따른 규정이 잘못 진술된 것은?

① 국가는 의무교육기관 교원 수의 증감 등 불가피한 사유로 지방교육재정상 필요한 인건비가 크게 달라질 때에는 내국세 증가에 따른 교부금 증가 등을 고려하여 교부율을 보정(補正)하여야 한다.
② 교육부장관은 시 · 도의 교육감이 조건이나 용도를 위반하여 특별교부금을 사용하거나 2년 이상 사용하지 아니하는 경우에는 그 반환을 명하거나 다음에 교부할 특별교부금에서 해당 금액을 감액할 수 있다.
③ 기준재정수입액의 측정항목과 측정단위는 대통령령으로 정하고, 단위비용은 대통령령으로 정하는 기준 이내에서 물가변동 등을 고려하여 교육부령으로 정한다.
④ 교부금이 산정자료의 착오 또는 거짓으로 인하여 부당하게 교부되었을 때에는 교육부장관은 해당 시 · 도가 정당하게 받을 수 있는 교부금액을 초과하는 금액을 다음에 교부할 교부금에서 감액한다.

해설 ③은 「지방교육재정교부금법」 제6조 제2항으로, 기준재정수요액에 대한 내용이다. 기준재정수요액은 각 측정항목별로 측정단위의 수치를 그 단위비용에 곱하여 얻은 금액을 합산한 금액으로 한다(제1항). ①은 제4조(교부율의 보정), ②는 제5조의2(특별교부금의 교부) 제4항, ④는 제8조(교부금의 조정 등) 제1항에 해당한다.

정답 05 ③ 06 ③ 07 ③

05 TOPIC 학생과 학교경영

02

01 학교폭력 예방 및 대책에 관한 법률(학교폭력예방법)

⇨ 「학교폭력 예방 및 대책에 관한 법률 시행령」 일부 포함

관련 이론 • 제13장 교육행정 – 제10절 교육인사행정론 및 학교실무 7 학교실무

1 주요 내용

※ 「학교폭력 예방 및 대책에 관한 법률 시행령」(대통령령)의 내용도 일부 포함하고 있음.

제1조 【목적】 이 법은 학교폭력의 예방과 대책에 필요한 사항을 규정함으로써 피해학생의 보호, 가해학생의 선도·교육 및 피해학생과 가해학생 간의 분쟁조정을 통하여 학생의 인권을 보호하고 학생을 건전한 사회구성원으로 육성함을 목적으로 한다.

제2조 【정의】 이 법에서 사용하는 용어의 정의는 다음 각 호와 같다.

1. "학교폭력"이란 학교 내외에서 학생을 대상으로 발생한 상해, 폭행, 감금, 협박, 약취·유인, 명예훼손·모욕, 공갈, 강요·강제적인 심부름 및 성폭력, 따돌림, 사이버폭력 등에 의하여 신체·정신 또는 재산상의 피해를 수반하는 행위를 말한다. 23. 국가직

1의2. "따돌림"이란 학교 내외에서 2명 이상의 학생들이 특정인이나 특정집단의 학생들을 대상으로 지속적이거나 반복적으로 신체적 또는 심리적 공격을 가하여 상대방이 고통을 느끼도록 하는 모든 행위를 말한다.

1의3. "사이버폭력"이란 정보통신망(「정보통신망 이용촉진 및 정보보호 등에 관한 법률」 제2조 제1항 제1호의 정보통신망을 말한다)을 이용하여 학생을 대상으로 발생한 따돌림과 그 밖에 신체·정신 또는 재산상의 피해를 수반하는 행위를 말한다.

2. "학교"란 「초·중등교육법」 제2조에 따른 초등학교·중학교·고등학교·특수학교 및 각종학교와 같은 법 제61조에 따라 운영하는 학교를 말한다.
3. "가해학생"이란 가해자 중에서 학교폭력을 행사하거나 그 행위에 가담한 학생을 말한다.
4. "피해학생"이란 학교폭력으로 인하여 피해를 입은 학생을 말한다.
5. "장애학생"이란 신체적·정신적·지적 장애 등으로 「장애인 등에 대한 특수교육법」 제15조에서 규정하는 특수교육이 필요한 학생을 말한다.

제4조 【국가 및 지방자치단체의 책무】 ① 국가 및 지방자치단체는 학교폭력을 예방하고 근절하기 위하여 조사·연구·교육·계도 등 필요한 법적·제도적 장치를 마련하여야 한다.

② 국가 및 지방자치단체는 청소년 관련 단체 등 민간의 자율적인 학교폭력 예방활동과 피해학생의 보호 및 가해학생의 선도·교육활동을 장려하여야 한다.

③ 국가 및 지방자치단체는 제2항에 따른 청소년 관련 단체 등 민간이 건의한 사항에 대하여는 관련 시책에 반영하도록 노력하여야 한다.

④ 국가 및 지방자치단체는 제1항부터 제3항까지의 규정에 따른 책무를 다하기 위하여 필요한 행정적·재정적 지원을 하여야 한다.

제5조 【다른 법률과의 관계】 ① 학교폭력의 규제, 피해학생의 보호 및 가해학생에 대한 조치에 관하여 다른 법률에 특별한 규정이 있는 경우를 제외하고는 이 법을 적용한다.

② 제2조 제1호 중 성폭력은 다른 법률에 규정이 있는 경우에는 이 법을 적용하지 아니한다.

제6조【기본계획의 수립 등】 ① 교육부장관은 이 법의 목적을 효율적으로 달성하기 위하여 학교폭력의 예방 및 대책에 관한 정책 목표 · 방향을 설정하고, 이에 따른 학교폭력의 예방 및 대책에 관한 기본계획(이하 "기본계획"이라 한다)을 제7조에 따른 학교폭력대책위원회의 심의를 거쳐 수립 · 시행하여야 한다.

② 기본계획은 다음 각 호의 사항을 포함하여 5년마다 수립하여야 한다. 이 경우 교육부장관은 관계 중앙행정기관 등의 의견을 수렴하여야 한다. 23. 국가직 7급

1. 학교폭력의 근절을 위한 조사 · 연구 · 교육 및 계도
2. 피해학생에 대한 치료 · 재활 등의 지원
3. 학교폭력 관련 행정기관 및 교육기관 상호 간의 협조 · 지원
4. 제14조 제1항에 따른 전문상담교사의 배치 및 이에 대한 행정적 · 재정적 지원
5. 학교폭력의 예방과 피해학생 및 가해학생의 치료 · 교육을 수행하는 청소년 관련 단체(이하 "전문단체"라 한다) 또는 전문가에 대한 행정적 · 재정적 지원
6. 그 밖에 학교폭력의 예방 및 대책을 위하여 필요한 사항

③ 교육부장관은 학교에서 학교폭력에 효과적으로 대응할 수 있도록 학교폭력 사안처리 및 예방교육 등에 관한 안내서를 개발 · 보급하여야 한다.

④ 교육부장관은 대통령령으로 정하는 바에 따라 특별시 · 광역시 · 특별자치시 · 도 및 특별자치도(이하 "시 · 도"라 한다) 교육청의 학교폭력 예방 및 대책과 그에 대한 성과를 평가하고, 이를 공표하여야 한다.

학교폭력의 예방 및 대책에 관한 계획 수립

계획유형	수립주체	내용	비고
기본계획 (제6조)	교육부장관	1. 학교폭력의 근절을 위한 조사 · 연구 · 교육 및 계도 2. 피해학생에 대한 치료 · 재활 등의 지원 3. 학교폭력 관련 행정기관 및 교육기관 상호 간의 협조 · 지원 4. 전문상담교사의 배치 및 이에 대한 행정적 · 재정적 지원 5. 학교폭력의 예방과 피해학생 및 가해학생의 치료 · 교육을 수행하는 청소년 관련 단체 또는 전문가에 대한 행정적 · 재정적 지원 6. 그 밖에 학교폭력의 예방 및 대책을 위하여 필요한 사항	매 5년마다
학교폭력예방 대책(제10조)	지역위원회 (제9조)	기본계획에 따라 지역의 학교폭력예방대책 수립	매년
실시계획(제11조)	학교장	학교폭력의 예방에 대한 실시계획을 수립 · 시행	

제6조의2【학교폭력 대응 전문교육기관 및 센터 운영 등】 ① 국가는 학생 치유 · 회복을 위한 보호시설 운영, 연구 및 교육 등을 수행하는 전문교육기관을 설치 · 운영할 수 있다.

② 국가는 학교폭력의 효과적인 예방 및 대응을 위한 센터(이하 "학교폭력 예방센터"라 한다)를 지정 · 운영할 수 있다.

③ 제1항에 따른 전문교육기관의 설치 · 운영과 제2항에 따른 학교폭력 예방센터의 지정 · 운영에 관한 사항은 대통령령으로 정한다.

제7조 【학교폭력대책위원회의 설치 · 기능】 학교폭력의 예방 및 대책에 관한 다음 각 호의 사항을 심의하기 위하여 국무총리 소속으로 학교폭력대책위원회(이하 "대책위원회"라 한다)를 둔다. 23. 국가직 7급

1. 학교폭력의 예방 및 대책에 관한 기본계획의 수립 및 시행에 대한 평가
2. 학교폭력과 관련하여 관계 중앙행정기관 및 지방자치단체의 장이 요청하는 사항
3. 학교폭력과 관련하여 교육청, 제9조에 따른 학교폭력대책지역위원회, 제10조의2에 따른 학교폭력대책지역협의회, 제12조에 따른 학교폭력대책심의위원회, 전문단체 및 전문가가 요청하는 사항

학교폭력의 예방을 위한 대책기구 설치: 아래 사항 이외의 규정은 대통령령으로 규정

유형	설립주체	기능	구성
학교폭력 대책 위원회 (제7조~제8조)	국무총리 소속 기구	1. 학교폭력의 예방 및 대책에 관한 기본계획의 수립 및 시행에 대한 평가 2. 학교폭력과 관련하여 관계중앙행정기관 및 지방자치단체의 장이 요청하는 사항 3. 학교폭력과 관련하여 교육청, 학교폭력대책지역위원회, 학교폭력대책지역협의회, 학교폭력대책심의위원회, 전문단체 및 전문가가 요청하는 사항	• 위원장(2명): 국무총리와 학교폭력 대책에 관한 전문지식과 경험이 풍부한 전문가 중에서 대통령이 위촉하는 사람 • 간사(1명): 교육부 장관 • 위원: 20명 이내, 임기 2년(연임 가능) 1. 기획재정부장관, 교육부장관, 과학기술정보통신부장관, 법무부장관, 행정안전부장관, 문화체육관광부장관, 보건복지부장관, 여성가족부장관, 방송통신위원회 위원장, 경찰청장 ⇨ 당연직 위원 2. 학교폭력 대책에 관한 전문지식과 경험이 풍부한 전문가 중에서 제1호의 위원이 각각 1명씩 추천하는 사람 3. 관계 중앙행정기관에 소속된 3급 공무원 또는 고위공무원단에 속하는 공무원으로서 청소년 또는 의료 관련 업무를 담당하는 사람 4. 대학이나 공인된 연구기관에서 조교수 이상 또는 이에 상당한 직에 있거나 있었던 사람으로서 학교폭력 문제 및 이에 따른 상담 또는 심리에 관하여 전문지식이 있는 사람 5. 판사 · 검사 · 변호사 6. 전문단체에서 청소년보호활동을 5년 이상 전문적으로 담당한 사람 7. 의사의 자격이 있는 사람 8. 학교운영위원회 활동 및 청소년보호활동 경험이 풍부한 학부모
학교폭력 대책 지역 위원회 (제9조~제10조)	시 · 도지사	지역의 학교폭력 문제해결: 기본계획에 따라 지역의 학교폭력 예방대책을 매년 수립	• 위원장(1인): 시 · 도의 부단체장 • 위원: 11인 이내

학교폭력 대책 지역 협의회 (제10조의2)	시·군·구	• 학교폭력예방 대책 수립 • 기관별 추진 계획 및 상호협력지원방안 등을 협의	위원장 1명 포함 20명 내외의 위원으로 구성
전담부서 (제11조)	시·도교육청(교육감)	학교폭력의 예방·대책 및 법률지원 포함 통합지원 담당	
학교폭력 대책 심의 위원회 (제12조~제13조)	시·군·구 교육지원청 (교육장)	1. 학교폭력의 예방 및 대책 2. 피해학생의 보호 3. 가해학생에 대한 교육, 선도 및 징계 4. 피해학생과 가해학생 간의 분쟁조정: 1월을 넘지 못한다. 5. 그밖에 대통령령으로 정하는 사항	• 위원: 10명 이상 50명 이내 ⇨ 전체위원의 3분의 1 이상을 해당 교육지원청 관할구역 내 학교(고등학교 포함)에 소속된 학생의 학부모로 위촉한다. • 회의 소집 1. 심의위원회 재적위원 4분의 1 이상이 요청하는 경우 2. 학교의 장이 요청하는 경우 3. 피해학생 또는 그 보호자가 요청하는 경우 4. 학교폭력이 발생한 사실을 신고받거나 보고받은 경우 5. 그 밖에 위원장이 필요하다고 인정하는 경우 • 회의의 일시, 장소, 출석위원, 토의내용 및 의결사항 등이 기록된 회의록을 작성·보존하여야 한다.

제8조 【대책위원회의 구성】 ① 대책위원회는 위원장 2명을 포함하여 20명 이내의 위원으로 구성한다.

② 위원장은 국무총리와 학교폭력 대책에 관한 전문지식과 경험이 풍부한 전문가 중에서 대통령이 위촉하는 사람이 공동으로 되고, 위원장 모두가 부득이한 사유로 직무를 수행할 수 없을 때에는 국무총리가 지명한 위원이 그 직무를 대행한다.

③ 위원은 다음 각 호의 사람 중에서 대통령이 위촉하는 사람으로 한다. 다만, 제1호의 경우에는 당연직 위원으로 한다.

1. 기획재정부장관, 교육부장관, 과학기술정보통신부장관, 법무부장관, 행정안전부장관, 문화체육관광부장관, 보건복지부장관, 여성가족부장관, 방송통신위원회 위원장, 경찰청장
2. 학교폭력 대책에 관한 전문지식과 경험이 풍부한 전문가 중에서 제1호의 위원이 각각 1명씩 추천하는 사람
3. 관계 중앙행정기관에 소속된 3급 공무원 또는 고위공무원단에 속하는 공무원으로서 청소년 또는 의료 관련 업무를 담당하는 사람
4. 대학이나 공인된 연구기관에서 조교수 이상 또는 이에 상당한 직에 있거나 있었던 사람으로서 학교폭력 문제 및 이에 따른 상담 또는 심리에 관하여 전문지식이 있는 사람
5. 판사·검사·변호사
6. 전문단체에서 청소년보호활동을 5년 이상 전문적으로 담당한 사람
7. 의사의 자격이 있는 사람
8. 학교운영위원회 활동 및 청소년보호활동 경험이 풍부한 학부모

④ 위원장을 포함한 위원의 임기는 2년으로 하되, 한 차례에 한정하여 연임할 수 있다.
⑤ 위원회의 효율적 운영 및 지원을 위하여 간사 1명을 두되, 간사는 교육부장관이 된다.
⑥ 위원회에 상정할 안건을 미리 검토하는 등 안건 심의를 지원하고, 위원회가 위임한 안건을 심의하기 위하여 대책위원회에 학교폭력대책실무위원회(이하 "실무위원회"라 한다)를 둔다.
⑦ 그 밖에 대책위원회의 운영과 실무위원회의 구성·운영에 필요한 사항은 대통령령으로 정한다.

제9조 【학교폭력대책지역위원회의 설치】 ① 지역의 학교폭력 문제를 해결하기 위하여 시·도에 학교폭력대책지역위원회(이하 "지역위원회"라 한다)를 둔다.
② 특별시장·광역시장·특별자치시장·도지사 및 특별자치도지사는 지역위원회의 운영 및 활동에 관하여 시·도의 교육감(이하 "교육감"이라 한다)과 협의하여야 하며, 그 효율적인 운영을 위하여 실무위원회를 둘 수 있다.
③ 지역위원회는 위원장 1인을 포함한 11인 이내의 위원으로 구성한다.
④ 지역위원회 및 제2항에 따른 실무위원회의 구성·운영에 필요한 사항은 대통령령으로 정한다.

제10조 【학교폭력대책지역위원회의 기능 등】 ① 지역위원회는 기본계획에 따라 지역의 학교폭력 예방대책을 매년 수립한다.
② 지역위원회는 해당 지역에서 발생한 학교폭력에 대하여 교육감 및 시·도경찰청장에게 관련 자료를 요청할 수 있다.
③ 교육감은 지역위원회의 의견을 들어 제16조 제1항 제1호부터 제3호까지나 제17조 제1항 제5호에 따른 상담·치료 및 교육을 담당할 상담·치료·교육 기관을 지정하여야 한다.
④ 교육감은 제3항에 따른 상담·치료·교육 기관을 지정한 때에는 해당 기관의 명칭, 소재지, 업무를 인터넷 홈페이지에 게시하고, 그 밖에 다양한 방법으로 학부모에게 알릴 수 있도록 노력하여야 한다.

제10조의2 【학교폭력대책지역협의회의 설치·운영】 ① 학교폭력예방 대책을 수립하고 기관별 추진계획 및 상호 협력·지원 방안 등을 협의하기 위하여 시·군·구에 학교폭력대책지역협의회(이하 "지역협의회"라 한다)를 둔다.
② 지역협의회는 위원장 1명을 포함한 20명 내외의 위원으로 구성한다.
③ 그 밖에 지역협의회의 구성·운영에 필요한 사항은 대통령령으로 정한다.

제11조 【교육감의 임무】 ① 교육감은 시·도교육청에 학교폭력의 예방·대책 및 법률지원을 포함한 통합 지원을 담당하는 전담부서를 설치·운영하여야 한다. 23. 국가직 7급
② 교육감은 관할 구역 안에서 학교폭력이 발생한 때에는 해당 학교의 장 및 관련 학교의 장에게 그 경과 및 결과의 보고를 요구할 수 있다.
③ 교육감은 관할 구역 안의 학교폭력이 관할 구역 외의 학교폭력과 관련이 있는 때에는 그 관할 교육감과 협의하여 적절한 조치를 취하여야 한다.
④ 교육감은 학교의 장으로 하여금 학교폭력의 예방 및 대책에 관한 실시계획을 수립·시행하도록 하여야 한다.
⑤ 교육감은 제12조에 따른 심의위원회가 처리한 학교의 학교폭력빈도를 학교의 장에 대한 업무수행 평가에 부정적 자료로 사용하여서는 아니 된다. 14. 국가직
⑥ 교육감은 제17조 제1항 제8호에 따른 전학의 경우 그 실현을 위하여 필요한 조치를 취하여야 하며, 제17조 제1항 제9호에 따른 퇴학처분의 경우 해당 학생의 건전한 성장을 위하여 다른 학교 재입학 등의 적절한 대책을 강구하여야 한다.

⑦ 교육감은 대책위원회 및 지역위원회에 관할 구역 안의 학교폭력의 실태 및 대책에 관한 사항을 보고하고 공표하여야 한다. 관할 구역 밖의 학교폭력 관련 사항 중 관할 구역 안의 학교와 관련된 경우에도 또한 같다.

⑧ 교육감은 학교폭력의 실태를 파악하고 학교폭력에 대한 효율적인 예방대책을 수립하기 위하여 학교폭력 실태조사를 연 2회 이상 실시하고 그 결과를 공표하여야 한다. 14. 국가직

⑨ 교육감은 학교폭력 등에 관한 조사, 상담, 치유프로그램 운영, 학생 치유·회복을 위한 보호시설 운영, 법률지원을 포함한 통합지원 등을 위한 전문기관을 설치·운영하여야 한다.

⑩ 교육감은 제14조 제3항에 따른 전담기구 구성원의 학교폭력 관련 전문성 향상을 위한 교육 등을 실시할 수 있다.

⑪ 교육감은 관할 구역에서 학교폭력이 발생한 때에 해당 학교의 장 또는 소속 교원이 그 경과 및 결과를 보고하면서 축소 및 은폐를 시도한 경우에는 「교육공무원법」 제50조 및 「사립학교법」 제62조에 따른 징계위원회에 징계의결을 요구하여야 한다.

⑫ 교육감은 관할 구역에서 학교폭력의 예방 및 대책 마련에 기여한 바가 큰 학교 또는 소속 교원에게 상훈을 수여하거나 소속 교원의 근무성적 평정에 가산점을 부여할 수 있다.

⑬ 교육감은 학교의 장 및 교감을 대상으로 학교폭력 예방 및 대책 등에 관한 교육을 매년 1회 이상 실시하여야 한다.

⑭ 제1항에 따라 설치되는 전담부서의 구성과 제8항에 따라 실시하는 학교폭력 실태조사, 제9항에 따른 전문기관의 설치 및 제13항에 따른 교육의 실시에 필요한 사항은 대통령령으로 정한다.

제11조의2【학교폭력 조사·상담 등】 ① 교육감은 학교폭력 예방과 사후조치 등을 위하여 다음 각 호의 조사·상담 등을 수행할 수 있다.

1. 학교폭력 피해학생 상담 및 가해학생 조사
2. 필요한 경우 가해학생 학부모 조사
3. 학교폭력 예방 및 대책에 관한 계획의 이행 지도
4. 관할 구역 학교폭력서클 단속
5. 학교폭력 예방을 위하여 민간 기관 및 업소 출입·검사
6. 그 밖에 학교폭력 등과 관련하여 필요한 사항

② 교육감은 제1항의 조사·상담 등의 업무를 대통령령으로 정하는 기관 또는 단체에 위탁할 수 있다.

제11조의3【관계 기관과의 협조 등】 ① 교육부장관, 교육감, 지역 교육장, 학교의 장은 학교폭력과 관련한 개인정보 등을 경찰청장, 시·도경찰청장, 관할 경찰서장 및 관계 기관의 장에게 요청할 수 있다. 14. 국가직

제11조의4【학교폭력 업무 담당자에 대한 지원 및 면책】 ① 학교의 장은 제14조 제3항에 따른 책임교사(학교폭력문제를 담당하는 교사)의 활동을 지원하기 위하여 수업시간을 조정하는 등 필요한 조치를 하여야 한다.

② 교육부장관 및 교육감은 학교폭력 예방 및 대응 업무를 수행하는 교원의 활동을 지원하기 위하여 「교원의 지위 향상 및 교육활동 보호를 위한 특별법」 제14조의2에 따른 법률지원단을 통하여 학교폭력과 관련된 상담 및 민사소송이나 형사 고소·고발 등을 당한 경우 이에 대한 상담 등 필요한 법률서비스를 제공할 수 있다.

③ 학교의 장 및 교원이 학교폭력 예방 및 대응을 위하여 「초·중등교육법」 등 관계 법령에 따라 학생생활지도를 실시하는 경우 해당 학생생활지도가 관계 법령 및 학칙을 준수하여 이루어진 정당한 학교폭력사건 처리 또는 학생생활지도에 해당하는 때에는 학교의 장 및 교원은 그로 인한 민사상·형사상 책임을 지지 아니한다.

제12조 【학교폭력대책심의위원회의 설치 · 기능】 16. 국가직 7급 ① 학교폭력의 예방 및 대책에 관련된 사항을 심의하기 위하여 「지방교육자치에 관한 법률」 제34조 및 「제주특별자치도 설치 및 국제자유도시 조성을 위한 특별법」 제80조에 따른 교육지원청(교육지원청이 없는 경우 해당 시 · 도 조례로 정하는 기관으로 한다. 이하 같다)에 학교폭력대책심의위원회(이하 "심의위원회"라 한다)를 둔다. 다만, 심의위원회 구성에 있어 대통령령으로 정하는 사유가 있는 경우에는 교육감 보고를 거쳐 둘 이상의 교육지원청이 공동으로 심의위원회를 구성할 수 있다.

② 심의위원회는 학교폭력의 예방 및 대책 등을 위하여 다음 각 호의 사항을 심의한다.

1. 학교폭력의 예방 및 대책
2. 피해학생의 보호
3. 가해학생에 대한 교육, 선도 및 징계
4. 피해학생과 가해학생 간의 분쟁조정
5. 그 밖에 대통령령으로 정하는 사항

③ 심의위원회는 해당 지역에서 발생한 학교폭력에 대하여 조사할 수 있고 학교장 및 관할 경찰서장에게 관련 자료를 요청할 수 있다.

④ 심의위원회의 설치 · 기능 등에 필요한 사항은 지역 및 교육지원청의 규모 등을 고려하여 대통령령으로 정한다.

제13조 【심의위원회의 구성 · 운영】 ① 심의위원회는 10명 이상 50명 이내의 위원으로 구성하되, 전체위원의 3분의 1 이상을 해당 교육지원청 관할 구역 내 학교(고등학교를 포함한다)에 소속된 학생의 학부모로 위촉하여야 한다.

② 심의위원회의 위원장은 다음 각 호의 어느 하나에 해당하는 경우에 회의를 소집하여야 한다.

1. 심의위원회 재적위원 4분의 1 이상이 요청하는 경우
2. 학교의 장이 요청하는 경우
3. 피해학생 또는 그 보호자가 요청하는 경우
4. 학교폭력이 발생한 사실을 신고받거나 보고받은 경우
5. 가해학생이 협박 또는 보복한 사실을 신고받거나 보고받은 경우
6. 그 밖에 위원장이 필요하다고 인정하는 경우

③ 심의위원회는 회의의 일시, 장소, 출석위원, 토의내용 및 의결사항 등이 기록된 회의록을 작성 · 보존하여야 한다.

④ 제2항에 따라 회의가 소집되는 경우 교육장(교육지원청이 없는 경우 해당 시 · 도 조례로 정하는 기관의 장)은 가해학생 · 피해학생 및 그 보호자에게 다음 각 호의 사항을 통지하여야 한다.

1. 회의 일시 · 장소와 안건
2. 조치 요청사항 등 회의 결과

⑤ 심의위원회는 심의 과정에서 소아청소년과 의사, 정신건강의학과 의사, 심리학자, 그 밖의 아동심리와 관련된 전문가를 출석하게 하거나 서면 등의 방법으로 의견을 청취할 수 있고, 피해학생이 상담 · 치료 등을 받은 경우 해당 전문가 또는 전문의 등으로부터 의견을 청취할 수 있다. 다만, 심의위원회는 피해학생 또는 그 보호자의 의사를 확인하여 피해학생 또는 그 보호자의 요청이 있는 경우에는 반드시 의견을 청취하여야 한다.

⑥ 그 밖에 심의위원회의 구성 · 운영에 필요한 사항은 대통령령으로 정한다.

제13조의2 【학교의 장의 자체해결】 23. 국가직 ① 제13조 제2항 제4호 및 제5호에도 불구하고 다음 각 호에 모두 해당하는 경미한 학교폭력에 대하여 피해학생 및 그 보호자가 심의위원회의 개최를 원하지 아니하는 경우 학교의 장은 학교폭력사건을 자체적으로 해결할 수 있다. 이 경우 학교의 장은 지체 없이 이를 심의위원회에 보고하여야 한다.

1. 2주 이상의 신체적 · 정신적 치료가 필요한 진단서를 발급받지 않은 경우
2. 재산상 피해가 없는 경우 또는 재산상 피해가 즉각 복구되거나 복구 약속이 있는 경우
3. 학교폭력이 지속적이지 않은 경우
4. 학교폭력에 대한 신고, 진술, 자료제공 등에 대한 보복행위(정보통신망을 이용한 행위를 포함한다)가 아닌 경우

② 학교의 장은 제1항에 따라 사건을 해결하려는 경우 다음 각 호에 해당하는 절차를 모두 거쳐야 한다.

1. 피해학생과 그 보호자의 심의위원회 개최 요구 의사의 서면 확인
2. 학교폭력의 경중에 대한 제14조 제3항에 따른 전담기구의 서면 확인 및 심의

③ 학교의 장은 제1항에 따른 경미한 학교폭력에 대하여 피해학생 및 그 보호자가 심의위원회의 개최를 원하는 경우 피해학생과 가해학생 사이의 관계회복을 위한 프로그램(이하 “관계회복 프로그램”이라 한다)을 권유할 수 있다.

④ 국가 및 지방자치단체는 관계회복 프로그램의 개발 · 보급 및 운영을 위하여 필요한 경우 행정적 · 재정적 지원을 할 수 있다.

⑤ 그 밖에 학교의 장이 학교폭력을 자체적으로 해결하는 데에 필요한 사항은 대통령령으로 정한다.

제14조 【전문상담교사 배치 및 전담기구 구성】 ① 학교의 장은 학교에 대통령령으로 정하는 바에 따라 상담실을 설치하고, 「초 · 중등교육법」 제19조의2에 따라 전문상담교사를 둔다.

② 전문상담교사는 학교의 장 및 심의위원회의 요구가 있는 때에는 학교폭력에 관련된 피해학생 및 가해학생과의 상담결과를 보고하여야 한다.

③ 학교의 장은 교감, 전문상담교사, 보건교사 및 책임교사(학교폭력문제를 담당하는 교사를 말한다), 학부모 등으로 학교폭력문제를 담당하는 전담기구(이하 “전담기구”라 한다)를 구성한다. 이 경우 학부모는 전담기구 구성원의 3분의 1 이상이어야 한다.

④ 학교의 장은 학교폭력 사태를 인지한 경우 지체 없이 전담기구 또는 소속 교원으로 하여금 가해 및 피해 사실 여부를 확인하도록 하고, 전담기구로 하여금 제13조의2에 따른 학교의 장의 자체해결 부의 여부를 심의하도록 한다.

⑤ 전담기구는 학교폭력에 대한 실태조사(이하 “실태조사”라 한다)와 학교폭력 예방 프로그램을 구성 · 실시하며, 학교의 장 및 심의위원회의 요구가 있는 때에는 학교폭력에 관련된 조사결과 등 활동결과를 보고하여야 한다.

⑥ 피해학생 또는 피해학생의 보호자는 피해사실 확인을 위하여 전담기구에 실태조사를 요구할 수 있다.

⑦ 국가 및 지방자치단체는 실태조사에 관한 예산을 지원하고, 관계 행정기관은 실태조사에 협조하여야 하며, 학교의 장은 전담기구에 행정적 · 재정적 지원을 할 수 있다.

⑧ 전담기구는 성폭력 등 특수한 학교폭력사건에 대한 실태조사의 전문성을 확보하기 위하여 필요한 경우 전문기관에 그 실태조사를 의뢰할 수 있다. 이 경우 그 의뢰는 심의위원회 위원장의 심의를 거쳐 학교의 장 명의로 하여야 한다.

⑨ 그 밖에 전담기구 운영 등에 필요한 사항은 대통령령으로 정한다.

제15조 【학교폭력 예방교육 등】 ① 학교의 장은 학생의 육체적·정신적 보호와 학교폭력의 예방을 위한 학생들에 대한 교육(학교폭력의 개념·실태 및 대처방안 등을 포함하여야 한다)을 학기별로 1회 이상 실시하여야 한다.

② 학교의 장은 학교폭력의 예방 및 대책 등을 위한 교직원 및 학부모에 대한 교육을 학기별로 1회 이상 실시하여야 한다. 23. 국가직

③ 학교의 장은 학교폭력을 예방하기 위하여 교사·학생·학부모 등 학교구성원이 학교폭력에 대한 책임을 인식하고 실천할 수 있도록 필요한 사항을 정하여 운영할 수 있다.

④ 학교의 장은 제1항에 따른 학교폭력 예방교육 프로그램의 구성 및 그 운용 등을 전담기구와 협의하여 전문단체 또는 전문가에게 위탁할 수 있다.

⑤ 교육장은 제1항, 제2항 및 제4항에 따른 학교폭력 예방교육 프로그램의 구성과 운용계획을 학부모가 쉽게 확인할 수 있도록 휴대전화를 이용한 문자메시지 전송, 인터넷 홈페이지 게시 및 그 밖에 다양한 방법으로 학부모에게 홍보하여 참여가 활성화될 수 있도록 노력하여야 한다.

⑥ 교육부장관은 학교폭력 예방 및 대책 등에 관한 홍보영상을 제작하여 「방송법」 제2조 제3호에 따른 방송사업자에게 배포하고 송출을 요청할 수 있다.

⑦ 그 밖에 학교폭력 예방교육의 실시와 관련한 사항은 대통령령*으로 정한다.

[시행령] 제17조 【학교폭력 예방교육】 ① 법 제11조 제13항에 따른 교육에는 다음 각 호의 사항이 포함돼야 한다.

1. 법 제13조의2에 따른 학교의 장의 자체해결 요건 및 절차 등에 관한 사항
2. 법 제16조 제1항 각 호 외의 부분 단서에 따른 가해자(교사를 포함한다. 이하 제17조의2에서 같다)와 피해학생의 분리 및 피해학생에 대한 긴급보호 조치에 관한 사항
3. 법 제17조 제5항 및 제6항에 따른 가해학생에 대한 조치에 관한 사항
4. 그 밖에 학교폭력 예방 및 대응에 필요한 학교의 장 및 교감의 역할에 관한 사항

② 학교의 장은 법 제15조 제7항에 따라 학생과 교직원 및 학부모에 대한 학교폭력 예방교육을 다음 각 호의 기준에 따라 실시한다.

1. 학기별로 1회 이상 실시하고, 교육 횟수·시간 및 강사 등 세부적인 사항은 학교 여건에 따라 학교의 장이 정한다.
2. 학생에 대한 학교폭력 예방교육은 학급 단위로 실시함을 원칙으로 하되, 학교 여건에 따라 전체 학생을 대상으로 한 장소에서 동시에 실시할 수 있다.
3. 학생과 교직원, 학부모를 따로 교육하는 것을 원칙으로 하되, 내용에 따라 함께 교육할 수 있다.
4. 강의, 토론 및 역할연기 등 다양한 방법으로 하고, 다양한 자료나 프로그램 등을 활용하여야 한다.
5. 교직원에 대한 학교폭력 예방교육은 학교폭력 관련 법령에 대한 내용, 학교폭력 발생 시 대응요령, 학생 대상 학교폭력예방 프로그램 운영 방법 등을 포함하여야 한다.
6. 학부모에 대한 학교폭력 예방교육은 학교폭력 징후 판별, 학교폭력 발생 시 대응요령, 가정에서의 인성교육에 관한 사항을 포함하여야 한다.

제16조 【피해학생의 보호】 ① 심의위원회는 피해학생의 보호를 위하여 필요하다고 인정하는 때에는 피해학생에 대하여 다음 각 호의 어느 하나에 해당하는 조치(수 개의 조치를 동시에 부과하는 경우를 포함한다)를 할 것을 교육장(교육장이 없는 경우 제12조 제1항에 따라 조례로 정한 기관의 장으로 한다. 이하 같다)에게 요청할 수 있다. 다만, 학교의 장은 학교폭력사건을 인지한 경우 피해학생의 반대의사 등 대통령령으로 정하는 특별한 사정이 없으면 지체 없이 가해자(교사를 포함한다)와 피해학생을 분리하여야 하며, 피해학생이 긴급보호를 요청하는 경우에는 제1호부터 제3호까지 및 제6호의 조치를 할 수 있다. 이 경우 학교의 장은 심의위원회에 즉시 보고하여야 한다. 23. 국가직

1. 학내외 전문가에 의한 심리상담 및 조언
2. 일시보호

3. 치료 및 치료를 위한 요양
4. 학급교체
6. 그 밖에 피해학생의 보호를 위하여 필요한 조치

② 심의위원회는 제1항에 따른 조치를 요청하기 전에 피해학생 및 그 보호자에게 의견진술의 기회를 부여하는 등 적정한 절차를 거쳐야 한다.

③ 제1항에 따른 요청이 있는 때에는 교육장은 피해학생의 보호자의 동의를 받아 7일 이내에 해당 조치를 하여야 한다.

④ 제1항의 조치 등 보호가 필요한 학생에 대하여 학교의 장이 인정하는 경우 그 조치에 필요한 결석을 출석일수에 포함하여 계산할 수 있다.

⑤ 학교의 장은 성적 등을 평가하는 경우 제3항에 따른 조치로 인하여 학생에게 불이익을 주지 아니하도록 노력하여야 한다.

⑥ 피해학생이 전문단체나 전문가로부터 제1항 제1호부터 제3호까지의 규정에 따른 상담 등을 받는 데에 사용되는 비용은 가해학생의 보호자가 부담하여야 한다. 다만, 피해학생의 신속한 치료를 위하여 학교의 장 또는 피해학생의 보호자가 원하는 경우에는 「학교안전사고 예방 및 보상에 관한 법률」 제15조에 따른 학교안전공제회 또는 시·도교육청이 부담하고 이에 대한 상환청구권을 행사할 수 있다.

⑦ 학교의 장 또는 피해학생의 보호자는 필요한 경우 「학교안전사고 예방 및 보상에 관한 법률」 제34조의 공제급여를 학교안전공제회에 직접 청구할 수 있다.

⑧ 피해학생의 보호 및 제6항에 따른 지원범위, 상환청구범위, 지급절차 등에 필요한 사항은 대통령령으로 정한다.

제17조【가해학생에 대한 조치】 ① 심의위원회는 피해학생의 보호와 가해학생의 선도·교육을 위하여 가해학생에 대하여 다음 각 호의 어느 하나에 해당하는 조치(수 개의 조치를 동시에 부과하는 경우를 포함한다)를 할 것을 교육장에게 요청하여야 하며, 각 조치별 적용 기준은 대통령령으로 정한다. 다만, 퇴학처분은 의무교육과정에 있는 가해학생에 대하여는 적용하지 아니한다. 14. 국가직, 19. 지방직, 23·18. 국가직 7급

1. 피해학생에 대한 서면사과
2. 피해학생 및 신고·고발 학생에 대한 접촉, 협박 및 보복행위(정보통신망을 이용한 행위를 포함한다)의 금지
3. 학교에서의 봉사
4. 사회봉사
5. 학내외 전문가, 교육감이 정한 기관에 의한 특별 교육이수 또는 심리치료
6. 출석정지
7. 학급교체
8. 전학
9. 퇴학처분

② 제1항에 따라 심의위원회가 교육장에게 가해학생에 대한 조치를 요청할 때 그 이유가 피해학생이나 신고·고발 학생에 대한 협박 또는 보복행위(정보통신망을 이용한 행위를 포함한다)일 경우에는 같은 항 제6호부터 제9호까지의 조치를 동시에 부과하거나 조치 내용을 가중할 수 있다.

③ 제1항 제2호부터 제4호까지 및 제6호부터 제8호까지의 처분을 받은 가해학생은 교육감이 정한 기관(대안교육기관을 포함한다)에서 특별교육을 이수하거나 심리치료를 받아야 하며, 그 기간은 심의위원회에서 정한다.

④ 학교의 장은 학교폭력을 인지한 경우 지체 없이 제1항 제2호의 조치를 하여야 한다.

⑤ 학교의 장은 피해학생의 보호와 가해학생의 선도·교육이 긴급하다고 인정할 경우 우선 제1항 제1호, 제3호, 제5호부터 제7호까지의 조치를 각각 또는 동시에 부과할 수 있다. 이 경우 심의위원회에 즉시 보고하여 추인을 받아야 한다.

⑥ 학교의 장은 피해학생 및 그 보호자가 요청할 경우 전담기구 심의를 거쳐 제1항 제6호 또는 제7호의 조치를 할 수 있다. 이 경우 심의위원회에 즉시 보고하여 추인을 받아야 한다.

⑦ 제5항 및 제6항에 따라 학교의 장이 부과하는 제1항 제6호 조치의 기간은 심의위원회 조치결정시까지로 정할 수 있다.

⑧ 심의위원회는 제1항 또는 제2항에 따른 조치를 요청하기 전에 가해학생 및 보호자에게 의견진술의 기회를 부여하는 등 적정한 절차를 거쳐야 한다.

⑨ 제1항에 따른 요청이 있는 때에는 교육장은 14일 이내에 해당 조치를 하여야 한다.

⑩ 학교의 장이 제4항부터 제6항까지에 따른 조치를 한 때에는 가해학생과 그 보호자에게 이를 통지하여야 하며, 가해학생이 이를 거부하거나 회피하는 때에는 학교의 장은 「초·중등교육법」 제18조에 따라 징계하여야 한다.

⑪ 제1항 제2호의 처분을 받은 가해학생의 보호자는 가해학생이 해당 조치를 적절히 이행할 수 있도록 노력하여야 한다.

⑫ 가해학생이 제1항 제3호부터 제5호까지의 규정에 따른 조치를 받은 경우 이와 관련된 결석은 학교의 장이 인정하는 때에는 이를 출석일수에 포함하여 계산할 수 있다.

⑬ 심의위원회는 가해학생이 특별교육을 이수할 경우 해당 학생의 보호자도 함께 교육을 받게 하여야 하며, 피해학생이 장애학생일 경우 장애인식개선 교육내용을 포함하여야 한다. 18. 국가직 7급

⑭ 가해학생이 다른 학교로 전학을 간 이후에는 전학 전의 피해학생 소속 학교로 다시 전학올 수 없도록 하여야 한다.

⑮ 제1항 제2호부터 제9호까지의 처분을 받은 학생이 해당 조치를 거부하거나 기피하는 경우 심의위원회는 제7항에도 불구하고 대통령령으로 정하는 바에 따라 추가로 다른 조치를 할 것을 교육장에게 요청할 수 있다.

⑯ 피해학생 및 그 보호자는 제9항, 제10항 및 제15항에 따른 조치 또는 징계가 지연되거나 이행되지 아니할 경우 교육감에게 신고할 수 있으며, 신고하는 경우 교육감은 지체 없이 사실 여부를 확인하기 위하여 대통령령으로 정하는 바에 따라 교육장 또는 학교의 장을 조사하여야 한다.

⑰ 가해학생에 대한 조치 및 제11조 제6항에 따른 재입학 등에 관하여 필요한 사항은 대통령령으로 정한다.

제17조의2 【행정심판】 ① 교육장이 제16조 제1항 및 제17조 제1항에 따라 내린 조치에 대하여 이의가 있는 피해학생 또는 그 보호자는 「행정심판법」에 따른 행정심판을 청구할 수 있다.

② 교육장이 제17조 제1항에 따라 내린 조치에 대하여 이의가 있는 가해학생 또는 그 보호자는 「행정심판법」에 따른 행정심판을 청구할 수 있다.

제17조의3【행정소송】 ① 교육장이 제16조 제1항 및 제17조 제1항에 따라 내린 조치에 대하여 이의가 있는 피해학생 또는 그 보호자는 「행정소송법」에 따른 행정소송을 제기할 수 있다.

② 교육장이 제17조 제1항에 따라 내린 조치에 대하여 이의가 있는 가해학생 또는 그 보호자는 「행정소송법」에 따른 행정소송을 제기할 수 있다.

제18조【분쟁조정】 ① 심의위원회는 학교폭력과 관련하여 분쟁이 있는 경우에는 그 분쟁을 조정할 수 있다.

② 제1항에 따른 분쟁의 조정기간은 1개월을 넘지 못한다.

③ 학교폭력과 관련한 분쟁조정에는 다음 각 호의 사항을 포함한다.

1. 피해학생과 가해학생 간 또는 그 보호자 간의 손해배상에 관련된 합의조정
2. 그 밖에 심의위원회가 필요하다고 인정하는 사항

⑤ 심의위원회가 분쟁조정을 하고자 할 때에는 이를 피해학생·가해학생 및 그 보호자에게 통보하여야 한다.

제19조【학교의 장의 의무】 ① 학교의 장은 제16조(피해학생의 보호), 제16조의2(장애학생의 보호), 제17조(가해학생에 대한 조치)에 따른 조치의 이행에 협조하여야 한다.

② 학교의 장은 학교폭력을 축소 또는 은폐해서는 아니 된다.

③ 학교의 장은 교육감에게 학교폭력이 발생한 사실과 제13조의2에 따라 학교의 장의 자체해결로 처리된 사건, 제16조, 제16조의2, 제17조 및 제18조(분쟁조정)에 따른 조치 및 그 결과를 보고하고, 관계 기관과 협력하여 교내 학교폭력 단체의 결성예방 및 해체에 노력하여야 한다.

④ 학교의 장은 학교폭력 예방을 위하여 필요한 경우 해당 학교의 학교폭력 현황을 조사하는 등 학교폭력 조기 발견 및 대처를 위하여 노력하여야 한다.

제20조【학교폭력의 신고의무】 ① 학교폭력 현장을 보거나 그 사실을 알게 된 자는 학교 등 관계 기관에 이를 즉시 신고하여야 한다. 18. 국가직 7급

② 제1항에 따라 신고를 받은 기관은 이를 가해학생 및 피해학생의 보호자와 소속 학교의 장에게 통보하여야 한다.

③ 제2항에 따라 통보받은 소속 학교의 장은 이를 심의위원회에 지체 없이 통보하여야 한다.

④ 누구라도 학교폭력의 예비·음모 등을 알게 된 자는 이를 학교의 장 또는 심의위원회에 고발할 수 있다. 다만, 교원이 이를 알게 되었을 경우에는 학교의 장에게 보고하고 해당 학부모에게 알려야 한다.

⑤ 누구든지 제1항부터 제4항까지에 따라 학교폭력을 신고한 사람에게 그 신고행위를 이유로 불이익을 주어서는 아니 된다.

제20조의5【학생보호인력의 배치 등】 ① 국가·지방자치단체 또는 학교의 장은 학교폭력을 예방하기 위하여 학교 내에 학생보호인력을 배치하여 활용할 수 있다.

③ 국가·지방자치단체 또는 학교의 장은 제1항에 따른 학생보호인력의 배치 및 활용 업무를 관련 전문기관 또는 단체에 위탁할 수 있다.

제20조의6【학교전담경찰관】 ① 국가는 학교폭력 예방 및 근절을 위하여 학교폭력 업무 등을 전담하는 경찰관을 둘 수 있다. 18. 국가직 7급

② 제1항에 따른 학교전담경찰관의 운영에 필요한 사항은 대통령령으로 정한다.

제20조의7 【영상정보처리기기의 통합 관제】 ① 국가 및 지방자치단체는 학교폭력 예방 업무를 효과적으로 수행하기 위하여 교육감과 협의하여 학교 내외에 설치된 영상정보처리기기(「개인정보 보호법」 제2조 제7호에 따른 고정형 영상정보처리기기를 말한다. 이하 이 조에서 같다)를 통합하여 관제할 수 있다. 이 경우 국가 및 지방자치단체는 통합 관제 목적에 필요한 범위에서 최소한의 개인정보만을 처리하여야 하며, 그 목적 외의 용도로 활용하여서는 아니 된다.

제21조 【비밀누설금지 등】 ① 이 법에 따라 학교폭력의 예방 및 대책과 관련된 업무를 수행하거나 수행하였던 사람은 그 직무로 인하여 알게 된 비밀 또는 가해학생·피해학생 및 제20조에 따른 신고자·고발자와 관련된 자료를 누설하여서는 아니 된다. 10. 유초등

제22조 【벌칙】 제21조 제1항(비밀누설금지)을 위반한 자는 1년 이하의 징역 또는 1천만원 이하의 벌금에 처한다. 10. 유초등

제23조 【과태료】 ① 제17조 제13항(가해학생의 특별교육 이수)에 따른 심의위원회의 교육 이수 조치를 따르지 아니한 보호자에게는 300만원 이하의 과태료를 부과한다.

② 제1항에 따른 과태료는 대통령령으로 정하는 바에 따라 교육감이 부과·징수한다.

01 주요 기출문제

01 **「학교폭력 예방 및 대책에 관한 법률」상 내용으로 옳은 것은?** 14. 국가직 응용

① 학교폭력 가해 중학생의 경우 퇴학처분이 가능하다.

② 학교의 장은 학교폭력과 관련한 개인정보 등을 경찰청장, 시·도경찰청장, 관할 경찰서장 및 관계 기관의 장에게 요청할 수 없다.

③ 교육감은 학교폭력의 실태를 파악하고 학교폭력에 대한 효율적인 예방대책을 수립하기 위하여 학교폭력 실태조사를 연 2회 이상 실시하여야 한다.

④ 교육감은 학교폭력대책심의위원회가 처리한 학교의 학교폭력 빈도를 학교의 장에 대한 업무수행 평가에 부정적 자료로 사용할 수 있다.

해설 ③은 「학교폭력 예방 및 대책에 관한 법률(학교폭력예방법)」 제11조(교육감의 의무) 제8항에 명시된 내용으로, 교육감은 학교폭력 실태조사를 연 2회 이상 실시하고 그 결과를 공표하여야 한다.
①은 의무교육 과정에 있는 가해학생의 경우 퇴학처분은 적용되지 않는다[제17조(가해학생에 대한 조치) 제1항].
②는 교육부장관, 교육감, 지역 교육장, 학교의 장은 학교폭력과 관련한 개인정보 등을 요청할 수 있다[제11조의3(관계 기관과의 협조 등) 제1항].
④는 학교의 장에 대한 업무수행 평가에 부정적 자료로 사용하여서는 아니 된다(제11조 제5항).

정답 01 ③

02 **학교폭력 예방 및 대책에 관한 법령상 학교폭력대책심의위원회(이하 심의위원회)에 대한 설명으로 옳지 않은 것은?** 16. 국가직 7급 응용

① 심의위원회의는 교육지원청(교육지원청이 없는 경우 해당 시·도 조례로 정하는 기관으로 한다)에 둔다.

② 심의위원회는 10명 이상 30명 이내의 위원으로 구성하되, 전체위원의 1/3 이상을 해당 교육지원청 관할 구역 내 학교(고등학교를 포함한다)에 소속된 학생의 학부모로 위촉하여야 한다.

③ 심의위원회는 학교폭력의 예방 및 대책 등을 위하여 피해학생과 가해학생 간의 분쟁조정사항을 심의한다.

④ 심의위원회는 해당 지역에서 발생한 학교폭력에 대하여 조사할 수 있고 학교장 및 관할 경찰서장에게 관련 자료를 요청할 수 있다.

해설 「학교폭력 예방 및 대책에 관한 법률」 제12조(학교폭력대책심의위원회의 설치·기능) 제1항에 따르면 각 학교에 설치했던 기존의 '학교폭력대책자치위원회'는 폐지되고, 교육지원청(교육지원청이 없는 경우 해당 시·도의 조례로 정하는 기관으로 함)에 '학교폭력대책심의위원회(이하 심의위원회)'를 설치하였다. 그 결과 학교폭력 사안의 처리는 '중한 학교폭력'의 경우는 '심의위원회'에서 처리하고(제12조~제13조), '경미한 학교폭력'의 경우는 학교의 장의 자체 해결로 처리한다(제13조의2). ②는 제13조(심의위원회의 구성·운영) 제1항에 따라 심의위원회는 10명 이상 50명 이내의 위원으로 구성한다. ①은 제12조 제1항, ③은 제12조 제2항 제4호, ④는 제12조 제3항에 해당한다.

03 **「학교폭력 예방 및 대책에 관한 법률」의 내용으로 옳지 않은 것은?** 18. 국가직 7급 응용

① 학교폭력 현장을 보거나 그 사실을 알게 된 자는 학교 등 관계 기관에 이를 즉시 신고하여야 한다.

② 국가는 학교폭력 예방 및 근절을 위하여 학교폭력 업무 등을 전담하는 경찰관을 둘 수 있다.

③ 학교폭력대책심의위원회는 가해학생이 특별교육을 이수할 경우 해당 학생의 보호자도 함께 교육을 받게 하여야 한다.

④ 학교폭력대책심의위원회는 가해학생에 대한 퇴학처분을 학교장에게 요청하여야 한다.

해설 ④는 「학교폭력 예방법」 제17조(가해학생에 대한 조치) 제1항에 따르면 학교폭력대책심의위원회는 가해학생에 대한 퇴학처분을 '교육장'에게 요청하여야 한다(다만, 퇴학처분은 의무교육과정에 있는 가해학생에 대하여는 적용하지 아니한다). ①은 제20조(학교폭력의 신고의무) 제1항, ②는 제20조의6(학교전담경찰관) 제1항, ③은 제17조(가해학생에 대한 조치) 제9항의 내용이다.

04 「학교폭력예방 및 대책에 관한 법률」상 학교폭력의 예방 및 대책에 대한 설명으로 옳지 않은 것은?

23. 국가직

① 학교 안뿐만 아니라 학교 밖에서 발생한 학생 간의 상해, 폭행, 협박, 따돌림 등도 이 법의 적용 대상이다.

② 경미한 학교폭력사건의 경우 가해학생 및 그 보호자가 학교폭력대책심의위원회의 개최를 원하지 않으면 학교의 장은 자체적으로 해결할 수 있다.

③ 학교의 장은 학교폭력의 예방 및 대책 등을 위한 교직원 및 학부모에 대한 교육을 학기별로 1회 이상 실시하여야 한다.

④ 피해학생의 보호를 위한 조치에는 학내외 전문가에 의한 심리상담 및 조언, 일시보호, 치료 및 치료를 위한 요양, 학급교체 등이 있다.

해설 「학교폭력예방 및 대책에 관한 법률」 제13조의2(학교의 장의 자체해결)에 따르면 피해학생 및 그 보호자가 심의위원회의 개최를 원하지 아니하는 '경미한 학교폭력'의 경우 학교의 장은 학교폭력사건을 자체적으로 해결할 수 있다는 것이다(제13조의2). 단, 이때는 ❶ 2주 이상의 신체적 · 정신적 치료가 필요한 진단서를 발급받지 않은 경우, ❷ 재산상 피해가 없는 경우 또는 재산상 피해가 즉각 복구되거나 복구 약속이 있는 경우, ❸ 학교폭력이 지속적이지 않은 경우, ❹ 학교폭력에 대한 신고, 진술, 자료제공 등에 대한 보복행위(정보통신망을 이용한 행위를 포함한다)가 아닌 경우를 모두 갖추어야 하며, 또한 학교의 장은 ❶ 피해학생과 그 보호자의 심의위원회 개최 요구 의사의 서면 확인, ❷ 학교폭력의 경중에 대한 제14조 제3항에 따른 전담기구의 서면 확인 및 심의에 해당하는 절차를 모두 거쳐야 한다. 그리고 학교의 장은 지체 없이 이를 심의위원회에 보고하여야 한다. ①은 제2조(정의), ③은 제15조(학교폭력 예방교육 등) 제2항, ④는 제16조(피해학생의 보호) 제1항에 해당한다.

05 「학교폭력예방 및 대책에 관한 법률」의 내용으로 옳지 않은 것은?

23. 국가직 7급

① 교육부장관은 학교폭력의 예방 및 대책에 관한 기본계획을 5년마다 수립하고 시행해야 한다.

② 학교폭력의 예방 및 대책에 관한 기본계획의 수립 및 시행에 대한 평가 등을 심의하기 위하여 국무총리 소속으로 학교폭력대책위원회를 둔다.

③ 교육감은 시 · 도교육청에 학교폭력의 예방과 대책을 담당하는 전담부서를 설치하고 운영하여야 한다.

④ 학교폭력대책심의위원회는 의무교육과정에 있는 가해학생일지라도 그 가해 정도가 심각한 경우에는 그 학생에 대해 퇴학처분의 조치를 취할 수 있다.

해설 「학교폭력 예방 및 대책에 관한 법률」 제17조(가해학생에 대한 조치) 제1항에 따르면, 가해학생에 대한 조치는 '피해학생에 대한 서면 사과'에서부터 '퇴학처분'까지 9단계가 있다. 다만, 퇴학처분은 의무교육과정에 있는 가해학생에 대하여는 적용하지 아니한다. ①은 제6조(기본계획의 수립 등) 제2항, ②는 제7조(학교폭력대책위원회의 설치 · 기능), ③은 제11조(교육감의 의무) 제1항에 해당한다. ③의 경우 "교육감은 시 · 도교육청에 학교폭력의 예방 · 대책 및 법률지원을 포함한 통합지원을 담당하는 전담부서를 설치 · 운영하여야 한다."로 개정(개정 2023.10.24.)되었다.

정답 02 ② 03 ④ 04 ② 05 ④

06 「학교폭력예방 및 대책에 관한 법률」상 중학교에서 발생한 학교폭력 문제 처리과정에서 중학생인 가해학생에 대해 취할 수 있는 조치가 아닌 것은? 19. 지방직

① 출석정지 ② 학급교체
③ 전학 ④ 퇴학처분

해설 「학교폭력 예방 및 대책에 관한 법률」 제17조(가해학생에 대한 조치) 제1항에 따르면, 심의위원회는 가해학생의 선도·교육을 위하여 가해학생에 대하여 ❶ 피해학생에 대한 서면 사과, ❷ 피해학생 및 신고·고발 학생에 대한 접촉, 협박 및 보복행위(정보통신망을 이용한 행위를 포함한다)의 금지, ❸ 학교에서의 봉사, ❹ 사회봉사, ❺ 학내외 전문가, 교육감이 정한 기관에 의한 특별 교육이수 또는 심리치료[특별교육을 이수할 경우 해당 학생의 보호자도 함께 교육을 받아야 하며(제13항), 이 조치를 위반한 보호자에게는 300만원 이하의 과태료를 부과한다(제23조 제1항)], ❻ 출석정지(1회 10일 이내, 연간 30일 이내), ❼ 학급교체, ❽ 전학, ❾ 퇴학처분까지 각 호의 어느 하나에 해당하는 조치(수 개의 조치를 동시에 부과하는 경우를 포함)를 할 것을 교육장에게 요청하여야 한다. 다만, 퇴학처분은 의무교육과정에 있는 가해학생에 대하여는 적용하지 아니한다. ①은 6단계, ②는 7단계, ③은 8단계에 해당한다.

01 실전 예상문제

01 「학교폭력예방 및 대책에 관한 법률」의 목적에 해당하지 않는 것은?

① 피해학생의 보호
② 가해학생의 선도와 교육
③ 학생의 인권과 교사의 교권 보호
④ 피해학생과 가해학생 간의 분쟁조정

해설 「학교폭력 예방 및 대책에 관한 법률」 제1조(목적)에 따르면, 학교폭력의 예방과 대책에 필요한 사항을 규정함으로써 피해학생의 보호(①), 가해학생의 선도·교육(②) 및 피해학생과 가해학생 간의 분쟁조정(④)을 통하여 학생의 인권을 보호하고 학생을 건전한 사회구성원으로 육성함을 목적으로 한다.

02 「학교폭력 예방 및 대책에 관한 법률」상 규정이 잘못 진술된 것은?

① 학교폭력이란 학교 내외에서 학생을 대상으로 발생한 상해, 폭행, 감금, 협박, 약취·유인, 명예훼손·모욕, 공갈, 강요·강제적인 심부름 및 성폭력, 따돌림, 사이버폭력 등에 의하여 신체·정신 또는 재산상의 피해를 수반하는 행위를 말한다.

② 학생에 대한 학교폭력 예방교육은 전체 학생을 대상으로 한 장소에서 동시에 실시함을 원칙으로 한다.

③ 학교의 장은 교감, 전문상담교사, 보건교사 및 책임교사(학교폭력문제를 담당하는 교사), 학부모 등으로 학교폭력문제를 담당하는 전담기구를 구성한다.

④ 교육부장관은 학교에서 학교폭력에 효과적으로 대응할 수 있도록 학교폭력 사안처리 및 예방교육 등에 관한 안내서를 개발·보급하여야 한다.

해설 「학교폭력 예방 및 대책에 관한 법률 시행령」 제17조(학교폭력 예방교육) 제2항에 따르면, 학생에 대한 학교폭력 예방교육은 학급 단위로 실시함을 원칙으로 하되, 학교 여건에 따라 전체 학생을 대상으로 한 장소에서 동시에 실시할 수 있다. ①은 법 제2조(정의) 제1호, ③은 제14조(전문상담교사 배치 및 전담기구 구성) 제3항, ④는 제6조(기본계획의 수립 등) 제4항에 해당한다.

03 학교폭력 예방을 위한 국가와 지방자치단체의 책무에 해당하지 않는 것은?

① 학교폭력 예방·근절을 위한 법적·제도적 장치 마련

② 민간의 자율적인 학교폭력 예방활동 장려

③ 민간의 건의 사항에 대한 정치적 중립성 유지

④ 필요한 행정적·재정적 지원

해설 「학교폭력 예방 및 대책에 관한 법률」 제4조에 따르면 ③은 국가와 지방자치단체의 책무에 해당하지 않는다. 국가 및 지방자치단체는 청소년 관련 단체 등 민간이 건의한 사항에 대하여는 관련 시책에 반영하도록 노력하여야 한다. ①은 제1항, ②는 제2항, ④는 제4항에 해당한다.

04 「학교폭력 예방 및 대책에 관한 법률」에 규정된 내용으로 잘못된 것은?

① 학교폭력의 유형 중 성폭력은 다른 법률에 규정이 있는 경우에는 이 법을 적용하지 아니한다.

② 학교폭력의 예방 및 대책에 관한 사항을 심의하기 위하여 교육부장관 소속으로 학교폭력대책위원회를 둔다.

③ 지역의 학교폭력 문제를 해결하기 위하여 시·도에 학교폭력대책지역위원회를 둔다.

④ 학교폭력예방 대책을 수립하고 기관별 추진계획 및 상호 협력·지원 방안 등을 협의하기 위하여 시·군·구에 학교폭력대책지역협의회를 둔다.

해설 ②는 「학교폭력 예방 및 대책에 관한 법률」 제7조(학교폭력대책위원회의 설치·기능)에 따르면 학교폭력대책위원회는 국무총리 소속으로 설치한다. ①은 제5조(다른 법률과의 관계) 제2항, ③은 제9조(학교폭력대책지역위원회의 설치) 제1항, ④는 제10조의2(학교폭력대책지역협의회의 설치·운영) 제1항에 해당한다.

정답 06 ④ / 01 ③ 02 ② 03 ③ 04 ②

05 **다음 중 「학교폭력 예방 및 대책에 관한 법률」에 따른 교육감의 임무에 해당하지 않는 것은?**

① 학교폭력 예방 및 대책에 관한 기본계획 수립
② 학교폭력의 예방·대책 및 법률지원을 포함한 통합지원을 담당하는 전담부서 설치 및 운영
③ 학교폭력 발생 시 해당 학교의 장에게 그 경과 및 결과의 보고 요구
④ 학교의 장 및 교감을 대상으로 학교폭력 예방·대책 교육을 매년 1회 이상 실시

해설 ①은 「학교폭력 예방 및 대책에 관한 법률」 제6조(기본계획의 수립 등) 제1항에 따른 교육부장관의 임무이다. 제11조에 따른 교육감의 임무 중 ②는 제1항, ③은 제2항, ④는 제13항에 해당한다.

06 **「학교폭력예방 및 대책에 관한 법률」 제12조 규정에 따를 때 (가)에 해당하는 기구는?**

> "학교폭력의 예방 및 대책에 관련된 사항을 심의하기 위하여 「지방교육자치에 관한 법률」 제34조 및 「제주특별자치도 설치 및 국제자유도시 조성을 위한 특별법」 제80조에 따른 교육지원청(교육지원청이 없는 경우 해당 시·도 조례로 정하는 기관으로 한다. 이하 같다)에 (가)를 둔다. 다만, 그 구성에 있어 대통령령으로 정하는 사유가 있는 경우에는 교육감 보고를 거쳐 둘 이상의 교육지원청이 공동으로 구성할 수 있다."

① 학교폭력대책 심의위원회
② 학교폭력대책 자치위원회
③ 학교폭력대책위원회
④ 학교폭력대책 지역위원회

해설 「학교폭력 예방 및 대책에 관한 법률」 제12조 제1항에 따른 학교폭력대책 심의위원회 설치 조항이다. 기존 '학교폭력대책 자치위원회(학폭위)'가 지닌 학교폭력 사안 증가에 따른 교원 및 학교의 업무부담 과중, 전문성 부족, 그리고 비효율적 운영 등의 문제점을 해결하기 위하여 2020년 3월 1일부터 단위학교 학폭위가 폐지되고, 교육지원청에 '학교폭력대책 심의위원회(심의위원회)'를 설치하여 학교폭력 사안을 심의한다는 것이다. 심의위원회의는 10명 이상 50명 이내의 위원으로 구성하되, 전체위원의 3분의 1 이상을 해당 교육지원청 관할 구역 내 학교(고등학교를 포함한다)에 소속된 학생의 학부모로 위촉하여야 한다. ③(제7조~제8조)은 학교폭력의 예방 및 대책에 관한 사항을 심의하기 위하여 국무총리 소속으로 설치된 기구(위원장 2명을 포함하여 20명 이내의 위원으로 구성)이며, ④(제9조~제10조)는 지역의 학교폭력 문제를 해결하기 위하여 시·도에 설치된 기구(위원장을 1인을 포함한 11인 이내의 위원으로 구성)이다.

07 **「학교폭력예방 및 대책에 관한 법률」에 따른 '학교폭력대책 심의위원회'에 대한 설명으로 잘못된 것은?**

① 교육지원청(교육지원청이 없는 경우 해당 시·도 조례로 정하는 기관으로 한다.)에 둔다.
② 그 구성에 있어 대통령령으로 정하는 사유가 있는 경우에는 교육감 보고를 거쳐 둘 이상의 교육지원청이 공동으로 구성할 수 있다.
③ 10명 이상 50명 이내의 위원으로 구성하되, 전체위원의 3분의 1 이상을 해당 교육지원청 관할 구역 내 학교(고등학교를 포함한다)에 소속된 학생의 학부모로 위촉하여야 한다.
④ 피해학생 및 그 보호자가 심의위원회의 개최를 원하지 아니하는 경미한 학교폭력의 경우라 하더라도 반드시 학교폭력대책 심의위원회의 심의를 거쳐야 한다.

해설 ④는 「학교폭력 예방 및 대책에 관한 법률」 제13조의2(학교의 장의 자체해결) 제1항에 따르면 피해학생 및 그 보호자가 심의위원회의 개최를 원하지 아니하는 경미한 학교폭력의 경우 학교의 장은 학교폭력사건을 자체적으로 해결할 수 있다. 이 경우 학교의 장은 지체 없이 이를 심의위원회에 보고하여야 한다. ①과 ②는 제12조(학교폭력대책 심의위원회의 설치·기능) 제1항, ③은 제13조(심의위원회의 구성·운영) 제1항에 해당한다.

08 「학교폭력 예방 및 대책에 관한 법률」 제13조의2에 따른 학교의 장이 학교폭력사건을 자체적으로 해결하기 위한 요건으로 옳지 않은 것은?

① 2주 이상의 신체적·정신적 치료가 필요한 진단서를 발급받지 않은 경우
② 재산상 피해가 없는 경우 또는 재산상 피해가 즉각 복구되거나 복구 약속이 있는 경우
③ 학교폭력이 지속적이지 않은 경우
④ 가해 학생이 깊이 반성하고 재발 방지를 약속한 경우

해설 「학교폭력 예방 및 대책에 관한 법률」 제13조의2(학교의 장의 자체해결)에 따르면 가해 학생의 반성 여부는 학교폭력 사건 자체 해결의 요건이 아니다. 이 밖에 학교폭력에 대한 신고, 진술, 자료제공 등에 대한 보복행위(정보통신망을 이용한 행위를 포함한다)가 아닌 경우도 해당한다. ①, ②, ③을 포함하여 이러한 4가지 모두에 해당하는 경미한 학교폭력에 대하여 피해학생 및 그 보호자가 심의위원회의 개최를 원하지 아니하는 경우 학교의 장은 자체적으로 해결할 수 있다. 이 경우 학교의 장은 피해학생과 그 보호자의 심의위원회 개최 요구 의사의 서면 확인, 학교폭력의 경중에 대한 제14조 제3항에 따른 전담기구의 서면 확인 및 심의의 절차를 모두 거쳐야 한다.

09 「학교폭력 예방 및 대책에 관한 법률」에 따른 학교폭력 예방교육에 대한 설명으로 옳지 않은 것은?

① 학교의 장은 학생, 교직원, 학부모를 대상으로 학교폭력 예방교육을 학기별로 1회 이상 실시해야 한다.
② 학교의 장은 학교폭력 예방교육 프로그램의 구성과 운용계획을 학부모가 쉽게 확인할 수 있도록 휴대전화를 이용한 문자메시지 전송, 인터넷 홈페이지 게시 및 그 밖에 다양한 방법으로 학부모에게 홍보하여 참여가 활성화될 수 있도록 노력하여야 한다.
③ 학교의 장은 학교폭력을 예방하기 위하여 교사·학생·학부모 등 학교구성원이 학교폭력에 대한 책임을 인식하고 실천할 수 있도록 필요한 사항을 정하여 운영할 수 있다.
④ 학교의 장은 학교폭력 예방교육 프로그램의 구성 및 그 운용 등을 전담기구와 협의하여 전문단체 또는 전문가에게 위탁할 수 있다.

해설 「학교폭력 예방 및 대책에 관한 법률」 제15조(학교폭력 예방교육 등) 제5항에 따르면 ②는 '학교의 장'이 아닌 '교육장'의 임무에 해당한다. ①은 제1항과 제2항, ③은 제3항, ④는 제4항에 해당한다.

10 다음 중 학교의 장이 학교폭력사건을 인지한 경우 피해학생의 보호를 위하여 가장 우선적으로 취해야 할 조치는?

① 가해자(교사를 포함한다)와 피해학생의 분리
② 피해학생의 전학
③ 학급 내 교우 관계 회복
④ 심의위원회에 즉시 보고

해설 「학교폭력 예방 및 대책에 관한 법률」 제16조(피해학생의 보호) 제1항에 따르면, 학교의 장은 학교폭력사건을 인지한 경우 피해학생의 반대의사 등 대통령령으로 정하는 특별한 사정이 없으면 지체 없이 가해자(교사를 포함한다)와 피해학생을 분리하여야 하며, 피해학생이 긴급보호를 요청하는 경우에는 ❶ 학내외 전문가에 의한 심리상담 및 조언, ❷ 일시보호, ❸ 치료 및 치료를 위한 요양, ❹ 학급교체, ❺ 그 밖에 피해학생의 보호를 위하여 필요한 조치를 할 수 있다. 이 경우 학교의 장은 심의위원회에 즉시 보고하여야 한다.

정답 05 ① 06 ① 07 ④ 08 ④ 09 ② 10 ①

11 **다음 중 학교폭력 사건 발생 시 피해 학생을 보호하기 위한 조치로 옳지 않은 것은?**

① 학내외 전문가에 의한 심리상담 및 조언　② 일시보호
③ 치료 및 치료를 위한 요양　④ 전학

해설 「학교폭력 예방 및 대책에 관한 법률」 제16조(피해학생의 보호) 제1항에 따르면 심의위원회는 피해 학생을 보호하기 위해 학내외 전문가에 의한 심리상담 및 조언(①), 일시보호(②), 치료 및 치료를 위한 요양(③), 학급교체, 그 밖에 피해학생의 보호를 위하여 필요한 조치 중 어느 하나에 해당하는 조치 또는 수 개의 조치를 동시에 부과할 수 있다. ④는 제17조 제1항 제8호에 따른 가해 학생에 대한 조치에 해당한다.

12 **「학교폭력 예방 및 대책에 관한 법률」에 따를 때, 다음의 상황에서 '학교폭력대책 심의위원회'가 가해학생들에게 내릴 수 있는 가장 무거운 징계처분은?**

> 중학교 3학년 학생들로 구성된 A 중학교 일진회 소속 학생들이 같은 학교에 다니는 '○○○ 학생'을 중학교 입학부터 최근까지 집단적으로 계속 괴롭혀 왔음이 드러났다.

① 퇴학처분　② 출석정지
③ 사회봉사　④ 전학

해설 「학교폭력 예방 및 대책에 관한 법률」 제17조(가해학생에 대한 조치) 제1항에 따르면, 심의위원회는 가해학생의 선도·교육을 위하여 가해학생에 대하여 ❶ 피해학생에 대한 서면 사과, ❷ 피해학생 및 신고·고발 학생에 대한 접촉, 협박 및 보복행위(정보통신망을 이용한 행위를 포함한다)의 금지, ❸ 학교에서의 봉사, ❹ 사회봉사, ❺ 학내외 전문가, 교육감이 정한 기관에 의한 특별 교육이수 또는 심리치료, ❻ 출석정지(1회 10일 이내, 연간 30일 이내), ❼ 학급교체, ❽ 전학, ❾ 퇴학처분까지 각 호의 어느 하나에 해당하는 조치(수 개의 조치를 동시에 부과하는 경우를 포함)를 할 것을 교육장에게 요청하여야 한다. 다만, 퇴학처분은 의무교육과정에 있는 가해학생에 대하여는 적용하지 아니한다. 그러므로 지문의 중학생들에게 내릴 수 있는 가장 무거운 징계처분은 전학 조치이다.

13 **「학교폭력 예방 및 대책에 관한 법률」 제19조에 따른 학교의 장의 의무에 해당하지 않는 것은?**

① 학교의 장은 학교폭력을 축소 또는 은폐해서는 아니 된다.
② 학교의 장은 관계 기관과 협력하여 교내 학교폭력 단체의 결성예방 및 해체에 노력하여야 한다.
③ 학교의 장은 학교폭력 조기 발견 및 대처를 위하여 노력하여야 한다.
④ 학교의 장은 학교폭력 사실을 관계 기관에 즉시 신고하여야 한다.

해설 ④는 「학교폭력 예방 및 대책에 관한 법률」 제20조(학교폭력의 신고의무) 제1항에 따른 '학교폭력 현장을 보거나 그 사실을 알게 된 자'의 의무에 해당한다. ①은 제19조(학교의 장의 의무) 제2항, ②는 제3항, ④는 제4항에 해당한다.

14 「학교폭력 예방 및 대책에 관한 법률」에 따른 규정이 잘못 진술된 것은?

① 피해학생의 보호 요청이 있는 때에는 교육장은 피해학생의 보호자의 동의를 받아 7일 이내에 해당 조치를 하여야 한다.

② 학교폭력과 관련된 분쟁이 있는 경우, 심의위원회는 50일을 넘지 않는 기간 동안 분쟁을 조정할 수 있다.

③ 학교폭력의 예방 및 대책과 관련된 업무를 수행하거나 수행하였던 사람이 그 직무로 인하여 알게 된 비밀 또는 가해학생·피해학생 및 신고자·고발자와 관련된 자료를 누설한 경우에는 1년 이하의 징역 또는 1천만원 이하의 벌금에 처한다.

④ 심의위원회의 특별교육 이수 조치를 따르지 아니한 보호자에게는 300만원 이하의 과태료를 부과한다.

해설 「학교폭력 예방 및 대책에 관한 법률」 제18조(분쟁조정) 제1항에 따르면 분쟁의 조정기간은 1개월을 넘지 못한다. ①은 제16조(피해학생의 보호) 제3항, ③은 제22조(벌칙), ④는 제23조(과태료) 제1항에 해당한다.

15 「학교폭력 예방 및 대책에 관한 법률」의 내용으로 옳지 않은 것은?

① 학교폭력 현장을 보거나 그 사실을 알게 된 자는 학교 등 관계 기관에 이를 즉시 신고하여야 한다.

② 국가는 학교폭력 예방 및 근절을 위하여 학교폭력 업무 등을 전담하는 경찰관을 둘 수 있다.

③ 학교폭력대책심의위원회는 가해학생이 특별교육을 이수할 경우 해당 학생의 보호자도 함께 교육을 받게 하여야 한다.

④ 교육감은 학교폭력의 실태를 파악하고 학교폭력에 대한 효율적인 예방대책을 수립하기 위하여 학교폭력 실태조사를 연 4회 이상 실시하여야 한다.

해설 ④는 「학교폭력 예방 및 대책에 관한 법률」 제11조(교육감의 임무) 제8항에 따르면, 학교폭력 실태조사를 연 2회 이상 실시하고 그 결과를 공포하여야 한다. ①은 제20조(학교폭력의 신고의무) 제1항, ②는 제20조의 6(학교전담경찰관) 제1항, ③은 제17조(가해학생에 대한 조치) 제13항의 내용이다. 심의위원회의 특별교육 이수 조치를 따르지 아니한 보호자에게는 300만원 이하의 과태료를 부과한다[제23조(과태료) 제1항].

정답 11 ④ 12 ④ 13 ④ 14 ② 15 ④

02 학교안전사고 예방 및 보상에 관한 법률(학교안전법)

관련 이론 ─ 제13장 교육행정 – 제10절 교육인사행정론 및 학교실무 7 학교실무

1 주요 내용

제1장 총칙

제1조 【목적】 이 법은 학교안전사고를 예방하고, 학생・교직원 및 교육활동참여자가 학교안전사고로 인하여 입은 피해를 신속・적정하게 보상하기 위한 학교안전사고보상공제 사업의 실시에 관하여 필요한 사항을 규정함을 목적으로 한다.

제2조 【정의】 이 법에서 사용하는 용어의 정의는 다음과 같다.

1. "학교"라 함은 다음 각 목의 어느 하나에 해당하는 기관 또는 시설을 말한다.
   가. 「유아교육법」 제2조 제2호의 규정에 따른 유치원(이하 "유치원"이라 한다)
   나. 「초・중등교육법」 제2조의 규정에 따른 학교(이하 "초・중등학교"라 한다)
   다. 「평생교육법」 제20조 제2항의 규정에 따라 고등학교 졸업 이하의 학력이 인정되는 평생교육시설(이하 "평생교육시설"이라 한다)
   라. 「재외국민의 교육지원 등에 관한 법률」 제2조 제3호에 따른 한국학교
2. "학생"이라 함은 학교에 입학하여 수학하고 있는 사람을 말한다.
3. "교직원"이라 함은 고용형태 및 명칭을 불문하고 학교에서 학생의 교육 또는 학교의 행정을 담당하거나 보조하는 교원 및 직원 등을 말한다.
4. "교육활동"이라 함은 다음 각 목의 어느 하나에 해당하는 활동을 말한다. 20. 국가직 7급
   가. 학교의 교육과정 또는 학교의 장(이하 "학교장"이라 한다)이 정하는 교육계획 및 교육방침에 따라 학교의 안팎에서 학교장의 관리・감독하에 행하여지는 수업・특별활동・재량활동・과외활동・수련활동・수학여행 등 현장체험활동 또는 체육대회 등의 활동
   나. 등・하교 및 학교장이 인정하는 각종 행사 또는 대회 등에 참가하여 행하는 활동
   다. 그 밖에 대통령령으로 정하는 시간 중의 활동으로서 가목 및 나목과 관련된 활동
5. "교육활동참여자"란 학생 또는 교직원이 아닌 사람으로서 다음 각 목의 어느 하나에 해당하는 사람을 말한다.
   가. 학교장의 승인 또는 학교장의 요청에 따라 교직원의 교육활동을 보조하거나 학생 또는 교직원과 함께 교육활동을 하는 사람
   나. 「비영리민간단체 지원법」 제4조 제1항에 따라 등록된 비영리민간단체에서 학생의 등교・하교 시 교통지도활동 참여에 관하여 미리 서면으로 학교장에게 통지하여 학교장의 승인을 받거나 학교장의 요청에 따라 그 단체의 회원으로서 교통지도활동에 참여하는 사람
6. "학교안전사고"라 함은 교육활동 중에 발생한 사고로서 학생・교직원 또는 교육활동참여자의 생명 또는 신체에 피해를 주는 모든 사고 및 학교급식 등 학교장의 관리・감독에 속하는 업무가 직접 원인이 되어 학생・교직원 또는 교육활동참여자에게 발생하는 질병으로서 대통령령으로 정하는 것을 말한다. 20. 국가직 7급

제2장 학교안전사고 예방

제4조 【학교안전사고 예방계획의 수립・시행】 ① 교육부장관은 3년마다 학교안전사고 예방에 관한 기본계획(이하 "기본계획"이라 한다)을 수립・시행하여야 한다.
② 기본계획에는 다음 각 호의 사항이 포함되어야 한다.

1. 학교 안팎의 안전사고 예방정책의 기본방향 및 목표
2. 학교안전사고를 예방하기 위한 학교 안팎의 교육활동 운영의 기본지침에 관한 사항
3. 학교안전사고 예방 및 재난대비 훈련 등 학교안전교육에 관한 사항
5. 학교 안전문화 확산에 관한 사항
6. 그 밖에 학교안전사고 예방을 위하여 필요한 사항

⑤ 교육감은 매년 기본계획에 따라 학교안전사고 예방에 관한 지역계획(이하 "지역계획"이라 한다)을 수립·시행하여야 한다.

⑥ 학교장은 기본계획과 지역계획을 바탕으로 학교의 교육과정 또는 학교장이 정하는 교육계획에 따라 매년 학교안전사고 예방에 관한 학교계획(이하 "학교계획"이라 한다)을 학교운영위원회의 심의를 거쳐 수립·시행하여야 한다.

⑦ 교육감은 매년 해당 연도의 학교계획 및 지난해의 학교계획에 따른 추진실적을 대통령령으로 정하는 바에 따라 평가하여 교육부장관에게 제출하여야 한다.

⑧ 그 밖에 계획 수립·시행 및 평가 등에 필요한 사항은 대통령령으로 정한다.

제4조의2 【학교안전사고예방위원회 구성】 ① 교육부장관은 다음 각 호의 사항을 심의하기 위하여 교육부장관 소속으로 학교안전사고예방위원회(이하 "예방위원회"라 한다)를 둔다.

1. 기본계획의 수립 및 시행에 대한 평가
2. 학교안전교육 프로그램 및 교재 개발
3. 학교안전사고 예방 관련 사업 추진
4. 그 밖에 학교안전사고 예방과 관련하여 위원장이 회의에 부치는 사항

제5조 【학교안전사고의 예방에 관한 책무】 ① 교육부장관, 특별시·광역시·특별자치시·도 및 특별자치도(이하 "시·도"라 한다. 이하 같다)의 교육감(이하 "교육감"이라 한다), 학교장 및 「사립학교법」의 규정에 따라 사립학교를 설치·경영하는 자(이하 "학교장등"이라 한다)는 학교안전사고를 예방하고 학교시설을 안전하게 관리·유지하기 위하여 노력하여야 한다.

② 교육부장관 및 교육감은 학교안전사고의 예방을 위하여 필요한 시설물을 설치하고 학교안전사고의 발생 위험성이 있는 시설물을 보수·관리하는데 필요한 예산을 우선 지원하는 등 학교안전사고의 예방을 위하여 필요한 조치를 하여야 한다.

제8조 【학교안전교육의 실시】 ① 학교장은 학교안전사고를 예방하기 위하여 교육부령으로 정하는 바에 따라 학생·교직원 및 교육활동참여자에게 학교안전사고 예방 등에 관한 다음 각 호의 교육(이하 "안전교육"이라 한다)을 실시하고 그 결과를 학기별로 교육감에게 보고하여야 한다. 20. 국가직 7급

1. 「아동복지법」 제31조에 따른 교통안전교육, 감염병 및 약물의 오남용 예방 등 보건위생관리교육 및 재난대비 안전교육
2. 「학교폭력 예방 및 대책에 관한 법률」 제15조에 따른 학교폭력 예방교육
3. 「성폭력방지 및 피해자보호 등에 관한 법률」 제5조에 따른 성폭력 예방에 필요한 교육
4. 「성매매방지 및 피해자보호 등에 관한 법률」 제5조에 따른 성매매 예방교육 20. 국가직 7급
5. 「초·중등교육법」 제23조에 따른 교육과정이 체험중심 교육활동으로 운영되는 경우 이에 관한 안전사고 예방교육
6. 그 밖에 안전사고 관련 법률에 따른 안전교육

③ 교육부장관 및 교육감은 다음 각 호의 사항이 포함된 안전교육에 필요한 교재와 프로그램을 개발·보급하고, 학교장의 요청이 있는 경우 교육부령으로 정하는 안전교육을 담당할 강사를 알선하는 등 안전교육에 필요한 지원을 하여야 한다.

1. 안전사고 예방 및 대책에 관한 사항
2. 재난대비 훈련 및 안전에 관한 사항
3. 그 밖에 교육부장관이 필요하다고 인정하는 사항

④ 학교장은 필요에 따라 안전교육을 이론교육과 실습교육으로 병행하여 실시하되, 안전교육을 효율적으로 실시하기 위하여 교원 또는 교육활동참여자로 하여금 담당하게 하거나 교육부령으로 정하는 바에 따라 전문교육기관·단체 또는 전문가에 위탁하여 실시할 수 있다. 20. 국가직 7급

제8조의2 【학교장의 교육활동 안전대책 점검·확인 의무】 ① 학교장은 교육활동을 직접 실시하는 경우 학교안전사고 예방을 위하여 안전대책을 점검·확인하는 등 필요한 조치를 강구하여야 한다.

② 학교장은 교육활동을 관련 기관 또는 단체 등에 위탁하여 실시하는 경우 학교안전사고 예방을 위하여 다음 각 호의 사항을 점검·확인하여야 한다.

1. 위탁할 기관 또는 단체 등의 설립 인가·허가 등의 여부
2. 교육활동 중에 발생하는 사고로 인한 손해배상 책임을 담보하기 위한 보험 등의 가입 여부
3. 「청소년활동 진흥법」 제10조 제1호에 따른 청소년수련시설의 경우 같은 법 제36조에 따라 인증을 받은 청소년수련활동 프로그램을 실시하는지의 여부
4. 「청소년활동 진흥법」 제10조 제1호에 따른 청소년수련시설의 경우 같은 법 제18조, 제18조의2, 제18조의3, 제19조 및 제19조의2에 따른 안전점검 및 안전교육 실시, 종합평가 결과 및 이에 따른 개선조치 이행 등의 여부
5. 그 밖에 관계 법령에 따라 실시되는 교육활동 프로그램의 안전점검, 안전대책 등의 여부

제8조의3 【학교안전사고 예방·대책 전담부서】 교육감은 시·도교육청에 학교안전사고 예방 및 대책을 담당하는 전담부서를 설치·운영하여야 한다.

제10조 【안전조치 및 안전사고관리 지침 등】

③ 교육부장관은 학교 안팎의 교육활동 중에 발생한 사고와 위급상황에 효율적으로 대처하게 하기 위하여 교육활동에 따른 안전사고관리 지침을 제정하여 시·도교육청 및 학교에 보급하여야 한다.

④ 학교장 및 인솔교사는 교육활동 중 발생한 사고 및 위급상황에 대하여 안전사고관리 지침에 따라 즉시 안전조치를 취한 후 교육부장관 또는 교육감에게 즉시 보고하여야 하고, 교육부장관 또는 교육감은 지원 대책을 신속하게 수립·시행하여야 한다.

제10조의2 【학교안전사고 예방활동 단체에 대한 지원】 ① 교육부장관 및 교육감은 「비영리민간단체 지원법」 제4조 제1항에 따라 등록된 비영리민간단체 중 학생의 등교·하교 시 교통지도활동 등 학교안전사고 예방활동에 참여하는 비영리민간단체(이하 이 조에서 "단체"라 한다)에 대하여 그 활동에 필요한 예산을 지원할 수 있다.

② 학교장은 교육부장관이 정하는 바에 따라 단체로부터 학생들의 안전사고 예방과 관련한 의견을 정기적으로 들어야 하며, 그 내용을 학교운영에 반영하여야 한다.

③ 학교장은 제2항에 따라 시장·군수·구청장 또는 관할 경찰서장의 협조가 필요하다는 의견을 들은 경우 해당 기관에 협조를 요청하여야 한다.

④ 제3항에 따라 요청을 받은 해당 기관의 장은 특별한 사유가 없으면 협조하여야 한다.

제10조의3 【상담 지원 등】 ① 교육부장관 및 교육감은 학교안전사고로 피해를 입은 학생·교직원 및 교육활동참여자, 그 가족에 대하여 심리적 안정과 사회 적응을 위한 상담 및 심리적 치료 등의 필요한 지원을 제공하여야 한다.

② 제1항에 따른 지원대상의 범위 등 지원에 필요한 사항은 대통령령으로 정한다.

02 주요 기출문제

01 「학교안전사고 예방 및 보상에 관한 법률」상 학교안전사고 및 예방교육에 대한 설명으로 옳은 것은?

20. 국가직 7급

① 교원은 학교안전교육의 대상이 아니다.
② 등·하교 시 발생하는 사고는 학교안전사고에 포함된다.
③ 학교안전교육은 교원자격증을 갖춘 자가 실시해야 한다.
④ 성매매 예방교육은 학교장이 실시해야 하는 학교안전교육에 포함되지 않는다.

해설 「학교안전사고 예방 및 보상에 관한 법률(학교안전법)」 제2조(정의)에 따르면, '학교안전사고'는 교육활동 중에 발생한 사고로서 학생·교직원 또는 교육활동참여자의 생명 또는 신체에 피해를 주는 모든 사고 및 학교급식 등 학교장의 관리·감독에 속하는 업무가 직접 원인이 되어 학생·교직원 또는 교육활동참여자에게 발생하는 질병으로서 대통령령이 정하는 것을 말한다(제6호). 또한 '교육활동'은 '㉮ 학교의 교육과정 또는 학교의 장이 정하는 교육계획 및 교육방침에 따라 학교의 안팎에서 학교장의 관리·감독하에 행하여지는 수업·특별활동·재량활동·과외활동·수련활동·수학여행 등 현장체험활동 또는 체육대회 등의 활동, ㉯ 등·하교(②) 및 학교장이 인정하는 각종 행사 또는 대회 등에 참가하여 행하는 활동, ㉰ 그 밖에 대통령령이 정하는 시간 중의 활동으로서 ㉮목 및 ㉯목과 관련된 활동'을 말한다(제4호). ①은 교육대상이며[제8조(학교안전교육의 실시) 제1항], ③은 교원 또는 교육활동참여자가 담당하거나 교육부령으로 정하는 바에 따라 전문교육기관·단체 또는 전문가에 위탁하여 실시할 수 있다(제8조 제4항). ④는 학교안전교육에 포함된다(제8조 제1항).

02 실전 예상문제

01 「학교안전사고 예방 및 보상에 관한 법률」에 따른 교육활동에 포함되지 않는 것은?

① 현장체험활동
② 수업 중 발생한 활동
③ 등·하교 중 발생한 사고
④ 학교장이 인정하지 않은 대회에 참가하는 활동

해설 「학교안전사고 예방 및 보상에 관한 법률(학교안전법)」 제2조(정의) 제4호에 따른 교육활동은 학교의 교육과정 또는 학교의 장이 정하는 교육계획 및 교육방침에 따라 학교의 안팎에서 학교장의 관리·감독하에 행하여지는 활동이나 등·하교 및 학교장의 인정하는 활동을 말한다. 그러므로 ④는 포함되지 않는다.

정답 01 ② / 01 ④

02 「학교안전사고 예방 및 보상에 관한 법률」에 따른 정의 중 (　　) 안에 공통적으로 들어갈 내용이 아닌 것은?

> "학교안전사고"라 함은 교육활동 중에 발생한 사고로서 (　　)의 생명 또는 신체에 피해를 주는 모든 사고 및 학교급식 등 학교장의 관리 · 감독에 속하는 업무가 직접 원인이 되어 (　　)에게 발생하는 질병으로서 대통령령으로 정하는 것을 말한다.

① 학생　　② 교직원
③ 학부모　　④ 교육활동참여자

해설 「학교안전법」 제2조(정의) 제6호에 따르면 학교안전사고는 교육활동 중에 발생한 사고로서 학생, 교직원, 교육활동참여자의 생명 또는 신체에 피해를 주는 모든 사고 및 질병을 말한다. 여기서 "교육활동참여자"란 학생 또는 교직원이 아닌 사람으로서 ❶ 학교장의 승인 또는 학교장의 요청에 따라 교직원의 교육활동을 보조하거나 학생 또는 교직원과 함께 교육활동을 하는 사람, ❷ 「비영리민간단체 지원법」 제4조 제1항에 따라 등록된 비영리민간단체에서 학생의 등교 · 하교 시 교통지도활동 참여에 관하여 미리 서면으로 학교장에게 통지하여 학교장의 승인을 받거나 학교장의 요청에 따라 그 단체의 회원으로서 교통지도활동에 참여하는 사람을 말한다.

03 「학교안전사고 예방 및 보상에 관한 법률」에 명시된 규정으로 잘못된 것은?

① 교육부장관은 5년마다 학교안전사고 예방에 관한 기본계획(이하 "기본계획"이라 한다)을 수립 · 시행하여야 한다.
② 교육감은 매년 기본계획에 따라 학교안전사고 예방에 관한 지역계획(이하 "지역계획"이라 한다)을 수립 · 시행하여야 한다.
③ 학교장은 기본계획과 지역계획을 바탕으로 학교의 교육과정 또는 학교장이 정하는 교육계획에 따라 매년 학교안전사고 예방에 관한 학교계획(이하 "학교계획"이라 한다)을 학교운영위원회의 심의를 거쳐 수립 · 시행하여야 한다.
④ 교육부장관은 다음 각 호의 사항을 심의하기 위하여 교육부장관 소속으로 학교안전사고예방위원회(이하 "예방위원회"라 한다)를 둔다.

해설 「학교안전법」 제4조(학교안전사고 예방계획의 수립 · 시행) 제1항에 따라 교육부장관은 3년마다 학교안전사고 예방에 관한 기본계획을 수립 · 시행하여야 한다. ②는 제5항, ③은 제6항, ④는 제4조의2(학교안전사고예방위원회 구성) 제1항에 해당한다.

04 「학교안전사고 예방 및 보상에 관한 법률」 제8조에 따라 학교장이 학생 · 교직원 · 교육활동참여자에게 실시해야 하는 안전교육이 아닌 것은?

① 「아동복지법」 제31조에 따른 성폭력 예방에 필요한 교육
② 「학교폭력 예방 및 대책에 관한 법률」 제15조에 따른 학교폭력 예방교육
③ 「성매매방지 및 피해자보호 등에 관한 법률」 제5조에 따른 성매매 예방교육
④ 「초 · 중등교육법」 제23조에 따른 교육과정이 체험중심 교육활동으로 운영되는 경우 이에 관한 안전사고 예방교육

해설 「학교안전법」 제8조(학교안전교육의 실시) 제1항에 따르면 안전교육에 포함되는 것은 「아동복지법」 제31조에 따른 교통안전교육, 감염병 및 약물의 오남용 예방 등 보건위생관리교육 및 재난대비 안전교육, 또는 「성폭력방지 및 피해자보호 등에 관한 법률」 제5조에 따른 성폭력 예방에 필요한 교육이다. ②는 제1항 제2호, ③은 제4호, ④는 제5호에 해당한다.

05 「학교안전사고 예방 및 보상에 관한 법률」에 따른 학교장의 책무가 아닌 것은?

① 안전교육을 효율적으로 실시하기 위하여 교원 또는 교육활동참여자로 하여금 담당하게 하거나 교육부령으로 정하는 바에 따라 전문교육기관 · 단체 또는 전문가에 위탁하여 실시할 수 있다.
② 학교안전사고로 피해를 입은 학생 · 교직원 및 교육활동참여자, 그 가족에 대하여 심리적 안정과 사회 적응을 위한 상담 및 심리적 치료 등의 필요한 지원을 제공하여야 한다.
③ 교육활동을 직접 실시하는 경우 학교안전사고 예방을 위하여 안전대책을 점검 · 확인하는 등 필요한 조치를 강구하여야 한다.
④ 교육부장관이 정하는 학교안전사고 예방활동에 참여하는 비영리민간단체로부터 학생들의 안전사고 예방과 관련한 의견을 정기적으로 들어야 하며, 그 내용을 학교운영에 반영하여야 한다.

해설 ②는 「학교안전법」 제10조의3(상담 지원 등) 제1항에 따른 교육부장관 및 교육감의 책무에 해당한다. ①은 제8조(학교안전교육의 실시) 제4항, ③은 제8조의2(학교장의 교육활동 안전대책 점검 · 확인 의무) 제1항, ④는 제10조의2(학교안전사고 예방활동 단체에 대한 지원) 제3항에 해당한다.

정답 02 ③ 03 ① 04 ① 05 ②

03 공교육 정상화 촉진 및 선행교육 규제에 관한 특별법(공교육정상화법)

관련 이론 ── 제13장 교육행정 – 제10절 교육인사행정론 및 학교실무 7 학교실무

1 주요 내용

제1조 【목적】 이 법은 「초·중등교육법」에 따라 공교육을 담당하는 초·중·고등학교의 교육과정이 정상적으로 운영되도록 하기 위하여 교육관련기관의 선행교육 및 선행학습을 유발하는 행위를 규제함으로써 「교육기본법」에서 정한 교육 목적을 달성하고 학생의 건강한 심신 발달을 도모하는 것을 목적으로 한다.

제2조 【정의】 이 법에서 사용하는 용어의 뜻은 다음과 같다.

1. "교육관련기관"이란 「초·중등교육법」 제2조에 따른 학교 중 초등학교·중학교·고등학교·각종학교(이하 "학교"라 한다)와 「고등교육법」 제2조에 따른 학교 및 그 밖에 다른 법률에 따른 고등교육기관(이하 "대학등"이라 한다)을 말한다.
2. "선행교육"이란 교육관련기관이 다음 각 목에 따른 교육과정에 앞서서 편성하거나 제공하는 교육 일반을 말한다.
   가. 국가교육과정: 「초·중등교육법」 제23조 제2항에 따라 국가교육위원회가 정한 초·중등학교 교육과정
   나. 시·도교육과정: 「초·중등교육법」 제23조 제2항에 따라 특별시·광역시·특별자치시·도 및 특별자치도(이하 "시·도"라 한다)의 교육감(이하 "교육감"이라 한다)이 정한 초·중등학교 교육과정
   다. 학교교육과정: 「초·중등교육법」 제23조 제1항에 따라 편성·운영되는 단위학교 교육과정
3. "선행학습"이란 학습자가 국가교육과정, 시·도교육과정 및 학교교육과정에 앞서서 하는 학습을 말한다.

제3조 【다른 법률과의 관계】 이 법은 선행교육 또는 선행학습에 관하여 다른 법률에 우선하여 적용한다.

제3조의2 【해석·적용의 주의의무】 이 법을 해석·적용할 때에는 학교 및 교원의 교육과정 운영에 관한 자율성이 부당하게 침해되지 아니하도록 주의하여야 한다.

제4조 【국가 및 지방자치단체의 책무】 ① 국가 및 지방자치단체는 국가가 정한 교육목표와 내용에 맞게 학교가 교육과정을 편성·운영하고 그 내용에 대하여 공정하게 학생 평가를 할 수 있도록 지도·감독하여야 한다.

② 국가 및 지방자치단체는 선행교육으로 인한 부작용을 예방·시정하기 위하여 조사·연구·분석·교육하고, 개선대책을 수립하는 등 필요한 법적·제도적 장치를 마련하여야 한다.

③ 국가 및 지방자치단체는 제1항 및 제2항에 따른 책무를 다하기 위하여 필요한 행정적·재정적 지원을 하고 적절한 조치를 취하여야 한다.

제5조 【학교의 장의 책무】 ① 학교의 장은 학생이 편성된 교육과정에 따른 교과용 도서의 내용을 충실히 익힐 수 있도록 하여야 한다.

② 학교의 장은 해당 학교에서 선행교육을 실시하지 아니하도록 지도·감독하여야 한다.

③ 학교의 장은 학부모·학생·교원에게 선행교육 및 선행학습을 예방하기 위한 교육을 정기적으로 실시하여야 한다.

④ 학교의 장은 제3항의 내용을 포함한 선행교육 및 선행학습 예방에 관한 계획을 수립·시행하여야 한다.

제5조의2 【교원의 책무】 교원은 학생의 학습권 보호를 위하여 학생의 선행학습을 전제로 수업을 하여서는 아니 된다.

제6조 【학부모의 책무】 학부모는 자녀가 학교의 교육과정에 따른 학교 수업 및 각종 활동에 성실히 참여할 수 있도록 지원하고, 학교의 정책에 협조하여야 한다.

제8조 【선행교육 및 선행학습 유발행위 금지 등】 ① 학교는 국가교육과정 및 시·도교육과정에 따라 학교교육과정을 편성하여야 하며, 편성된 학교교육과정을 앞서는 교육과정을 운영하여서는 아니 된다. 방과후학교 과정도 또한 같다.

③ 학교에서는 다음 각 호의 행위를 하여서는 아니 된다. 16. 국가직

1. 지필평가, 수행평가 등 학교 시험에서 학생이 배운 학교교육과정의 범위와 수준을 벗어난 내용을 출제하여 평가하는 행위
2. 각종 교내 대회에서 학생이 배운 학교교육과정의 범위와 수준을 벗어난 내용을 출제하여 평가하는 행위
3. 그 밖에 이에 준하는 것으로서 대통령령으로 정하는 행위

④ 「학원의 설립·운영 및 과외교습에 관한 법률」 제2조에 따른 학원, 교습소 또는 개인과외교습자는 선행학습을 유발하는 광고 또는 선전을 하여서는 아니 된다.

제9조 【학교의 입학전형 등】 ① 학교별로 입학전형을 실시하는 학교 중에서 대통령령으로 정하는 학교의 입학전형은 그 내용과 방법이 해당 학교 입학 단계 이전 교육과정의 범위와 수준을 벗어나서는 아니 된다.

② 학교의 장은 제1항의 입학전형을 실시하는 경우 해당 학교의 설립목적과 특성에 맞도록 학교생활기록부 기록을 반영하여야 한다.

③ 학교의 장은 제1항의 입학전형을 실시하는 경우 다음 각 호의 내용을 반영하여서는 아니 된다.

1. 학교 밖 경시대회 실적
2. 각종 인증시험 성적
3. 각종 자격증
4. 그 밖에 이에 준하는 것으로서 대통령령으로 정하는 사항

④ 학교의 장은 제1항의 입학전형을 실시한 경우 그 입학전형이 선행학습을 유발하는지에 대한 영향평가를 실시하고 그 결과를 다음 연도 입학전형에 반영하여야 한다.

⑤ 학교의 장은 제4항의 영향평가 결과 및 다음 연도 입학전형에의 반영 계획을 관할 교육감에게 제출하여야 한다.

⑥ 교육감은 제5항에 따라 제출받은 영향평가 결과 및 다음 연도 입학전형에의 반영 계획을 시·도의 교육규칙으로 정하는 바에 따라 공표할 수 있다.

제10조 【대학등의 입학전형 등】 ① 대학 등의 장은 「고등교육법」 등 관계 법령에 따라 입학전형에서 대학별 고사(논술 등 필답고사, 면접·구술고사, 실기·실험고사 및 교직적성·인성검사를 말한다)를 실시하는 경우 고등학교 교육과정의 범위와 수준을 벗어난 내용을 출제 또는 평가하여서는 아니 된다. 16. 국가직

② 대학 등의 장은 제1항의 대학별고사를 실시한 경우 제10조의2에 따른 입학전형 영향평가위원회의 심의를 거쳐 선행학습을 유발하는지에 대한 영향평가를 실시하고 그 결과를 다음 연도 입학전형에 반영하여야 한다.

③ 대학 등의 장은 제2항의 영향평가 결과 및 다음 연도 입학전형에의 반영 계획을 해당 대학 등의 인터넷 홈페이지에 게재하여 공개하여야 한다.

제10조의2 【대학등의 입학전형 영향평가위원회】 ① 대학 등의 장은 제10조 제2항에 따른 영향평가 실시 방법, 절차 및 내용 등에 관한 사항을 심의하기 위하여 입학전형 영향평가위원회를 설치·운영하여야 한다.

② 제1항에 따른 입학전형 영향평가위원회의 구성 및 운영에 필요한 사항은 해당 대학 등의 학교규칙으로 정한다. 다만, 위원 중 1명 이상은 현직 고등학교 교원으로 하여야 한다.

제12조 【시·도교육과정정상화심의위원회】 ① 학교의 선행교육 방지에 관한 주요 사항을 심사·의결하기 위하여 교육감 소속으로 시·도교육과정정상화심의위원회(이하 "시·도교육과정위원회"라 한다)를 둔다. 이 경우 교육감은 지역 여건, 학교 및 학원 수 등을 고려하여 「지방교육자치에 관한 법률」 제34조 제1항에 따른 교육지원청별로 교육과정정상화심의위원회를 둘 수 있다.

제13조 【교육부장관 또는 교육감의 지도·감독 등】 ① 교육부장관 또는 교육감은 제4조 제1항의 지도·감독을 위하여 대통령령으로 정하는 바에 따라 교육관련기관이 제8조부터 제10조까지의 규정을 위반하였는지 등을 조사할 수 있다.

② 교육부장관 또는 교육감이 제1항에 따른 조사를 하는 경우 교육관련기관은 교육부장관 또는 교육감의 자료 제출 요구 등에 성실하게 응하여야 한다.

제14조 【시정 또는 변경명령】 ① 교육부장관 또는 교육감은 교육관련기관이 제8조부터 제10조까지의 규정 및 제10조의2를 위반한 경우 제11조에 따른 교육과정위원회 또는 제12조에 따른 시·도교육과정위원회의 심의 결과에 따라 기간을 정하여 교육관련기관에 시정이나 변경을 명할 수 있다.

제16조 【적용의 배제】 다음 각 호의 어느 하나에 해당하는 경우에는 이 법을 적용하지 아니한다.

1. 「영재교육 진흥법」에 따른 영재교육기관의 영재교육 16. 국가직
2. 「초·중등교육법」 제27조 제1항에 따른 조기진급 또는 조기졸업 대상자
3. 국가교육과정과 시·도교육과정 및 학교교육과정상 체육·예술 교과(군), 기술·가정 교과(군), 실과·제2외국어·한문·교양 교과(군), 전문 교과
4. 초등학교 1학년과 2학년의 영어 방과후학교 과정
5. 그 밖에 대통령령으로 정하는 경우

02

03 주요 기출문제

01 「공교육 정상화 촉진 및 선행교육 규제에 관한 특별법」에서 금지하는 행위에 포함되지 않는 것은?

16. 국가직

① 지필평가, 수행평가 등 학교시험에서 학생이 배운 학교교육과정의 범위와 수준을 벗어난 내용을 출제하여 평가하는 행위

② 각종 교내대회에서 학생이 배운 학교교육과정의 범위와 수준을 벗어난 내용을 출제하여 평가하는 행위

③ 「영재교육 진흥법」에 따른 영재교육기관에서 학교교육과정의 범위와 수준을 벗어난 내용으로 영재교육을 실시하는 행위

④ 대학의 입학전형에서 고등학교 교육과정의 범위와 수준을 벗어난 내용을 출제 또는 평가하는 대학별 고사를 실시하는 행위

해설 「공교육 정상화 촉진 및 선행교육 규제에 관한 특별법(공교육정상화법)」 제8조(선행교육 및 선행학습 유발행위 금지 등)에 따르면 ③의 경우는 제16조(적용의 배제) 제1호에 따라 금지행위에 해당하지 않는다. ①은 제8조 제3항 제1호, ②는 제2호, ④는 제10조(대학의 입학전형 등) 제1항에 해당하는 금지행위이다.

03 실전 예상문제

01 「공교육 정상화 촉진 및 선행교육 규제에 관한 특별법」에서 국가 및 지방자치단체의 책무에 해당하는 것을 모두 고른 것은?

ㄱ. 학교교육과정의 공정한 학생평가를 지도 · 감독
ㄴ. 선행학습 유발행위의 조사 · 연구 · 분석 · 교육 및 개선대책 수립 등 법적 · 제도적 장치 마련
ㄷ. 선행교육 및 선행학습 예방 계획 수립 · 시행
ㄹ. 행정적 · 재정적 지원 제공

① ㄱ, ㄴ　② ㄱ, ㄴ, ㄹ
③ ㄷ, ㄹ　④ ㄱ, ㄴ, ㄷ, ㄹ

해설 ㄱ, ㄴ, ㄹ은 「공교육정상화법」 제4조 제1항에 따른 국가 및 지방자치단체의 책무에 해당한다. ㄷ은 제5조(학교의 장의 책무) 제4항에 따른 학교의 장의 책무에 해당한다.

정답 01 ③ / 01 ②

02 「공교육 정상화 촉진 및 선행교육 규제에 관한 특별법」에서 규정한 학교장의 책무에 해당하는 것은?

① 국가가 정한 교육목표와 내용에 맞게 학교가 교육과정을 편성·운영하고 그 내용에 대하여 공정하게 학생 평가를 할 수 있도록 지도·감독하여야 한다.
② 학생의 학습권 보호를 위하여 학생의 선행학습을 전제로 수업을 하여서는 아니 된다.
③ 학교의 교육과정에 따른 학교 수업 및 각종 활동에 성실히 참여할 수 있도록 지원하고, 학교의 정책에 협조하여야 한다.
④ 학생이 편성된 교육과정에 따른 교과용 도서의 내용을 충실히 익힐 수 있도록 하여야 한다.

해설 ④는 「공교육정상화법」 제5조 제1항에 따른 학교의 장의 책무에 해당한다. ①은 국가 및 지방자치단체의 책무(제4조 제1항), ②는 교원의 책무(제5조의2), ③은 학부모의 책무(제6조)에 해당한다. 이 외에 학교의 장의 책무로는 ❶ 해당 학교에서 선행교육을 실시하지 아니하도록 지도·감독하여야 한다. ❷ 학부모·학생·교원에게 선행교육 및 선행학습을 예방하기 위한 교육을 정기적으로 실시하여야 한다. ❸ 선행교육 및 선행학습 예방에 관한 계획을 수립·시행하여야 한다.

03 「공교육 정상화 촉진 및 선행교육 규제에 관한 특별법」에 따른 선행교육 및 선행학습을 운영할 수 있는 경우가 아닌 것은?

① 학교의 휴업일에 편성·운영하는 경우
② 농산어촌 지역 중·고등학교에서 운영하는 경우
③ 도시 저소득층 밀집 학교에서 운영하는 경우
④ 자율형 고등학교에서 운영하는 경우

해설 「공교육정상화법」 제8조(선행교육 및 선행학습 유발행위 금지 등) 제1항에 따라 학교교육과정 및 방과후학교 과정에서 ①, ②, ③은 학교교육과정을 앞서는 교육과정을 운영할 수 있는 경우에 해당한다.

04 「공교육 정상화 촉진 및 선행교육 규제에 관한 특별법」에 따를 때 학교시험에서 금지된 행위에 해당하는 경우는?

① 학생이 배운 학교교육과정 범위 내에서 내용을 출제하여 평가하는 행위
② 지필평가에서 학교 교육과정의 수준 내에서 내용을 출제하여 평가하는 행위
③ 수행평가에서 학생이 배운 범위와 수준을 벗어난 내용을 출제하여 평가하는 행위
④ 교내 대회에서 학생이 배운 학교 교육과정의 범위 내에서 내용을 출제하여 평가하는 행위

해설 「공교육정상화법」 제8조(선행교육 및 선행학습 유발행위 금지 등) 제3항에 따르면 ③은 금지행위에 해당한다. 지필평가, 수행평가는 물론 각종 교내 대회에서 학생이 배운 학교 교육과정의 범위와 수준 내에서 내용을 출제하여 평가하여야 한다.

05 「공교육 정상화 촉진 및 선행교육 규제에 관한 특별법」에 따른 학교 및 대학 등의 입학전형에 대하여 잘못 진술된 것은?

① 학교별로 입학전형을 실시하는 학교 중에서 대통령령으로 정하는 학교의 입학전형은 그 내용과 방법이 해당 학교 입학 단계 이전 교육과정의 범위와 수준을 벗어나서는 아니 된다.

② 학교별로 입학전형을 실시하는 경우 해당 학교의 설립목적과 특성에 맞도록 학교생활기록부 기록을 반영하지 않아도 된다.

③ 학교별로 입학전형을 실시하는 경우 학교 밖 경시대회 실적, 각종 인증시험 성적, 각종 자격증의 내용을 반영하여서는 아니 된다.

④ 대학 등의 장은 입학전형에서 대학별고사를 실시하는 경우 고등학교 교육과정의 범위와 수준을 벗어난 내용을 출제 또는 평가하여서는 아니 된다.

해설 ②는 「공교육정상화법」 제9조(학교의 입학전형 등) 제2항에 따라 해당 학교의 설립목적과 특성에 맞도록 학교생활기록부 기록을 반영하여야 한다. ①은 제1항, ③은 제3항, ④는 제10조(대학등의 입학전형 등) 제1항에 해당한다.

06 다음 중 「공교육 정상화 촉진 및 선행교육 규제에 관한 특별법」의 적용이 배제되는 경우가 아닌 것은?

① 영재교육기관의 영재교육

② 초등학교 1·2학년의 영어 방과후학교 과정

③ 학교교육과정상 체육·예술 교과(군)

④ 국가교육과정상 수학·과학 교과

해설 「공교육정상화법」 제16조(적용의 배제)에 따르면 ①, ②, ③은 법이 적용되지 않고 선행교육 및 선행학습을 할 수 있는 경우에 해당하나, ④는 선행학습이 금지된 적용대상에 해당한다. ③의 경우 국가교육과정과 시·도교육과정 및 학교교육과정상 기술·가정 교과(군), 실과·제2외국어·한문·교양 교과(군), 전문교과도 적용의 배제대상에 해당한다.

정답 02 ④ 03 ④ 04 ③ 05 ② 06 ④

04 교육환경 보호에 관한 법률(교육환경법)

⇨「교육환경 보호에 관한 법률 시행령」 일부 포함

관련 이론 ── 제13장 교육행정 – 제10절 교육인사행정론 및 학교실무 7 학교실무

1 주요 내용 ※「교육환경 보호에 관한 법률 시행령」(대통령령)의 내용도 일부 포함하고 있음.

제1조 【목적】 이 법은 학교의 교육환경 보호에 필요한 사항을 규정하여 학생이 건강하고 쾌적한 환경에서 교육받을 수 있게 하는 것을 목적으로 한다. 04. 유초등

제2조 【정의】 이 법에서 사용하는 용어의 뜻은 다음과 같다.

1. "교육환경"이란 학생의 보건・위생, 안전, 학습 등에 지장이 없도록 하기 위한 학교 및 학교 주변의 모든 요소를 말한다. 04. 유초등
2. "학교"란 「유아교육법」 제2조 제2호에 따른 유치원, 「초・중등교육법」 제2조 및 「고등교육법」 제2조에 따른 학교, 그 밖에 다른 법률에 따라 설치된 각급학교(국방・치안 등의 사유로 정보공시가 어렵다고 대통령령으로 정하는 학교는 제외한다)를 말한다.

제3조 【국가와 지방자치단체 등의 책임】 ① 국가와 지방자치단체는 교육환경을 보호하기 위하여 필요한 시책을 마련하여야 한다.

② 국가, 지방자치단체, 학교의 장 및 사업시행자는 교육환경 보호의 중요성을 인식하고 이 법에서 정하고 있는 절차가 적절하고 원활하게 추진될 수 있도록 노력하여야 한다.

제4조 【교육환경보호기본계획 등의 수립】 ① 교육부장관은 학교의 교육환경을 보호하기 위하여 다음 각 호의 사항이 포함된 교육환경보호기본계획(이하 "기본계획"이라 한다)을 5년마다 수립하여야 한다.

1. 교육환경 보호를 위한 정책의 기본방향에 관한 사항
2. 교육환경 보호를 위한 교육과 홍보에 관한 사항
3. 그 밖에 교육환경 보호를 위하여 필요한 사항

② 교육감은 기본계획에 따라 제5조 제1항에 따른 시・도교육환경보호위원회의 심의를 거쳐 연도별 시행계획(이하 "시행계획"이라 한다)을 수립・시행하고 그 결과를 교육부장관에게 제출하여야 한다.

제8조 【교육환경보호구역의 설정 등】 ① 교육감은 학교경계 또는 학교설립예정지 경계(이하 "학교경계등"이라 한다)로부터 직선거리 200미터의 범위 안의 지역을 다음 각 호의 구분에 따라 교육환경보호구역으로 설정・고시하여야 한다. 04. 유초등

1. 절대보호구역: 학교출입문으로부터 직선거리로 50미터까지인 지역(학교설립예정지의 경우 학교경계로부터 직선거리 50미터까지인 지역)
2. 상대보호구역: 학교경계등으로부터 직선거리로 200미터까지인 지역 중 절대보호구역을 제외한 지역

② 학교설립예정지를 결정・고시한 자나 학교설립을 인가한 자는 학교설립예정지가 확정되면 지체 없이 관할 교육감에게 그 사실을 통보하여야 한다.

③ 교육감은 제2항에 따라 학교설립예정지가 통보된 날부터 30일 이내에 제1항에 따른 교육환경보호구역을 설정・고시하여야 한다.

④ 제1항에 따라 설정・고시된 교육환경보호구역이 다음 각 호의 어느 하나에 해당하게 된 때에는 그 효력을 상실한다.

1. 학교가 폐교되거나 이전(移轉)하게 된 때(대통령령으로 정하는 바에 따른 학교설립계획 등이 있는 경우는 제외한다)
2. 학교설립예정지에 대한 도시·군관리계획결정의 효력이 상실된 때
3. 유치원이나 특수학교 또는 대안학교의 설립계획이 취소되었거나 설립인가가 취소된 때

⑤ 제1항에 따른 교육감의 권한은 대통령령*으로 정하는 바에 따라 교육장에게 위임할 수 있다.

[시행령] **제24조 【보호구역의 관리】** ① 학교의 장은 해당 학교의 보호구역 내 교육환경에 대한 현황 조사 및 보호구역 내 금지행위의 방지 등을 위한 계도 등(이하 이 조에서 "관리"라 한다)을 한다. 다만, 학교가 개교하기 전까지의 관리는 보호구역을 설정한 자가 한다. 04. 유초등

② 학교 간에 보호구역이 서로 중복되는 경우 그 중복된 보호구역에 대한 관리는 다음 각 호에 해당하는 학교의 장이 한다.

1. 상·하급 학교 간에 보호구역이 서로 중복되는 경우에는 하급학교. 다만, 하급학교가 유치원인 경우에는 그 상급학교로 한다.
2. 같은 급의 학교 간에 보호구역이 서로 중복될 경우에는 학생 수가 많은 학교

③ 제2항에도 불구하고 학교 간에 법 제8조 제1항 제1호에 따른 절대보호구역과 같은 항 제2호에 따른 상대보호구역이 서로 중복되는 경우 그 중복된 보호구역에 대한 관리는 절대보호구역이 설정된 학교의 장이 한다.

제9조 【교육환경보호구역에서의 금지행위 등】 누구든지 학생의 보건·위생, 안전, 학습과 교육환경 보호를 위하여 교육환경보호구역에서는 다음 각 호의 어느 하나에 해당하는 행위 및 시설을 하여서는 아니 된다. 다만, 상대보호구역에서는 제14호부터 제27호까지 및 제29호부터 제32호까지에 규정된 행위 및 시설 중 교육감이나 교육감이 위임한 자가 지역위원회의 심의를 거쳐 학습과 교육환경에 나쁜 영향을 주지 아니한다고 인정하는 행위 및 시설은 제외한다.

1. 「대기환경보전법」 제16조 제1항에 따른 배출허용기준을 초과하여 대기오염물질을 배출하는 시설
2. 「물환경보전법」 제32조 제1항에 따른 배출허용기준을 초과하여 수질오염물질을 배출하는 시설과 제48조에 따른 폐수종말처리시설
3. 「가축분뇨의 관리 및 이용에 관한 법률」 제11조에 따른 배출시설, 제12조에 따른 처리시설 및 제24조에 따른 공공처리시설
4. 「하수도법」 제2조 제11호에 따른 분뇨처리시설
5. 「악취방지법」 제7조에 따른 배출허용기준을 초과하여 악취를 배출하는 시설
6. 「소음·진동관리법」 제7조 및 제21조에 따른 배출허용기준을 초과하여 소음·진동을 배출하는 시설
7. 「폐기물관리법」 제2조 제8호에 따른 폐기물처리시설(규모, 용도, 기간 및 학습과 학교보건위생에 대한 영향 등을 고려하여 대통령령으로 정하는 시설은 제외한다)
8. 「가축전염병 예방법」 제11조 제1항·제20조 제1항에 따른 가축 사체, 제23조 제1항에 따른 오염물건 및 제33조 제1항에 따른 수입금지 물건의 소각·매몰지
9. 「장사 등에 관한 법률」 제2조 제8호에 따른 화장시설·제9호에 따른 봉안시설 및 제13호에 따른 자연장지(같은 법 제16조 제1항 제1호에 따른 개인·가족자연장지와 제2호에 따른 종중·문중자연장지는 제외한다)
10. 「축산물 위생관리법」 제21조 제1항 제1호에 따른 도축업 시설 04. 유초등
11. 「축산법」 제34조 제1항에 따른 가축시장
12. 「영화 및 비디오물의 진흥에 관한 법률」 제2조 제11호의 제한상영관
13. 「청소년 보호법」 제2조 제5호 가목7)에 해당하는 업소와 같은 호 가목8), 가목9) 및 나목7)에 따라 여성가족부장관이 고시한 영업에 해당하는 업소

14. 「고압가스 안전관리법」 제2조에 따른 고압가스, 「도시가스사업법」 제2조 제1호에 따른 도시가스 또는 「액화석유가스의 안전관리 및 사업법」 제2조 제1호에 따른 액화석유가스의 제조, 충전 및 저장하는 시설(관계 법령에서 정한 허가 또는 신고 이하의 시설이라 하더라도 동일 건축물 내에 설치되는 각각의 시설용량의 총량이 허가 또는 신고 규모 이상이 되는 시설은 포함하되, 규모, 용도 및 학습과 학교보건위생에 대한 영향 등을 고려하여 대통령령으로 정하는 시설의 전부 또는 일부는 제외한다)
15. 「폐기물관리법」 제2조 제1호에 따른 폐기물을 수집 · 보관 · 처분하는 장소(규모, 용도, 기간 및 학습과 학교보건위생에 대한 영향 등을 고려하여 대통령령으로 정하는 장소는 제외한다)
16. 「총포 · 도검 · 화약류 등의 안전관리에 관한 법률」 제2조에 따른 총포 또는 화약류의 제조소 및 저장소
17. 「감염병의 예방 및 관리에 관한 법률」 제37조 제1항 제2호에 따른 격리소 · 요양소 또는 진료소
18. 「담배사업법」에 의한 지정소매인, 그 밖에 담배를 판매하는 자가 설치하는 담배자동판매기(「유아교육법」 제2조 제2호에 따른 유치원 및 「고등교육법」 제2조 각 호에 따른 학교의 교육환경보호구역은 제외한다)
19. 「게임산업진흥에 관한 법률」 제2조 제6호, 제7호 또는 제8호에 따른 게임제공업, 인터넷컴퓨터게임시설제공업 및 복합유통게임제공업(「유아교육법」 제2조 제2호에 따른 유치원 및 「고등교육법」 제2조 각 호에 따른 학교의 교육환경보호구역은 제외한다)
20. 「게임산업진흥에 관한 법률」 제2조 제6호 다목에 따라 제공되는 게임물 시설(「고등교육법」 제2조 각 호에 따른 학교의 교육환경보호구역은 제외한다)
21. 「체육시설의 설치 · 이용에 관한 법률」 제3조에 따른 체육시설 중 무도학원 및 무도장(「유아교육법」 제2조 제2호에 따른 유치원, 「초 · 중등교육법」 제2조 제1호에 따른 초등학교, 같은 법 제60조의3에 따라 초등학교 과정만을 운영하는 대안학교 및 「고등교육법」 제2조 각 호에 따른 학교의 교육환경보호구역은 제외한다)
22. 「한국마사회법」 제4조에 따른 경마장 및 제6조 제2항에 따른 장외발매소, 「경륜 · 경정법」 제5조에 따른 경주장 및 제9조 제2항에 따른 장외매장
23. 「사행행위 등 규제 및 처벌 특례법」 제2조 제1항 제2호에 따른 사행행위영업
24. 「음악산업진흥에 관한 법률」 제2조 제13호에 따른 노래연습장업(「유아교육법」 제2조 제2호에 따른 유치원 및 「고등교육법」 제2조 각 호에 따른 학교의 교육환경보호구역은 제외한다)
25. 「영화 및 비디오물의 진흥에 관한 법률」 제2조 제16호 가목 및 라목에 해당하는 비디오물감상실업 및 복합영상물제공업의 시설(「유아교육법」 제2조 제2호에 따른 유치원 및 「고등교육법」 제2조 각 호에 따른 학교의 교육환경보호구역은 제외한다)
26. 「식품위생법」 제36조 제1항 제3호에 따른 식품접객업 중 단란주점영업 및 유흥주점영업
27. 「공중위생관리법」 제2조 제1항 제2호에 따른 숙박업 및 「관광진흥법」 제3조 제1항 제2호에 따른 관광숙박업(「국제회의산업 육성에 관한 법률」 제2조 제3호에 따른 국제회의시설에 부속된 숙박시설과 규모, 용도, 기간 및 학습과 학교보건위생에 대한 영향 등을 고려하여 대통령령으로 정하는 숙박업 또는 관광숙박업은 제외한다)
29. 「화학물질관리법」 제39조에 따른 사고대비물질의 취급시설 중 대통령령으로 정하는 수량 이상으로 취급하는 시설

30. 「통계법」 제22조 제1항에 따라 통계청장이 고시하는 한국표준산업분류에 따른 제조업 중 레미콘 제조업(시멘트와 모래, 자갈 등의 광물성 물질 혼합물에 물을 첨가하여 굳지 아니한 상태로 구매자에게 공급하는 콘크리트용 비내화 혼합물을 제조하는 산업활동)
31. 「정신건강증진 및 정신질환자 복지서비스 지원에 관한 법률」 제3조 제7호에 따른 정신재활시설 중 중독자재활시설(알코올 중독, 약물 중독 또는 게임 중독 등으로 인한 정신질환자등을 치유하거나 재활을 돕는 시설)
32. 「관광진흥법」 제3조 제1항 제5호에 따른 카지노업

제10조 【금지행위 등에 대한 조치】 ① 시·도지사 및 시장·군수·구청장(자치구의 구청장을 말한다. 이하 같다) 또는 관계 행정기관의 장(이하 "관계행정기관등의 장"이라 한다)은 제9조 각 호의 행위 및 시설(제9조 단서에 따라 심의를 받은 행위 및 시설은 제외한다. 이하 같다)을 방지하기 위하여 공사의 중지·제한, 영업의 정지 및 허가·인가·등록·신고의 거부·취소 등의 조치(이하 "처분"이라 한다)를 하여야 하며, 교육환경을 위해하여 철거가 불가피하다고 판단하면 사업시행자에게 해당 시설물의 철거를 명할 수 있다.

② 관계행정기관등의 장은 사업시행자가 제1항에 따른 철거명령을 이행하지 아니하는 경우 「행정대집행법」에서 정하는 바에 따라 대집행을 할 수 있다.

③ 교육감은 교육환경 보호를 위하여 관계행정기관등의 장에게 교육환경보호구역 내 제9조 각 호의 행위 및 시설에 대한 처분 및 시설물의 철거 명령을 요청할 수 있다.

④ 제3항에 따른 요청을 받은 관계행정기관등의 장은 특별한 사정이 없으면 요청에 따른 조치를 취하고, 그 결과를 교육감에게 요청받은 날부터 1개월 이내에 알려야 한다.

⑤ 제3항과 제4항에 따른 교육감의 권한은 대통령령으로 정하는 바에 따라 그 일부를 교육장에게 위임할 수 있다.

04 주요 기출문제

01 **교육환경보호구역을 바르게 설명한 것은?** 04. 유초등임용 응용

① 절대보호구역은 학교경계선으로부터 직선거리로 50미터까지의 지역이다.
② 교육환경보호구역은 학교장이 관리하며, 도축업 시설은 교육감의 허가로 설치할 수 있다.
③ 교육환경보호구역은 학생의 보건·위생 및 학습환경을 보호하기 위해 설정한 구역이다.
④ 상대보호구역은 학교출입문으로부터 직선거리로 200미터까지의 지역으로 절대보호구역을 제외한 지역이다.

해설 「교육환경 보호에 관한 법률(교육환경법)」의 제정은 학교의 교육환경 보호에 필요한 사항을 규정하여 학생이 건강하고 쾌적한 환경에서 교육받을 수 있게 하는 것을 목적으로 한다(제1조). 여기서 "교육환경"이란 학생의 보건·위생, 안전, 학습 등에 지장이 없도록 하기 위한 학교 및 학교 주변의 모든 요소를 말한다[제2조(정의) 제1호]. ③은 제9조(교육환경보호구역에서의 금지행위 등)에 따른 교육환경보호구역 설치 목적에 해당한다. ①은 제8조(교육환경보호구역의 설정 등) 제1항 제1호에 따르면 절대보호구역은 학교출입문으로부터 직선거리로 50미터까지인 지역(학교설립예정지의 경우 학교경계로부터 직선거리 50미터까지인 지역)으로 설정한다. ②는 같은 법 시행령 제24조(보호구역의 관리) 제1항에 따라 학교의 장이 관리한다. 또한, 법 제9조 제10호에 따라 도축업 시설은 시설을 설치해서는 안 된다. ④는 제8조 제1항 제2호에 따라 학교경계 등으로부터 직선거리로 200미터까지인 지역 중 절대보호구역을 제외한 지역이다.

04 실전 예상문제

01 **「교육환경 보호에 관한 법률」 규정에 대한 진술로 잘못된 것은?**

① 이 법은 학교의 교육환경 보호에 필요한 사항을 규정하여 학생이 건강하고 쾌적한 환경에서 교육받을 수 있게 하는 것을 목적으로 한다.
② 국가와 지방자치단체는 교육환경을 보호하기 위하여 필요한 시책을 마련하여야 한다.
③ 교육부장관은 학교의 교육환경을 보호하기 위하여 교육환경보호기본계획(이하 "기본계획"이라 한다)을 3년마다 수립하여야 한다.
④ 교육감은 기본계획에 따라 제5조 제1항에 따른 시·도교육환경보호위원회의 심의를 거쳐 연도별 시행계획을 수립·시행하고 그 결과를 교육부장관에게 제출하여야 한다.

해설 「교육환경보호법」 제4조(교육환경보호기본계획 등의 수립) 제1항에 따르면 교육부장관은 5년마다 기본계획을 수립하여야 한다. ①은 제1조(목적), ②는 제3조(국가와 지방자치단체 등의 책임) 제1항, ④는 제4조 제2항에 해당한다.

02 (가)와 (나)에 알맞은 말을 바르게 나열한 것은?

> • (가)는 학교경계 또는 학교설립예정지 경계(이하 "학교경계 등"이라 한다)로부터 직선거리 200미터의 범위 안의 지역을 교육환경보호구역으로 설정·고시하여야 한다.
> • (나)는 해당 학교의 보호구역 내 교육환경에 대한 현황 조사 및 보호구역 내 금지행위의 방지 등을 위한 계도 등(이하 이 조에서 "관리"라 한다)을 한다. 다만, 학교가 개교하기 전까지의 관리는 보호구역을 설정한 자가 한다.

	(가)	(나)
①	교육감	학교의 장
②	교육감	교육장
③	교육부장관	교육감
④	교육부장관	학교의 장

해설 「교육환경법」 제8조(교육환경보호구역의 설정 등) 제1항에 따르면 교육환경보호구역의 설정은 교육감이, 같은 법 시행령 제24조(보호구역의 관리) 제1항에 따르면 보호구역의 관리는 학교의 장이 한다.

03 「교육환경법」 제9조에 따른 교육환경보호구역에서의 금지행위 및 시설에 해당하지 않는 것은?

① 「대기환경보전법」 제16조 제1항에 따른 대기오염물질을 배출하는 시설
② 「하수도법」 제2조 제11호에 따른 분뇨처리시설
③ 「영화 및 비디오물의 진흥에 관한 법률」 제2조 제11호의 제한상영관
④ 「감염병의 예방 및 관리에 관한 법률」 제37조 제1항 제2호에 따른 격리소·요양소 또는 진료소

해설 「교육환경법」 제9조(교육환경보호구역에서의 금지행위 등)에 따른 금지 행위 및 시설 중 ①은 '배출허용기준을 초과하는' 대기오염물질을 배출하는 시설인 경우에 해당한다(제1호). ②는 제4호, ③은 제12호, ④는 제17호에 해당한다.

04 교육환경보호구역의 관리에 대한 설명 중 올바른 내용은?

① 유치원과 초등학교 간에 보호구역이 서로 중복되는 경우 유치원의 장이 관리한다.
② 초·중·고등학교 간에 보호구역이 서로 중복되는 경우 초등학교의 장이 관리한다.
③ 같은 급의 학교 간에 보호구역이 서로 중복되는 경우에는 학생 수가 적은 학교의 장이 관리한다.
④ 절대보호구역과 상대보호구역이 서로 중복되는 경우 그 중복된 보호구역에 대한 관리는 상대보호구역이 설정된 학교의 장이 한다.

해설 「교육환경법 시행령」 제24조(보호구역의 관리) 제2항 제2호에 따르면 상·하급 학교 간에 보호구역이 서로 중복되는 경우에는 하급학교. 다만, 하급학교가 유치원인 경우에는 그 상급학교로 한다. ①은 초등학교의 장이 관리하며, ③은 학생 수가 많은 학교의 장이 관리하고(제2호), ④는 절대보호구역이 설정된 학교의 장이 관리한다(제3항).

정답 01 ③ / 01 ③ 02 ① 03 ① 04 ②

06 TOPIC 교원과 교육공무원

01 교육공무원법

⇨ 「국가공무원법」, 「교원자격검정령」(대통령령, 이하 동일), 「교육공무원임용령」, 「국가공무원 복무규정」, 「교육공무원임용령」, 「공무원보수규정」, 「공무원징계령」, 「교육공무원징계령」, 「교원자격검정령 시행규칙」(교육부령) 일부 포함

관련 이론 • 제13장 교육행정 – 제10절 교육인사행정론 및 학교실무 2 채용, 3 교원의 능력개발, 4 교원의 근무조건과 사기

1 편성 체계

구분	내용
제1장 총칙(제1조~제2조)	• 목적 • 정의
제2장 교육공무원 인사위원회 (제조~제5조)	• 인사위원회의 설치, 인사위원회의 기능 • 대학인사위원회
제3장 자격 (제6조~제9조)	• 교사의 자격, 수석교사의 자격, 교장·교감 등의 자격 • 교수 등의 자격 • 교육전문직의 자격
제4장 임용 (제10조~제33조)	• 임용의 원칙, 외국인 교원, 채용의 제한, 결격사유, 벌금형의 분리선고 • 교사의 신규채용 등, 부정행위자에 대한 조치, 대학 교원의 신규채용 등, 계약제 임용 등, 양성평등을 위한 임용계획의 수립 등, 경력경쟁채용 등 • 승진, 승진후보자 명부, 우수 교육공무원 등의 특별승진, 보직 등 관리의 원칙, 겸임, 겸직 금지, 영리업무 및 겸직금지에 관한 특례 • 인사교류, 전직 등의 제한, 교육연수기관 등에의 교원배치, 교육행정기관에의 순회교사 배치 • 인사기록, 인사관리의 전자화 • 대학의 장의 임용, 선거운동의 제한, 대학의 장 후보자 추천을 위한 선거사무의 위탁 • 교수 등의 임용, 조교의 임용, 부총장·대학원장·단과대학장의 보직, 대학의 장 등의 임기 • 장학관 등의 임용, 교장 등의 임용, 공모에 따른 교장 임용 등, 수석교사의 임용 등, 교감·교사·장학사 등의 임용, 초빙교원, 기간제교원, 장학금 지급 및 의무복무 • 임용권의 위임 등
제5장 보수 (제34조~제36조)	• 보수결정의 원칙, 보수에 관한 규정 • 명예퇴직
제6장 연수 (제37조~제42조)	• 연수의 기회균등, 연수와 교재비, 연수기관의 설치 • 특별연수, 연수기관 및 근무장소 외에서의 연수 • 연수 실적 및 근무성적의 평정
제7장 신분보장·징계·소청 (제43조~제53조)	• 교권의 존중과 신분보장, 당연퇴직, 휴직, 직위해제, 휴직기간 등, 강임자의 우선승진임용 제한, 정년, 교원의 불체포특권, 고충처리 • 징계위원회의 설치, 징계의결의 요구, 징계사유의 시효에 관한 특례 • 「국가공무원법」과의 관계

제8장 공립대학의 교육공무원 (제54조~제57조)	• 지방교육공무원 인사위원회, 공립대학의 장 등의 임용 • 공립대학 교육공무원의 고충처리, 「지방공무원법」과의 관계
제9장 교육감 소속 교육전문직원(제58조~제61조)	• 교육감 소속 교육전문직원의 임용, 지방교육전문직원 인사위원회 • 교육감 소속 교육전문직원의 채용 및 전직 등, 「지방공무원법」과의 관계
제10장 벌칙 (제62조~제63조)	• 벌칙 • 과태료

❷ 주요 내용

※ 「국가공무원법」, 「교원자격검정령」(대통령령, 이하 동일), 「교육공무원임용령」, 「국가공무원 복무규정」, 「교육공무원임용령」, 「공무원보수규정」, 「공무원징계령」, 「교육공무원징계령」, 「교원자격검정령 시행규칙」(교육부령)의 내용도 일부 포함하고 있음.

제1장 총칙

제1조 【목적】 이 법은 교육을 통하여 국민 전체에게 봉사하는 교육공무원의 직무와 책임의 특수성에 비추어 그 자격·임용·보수·연수 및 신분보장 등에 관하여 교육공무원에게 적용할 「국가공무원법」 및 「지방공무원법」에 대한 특례를 규정함을 목적으로 한다.

제2조 【정의】 ① 이 법에서 "교육공무원"이란 다음 각 호의 어느 하나에 해당하는 사람을 말한다. 11. 유초등

1. 교육기관에 근무하는 교원 및 조교
2. 교육행정기관에 근무하는 장학관 및 장학사
3. 교육기관, 교육행정기관 또는 교육연구기관에 근무하는 교육연구관 및 교육연구사

② 이 법에서 "교육전문직원"이란 제1항 제2호 및 제3호에 따른 교육공무원을 말한다.

③ 이 법에서 "교육기관"이란 다음 각 호의 어느 하나에 해당하는 국립 또는 공립의 학교 또는 기관을 말한다.

1. 「유아교육법」 제2조 제2호의 유치원, 「초·중등교육법」 제2조 및 「고등교육법」 제2조의 학교
2. 제39조 제1항에 따른 연수기관
3. 교육 관계 법령이나 교육 관계 조례에 따라 설치된 학생수련기관 등 교육연수기관

④ 이 법에서 "교육행정기관"이란 국가교육위원회, 교육부 및 그 소속 기관과 특별시·광역시·특별자치시·도 또는 특별자치도(이하 "시·도"라 한다)의 교육 관서를 말한다.

⑤ 이 법에서 "교육연구기관"이란 교육에 관하여 전문적으로 조사·연구를 하기 위하여 설립된 국립 또는 공립의 기관을 말한다.

⑥ 이 법에서 "임용"이란 신규채용, 승진, 승급, 전직(轉職), 전보(轉補), 겸임, 파견, 강임(降任), 휴직, 직위해제, 정직(停職), 복직, 면직, 해임 및 파면을 말한다. 10·04 유초등

⑦ 이 법에서 "직위"란 1명의 교육공무원에게 부여할 수 있는 직무와 책임을 말한다. 17. 지방직

⑧ 이 법에서 "전직"이란 교육공무원의 종류와 자격을 달리하여 임용하는 것을 말한다. 20. 국가직, 17. 지방직, 12. 국가직 7급, 10. 중등, 10. 유초등

⑨ 이 법에서 "전보"란 교육공무원을 같은 직위 및 자격에서 근무기관이나 부서를 달리하여 임용하는 것을 말한다. 15. 국가직, 17. 지방직

⑩ 이 법에서 "강임"이란 같은 종류의 직무에서 하위 직위에 임용하는 것을 말한다. 17. 지방직

⑪ 이 법에서 "복직"이란 휴직, 직위해제 또는 정직 중에 있는 교육공무원을 직위에 복귀시키는 것을 말한다.

TIP 「국가공무원법」 제2조 【공무원의 구분】 ① 국가공무원(이하 "공무원"이라 한다)은 경력직공무원과 특수경력직공무원으로 구분한다.

② "경력직공무원"이란 실적과 자격에 따라 임용되고 그 신분이 보장되며 평생 동안(근무기간을 정하여 임용하는 공무원의 경우에는 그 기간 동안을 말한다) 공무원으로 근무할 것이 예정되는 공무원을 말하며, 그 종류는 다음 각 호와 같다.

1. 일반직공무원 : 기술 · 연구 또는 행정 일반에 대한 업무를 담당하는 공무원 예 국 · 공립학교 행정실장
2. 특정직공무원 : 법관, 검사, 외무공무원, 경찰공무원, 소방공무원, 교육공무원, 군인, 군무원, 헌법재판소 헌법연구관, 국가정보원의 직원, 경호공무원과 특수 분야의 업무를 담당하는 공무원으로서 다른 법률에서 특정직공무원으로 지정하는 공무원 예 국 · 공립학교 교원, 교육전문직 19. 국가직, 10. 유초등

③ "특수경력직공무원"이란 경력직공무원 외의 공무원을 말하며, 그 종류는 다음 각 호와 같다.

1. 정무직공무원
   가. 선거로 취임하거나 임명할 때 국회의 동의가 필요한 공무원 예 교육감, 교육부장관
   나. 고도의 정책결정 업무를 담당하거나 이러한 업무를 보조하는 공무원으로서 법률이나 대통령령(대통령비서실 및 국가안보실의 조직에 관한 대통령령만 해당한다)에서 정무직으로 지정하는 공무원
2. 별정직공무원 : 비서관 · 비서 등 보좌업무 등을 수행하거나 특정한 업무 수행을 위하여 법령에서 별정직으로 지정하는 공무원

④ 제3항에 따른 별정직공무원의 채용조건 · 임용절차 · 근무상한연령, 그 밖에 필요한 사항은 국회규칙, 대법원규칙, 헌법재판소규칙, 중앙선거관리위원회규칙 또는 대통령령(이하 "대통령령등"이라 한다)으로 정한다.

제5조 【정의】 이 법에서 사용하는 용어의 뜻은 다음과 같다.

1. "직위(職位)"란 1명의 공무원에게 부여할 수 있는 직무와 책임을 말한다.
2. "직급(職級)"이란 직무의 종류 · 곤란성과 책임도가 상당히 유사한 직위의 군을 말한다.
3. "정급(定級)"이란 직위를 직급 또는 직무등급에 배정하는 것을 말한다.
4. "강임(降任)"*이란 같은 직렬 내에서 하위 직급에 임명하거나 하위 직급이 없어 다른 직렬의 하위 직급으로 임명하거나 고위공무원단에 속하는 일반직공무원(제4조 제2항에 따라 같은 조 제1항의 계급 구분을 적용하지 아니하는 공무원은 제외한다)을 고위공무원단 직위가 아닌 하위 직위에 임명하는 것을 말한다.

> **제73조의4 【강임】** ① 임용권자는 직제 또는 정원의 변경이나 예산의 감소 등으로 직위가 폐직되거나 하위의 직위로 변경되어 과원이 된 경우 또는 본인이 동의한 경우에는 소속 공무원을 강임할 수 있다.

5. "전직(轉職)"이란 직렬을 달리하는 임명을 말한다.
6. "전보(轉補)"란 같은 직급 내에서의 보직 변경 또는 고위공무원단 직위 간의 보직 변경(제4조 제2항에 따라 같은 조 제1항의 계급 구분을 적용하지 아니하는 공무원은 고위공무원단 직위와 대통령령으로 정하는 직위 간의 보직 변경을 포함한다)을 말한다.
7. "직군(職群)"이란 직무의 성질이 유사한 직렬의 군을 말한다.
8. "직렬(職列)"이란 직무의 종류가 유사하고 그 책임과 곤란성의 정도가 서로 다른 직급의 군을 말한다.
9. "직류(職類)"란 같은 직렬 내에서 담당 분야가 같은 직무의 군을 말한다.
10. "직무등급"이란 직무의 곤란성과 책임도가 상당히 유사한 직위의 군을 말한다.

제2장 교육공무원 인사위원회

제3조 【인사위원회의 설치】 ① 교육공무원(공립대학에 근무하는 교육공무원 및 교육감 소속 교육전문직원은 제외한다. 이하 이 조 및 제4조에서 같다)의 인사에 관한 중요 사항에 관하여 교육부장관이 자문할 수 있도록 교육부에 교육공무원 인사위원회(이하 "인사위원회"라 한다)를 둔다.

② 인사위원회는 위원장 1명을 포함한 7명의 위원으로 구성한다.

③ 위원장은 교육부차관이 되고, 위원은 7년 이상의 교육경력 또는 교육행정경력이 있고 인사행정에 관한 식견이 풍부한 사람 중에서 교육부장관의 제청으로 대통령이 위촉한다.

④ 인사위원회의 운영에 필요한 사항은 대통령령으로 정한다.

제4조 【인사위원회의 기능】 교육부장관은 다음 각 호의 사항에 대하여는 인사위원회의 심의를 거쳐야 한다.
1. 교육공무원의 인사행정에 관한 방침 및 기준의 결정과 기본계획 수립에 관한 사항
2. 교육공무원의 인사에 관한 법령의 제정·개정 또는 폐지에 관한 사항
3. 그 밖에 교육공무원의 인사에 관한 중요한 사항

제3장 자격

제6조 【교사의 자격】 교사는 「유아교육법」 제22조 제2항 및 「초·중등교육법」 제21조 제2항에 따른 자격이 있는 사람이어야 한다.

제6조의2 【수석교사의 자격】 수석교사는 「유아교육법」 제22조 제3항 및 「초·중등교육법」 제21조 제3항의 자격이 있는 사람이어야 한다.

제7조 【교장·교감 등의 자격】 교장·교감·원장·원감은 「유아교육법」 제22조 제1항 및 「초·중등교육법」 제21조 제1항에 따른 자격이 있는 사람이어야 한다.

교원의 자격기준 예시 – 「교원자격검정령」 제19조 18. 지방직

자격 구분	내용
교장·교감(원장·원감) – 「초·중등교육법」 제21조 제1항 관련	소정의 자격연수를 받은 자 • 교장: 초·중등학교의 교감 자격증을 가지고 3년 이상의 교육경력과 일정한 재교육을 받은 사람 • 교감: ❶ 초·중등학교의 1급 정교사 자격증을 가지고 3년 이상의 교육경력과 일정한 재교육을 받은 사람, ❷ 초·중등학교의 2급 정교사 자격증을 가지고 6년 이상의 교육경력과 일정한 재교육을 받은 사람, ❸ 특수학교의 교감 자격증을 가진 사람, ❹ (중등학교의 경우) 교육대학의 교수·부교수로서 6년 이상의 교육경력이 있는 사람
정교사(1·2급)	• 1급: 2급 자격증을 가진 자로서 3년 이상의 교육경력을 가지고 소정의 재교육을 받은 자 • 2급: 유치원(유아교육과 졸업자), 초등학교(교육대학 졸업자), 중등학교(사범대학 졸업자), 특수학교(교대 및 사대의 특수교육과 졸업한 자) 등
준교사	유치원, 초등학교, 중등학교, 특수학교 준교사 자격검정에 합격한 자 등 ⇨ 2급 정교사가 되기 위해서는 2년 이상의 교육경력을 가지고 소정의 재교육을 받아야 한다.
전문상담교사(1·2급)	상담·심리 관련 학과 졸업자로서 재학 중 소정의 교직학점을 취득한 자
사서교사(1·2급)	문헌정보학 또는 도서관학을 전공한 교직이수자
실기교사 12. 국가직 7급	전문대학 졸업자로서 재학 중 대통령령으로 정하는 실과계의 기능을 이수한 자, 실업계 고교 졸업자로서 실기교사의 자격검정에 합격한 자 등
보건교사(1·2급)	간호학과 졸업자로서 재학 중 소정의 교직학점을 취득하고 간호사 면허증을 소지한 자
영양교사(1·2급)	식품학 또는 영양학 관련 학과 졸업자로서 재학 중 소정의 교직학점을 취득하고 영양사 면허증을 가진 자

TIP 「교원자격검정령」(대통령령) 제3조 【자격증의 수여】 ① 교육부장관은 자격검정에 합격한 자에 대하여는 교육부령*이 정하는 교원자격증(이하 "자격증"이라 한다)을 수여한다. 이 경우 사범대학의 졸업자(대학에 설치된 교육과 졸업자 및 교직과정 이수자를 포함한다.)로서 교육부장관이 정하는 학과(학부를 포함한다.)또는 전공분야를 복수전공(연계전공을 포함한다.)한 자에 대하여는 각각 그 학과 또는 전공분야에 대한 자격증을 수여할 수 있다.

> 「교원자격검정령 시행규칙」(교육부령) 제2조 【자격증의 서식 및 표시과목】 ① 교육감 또는 대학·산업대학·교육대학·방송통신대학·국군간호사관학교 및 전문대학의 장(이하 '대학의 장'이라 한다)이 교원자격검정에 합격한 자에 대하여 수여한다.

② 「초·중등교육법」 별표 2 중 중등학교 정교사(2급) 자격 제9호에 따른 연수(이하 "교사양성특별과정"이라 한다)를 이수한 사람에게는 해당 분야에 대한 전문 자격증을 수여한다.

제4조 【자격증 표시과목】 ① 중등학교 및 특수학교의 정교사 및 준교사와, 실기교사의 자격증에 표시할 담당과목은 교육부령으로 정한다.

③ 제1항에 따라 자격증에 표시할 담당과목은 재학 중 전공과목을 50학점 이상 이수한 자에 한한다. 다만, 특수학교 교사자격증을 받으려는 자가 이수하여야 하는 전공과목의 학점은 교육부령으로 정한다.

④ 중등학교의 현직교사(특수학교의 중등학교과정을 담당하는 현직교사를 포함한다)로서 다음 각 호의 어느 하나에 해당하는 사람에 대해서는 그 자격증에 그가 이수한 과목을 부전공과목으로 표시할 수 있다.

1. 「교육공무원법」 제38조 또는 제40조에 따른 교원연수계획에 따라 교육감이 지정하는 교육기관(교원연수기관을 포함한다)에서 교육감이 인정하는 교육과정을 30학점 이상 이수한 사람
2. 교육대학원 또는 교육부장관이 지정하는 대학원 교육과에서 교육부장관이 정하는 학점 및 과목을 이수하고 석사학위를 받은 사람

⑤ 「초·중등교육법」 별표 2에 따라 임시 교원양성기관을 수료하거나 필요한 보수교육을 받고 교사자격증을 취득한 자에 대하여는 그 자격증에 교육부령이 정하는 바에 따라 담당과목을 표시할 수 있다.

⑥ 교사양성특별과정을 이수한 사람 및 「초·중등교육법」 별표 2의 실기교사란 제5호에 따른 교육과정을 이수한 사람의 자격증에 표시할 담당과목은 제1항을 따르되, 표시과목 뒤에 교육감이 정하는 전문 분야의 세부 항목을 병기(倂記)할 수 있다.

제8조 【교수 등의 자격】 교수, 부교수, 조교수 및 조교는 「고등교육법」 제16조에 따른 자격이 있는 사람이어야 한다.

제9조 【교육전문직원의 자격】 교육전문직원은 별표 1의 기준*에 따른 자격이 있는 사람이어야 한다.

기준 / 직명	자격 기준
장학관 · 교육연구관	1. 대학·사범대학·교육대학 졸업자로서 7년 이상의 교육경력(1)이나 2년 이상의 교육경력을 포함한 7년 이상의 교육행정경력(2) 또는 교육연구경력이 있는 사람 2. 2년제 교육대학 또는 전문대학 졸업자로서 9년 이상의 교육경력이나 2년 이상의 교육경력을 포함한 9년 이상의 교육행정경력 또는 교육연구경력이 있는 사람 3. 행정고등고시 합격자로서 4년 이상의 교육경력이나 교육행정경력 또는 교육연구경력이 있는 사람 4. 2년 이상의 장학사·교육연구사의 경력이 있는 사람 5. 11년 이상의 교육경력이나 2년 이상의 교육경력을 포함한 11년 이상의 교육연구경력이 있는 사람 6. 박사학위를 소지한 사람 (1) 「교원자격검정령」 제8조(교육경력의 범위) 제1항 ❶ 「유아교육법」 제2조 제2호에 따른 유치원과 「초·중등교육법」 제2조 또는 「고등교육법」 제2조에 해당하는 학교에서 교원으로서 전임으로 근무한 경력, ❷ 유치원 교원의 자격이 있는 자로서 「영유아보육법」에 의한 어린이집의 원장 또는 보육교사로서 전임으로 근무한 경력, ❸ 중등학교 교원의 자격이 있는 사람이 「평생교육법」 제31조 제2항에 따라 고등학교 졸업 이하의 학력이 인정되는 평생교육과정의 교원으로서 학습자를 전임으로 교육한 경력, ❹ 교육부장관이 정하는 기준에 적합한 외국의 교육기관에서 근무한 경력 (2) 「교원자격검정령」 제9조(교육행정경력의 범위) 제1항 ❶ 교육부와 그 소속기관에서 7급 이상의 국가공무원 또는 고위공무원단에 속하는 일반직공무원으로 근무한 경력, ❷ 시·도의 교육행정기관과 그 소속기관에서 7급 이상의 국가공무원 또는 고위공무원단에 속하는 일반직공무원 또는 지방공무원으로 근무한 경력, ❸ 교육감·교육장·장학관·교육연구관·장학사·교육연구사로 근무한 경력

장학사 · 교육연구사	1. 대학 · 사범대학 · 교육대학 졸업자로서 5년 이상의 교육경력이나 2년 이상의 교육경력을 포함한 5년 이상의 교육행정경력 또는 교육연구경력이 있는 사람 2. 9년 이상의 교육경력이나 2년 이상의 교육경력을 포함한 9년 이상의 교육행정경력 또는 교육연구경력이 있는 사람

제4장 임용

제10조 【임용의 원칙】 ① 교육공무원의 임용은 그 자격, 재교육성적, 근무성적, 그 밖에 실제 증명되는 능력에 의하여 한다. 24. 국가직 7급, 11 · 10. 유초등

② 교육공무원의 임용은 교원으로서의 자격을 갖추고 임용을 원하는 모든 사람에게 능력에 따른 균등한 임용의 기회가 보장되어야 한다. 10. 유초등

제10조의3 【채용의 제한】 ① 이 법에 따른 교원(제32조에 따른 기간제교원을 포함한다), 「사립학교법」에 따른 사립학교 교원(「사립학교법」 제54조의4에 따른 기간제교원을 포함한다), 「유아교육법」 제23조에 따른 강사 등 또는 「초 · 중등교육법」 제22조에 따른 산학겸임교사등으로 재직하는 동안 다음 각 호의 어느 하나의 행위로 인하여 파면 · 해임되거나 금고 이상의 형을 선고받은 사람(집행유예의 형을 선고받은 후 그 집행유예기간이 지난 사람을 포함한다)은 「유아교육법」 제2조 제2호의 유치원 및 「초 · 중등교육법」 제2조의 학교(이하 "고등학교 이하 각급학교"라 한다)의 교원으로 채용될 수 없다. 다만, 제50조 제1항에 따른 교육공무원징계위원회에서 해당 교원의 반성 정도 등을 고려하여 교원으로서 직무를 수행할 수 있다고 의결한 경우에는 그러하지 아니하다.

2. 금품 수수(授受) 행위
3. 시험문제 유출 및 성적조작 등 학생성적 관련 비위 행위
4. 학생에 대한 신체적 폭력 행위

② 제1항 단서에 따른 교육공무원징계위원회의 의결은 재적위원 3분의 2 이상의 출석과 출석위원 과반수의 찬성으로 한다.

제10조의4 【결격사유】 다음 각 호의 어느 하나에 해당하는 사람은 교육공무원으로 임용될 수 없다. 11. 유초등

1. 「국가공무원법」 제33조* 각 호의 어느 하나에 해당하는 사람
2. 미성년자에 대한 다음 각 목의 어느 하나에 해당하는 행위로 파면 · 해임되거나 형 또는 치료감호를 선고받아 그 형 또는 치료감호가 확정된 사람(집행유예를 선고받은 후 그 집행유예기간이 지난 사람을 포함한다)
   가. 「성폭력범죄의 처벌 등에 관한 특례법」 제2조에 따른 성폭력범죄 행위
   나. 「아동 · 청소년의 성보호에 관한 법률」 제2조 제2호에 따른 아동 · 청소년대상 성범죄 행위
3. 성인에 대한 「성폭력범죄의 처벌 등에 관한 특례법」 제2조에 따른 성폭력범죄 행위로 파면 · 해임되거나 100만원 이상의 벌금형이나 그 이상의 형 또는 치료감호를 선고받아 그 형 또는 치료감호가 확정된 사람(집행유예를 선고받은 후 그 집행유예기간이 지난 사람을 포함한다)
4. 마약 · 대마 또는 향정신성의약품 중독자

✎ 「국가공무원법」 **제33조 【결격사유】** 다음 각 호의 어느 하나에 해당하는 자는 공무원으로 임용될 수 없다.
7. 징계로 파면처분을 받은 때부터 5년이 지나지 아니한 자
8. 징계로 해임처분을 받은 때부터 3년이 지나지 아니한 자

제11조 【교사의 신규채용 등】 ① 교사의 신규채용은 공개전형으로 한다. 이 경우 임용권자는 별표 2에 해당하는 사람에게 제1차 시험성적 만점의 100분의 10 이내의 범위에서 가산점을 줄 수 있다.

② 임용권자는 원활한 결원 보충 및 학교 운영을 위하여 필요한 경우 근무 예정 지역 또는 근무 예정 학교를 미리 정하여 공개전형으로 채용시험을 실시할 수 있다. 이 경우 임용권자는 그 시험에 따라 채용된 교사에 대하여 10년 이내의 범위에서 대통령령으로 정하는 기간 동안 다른 지역 또는 다른 학교로의 전보를 제한할 수 있다.

③ 제1항 및 제2항에 따라 공개전형을 실시하는 경우 국립 학교의 장은 그 전형을 해당 학교가 소재하는 시·도의 교육감에게 위탁하여 실시할 수 있다.

④ 제1항 및 제2항에 따른 공개전형을 하는 경우 담당할 직무 수행에 필요한 자격요건, 공개전형의 절차·방법 및 평가요소 등 공개전형에 필요한 사항은 대통령령*으로 정한다.

TIP 「**교육공무원임용령**」 **제9조 【교사의 신규채용】** ① 교사의 신규채용은 공개전형에 의하여 선발된 자로 한다.

② 제1항에 따른 공개전형은 해당 교사의 임용권자가 실시하되, 공개전형의 일부 또는 전부를 다른 임용권자와 공동으로 실시하거나 다음 각 호의 어느 하나에 해당하는 기관에 위탁하여 실시할 수 있으며, 국립학교의 장은 그 전형을 해당 학교가 소재하는 교육감에게 위탁하여 실시할 수 있다. 이 경우 공개전형 실시권자는 장애인(「장애인고용촉진 및 직업재활법」 제2조 제1호에 따른 장애인을 말한다. 이하 같다)의 공무원임용을 촉진하기 위하여 필요하다고 인정할 때에는 선발예정인원의 일부분은 장애인만이 응시할 수 있도록 분리하여 실시할 수 있다.

1. 「정부출연연구기관 등의 설립·운영 및 육성에 관한 법률」 제8조 제1항에 따라 설립된 한국교육과정평가원
2. 그 밖에 교육부장관이 제1항에 따른 공개전형을 실시하기에 적합한 인력과 시설을 갖추었다고 인정하는 기관

제11조 【공개전형의 방법 등】 ① 법 제11조 제1항의 규정에 의한 공개전형은 필기시험·실기시험 및 면접시험등의 방법에 의한다.

② 제1항의 규정에 의한 필기시험성적에는 우수한 교사임용후보자의 선정을 위하여 재학기간중의 성적등 필요하다고 인정하는 평가요소를 점수로 환산하여 가산할 수 있다.

③ 제1항의 규정에 의한 공개전형의 실시에 관하여 필요한 사항은 교육부령으로 정한다.

제11조의2 【부정행위자에 대한 조치】 ① 제11조에 따른 교사 공개전형 채용시험에서 부정한 행위를 한 사람에 대해서는 그 시험을 정지 또는 무효로 하고 그 처분이 있은 날부터 5년간 이 법에 따른 시험의 응시자격을 정지한다.

② 임용권자 및 교육감 등 공개전형 시험을 실시하는 기관의 장은 제1항에 따른 처분을 하였을 때에는 지체 없이 그 이유를 붙여 처분을 받은 사람에게 알리고, 교육부장관과 다른 지방교육행정기관에 그 처분을 받은 사람과 그 처분을 한 이유를 보고 또는 통보하여야 한다.

③ 부정행위를 한 사람이 공무원인 경우 공개전형 시험을 실시하는 기관의 장은 관할 징계위원회에 징계의결을 요구하거나 그 공무원의 소속 기관의 장에게 징계를 요구하여야 한다.

제13조 【승진】 교육공무원의 승진임용은 같은 종류의 직무에 종사하는 바로 아래 직급의 사람 중에서 대통령령으로 정하는 바에 따라 경력평정, 재교육성적, 근무성적, 그 밖에 실제 증명되는 능력에 의하여 한다. 예 2급 정교사 → 1급 정교사 → 교감 → 교장 10. 유초등

제14조【승진후보자 명부】 ① 교육공무원의 임용권자 또는 임용제청권자는 제13조 및 대통령령*으로 정하는 바에 따라 자격별 승진후보자 명부를 순위에 따라 작성하여 갖추어 두어야 한다.

② 교육공무원을 승진임용하거나 승진임용 제청할 때에는 결원된 직위에 대한 승진후보자 명부에 따른 순위가 결원된 직위 중 승진으로 임용하려는 인원의 3배수 이내인 사람 중에서 하여야 한다. 다만, 대통령령으로 정하는 특수자격이 있는 사람을 승진임용하거나 승진임용을 제청할 때에는 그러하지 아니하다.

「교육공무원임용령」 **제14조【승진임용방법】** ① 임용권자 또는 임용제청권자가 소속교육공무원을 승진임용하고자 할 때에는 승진후보자명부의 고순위자 순위에 의하여 승진예정인원의 3배수 범위 안에서 임용하거나 임용 제청하여야 한다.

제15조【우수 교육공무원 등의 특별 승진】 ① 교육공무원이 다음 각 호의 어느 하나에 해당하고, 상위의 자격증을 취득하거나 자격기준을 갖춘 때에는 제13조와 제14조에도 불구하고 특별 승진임용할 수 있다. 다만, 제4호 또는 제5호에 해당하는 경우에는 상위의 자격증이 없거나 자격기준을 갖추지 아니하여도 특별 승진임용할 수 있다.

1. 교육자로서 지녀야 할 인품과 창의력이 뛰어나며, 청렴하고 투철한 봉사정신으로 직무에 힘써 교육 풍토 쇄신에 다른 교육공무원의 귀감이 되는 사람
2. 교수·지도 및 연구 등 직무 수행 능력이 탁월하여 교육 발전에 큰 공헌을 한 사람
3. 「국가공무원법」 제53조 또는 「지방공무원법」 제78조에 따라 제안이 채택·시행되어 예산을 줄이는 등 행정운영 발전에 현저한 실적이 있는 사람
4. 재직 중 현저한 공적이 있는 사람이 「국가공무원법」 제74조의2 또는 「지방공무원법」 제66조의2에 따라 명예퇴직할 때
5. 재직 중 현저한 공적이 있는 사람이 공무로 인하여 사망하였을 때

② 제1항의 특별 승진의 요건과 그 밖에 필요한 사항은 대통령령으로 정한다.

제16조【신체검사】 교육공무원을 신규채용할 때에는 신체검사를 하여야 하며, 임용권자나 임용제청권자는 신체검사 합격기준에 미달하는 사람을 임용하거나 임용제청하여서는 아니 된다. 이 경우 신체검사에 필요한 사항은 대통령령*으로 정한다.

「교육공무원임용령」 **제8조【준용규정】** ① 교육공무원의 신규채용에 있어서의 신체검사에 관하여는 「공무원 채용 신체검사 규정」을 준용한다.

제17조【보직 등 관리의 원칙】 ① 임용권자나 임용제청권자는 법령에서 따로 정하는 경우를 제외하고는 소속 교육공무원에게 그 자격에 상응하는 일정한 직위를 부여하여야 한다.

② 소속 교육공무원에게 보직을 부여할 때에는 그 교육공무원의 자격, 전공분야, 재교육경력, 근무경력 및 적성 등을 고려하여 적절한 직위에 임용하여야 한다.

③ 고등학교 이하 각급학교의 장은 교원에 대한 징계처분의 사유가 「국가공무원법」 제83조의2 제1항 제1호 각 목의 어느 하나에 해당하는 등 대통령령으로 정하는 사유에 해당하는 경우에는 해당 교원을 징계처분 이후 5년 이상 10년 이하의 범위에서 대통령령으로 정하는 기간 동안 학급을 담당하는 교원(이하 "학급담당교원"이라 한다)으로 배정할 수 없다.

④ 고등학교 이하 각급학교의 장은 제3항에 따른 기간 동안 해당 교원의 학급담당교원 배정 여부 등 제2조 제6항에 따른 임용에 관한 사항을 교육부장관 또는 관할 교육감에게 보고하여야 한다.

제18조 【겸임】 ① 직위와 직무 내용이 유사하고 담당 직무 수행에 지장이 없다고 인정되는 경우에는 교육공무원과 일반직공무원, 교육공무원과 다른 교육공무원, 교육공무원과 다른 특정직공무원 또는 교육공무원과 대통령령으로 정하는 관련 교육 · 연구 기관이나 그 밖의 관련 기관 · 단체의 임직원을 서로 겸임하게 할 수 있다. 이 경우 겸임에 필요한 사항은 대통령령*으로 정한다.
② 제1항에 따라 교육공무원을 겸임하게 하려는 경우에는 그 대상자가 제9조 또는 「초 · 중등교육법」 제21조 제1항 · 제2항 및 「고등교육법」 제16조에 따른 자격기준을 갖추거나 자격증을 취득한 사람이어야 한다.

「국가공무원 복무규정」 **제6조의3 【겸임근무】** ① 법(「국가공무원법」) 제32조의3(겸임)에 따라 겸임근무하는 사람은 복무에 관하여 본직기관의 장의 지휘 · 감독을 받는다. 다만, 겸임 업무와 관련한 복무에 관하여는 겸임기관의 장의 지휘 · 감독을 받는다. 08. 유초등
② 겸임근무하는 사람이 겸임 업무와 관련하여 징계 사유에 해당하게 되었을 때에는 그 겸임기관의 장은 그 겸임근무자의 본직기관의 장에게 그 사실을 통보하여야 한다.
제7조 【파견근무】 ① 법 제32조의4(파견근무)에 따라 다른 기관에서 파견근무하는 사람은 복무에 관하여 파견받은 기관의 장의 지휘 · 감독을 받는다. 08. 유초등
② 다른 기관에서 파견근무하는 사람이 그 파견 기간 중에 징계 사유에 해당하게 되었을 때에는 파견받은 기관의 장은 그 파견근무자의 소속 기관의 장에게 그 사실을 통보하여야 한다.
제8조 【해직된 공무원의 근무】 소속 기관의 장은 사무 인계 또는 남은 업무 처리를 위하여 필요한 경우에 해직된 공무원을 15일을 한도로 계속 근무하게 할 수 있다.
제8조의2 【복장 및 복제 등】 ① 공무원은 근무 중 그 품위를 유지할 수 있는 단정한 복장을 하여야 한다. 08. 유초등
② 공무원은 직무를 수행할 때 제3조에 따른 근무기강을 해치는 정치적 주장을 표시하거나 상징하는 복장 또는 관련 물품을 착용해서는 아니 된다.
③ 특수한 직무에 종사하는 공무원의 제복 착용에 필요한 사항은 법률에 특별한 규정이 있는 경우를 제외하고는 해당 중앙행정기관의 장이 정한다.
④ 공무원 신분증의 발급과 휴대 등에 필요한 사항은 총리령으로 정한다.

제20조 【인사교류】 ① 전문대학과 중등학교에 근무하는 교육공무원은 서로 전직하거나 전보할 수 있다.
② 국가교육위원회의 교육전문직원과 교육부 및 그 소속 기관의 교육전문직원 간에는 서로 전직하거나 전보할 수 있다.

제21조 【전직 등의 제한】 ① 교육공무원의 임용권자 또는 임용제청권자는 다음 각 호의 경우를 제외하고는 소속 교육공무원이 그 직위에 임용된 날부터 1년 이내에 다른 직위에 임용하거나 근무지를 변경하는 인사조치를 하여서는 아니 된다.
1. 기구의 개편이나 직제의 개정 · 폐지 또는 정원의 변경이 있는 경우
2. 해당 교육공무원의 승진 또는 강임으로 인한 경우
3. 그 밖에 대통령령으로 정하는 특별한 사유가 있는 경우
② 제1항에도 불구하고 교육공무원의 임용권자 또는 임용제청권자는 제29조의3에 따라 임용된 공모교장 · 원장에 대하여는 징계처분을 받은 경우 등 교장 · 원장으로서 직무를 수행하기 어려운 대통령령으로 정하는 중대한 사유에 해당하는 경우를 제외하고는 임기 중 다른 직위에 임용하거나 근무지를 변경하는 인사조치를 하여서는 아니 된다.

제22조 【교육연수기관 등에의 교원 배치】 교육부장관 또는 교육감은 교육이나 교육에 관한 전문적인 조사 · 연구를 위하여 특히 필요하다고 인정하는 경우에는 교육연구기관과 제2조 제3항 제3호에 따른 교육연수기관에 교원을 둘 수 있다.

제22조의2【교육행정기관에의 순회교사 배치】 ① 교육감은 교원의 적정한 배치와 교육과정의 원활한 운영을 위하여 둘 이상의 인근 학교를 순회하면서 학생의 교육을 담당할 교사가 특히 필요하다고 인정하는 경우에는 시·도 교육행정기관에 교사를 둘 수 있다.

② 제1항에 따라 시·도 교육행정기관에 배치되는 교사는 소속 기관의 장이 지정하는 학교에서 교육을 담당하고, 그 학교의 장의 지도·감독을 받는다.

제23조【인사기록】 ① 교육기관, 교육행정기관 또는 교육연구기관의 장은 소속 교육공무원의 인사기록을 작성·유지·보관하여야 한다.

② 제1항에 따른 인사기록의 작성·유지·보관에 필요한 사항은 교육부령으로 정한다.

제23조의2【인사관리의 전자화】 ① 교육부장관은 교육공무원의 인사관리를 과학화하기 위하여 교육공무원의 인사기록을 데이터베이스화하여 관리하고 인사 업무를 전자적으로 처리할 수 있는 시스템을 구축하여 운영할 수 있다.

② 제1항에 따른 시스템의 구축·운영 등에 필요한 사항은 대통령령으로 정한다.

제24조【대학의 장의 임용】 ① 대학(「고등교육법」 제2조 각 호의 학교를 말하되, 공립대학은 제외한다. 이하 이 조, 제24조의2, 제24조의3 및 제25조부터 제27조까지에서 같다)의 장은 해당 대학의 추천을 받아 교육부장관의 제청으로 대통령이 임용한다. 다만, 새로 설립되는 대학의 장을 임용하거나 대학의 장의 명칭 변경으로 인하여 학장으로 재직 중인 사람을 해당 대학의 총장으로, 총장으로 재직 중인 사람을 해당 대학의 학장으로 그 임기 중에 임용하는 경우에는 교육부장관의 제청으로 대통령이 임용한다.

제25조【교수 등의 임용】 ① 교수·부교수는 대학의 장의 제청으로 교육부장관을 거쳐 대통령이 임용하고, 조교수는 대학의 장의 제청으로 교육부장관이 임용한다.

제26조【조교의 임용】 ① 조교는 대학의 장이 임용한다.

제29조【장학관 등의 임용】 ① 교육부와 그 소속 기관에 근무하는 장학관 및 교육연구관은 교육부장관의 제청으로 대통령이 임용한다.

② 제1항에 따라 대통령이 임용하는 교육전문직원의 전보는 교육부장관이 행한다.

제29조의2【교장 등의 임용】 12. 국가직 7급 ① 교장·원장은 교육부장관의 제청으로 대통령이 임용한다.

② 교장·원장의 임기는 4년으로 한다.

③ 교장·원장은 한 번만 중임할 수 있다. 다만, 제29조의3에 따라 교장·원장으로 재직하는 횟수는 이에 포함하지 아니한다.

④ 임용권자 또는 임용제청권자는 교장·원장으로 1차 임기를 마친 사람에 대해서는 제47조에 따른 정년까지 남은 기간이 4년 미만인 경우에도 특별한 결격사유가 없으면 제3항에 따라 교장·원장으로 다시 임용하거나 임용제청할 수 있다.

⑤ 교장·원장의 임기가 학기 중에 끝나는 경우 임기가 끝나는 날이 3월에서 8월 사이에 있으면 8월 31일을, 9월에서 다음 해 2월 사이에 있으면 다음 해 2월 말일을 임기 만료일로 한다.

⑥ 제47조에 따른 정년 전에 임기가 끝나는 교장·원장으로서 교사로 근무할 것을 희망하는 사람(교사 자격증을 가진 사람만 해당한다)은 수업 담당 능력과 건강 등을 고려하여 교사로 임용할 수 있다.

⑦ 제6항에 따라 임용된 교사는 대통령령으로 정하는 바에 따라 원로교사로 우대하여야 한다.

⑧ 제29조의3에 따라 임용된 공모 교장·원장을 제외한 교장·원장은 임기 중에 전보될 수 있으며, 교장·원장의 전보는 교육부장관이 한다.

⑨ 제4항에 따른 교장·원장의 재임용과 제6항에 따른 교사의 임용에 필요한 세부 사항은 교육부장관이 정한다.

제29조의3【공모에 따른 교장 임용 등】 ① 고등학교 이하 각급학교의 장은 학교운영위원회 또는 유치원운영위원회의 심의를 거쳐 다음 각 호의 구분에 따른 사람 중에서 공모를 통하여 선발된 사람을 교장 또는 원장으로 임용하여 줄 것을 임용제청권자에게 요청할 수 있다.

1. 교장의 경우:「초·중등교육법」 제21조 제1항에 따른 교장자격증을 받은 사람
2. 원장의 경우:「유아교육법」 제22조 제1항에 따른 원장자격증을 받은 사람

② 제1항에도 불구하고「초·중등교육법」 제61조에 따른 학교의 장은 학교운영위원회의 심의를 거쳐 해당 학교 교육과정에 관련된 교육기관, 국가기관 등에서 3년 이상 종사한 경력이 있는 사람 또는 「초·중등교육법」 제2조의 학교에서 교원으로서 전임으로 근무한 경력(제2조 제1항 제2호 및 제3호에 따른 교육전문직원으로 근무한 경력을 포함한다)이 15년 이상인 교육공무원이나 사립학교 교원 중에서 공모를 통하여 선발된 사람을 교장으로 임용하여 줄 것을 임용제청권자에게 요청할 수 있다. 이 경우 학교유형별 공모 교장의 자격기준 및 적용 범위 등에 관한 사항은 대통령령으로 정한다.

③ 제1항 및 제2항에도 불구하고 임용제청권자가 교육제도의 개선 등을 위하여 필요하다고 지정하는 고등학교 이하 각급학교의 장은 공모를 통하여 선발된 사람을 교장·원장으로 임용하여 줄 것을 임용제청권자에게 요청하여야 한다.

④ 제1항부터 제3항까지의 규정에 따라 요청을 받은 임용제청권자는 임용요청된 사람을 해당 학교의 교장·원장으로 임용하여 줄 것을 임용권자에게 제청한다. 다만, 교장·원장 임용 관계 법령 위반 등 특별한 사유가 있는 경우에는 그러하지 아니하다.

⑤ 제1항부터 제3항까지의 규정에 따라 공모로 임용되는 교장·원장(이하 "공모 교장·원장"이라 한다)의 임기는 4년으로 하되 공모 교장·원장으로 재직하는 횟수를 제한하지 아니한다.

⑥ 공모 교장·원장의 임기가 끝나는 경우 공모 교장·원장으로 임용될 당시 교육공무원이었던 사람은 공모 교장·원장으로 임용되기 직전의 직위로 복귀한다. 다만, 임용되기 직전의 직위가 교장·원장인 사람으로서 중임한 사람은 교장·원장으로 복귀하지 아니한다.

⑦ 임용제청권자는 공모 교장·원장에 대하여 직무 수행, 실적 등을 평가하고 그 결과를 연수 등 인사에 관한 자료로 활용할 수 있다.

⑧ 제1항부터 제7항까지에서 정한 사항 외에 공모 교장·원장의 공모 방법, 임용, 평가 등 필요한 사항은 대통령령으로 정한다.

제29조의4【수석교사의 임용 등】 14. 국가직 7급 ① 수석교사는 교육부장관이 임용한다.

② 수석교사는 최초로 임용된 때부터 4년마다 대통령령으로 정하는 업적평가 및 연수실적 등을 반영한 재심사를 받아야 하며, 심사기준을 충족하지 못한 경우 대통령령으로 정하는 바에 따라 수석교사로서의 직무 및 수당 등을 제한할 수 있다.

③ 수석교사는 대통령령으로 정하는 바에 따라 수업부담 경감, 수당 지급 등에 대하여 우대할 수 있다.

④ 수석교사는 임기 중에 교장·원장 또는 교감·원감 자격을 취득할 수 없다.

⑤ 수석교사의 운영 등 그 밖에 필요한 사항은 대통령령*으로 정한다.

> 「교육공무원임용령」 **제9조의8【수석교사의 우대】** ① 학교의 장은 수석교사의 원활한 활동을 지원하기 위하여 수석교사의 수업시간 수를 해당 학교별 교사 1인당 평균수업시간 수의 2분의 1로 경감하되, 학교 여건 등을 고려하여 조정할 수 있다.
> ② 수석교사에게는 예산의 범위에서 연구활동비를 지급할 수 있다.

第30조【교감 · 교사 · 장학사 등의 임용】 다음 각 호의 교육공무원은 교육부장관이 임용한다.

1. 제24조(대학의 장❶), 제25조(교수 · 부교수❶), 제26조(조교❷), 제29조의2(교장❶), 제29조의3(공모교장❸) 및 제55조(공립대학의 장❹)에 규정된 사람을 제외한 교원
2. 교육부와 그 소속 기관에 근무하는 장학사와 교육연구사

✎ ❶은 대통령(단, 조교수는 교육부장관), ❷는 대학의 장, ❸은 국립학교는 교육부장관, 공립학교는 교육감, 사립학교는 학교법인 또는 이사장, ❹는 지방자치단체의 장이 임용한다.

第31조【초빙교원】 ① 대학은 국가기관, 연구기관, 공공단체 또는 산업체 등에서 근무하거나 외국에 거주하고 있는 사람 또는 외국인 중 「고등교육법」 제16조에 따른 자격이 있는 사람을 초빙교원으로 임용할 수 있다. 다만, 특수한 교과를 교수(敎授)하기 위한 초빙교원으로 임용하는 경우에는 「고등교육법」 제16조를 적용하지 아니할 수 있다.

② 고등학교 이하 각급학교의 장은 교사자격증을 가진 사람 중에서 해당 학교에 특별히 필요한 사람을 교사로 초빙하려는 경우에는 임용권자에게 초빙교사로 임용하여 줄 것을 요청할 수 있다.

③ 제2항에 따라 임용 요청을 받은 임용권자는 임용이 요청된 사람 중에서 해당 학교의 초빙교사를 임용할 수 있다.

④ 초빙교원의 임용 · 보수 · 복무 등에 관하여 필요한 사항은 대통령령으로 정한다.

第32조【기간제교원】 19. 지방직, 09. 중등 ① 고등학교 이하 각급학교 교원의 임용권자(학교장)는 다음 각 호의 어느 하나에 해당하는 경우에는 예산의 범위에서 기간을 정하여 교원 자격증을 가진 사람을 교원으로 임용할 수 있다.

1. 교원이 제44조 제1항 각 호의 어느 하나의 사유로 휴직하게 되어 후임자의 보충이 불가피한 경우 03. 중등
2. 교원이 파견 · 연수 · 정직 · 직위해제 등 대통령령으로 정하는 사유로 직무를 이탈하게 되어 후임자의 보충이 불가피한 경우
3. 특정 교과를 한시적으로 담당하도록 할 필요가 있는 경우
4. 교육공무원이었던 사람의 지식이나 경험을 활용할 필요가 있는 경우
5. 유치원 방과후 과정을 담당하도록 할 필요가 있는 경우

② 제1항에 따라 임용된 교원(이하 "기간제교원"이라 한다)은 정규 교원 임용에서 어떠한 우선권도 인정되지 아니하며, 같은 항 제4호에 따라 임용된 사람을 제외하고는 책임이 무거운 감독 업무의 직위에 임용될 수 없다.

③ 기간제교원에 대하여는 제43조 제2항 · 제3항, 제43조의2, 제44조부터 제47조까지 및 제49조부터 제51조까지, 「국가공무원법」 제16조, 제70조, 제73조, 제73조의2부터 제73조의4까지, 제75조, 제76조, 제78조, 제78조의2, 제79조, 제80조, 제82조, 제83조 제1항 · 제2항 및 제83조의2를 적용하지 아니하며, 임용기간이 끝나면 당연히 퇴직한다.

④ 기간제교원의 임용에 관하여는 제10조의3 제1항 및 제10조의4를 준용한다.

TIP 「교육공무원임용령」 제13조 【기간제교원의 임용】 ① 법 제32조 제1항 제2호에서 "파견 · 연수 · 정직 · 직위해제등 대통령령이 정하는 사유"란 다음 각 호의 어느 하나에 해당하는 경우를 말한다.
1. 교원이 파견 · 연수 · 강등 · 정직 · 직위해제 · 휴가로 인하여 1개월 이상 직무에 종사할 수 없어 후임자의 보충이 불가피한 경우
2. 교원이 퇴직하여 신규채용하여야 할 사유가 발생하였음에도 교사임용후보자명부에 임용대상자가 없어 신규채용을 할 수 없을 경우
3. 파면 · 해임 또는 면직처분을 받은 교원이 「교원의 지위 향상 및 교육활동 보호를 위한 특별법」 제9조의 규정에 의하여 교원소청심사위원회에 소청심사를 청구하여 후임자의 보충발령을 하지 못하게 된 경우
② 법 제32조 제1항 제3호부터 제5호까지의 규정에 따라 기간제교원을 임용하는 경우 1주당 근무시간을 6시간 이상 35시간 이하의 범위에서 시간제로 근무하게 하는 기간제교원을 임용할 수 있다.
③ 법 제32조 제1항에 따라 임용되는 기간제교원의 임용기간은 1년 이내로 하며, 필요한 경우 3년의 범위에서 연장할 수 있다.
④ 국가공무원 · 지방공무원 또는 기간제교원으로 퇴직한 사람을 그 퇴직일부터 6개월 이내에 법 제32조 제1항에 따라 기간제교원(신체검사 합격기준이 동일한 기간제교원을 말한다)으로 임용하려는 경우에는 신체검사를 면제할 수 있다.

제33조 【임용권의 위임 등】 ① 대통령령*으로 정하는 바에 따라 대통령은 그 임용권의 일부를 국가교육위원회위원장 또는 교육부장관에게, 교육부장관은 그 임용권의 일부를 교육기관, 교육행정기관 또는 교육연구기관의 장에게 위임할 수 있다.

✐ 「교육공무원임용령」 제3조 【임용권의 위임】 ③ 교육부장관은 법 제33조에 따라 다음 각 호의 임용권을 해당 교육감에게 위임한다. 11. 유초등
1. 법 제29조의2제8항에 따른 교장 및 원장의 전보
3. 교감 · 원감 · 수석교사 및 교사의 임용

제5장 보수

제34조 【보수결정의 원칙】 ① 교육공무원의 보수는 우대되어야 한다*.
② 교육공무원의 보수는 자격, 경력, 직무의 곤란성 및 책임의 정도에 따라 대통령령으로 정한다.
✐ 별도의 교육공무원 보수 · 수당 규정은 없고, 「공무원 보수규정」과 「공무원 수당규정」을 준용(사립교원도 준용)한다.

TIP 「국가공무원법」 제46조 【보수 결정의 원칙】 07. 유초등 ① 공무원의 보수는 직무의 곤란성과 책임의 정도에 맞도록 계급별 · 직위별 또는 직무등급별로 정한다. 다만, 다음 각 호의 어느 하나에 해당하는 공무원의 보수는 따로 정할 수 있다.
1. 직무의 곤란성과 책임도가 매우 특수하거나 결원을 보충하는 것이 곤란한 직무에 종사하는 공무원
2. 제4조 제2항에 따라 같은 조 제1항의 계급 구분이나 직군 및 직렬의 분류를 적용하지 아니하는 공무원
3. 임기제공무원
② 공무원의 보수는 일반의 표준 생계비, 물가 수준, 그 밖의 사정을 고려하여 정하되, 민간 부문의 임금 수준과 적절한 균형을 유지하도록 노력하여야 한다.
③ 경력직공무원 간의 보수 및 경력직공무원과 특수경력직공무원 간의 보수는 균형을 도모하여야 한다.
④ 공무원의 보수 중 봉급에 관하여는 법률로 정한 것 외에는 대통령령으로 정한다.
⑤ 이 법이나 그 밖의 법률에 따른 보수에 관한 규정에 따르지 아니하고는 어떠한 금전이나 유가물(有價物)도 공무원의 보수로 지급할 수 없다.

제35조 【보수에 관한 규정】 제34조 제2항의 대통령령에는 「국가공무원법」 제47조 및 「지방공무원법」 제45조에 규정된 사항 외에 다음 각 호의 사항을 규정하여야 한다.
1. 대통령령으로 정하는 학교의 교원이나 학과를 담당하는 교원에 대한 특별수당에 관한 사항

2. 기간제교원의 보수에 관한 사항
3. 연구수당에 관한 사항
4. 교직수당에 관한 사항

제36조 【명예퇴직】 ① 교육공무원으로 20년 이상 근속한 사람이 정년 전에 스스로 퇴직하는 경우에는 예산의 범위에서 명예퇴직수당을 지급할 수 있다.

② 제1항에 따른 교육공무원 중 교장·원장이 임기가 끝나기 전에 스스로 퇴직하는 경우 그 정년은 제47조에 따른 연령으로 본다.

③ 제1항의 명예퇴직수당의 지급대상 범위, 지급액 및 지급절차와 그 밖에 필요한 사항은 대통령령으로 정한다.

TIP **「공무원보수규정」(대통령령) 제1조 【목적】** 이 영은 「국가공무원법」, 「헌법재판소법」, 「외무공무원법」, 「경찰공무원법」, 「의무경찰대 설치 및 운영에 관한 법률」, 「소방공무원법」, 「의무소방대설치법」, 「교육공무원법」, 「군인보수법」, 「군무원인사법」, 「국가정보원직원법」 및 「군법무관 임용 등에 관한 법률」에 따라 국가공무원의 보수에 관한 사항을 규정함을 목적으로 한다. 03. 중등

제2조 【적용범위】 국가공무원(이하 "공무원"이라 한다)의 보수는 다른 법령에 규정된 것을 제외하고는 이 영에 따른다.

제4조 【정의】 이 영에서 사용하는 용어의 뜻은 다음과 같다.

1. "보수"란 봉급과 그 밖의 각종 수당을 합산한 금액을 말한다. 다만, 연봉제 적용대상 공무원은 연봉과 그 밖의 각종 수당을 합산한 금액을 말한다. 03. 중등
2. "봉급"이란 직무의 곤란성과 책임의 정도에 따라 직책별로 지급되는 기본급여 또는 직무의 곤란성과 책임의 정도 및 재직기간 등에 따라 계급(직무등급이나 직위를 포함한다. 이하 같다)별, 호봉별로 지급되는 기본급여를 말한다. ⇨ 근속 연수에 따라 봉급이 상승하는 연공급(年功給), 학력과 경력에 따른 단일호봉제에 기초를 두고 있다. 03. 중등
3. "수당"이란 직무여건 및 생활여건 등에 따라 지급되는 부가급여를 말한다.
4. "승급"이란 일정한 재직기간의 경과나 그 밖에 법령의 규정에 따라 현재의 호봉보다 높은 호봉을 부여하는 것을 말한다.
7. "연봉"이란 매년 1월 1일부터 12월 31일까지 1년간 지급되는 다음 각 목의 기본연봉과 성과연봉을 합산한 금액을 말한다. 다만, 고정급적 연봉제 적용대상 공무원의 경우에는 해당 직책과 계급을 반영하여 일정액으로 지급되는 금액을 말한다.
   가. 기본연봉(고정급)은 개인의 경력, 누적성과와 계급 또는 직무의 곤란성 및 책임의 정도를 반영하여 지급되는 기본급여의 연간 금액을 말한다.
   나. 성과연봉(성과급)은 전년도 업무실적의 평가 결과를 반영하여 지급되는 급여의 연간 금액을 말한다.

제13조 【정기승급】 ① 공무원의 호봉 간 승급에 필요한 기간(이하 "승급기간"이라 한다)은 1년으로 한다.

제31조 【수당의 지급】 ① 공무원에게는 예산의 범위에서 봉급 외에 필요한 수당을 지급할 수 있다.

② 제1항에 따라 지급되는 수당의 종류, 지급범위, 지급액, 그 밖에 수당 지급에 필요한 사항은 따로 대통령령*으로 정한다.

「공무원 수당 등에 관한 규정」에 따르면 공무원에게 지급되는 수당에는 ❶ 상여수당(제3장), ❷ 가계보존수당(제3장), ❸ 특수지근무수당(제4장), ❹ 특수근무수당(제5장), ❺ 초과근무수당(제6장)의 5가지로 구분되며, 이 외에 실비변상(제6장의2)[정액급식비, 명절휴가비, 연가보상비, 직급보조비] 등이 있다.

구분	수당의 종류				
공무원	상여수당	가계보존수당	특수지근무수당	특수근무수당	초과근무수당
교육 공무원	· 정근수당 · 성과상여금	· 가족수당 · 자녀학비보조수당 · 육아휴직수당	도서벽지수당	특수업무수당 (연구업무수당, 교원 등에 대한 보전수당, 교직수당)	· 시간외 근무수당 · 현업공무원 등에 대한 휴일근무수당/야근근무수당 · 관리업무수당

제6장 연수

제37조 【연수의 기회균등】 교육공무원에게는 연수기관에서 재교육을 받거나 연수할 기회가 균등하게 주어져야 한다.

제38조 【연수와 교재비】 ① 교육공무원은 그 직책을 수행하기 위하여 끊임없이 연구와 수양에 힘써야 한다. 07. 영양교사

② 국가나 지방자치단체는 교육공무원의 연수와 그에 필요한 시설 및 연수를 장려할 계획을 수립하여 실시하도록 노력하여야 하며, 대통령령으로 정하는 바에 따라 연수에 필요한 교재비를 지급할 수 있다.

③ 국가나 지방자치단체는 제2항에 따른 연수와 그에 필요한 시설 등을 제공하는 경우 장애인인 교육공무원의 연수활동에 불이익이 없도록 「장애인차별금지 및 권리구제 등에 관한 법률」 제14조에 따라 정당한 편의가 제공될 수 있도록 하여야 한다.

④ 국가는 제2항에 따라 교재비를 지급하는 지방자치단체에 예산의 범위에서 그 경비의 전부 또는 일부를 보조할 수 있다.

제39조 【연수기관의 설치】 ① 교육공무원의 재교육과 연수를 위하여 연수기관을 둔다.

② 제1항의 연수기관 설치 및 운영에 필요한 사항은 대통령령으로 정한다.

제40조 【특별연수】 18. 지방직 ① 국가나 지방자치단체는 특별연수계획을 수립하여 교육공무원을 국내외의 교육기관 또는 연구기관에서 일정 기간 연수를 받게 할 수 있다.

② 국가나 지방자치단체는 예산의 범위에서 제1항에 따른 특별연수 경비를 지급할 수 있다.

③ 교육부장관은 제1항에 따라 특별연수를 받고 있는 교육공무원이 연수 목적을 성실하게 수행할 수 있도록 지도·감독하여야 하며, 이를 위하여 필요한 사항은 대통령령으로 정한다.

④ 제1항에 따라 특별연수를 받은 교육공무원에게는 6년의 범위에서 대통령령으로 정하는 바에 따라 일정 기간 복무 의무를 부과할 수 있다.

제41조 【연수기관 및 근무장소 외에서의 연수】 교원은 수업에 지장을 주지 아니하는 범위에서 소속 기관의 장의 승인을 받아 연수기관이나 근무장소 외의 시설 또는 장소에서 연수를 받을 수 있다.

제42조 【연수 실적 및 근무성적의 평정】 ① 교육기관, 교육행정기관 및 교육연구기관의 장은 정기적으로 또는 수시로 그 소속 교육공무원의 재교육 및 연수 실적과 근무성적을 평정하여 인사관리에 반영하여야 한다.

② 제1항의 재교육 및 연수 실적과 근무성적 평정에 필요한 사항은 대통령령으로 정한다.

TIP **「국가공무원법」 제7장 복무** 10. 유초등

제55조 【선서】 공무원은 취임할 때에 소속 기관장 앞에서 대통령령* 등으로 정하는 바에 따라 선서(宣誓)하여야 한다. 다만, 불가피한 사유가 있으면 취임 후에 선서하게 할 수 있다.

> 「국가공무원 복무규정」 **제2조 【선서】** ① 국가공무원(이하 "공무원"이라 한다)은 「국가공무원법」(이하 "법"이라 한다) 제55조에 따라 취임할 때에 소속 기관의 장 앞에서 선서를 하여야 한다.

제56조 【성실 의무】 모든 공무원은 법령을 준수하며 성실히 직무를 수행하여야 한다. 12. 유초등, 07. 영양교사

> 「국가공무원 복무규정」 **제2조의2 【책임 완수】** 공무원은 국민 전체의 봉사자로서 직무를 민주적이고 능률적으로 수행하기 위하여 창의와 성실로써 맡은 바 책임을 완수하여야 한다. 08. 유초등

제57조【복종의 의무】 공무원은 직무를 수행할 때 소속 상관의 직무상 명령에 복종하여야 한다. 15. 지방직, 07. 영양교사

> 「국가공무원 복무규정」 **제3조【근무기강의 확립】** ① 공무원은 법령과 직무상 명령을 준수하여 근무기강을 확립하고 질서를 존중하여야 한다.
> ② 공무원은 집단·연명(連名)으로 또는 단체의 명의를 사용하여 국가의 정책을 반대하거나 국가정책의 수립·집행을 방해해서는 아니 된다.

제58조【직장 이탈 금지】 ① 공무원은 소속 상관의 허가 또는 정당한 사유가 없으면 직장을 이탈하지 못한다.
② 수사기관이 공무원을 구속하려면 그 소속 기관의 장에게 미리 통보하여야 한다. 다만, 현행범은 그러하지 아니하다.

제59조【친절·공정의 의무】 공무원은 국민 전체의 봉사자로서 친절하고 공정하게 직무를 수행하여야 한다. 15. 지방직, 05. 유초등

> 「국가공무원 복무규정」 **제4조【친절·공정한 업무 처리】** ① 공무원은 공사(公私)를 분별하고 인권을 존중하며 친절하고 신속·정확하게 업무를 처리하여야 한다.
> ② 공무원은 직무를 수행할 때 종교 등에 따른 차별 없이 공정하게 업무를 처리하여야 한다.

제59조의2【종교중립의 의무】 ① 공무원은 종교에 따른 차별 없이 직무를 수행하여야 한다. 15. 지방직
② 공무원은 소속 상관이 제1항에 위배되는 직무상 명령을 한 경우에는 이에 따르지 아니할 수 있다.

제60조【비밀 엄수의 의무】 공무원은 재직 중은 물론 퇴직 후에도 직무상 알게 된 비밀을 엄수(嚴守)하여야 한다. 11. 유초등

> 「국가공무원 복무규정」 **제4조의2【비밀 엄수】** 공무원이거나 공무원이었던 사람은 직무상 알게 된 다음 각 호의 사항을 타인에게 누설하거나 부당한 목적을 위하여 사용해서는 아니 된다. 다만, 법령에 따라 공개하는 경우는 제외한다.
> 1. 법령에 따라 비밀로 지정된 사항
> 2. 정책 수립이나 사업 집행에 관련된 사항으로서 외부에 공개될 경우 정책 수립이나 사업 집행에 지장을 주거나 특정인에게 부당한 이익을 줄 수 있는 사항
> 3. 개인의 신상이나 재산에 관한 사항으로서 외부에 공개될 경우 특정인의 권리나 이익을 침해할 수 있는 사항
> 4. 그 밖에 국민의 권익 보호 또는 행정목적 달성을 위하여 비밀로 보호할 필요가 있는 사항

제61조【청렴의 의무】 ① 공무원은 직무와 관련하여 직접적이든 간접적이든 사례·증여 또는 향응을 주거나 받을 수 없다.
② 공무원은 직무상의 관계가 있든 없든 그 소속 상관에게 증여하거나 소속 공무원으로부터 증여를 받아서는 아니 된다. 11. 유초등

제62조【외국 정부의 영예 등을 받을 경우】 공무원이 외국 정부로부터 영예나 증여를 받을 경우에는 대통령의 허가를 받아야 한다. 11. 유초등

제63조【품위 유지의 의무】 공무원은 직무의 내외를 불문하고 그 품위가 손상되는 행위를 하여서는 아니 된다. 11. 유초등

제64조【영리 업무 및 겸직 금지】 ① 공무원은 공무 외에 영리를 목적으로 하는 업무에 종사하지 못하며 소속 기관장의 허가 없이 다른 직무를 겸할 수 없다. 11. 유초등, 07. 영양교사
② 제1항에 따른 영리를 목적으로 하는 업무의 한계는 대통령령등으로 정한다.

제65조【정치 운동의 금지】 ① 공무원은 정당이나 그 밖의 정치단체의 결성에 관여하거나 이에 가입할 수 없다. 10. 유초등
② 공무원은 선거에서 특정 정당 또는 특정인을 지지 또는 반대하기 위한 다음의 행위를 하여서는 아니 된다.
1. 투표를 하거나 하지 아니하도록 권유 운동을 하는 것
2. 서명 운동을 기도(企圖)·주재(主宰)하거나 권유하는 것
3. 문서나 도서를 공공시설 등에 게시하거나 게시하게 하는 것
4. 기부금을 모집 또는 모집하게 하거나, 공공자금을 이용 또는 이용하게 하는 것
5. 타인에게 정당이나 그 밖의 정치단체에 가입하게 하거나 가입하지 아니하도록 권유 운동을 하는 것

③ 공무원은 다른 공무원에게 제1항과 제2항에 위배되는 행위를 하도록 요구하거나, 정치적 행위에 대한 보상 또는 보복으로서 이익 또는 불이익을 약속하여서는 아니 된다.
④ 제3항 외에 정치적 행위의 금지에 관한 한계는 대통령령등으로 정한다.

제66조【집단 행위의 금지】 ① 공무원은 노동운동이나 그 밖에 공무 외의 일을 위한 집단 행위를 하여서는 아니 된다. 다만, 사실상 노무에 종사하는 공무원은 예외로 한다.
② 제1항 단서의 사실상 노무에 종사하는 공무원의 범위는 대통령령등으로 정한다.
③ 제1항 단서에 규정된 공무원으로서 노동조합에 가입된 자가 조합 업무에 전임하려면 소속 장관의 허가를 받아야 한다.
④ 제3항에 따른 허가에는 필요한 조건을 붙일 수 있다.

제7장 신분보장 · 징계 · 소청

제43조 【교권의 존중과 신분보장】 ① 교권(教權)은 존중되어야 하며, 교원은 그 전문적 지위나 신분에 영향을 미치는 부당한 간섭을 받지 아니한다.

② 교육공무원은 형의 선고나 징계처분 또는 이 법에서 정하는 사유에 의하지 아니하고는 본인의 의사에 반하여 강임 · 휴직 또는 면직을 당하지 아니한다. 10. 유초등

③ 교육공무원은 권고에 의하여 사직을 당하지 아니한다.

제43조의2 【당연퇴직】 ① 교육공무원이 제10조의4에 따른 결격사유에 해당하게 된 경우에는 당연히 퇴직한다. 다만, 「국가공무원법」 제33조 제5호는 「형법」 제129조부터 제132조까지 및 직무와 관련하여 「형법」 제355조 및 제356조에 규정된 죄를 저지른 사람으로서 금고 이상의 형의 선고유예를 받은 경우만 해당한다.

② 교육공무원 중 교수, 부교수 및 조교수가 공무원으로 재직기간 중 직무와 관련하여 「형법」 제347조 또는 제351조(제347조의 상습범에 한정한다)에 규정된 죄를 저질러 300만원 이상의 벌금형을 선고받고 그 형이 확정된 경우에는 당연히 퇴직한다.

제44조 【휴직】 19. 국가직 7급, 11. 중등 ① 교육공무원이 다음 각 호의 어느 하나에 해당하는 사유로 휴직을 원하면 임용권자는 휴직을 명할 수 있다. 다만, 제1호부터 제4호까지(요양, 병역, 행불, 의무수행) 및 제11호(교원노조 전임)의 경우에는 본인의 의사와 관계없이 휴직을 명하여야 하고(직권휴직), 제7호(육아), 제7호의2(입양) 및 제7호의3(불임 · 난임치료)의 경우에는 본인이 원하면 휴직을 명하여야 한다. 04. 유초등

1. 신체상 · 정신상의 장애로 장기요양이 필요할 때
2. 「병역법」에 따른 병역 복무를 위하여 징집되거나 소집된 경우
3. 천재지변이나 전시 · 사변 또는 그 밖의 사유로 생사(生死)나 소재(所在)를 알 수 없게 된 경우
4. 그 밖에 법률에 따른 의무를 수행하기 위하여 직무를 이탈하게 된 경우
5. 학위취득을 목적으로 해외유학을 하거나 외국에서 1년 이상 연구 또는 연수를 하게 된 경우
6. 국제기구, 외국기관, 국내외의 대학 · 연구기관, 다른 국가기관, 재외교육기관(「재외국민의 교육지원 등에 관한 법률」 제2조 제2호의 재외교육기관을 말한다) 또는 대통령령으로 정하는 민간단체에 임시로 고용되는 경우
7. 만 8세 이하 또는 초등학교 2학년 이하의 자녀를 양육하기 위하여 필요하거나 여성 교육공무원이 임신 또는 출산하게 된 경우

7의2. 만 19세 미만의 아동(제7호에 따른 육아휴직의 대상이 되는 아동은 제외한다)을 입양(入養)하는 경우

7의3. 불임 · 난임으로 인하여 장기간의 치료가 필요한 경우

8. 교육부장관 또는 교육감이 지정하는 연구기관이나 교육기관 등에서 연수하게 된 경우
9. 조부모, 부모(배우자의 부모를 포함한다), 배우자, 자녀 또는 손자녀를 부양하거나 돌보기 위하여 필요한 경우. 다만, 조부모나 손자녀의 돌봄을 위하여 휴직할 수 있는 경우는 본인 외에 돌볼 사람이 없는 등 대통령령으로 정하는 요건을 갖춘 경우로 한정한다.
10. 배우자가 국외 근무를 하게 되거나 제5호에 해당하게 된 경우
11. 「교원의 노동조합 설립 및 운영 등에 관한 법률」 제5조에 따라 노동조합 전임자로 종사하게 된 경우
12. 「공무원연금법」 제25조에 따른 재직기간 10년 이상인 교원이 자기개발을 위하여 학습 · 연구 등을 하게 된 경우(학습연구년 제도)*

✐ 특별연수에 해당함. 18. 지방직, 12. 유초등

③ 대학에 재직 중인 교육공무원이 교육공무원 외의 공무원으로 임용되어 휴직을 원하면 임용권자는 휴직을 명할 수 있다. 이 경우 휴직기간은 그 공무원으로 재임하는 기간으로 한다.
④ 임면권자(任免權者)는 제1항 제7호(육아휴직) 및 제7호의2(입양)에 따른 휴직을 이유로 인사상 불리한 처우를 하여서는 아니 되며, 같은 호의 휴직기간은 근속기간에 포함한다. 03. 중등
⑤ 제1항의 휴직제도 운영에 필요한 사항은 대통령령으로 정한다.

제44조의2 【직위해제】 * ① 임용권자는 다음 각 호의 어느 하나에 해당하는 자에게는 직위를 부여하지 아니할 수 있다.
1. 직무수행 능력이 부족하거나 근무성적이 극히 나쁜 자
2. 파면・해임・강등 또는 정직에 해당하는 징계의결이 요구 중인 자
3. 형사사건으로 기소된 자(약식명령이 청구된 자는 제외한다)
4. 금품비위, 성범죄 등 다음 각 목의 비위행위로 인하여 감사원 및 검찰・경찰 등 수사기관에서 조사나 수사 중인 자로서 비위의 정도가 중대하고 이로 인하여 정상적인 업무수행을 기대하기 현저히 어려운 자
   가. 「국가공무원법」 제78조의2 제1항 각 호의 행위
   나. 「성폭력범죄의 처벌 등에 관한 특례법」 제2조에 따른 성폭력범죄 행위
   다. 「성매매알선 등 행위의 처벌에 관한 법률」 제4조에 따른 금지행위
   라. 「아동・청소년의 성보호에 관한 법률」 제2조 제2호에 따른 아동・청소년대상 성범죄 행위
   마. 「아동복지법」 제17조에 따른 금지행위
   바. 교육공무원으로서의 품위를 크게 손상하여 그 직위를 유지하는 것이 부적절하다고 판단되는 행위

   ✎ 「국가공무원법」 제73조의3(직위해제)

② 제1항에 따라 직위를 부여하지 아니한 경우 그 사유가 소멸되면 임용권자는 지체 없이 직위를 부여하여야 한다.
③ 임용권자는 제1항 제1호에 따라 직위해제된 자에게 3개월의 범위에서 대기를 명한다.
④ 임용권자 또는 임용제청권자는 제3항에 따라 대기명령을 받은 자에게 능력 회복이나 근무성적의 향상을 위한 교육훈련 또는 특별한 연구과제의 부여 등 필요한 조치를 하여야 한다.
⑤ 교육공무원에 대하여 제1항 제1호의 직위해제 사유와 같은 항 제2호부터 제4호까지의 직위해제 사유가 경합(競合)할 때에는 같은 항 제2호부터 제4호까지의 직위해제 처분을 하여야 한다.

제45조 【휴직기간 등】 ① 휴직기간은 다음 각 호와 같다.
1. 제44조 제1항 제1호 및 제7호의3의 사유로 인한 휴직기간은 1년 이내로 하되, 부득이한 경우 1년의 범위에서 연장할 수 있다. 다만, 「공무원 재해보상법」에 따른 공무상 부상 또는 질병으로 인한 휴직기간은 3년 이내로 하되, 의학적 소견 등을 고려하여 대통령령으로 정하는 바에 따라 2년의 범위에서 연장할 수 있다.
2. 제44조 제1항 제2호 및 제4호의 사유로 인한 휴직기간은 그 복무기간이 끝날 때까지로 한다.
3. 제44조 제1항 제3호의 사유로 인한 휴직기간은 3개월 이내로 한다.
4. 제44조 제1항 제5호의 사유로 인한 휴직기간은 3년 이내로 한다. 다만, 학위취득을 하려는 경우에는 3년의 범위에서 연장할 수 있다.
5. 제44조 제1항 제6호의 사유로 인한 휴직기간은 그 고용기간으로 한다.
6. 제44조 제1항 제7호의 사유로 인한 휴직기간은 자녀 1명에 대하여 3년 이내로 하되 분할하여 휴직할 수 있다.

6의2. 제44조 제1항 제7호의2의 사유로 인한 휴직기간은 입양자녀 1명에 대하여 6개월 이내로 한다.
7. 제44조 제1항 제8호의 사유로 인한 휴직기간은 3년 이내로 한다.
8. 제44조 제1항 제9호의 사유로 인한 휴직기간은 1년 이내로 하되 재직기간 중 총 3년을 초과할 수 없다.
9. 제44조 제1항 제10호의 사유로 인한 휴직기간은 3년 이내로 하되 3년의 범위에서 연장할 수 있다. 다만, 총 휴직기간은 배우자의 국외 근무, 해외 유학·연구 또는 연수 기간을 초과할 수 없다.
10. 제44조 제1항 제11호의 사유로 인한 휴직기간은 그 전임자로 종사하는 기간으로 한다.
11. 제44조 제1항 제12호의 사유로 인한 휴직기간은 1년 이내로 하되, 재직기간 중 한 차례에 한정한다.

② 대학에 근무하는 교원인 경우에 제1항의 휴직기간은 임용기간 중의 남은 기간을 초과할 수 없다. 다만, 제44조 제1항 제2호·제4호부터 제7호까지·제7호의2·제8호부터 제10호까지, 같은 조 제2항 및 제3항에 따른 휴직은 그러하지 아니하다.

③ 제1항 제6호 또는 제9호에 따라 2년 이상 휴직한 교원은 복직하려면 대통령령으로 정하는 바에 따라 연수를 받아야 한다.

직권휴직	청원휴직
① 병휴직(요양, 공상): 요양(불임·난임 포함하여 1년 이내, 1년 연장 가능), 공상(3년 이내, 2년 연장 가능) ② 병역의무(병역): 복무기간 만료 시까지 ③ 생사소재 불명(행불): 3개월 이내 ④ 교원노조 전임자: 전임기간 ⇨ 임용권자의 동의가 있는 경우 가능 ⑤ 기타 의무수행(의무): 복무기간	① 해외유학(연구·연수): 3년 이내, 학위취득 시 3년 연장 가능 ② 국제기구, 외국기관, 국내외 대학·연구기관 등 고용: 고용기간 ③ 육아휴직: 만 8세 이하 또는 초등학교 2학년 이하의 자녀 양육, 임신 또는 출산 ⇨ 자녀 1명당 3년이내(분할휴직 가능) ④ 입양: 만 19세 미만의 아동 입양(단, ③의 아동은 제외), 입양자녀 1명에 6개월 이내 ⑤ 불임·난임으로 인한 장기 치료 ⑥ 국내연수(연수): 교육부장관(교육감)이 지정한 기관, 3년 이내 ⑦ 가족간호(간호): 1년 이내(재직기간 중 3년 이내) ⑧ 배우자 동반: 3년 이내, 3년 연장 가능 ⑨ 학습연구년: 재직기간 10년 이상인 교원이 자기개발을 위한 학습·연구 등의 경우 ⇨ 1년 이내(재직기간 중 1회만) ✎ ③, ④의 경우 본인이 원하면 휴직을 명하여야 함.

제46조 【강임자의 우선승진임용 제한】 「국가공무원법」 제73조의4 제2항 또는 「지방공무원법」 제65조의4 제2항을 교육공무원에게 적용할 때 본인이 동의하여 강임을 조건으로 임용권자 또는 임용제청권자를 달리하는 기관에 전입된 사람은 우선하여 승진임용할 수 없다.

제47조 【정년】 ① 교육공무원의 정년은 62세로 한다. 다만, 「고등교육법」 제14조에 따른 교원인 교육공무원의 정년은 65세로 한다. 17. 국가직 7급

✎ 「국가공무원법」 제74조(정년) ① (일반직) 공무원의 정년은 다른 법률에 특별한 규정이 있는 경우를 제외하고는 60세로 한다.

② 교육공무원(임기가 있는 교육공무원을 포함한다)은 그 정년에 이른 날이 3월에서 8월 사이에 있는 경우에는 8월 31일에, 9월에서 다음 해 2월 사이에 있는 경우에는 다음 해 2월 말일에 각각 당연히 퇴직한다.

제48조 【교원의 불체포특권】 교원은 현행범인인 경우를 제외하고는 소속 학교의 장의 동의 없이 학원 안에서 체포되지 아니한다. 17. 국가직 7급, 12 · 09 · 05. 중등

제49조 【고충처리】 ① 교육공무원(공립대학에 근무하는 교육공무원은 제외한다. 이하 이 조에서 같다)은 누구나 인사 · 조직 · 처우 등 각종 직무조건과 그 밖의 신상문제에 대하여 인사상담이나 고충의 심사를 청구할 수 있으며, 이를 이유로 불이익한 처분이나 대우를 받지 아니한다.

② 제1항에 따라 청구를 받은 임용권자나 임용제청권자(임용추천권자를 포함한다. 이하 같다)는 이를 제3항에 따른 고충심사위원회 회의에 부쳐 심사하게 하거나 소속 공무원으로 하여금 상담하게 하고, 그 결과에 따라 고충의 해소 등 공정한 처리를 위하여 노력하여야 한다.

③ 교육공무원의 고충을 심사하기 위하여 교육부에 교육공무원 중앙고충심사위원회를 두고, 임용권자 또는 임용제청권자 단위로 교육공무원 보통고충심사위원회를 두되 교육공무원 중앙고충심사위원회의 기능은 「교원의 지위 향상 및 교육활동 보호를 위한 특별법」에 따른 교원소청심사위원회에서 관장한다.

⑦ 임용권자나 임용제청권자는 심사 결과 필요하다고 인정할 때에는 처분청 또는 관계 기관의 장에게 그 시정을 요청할 수 있으며, 요청을 받은 처분청 또는 관계 기관의 장은 특별한 사유가 없으면 이를 이행하고, 그 처리결과를 통보하여야 한다. 다만, 부득이한 사유로 이행하지 못할 경우에는 그 사유를 통보하여야 한다.

⑧ 교육공무원 고충심사위원회의 구성 · 권한 · 심사절차와 그 밖에 필요한 사항은 대통령령으로 정한다.

제50조 【징계위원회의 설치】 ① 교육공무원의 징계처분 및 제10조의3 제1항 각 호 외의 부분 단서에 따른 교원의 채용에 관한 사항을 의결하게 하기 위하여 대통령령으로 정하는 교육기관, 교육행정기관, 지방자치단체 및 교육연구기관에 교육공무원 징계위원회(이하 "징계위원회"라 한다)를 둔다.

② 징계위원회의 종류 · 구성 · 권한 · 심의절차, 징계위원회 위원의 제척(除斥)이나 기피(忌避)에 관한 사항 및 징계대상자의 진술권 등 필요한 사항은 대통령령으로 정한다.

③ 징계대상자에게 의견을 진술할 기회를 주지 아니한 징계의 의결은 무효로 한다.

제51조 【징계의결의 요구】 ① 교육기관, 교육행정기관, 지방자치단체 또는 교육연구기관의 장은 그 소속 교육공무원이 「국가공무원법」 제78조 제1항 각 호의 징계사유 및 「지방공무원법」 제69조 제1항 각 호의 징계사유에 해당한다고 인정하는 경우에는 지체 없이 해당 징계사건을 관할하는 징계위원회에 징계의결을 요구하여야 한다. 다만, 해당 징계사건을 관할하는 징계위원회가 상급기관에 설치되어 있는 경우에는 그 상급기관의 장에게 징계의결의 요구를 신청하여야 한다.

② 제1항의 경우에 징계의결 요구권자 자신에 관한 징계사건은 그 바로 위 감독청의 장이 징계의결을 요구한다.

제52조 【징계사유의 시효에 관한 특례】 교육공무원에 대한 징계사유가 다음 각 호의 어느 하나에 해당하는 경우에는 「국가공무원법」 제83조의2 제1항, 「지방공무원법」 제73조의2 제1항에도 불구하고 징계사유가 발생한 날부터 10년 이내에 징계의결을 요구할 수 있다.

5. 「학술진흥법」 제15조 제1항에 따른 연구부정행위 및 「국가연구개발혁신법」 제31조 제1항에 따른 국가연구개발사업 관련 부정행위

TIP 「국가공무원법」 제10장 징계

제78조【징계 사유】 ① 공무원이 다음 각 호의 어느 하나에 해당하면 징계 의결을 요구하여야 하고 그 징계 의결의 결과에 따라 징계처분을 하여야 한다.

1. 이 법 및 이 법에 따른 명령을 위반한 경우
2. 직무상의 의무(다른 법령에서 공무원의 신분으로 인하여 부과된 의무를 포함한다)를 위반하거나 직무를 태만히 한 때
3. 직무의 내외를 불문하고 그 체면 또는 위신을 손상하는 행위를 한 때

제79조【징계의 종류】 징계는 파면 · 해임 · 강등 · 정직 · 감봉 · 견책(譴責)으로 구분한다.

> 「공무원징계령」 **【대통령령】 제1조의3【정의】** *이 영에서 사용하는 용어의 뜻은 다음과 같다.
> 1. "중징계"란 파면, 해임, 강등 또는 정직을 말한다.
> 2. "경징계"란 감봉 또는 견책을 말한다.
>
> *「교육공무원징계령」 **【대통령령】 제1조의2【정의】**

제80조【징계의 효력】 16. 지방직, 03. 중등 ① 강등은 1계급 아래로 직급을 내리고(고위공무원단에 속하는 공무원은 3급으로 임용하고, 연구관 및 지도관은 연구사 및 지도사로 한다) 공무원신분은 보유하나 3개월간 직무에 종사하지 못하며 그 기간 중 보수는 전액을 감한다. 다만, 제4조 제2항에 따라 계급을 구분하지 아니하는 공무원과 임기제공무원에 대해서는 강등을 적용하지 아니한다.

② 제1항에도 불구하고 이 법의 적용을 받는 특정직공무원 중 외무공무원과 교육공무원의 강등의 효력은 다음 각 호와 같다.

2. 교육공무원의 강등은 「교육공무원법」 제2조 제10항에 따라 동종의 직무 내에서 하위의 직위에 임명하고, 공무원신분은 보유하나 3개월간 직무에 종사하지 못하며 그 기간 중 보수는 전액을 감한다. 다만, 「고등교육법」 제14조에 해당하는 교원 및 조교에 대하여는 강등을 적용하지 아니한다.

③ 정직은 1개월 이상 3개월 이하의 기간으로 하고, 정직 처분을 받은 자는 그 기간 중 공무원의 신분은 보유하나 직무에 종사하지 못하며 보수는 전액을 감한다.

④ 감봉은 1개월 이상 3개월 이하의 기간 동안 보수의 3분의 1을 감한다. 04. 유초등

⑤ 견책(譴責)은 전과(前過)에 대하여 훈계하고 회개하게 한다.

⑥ 강등(3개월간 직무에 종사하지 못하는 효력 및 그 기간 중 보수는 전액을 감하는 효력으로 한정한다), 정직 및 감봉의 징계처분은 휴직기간 중에는 그 집행을 정지한다.

⑦ 공무원으로서 징계처분을 받은 자에 대하여는 그 처분을 받은 날 또는 그 집행이 끝난 날부터 대통령령 등으로 정하는 기간 동안 승진임용 또는 승급할 수 없다. 다만, 징계처분을 받은 후 직무수행의 공적으로 포상 등을 받은 공무원에 대하여는 대통령령* 등으로 정하는 바에 따라 승진임용이나 승급을 제한하는 기간을 단축하거나 면제할 수 있다.

⑧ 공무원(특수경력직공무원 및 지방공무원을 포함한다)이었던 사람이 다시 공무원이 된 경우에는 재임용 전에 적용된 법령에 따라 받은 징계처분은 그 처분일부터 이 법에 따른 징계처분을 받은 것으로 본다. 다만, 제79조에서 정한 징계의 종류 외의 징계처분의 효력에 관하여는 대통령령 등으로 정한다.

> 「공무원임용령」 **제32조【승진임용의 제한】** ① 공무원이 다음 각 호의 어느 하나에 해당하는 경우에는 승진임용될 수 없다.
> 2. 징계처분의 집행이 끝난 날부터 다음 각 목의 기간[법 제78조의2제1항 각 호의 어느 하나에 해당하는 사유로 인한 징계처분과 소극행정, 음주운전(음주측정에 응하지 않은 경우를 포함한다), 성폭력, 성희롱 및 성매매에 따른 징계처분의 경우에는 각각 6개월을 더한 기간]이 지나지 않은 경우
>   가. 강등 · 정직 : 18개월
>   나. 감봉 : 12개월
>   다. 견책 : 6개월
>
> 「공무원보수규정」 **제14조【승급의 제한】** ① 다음 각 호의 어느 하나에 해당하는 사람은 해당 기간 동안 승급시킬 수 없다.
> 1. 징계처분, 직위해제 또는 휴직(공무상 질병 또는 부상으로 인한 휴직은 제외한다) 중인 사람
> 2. 징계처분의 집행이 끝난 날(강등의 경우에는 직무에 종사하지 못하는 3개월이 끝난 날을 말한다. 이하 같다)부터 다음 각 목의 기간[「국가공무원법」 제78조의2 제1항 각 호의 어느 하나의 사유로 인한 징계처분과 소극행정, 음주운전(음주측정에 응하지 않은 경우를 포함한다), 성폭력, 성희롱 및 성매매로 인한 징계처분의 경우에는 각각 6개월을 가산한 기간]이 지나지 않은 사람
>   가. 강등 · 정직 : 18개월
>   나. 감봉 : 12개월
>   다. 영창, 근신 또는 견책 : 6개월

제83조의2 【징계 및 징계부가금 부과 사유의 시효】 ① 징계의결등의 요구는 징계 등 사유가 발생한 날부터 다음 각 호의 구분에 따른 기간이 지나면 하지 못한다.

1. 징계 등 사유가 다음 각 목의 어느 하나에 해당하는 경우: 10년 ⇨ 성 비위 관련 징계 사유
   가. 「성매매알선 등 행위의 처벌에 관한 법률」 제4조에 따른 금지행위
   나. 「성폭력범죄의 처벌 등에 관한 특례법」 제2조에 따른 성폭력범죄
   다. 「아동·청소년의 성보호에 관한 법률」 제2조 제2호에 따른 아동·청소년대상 성범죄
   라. 「양성평등기본법」 제3조 제2호에 따른 성희롱
2. 징계 등 사유가 제78조의2 제1항 각 호[❶ 금전, 물품, 부동산, 향응 또는 그 밖에 대통령령으로 정하는 재산상 이익을 취득하거나 제공한 경우, ❷ 횡령(橫領), 배임(背任), 절도, 사기 또는 유용(流用)]의 어느 하나에 해당하는 경우: 5년 ⇨ 특정징계 사유
3. 그 밖의 징계 등 사유에 해당하는 경우: 3년 ⇨ 일반징계 사유

제9장 교육감 소속 교육전문직원

제58조 【교육감 소속 교육전문직원의 임용】 교육감 소속 교육전문직원은 교육감이 임용한다.

제59조 【지방교육전문직원 인사위원회】 ① 교육감 소속 교육전문직원의 인사에 관한 중요 사항에 대하여 교육감이 자문할 수 있도록 교육감 소속으로 지방교육전문직원 인사위원회를 둔다.

② 제1항에 따른 지방교육전문직원 인사위원회는 위원장 1명을 포함한 7명의 위원으로 구성하며, 위원장은 부교육감이 된다. 부교육감이 2명인 시·도에서는 대통령령으로 정하는 부교육감을 위원장으로 한다.

③ 위원은 7년 이상의 교육경력 또는 교육행정경력이 있고 인사행정에 관한 식견이 풍부한 사람 중에서 교육감이 임명하거나 위촉한다.

④ 제1항에 따른 지방교육전문직원 인사위원회의 심의사항 등에 관하여는 제54조 제4항 및 제5항을 준용한다. 이 경우 "공립대학 교육공무원"은 "교육감 소속 교육전문직원"으로, "지방교육공무원 인사위원회"는 "지방교육전문직원 인사위원회"로 본다.

제60조 【교육감 소속 교육전문직원의 채용 및 전직 등】 ① 교육감 소속 교육전문직원과 「유아교육법」 및 「초·중등교육법」에 따른 국립·공립 학교의 교원 간에는 제12조 제1항 제4호에 따른 채용을 거쳐 상호 전직할 수 있다.

② 교육부 및 그 소속 기관의 교육전문직원과 교육감 소속 교육전문직원 간에는 「지방공무원법」 제30조의2에도 불구하고 교육공무원 종류 및 교류인원 등을 달리하여 인사교류를 할 수 있다.

③ 국가교육위원회의 교육전문직원과 교육감 소속의 교육전문직원 간에는 서로 전직하거나 전보할 수 있다.

TIP **「국가공무원 복무규정」(대통령령) 제3조 【근무기강의 확립】** ① 공무원은 법령과 직무상 명령을 준수하여 근무기강을 확립하고 질서를 존중하여야 한다.

② 공무원(「국가공무원법 제3조 제3항의 공무원의 범위에 관한 규정」에 따른 공무원은 제외한다)은 집단·연명(連名)으로 또는 단체의 명의를 사용하여 국가의 정책을 반대하거나 국가정책의 수립·집행을 방해해서는 아니 된다.

제4조 【친절·공정한 업무 처리】 ① 공무원은 공사(公私)를 분별하고 인권을 존중하며 친절하고 신속·정확하게 업무를 처리하여야 한다.

② 공무원은 직무를 수행할 때 종교 등에 따른 차별 없이 공정하게 업무를 처리하여야 한다.

제2장 근무시간

제9조 【근무시간 등】 ① 공무원의 1주간 근무시간은 점심시간을 제외하고 40시간으로 하며, 토요일은 휴무함을 원칙으로 한다.

② 공무원의 1일 근무시간은 오전 9시부터 오후 6시까지로 하며, 점심시간은 낮 12시부터 오후 1시까지로 한다. 다만, 행정기관의 장은 직무의 성질, 지역 또는 기관의 특수성을 고려하여 필요하다고 인정할 때에는 1시간의 범위에서 점심시간을 달리 정하여 운영할 수 있다.

③ 1주 40시간 근무에 관하여 필요한 사항은 인사혁신처장이 정한다.

④ 「전자정부법」 제32조 제3항에 따라 온라인 원격근무를 실시하는 행정기관의 장은 소속 공무원 중 원격근무자의 근무에 관하여 필요한 사항을 소속 중앙행정기관의 장의 승인을 받아 따로 정할 수 있다.

제10조 【근무시간 등의 변경】 ① 중앙행정기관의 장은 직무의 성질, 지역 또는 기관의 특수성에 따라 필요하다고 인정할 때에는 해당 중앙행정기관 또는 그 소속 기관(이하 이 조에서 "소속 행정기관"이라 한다)의 공무원에 대하여 제9조 제1항 및 제2항에 따른 통상의 근무시간 또는 근무일을 변경하여 근무하게 할 수 있다. 이 경우 중앙행정기관의 장은 변경하려는 내용과 이유를 미리 인사혁신처장에게 통보하여야 한다.

② 공무원은 소속 행정기관의 장에게 제9조 제1항 및 제2항에 따른 통상의 근무시간 · 근무일을 변경하는 근무 또는 제9조 제4항에 따른 온라인 원격근무(이하 "유연근무"라 한다)를 신청할 수 있다.

③ 공무원이 유연근무를 신청한 경우 소속 행정기관의 장은 공무 수행에 특별한 지장이 없으면 이를 승인하여야 하며, 유연근무를 이유로 그 공무원의 보수 · 승진 및 근무성적평정 등에서 부당한 불이익을 주어서는 아니 된다.

④ 유연근무 실시의 범위, 유형, 실시 절차와 그 밖에 필요한 사항은 인사혁신처장이 정한다.

제11조 【시간외근무 및 공휴일 등 근무】 ① 행정기관의 장은 민원 편의 등 공무 수행을 위하여 필요하다고 인정할 때에는 제9조 및 제10조에도 불구하고 근무시간 외의 근무(이하 "시간외근무"라 한다)를 명하거나 토요일 또는 공휴일 근무를 명할 수 있다.

② 행정기관의 장은 제1항에 따라 근무를 한 공무원에 대하여 그 다음 정상근무일을 휴무하게 할 수 있다. 다만, 해당 행정기관의 업무 사정이나 그 밖의 부득이한 사유가 있는 경우에는 다른 정상근무일을 지정하여 휴무하게 할 수 있다.

③ 제1항에도 불구하고 행정기관의 장은 임신 중인 공무원 또는 출산 후 1년이 지나지 않은 공무원에게 오후 9시부터 오전 8시까지의 시간과 토요일 및 공휴일에 근무를 명할 수 없다. 다만, 다음 각 호의 어느 하나에 해당하는 경우에는 그렇지 않다.

1. 임신 중인 공무원이 신청하는 경우
2. 출산 후 1년이 지나지 않은 공무원의 동의가 있는 경우

④ 제1항에 따라 근무를 한 공무원은 「공무원수당 등에 관한 규정」 제15조에 따른 시간외근무수당의 지급 범위에서 시간외근무수당을 지급받는 대신에 해당 근무시간을 연가로 전환할 수 있다.

⑤ 제2항 및 제4항에서 규정한 사항 외에 휴무 부여 기준, 시간외근무 시간의 연가 전환 절차 등에 관하여 필요한 사항은 인사혁신처장이 정한다.

제3장 휴가

제14조 【휴가의 종류】 공무원의 휴가는 연가(年暇), 병가, 공가(公暇) 및 특별휴가로 구분한다.

제15조 【연가 일수】 ① 공무원의 재직기간별 연가 일수는 다음과 같다. 다만, 법 제28조 제2항 제2호 · 제3호 및 제10호에 따라 임용된 경력직공무원 및 특수경력직공무원의 재직기간이 5년 미만이면서 인사혁신처장이 정하는 공무원 경력 외의 유사경력이 있는 경우에는 5년 미만의 재직기간별 연가 일수에 각각 3일을 더한다.

재직기간	연가 일수
1개월 이상 1년 미만	11
1년 이상 3년 미만	15
3년 이상 4년 미만	16
4년 이상 5년 미만	17
5년 이상 6년 미만	20
6년 이상	21

② 제1항에서 "재직기간"이란 「공무원연금법」 제25조 제1항부터 제3항까지의 규정에 따르되, 연월일수(年月日數)로 계산한 재직기간을 말하며, 휴직기간, 정직기간, 직위해제기간 및 강등 처분에 따라 직무에 종사하지 못하는 기간은 산입(算入)하지 아니한다. 다만, 다음 각 호의 휴직기간은 재직기간에 산입한다.

1. 법 제71조 제2항 제4호의 사유에 따른 휴직으로 「공무원임용령」 제31조 제2항 제1호 다목에 따른 휴직기간
2. 법령에 따른 의무 수행으로 인한 휴직
3. 「공무원 재해보상법」에 따른 공무상 질병 또는 부상으로 인한 휴직

③ 연도 중 결근 · 휴직(법 제71조 제1항 제1호에 따른 휴직 중 공무상 질병 또는 부상으로 인한 휴직은 제외한다) · 정직 · 강등 · 직위해제된 사실 및 인사혁신처장이 정하는 사실상 직무에 종사하지 않은 기간이 없는 공무원으로서 다음 각 호의 어느 하나에 해당하는 공무원에 대해서는 다음 해에만 제1항의 재직기간별 연가 일수에 각각 1일을 더한다.

1. 병가(제18조 제2항에 따른 병가는 제외한다)를 받지 않은 공무원
2. 제16조 제5항에 따른 연가보상비를 받지 못한 연가 일수가 남아 있는 공무원

제16조【연가계획 및 승인】 ① 행정기관의 장은 소속 공무원이 자유롭게 연가를 사용하여 심신을 새롭게 하고 공 · 사(公 · 私) 생활의 만족도를 높여 직무 생산성을 높일 수 있도록 특정한 계절에 치우치지 아니하게 연가계획을 수립하여 실시하여야 한다.

③ 연가는 오전 또는 오후의 반일(半日) 단위로 승인할 수 있으며, 반일 연가 2회는 연가 1일로 계산한다.

④ 행정기관의 장은 연가 신청을 받았을 때에는 공무 수행에 특별한 지장이 없으면 승인하여야 한다.

⑤ 공무상 연가를 승인할 수 없거나 해당 공무원이 연가를 활용하지 아니한 경우에는 예산의 범위에서 연가 일수(제11조 제4항에 따라 전환된 연가는 제외하되, 인사혁신처장이 정하는 사유에 해당하는 경우에는 포함한다. 이하 이 항에서 같다)에 해당하는 연가보상비를 지급하는 것으로 연가를 갈음할 수 있다. 이 경우 연가보상비를 지급할 수 있는 연가대상 일수는 20일을 초과할 수 없다.

⑥ 행정기관의 장은 소속 공무원에게 제15조 제1항에 따른 연가 일수가 없거나 재직기간별 연가 일수를 초과하는 휴가 사유가 발생한 경우에는 제15조 제1항에 따른 재직기간 구분 중 그 다음 재직기간의 연가 일수를 다음 표에 따라 미리 사용하게 할 수 있다.

재직기간	미리 사용하게 할 수 있는 최대 연가
1년 미만	5
1년 이상 2년 미만	6
2년 이상 3년 미만	7
3년 이상 4년 미만	8
4년 이상	10

제16조의2【연가 사용의 권장】 ① 행정기관의 장은 소속 공무원의 연가 사용을 촉진하기 위하여 매년 3월 31일까지 소속 공무원이 그 해에 최소한으로 사용해야 할 10일 이상의 권장 연가 일수와 미사용 권장 연가 일수에 대한 연가보상비 지급 여부 등을 정하여 공지해야 하며, 연가 사용 촉진에 특히 필요하다고 인정하면 권장 연가 일수 중 미사용 연가 일수에 대해서는 제16조 제5항에 따른 연가보상비를 지급하지 않을 수 있다.

제16조의3【연가의 저축】 ① 공무원은 연가보상비를 지급받을 수 있는 연가 일수 및 제11조 제4항에 따라 전환된 연가 일수 중 사용하지 않고 남은 연가 일수를 그 해의 마지막 날을 기준으로 이월 · 저축하여 사용할 수 있다.

② 제1항에 따라 이월 · 저축한 연가(이하 "저축연가"라 한다)에 대해서는 인사혁신처장이 정하는 사유를 제외하고는 제16조 제5항에 따른 연가보상비를 지급하지 않는다.

제16조의4【10일 이상 연속된 연가 사용의 보장】 ① 행정기관의 장은 소속 공무원이 제15조 제1항에 따른 연가 일수 또는 제16조의3 제1항에 따른 저축연가 일수를 활용하여 충분한 휴식, 가족화합 또는 자기계발 등을 위하여 3개월 이전에 10일 이상 연속된 연가 일수 사용을 신청한 경우에는 공무 수행에 특별한 지장이 없으면 이를 승인하여야 한다. 이 경우 행정기관의 장은 연가 사용에 따른 업무대행자 지정, 인력 보충 등 원활한 업무 수행과 자유로운 연가 사용 보장에 필요한 조치를 하여야 한다.

② 제1항에서 규정한 사항 외에 10일 이상 연속된 연가 사용의 신청 절차 등에 관하여 필요한 사항은 인사혁신처장이 정한다.

제17조【연가 일수에서의 공제】 ① 결근 일수, 정직 일수, 직위해제 일수 및 강등 처분에 따라 직무에 종사하지 못하는 일수는 연가 일수에서 뺀다. 다만, 「공무원임용령」 제31조 제2항 제2호에 따른 기간 중 직무에 종사하지 못하는 일수는 연가 일수에서 빼지 아니한다.

④ 질병이나 부상 외의 사유로 인한 지각·조퇴 및 외출은 누계 8시간을 연가 1일로 계산한다.

⑤ 제18조 제1항에 따른 병가 중 연간 6일을 초과하는 병가 일수는 연가 일수에서 뺀다. 다만, 의사의 진단서가 첨부된 병가 일수는 연가 일수에서 빼지 아니한다.

제18조【병가】 ① 행정기관의 장은 소속 공무원이 다음 각 호의 어느 하나에 해당할 경우에는 연 60일의 범위에서 병가를 승인할 수 있다. 이 경우 질병이나 부상으로 인한 지각·조퇴 및 외출은 누계 8시간을 병가 1일로 계산하고, 제17조 제5항에 따라 연가 일수에서 빼는 병가는 병가 일수에 산입하지 아니한다.

1. 질병 또는 부상으로 인하여 직무를 수행할 수 없을 때
2. 감염병에 걸려 그 공무원의 출근이 다른 공무원의 건강에 영향을 미칠 우려가 있을 때

② 행정기관의 장은 소속 공무원이 공무상 질병 또는 부상으로 직무를 수행할 수 없거나 요양이 필요할 경우에는 연 180일의 범위에서 병가를 승인할 수 있다.

③ 병가 일수가 연간 6일을 초과하는 경우에는 의사의 진단서를 첨부하여야 한다.

제19조【공가】 행정기관의 장은 소속 공무원(제11호의 경우 「공무원의 노동조합 설립 및 운영 등에 관한 법률 시행령」 제3조의3제2항에 따른 근무시간 면제자는 제외한다)이 다음 각 호의 어느 하나에 해당하는 경우에는 이에 직접 필요한 기간 또는 시간을 공가로 승인해야 한다.

1. 「병역법」이나 그 밖의 다른 법령에 따른 병역판정검사·소집·검열점호 등에 응하거나 동원 또는 훈련에 참가할 때
2. 공무와 관련하여 국회, 법원, 검찰, 경찰 또는 그 밖의 국가기관에 소환되었을 때
3. 법률에 따라 투표에 참가할 때
4. 승진시험·전직시험에 응시할 때
5. 원격지(遠隔地)로 전보(轉補) 발령을 받고 부임할 때
6. 「산업안전보건법」 제129조부터 제131조까지의 규정에 따른 건강진단, 「국민건강보험법」 제52조에 따른 건강검진 또는 「결핵예방법」 제11조 제1항에 따른 결핵검진등을 받을 때
7. 「혈액관리법」에 따라 헌혈에 참가할 때
8. 「공무원 인재개발법 시행령」 제32조 제5호에 따른 외국어능력에 관한 시험에 응시할 때
9. 올림픽, 전국체전 등 국가적인 행사에 참가할 때
10. 천재지변, 교통 차단 또는 그 밖의 사유로 출근이 불가능할 때
11. 「공무원의 노동조합 설립 및 운영 등에 관한 법률」 제9조에 따른 교섭위원으로 선임(選任)되어 단체교섭 및 단체협약 체결에 참석하거나 같은 법 제17조 및 「노동조합 및 노동관계조정법」 제17조에 따른 대의원회(「공무원의 노동조합 설립 및 운영 등에 관한 법률」에 따라 설립된 공무원 노동조합의 대의원회를 말하며, 연 1회로 한정한다)에 참석할 때
12. 공무국외출장등을 위하여 「검역법」 제5조 제1항에 따른 검역관리지역 또는 중점검역관리지역으로 가기 전에 같은 법에 따른 검역감염병의 예방접종을 할 때
13. 「감염병의 예방 및 관리에 관한 법률」에 따른 제1급 감염병에 대하여 같은 법 제24조 또는 제25조에 따라 필수예방접종 또는 임시예방접종을 받거나 같은 법 제42조 제2항 제3호에 따라 감염 여부 검사를 받을 때

제20조【특별휴가】 ① 행정기관의 장은 소속 공무원이 결혼하거나 그 밖의 경조사가 있는 경우에는 해당 공무원의 신청에 따라 별표 2의 기준에 따른 경조사휴가를 주어야 한다.*

구분	대상	일수
결혼	본인	5
	자녀	1
출산	배우자	10(한 번에 둘 이상의 자녀를 출산한 경우에는 15일)
입양	본인	20
사망	배우자, 본인 및 배우자의 부모	5
	본인 및 배우자의 조부모·외조부모	3
	자녀와 그 자녀의 배우자	3
	본인 및 배우자의 형제자매	3

✎ 입양은 「입양촉진 및 절차에 관한 특례법」에 따른 입양으로 한정하며, 입양 외의 경조사휴가를 실시할 때 원격지일 경우에는 실제 왕복에 필요한 일수를 더할 수 있다.

② 임신 중인 공무원은 출산 전과 출산 후를 통하여 90일(한 번에 둘 이상의 자녀를 임신한 경우에는 120일)의 출산휴가를 사용할 수 있되, 출산 후의 휴가기간이 45일(한 번에 둘 이상의 자녀를 임신한 경우에는 60일) 이상이 되도록 해야 한다. 다만, 임신 중인 공무원은 다음 각 호의 어느 하나에 해당하는 사유로 출산휴가를 신청하는 경우에는 출산 전 어느 때라도 최장 44일(한 번에 둘 이상의 자녀를 임신한 경우에는 59일)의 범위에서 출산휴가를 나누어 사용할 수 있다.

1. 임신 중인 공무원이 유산(「모자보건법」 제14조 제1항에 따라 허용되는 경우 외의 인공임신중절에 의한 유산은 제외한다. 이하제3호를 제외하고 같다) · 사산의 경험이 있는 경우
2. 임신 중인 공무원이 출산휴가를 신청할 당시 연령이 40세 이상인 경우
3. 임신 중인 공무원이 유산 · 사산 또는 조산(早産)의 위험이 있다는 의료기관의 진단서를 제출한 경우

③ 여성공무원은 생리기간 중 휴식을 위하여 매월 1일의 여성보건휴가를 사용할 수 있다. 이 경우 여성보건휴가는 무급으로 한다.

④ 임신 중인 여성공무원은 1일 2시간의 범위에서 휴식이나 병원 진료 등을 위한 모성보호시간을 사용할 수 있다. 이 경우 모성보호시간의 사용 기준 및 절차 등에 관하여 필요한 사항은 인사혁신처장이 정한다.

⑤ 8세 이하 또는 초등학교 2학년 이하의 자녀가 있는 공무원은 자녀를 돌보기 위하여 36개월의 범위에서 1일 최대 2시간의 육아시간을 사용할 수 있다. 이 경우 육아시간의 사용 기준 및 절차 등에 관하여 필요한 사항은 인사혁신처장이 정한다.

⑥ 한국방송통신대학교에 재학 중인 공무원은 「한국방송통신대학교 설립 및 운영에 관한 법률」 제9조 제1항에 따른 출석수업에 참석하기 위하여 제15조의 연가 일수를 초과하는 출석수업 기간에 대한 수업휴가를 받을 수 있다.

⑨ 「재난 및 안전관리 기본법」 제3조 제1호에 따른 재난으로 피해[배우자, 부모(배우자의 부모를 포함한다) 또는 자녀가 입은 피해를 포함한다. 이하 이 항에서 같다]를 입은 공무원과 재난 발생 지역에서 자원봉사활동을 하려는 공무원은 5일(같은 법 제14조 제1항에 따른 대규모 재난으로 피해를 입은 공무원으로서 장기간 피해 수습이 필요하다고 소속 행정기관의 장이 인정하는 경우에는 10일) 이내의 재해구호휴가를 받을 수 있다.

⑩ 유산하거나 사산한 여성공무원은 다음 각 호의 구분에 따른 유산휴가 또는 사산휴가를 사용할 수 있다.

1. 임신기간이 15주 이내인 경우 : 유산하거나 사산한 날부터 10일까지
2. 임신기간이 16주 이상 21주 이내인 경우 : 유산하거나 사산한 날부터 30일까지
3. 임신기간이 22주 이상 27주 이내인 경우 : 유산하거나 사산한 날부터 60일까지
4. 임신기간이 28주 이상인 경우 : 유산하거나 사산한 날부터 90일까지

⑪ 남성공무원은 배우자가 유산하거나 사산한 경우 제10항 각 호의 구분에 따른 기간 중 3일의 유산휴가 또는 사산휴가를 사용할 수 있다.

⑫ 인공수정 또는 체외수정 등 난임치료 시술을 받는 공무원은다음 각 호의 구분에 따라 난임치료시술휴가를 사용할 수 있다.

1. 여성공무원 : 다음 각 목의 어느 하나에 해당하는 경우 해당 목에서 정한 기간
   가. 인공수정 등 시술을 받는 경우 : 총 2일(시술 당일에 1일과 시술일 전날, 시술일 후 2일 이내이거나 시술 관련 진료일 중에 1일)
   나. 동결 보존된 배아를 이식하는 체외수정 시술을 받는 경우 : 총 3일(시술 당일에 1일과 시술일 전날, 시술일 후 2일 이내이거나 시술 관련 진료일 중에 2일)
   다. 난자 채취를 하여 체외수정 시술을 받는 경우 : 총 4일(난자 채취일에 1일, 시술 당일에 1일과 시술일 전날, 난자 채취일 전날, 시술일 후 2일 이내, 난자 채취일 후 2일 이내이거나 시술 관련 진료일 중에 2일)
2. 남성공무원 : 정자 채취일에 1일

⑬ 행정기관의 장은 소속 공무원이 국가 또는 해당 기관의 주요 업무를 성공적으로 수행하여 탁월한 성과와 공로가 인정되는 경우에는 10일 이내의 포상휴가를 줄 수 있다. 이 경우 탁월한 성과와 공로에 대한 판단의 기준은 인사혁신처장이 정한다.

⑭ 공무원은 다음 각 호의 어느 하나에 해당하는 경우 연간 10일의 범위에서 가족돌봄휴가를 사용할 수 있다.

1. 「영유아보육법」에 따른 어린이집, 「유아교육법」에 따른 유치원 및 「초 · 중등교육법」 제2조 각 호의 학교(이하 이 항에서 "어린이집등"이라 한다)의 휴업 · 휴원 · 휴교, 그 밖에 이에 준하는 사유로 자녀 또는 손자녀를 돌봐야 하는 경우
2. 자녀 또는 손자녀가 다니는 어린이집등의 공식 행사 또는 교사와의 상담에 참여하는 경우
3. 미성년자 또는 「장애인복지법」 제2조 제2항에 따른 장애인(이하 이 조에서 "장애인"이라 한다)인 자녀 · 손자녀의 병원 진료(「국민건강보험법」 제52조에 따른 건강검진 또는 「감염병의 예방 및 관리에 관한 법률」 제24조 및 제25조에 따른 예방접종을 포함한다)에 동행하는 경우
4. 질병, 사고, 노령 등의 사유로 조부모, 외조부모, 부모(배우자의 부모를 포함한다), 배우자, 자녀 또는 손자녀를 돌봐야 하는 경우

⑮ 제14항에 따른 가족돌봄휴가는 무급으로 하되, 자녀(같은 항 제4호의 경우에는 미성년자 또는 장애인인 자녀로 한정한다)를 돌보기 위한 가족돌봄휴가는 해당 공무원의 자녀(제14항 제1호에 따른 어린이집등에 재학 중이거나 미성년인 자녀 또는 장애인인 자녀를 말한다) 수에 1을 더한 일수까지를 연간 유급휴가 일수로 한다. 다만, 장애인인 자녀가 있는 공무원 또는 「한부모가족지원법」 제4조 제1호의 모 또는 부에 해당하는 공무원의 경우에는 본문에 따른 연간 유급휴가 일수에 1일을 더한 일수까지 연간 유급휴가 일수로 한다.

⑯ 여성공무원은 임신기간 중 검진을 위해 10일의 범위에서 임신검진휴가를 사용할 수 있다.

⑰ 행정기관의 장은 소속 공무원이 다음 각 호의 요건을 모두 충족하는 경우 4일의 범위에서 심리상담, 진료 및 휴식을 위한 심리안정휴가를 줄 수 있다. 이 경우 사건·사고 등 심리안정휴가의 세부 인정 기준, 심리안정휴가의 부여 방법 및 사용 절차에 관하여 필요한 사항은 인사혁신처장이 정한다.

1. 「공무원 재해보상법」 제5조 각 호의 어느 하나에 해당하는 직무를 수행하는 과정에서 인명피해가 있는 사건·사고를 경험했을 것
2. 제1호에 따른 인명피해가 있는 사건·사고의 경험으로 인해 심리적 안정과 정신적 회복이 필요하다고 인정될 것

종류	대상 등	시기	일수
출산휴가	임신 중인 공무원 ⇨ 출산 후의 휴가기간이 45일 이상 되게 실시(한 번에 둘 이상의 자녀를 임신한 경우는 60일) ✎ 다음 사유로 출산휴가 신청하는 경우에는 출산 전 어느 때라도 최장 44일(한 번에 둘 이상의 자녀를 임신한 경우에는 59일)의 범위에서 출산휴가를 분할 사용 가능 1. 임신 중인 공무원이 유산·사산의 경험이 있는 경우 2. 임신 중인 공무원이 출산휴가를 신청할 당시 연령이 40세 이상인 경우 3. 임신 중인 공무원이 유산·사산 또는 조산(早産)의 위험이 있다는 의료기관의 진단서를 제출한 경우	출산 전후	90일 (한 번에 둘 이상의 자녀를 임신한 경우는 120일)
여성보건휴가	여성 공무원 ⇨ 생리기간 중 휴식 목적	생리기간 중	매월 1일, 무급
모성보호시간	임신 중인 여성 공무원	임신 중	1일 2시간의 범위 (휴식이나 병원진료)
육아시간(휴가)	8세(또는 초등학교 2학년)이하의 자녀가 있는 공무원 ⇨ 자녀 돌봄 목적	36개월의 범위	1일 최대 2시간
수업휴가	한국방송통신대학 재학 중인 공무원 ⇨ 연가일수를 초과하는 출석수업 참가 목적	출석 수업기간	연가일수 초과 출석 수업기간
재해구호휴가	• 자연재난 또는 사회재난으로 피해를 입은 공무원(배우자, 부모, 자녀가 입은 피해 포함) • 재난발생지역에서 자원봉사활동을 하려는 공무원	재해복구상 필요시	5일(장기간 피해 수습이 필요하다고 인정되는 경우에는 10일) 이내
유산·사산휴가	유산하거나 사산한 여성 공무원 1. 임신기간이 15주 이내인 경우: 유산하거나 사산한 날부터 10일까지 2. 임신기간이 16주 이상 21주 이내인 경우: 유산하거나 사산한 날부터 30일까지 3. 임신기간이 22주 이상 27주 이내인 경우: 유산하거나 사산한 날부터 60일까지 4. 임신기간이 28주 이상인 경우: 유산하거나 사산한 날부터 90일까지	유산 또는 사산 후	10일~90일 (임신기간에 따라 유동)
	남성공무원의 배우자가 유산·사산한 경우		3일 휴가

난임치료 시술 휴가	인공수정 또는 체외수정 등 난임치료 시술을 받는 공무원 1. 여성공무원 가. 인공수정 등 시술을 받는 경우: 총 2일 나. 동결 보존된 배아를 이식하는 체외수정 시술을 받는 경우: 총 3일 다. 난자 채취를 하여 체외수정 시술을 받는 경우: 총 4일 2. 남성공무원: 정자 채취일에 1일	시술일 전후	1~4일
포상휴가	국가 또는 해당 기관의 주요 업무를 성공적으로 수행하여 탁월한 성과와 공로가 인정된 공무원	수상 후	10일 이내
자녀돌봄휴가	1. 어린이집등의 휴업·휴원·휴교, 그 밖에 이에 준하는 사유로 자녀(손자녀)를 돌봐야 하는 경우 2. 자녀(손자녀)가 다니는 어린이집등의 공식 행사 또는 교사와의 상담에 참여하는 경우 3. 미성년자 또는 장애인인 자녀(손자녀)의 병원 진료에 동행하는 경우 4. 질병, 사고, 노령 등의 사유로 조부모, 외조부모, 부모, 배우자, 자녀 또는 손자녀를 돌봐야 하는 경우 ⑮ 제14항에 따른 가족돌봄휴가는 무급으로 하되, 자녀(같은 항 제4호의 경우에는 미성년자 또는 장애인인 자녀로 한정한다)를 돌보기 위한 가족돌봄휴가는 해당 공무원의 자녀(제14항 제1호에 따른 어린이집등에 재학 중이거나 미성년인 자녀 또는 장애인인 자녀를 말한다) 수에 1을 더한 일수까지를 연간 유급휴가 일수로 한다. 다	연간	10일 범위, 무급 (단, 제4호의 경우는 자녀 수에 1을 더한 일수까지를 연간 유급휴가 일수로 함)
임신검진휴가	여성공무원 ⇨ 임신기간 중 검진 목적	연간	10일 범위
심리안정휴가	다음 각 호의 요건을 모두 충족하는 경우에 해당하는 공무원 ⇨ 심리상담, 진료 및 휴식 목적 1. 직무 수행 과정에서 인명피해가 있는 사건·사고를 경험했을 것 2. 제1호에 따른 인명피해가 있는 사건·사고의 경험으로 인해 심리적 안정과 정신적 회복이 필요하다고 인정될 것	사건·사고 후	4일 범위

제22조 【휴가기간 중의 토요일 또는 공휴일】 휴가기간 중의 토요일 또는 공휴일은 그 휴가 일수에 산입하지 않는다. 다만, 다음 각 호의 어느 하나에 해당하는 경우에는 그 휴가 일수에 토요일 또는 공휴일을 산입한다.

1. 같은 연도 내 제18조 제1항에 따른 병가 일수를 합한 기간이 30일 이상인 경우
2. 같은 연도 내 제18조 제2항에 따른 병가 일수를 합한 기간이 30일 이상인 경우
3. 동일한 사유로 인한 공가 일수를 합한 기간이 30일 이상인 경우
4. 동일한 사유로 인한 특별휴가 일수를 합한 기간이 30일 이상인 경우

제24조 【휴가기간의 초과】 이 영에서 정한 휴가 일수를 초과한 휴가는 결근으로 본다.

제24조의2 【교원의 휴가에 관한 특례】 「교육공무원법」 제2조 제1항 제1호에 따른 교원의 휴가에 관하여는 교육부장관이 학사 일정 등을 고려하여 따로 정할 수 있다.

01 주요 기출문제

01 **현행 교육공무원법에 규정된 용어의 정의로 옳지 않은 것은?** 17. 지방직

① 직위란 1명의 교육공무원에게 부여할 수 있는 직무와 책임을 말한다.
② 전직이란 교육공무원의 종류와 자격을 달리하여 임용하는 것을 말한다.
③ 강임이란 교육공무원의 직렬을 달리하여 하위직위에 임용하는 것을 말한다.
④ 전보란 교육공무원을 같은 직위 및 자격에서 근무기관이나 부서를 달리하여 임용하는 것을 말한다.

해설 「교육공무원법」 제2조(정의) 제10항에 따르면 강임(降任)이란 같은 종류의 직무에서 하위의 직위에 임용하는 것을 말한다. 직제・정원의 변경, 예산 감소 등으로 인하여 직위가 폐직되거나 하위의 직위로 변경되어 과원이 된 경우 또는 본인이 동의한 경우에 한하며, 바로 하위직위로의 임용을 원칙으로 한다[「국가공무원법」 제73조의4(강임) 제1항]. 한편, 강등(降等)은 법 제79조에 따른 징계의 한 유형으로, 같은 종류의 직무에서 1계급 아래로 직급을 내리고 공무원 신분은 보유하나 3개월간 직무에 종사하지 못하며 그 처분기간(3개월) 중 보수는 전액을 감한다[법 제80조(징계의 효력) 제1항]. ①은 「교육공무원법」 제2조 제7항, ②는 제8항, ④는 제9항에 해당한다.

02 **현행 법령상 교원을 〈보기〉에서 고른 것은?** 18. 지방직

보기	
㉠ 교장	㉡ 교감
㉢ 행정실장	㉣ 교육연구사

① ㉠, ㉡　② ㉠, ㉢
③ ㉡, ㉣　④ ㉢, ㉣

해설 교원은 각급 학교에서 원아 및 학생을 직접 지도하는 사람으로서 국・공・사립학교에 근무하는 사람으로, 유치원의 원장・원감, 초・중등학교의 교장・교감, 대학의 총장・부총장・학장, 교수, 부교수, 조교수, 각급 학교의 시간강사도 교원에 포함된다. 단, 사설강습소는 각급 학교에서 제외되며, 각급 학교 일반 사무직원 및 노무 종사자도 제외된다. 교사의 자격은 대통령령에 따르고 교육부장관이 검정・수여하는 자격증을 받은 자여야 하며(「초・중등교육법」 제21조, 「유아교육법」 제22조), 「초・중등교육법」 제21조 제2항에 따르면 교사의 자격은 정교사(1급・2급), 준교사, 전문상담교사(1급・2급), 사서교사(1급・2급), 실기교사, 보건교사(1급・2급) 및 영양교사(1급・2급)로 나눈다. ㉢은 교육행정직원[법 제19조(교직원의 구분) 제2항], ㉣은 교육전문직(「교육공무원법」 제9조)에 해당한다.

03 **교육공무원인 공립학교 교사의 임용에 관한 설명으로 옳지 않은 것은?** 10. 유 · 초등임용 응용

① 임용은 그 자격 · 재교육성적 · 근무성적 그 밖에 실제 증명되는 능력에 의하여 한다.
② 능력에 따라 균등한 임용의 기회를 보장하는 것이 임용의 원칙이다.
③ 임용에는 신규채용 외에도 승진, 전직, 전보, 휴직, 해임 등이 포함된다.
④ 교사의 승진은 상위직인 부장교사, 교감, 교장으로 임용되는 것을 말한다.
⑤ 전직은 교육공무원의 종류와 자격을 달리하는 것으로, 교사가 장학사로 임용되는 것이 한 예이다.

해설 「교육공무원법」 제2조(정의) 제6항에 따르면 "임용"이란 신규채용, 승진, 승급, 전직(轉職), 전보(轉補), 겸임, 파견, 강임(降任), 휴직, 직위해제, 정직(停職), 복직, 면직, 해임 및 파면을 말한다. ④에서 부장교사는 「초 · 중등교육법」 제19조(교직원의 구분) 제3항에 따라 원활한 학교 운영을 위하여 교사 중 교무(校務)를 분담하는 보직교사를 일컫는다. 이는 교사의 자격도 아니고 직위도 아니므로 교사가 부장교사가 되는 것은 승진에 해당되지 않는다. ①은 「교육공무원법」 제10조(임용의 원칙) 제1항, ②는 제10조 제2항, ③은 제2조 제6항, ⑤는 제2조 제8항에 명시되어 있다.

TIP **교원과 교육공무원**

교원	교육공무원
국 · 공 · 사립학교에 근무(교장, 교감, 교사)	국 · 공립학교(사립학교 제외)에 근무
시간강사 포함	조교수까지(시간강사, 사립대학 조교 제외)
각급 학교교원(교육감, 교육장, 장학관, 장학사, 연구관, 연구사 제외)	각급 학교교원으로 교육전문직(교육장, 장학관, 장학사, 연구관, 연구사) 포함

04 **교원의 인사행정과 관련된 진술로 옳은 것은?** 11. 유 · 초등임용 응용

① 국 · 공 · 사립학교 교원의 신분은 교육공무원이다.
② 공립학교 교사의 임용권은 대통령으로부터 교육감에게 위임되어 있다.
③ 교육공무원인 교원의 임용은 자격 · 재교육성적 · 근무성적 근무성적 그 밖에 실제 증명되는 능력에 의하여 한다.
④ 「초 · 중등교육법」에 규정된 교원의 자격은 교장, 교감, 수석교사, 부장교사, 정교사(1급 · 2급)로 구분된다.
⑤ '음주운전'은 파면 · 해임된 뒤 다시 신규 또는 특별 채용될 수 없는 사유의 하나로 「교육공무원법」과 「사립학교법」에 규정되어 있다.

해설 ③은 「교육공무원법」 제10조(임용의 원칙)의 규정이다. ①에서 사립학교 교원은 제외된다[「교육공무원법」 제2조(정의)]. ②는 교육부장관으로부터 교육감에게 위임되어 있다[「교육공무원법」 제33조(임용권의 위임) 제1항, 「교육공무원임용령」 제3조 제5항]. ④는 부장교사는 보직이지 교사의 자격에 해당하지 않는다. 그 외에 교사의 자격에는 준교사, 전문상담교사(1급 · 2급), 사서교사(1급 · 2급), 실기교사, 보건교사(1급 · 2급) 및 영양교사(1급 · 2급)가 포함되어야 한다[「초 · 중등교육법」 제21조(교원의 자격)]. ⑤는 음주운전 사유는 결격사유(「교육공무원법」 제10조의4)나 채용의 제한사유(「교육공무원법」 제10조의3)에 해당되지 않는다. 채용의 '결격사유'는 미성년자에 대한 「성폭력 범죄의 처벌 등에 관한 특례법」 제2조에 따른 성폭력 범죄행위에 해당하며, '제한사유'에는 금품수수 행위, 시험문제 유출 및 성적조작 등 학생성적 관련 비위행위, 학생에 대한 신체적 폭력행위 등이 해당한다. 제한사유는 교육공무원징계위원회에서 해당 교원의 반성 정도 등을 고려하여 교원으로서 직무를 수행할 수 있다고 의결한 경우(재적위원 3분의 2 이상의 출석과 출석위원 과반수의 찬성)에는 채용될 수 있다.

정답 01 ③ 02 ① 03 ④ 04 ③

05 **초 · 중등학교에 근무하는 교원과 직원의 신분에 대한 설명으로 옳은 것은?** 19. 국가직

① 수석교사는 교육전문직원이다. ② 공립학교 행정실장은 교육공무원이다.
③ 교장은 별정직 공무원이다. ④ 공무원인 교원은 특정직 공무원이다.

해설 공무원인 교원은 경력직 공무원 중 특정직 공무원에 해당한다[「국가공무원법」 제2조(공무원의 구분)]. ① 수석교사는 교사에 해당하며, 교육전문직원(「교육공무원법」 제2조(정의)」은 장학사, 장학관, 교육연구사, 교육연구관 등이 해당한다. ② 공립학교 행정실장은 교육행정직 공무원이다. ③ 교장은 국 · 공립학교 교원으로서 특정직 교육공무원에 해당한다. 별정직 공무원은 비서관 · 비서 등 보좌업무 등을 수행하거나 특정한 업무 수행을 위하여 법령에서 별정직으로 지정하는 공무원을 말한다.

TIP **공무원의 종류**

구분	경력직 공무원	특수경력직 공무원
임용	선발(be selected)	선출(be elected), 특채, 공모, 임명
성격	직업공무원(정년 보장)	비직업공무원(임기 보장)
종류	• 일반직 공무원 – 기술 · 연구 또는 행정 일반 업무 담당 예 행정실장 • 특정직 공무원 – 특수 분야 업무 담당 예 교원	• 정무직 공무원 – 고도의 정책결정 업무 담당 예 교육감, 교육부장관 • 별정직 공무원 – 보좌업무 수행 예 비서관, 비서

06 **임용후보자 선정 경쟁시험을 거쳐 임용되는 공립 유치원 · 초등학교 · 특수학교 교사의 신분에 관한 설명으로 옳은 것은?** 10. 유초등임용

① 특수경력직공무원으로서 국가공무원의 신분을 갖는다.
② 복무에 관해서는 국가공무원법의 규정을 적용받지 않는다.
③ 법관 · 검사 · 경찰공무원 · 군인과 함께 특정직공무원으로 분류된다.
④ 형의 선고를 제외하고는 본인의 의사에 반하여 면직당하지 않는다.
⑤ 교육감과 임용계약 관계에 있는 고용직공무원으로서 지위를 갖는다.

해설 「국가공무원법」 제2조(공무원의 구분)에 따르면 공무원은 경력직공무원과 특수경력직공무원으로 구분되며, 경력직 공무원은 일반직공무원과 특정직공무원으로, 특수경력직 공무원은 정무직공무원과 별정직공무원으로 구분된다. 이 중 임용시험을 거쳐 국 · 공립 유 · 초중등 · 특수학교 교사로 신규채용된 경우는 경력직공무원 중 특정직공무원에 해당한다(제2조 제2항 제2호). ①은 경력직 공무원에 해당한다. ②는 「교육공무원법」 제1조(목적)에 따라 이 법에서 규정하지 아니한 내용은 「국가공무원법」 및 「지방공무원법」을 적용한다. ④는 제43조(교권의 존중과 신분보장) 제2항에 "교육공무원은 형의 선고나 징계처분 또는 이 법에서 정하는 사유에 의하지 아니하고는 본인의 의사에 반하여 강임 · 휴직 또는 면직을 당하지 아니한다"로 명시되어 있어, 형의 선고만으로 규정한 것은 잘못되었다. ⑤는 공립학교 교사는 계약직이 아니라 임용절차에 따라 신분을 갖는 정규직 공무원이다. 그러므로 교육감과의 관계는 계약이 아니라 임용권자와 피임용자의 관계로 규정된다.

07 교육 공무원의 자격에 관해 바르게 설명한 것은?

03. 중등임용

① 보직 교사는 법적으로 규정된 자격이다.
② 교사 자격증이 없어도 기간제 교사로는 임용될 수 있다.
③ 교원의 종별과 자격은 「초·중등교육법」에 명시되어 있다.
④ 장학사로 임용되기 위해서는 법정 교육 전문직 자격증이 필요하다.

해설 교원의 종별과 자격은 「초·중등교육법」 제19조(교직원의 구분) 제1항과 제21조(교원의 자격) 제2항에 명시되어 있다. 「교육공무원법」 제6조(교사의 자격)에 따르면 교사는 「유아교육법」 제22조 제2항 및 「초·중등교육법」 제21조 제2항에 따른 자격이 있는 사람이어야 한다. ①에서 보직교사는 「초·중등교육법」 제19조(교직원의 구분) 제3항에 따라 원활한 학교 운영을 위하여 교사 중 교무(校務)를 분담하는 교사를 말한다. 이는 교사의 자격에 해당하지 않으며, 교사에게 주어진 보직(補職)에 해당한다. ②는 제32조(기간제교원) 제1항에 따라 고등학교 이하 각급학교 교원의 임용권자(학교장)이 예산의 범위에서 기간을 정하여 교원 자격증을 가진 사람을 교원으로 임용할 수 있다. ④에서 교육전문직 자격증은 없다. 「교육공무원법」 제9조(교육전문직원의 자격)에 따르면 '❶ 대학·사범대학·교육대학 졸업자로서 5년 이상의 교육경력이나 2년 이상의 교육경력을 포함한 5년 이상의 교육행정경력 또는 교육연구경력이 있는 사람, ❷ 9년 이상의 교육경력이나 2년 이상의 교육경력을 포함한 9년 이상의 교육행정경력 또는 교육연구경력이 있는 사람'이어야 한다고 명시하고 있다.

TIP 관련 법률

- **「초·중등교육법」 제19조 【교직원의 구분】** ① 학교에는 다음 각 호의 교원을 둔다.
  1. 초등학교·중학교·고등학교·고등공민학교·고등기술학교 및 특수학교에는 교장·교감·수석교사 및 교사를 둔다. 다만, 학생 수가 100명 이하인 학교나 학급 수가 5학급 이하인 학교 중 대통령령으로 정하는 규모 이하의 학교에는 교감을 두지 아니할 수 있다.
  2. 각종학교에는 제1호에 준하여 필요한 교원을 둔다.
- **「유아교육법」 제22조 【교원의 자격】** ② 교사는 정교사(1급·2급)·준교사로 나누되, 별표 2의 자격기준에 해당하는 사람으로서 대통령령으로 정하는 바에 따라 교육부장관이 검정·수여하는 자격증을 받은 사람이어야 한다.
- **「초·중등교육법」 제21조 【교원의 자격】** ② 교사는 정교사(1급·2급), 준교사, 전문상담교사(1급·2급), 사서교사(1급·2급), 실기교사, 보건교사(1급·2급) 및 영양교사(1급·2급)로 나누되, 별표 2의 자격 기준에 해당하는 사람으로서 대통령령으로 정하는 바에 따라 교육부장관이 검정·수여하는 자격증을 받은 사람이어야 한다.

08 수석교사제도에 대한 설명으로 옳지 않은 것은?

14. 국가직 7급

① 수석교사는 임용 이후 3년마다 재심사를 받는다.
② 수석교사는 임기 중에 교장 자격을 취득할 수 없다.
③ 수석교사는 교사의 교수·연구활동을 지원하며, 학생을 교육한다.
④ 수석교사가 되려면 15년 이상의 교육경력(교육전문직 근무경력 포함)을 필요로 한다.

해설 수석교사는 교사자격증을 소지한 사람으로서 15년 이상의 교육경력(교육전문직원으로 근무한 경력을 포함한다.)을 가지고 교수·연구에 우수한 자질과 능력을 가진 사람 중에서 대통령령으로 정하는 바에 따라 교육부장관이 정하는 연수 이수 결과를 바탕으로 검정·수여하는 자격증을 받은 사람을 말한다. 최초로 임용된 때부터 4년마다 대통령령으로 정하는 업적평가 및 연수실적 등을 반영한 재심사를 받아야 하며, 심사기준을 충족하지 못한 경우 대통령령으로 정하는 바에 따라 수석교사로서의 직무 및 수당 등을 제한할 수 있다(「교육공무원법」 제29조의4 제2항). ②는 법 제29조의4 제4항, ③은 「초·중등교육법」 제20조(교직원의 임무) 제3항, ④는 「초·중등교육법」 제21조(교원의 자격) 제3항에 해당한다.

정답 05 ④ 06 ③ 07 ③ 08 ①

TIP **수석교사제도와 관련된 법령 조항**

1. **「교육공무원법」**(제29조의4) : 수석교사의 임용
   ① 수석교사는 교육부장관이 임용한다.
   ② 수석교사는 최초로 임용된 때부터 4년마다 대통령령으로 정하는 업적평가 및 연수실적 등을 반영한 재심사를 받아야 하며, 심사기준을 충족하지 못한 경우 대통령령으로 정하는 바에 따라 수석교사로서의 직무 및 수당 등을 제한할 수 있다.
   ③ 수석교사는 대통령령으로 정하는 바에 따라 수업부담 경감, 수당 지급 등에 대하여 우대할 수 있다.
   ④ 수석교사는 임기 중에 교장·원장 또는 교감·원감 자격을 취득할 수 없다.
   ⑤ 수석교사의 운영 등 그 밖에 필요한 사항은 대통령령으로 정한다.
2. **「초·중등교육법 시행령」**(제36조의5, 학급담당교원) : 수석교사의 배치
   ④ 수석교사는 학급을 담당하지 아니한다. 다만, 학교 규모 등 학교 여건에 따라 학급을 담당할 수 있다.
3. **교직원의 임무**(「초·중등교육법」 제20조)
   ③ 수석교사는 교사의 교수·연구활동을 지원하며, 학생을 교육한다.

09 교원인사제도에 대한 설명으로 옳지 않은 것은?

12. 국가직 7급

① 공립학교 교장의 임기는 4년이고, 한 번만 중임할 수 있다.
② 교원이 장학사가 되는 경우 전직에 해당한다.
③ 수석교사도 임기 중에 교장 또는 교감 자격을 취득할 수 있다.
④ 실기교사도 교사자격증이 필요하다.

해설 수석교사는 임기 중에 교장·원장 또는 교감·원감 자격을 취득할 수 없다[「교육공무원법」 제29조의4(수석교사의 임용 등) 제4항]. ①은 제29조의2(교장 등의 임용) 제2항과 제3항, ②는 제2조(정의) 제8항, ④는 「초·중등교육법」 제21조(교원의 자격) 제2항에 해당한다. 제22조 제1항에 따른 교사자격증이 없어도 되는 교원은 산학겸임교사, 명예교사, 강사, 그리고 「고등교육법」에 따른 교수 등을 들 수 있다.

TIP **전직과 전보**

전직	전보
종류와 자격 또는 직렬의 변경	근무지 이동 또는 보직 변경
• 초등학교 교원 ⇆ 중학교 (국어)교원 • 유치원 교원 ⇆ 초등학교 또는 중학교 교원 • 교사 ⇆ 장학사, 교육연구사 • 교감, 교장 ⇆ 장학관, 교육연구관 • 교육연구사(관) ⇆ 장학사(관)	• A중학교 교원 ⇆ B중학교 교원 • A초등학교 영양교사(보건교사, 사서교사, 전문상담교사) ⇆ B중학교 영양교사(보건교사, 사서교사, 전문상담교사) • A고등학교 교원 ⇆ B고등학교 교원

10 「교육공무원법」상 고등학교 이하 각급학교 기간제교원으로 임용할 수 있는 경우가 아닌 것은? 19. 지방직

① 교원이 병역 복무를 사유로 휴직하게 되어 후임자의 보충이 불가피한 경우
② 특정 교과를 한시적으로 담당하도록 할 필요가 있는 경우
③ 유치원 방과후 과정을 담당하도록 할 필요가 있는 경우
④ 학부모의 요구가 있는 경우

해설 기간제교원은 「교육공무원법」 제32조에 따라, 교원 자격증을 가진 사람 중에서 기간을 정하여 고등학교 이하 각급 학교에 임용된 사람을 말한다. 교원의 휴직으로 인한 후임자 보충이 불가피한 경우(①), 교원의 '파견 · 연수 · 정직 · 직위해제(1개월 이상)' 등 대통령령으로 정하는 사유로 직무를 이탈하게 되어 후임자의 보충이 불가피한 경우, 특정 교과를 한시적으로 담당하도록 할 필요가 있는 경우(②), 교육공무원이었던 자의 지식이나 경험을 활용할 필요가 있는 경우, 유치원 방과후 과정을 담당하도록 할 필요가 있는 경우(③) 충원할 수 있다. 임용권한은 해당 학교장에게 있으며, 임용기간은 1년 이내로 하며, 필요한 경우 3년의 범위에서 연장할 수 있다[「교육공무원임용령」 제13조(기간제교원의 임용) 제3항].

11 우리나라 국 · 공립 중등학교 교원에 관한 설명으로 옳은 것을 모두 고른 것은? 09. 중등임용

ㄱ. 교원은 법률이 정하는 바에 따라 다른 공직에 취임할 수 있다.
ㄴ. 교원은 현행범인인 경우를 제외하고는 소속 학교의 장의 동의 없이 학원 안에서 체포되지 아니한다.
ㄷ. 교원은 경제적 · 사회적 지위를 향상시키기 위하여 각 지방자치단체와 중앙에 교원단체를 조직할 수 있다.
ㄹ. 각급학교 교원의 임용권자는, 교육공무원이었던 자의 지식이나 경험을 활용할 필요가 있을 때, 교원의 자격증을 가진 자 중에서 기간제 교원을 임용할 수 있다.

① ㄱ, ㄴ　② ㄴ, ㄷ　③ ㄱ, ㄷ, ㄹ
④ ㄴ, ㄷ, ㄹ　⑤ ㄱ, ㄴ, ㄷ, ㄹ

해설 ㄱ은 「교육기본법」 제14조(교원) 제5항에 따르면, 교원은 법률이 정하는 바에 따라 다른 공직에 취임할 수 있다. ㄴ은 「교원의 지위 향상 및 교육활동 보호를 위한 특별법」 제4조(불체포특권), 「교육공무원법」 제48조(불체포특권)에 해당한다. ㄷ은 「교육기본법」 제15조(교원단체) 제1항, ㄹ은 「교육공무원법」 제32조(기간제교원) 제1항에 해당한다.

TIP 「교육기본법」 관련 조항

제14조 【교원】 ① 학교교육에서 교원(敎員)의 전문성은 존중되며, 교원의 경제적 · 사회적 지위는 우대되고 그 신분은 보장된다.
② 교원은 교육자로서 갖추어야 할 품성과 자질을 향상시키기 위하여 노력하여야 한다.
③ 교원은 교육자로서 지녀야 할 윤리의식을 확립하고, 이를 바탕으로 학생에게 학습윤리를 지도하고 지식을 습득하게 하며, 학생 개개인의 적성을 계발할 수 있도록 노력하여야 한다.
④ 교원은 특정한 정당이나 정파를 지지하거나 반대하기 위하여 학생을 지도하거나 선동하여서는 아니 된다.
⑤ 교원은 법률로 정하는 바에 따라 다른 공직에 취임할 수 있다.
⑥ 교원의 임용 · 복무 · 보수 및 연금 등에 관하여 필요한 사항은 따로 법률로 정한다.

제15조 【교원단체】 ① 교원은 상호 협동하여 교육의 진흥과 문화의 창달에 노력하며, 교원의 경제적 · 사회적 지위를 향상시키기 위하여 각 지방자치단체와 중앙에 교원단체를 조직할 수 있다.
② 제1항에 따른 교원단체의 조직에 필요한 사항은 대통령령으로 정한다.

정답 09 ③　10 ④　11 ⑤

12 **교직원에 관한 현행 법률조항으로 옳지 않은 것은?** 12. 중등임용 응용

① 교사는 교장의 명에 따라 학생을 교육한다.

② 교장은 교무를 총괄하고, 민원처리를 책임지며, 소속 교직원을 지도감독하고, 학생을 교육한다.

③ 행정직원 등 직원은 법령에서 정하는 바에 따라 학교의 행정사무와 그 밖의 사무를 담당한다.

④ 교원은 현행범인인 경우를 제외하고는 소속학교의 장의 동의 없이 학원 안에서 체포되지 아니한다.

⑤ 교원은 특정한 정당이나 정파를 지지하거나 반대하기 위하여 학생을 지도하거나 선동하여서는 아니 된다.

해설 「초·중등교육법」 제20조(교직원의 임무) 제4항에 따르면 "교사는 법령이 정하는 바에 따라 학생을 교육한다"고 명시하고 있다. ②는 제1항, ③은 제5항, ④는 「교육공무원법」 제48조(교원의 불체포 특권), ⑤는 「교육기본법」 제14조(교원) 제4항 '정치적 중립성'과 관련된 조항이다.

13 **「교육공무원법」상 교원의 전보에 해당하는 것은?** 15. 국가직

① 교사가 장학사로 임용된 경우

② 도교육청 장학관이 교장으로 임용된 경우

③ 중학교 교사가 초등학교 교사로 임용된 경우

④ 교육지원청 장학사가 도교육청 장학사로 임용된 경우

해설 「교육공무원법」 제2조(정의)에 따르면 전보(轉補)는 직렬·직급의 변화 없이 현 직위를 유지하면서 근무지 이동이나 보직을 변경하는 임용행위를 말하며, 전직(轉職)은 공무원의 종류(종별)와 자격 또는 직렬을 달리하는 수평적 이동을 말한다. ①, ②, ③은 전직에 해당한다.

14 **전직에 해당하지 않는 것은?** 20. 국가직

① 초등학교 교감이 장학사가 되었다.

② 초등학교 교사가 중학교 교사가 되었다.

③ 중학교 교장이 교육장이 되었다.

④ 중학교 교사가 특성화 고등학교 교사가 되었다.

해설 전직(轉職)은 종별과 자격 또는 직렬을 달리하는 수평적 이동을, 전보(轉補)는 직렬·직급의 변화 없이 현 직위를 유지하면서 근무지 이동이나 보직을 변경하는 임용행위를 말한다. ④는 전보에 해당한다.

15 다음은 어느 교육청의 인사발령에 관한 내용이다. ㉠~㉤ 중 전직(轉職)에 해당하는 것을 모두 고른 것은? 10. 중등임용

> ㉠ 교육청 중등교육과장(장학관)이 A중학교의 교장으로 부임하였고, ㉡ 이전 교장은 인근 고등학교의 교장으로 이동하였다. 한편 ㉢ 관내 초등학교 교사가 A중학교 국어교사로 부임하였고, ㉣ 이전 국어교사는 교육청의 장학사로 이동하였다. 또한 ㉤ 교육청 중등교육과장(장학관)에는 교육연수원에 근무하던 교육연구관이 임용되었다.

① ㉠, ㉣ ② ㉡, ㉤ ③ ㉡, ㉢, ㉤
④ ㉠, ㉡, ㉢, ㉣ ⑤ ㉠, ㉢, ㉣, ㉤

해설 「교육공무원법」 제4조(정의)에 따르면 "전직"이란 교육공무원의 종류와 자격을 달리하여 임용하는 것을 말하며(제8항), "전보"란 교육공무원을 같은 직위 및 자격에서 근무기관이나 부서를 달리하여 임용하는 것을 말한다(제9항). 교육전문직(장학관)이 교원(교장)으로, 초등학교 교사가 중학교 국어교사로, 교사가 장학사로, 장학관이 교육연구관으로 임용되는 것은 전직에 해당한다. 한편 (ㄴ)은 중학교 교장(교원)이 고등학교 교장(교원)으로 임용되는 것은 전보에 해당한다.

16 교육법령에 나타난 교육공무원의 보수결정원칙이 아닌 것은? 07. 유초등임용

① 직무의 곤란성 및 책임의 정도에 상응하도록 계급별·직위별 또는 직무등급별로 정한다.
② 경력직 공무원 상호간의 보수 및 경력직 공무원과 특수 경력직 공무원 상호간의 보수는 균형을 도모하여야 한다.
③ 사립학교 법인 및 사립학교 경영자는 사립학교 교원들에게 교육공무원의 보수 수준과 차등을 두어 지급하여야 한다.
④ 일반의 표준생계비·물가수준 그 밖의 사정을 고려하여 정하되, 민간부문의 임금수준과 적절한 균형을 유지하도록 노력하여야 한다.

해설 「교원의 지위 향상 및 교육활동 보호를 위한 특별법」 제3조(교원 보수의 우대) 제2항에 따르면 "「사립학교법」 제2조에 따른 학교법인과 사립학교 경영자는 그가 설치·경영하는 학교 교원의 보수를 국공립학교 교원의 보수 수준으로 유지하여야 한다."고 명시하고 있다. ①은 「국가공무원법」 제46조(보수 결정의 원칙) 제1항에 따르면 공무원의 보수는 직무의 곤란성과 책임의 정도에 맞도록 계급별·직위별 또는 직무등급별로 정한다. ②는 제3항, ④는 제2항에 해당한다.

정답 12 ① 13 ④ 14 ④ 15 ⑤ 16 ③

17 **현행 우리나라 초 · 중등 교원의 보수 체계를 바르게 설명한 것은?** 03. 중등임용

① 단일 호봉제를 채택하고 있다.
② 봉급은 성과급에 기초하고 있다.
③ 교육 공무원 보수 규정에 근거하고 있다.
④ 보수란 직책별 · 계급별 · 호봉별에 따라 지급되는 기본 급여를 말한다.

해설 단일호봉제는 모든 교원의 호봉을 학력과 경력 등 일정한 기준에 따라 통일하고, 매년 일정한 호봉이 상승하는 방식의 급여 체계를 말한다. 즉, 학교급에 관계 없이 동일한 직급 · 경력 · 학력을 가진 교원이 지역, 소속, 업무와 무관하게 같은 호봉의 보수를 받는 체계를 의미한다. ②는 「공무원 보수규정」 제4조(정의) 제2호에 따르면 봉급은 기본급(고정급)에 기초하고 있다. 봉급은 직무의 곤란성과 책임의 정도에 따라 직책별로 지급되는 기본급여 또는 직무의 곤란성과 책임의 정도 및 재직기간 등에 따라 계급(직무등급이나 직위를 포함)별, 호봉별로 지급되는 기본급여를 말한다. ③은 별도의 교육공무원 보수 · 수당 규정은 없고, 「공무원 보수규정」과 「공무원 수당규정」을 준용(사립교원도 준용)한다. ④는 제4조 제2호에 따른 '봉급'에 대한 규정이며, '보수'란 봉급과 그 밖의 각종 수당을 합산한 금액을 말한다. 다만, 연봉제 적용대상 공무원은 연봉과 그 밖의 각종 수당을 합산한 금액을 말한다(제1호).

18 **현행 「국가공무원법」에 근거할 때, 교육공무원의 의무가 아닌 것은?** 15. 지방직

① 종교에 따른 차별 없이 직무를 수행하여야 한다.
② 직무를 수행할 때 소속 상관의 직무상 명령에 복종하여야 한다.
③ 국민 전체의 봉사자로서 친절하고 공정하게 직무를 수행하여야 한다.
④ 직무의 전문성을 높이기 위해서 자기개발과 부단한 연구를 하여야 한다.

해설 ④는 「교육기본법」 제14조(교원) 제2항, "교원은 교육자로서 갖추어야 할 품성과 자질을 향상시키기 위하여 노력하여야 한다."에 근거한 의무라고 볼 수 있다. ①은 「국가공무원법」에 따른 종교중립의 의무(제59조의2), ②는 복종의 의무(제57조), ③은 친절 · 공정의 의무(제59조)에 해당한다.

TIP **「국가공무원법」상의 공무원의 의무**

1. 선서의 의무

제55조(선서의 의무)	공무원은 취임할 때에 소속 기관장 앞에서 대통령령 등으로 정하는 바에 따라 선서하여야 한다. 다만, 불가피한 사유가 있으면 취임 후에 선서하게 할 수 있다.

2. 적극적 의무: 직무상의 의무

제56조(성실의 의무)	모든 공무원은 법령을 준수하며 성실히 직무를 수행하여야 한다.
제57조(복종의 의무)	공무원은 직무를 수행할 때 소속 상관의 직무상 명령에 복종하여야 한다.
제59조(친절 · 공정의 의무)	공무원은 국민 전체의 봉사자로서 친절하고 공정하게 직무를 수행하여야 한다.
제59조의2 (종교중립의 의무)	① 공무원은 종교에 따른 차별 없이 직무를 수행하여야 한다. ② 공무원은 소속 상관이 제1항에 위배되는 직무상 명령을 한 경우에는 이에 따르지 아니할 수 있다.
제60조(비밀엄수의 의무)	공무원은 재직 중은 물론 퇴직 후에도 직무상 알게 된 비밀을 엄수하여야 한다.
제61조(청렴의 의무)	① 공무원은 직무와 관련하여 직접적이든 간접적이든 사례 · 증여 또는 향응을 주거나 받을 수 없다. ② 공무원은 직무상의 관계가 있든 없든 그 소속 상관에게 증여하거나 소속 공무원으로부터 증여를 받아서는 아니 된다.
제63조(품위유지의 의무)	공무원은 직무의 내외를 불문하고 그 품위가 손상되는 행위를 하여서는 아니 된다.

3. **소극적 의무**: 금지의무(직무전념의 의무)

第58조(직장이탈금지)	① 공무원은 소속 상관의 허가 또는 정당한 이유 없이 직장을 이탈하지 못한다. ② 수사기관이 공무원을 구속하려면 그 소속기관의 장에게 미리 통보하여야 한다. 다만, 현행범은 그러하지 아니하다.
第62조(외국정부의 영예 등을 받을 경우)	공무원이 외국정부로부터 영예나 증여를 받을 경우에는 대통령의 허가를 받아야 한다.
第64조(영리업무 및 겸직 금지)	① 공무원은 공무 외에 영리를 목적으로 하는 업무에 종사하지 못하며 소속기관의 장의 허가 없이 다른 직무를 겸할 수 없다. ② 제1항에 따른 영리를 목적으로 하는 업무의 한계는 대통령령 등으로 정한다.
第65조(정치운동의 금지)	① 공무원은 정당이나 그 밖의 정치단체의 결성에 관여하거나 이에 가입할 수 없다. ② 공무원은 선거에 있어서 특정정당 또는 특정인을 지지 또는 반대하기 위한 다음의 행위를 하여서는 아니 된다. 1. 투표를 하거나 하지 아니하도록 권유 운동을 하는 것 2. 서명 운동을 기도(企圖) · 주재(主宰)하거나 권유하는 것 3. 문서나 도서를 공공시설 등에 게시하거나 게시하게 하는 것 4. 기부금을 모집 또는 모집하게 하거나, 공공자금을 이용 또는 이용하게 하는 것 5. 타인에게 정당이나 그 밖의 정치단체에 가입하게 하거나 가입하지 아니하도록 권유 운동을 하는 것 ③ 공무원은 다른 공무원에게 제1항과 제2항에 위배되는 행위를 하도록 요구하거나, 정치적 행위에 대한 보상 또는 보복으로서 이익 또는 불이익을 약속하여서는 아니 된다. ③ 공무원은 다른 공무원에게 제1항과 제2항에 위배되는 행위를 하도록 요구하거나, 정치적 행위의 보상 또는 보복으로서 이익 또는 불이익을 약속하여서는 아니 된다.
第66조(집단행위의 금지)	① 공무원은 노동운동이나 그 밖에 공무 외의 일을 위한 집단 행위를 하여서는 아니 된다. 다만, 사실상 노무에 종사하는 공무원은 예외로 한다. ② 제1항 단서의 사실상 노무에 종사하는 공무원의 범위는 대통령령 등으로 정한다. ③ 제1항 단서에 규정된 공무원으로서 노동조합에 가입된 자가 조합업무에 전임하려면 소속 장관의 허가를 받아야 한다. ④ 제3항에 따른 허가에는 필요한 조건을 붙일 수 있다.

19 다음 교사들이 공통적으로 위반하고 있는 교원의 의무는?

12. 유초등임용

- 김 교사는 실험수업 중 안전조치를 하지 않아 학생들이 화상을 입었다.
- 최 교사는 수업 중에 수업내용과 무관하게 개인적 일로 통화를 하였다.
- 박 교사는 중간고사에서 과반수 이상을 작년의 기출문제와 동일하게 다시 출제했다.

① 성실의 의무
② 친절의 의무
③ 공정의 의무
④ 비밀엄수의 의무
⑤ 겸직금지의 의무

해설 모든 공무원(교원)은 법령을 준수하며 성실히 직무를 수행해야 한다(「국가공무원법」 제56조).

정답 17 ① 18 ④ 19 ①

20 **다음 내용에 공통적으로 나타나 있는 교원의 의무는?** 05. 유초등임용

> • 교원은 모든 학생을 똑같이 대한다. 입학 허가, 성적 부여, 교육상의 모든 서류의 작성이 친소 관계와 물질적 보상, 개인적인 이해관계로 좌우되어서는 안 된다.
> • 교원은 인종, 성, 종교, 신념 등을 이유로 특정한 학생에게 이익을 주어서는 안 된다.
> • 교원은 부모의 경제적 · 사회적 지위를 함부로 이용하지 않으며, 이에 좌우되지 않는다.

① 공정의 의무 ② 청렴의 의무
③ 선서의 의무 ④ 품위 유지의 의무

해설 지문은 「국가공무원법」 제59조(친절 · 공정의 의무)와 「국가공무원 복무규정」 제4조(친절 · 공정한 업무 처리)에 명시된 공정의 의무에 해당한다. 법 제59조는 공무원은 국민 전체의 봉사자로서 친절하고 공정하게 직무를 수행하여야 하며, 규정 제4조는 공무원은 공사(公私)를 분별하고 인권을 존중하며 친절하고 신속 · 정확하게 업무를 처리하여야 하며, 직무를 수행할 때 종교 등에 따른 차별 없이 공정하게 업무를 처리하여야 한다고 명시하고 있다. ②는 제61조, ③은 제55조, ④는 제63조에 해당한다.

21 **교원의 권리의무 및 직무수행에 관한 법규의 내용을 잘못 제시한 것은?** 05. 중등임용

① 교사와 직원은 교장의 명을 받아 직무를 수행한다.
② 사립학교 교원은 권고에 의하여 사직을 당하지 아니한다.
③ 교원은 현행범인 경우를 제외하고는 소속 학교의 장의 동의 없이 학원 안에서 체포되지 아니한다.
④ 학교교육에서 교원의 전문성은 존중되며, 교원의 경제적 · 사회적 지위는 우대되고 그 신분은 보장된다.

해설 ①은 「초 · 중등교육법」 제20조(교직원의 임무)에 따르면 교사는 법령에서 정하는 바에 따라 학생을 교육하고(제4항), 행정직원 등 직원은 법령에서 정하는 바에 따라 학교의 행정사무와 그 밖의 사무를 담당한다(제5항). ②는 「사립학교법」 제56조(의사에 반한 휴직 · 면직 등의 금지) 제2항에 해당한다. ③은 「교원의 지위 향상 및 교육활동 보호를 위한 특별법」 제4조(불체포특권), 「교육공무원법」 제48조(불체포특권)에 해당한다. ④는 「교육기본법」 제14조(교원) 제1항에 해당한다.

22 국·공립 유·초·중등학교 교원에게 적용되는 「국가공무원법」상 복무 규정에 관한 설명으로 옳은 것은? 11. 유초등임용

① 소속 기관장의 허가 없이 다른 직무를 겸할 수 없다.
② 퇴직 후에는 직무상 알게 된 비밀을 엄수할 의무가 없다.
③ 직무상 관계가 없는 경우 그 소속 상관에게 증여할 수 있다.
④ 직무 외적인 경우에는 품위 유지의 의무가 적용되지 않는다.
⑤ 외국 정부로부터 증여를 받을 경우에는 대통령의 허가가 필요 하나 영예의 경우는 불필요하다.

해설 ①은 「국가공무원법」 제64조(영리 업무 및 겸직 금지) 제1항의 내용이다. ②는 제60조(비밀 엄수의 의무)에 따라 공무원은 재직 중은 물론 퇴직 후에도 직무상 알게 된 비밀을 엄수(嚴守)하여야 한다. ③은 제61조(청렴의 의무) 제2항에 따라 공무원은 직무상의 관계가 있든 없든 그 소속 상관에게 증여하거나 소속 공무원으로부터 증여를 받아서는 아니 된다. ④는 제63조(품위 유지의 의무)에 따라 공무원은 직무의 내외를 불문하고 그 품위가 손상되는 행위를 하여서는 아니 된다. ⑤는 제62조(외국 정부의 영예 등을 받을 경우)에 따라 공무원이 외국 정부로부터 영예나 증여를 받을 경우에는 대통령의 허가를 받아야 한다.

23 「국가공무원법」과 「교육공무원법」에 명시된 교육공무원의 의무로서 옳지 않은 것은? 07. 영양교사 임용

① 법령을 준수하며 성실히 직무를 수행하여야 한다.
② 직무의 향상을 위해서는 다른 직종의 직무도 겸직하여야 한다.
③ 직무를 수행하기 위하여 부단히 연구와 수양에 노력하여야 한다.
④ 직무를 수행함에 있어서 소속 상관의 직무상의 명령에 복종하여야 한다.

해설 ②는 「국가공무원법」 제64조(영리 업무 및 겸직 금지) 제1항에 따라 공무원은 공무 외에 영리를 목적으로 하는 업무에 종사하지 못하며 소속 기관장의 허가 없이 다른 직무를 겸할 수 없다. ①은 제56조(성실 의무), ③은 「교육공무원법」 제38조(연수와 교재비) 제1항, ④는 「국가공무원법」 제57조(복종의 의무)에 해당한다.

24 현행 법령상 국가공무원인 교원의 복무 규정으로 잘못된 것은? 08. 유초등임용

① 근무 중 그 품위를 유지할 수 있는 단정한 복장을 착용하여야 한다.
② 겸임 근무하는 자는 복무에 관하여 본직 기관의 장의 지휘·감독을 받는다.
③ 다른 기관에 파견 근무하는 자는 복무에 관하여 원 소속 기관의 장의 지휘·감독을 받는다.
④ 국민 전체의 봉사자로서 직무를 민주적이고 능률적으로 수행하기 위하여 창의와 성실로써 맡은 바 책임을 완수하여야 한다.

해설 ③은 「국가공무원 복무규정」 제7조(파견근무) 제1항에 따라 다른 기관에서 파견근무하는 사람은 복무에 관하여 '파견받은 기관의 장'의 지휘·감독을 받는다. ①은 제8조의2(복장 및 복제 등) 제1항, ②는 제6조의3(겸임근무) 제1항, ④는 제2조의2(책임 완수)에 해당한다. ②의 경우 겸임 업무와 관련한 복무에 관하여는 겸임 기관의 장의 지휘·감독을 받는다.

정답 20 ① 21 ① 22 ① 23 ② 24 ③

25 초등학교 교사의 행위 중 <u>위법</u>인 경우를 다음에서 고르면? 10. 유초등임용

ㄱ. 환경보호를 강령으로 하는 정당에 가입하고 퇴근 후에 이 정당이 주관하는 환경보호활동에 참여하고 있는데, 근무시간 이후니까 괜찮겠지?
ㄴ. 그동안 교원단체에 가입해 왔는데, 교원노조법이 법제화된 후에 교원노조에도 가입했어. 모두 합법적인 단체들이니까 양 단체에 동시에 가입해도 괜찮겠지?
ㄷ. 학교폭력대책자치위원회 위원인데, 분쟁조정이 어려워 지역상담교사 모임에 사건경위와 가해 및 피해학생의 성명 등을 소개하고 자문을 구했는데, 전문가들이니까 괜찮겠지?
ㄹ. 지난 주 일요일에 교원노조에서 당국에 신고하고 허용된 공교육정상화를 위한 촉구대회를 열기에 참석했었는데, 집회도 평화적으로 끝났고 내가 조합원이니까 괜찮겠지?

① ㄱ, ㄴ ② ㄱ, ㄷ ③ ㄴ, ㄷ
④ ㄴ, ㄹ ⑤ ㄷ, ㄹ

해설 ㄱ은 「국가공무원법」 제65조(정치 운동의 금지) 제1항, ㄷ은 「학교폭력예방 및 대책에 관한 법률」 제21조(비밀누설금지 등) 제1항에 따라 위법에 해당한다. ㄴ은 「교육기본법」 제15조(교원단체) 제1항과 「교원의 노동조합 설립 및 운영 등에 관한 법률」 제4조의2(가입범위)에 따른 합법 행위이다. 즉 교원은 교육의 전문성 신장과 지위 향상을 위해 교원단체를 조직하거나 가입할 수 있으며, 동시에 근로조건 개선 등을 목적으로 교원노조를 설립하거나 가입할 수 있다. ㄹ은 교원이 교원노조의 조합원으로서 적법하게 신고된 집회에 참석하는 것은 법률이 보장하는 정당한 노동조합 활동에 해당하며, 이는 합법 행위에 해당한다.

TIP **관련 법률**

- **「교육기본법」 제15조 【교원단체】** ① 교원은 상호 협동하여 교육의 진흥과 문화의 창달에 노력하며, 교원의 경제적·사회적 지위를 향상시키기 위하여 각 지방자치단체와 중앙에 교원단체를 조직할 수 있다.
- **「교원의 노동조합 설립 및 운영 등에 관한 법률」 제4조의2 【가입 범위】** 노동조합에 가입할 수 있는 사람의 범위는 다음 각 호와 같다.
  1. 교원
  2. 교원으로 임용되어 근무하였던 사람으로서 노동조합 규약으로 정하는 사람
- **「학교폭력예방 및 대책에 관한 법률」 제21조 【비밀누설금지 등】** ① 이 법에 따라 학교폭력의 예방 및 대책과 관련된 업무를 수행하거나 수행하였던 사람은 그 직무로 인하여 알게 된 비밀 또는 가해학생·피해학생 및 제20조에 따른 신고자·고발자와 관련된 자료를 누설하여서는 아니 된다.
  제22조 【벌칙】 제21조 제1항을 위반한 자는 1년 이하의 징역 또는 1천만원 이하의 벌금에 처한다.

26 「교육공무원법」상 임용권자가 교육공무원 본인의 의사와 관계없이 휴직을 명하여야 하는 경우는?

19. 국가직 7급

① 신체상·정신상의 장애로 장기요양이 필요할 때
② 학위취득을 목적으로 해외유학을 하거나 외국에서 1년 이상 연구 또는 연수를 하게 된 경우
③ 「공무원연금법」 제25조에 따른 재직기간 10년 이상인 교원이 자기개발을 위하여 학습·연구 등을 하게 된 경우
④ 만 8세 이하 또는 초등학교 2학년 이하의 자녀를 양육하기 위하여 필요하거나 여성 교육공무원이 임신 또는 출산하게 된 경우

해설 「교육공무원법」 제44조(휴직) 제1항에 대한 내용이다. 휴직(休職)은 교육공무원으로서 신분을 보유하면서 그 담당 업무 수행을 일시적으로 해제하는 행위로, 임용권자(예 교육감)가 직권으로 휴직을 명하는 직권휴직과 본인의 원(願)에 의하여 허가를 얻어 실시하는 청원휴직이 있다. ①은 직권휴직에 해당하며(제1호), 휴직기간은 1년 이내로 하되, 부득이한 경우 1년의 범위에서 연장할 수 있다. 다만, 「공무원 재해보상법」에 따른 공무상 부상 또는 질병으로 인한 휴직기간은 3년 이내로 하되, 의학적 소견 등을 고려하여 대통령령으로 정하는 바에 따라 2년의 범위에서 연장할 수 있다. ②(제5호), ③(제12호), ④(제7호)는 청원휴직에 해당한다. ④의 경우는 본인이 원하면 반드시 휴가를 명하여야 한다.

27 현행 「교육공무원법」상 교육공무원 본인의 의사에 불구하고 임용권자가 휴직을 명해야 하는 경우에 해당하는 것은?

11. 중등임용 응용

① 국제기구, 외국기관, 재외국민교육기관에 임시로 고용된 경우
② 만 8세 이하 또는 초등학교 2학년 이하의 자녀 양육이나 여자 교육공무원이 임신 또는 출산하게 된 경우
③ 교육부 장관이 지정하는 국내의 연구기관이나 교육기관에서 연수하게 된 경우
④ 학위취득을 목적으로 해외 유학을 하거나 외국에서 1년 이상 연구 또는 연수하게 된 경우
⑤ 「교원의 노동조합설립 및 운영 등에 관한 법률」 제5조의 규정에 의하여 노동조합 전임자로 종사하게 된 경우

해설 ⑤는 「교육공무원법」 제44조(휴직) 제1항 제11호(교원노조 전임자로 종사)에 해당하는 직권휴직에 해당한다. 임용권자의 동의를 받아 노동조합의 업무에만 종사할 수 있으며 휴직기간은 전임자로 종사하는 기간으로 한다. 이 외에도 요양, 병역 복무, 행불, 의무수행 등이 직권휴직에 해당한다. ①(제6호–외국기관 고용), ②(제7호–육아휴직), ③(제8호–국내연수), ④(제5호–해외유학)는 청원휴직에 해당한다.

정답 25 ② 26 ① 27 ⑤

28 **교원 본인이 원하면 휴직을 명해야 하는 경우는?** 04. 유초등임용 응용

① 유니세프(UNICEF)에 임시 고용된 교원
② 학위취득을 위해 해외유학을 하려는 교원
③ 만 8세 이하의 자녀를 양육하고자 하는 남자교원
④ 남편의 해외지사근무에 동반을 원하는 여자교원

해설 「교육공무원법」 제44조(휴직) 제1항에 따르면 ③은 본인이 원하면 휴직을 명해야 하는 청원휴직에 해당한다. ①은 제44조 제1항 제6호(고용), ②는 제5호(해외유학), ④는 제10호(배우자 동반)는 임용권자의 허가를 얻어 실시하는 청원휴직에 해당한다.

29 **교육 공무원의 휴직과 관련하여 바르게 설명한 것은?** 03. 중등임용

① 육아 휴직 기간은 재직 경력으로 인정되지 않는다.
② 교원이 휴직하게 되어 후임자의 보충이 불가피할 때 기간제 교원을 임용할 수 있다.
③ 노동 조합 전임자(專任者)로 종사하는 휴직자는 근무 학교로부터 봉급을 받는다.
④ 학위 취득을 목적으로 해외 유학을 가는 교사에게 임용권자는 직권 휴직을 명해야 한다.

해설 「교육공무원법」 제32조에 따르면, 기간제 교원은 고등학교 이하 각급학교 교원의 임용권자(학교의 장이) 교원 자격증을 가진 사람 중에서 기간을 정하여 임용한 사람을 말한다. 교원의 휴직으로 인한 후임자 보충이 불가피한 경우, 교원의 '파견·연수·정직·직위해제(1개월 이상)' 등 대통령령으로 정하는 사유로 직무를 이탈하게 되어 후임자의 보충이 불가피한 경우, 특정 교과를 한시적으로 담당하도록 할 필요가 있는 경우, 교육공무원이었던 자의 지식이나 경험을 활용할 필요가 있는 경우, 유치원 방과 후 과정을 담당하도록 할 필요가 있는 경우 충원할 수 있다. ①은 「교육공무원법」 제44조(휴직) 제4항에 따라 임면권자(任免權者)는 제1항 제7호(육아휴직) 및 제7호의2(입양)에 따른 휴직을 이유로 인사상 불리한 처우를 하여서는 아니 되며, 같은 호의 휴직기간은 근속기간에 포함한다. ③은 「교원의 노동조합 설립 및 운영 등에 관한 법률」 제5조(노동조합 전임자의 지위) 제1항에 따라 교원은 임용권자의 동의를 받아 노동조합으로부터 급여를 지급받으면서 노동조합의 업무에만 종사할 수 있다(직권휴직). ④는 「교육공무원법」 제44조(휴직) 제1항 제5호(해외유학)에 따른 청원휴직에 해당한다.

30 **교육공무원의 징계에 대해 잘못 설명한 것은?** 07. 경남 응용

① 징계의결의 요구는 징계사유가 발생한 날로부터 2년(금품 및 향응수수, 공금의 횡령·유용의 경우에는 5년)을 경과한 때에는 이를 행하지 못한다.
② 감봉(減俸)은 1개월 이상 3개월 이하의 기간으로 하고, 보수의 1/3을 감(減)한다.
③ 정직(停職)은 1개월 이상 3개월 이하의 기간으로 하고, 보수의 전액을 감(減)한다.
④ 정직처분을 받은 자는 그 기간 중 공무원의 신분은 보유하나 직무에 종사하지 못한다.
⑤ 중징계는 파면, 해임, 강등, 정직이 있고, 경징계는 감봉과 견책이 있다.

해설 징계는 본인의 의사에 반하여 타율적·강제적으로 신분조치를 취하는 것으로 그 수위는 파면 – 해임 – 강등 – 정직 – 감봉 – 견책 순이다. 파면과 해임은 배제징계이며, 강등·정직·감봉·견책은 교정징계에 해당한다. 「국가공무원법」 제83조의2에 따르면, 일반징계 사유의 시효는 징계사유 발생일로부터 3년, 금품 및 향응수수, 공금횡령 등 특정징계 사유의 경우는 5년, 그리고 성 비위 관련 징계사유는 10년이다. ②는 제80조(징계의 효력) 제4항, ③과 ④는 제3항. ④는 「공무원징계령」 제1조의3(정의)와 「교육공무원징계령」 제1조의2(정의)에 해당한다.

TIP 징계의 종류 –「국가공무원법」

종류		기간	신분 변동	보수, 퇴직급여 제한
중징계	파면	–	• 공무원으로서의 신분박탈(배제징계) • 처분받은 날로부터 5년간 공무원 임용 불가	재직기간 5년 미만인 자 퇴직급여액의 1/4, 5년 이상인 자 1/2 감액 지급
	해임	–	• 공무원으로서의 신분박탈(배제징계) • 처분받은 날로부터 3년간 공무원 임용 불가	• 퇴직급여 전액 지급 • 금품 및 향응수수, 공금횡령·유용으로 해임된 때 ⇨ 재직기간 5년 미만인 자 퇴직급여액의 1/8, 5년 이상인 자 1/4 감액 지급
	강등	3개월	• 동종의 직무 내에서 하위의 직위에 임명 예 교장 ⇨ 교감, 교감 ⇨ 교사 • 공무원 신분은 보유, 직무에 종사하지 못함(교정징계). • 대학의 교원 및 조교는 적용 안 됨. • 18개월간 승진 제한(단, 강등처분기간 불포함)	• 강등처분기간 보수의 전액 감액 • 18개월간 승급 제한(단, 강등처분기간 불포함)
	정직	1~3개월	• 신분은 보유하나 직무에 종사하지 못함. ⇨ 직무정지(교정징계) • 18개월간 승진 제한(단, 정직처분기간 불포함) • 처분기간 경력평정에서 제외	• 보수의 전액 감액 • 18개월간 승급 제한(단, 정직처분기간 불포함)
경징계	감봉	1~3개월	12개월간 승진 제한(단, 감봉처분기간 불포함) ⇨ 교정징계	• 보수의 1/3 감액 • 12개월간 승급 제한(단, 감봉처분기간 불포함)
	견책	–	• 전과(前過)에 대한 훈계와 회개(교정징계) • 6개월간 승진 제한	6개월간 승급 제한

✎ 강등·정직·감봉·견책의 경우 그 사유가 금품(예 금전, 물품, 부동산) 및 향응수수, 공금횡령·배임·절도·사기·유용, 소극행정, 음주운전(음주측정에 불응하는 경우 포함), 성폭력, 성희롱, 성매매로 인한 징계처분의 경우(「국가공무원법」 제83조의2, 「공무원임용령」 제32조): 승진·승급 제한기간에 6개월을 추가

✎ 징계사유의 시효(「국가공무원법」 제83조의2): 징계발생일로부터 ① 일반징계 사유 – 3년, ② 특정징계 사유(금품 및 향응수수, 공금횡령·유용) – 5년, ③ 성비위 관련 징계 사유(성폭력·성희롱·성매매·아동청소년 대상 성범죄 행위 등) – 10년

31 교육공무원의 징계효력에 대한 설명으로 옳은 것은? 16. 지방직

① 정직된 자는 직무에는 종사하지만 3개월간 보수를 받지 못한다.

② 견책된 자는 직무에는 종사하지만 6개월간 승진과 승급이 제한된다.

③ 해임된 자는 공무원 신분은 보유하나 3개월간 직무에 종사할 수 없다.

④ 파면된 자는 공무원 관계로부터 배제되고 1년간 공무원으로 임용될 수 없다.

해설 「국가공무원법」 제80조(징계의 효력) 제5항에 따르면 견책(譴責)은 전과(前過)에 대하여 훈계하고 회개하게 하는 경징계에 해당하며, 「공무원임용령」(대통령령) 제32조(승진임용의 제한)에 따라 징계처분의 집행이 끝난 날부터 6개월간 승진·승급이 제한된다. ①은 직무에 종사하지 못하며, 1~3개월간 보수의 전액을 감액한다(「국가공무원법」 제80조 제3항). ③은 강등에 해당하며(제6항), ④는 5년간 공무원으로 임용될 수 없다[제33조(결격사유) 제7호].

정답 28 ③ 29 ② 30 ① 31 ②

32 **교육 공무원의 징계에 관하여 바르게 설명한 것은?** 03. 중등임용 응용

① 견책은 경징계에 해당된다.

② 정직 처분을 받은 기간은 경력 평정에서 제외되지 않는다.

③ 정직은 1개월 이상 3개월 이하의 기간 보수의 3분의 1을 감한다.

④ 견책의 징계 처분을 받은 사람은 승진 임용의 제한을 받지 않는다.

해설 「국가공무원법」 제79조(징계의 종류)에 따르면 징계는 파면 · 해임 · 강등 · 정직 · 감봉 · 견책(譴責)으로 구분하며, 「교육공무원징계령」 제1조의2(정의)에 따르면, “중징계”는 파면 · 해임 · 강등 또는 정직을 말하며, “경징계”는 감봉 또는 견책을 말한다. 이 중 견책[「국가공무원법」 제80조(징계의 효력) 제5항]은 전과(前過)에 대하여 훈계하고 회개하게 하는 경징계에 해당한다. ③(제4항)은 감봉, ④는 제7항과 「공무원임용령」 제32조(승진임용의 제한) 제1항과 「공무원보수규정」 제14조(승급의 제한) 제1항에 따라 6개월 간 승진 · 승급 임용의 제한을 받는다.

33 **공무원으로서 직무상의 의무를 위반한 교원에게 교정 징계 처분을 내리려고 할 때에 해당되는 조치는?** 04. 유초등임용

① 해임 ② 감봉

③ 경고 ④ 직위해제

해설 「국가공무원법」 제79조(징계의 종류)에 따르면, 징계는 본인의 의사에 반하여 타율적 · 강제적으로 신분조치를 취하는 것으로 그 수위는 파면 – 해임 – 강등 – 정직 – 감봉 – 견책 순이다. 파면과 해임은 배제징계이며, 강등 · 정직 · 감봉 · 견책은 교정징계에 해당한다. ③은 공무원의 경미한 비위나 근무태만 등에 대해 징계 처분에 해당하지 않는 수준에서 구두 또는 서면으로 주의를 주는 행위로, 소속 기관장이 징계위원회를 거치지 않고 재량으로 시행 가능하다. ④는 「국가공무원법」 제73조의2, 「교육공무원법」 제44조의2에 따르면 공무원이 징계 사유 또는 직무 수행 불가능 사유에 해당하여, 직위를 잠정적으로 해제하여 직무를 중지시키는 조치에 해당한다.

정답 32 ① 33 ②

02 교원 등의 연수에 관한 규정(대통령령)

관련 이론 제13장 교육행정 – 제10절 교육인사행정론 및 학교실무 3 교원의 능력개발

1 주요 내용

제1장 총칙

제1조【목적】 이 영은 「유아교육법」 제22조, 「초·중등교육법」 제21조, 「고등교육법」 제46조 및 「교육공무원법」 제37조부터 제42조까지의 규정에 따른 교원의 자격 취득에 필요한 연수, 교원의 능력 배양을 위한 연수 등을 위한 연수기관의 설치·운영과 연수 대상 등의 사항을 규정함을 목적으로 한다.

제2조【연수기관의 종류 및 설치 등】 ① 제1조에 따른 연수기관(이하 "연수원"이라 한다)의 종류는 교육연수원, 교육행정연수원, 종합교육연수원 및 원격교육연수원으로 한다.

② 연수원은 다음 각 호의 구분에 따라 「고등교육법」 제2조 제1호부터 제3호까지 및 제5호에 따른 학교, 특별시·광역시·특별자치시·도 및 특별자치도의 교육청(이하 "교육청"이라 한다)과 교육부장관이 지정하는 기관 또는 법인에 해당 학교의 장, 교육감, 기관의 장 또는 법인의 대표가 설치한다.

1. 교육연수원: 대학, 산업대학 또는 교육대학
2. 교육행정연수원: 대학, 산업대학 또는 교육대학
3. 종합교육연수원: 대학, 산업대학, 교육대학, 원격대학 중 방송통신대학, 교육청, 교육부장관이 지정하는 기관 또는 법인
4. 원격교육연수원: 대학, 산업대학, 교육대학, 원격대학, 교육청, 교육부장관이 지정하는 기관 또는 법인

③ 제2항에 따른 연수원을 설치하려는 자(교육감을 제외한다)는 교육부령으로 정하는 바에 따라 교육부장관의 설치인가를 받아야 한다. 이 경우 교육부장관은 연수원의 지역적 분포 및 연수 대상 인원 등을 고려하여 연수원의 수(數)를 제한하여 설치인가를 할 수 있다.

제2조의2【연수원에 대한 평가 등】 ① 교육부장관은 교육부령으로 정하는 바에 따라 연수원의 운영 등에 관한 사항을 정기적으로 평가하여야 한다.

제3조【연수 대상】 ① 연수원의 연수 대상은 다음 각 호의 구분에 따른다.

1. 교육연수원: 「유아교육법」 제2조 제2호에 따른 유치원 및 「초·중등교육법」 제2조에 따른 학교에 근무하는 교원
2. 교육행정연수원: 제1호에 따른 유치원 및 학교에 근무하는 원장·원감·교장·교감 및 「교원자격검정령」 제23조에 따라 교장·원장의 자격인정을 받은 사람
3. 종합교육연수원 및 원격교육연수원: 제1호 및 제2호의 사람

④ 연수원에서 연수할 사람을 선발하는 데 필요한 사항은 교육부장관이 정한다.

제4조【위탁연수】 ① 연수원장은 필요하다고 인정할 때에는 연수의 일부를 다른 연수기관, 교육기관 또는 교육행정기관에 위탁하여 실시할 수 있다.

제5조【지정연수】 교육감은 연수원이 실시할 수 없는 특수한 분야(제4조에 따라 위탁연수를 실시하는 경우를 포함한다)에 관한 연수를 위하여 필요하다고 인정할 때에는 특정기관을 지정하여 해당 연수를 실시하게 할 수 있다. 다만, 다른 교육감이 지정한 특정기관에서 연수를 실시하게 할 때에는 별도의 지정 절차를 거치지 아니할 수 있다.

제6조 【연수의 종류와 과정】 ① 연수는 다음 각 호의 직무연수와 자격연수로 구분한다. 04. 유초등

1. 다음 각 목의 직무연수 18. 지방직
   가. 제18조에 따른 교원능력개발평가 결과 직무수행능력 향상이 필요하다고 인정되는 교원을 대상으로 실시하는 직무연수
   나. 「교육공무원법」 제45조 제3항에 따라 복직하려는 교원을 대상으로 실시하는 직무연수
   다. 그 밖에 교육의 이론·방법 연구 및 직무수행에 필요한 능력배양을 위한 직무연수
2. 자격연수: 「유아교육법」 제22조 제1항부터 제3항까지, 같은 법 별표 1 및 별표 2, 「초·중등교육법」 제21조 제1항부터 제3항까지, 같은 법 별표 1 및 별표 2에 따른 교원의 자격을 취득하기 위한 자격연수 19. 국가직, 18. 지방직

② 직무연수의 연수과정과 내용은 연수원장(위탁연수를 실시하는 경우에는 위탁받은 기관의 장을 말한다. 이하 같다)이 정한다.

③ 자격연수의 연수과정은 정교사(1급)과정, 정교사(2급)과정, 준교사과정(특수학교 실기교사를 대상으로 하는 과정을 말한다), 전문상담교사(1급)과정, 사서교사(1급)과정, 보건교사(1급)과정, 영양교사(1급)과정, 수석교사과정, 원감과정, 원장과정, 교감과정 및 교장과정으로 구분하고, 연수할 사람의 선발에 관한 사항 및 연수의 내용은 교육부령으로 정한다.

제7조 【연수기간】 자격연수의 연수기간 및 이수시간은 별표 1의 기준에 따라 정하고, 직무연수의 기간은 해당 연수원장이 정한다. 05. 유초등

구분	교사, 수석교사, 교감	교장
기간	15일 이상	25일 이상
이수시간	90시간 이상	180시간 이상

제8조 【연수비의 지급 등】 연수자에게는 예산의 범위에서 연수에 필요한 실비(實費)의 전부 또는 일부를 지급할 수 있다.

제8조의2 【직무연수 지침 마련 등】 ① 교육부장관 또는 교육감은 직무연수의 시행을 위하여 필요한 경우에는 연수기간, 연수과정, 연수자 관리 등에 관한 지침을 마련하여 연수원장 또는 제5조에 따른 특정기관의 장에게 통보할 수 있다.

제8조의3 【연수실적의 기록·관리】 ① 교원의 임용권자는 소속 교원의 연수 이수실적을 학점화하여 기록·관리하여야 한다.

② 교원의 연수 이수실적의 기록 및 관리에 필요한 사항은 교육부령으로 정한다.

제2장 연수원에서의 연수

제9조 【연수성적의 평가 및 수료】 ① 연수원장은 객관적이고 공정한 평가기준과 평가방법을 정하여 연수자의 연수성적을 평가하여야 한다.

② 각 연수과정의 수료자는 과정별 연수성적이 100점 만점에 60점 이상인 사람으로 한다.

③ 연수원장은 연수과정별로 연수성적이 우수한 사람을 표창할 수 있다.

④ 연수원장은 연수자의 연수성적을 연수과정 수료 후 10일 이내에 연수자의 소속 기관의 장에게 통보하여야 한다.

제3장 특별연수

제12조 【특별연수계획】 교육부장관 또는 교육감은 「교육공무원법」(이하 "법"이라 한다) 제40조(특별연수) 제1항에 따라 특별연수계획을 수립할 때에는 다음 각 호의 사항을 포함시켜야 한다.

1. 연수의 목적 및 내용
2. 연수기관 및 연수기간
3. 연수의 종류별·분야별 연수 인원
4. 연수자의 자격요건, 선발 방법 및 절차
5. 연수의 대상 및 연수 후 보직계획
6. 연수비의 명세 및 부담에 관한 사항
7. 연수 후 복무 의무에 관한 사항
8. 그 밖에 연수에 필요한 사항

제13조 【특별연수자의 선발】 ① 교육부장관 또는 교육감은 특별연수자(제2항에 따른 특별연수의 대상자는 제외한다)를 선발할 때에는 근무실적이 우수하고 필요한 학력 및 경력을 갖춘 사람 중에서 선발하여야 한다. 이 경우 국외연수자는 필요한 외국어 능력을 갖추어야 한다.

② 교육부장관 또는 교육감은 교원 스스로 수립한 학습·연구계획에 따라 전문성을 계발(啓發)하기 위한 특별연수로서 교육부장관이 정하는 특별연수의 대상자를 선발할 때에는 제1항의 요건을 갖추고 제18조에 따른 교원능력개발평가 결과가 우수한 사람 중에서 선발하여야 한다. 18. 지방직, 12. 유초등

제16조 【복무 의무】 ① 교육부장관 또는 교육감은 법 제40조 제1항에 따라 6개월 이상의 특별연수를 받은 사람(특별연수 중에 복귀한 사람으로서 연수를 받은 기간이 6개월 이상인 사람을 포함한다)에 대해서는 6년의 범위에서 연수기간과 같은 기간(국내에서 일과 후에만 실시하는 특별연수의 경우에는 연수기간의 50퍼센트에 해당하는 기간으로 한다)을 연수 분야와 관련된 직무 분야에 복무하게 하여야 한다. 다만, 복무 의무를 부과하기가 곤란하거나 복무 의무를 부과한 후 이를 이행할 수 없는 특별한 사유가 있는 경우에는 복무 의무를 면제할 수 있다.

제4장 교원능력개발평가

제18조 【교원능력개발평가】 ① 교육부장관 및 교육감은 법 제37조부터 제42조까지의 규정에 따른 연수자를 선발하기 위하여 매년 「유아교육법」 제2조 제2호에 따른 유치원 및 「초·중등교육법」 제2조에 따른 학교에 근무하는 교원의 능력을 진단하기 위한 평가(이하 "교원능력개발평가"라 한다)를 하여야 한다. 12. 중등

② 교원능력개발평가는 교원 상호 간의 평가 및 학생·학부모의 만족도 조사 등의 방법으로 한다.

제19조 【평가의 원칙】 교육부장관 및 교육감은 다음 각 호의 원칙에 따라 교원능력개발평가를 하여야 한다.

1. 평가대상 및 평가참여자의 범위는 평가의 공정성 및 신뢰성이 확보될 수 있도록 기준을 정할 것
2. 평가방법은 계량화할 수 있는 측정방법과 서술형 평가방법 등을 함께 사용하여 평가의 객관성 및 타당성을 확보할 것
3. 평가에 참여하는 교원, 학생 및 학부모의 익명성을 보장할 것
4. 평가에 관한 학교의 자율성을 최대한 보장할 것

제20조 【평가항목】 교원능력개발평가는 평가대상 교원에 따라 다음 각 호의 구분에 따른 항목을 평가한다.
12. 중등

1. 교장, 원장, 교감 및 원감: 학교 경영에 관한 능력
2. 수석교사: 학습지도 및 생활지도 등에 관한 능력과 교사의 교수·연구 활동 지원 능력
3. 교사: 학습지도 및 생활지도 등에 관한 능력

제21조 【평가 결과의 통보 및 활용】 ① 교육부장관 및 교육감은 교원능력개발평가를 하였을 때에는 그 평가 결과를 해당 교원과 해당 교원(학교의 장은 제외한다)이 근무하는 학교의 장에게 통보하여야 한다.
12. 중등

② 교육부장관, 교육감 및 학교의 장은 교원능력개발평가의 결과를 직무연수 대상자의 선정, 각종 연수 프로그램의 개발 및 제공, 연수비의 지원 등에 활용할 수 있다.

02 주요 기출문제

01 **2급 정교사인 사람이 1급 정교사가 되고자 할 때 받아야 하는 연수는?** 19. 국가직

① 직무연수 ② 자격연수
③ 특별연수 ④ 지정연수

해설 「교원 등의 연수에 관한 규정」 제6조(연수의 종류와 과정)에 따르면 연수는 직무연수와 자격연수로 구분한다(제1항). 이 중 자격연수는 정교사, 교감, 교장 등 상위자격을 취득하기 위한 '상위자격 취득연수'와 전무상담교사, 사서교사 등 특수자격을 취득하기 위한 '특수자격 취득연수'로 구분된다(제3항). 연수기간은 교사는 15일 90시간 이상(교장은 25일 180시간 이상)이다.

02 우리나라의 교원 인사 제도에 대한 설명 중 바른 것은?

05. 유초등임용 응용

① 교원 자격증은 교사자격검정위원회에서 심사하여 발급한다.

② 사립학교 교사가 되기 위해서는 반드시 임용고사에 합격해야 한다.

③ 상급 자격증 취득을 위한 자격 연수의 이수 시간은 교사의 경우 90시간 이상이다.

④ 교사 자격증이 없는 사람이 교육대학원을 졸업하면 1급 정교사 자격을 받는다.

해설 ③은 「교원 등의 연수에 관한 규정」 제6조(연수의 종류와 과정)에 따르면 연수는 직무연수와 자격연수로 구분한다(제1항). 이 중 자격연수는 정교사, 교감, 교장 등 상위자격을 취득하기 위한 '상위자격 취득연수'와 전무상담교사, 사서교사 등 특수자격을 취득하기 위한 '특수자격 취득연수'로 구분된다(제3항). 연수기간(제7조)은 교사는 15일 90시간 이상(교장은 25일 180시간 이상)이다. 한편, 직무직무연수의 기간은 해당 연수원장이 정한다. ①은 「교원자격검정령」 제3조(자격증의 수여) 제1항에 따르면 교육부장관(대학의 장에게 위임)이 자격검정에 합격한 자에 대하여 교원자격증을 수여한다. 기존의 교원자격검정위원회 관련 조항(제6조)은 행정절차 간소화에 따른 법령 일부 개정(제6조)으로 삭제되었다. ②는 「사립학교법」 제53조의2(학교의 장이 아닌 교원의 임용) 제1항에 따라 해당 학교법인 또는 사립학교경영자가 해당 학교의 장의 제청 또는 이사회의 의결을 거쳐 임용한다. ④는 「교원자격검정령」 제4조 제3항에 따라 교육대학원 또는 교육부장관이 지정하는 대학원 교육과에서 교육부장관이 정하는 학점 및 과목을 이수하고 석사학위를 받은 사람은 2급 정교사 자격을 받는다.

TIP 「사립학교법」 교원의 자격 및 임용 관련 규정

- **제52조 【자격】** 사립학교 교원의 자격에 관하여는 국립학교·공립학교의 교원의 자격에 관한 규정에 따른다.
- **제53조 【학교의 장의 임용】** ① 각급 학교의 장은 해당 학교를 설치·경영하는 학교법인 또는 사립학교경영자가 임용한다.
- **제53조의2 【학교의 장이 아닌 교원의 임용】** ① 각급 학교의 교원은 해당 학교법인 또는 사립학교경영자가 임용하되, 다음 각 호의 구분에 따른 방법으로 하여야 한다.
  1. 학교법인 및 법인인 사립학교경영자가 설치·경영하는 사립학교의 교원: 해당 학교의 장의 제청으로 이사회의 의결을 거쳐 임용
  2. 사인인 사립학교경영자가 설치·경영하는 사립학교의 교원: 해당 학교의 장의 제청으로 임용

정답 01 ② 02 ③

03 교원의 특별연수에 해당하는 것은?

18. 지방직

① 박 교사는 특수분야 연수기관에서 개설한 종이접기 연수에 참여하였다.
② 황 교사는 교육청 소속 교육연수원에서 교육과정 개정에 따른 연수를 받았다.
③ 최 교사는 학습연구년 교사로 선정되어 대학의 연구소에서 1년간 연구 활동을 수행하였다.
④ 교직 4년차인 김 교사는 특수학교 1급 정교사 자격증을 취득하기 위해 연수에 참여하였다.

해설 현직교육의 종류에는 자격연수, 직무연수, 특별연수가 있다. 자격연수는 상위자격 취득연수, 특수자격 취득연수가 있으며, 15일 90시간 이상(교사의 경우) 실시한다. 직무연수는 직무수행능력의 향상을 위한 연수로, 10일 60시간 이상 실시한다. 특별연수는 「교육공무원법」 제40조(특별연수)와 「교원 등의 연수에 관한 규정」 제12조에 따른 연수로, 국가나 지방자치단체가 특별연수계획을 수립하여 교육공무원을 국내외의 교육기관 또는 연구기관에서 일정 기간 진행되는 연수를 말한다. 6년의 범위에서 복무의무를 부과할 수 있다(법 제40조 제4항, 규정 제16조 제1항). ①과 ②는 직무연수, ④는 자격연수에 해당한다.

04 다음 내용에 해당하는 교원인사제도는?

12. 유초등

- 교원들의 전문성을 향상시키기 위하여 교원들로 하여금 일정 기간 동안 학교에 복무하지 않고 소속 학교 외에서 연구 활동을 할 수 있도록 지원한다.
- 특별연수의 일환으로 시행하므로 연수 종료 후에는 연수기간과 동일한 기간을 연수분야와 관련된 직무분야에서 복무하여야 한다.

① 수석교사제 ② 직무연수제 ③ 보직교사제
④ 순환근무제 ⑤ 학습연구년제

해설 학습연구년제는 우수교사 중 일정 조건을 갖춘 교사를 대상으로 수업 및 기타 업무 부담에서 벗어나 자기학습계획에 따른 자율적 학습, 연구기회를 부여하는 제도로, 교원의 전문성 심화 기회 확대와 재충전을 통해 교직 사회의 경쟁력을 강화하고, 궁극적으로 학교선진화를 촉진한다는 취지로 2010년 9월부터 시행되고 있다. 「교원 등의 연수에 관한 규정」 제13조(특별연수자의 선발) 제2항에 따르면 교육부장관 또는 교육감은 교원 스스로 수립한 학습·연구계획에 따라 전문성을 계발(啓發)하기 위한 특별연수로서 교육부장관이 정하는 특별연수의 대상자를 선발할 때에는 교원능력개발평가 결과가 우수한 사람 중에서 선발하여야 한다고 명시하고 있다.

05 현행 교원능력개발평가(대통령령 제22676호, '교원 등의 연수에 관한 규정'에 근거)에 관한 설명으로 옳은 것만을 있는 대로 고른 것은? 12. 중등임용

ㄱ. 도입 취지는 승진을 위한 인사자료 활용에 있다.
ㄴ. 교장 및 교감은 학교경영에 관한 능력을 평가받는다.
ㄷ. 교사는 학습지도 및 생활지도 등에 관한 능력을 평가받는다.
ㄹ. 평가결과는 익명성 보장 차원에서 본인에게만 통보되고 자기 점검을 위한 피드백 자료로 활용된다.

① ㄱ, ㄴ ② ㄴ, ㄷ ③ ㄴ, ㄹ
④ ㄱ, ㄷ, ㄹ ⑤ ㄴ, ㄷ, ㄹ

해설 「교원 등의 연수에 관한 규정」 제18조(교원능력개발평가) 제1항에 따르면 교육부장관 및 교육감은 연수자를 선발하기 위하여 매년 유치원 및 초·중·고등학교에 근무하는 교원의 능력을 진단하기 위한 교원능력개발평가를 시행하여야 한다. ㄱ은 「교육공무원법」 제37조부터 제42조까지의 규정에 따른 연수자를 선발하기 위하여 도입되었으며(제18조 제1항), ㄹ은 평가결과는 해당 교원 및 해당 교원이 근무하는 학교의 장에게 통보하여야 한다[제21조(평가 결과의 통보 및 활용) 제1항]. ㄴ은 제20조(평가항목) 제1호, ㄷ은 제3호에 해당한다.

06 다음 중 교원인사행정에 관한 설명으로 바르게 짝지어진 것은? 04. 유초등임용

ㄱ. 교원은 권고에 의해 사직을 당하지 않는다.
ㄴ. 자격증을 필요로 하지 않는 교원은 대학교수, 장학사 및 교육연구사 등이다.
ㄷ. 교원연수의 종류는 일반연수, 직무연수, 특별연수, 자격연수로 구분된다.
ㄹ. 교원의 임용이란 교원의 신규채용·승진·승급·전보·전직·휴직·파견·해임 등을 모두 포함하는 말이다.

① ㄱ, ㄷ ② ㄱ, ㄹ
③ ㄴ, ㄷ ④ ㄴ, ㄹ

해설 ㄱ은 「교육공무원법」 제43조(교권의 존중과 신분보장) 제3항, ㄹ은 제2조(정의) 제6항에 해당한다. 제6항에 따르면서 "임용"이란 신규채용, 승진, 승급, 전직(轉職), 전보(轉補), 겸임, 파견, 강임(降任), 휴직, 직위해제, 정직(停職), 복직, 면직, 해임 및 파면을 말한다. ㄴ에서 대학교수는 「고등교육법」 제14조(교직원의 구분) 제2항에 따른 교원으로 자격증을 필요로 하지 않는 교원에 해당한다. 그러나 장학사와 교육연구사는 「교육공무원법」 제2조(정의) 제2항에 따라 교육공무원에 속하지만, 이는 교원(교장, 교감, 교사 등)이 아니라 교육전문직원으로 분류된다. ㄷ은 「교원 등의 연수에 관한 규정」 제6조(연수의 종류와 과정) 제1항에 따라 연수는 직무연수와 자격연수로 구분한다.

정답 03 ③ 04 ⑤ 05 ② 06 ②

03 교육공무원 승진 규정(대통령령)

관련 이론 — 제13장 교육행정 – 제10절 교육인사행정론 및 학교실무 3 교원의 능력개발

1 주요 내용

제1장 총칙

제1조 【목적】 이 영은 「교육공무원법」 제13조 및 제14조의 규정에 의하여 교육공무원의 경력, 근무성적 및 연수성적 등의 평정과 승진후보자명부의 작성에 관한 사항을 규정함으로써 승진임용에 있어서의 인사행정의 공정을 기함을 목적으로 한다.

제2조 【적용대상】 ① 이 영은 다음 각호의 교육공무원에게 적용한다. 다만, 제4호의 규정에 의한 교육공무원에 대하여는 이 영중 근무성적평정(교사의 경우에는 다면평가, 근무성적평정과 다면평가 결과의 합산을 포함한다)에 관한 규정에 한하여 이를 적용한다.

1. 각급학교의 교감(유치원의 원감을 포함한다. 이하 같다)으로서 그가 근무하는 학교 또는 이와 동등급 학교의 교장(유치원의 원장을 포함한다. 이하 같다)의 자격증을 받은 자
2. 각급학교의 교사로서 그가 근무하는 학교 또는 이와 동등급학교의 교감의 자격증을 받은 자
3. 장학사 또는 교육연구사로서 장학관 또는 교육연구관의 자격기준에 달한 자
4. 제1호 내지 제3호외의 교감·교사·장학사 및 교육연구사

② 수석교사에 대해서는 이 영을 적용하지 아니한다.

제2장 경력평정

제3조 【평정의 기준】 경력평정은 당해 교육공무원의 경력이 직위별로 담당직무수행과 관계되는 정도를 기준으로 하여야 한다.

제4조 【평정의 기초】 경력평정은 당해 교육공무원의 인사기록카드에 의하여 평정한다. 다만, 필요하다고 인정하는 경우에는 인사기록카드의 기재사항의 정확여부를 조회하여 확인할 수 있다.

제5조 【평정자와 확인자】 경력의 평정자와 확인자는 승진후보자명부 작성권자가 정한다.

제6조 【평정의 시기】 경력평정은 매 학년도(3월 1일부터 다음 연도 2월 말일까지로 한다. 이하 같다) 종료일을 기준으로 하여 정기적으로 실시한다. 다만, 신규채용·승진·전직 또는 강임된 자가 있거나 상위자격을 취득한자가 있는 때에는 그때부터 2개월이내에 정기평정일 현재를 기준으로 하여 평정한다. 24. 국가직 7급

제7조 【경력의 종류】 경력은 기본경력과 초과경력으로 나눈다. 12. 유초등

제8조 【경력의 평정기간】 기본경력은 제9조의 규정에 의한 평정대상경력으로서 평정시기로부터 15년을 평정기간으로 하고, 초과경력은 기본경력전 5년을 평정기간으로 한다.

제10조 【경력별 평정점】 ①기본경력 및 초과경력의 등급별 평정점은 별표 2*와 같다.

② 경력평정점을 계산함에 있어서 소수점이하는 넷째자리에서 반올림하여 셋째자리까지 계산한다.

경력의 종류 및 평정기간, 등급별 평정점

종류	평정기간	등급	평정만점	근무기간 1월에 대한 평정점	근무기간 1일에 대한 평정점
기본 경력	평정시기로부터 15년간	가. 경력 나. 경력 다. 경력	64.00 60.00 56.00	0.3555 0.3333 0.3111	0.0118 0.0111 0.0103
초과 경력	기본경력 전 5년간	가. 경력 나. 경력 다. 경력	6.00 5.00 4.00	0.1000 0.0833 0.0666	0.0033 0.0027 0.0022

제11조 【경력의 기간 계산】 ① 경력평정의 평정기간 중에 휴직기간 · 직위해제기간 또는 정직기간이 있는 경우 그 기간은 평정에서 제외한다. 다만, 다음 각 호의 어느 하나에 해당하는 기간은 재직기간으로 보아 평정기간에 포함하여 계산한다.

1. 다음 각 목에 해당하는 휴직의 경우에는 휴직기간 전부
   가. 「교육공무원법」(이하 "법"이라 한다) 제44조 제1항 제1호의 사유로 인한 휴직 중 「공무원 재해보상법」에 따른 공무상 질병 또는 부상으로 인한 휴직
   나. 법 제44조 제1항 제2호 · 제4호 · 제7호 · 제7호의2 및 제11호의 사유로 인한 휴직
   다. 법 제44조 제1항 제6호의 사유(상근으로 근무한 경우만 해당한다)로 인한 휴직
2. 다음 각 목에 해당하는 휴직의 경우에는 휴직기간의 50퍼센트에 해당하는 기간
   가. 법 제44조 제1항 제5호 및 제8호의 사유로 인한 휴직
   나. 법 제44조 제1항 제6호의 사유(비상근으로 근무한 경우만 해당한다)로 인한 휴직
3. 다음 각 목에 해당하는 경우에는 그 직위해제기간
   가. 법 제44조의2 제1항 제2호에 따라 직위해제처분을 받은 사람이 다음의 어느 하나에 해당하는 경우
      1) 해당 교육공무원에 대한 징계의결 요구에 대하여 관할 징계위원회가 징계하지 않기로 의결한 경우
      2) 직위해제처분 또는 직위해제처분의 사유가 된 징계의결 요구에 의한 징계처분이 교원소청심사위원회 또는 소청심사위원회의 결정이나 법원의 판결에 의하여 무효 또는 취소로 확정된 경우
   나. 법 제44조의2 제1항 제3호에 따라 직위해제처분을 받은 사람이 그 처분의 사유가 된 형사사건에 대하여 법원의 판결에 따라 무죄로 확정된 경우
   다. 법 제44조의2 제1항 제4호에 따라 직위해제처분을 받은 사람이 1) 및 2)에 모두 해당하는 경우
      1) 법 제44조의2 제1항 제4호에 따라 직위해제처분을 받은 사람에 대한 징계의결 요구 또는 징계처분이 다음의 어느 하나에 해당하는 경우
         가) 소속 교육기관의 장 등이 법 제51조에 따른 징계의결 요구를 하지 않기로 한 경우
         나) 해당 교육공무원에 대한 징계의결 요구에 대하여 관할 징계위원회가 징계하지 않기로 의결한 경우
         다) 조사 또는 수사 결과에 의한 징계처분이 교원소청심사위원회 또는 소청심사위원회의 결정이나 법원의 판결에 의하여 무효 또는 취소로 확정된 경우

2) 법 제44조의2 제1항 제4호에 따른 직위해제처분의 원인이 된 비위행위에 대한 조사 또는 수사 결과가 다음의 어느 하나에 해당하는 경우
가) 형사사건에 해당하지 않는 경우
나) 사법경찰관이 불송치를 하거나 검사가 불기소를 한 경우. 다만, 「형사소송법」 제247조에 따라 공소를 제기하지 않는 경우와 불송치 또는 불기소를 했으나 해당 사건이 다시 수사 및 기소되어 법원의 판결에 따라 유죄가 확정된 경우는 제외한다.
다) 형사사건으로 기소되거나 약식명령이 청구된 사람이 법원의 판결에 따라 무죄로 확정된 경우

② 경력평정에 있어서 평정경력기간은 월수를 단위로 하여 계산하되, 1개월 미만은 일 단위로 계산한다.

제12조 【평정의 채점】 경력평정의 채점은 기본경력 평정점수와 초과경력 평정점수를 합산하여 행한다.

제14조 【평정결과의 보고】 확인자는 경력평정을 실시한 때에는 그 결과를 경력평정표에 기록하여 평정후 10일이내에 평정대상자의 임용권자에게 보고하여야 한다.

제15조 【평정결과의 공개】 경력평정의 결과는 평정대상자의 요구가 있는 때에는 이를 알려 주어야 한다.

제3장 근무성적평정 등

제1절 교감 · 장학사 및 교육연구사의 근무성적평정

제16조 【평정의 기준】 ① 교감 · 장학사 및 교육연구사(이하 "교감등"이라 한다)의 근무성적의 평정은 당해 교감등의 근무실적 · 근무수행능력 및 근무수행태도를 평가한다.

② 근무성적평정자는 평정대상자로 하여금 평정대상기간 동안의 업무수행실적에 대하여 매 학년도 종료일을 기준으로 자기실적평가서를 작성하여 제출하게 하여야 한다.

④ 근무성적평정자는 근무성적평정시 다음 각호의 기준과 제2항의 규정에 의하여 평정대상자가 작성하여 제출한 자기실적평가서를 참작하여 평가하여야 한다.

1. 직위별로 타당한 요소의 기준에 의하여 평정할 것
2. 평정자의 주관을 배제하고 객관적 근거에 의하여 평정할 것
3. 신뢰성과 타당성을 보장하도록 할 것
4. 평정대상자의 근무성적을 종합적으로 분석 · 평가할 것

제18조 【평정자와 확인자】 근무성적의 평정자 및 확인자는 승진후보자명부작성권자가 정한다.

제19조 【평정의 시기】 근무성적평정은 매 학년도 종료일을 기준으로 하여 정기적으로 실시한다.

제21조 【평정점의 분포비율】 ① 교감등의 근무성적은 평정결과가 다음 각 호의 분포비율에 맞도록 평정하여야 한다. 다만, 제4호의 근무성적평정점에 해당하는 자가 없거나 그 비율 이하일 때에는 제4호의 비율을 적용하지 아니하고 이를 제3호에 가산할 수 있다.

1. 수(95점 이상) 30퍼센트
2. 우(90점 이상 95점 미만) 40퍼센트
3. 미(85점 이상 90점 미만) 20퍼센트
4. 양(85점 미만) 10퍼센트

② 제1항의 규정에 의한 평정점의 분포비율을 적용함에 있어서 평정자 및 확인자는 소속 평정대상자의 직위별로 평정분포 비율에 맞도록 평정하여야 한다.

③ 평정대상 교감등의 근무성적 총평정점은 특별한 사정이 없는 한 동일하지 아니하도록 하여야 한다.

제22조 【평정의 채점】 ① 교감등의 근무성적의 평정점은 100점을 만점으로 하되, 평정자의 평정점과 확인자의 평정점을 각각 50퍼센트로 환산한 후 그 환산된 점수를 합산하여 산출한다.
② 확인자가 교감등의 근무성적을 평정할 때에는 근무성적평정확인위원회의 심의를 거쳐야 한다.

제26조 【평정결과의 공개】 평정대상자의 요구가 있는 때에는 특별한 사정이 없는 한 본인의 최종 근무성적평정점을 알려주어야 한다. 09. 유초등, 04. 중등

제27조 【근무성적평정 결과의 활용】 교감등의 근무성적평정의 결과는 전보・포상등 인사관리에 반영하여야 한다.

제28조 【특별근무성적평정】 ①「공무원수당 등에 관한 규정」 제7조의2의 규정에 의한 성과상여금을 지급하기 위하여 제16조의 규정에 의한 근무성적평정결과 근무성적이 우수한 자에 대하여 특별근무성적평정을 실시할 수 있다.
② 제1항의 규정에 의한 특별근무성적평정 실시의 방법・시기 및 횟수등에 관하여 필요한 사항은 교육부장관이 정한다.

근무성적 평정자 및 확인자

학교 구분	평정대상자	평정자	확인자	평정대상자	평정자	확인자
초・중학교	교사	교감(1차) 동료교사 3~8명(2차)	교장	교감	교장	교육장(초)/ 부교육감(중)
고등학교	교사		교장	교감	교장	부교육감
전문직	시교육청 전문직	소속과장	부교육감	하급교육청 전문직	소속과장 (실장)	소속기관장

제2절 교사의 근무성적평정 등

제28조의2 【근무성적평정 및 다면평가의 실시 등】 ① 교사에 대하여는 매 학년도 종료일을 기준으로 하여 해당 교사의 근무실적・근무수행능력 및 근무수행태도에 관하여 근무성적평정과 다면평가를 정기적으로 실시하고, 각각의 결과를 합산한다. 04. 중등, 12・09・08. 유초등

제28조의3 【평정표 등】 ① 근무성적평정표는 별지 제4호 서식*에 따르고, 다면평가표는 별지 제4호의2 서식에 따르며, 근무성적평정 및 다면평가 합산표는 별지 제4호의3 서식에 따른다.
② 승진후보자명부작성권자는 필요하다고 인정하는 경우에는 교육부장관이 정하는 범위 안에서 조정위원회의 심의를 거쳐 근무성적평정표 및 다면평가표의 요소별 점수를 조정할 수 있다.

근무성적평정표 12. 유초등

평정사항	근무수행 태도	근무실적 및 근무수행능력			
평정요소	교육공무원으로서의 태도	학습지도	생활지도	전문성 개발	담당업무
평정점수(100점)	10	40	30	5	15

제28조의4 【평정자 등】 ① 근무성적의 평정자(교감) 및 확인자(교장)는 승진후보자명부작성권자가 정하고, 다면평가자는 제2항에 따라 근무성적의 확인자가 선정한다. 09・08. 유초등

② 근무성적의 확인자는 평가대상자의 동료 교사로서 제4항 제1호에 따른 선정기준을 충족하는 사람 중 다음 각 호의 구분에 따른 인원 이상을 다면평가자로 선정하여야 한다. 08. 유초등

1. 평가대상자가 15명 이하인 경우: 3명
2. 평가대상자가 16명 이상 20명 이하인 경우: 4명
3. 평가대상자가 21명 이상 25명 이하인 경우: 5명
4. 평가대상자가 26명 이상 30명 이하인 경우: 6명
5. 평가대상자가 31명 이상 35명 이하인 경우: 7명
6. 평가대상자가 36명 이상인 경우: 8명

③ 근무성적의 확인자는 근무성적의 평정자를 위원장으로 하고, 평가대상자의 동료 교사 중 3명 이상 7명 이하를 위원으로 하는 다면평가관리위원회(이하 이 조에서 "위원회"라 한다)를 구성·운영한다. 이 경우 위원회의 구성에 관한 기준 및 절차 등에 관하여 필요한 사항은 승진후보자명부작성권자가 정한다.

⑤ 근무성적평정과 다면평가 결과의 합산은 근무성적의 평정자와 확인자가 행한다.

제28조의6【근무성적평정 및 다면평가 합산점의 분포비율】 ① 근무성적평정점과 다면평가점을 합산한 결과는 다음 각 호의 분포비율에 맞도록 하여야 한다. 다만, 제4호의 근무성적평정 및 다면평가 합산점(이하 "합산점"이라 한다)에 해당하는 자가 없거나 그 비율 이하일 때에는 제4호의 비율을 적용하지 아니하고 이를 제3호에 가산할 수 있다. 04. 중등

1. 수(95점 이상) 30퍼센트
2. 우(90점 이상 95점 미만) 40퍼센트
3. 미(85점 이상 90점 미만) 20퍼센트
4. 양(85점 미만) 10퍼센트

구분	평정점의 분포비율			
평정점수	수	우	미	양
평점구간	95점 이상	90점 이상 95점 미만	85점 이상 90점 미만	85점 미만
분포비율	30%	40%	20%	10%(미의 20%에 가산 가능)

② 평정대상 교사의 합산점은 특별한 사정이 없는 한 동일하지 아니하도록 하여야 한다.

제28조의7【평정 등의 채점】 ① 근무성적의 평정점은 평정자가 100점 만점으로 평정한 점수를 20퍼센트로, 확인자가 100점 만점으로 평정한 점수를 40퍼센트로 환산한 후 그 환산된 점수를 합산하여 60점 만점으로 산출한다. 09·08. 유초등

② 다면평가점은 다면평가자가 수업교재 연구의 충실성 등 정성평가의 방법에 따라 100점 만점으로 평가한 점수를 32퍼센트로, 주당 수업시간 등 정량평가의 방법에 따라 100점 만점으로 평가한 점수를 8퍼센트로 각각 환산한 후 그 환산된 점수를 합산하여 40점 만점으로 산출한다.

③ 합산점은 근무성적평정점과 다면평가점을 합산하여 100점 만점으로 산출한다.

평정대상자	평정자		확인자
교사	교감	다면평가자(동료교사)	교장
100점 만점	20점	40점 • 정성평가 32% • 정량평가 8%	40점

제28조의9 【결과의 보고 등에 관한 준용】 ② 근무성적평정점과 다면평가점을 합산한 결과의 공개 및 활용에 관하여는 제26조(평정결과의 공개) 및 제27조(근무성적 평정결과의 활용)를 각각 준용하되, 제26조의 최종 근무성적평정점은 최종 합산점으로 본다.
③ 교사의 특별근무성적평정에 관하여는 제28조를 준용한다.

제4장 연수성적의 평정

제1절 총칙

제29조 【평정의 구분】 교육공무원의 연수성적평정은 교육성적평정과 연구실적평정으로 나눈다. 다만, 제2조 제1항 제1호(교감・교장) 및 제3호(장학관, 교육연구관)에 해당하는 사람의 연수성적평정은 교육성적평정만으로 한다.

제30조 【평정자와 확인자】 연수성적의 평정자와 확인자는 승진후보자명부작성권자가 정한다.

제31조 【평정의 시기 및 평정표】 ① 연수성적의 평정은 매 학년도 종료일을 기준으로 하여 실시하거나 또는 승진후보자명부의 조정시기에 실시한다.

제2절 교육성적평정

제32조 【교육성적평정】 ① 교육공무원의 교육성적평정은 직무연수성적과 자격연수성적(당해 직위 또는 별표 1에 의하여 가경력으로 평정되는 직위에서 방송통신대학교 초등교육과를 졸업하고 「초・중등교육법」 별표 2의 교사자격기준에 따라 상위자격을 취득한 경우나 교육대학원 또는 교육부장관이 지정하는 대학원 교육과에서 석사학위를 받고 「초・중등교육법」 별표 2의 교사자격기준에 따라 상위자격을 취득한 경우에는 그 성적을 말한다)으로 나누어 평정한 후 이를 합산한 성적으로 한다. 24. 국가직 7급, 12. 유초등
② 직무연수성적의 평정은 당해 직위에서 「교원 등의 연수에 관한 규정」에 의한 연수기관 또는 교육부장관이 지정한 연수기관에서 10년 이내에 이수한 60시간 이상의 직무연수성적을 제33조 제1항 제1호에 따라 환산한 직무연수환산성적 및 직무연수이수실적(교장・장학관・교육연구관승진후보자명부작성대상자는 제외한다)을 대상으로 평정한다. 다만, 교육공무원이 전직된 경우에는 전직 전의 직위 중의 이수한 직무연수(교육전문직원경력이 있는 교감은 교감자격증을 받은 후의 직무연수에 한하고, 교육전문직원은 교감등의 직위에서 이수한 직무연수에 한한다)를 포함하여 평정하며, 승진후보자명부작성권자는 직무연수성적평정의 대상이 되는 직무연수를 지정할 수 있다.
③ 자격연수성적의 평정은 다음 각호와 같이 한다. 이 경우 제1호 및 제2호에 해당하는 자의 자격연수성적에 대한 평정은 승진대상직위와 가장 관련이 깊은 자격연수성적하나만을 평정대상으로 한다.
1. 제2조 제1항 제1호의 규정에 해당하는 자: 교장자격연수성적
2. 제2조 제1항 제2호의 규정에 해당하는 자: 교감자격연수성적
3. 제2조 제1항 제3호의 규정에 해당하는 자: 당해 직위 또는 교원의 직위에서 받은 자격연수성적중 최근에 이수한 자격연수성적

④ 직무연수성적 및 자격연수성적의 평정점은 다음 각호의 1과 같이 한다.
1. 직무연수성적
   가. 교장・장학관・교육연구관승진후보자명부작성대상자: 6점
   나. 교감승진후보자명부작성대상자: 18점(60시간 이상의 직무연수 1회에 대한 연수성적의 평정점은 6점으로 한다)
2. 자격연수성적: 9점

제3절 연구실적평정

제34조 【연구실적평정】 교육공무원의 연구실적평정은 연구대회입상실적과 학위취득실적으로 나누어 평정한 후 이를 합산한 성적으로 한다.

제35조 【연구대회입상실적평정】 ① 연구대회입상실적평정은 해당 직위에서 다음 각 호의 어느 하나에 해당하는 실적을 대상으로 한다. 다만, 교육공무원이 전직을 한 경우에는 전직하기 전의 직위에서 입상한 연구실적을 포함하여 평정한다.

1. 국가·공공기관 또는 공공단체가 개최하는 교육에 관한 연구대회로서 교육부장관이 인정하는 전국규모의 연구대회(이하 "전국규모연구대회"라 한다)에서 입상한 연구실적
2. 특별시·광역시·특별자치시·도 또는 특별자치도(이하 "시·도"라 한다)의 교육청·지방공공기관 및 공공단체등이 개최하는 교육에 관한 연구대회로서 시·도교육감이 인정하는 시·도규모의 연구대회(이하 "시·도규모연구대회"라 한다)에서 입상한 연구실적

② 연구대회입상실적이 2인 공동작인 경우에는 각각 입상실적의 7할로 평정하고, 3인공동작인 경우에는 각각 그 입상실적의 5할로 평정하며, 4인이상 공동작인 경우에는 그 입상실적의 3할로 평정한다.

제36조 【학위취득실적평정】 교육공무원이 해당 직위에서 석사 또는 박사학위를 취득한 경우에는 그 취득학위 중 하나를 평정대상으로 하고, 교육공무원이 전직된 경우에는 전직 이전의 직위 중의 학위취득실적을 포함하여 평정한다. 다만, 제33조 제4항에 따라 자격연수성적으로 평정된 석사학위취득실적은 평정대상에서 제외한다.

제37조 【연구실적평정점】 ① 연구실적평정점은 3점을 초과할 수 없다.

평정	구분	대상	상한점	
교육 성적 평정	직무연수	「교원 등의 연수에 관한 규정」에 의한 연수기관 또는 교육부 장관이 지정한 연수기관에서 10년 이내에 이수한 60시간 이상의 직무연수의 성적 1. 교장·장학관·교육연구관승진후보자명부작성대상자: 6점 2. 교감승진후보자명부작성대상자: 18점(60시간 이상의 직무연수 1회에 대한 연수성적의 평정점은 6점으로 한다)	18점	27점
	자격연수	1. 교감(원감)으로서 교장(원장) 자격증을 받은 자: 교장(원장) 자격연수 성적 2. 교사로서 교감(원감) 자격증을 받은 자: 교감(원감) 자격연수 성적 3. 장학사·교육연구사로서 장학관·교육연구관 자격기준에 달한 자: 당해 또는 교원의 직위에서 받은 자격연수 중 최근에 이수한 자격연수 성적 ✐ 위의 제1호 및 제2호의 경우 승진대상 직위와 가장 관련이 깊은 자격연수 하나만 평정 ✐ 자격연수 성적은 당해 직위 또는 가경력으로 평정되는 직위에서 방송통신대 초등교육과 졸업성적 또는 교육대학원이나 대학원교육과에서 석사학위를 취득한 경우 그 성적 포함	9점	

연구실적평정	연구대회 입상실적	해당 직위에서 다음 각 호의 어느 하나에 해당하는 실적 1. 국가·공공기관, 공공단체가 개최하는 교육에 관한 연구대회로서 교육부 장관이 인정하는 '전국규모 연구대회'에 입상한 연구실적 ⇨ 1등급 1.50점, 2등급 1.25점, 3등급 1.00점 2. 시·도의 교육청, 지방공공기관 및 공공단체 등이 개최하는 교육에 관한 연구대회로서 시·도 교육감이 인정하는 '시·도 규모 연구대회'에서 입상한 연구실적 ⇨ 1등급 1.00점, 2등급 0.75점, 3등급 0.50점 ✎ 연구대회입상실적이 2인 공동작인 경우에는 각각 입상실적의 7할로 평정하고, 3인 공동작인 경우에는 각각 그 입상실적의 5할로 평정하며, 4인 이상 공동작인 경우에는 그 입상실적의 3할로 평정함.	3점	3점 (둘을 합산. 단, 3점을 초과하지 않음)
	학위 취득 실적	• 해당 직위에서 석사 또는 박사학위 취득한 경우 그 취득학위 중 하나를 평정 ⇨ 직무관련 학위(3점), 그 밖의 학위(석사 1점, 박사 1.5점) • 자격연수 성적으로 평정된 석사학위 취득 실적은 평정대상에서 제외함.	3점	
계			30점	

제4절 평정결과의 보고 및 공개

제38조【평정결과의 보고】 제14조의 규정은 연수성적평정의 결과보고에 관하여 이를 준용한다.

제39조【평정결과의 공개】 제15조의 규정은 연수성적평정 결과의 공개에 관하여 이를 준용한다.

제5장 승진후보자명부

제40조【명부의 작성】 ① 제2조 제1항 제1호(교감·교장) 및 제3호(장학사, 교육연구사)에 해당하는 사람에 대해서는 승진될 직위별로 나누어 승진후보자명부(이하 "명부"라 한다)를 작성하되, 경력평정점 70점, 근무성적평정점 100점, 연수성적평정점 15점을 각각 만점으로 평정하여 그 평정점을 합산한 점수가 높은 승진후보자의 순서대로 등재하며, 그 명부는 별지 제6호서식에 따른다.

② 제2조 제1항 제2호(교사)에 해당하는 자에 대하여는 별지 제6호의2서식을 사용하여 명부를 작성하되, 경력평정점 70점, 합산점 100점, 연수성적평정점 30점을 각각 만점으로 평정하여 그 평정점을 합산한 점수가 높은 승진후보자의 순서대로 등재한다.

③ 제1항에 따른 근무성적평정점은 명부의 작성기준일부터 3년 이내에 해당 직위에서 평정한 평정점을 대상으로 하여 다음 계산방식에 따라 산정한다. 이 경우 평정점의 평균을 계산함에 있어서 제20조 제2항 및 같은 조 제5항부터 제7항까지의 규정에 따라 평정한 평정점은 해당 평정단위 학년도의 평정점으로 본다.

> 근무성적평정점 = (최근 1년 이내 평정점 × 34/100) + (최근 1년전 2년 이내 평정점 × 33/100) + (최근 2년전 3년 이내 평정점 × 33/100)

④ 제2항에 따른 합산점은 명부의 작성기준일부터 5년 이내에 해당 직위에서 평정한 합산점 중에서 평정대상자에게 유리한 3년을 선택하여 다음의 계산 방식에 따라 산정한다. 이 경우 합산점의 평균을 계산할 때 제20조 제2항 및 같은 조 제5항부터 제7항까지의 규정에 따라 평정한 근무성적평정점 및 다면평가점은 각각 해당 평정단위 학년도의 평정점 및 평가점으로 본다.

합산점 = (명부의 작성기준일부터 가장 가까운 학년도의 합산점 × 34/100) + (명부의 작성기준일부터 두 번째 가까운 학년도의 합산점 × 33/100) + (명부의 작성기준일부터 세 번째 가까운 학년도의 합산점 × 33/100)

제41조 【가산점】 ① 교육공무원으로서 해당 직위에서 제3항 및 제5항에 따라 가산점이 산정된 사람에 대해서는 명부작성권자가 제40조에 따른 각 평정점의 합산점수에 가산점을 더하되, 전직을 한 경우에는 전직하기 전의 직위에서 취득한 가산점(교육전문직원 경력이 있는 교감은 교감의 자격증을 받은 후의 가산점만을 말하며, 교육전문직원은 교감등의 직위에서 취득한 가산점만을 말한다)을 포함한다.

② 가산점은 공통가산점과 선택가산점으로 구분한다.

③ 공통가산점은 다음 각 호의 기준에 따라 산정한다. 05. 유초등

1. 교육부장관이 지정한 연구학교(시범·실험학교를 포함한다. 이하 같다)의 교원으로 근무한 경력은 월 0.018점(1개월 미만인 경우에는 일 0.0006점). 이 경우 가산점의 총합계는 1점을 초과할 수 없다.
2. 교육공무원으로 재외국민교육기관에 파견근무한 경력은 월 0.015점(1개월 미만인 경우에는 일 0.0005점). 이 경우 가산점의 총합계는 0.5점을 초과할 수 없다.
3. 「교원 등의 연수에 관한 규정」 제6조 제1항의 규정에 의한 직무연수중 동 규정 제8조의2의 규정에 의하여 연수이수실적이 학점으로 기록·관리되는 경우에는 1학점당 0.02점. 이 경우 명부작성권자는 0.12점의 범위안에서 학년도별 상한점을 정할 수 있고, 1점의 범위안에서 가산점의 총합계를 정할 수 있다.
4. 교원이 다음 각 목의 어느 하나에 해당하는 학교폭력의 예방 및 대응 관련 실적이 있는 경우에 「학교폭력예방 및 대책에 관한 법률」 제11조 제11항에 따라 교육감이나 그 밖의 명부작성권자가 부여하는 가산점 0.1점. 이 경우 가산점의 총합계는 1점을 초과할 수 없다.
   가. 학교폭력 예방을 위한 교육·홍보·상담
   나. 학교폭력 발생 점검 및 실태조사
   다. 학교폭력 대응 조치 및 사후관리

④ 제3항 제4호의 가산점은 학교폭력의 예방 및 대응과 관련된 일년간의 실적 전체를 하나의 실적으로 보아 산정하며, 해당 실적에 대한 구체적인 인정 기준은 교육부장관이 정한다.

⑤ 선택가산점은 다음 각 호의 어느 하나에 해당하는 사유가 있는 자에게 명부작성권자가 항목 및 점수의 기준을 정하여 산정할 수 있다. 이 경우 선택가산점의 총합계는 10점을 초과할 수 없고, 그 기준은 평정기간이 시작되기 6개월 전에 공개하여야 한다. 12. 유초등

1. 「도서·벽지교육진흥법」 제2조에 따른 도서벽지에 있는 교육기관 또는 교육행정기관에 근무한 경력이 있는 경우
2. 읍·면·동지역의 농어촌 중 명부작성권자가 농어촌교육의 진흥을 위하여 특별히 지정한 지역의 학교에 근무한 경력이 있는 경우
3. 그 밖의 교육발전 또는 교육공무원의 전문성 신장 등을 위해 명부작성권자가 필요하다고 인정하는 경력이나 실적이 있는 경우

⑥ 명부작성권자는 가산점을 산정함에 있어서 동일한 평정기간 중 2 이상의 가산점 경력 또는 실적이 중복하는 경우에는 그 중 유리한 경력 하나만을 인정하는 기준을 정할 수 있다. 다만, 공통가산점의 경우에는 제3항 제1호에 따른 연구학교에 근무한 경력이 중복되는 경우에 한하고, 공통가산점과 선택가산점간 경력 또는 실적이 중복되어 그 중 하나만을 인정하는 경우에는 공통가산점이 우선한다.

제43조【명부의 작성시기】 명부는 매년 3월 31일을 기준으로 작성한다.

제45조【동점자의 순위결정】 ① 명부의 작성에 있어서 동점자가 2인이상인 때에는 다음 각호의 순위에 의하여 그 순위자를 결정한다.

1. 근무성적이 우수한 자
2. 현직위에 장기근무한 자
3. 교육공무원으로서 계속 장기근무한 자

② 제1항의 규정에 의하여서도 순위가 결정되지 아니할 때에는 명부작성권자가 그순위를 결정한다.

제46조【명부의 제출】 명부작성권자는 그가 작성한 명부를 작성시기로부터 10일이내에 임용권자 또는 임용제청권자에게 제출하여야 한다. 명부를 조정한 경우에 조정한 부분에 관하여도 또한 같다.

제48조【명부순위의 공개】 명부작성권자는 명부에 등재된 교육공무원의 요구가 있는 때에는 본인의 명부순위를 알려 주어야 한다.

승진기준 및 평정배점

평정내용			평정점
경력평정			70점 / 평정기간: 20년
근무성적평정			100점 / 평정요소: 5개(10~40점)
연수성적 평정	연수	직무연수	18점
		자격연수	9점
		계	27점
	연구실적		3점
	합계		30점
가산점	공통가산점 (교육부장관)		3.5점(연구·시범·실험학교 1점, 재외국민교육기관 파견 근무 0.5점, 연수이수실적 학점 1점, 학교폭력 유공 실적 1점)
	선택가산점 (시·도 교육청)		10점(도서벽지 교육기관 또는 교육행정기관 근무 경력, 농어촌 학교 근무 경력, 그 밖의 명부작성권자가 인정한 경력이나 실적)
	합계		13.5점
총평정점			213.5점

03 주요 기출문제

01 교육공무원의 승진제도에 대한 설명으로 옳지 않은 것은? 24. 국가직7급

① 현행 교육공무원의 승진제도는 연공과 실적을 절충하는 형태로 이루어진다.
② 경력평정은 매 학년도 종료일을 기준으로 하여 정기적으로 실시한다.
③ 교사의 근무성적평정은 매 학기 종료일을 기준으로 동료교사의 다면평가 결과를 합산한 성적으로 한다.
④ 교육공무원의 교육성적평정은 직무연수성적과 자격연수성적으로 나누어 평정한 후 이를 합산한 성적으로 한다.

해설 「교육공무원 승진규정」 제28조의2(근무성적평정 및 다면평가의 실시 등) 제1항에 따르면 교사에 근무성적평정은 매 학년도 종료일(2월 말일)을 기준으로 하여 해당 교사의 근무실적·근무수행능력 및 근무수행태도에 관하여 근무성적평정[평정자(교감), 확인자(교장)]과 다면평가(동료교사 3~8명)를 정기적으로 실시하고, 각각의 결과를 합산한 성적으로 평정한다. ①은 「교육공무원법」 제13조("교육공무원의 승진임용은 같은 종류의 직무에 종사하는 바로 아래 직급의 사람 중에서 대통령령으로 정하는 바에 따라 경력평정, 재교육성적, 근무성적, 그 밖에 실제 증명되는 능력에 의하여 한다"). ②는 「교육공무원 승진규정」 제6조(평정의 시기), ④는 제32조(교육성적평정) 제1항에 해당한다.

02 현행 공립학교 교사의 승진 규정에 대한 설명으로 옳은 것을 모두 고르면? 12. 유초등임용

> ㄱ. 경력은 기본경력과 초과경력으로 나뉘며, 기본경력은 평정시기로부터 15년을 초과경력은 기본경력전 5년을 평정기간으로 한다.
> ㄴ. 교육성적 평정은 자격연수성적과 특별연수성적을 합산하여 산출한다.
> ㄷ. 근무성적 평정요소 중 학습지도의 배점이 가장 높다.
> ㄹ. 선택가산점은 학교장이 정한 기준에 따라 평정한다.

① ㄱ, ㄴ ② ㄱ, ㄷ ③ ㄱ, ㄹ
④ ㄷ, ㄹ ⑤ ㄴ, ㄷ, ㄹ

해설 「교육공무원 승진규정」에 따라 ㄱ은 제7조(경력의 종류)와 제8조(경력의 평정기간)에 해당하며, ㄷ은 제28조의2(근무성적평정 및 다면평가의 실시 등)와 제28조의5(평정표 등)에 해당한다. 교사의 근무실적 평정은 근무실적·근무수행능력(학습지도 40점, 생활지도 30점, 담당업무 15점, 전문성 개발 5점] 및 근무수행태도(교육공무원으로서의 태도 10점)를 평가하는 데, 이 중에 학습지도의 배점이 제일 높다. ㄴ은 교육성적 평정은 직무연수성적(18점)과 자격연수성적(9점)을 합산하여 산출하며[제32조(교육성적 평정) 제1항], ㄹ은 선택가산점은 명부작성권자(임용권자 또는 임용제청권자 중에서 교육부장관이 지정)가 항목 및 점수의 기준을 정하여 산정할 수 있다[제41조(가산점) 제5항].

03 현행 「교육공무원 승진 규정」에 근거할 때, 공립학교 교사 근무 성적평정에 대한 설명으로 옳은 것은?

08. 유초등임용

① 근무성적의 확인자가 다면평가자를 구성한다.
② 다면평가자는 평가대상자의 동료교사 2인으로 한다.
③ 근무성적평정은 매년 2월 말을 기준으로 하여 정기적으로 실시한다.
④ 다면평가점과 근무성적평정점을 각각 50점 만점으로 하여 합산한다.

해설 「교육공무원 승진규정」 제28조의4(평정자 등) 제1항에 따르면 교사의 다면평가자는 근무성적의 확인자(학교장)가 선정한다. ②는 제2항에 따라 평가대상자의 동료 교사로서 제4항 제1호에 따른 다면평가관리위원회가 정한 선정기준을 충족하는 사람 중 3명에서 8명 이상을 다면평가자로 선정하여야 한다. ③은 제28조의2(근무성적평정 및 다면평가의 실시 등) 제1항에 따라 '매년 2월말'이 아닌 매 학년도(3월 1일부터 다음 연도 2월 말일까지로 한다) 종료일을 기준으로 하여 정기적으로 실시한다. ④는 제28조의7(평정 등의 채점)에 따라 근무성적평정점 60점(평정자 20점, 확인자 40점)과 다면평가점 40점(정성평가 32점, 정량평가 8점)을 합산하여 100점 만점으로 산출한다.

04 현행 교육공무원승진규정상 초등학교 교사의 근무성적평정에 대한 설명으로 옳은 것을 고르면?

09. 유초등임용 응용

ㄱ. 평정자는 교감, 확인자는 학교장이다.
ㄴ. 평정시기는 매년 2월 말일을 기준으로 정기적으로 실시한다.
ㄷ. 평정결과는 평정대상자의 요구가 있더라도 공개하지 않는다.
ㄹ. 근무성적평정 사항은 자질 및 태도, 근무실적 및 근무수행능력으로 구성된다.
ㅁ. 근무성적평정의 채점은 평정자 20점, 확인자 40점, 다면평가자 40점을 합산한다.

① ㄱ, ㄴ, ㄷ
② ㄱ, ㄷ, ㄹ
③ ㄱ, ㄹ, ㅁ
④ ㄴ, ㄷ, ㄹ
⑤ ㄷ, ㄹ, ㅁ

해설 「교육공무원 승진규정」에 따르면 ㄱ은 제28조의4(평정자 등), ㄹ은 제28조의2(근무성적평정 및 다면평가의 실시 등) 제1항, ㅁ은 제28조의7(평정 등의 채점)에 해당하다. ㄴ은 제28조의4에 따라 매 학년도 종료일을 기준으로 하여 실시하는데, '매년 2월 말일'이라는 표현은 특정 날짜만을 반영한다고 오해를 줄 수 있으므로, 법령의 취지에 따라 학년도 전체를 반영하여 2월 말일에 평가가 완료된다고 표현하는 것이 적절하다. ㄷ은 제15조(평정결과의 공개)에 따라 경력평정의 결과는 평정대상자의 요구가 있는 때에는 이를 알려 주어야 한다.

정답 01 ③ 02 ② 03 ① 04 ③

05 교원의 승진 가산점 중 공통 가산점이 아닌 것은?

05. 유초등임용 응용

① 도서·벽지 지역에 있는 학교에서 근무한 경력
② 교육공무원으로 재외 국민 교육기관에 파견 근무한 경력
③ 교육부 장관이 지정한 연구학교의 교원으로 근무한 경력
④ 교원 등의 연수에 관한 규정에 의해 기록·관리되는 연수 이수 학점

해설 「교육공무원 승진규정」 제41조(가산점) 제3항에 따르면 교육부장관이 지정한 연구학교(시범·실험학교를 포함)의 교원으로 근무한 경력 1점(③), 교육공무원으로 재외국민교육기관에 파견근무한 경력 0.5점(②), 「교원 등의 연수에 관한 규정」의 규정에 의한 직무연수 중 동 규정 제8조의2의 규정에 의하여 연수이수실적이 학점으로 기록·관리되는 경우 1점(④), 교원이 학교폭력의 예방 및 대응 관련 실적이 있는 경우 1점 등 총 합계 3.5점을 초과할 수 없다. ①은 제5항에 따르면 명부작성권자(시·도 교육감)가 항목 및 점수의 기준을 정하여 산정할 수 있는 선택가산점에 해당한다. 이 밖에도 농어촌 학교 근무 경력, 명부작성권자가 인정한 경력이나 실적이 있는데, 이 경우 선택가산점의 총합계는 10점을 초과할 수 없고, 그 기준은 평정기간이 시작되기 6개월 전에 공개하여야 한다.

06 교사의 현행 '근무성적평정제도'에 대한 설명으로 옳은 것은?

04. 중등임용 응용

① 근무성적평정 결과는 공개하지 아니한다.
② 근무성적평정 점수는 상대평가를 적용하여 산출한다.
③ 매년 12월 31일을 기준으로 하여 정기적으로 실시한다.
④ 평정요소 중 '근무수행태도'에 대한 배점이 가장 높다.

해설 「교육공무원 승진규정」 제28조의6(근무성적평정 및 다면평가 합산점의 분포비율) 제1항에 따르면 근무성적평정점과 다면평가점을 합산한 결과는 수(95점 이상) 30%, 우(90점 이상 95점 미만) 40%, 미(85점 이상 90점 미만) 20%, 양(85점 미만) 10%의 분포비율에 맞도록 '상대평가'를 적용한다. 이때 '양'은 '미'에 가산하여 평가할 수 있다. ①은 제15조(평정결과의 공개)에 따라 경력평정의 결과는 평정대상자의 요구가 있는 때에는 이를 알려 주어야 한다. ③은 제28조의2(근무성적평정 및 다면평가의 실시 등)에 따라 매 학년도 종료일을 기준으로 하여 정기적으로 실시한다. ④는 제28조의2(근무성적평정 및 다면평가의 실시 등)와 제28조의5(평정표 등)에 해당한다. 교사의 근무실적 평정은 근무실적·근무수행능력(학습지도 40점, 생활지도 30점, 담당업무 15점, 전문성 개발 5점] 및 근무수행태도(교육공무원으로서의 태도 10점)를 평가하는데, 이 중에 학습지도의 배점이 제일 높다.

03 실전 예상문제

01 **「교육공무원 승진규정」에 따라 승진후보자 명부 작성 시 반드시 고려해야 할 요소가 아닌 것은?**

① 근무성적평정 점수
② 연수성적평정 점수
③ 교원임용고사 점수
④ 경력평정 점수

해설 「교육공무원 승진규정」 제40조(명부의 작성) 제1항에 따르면 승진후보자명부는 경력평정점 70점, 근무성적평정점 100점, 연수성적평정점 15점을 각각 만점으로 평정하여 그 평정점을 합산한 점수가 높은 승진후보자의 순서대로 등재한다.

02 **「교육공무원 승진규정」에 따른 경력평정에 대한 설명으로 옳지 않은 것은?**

① 경력평정은 당해 교육공무원의 인사기록카드에 의하여 평정한다.
② 경력의 평정자와 확인자는 승진후보자명부 작성권자가 정한다.
③ 경력평정은 매 학년도(3월 1일부터 다음 연도 2월 말일까지로 한다.) 종료일을 기준으로 하여 정기적으로 실시한다.
④ 기본경력은 제9조의 규정에 의한 평정대상경력으로서 평정시기로부터 20년을 평정기간으로 하고, 초과경력은 기본경력전 5년을 평정기간으로 한다.

해설 「교육공무원 승진규정」 제8조(경력의 평정기간)에 따르면 기본경력은 평정시기로부터 15년을 평정기간으로 하고, 초과경력은 기본경력전 5년을 평정기간으로 한다. ①은 제4조(평정의 기초), ②는 제5조(평정자와 확인자), ③은 제6조(평정의 시기)에 해당한다.

정답 05 ① 06 ② / 01 ③ 02 ④

03 「교육공무원 승진규정」에 따른 교사의 근무성적평정에 대하여 바르게 진술한 것은?

① 교사에 대하여는 매 학년도 12월 31일을 기준으로 하여 해당 교사의 근무실적 · 근무수행능력 및 근무수행태도에 관하여 근무성적평정과 다면평가를 정기적으로 실시하고, 각각의 결과를 합산한다.

② 근무성적의 평정자 및 확인자는 승진후보자명부작성권자가 정하고, 다면평가자는 근무성적의 평가자가 선정한다.

③ 다면평가자는 평가대상자의 동료교사 중에서 선정하되, 평가대상자의 수에 따라 3명에서 8명 이상을 선정하여야 한다.

④ 근무성적평정 및 다면평가 합산점의 분포비율은 수, 우, 미, 양, 가의 5단계 상대평가를 적용한다.

해설 「교육공무원 승진규정」 제28조의4(평정자 등) 제2항에 따르면 근무성적의 확인자는 평가대상자의 동료 교사로서 제4항 제1호에 따른 선정기준을 충족하는 사람 중 평가대상자에 따라 3명에서 8명 이상을 다면평가자로 선정하여야 한다. ①은 제28조의2(근무성적평정 및 다면평가의 실시 등)에 따라 매 학년도 종료일을 기준으로 하며, ②는 제28조의4(평정자 등) 제1항에 따라 다면평가자는 근무성적의 확인자(학교장)가 선정한다. ④는 제28조의6(근무성적평정 및 다면평가 합산점의 분포비율)에 따라 수, 우, 미, 양의 4단계로 실시하며, 양은 미에 가산할 수 있다.

평가대상자 수	15명 이하	16명 이상 20명 이하	21명 이상 25명 이하	26명 이상 30명 이하	31명 이상 35명 이하	36명 이상
다면평가자 수	3명	4명	5명	6명	7명	8명

04 「교육공무원 승진규정」에 따른 교사의 근무성적 평정에 대한 설명으로 잘못된 것은?

① 근무성적의 평정점은 평정자가 100점 만점으로 평정한 점수를 20퍼센트로, 확인자가 100점 만점으로 평정한 점수를 40퍼센트로 환산한 후 그 환산된 점수를 합산하여 60점 만점으로 산출한다.

② 다면평가점은 다면평가자가 수업교재 연구의 충실성 등 정성평가의 방법에 따라 100점 만점으로 평가한 점수를 32퍼센트로, 주당 수업시간 등 정량평가의 방법에 따라 100점 만점으로 평가한 점수를 8퍼센트로 각각 환산한 후 그 환산된 점수를 합산하여 40점 만점으로 산출한다.

③ 합산점은 근무성적평정점과 다면평가점을 합산하여 100점 만점으로 산출한다.

④ 교사의 근무성적평정점과 다면평가점을 합산한 결과의 분포 비율 중 '수'는 20% 이내로 평정해야 한다.

해설 「교육공무원 승진규정」 제28조의6(근무성적평정 및 다면평가 합산점의 분포비율)에 따르면 '수'는 30% 이내로 평정해야 한다. ①은 제28조의7(평정 등의 채점) 제1항, ②는 제2항, ③은 제3항에 해당한다.

구분	평정점의 분포비율			
평정점수	수	우	미	양
평점구간	95점 이상	90점 이상 95점 미만	85점 이상 90점 미만	85점 미만
분포비율	30%	40%	20%	10%(미의 20%에 가산 가능)

정답 03 ③ 04 ④

04 교원의 지위 향상 및 교육활동 보호를 위한 특별법(교원지위법)

관련 이론 제13장 교육행정 – 제10절 교육인사행정론 및 학교실무 4 교원의 근무조건과 사기

1 주요 내용

제1조 【목적】 이 법은 교원에 대한 예우와 처우를 개선하고 신분보장과 교육활동에 대한 보호를 강화함으로써 교원의 지위를 향상시키고 교육 발전을 도모하는 것을 목적으로 한다.

제2조 【교원에 대한 예우】 ① 국가, 지방자치단체, 그 밖의 공공단체는 교원이 사회적으로 존경받고 높은 긍지와 사명감을 가지고 교육활동을 할 수 있는 여건을 조성하도록 노력하여야 한다.
② 국가, 지방자치단체, 그 밖의 공공단체는 교원이 학생에 대한 교육과 지도를 할 때 그 권위를 존중받을 수 있도록 특별히 배려하여야 한다.
③ 국가, 지방자치단체, 그 밖의 공공단체는 그가 주관하는 행사 등에서 교원을 우대하여야 한다.
④ 제1항부터 제3항까지에서 규정한 사항 외에 교원에 대한 예우에 필요한 사항은 대통령령으로 정한다.

제3조 【교원 보수의 우대】 ① 국가와 지방자치단체는 교원의 보수를 특별히 우대하여야 한다.
② 「사립학교법」 제2조에 따른 학교법인과 사립학교 경영자는 그가 설치・경영하는 학교 교원의 보수를 국공립학교 교원의 보수 수준으로 유지하여야 한다. 07. 유초등

제4조 【교원의 불체포특권】 교원은 현행범인인 경우 외에는 소속 학교의 장의 동의 없이 학원 안에서 체포되지 아니한다. 17. 국가직 7급, 12・09・05. 중등

제5조 【학교 안전사고로부터의 보호】 ① 각급학교 교육시설의 설치・관리 및 교육활동 중에 발생하는 사고로부터 교원과 학생을 보호함으로써 교원이 그 직무를 안정되게 수행할 수 있도록 하기 위하여 학교안전공제회를 설립・운영한다.
② 학교안전공제회에 관하여는 따로 법률로 정한다.

제6조 【교원의 신분보장 등】 ① 교원은 형(刑)의 선고, 징계처분 또는 법률로 정하는 사유에 의하지 아니하고는 그 의사에 반하여 휴직・강임(降任) 또는 면직을 당하지 아니한다. 07. 유초등
② 교원은 해당 학교의 운영과 관련하여 발생한 부패행위나 이에 준하는 행위 및 비리 사실 등을 관계 행정기관 또는 수사기관 등에 신고하거나 고발하는 행위로 인하여 정당한 사유 없이 징계조치 등 어떠한 신분상의 불이익이나 근무조건상의 차별을 받지 아니한다.
③ 교원이 「아동학대범죄의 처벌 등에 관한 특례법」 제2조 제4호에 따른 아동학대범죄로 신고된 경우 임용권자는 정당한 사유 없이 직위해제 처분을 하여서는 아니 된다.

제7조 【교원소청심사위원회의 설치】 ① 각급학교 교원의 징계처분과 그 밖에 그 의사에 반하는 불리한 처분(「교육공무원법」 제11조의4 제4항 및 「사립학교법」 제53조의2 제6항에 따른 교원에 대한 재임용 거부처분을 포함한다. 이하 같다)에 대한 소청심사(訴請審査)를 하기 위하여 교육부에 교원소청심사위원회(이하 "심사위원회"라 한다)를 둔다. 09. 국가직

제9조 【소청심사의 청구 등】 ① 교원이 징계처분과 그 밖에 그 의사에 반하는 불리한 처분에 대하여 불복할 때에는 그 처분이 있었던 것을 안 날부터 30일 이내에 심사위원회에 소청심사를 청구할 수 있다. 이 경우에 심사청구인은 변호사를 대리인으로 선임(選任)할 수 있다. 07. 유초등

② 본인의 의사에 반하여 파면 · 해임 · 면직처분을 하였을 때에는 그 처분에 대한 심사위원회의 최종 결정이 있을 때까지 후임자를 보충 발령하지 못한다. 다만, 제1항의 기간 내에 소청심사청구를 하지 아니한 경우에는 그 기간이 지난 후에 후임자를 보충 발령할 수 있다.

제10조 【소청심사 결정 등】 ① 심사위원회는 소청심사청구를 접수한 날부터 60일 이내에 이에 대한 결정을 하여야 한다. 다만, 심사위원회가 불가피하다고 인정하면 그 의결로 30일을 연장할 수 있다.

④ 제1항에 따른 심사위원회의 결정에 대하여 교원, 「사립학교법」 제2조에 따른 학교법인 또는 사립학교 경영자 등 당사자(공공단체는 제외한다)는 그 결정서를 송달받은 날부터 30일 이내에 「행정소송법」으로 정하는 바에 따라 소송을 제기할 수 있다.

제11조 【교원의 지위 향상을 위한 교섭 · 협의】 ① 「교육기본법」 제15조 제1항에 따른 교원단체는 교원의 전문성 신장과 지위 향상을 위하여 특별시 · 광역시 · 특별자치시 · 도 및 특별자치도(이하 "시 · 도"라 한다) 교육감이나 교육부장관과 교섭 · 협의한다. 07. 유초등, 06. 중등

② 시 · 도 교육감(이하 "교육감"이라 한다)이나 교육부장관은 제1항에 따른 교섭 · 협의에 성실히 응하여야 하며, 합의된 사항을 시행하기 위하여 노력하여야 한다.

제12조 【교섭 · 협의 사항】 제11조 제1항에 따른 교섭 · 협의는 교원의 처우 개선, 근무조건 및 복지후생과 전문성 신장에 관한 사항을 그 대상으로 한다. 다만, 교육과정과 교육기관 및 교육행정기관의 관리 · 운영에 관한 사항은 교섭 · 협의의 대상이 될 수 없다.

제13조 【교원지위향상심의회의 설치】 ① 제11조 제1항에 따른 교섭 · 협의 과정에서 당사자로부터 교섭 · 협의 사항에 관한 심의요청이 있는 경우 이를 심의하기 위하여 교육부와 시 · 도에 각각 교원지위향상심의회를 두되 교육부는 7명 이내, 시 · 도는 5명 이내의 위원으로 구성한다. 다만, 위원장을 제외한 위원의 2분의 1은 교원단체가 추천한 사람으로 한다.

② 교원지위향상심의회의 운영과 위원의 자격 및 선임에 관하여 필요한 사항은 대통령령으로 정한다.

제14조 【교원의 교육활동 보호에 관한 종합계획의 수립 · 시행 등】 ① 국가, 지방자치단체, 그 밖의 공공단체는 교원이 교육활동을 원활하게 수행할 수 있도록 적극 협조하여야 한다.

② 교육부장관은 교원의 교육활동 보호 정책을 효율적으로 추진하기 위하여 관계 중앙행정기관의 장과의 협의를 거쳐 5년마다 교원의 교육활동 보호에 관한 종합계획(이하 "종합계획"이라 한다)을 수립 · 시행하여야 한다.

③ 종합계획에는 다음 각 호의 내용이 포함되어야 한다.

1. 교원의 교육활동 보호 정책의 추진 목표 및 전략
2. 교육활동 침해행위와 관련된 조사 · 관리 및 교원의 보호조치에 관한 사항
3. 교육활동 보호와 관련된 유아 및 학생 생활지도에 관한 사항
4. 교육활동과 관련된 분쟁의 조정, 교원에 대한 법률 상담 및 변호사 선임 등 소송 지원에 관한 사항
5. 교원에 대한 민원 등의 조사 및 관리에 관한 사항
6. 그 밖에 교원의 교육활동 보호를 위하여 필요하다고 인정되는 사항

④ 교육부장관은 교원의 교육활동 여건의 변화 등으로 종합계획을 변경할 필요가 있는 경우에는 관계 중앙행정기관의 장과의 협의를 거쳐 종합계획을 변경할 수 있다. 다만, 대통령령으로 정하는 경미한 사항을 변경하는 경우에는 그러하지 아니하다.

⑤ 교육부장관은 제2항 및 제4항에 따라 종합계획을 수립하거나 변경하였을 때에는 지체 없이 이를 관계 중앙행정기관의 장 및 교육감에게 통보하여야 한다.

⑥ 교육부장관은 종합계획을 수립 · 시행하기 위하여 필요한 경우 관계 중앙행정기관의 장, 교육감, 관계 기관 또는 단체의 장에게 협조를 요청할 수 있다. 이 경우 요청을 받은 중앙행정기관의 장, 교육감, 관계 기관 또는 단체의 장은 정당한 사유가 없으면 이에 협조하여야 한다.

⑦ 교육부장관은 매년 제2항에 따른 종합계획의 추진현황 및 실적 등에 관한 보고서를 국회에 제출하여야 한다.

⑧ 그 밖에 종합계획의 수립 · 시행 및 보고서 제출 등에 필요한 사항은 대통령령으로 정한다.

제15조【시행계획의 수립 · 시행】 ① 교육감은 제14조 제2항의 종합계획에 따라 관할 구역 내 교원의 교육활동 보호에 관한 시행계획(이하 "시행계획"이라 한다)을 매년 수립 · 시행하여야 한다.

② 교육감은 제1항에 따라 시행계획을 수립하였을 때에는 이를 지체 없이 교육부장관에게 제출하여야 한다.

제18조【교권보호위원회의 설치 · 운영】 ①「유아교육법」에 따른 유치원 및「초 · 중등교육법」에 따른 학교(이하 "고등학교 이하 각급학교"라 한다) 교원의 교육활동 보호에 관한 다음 각 호의 사항을 심의하기 위하여 시 · 도 교육청에 교권보호위원회(이하 "시 · 도교권보호위원회"라 한다)를 둔다.

1. 제15조에 따른 시행계획의 수립
2. 제2항에 따른 지역교권보호위원회에서 조정되지 아니한 분쟁의 조정
3. 그 밖에 교육감이 교원의 교육활동 보호를 위하여 시 · 도교권보호위원회의 심의가 필요하다고 인정하는 사항

제19조【교육활동 침해행위】 이 법에서 "교육활동 침해행위"란 고등학교 이하 각급학교에 소속된 학생 또는 그 보호자(친권자, 후견인 및 그 밖에 법률에 따라 학생을 부양할 의무가 있는 자를 말한다. 이하 같다) 등이 교육활동 중인 교원에 대하여 다음 각 호의 어느 하나에 해당하는 행위를 하는 것을 말한다.

1. 다음 각 목의 어느 하나에 해당하는 범죄 행위
   가.「형법」 제2편 제8장(공무방해에 관한 죄), 제11장(무고의 죄), 제25장(상해와 폭행의 죄), 제30장(협박의 죄), 제33장(명예에 관한 죄), 제314조(업무방해) 또는 제42장(손괴의 죄)에 해당하는 범죄 행위
   나.「성폭력범죄의 처벌 등에 관한 특례법」 제2조 제1항에 따른 성폭력범죄 행위
   다.「정보통신망 이용촉진 및 정보보호 등에 관한 법률」 제44조의7 제1항에 따른 불법정보 유통 행위
   라. 그 밖에 다른 법률에서 형사처벌 대상으로 규정한 범죄 행위로서 교원의 교육활동을 침해하는 행위
2. 교원의 교육활동을 부당하게 간섭하거나 제한하는 행위로서 다음 각 목의 어느 하나에 해당하는 행위
   가. 목적이 정당하지 아니한 민원을 반복적으로 제기하는 행위
   나. 교원의 법적 의무가 아닌 일을 지속적으로 강요하는 행위
   다. 그 밖에 교육부장관이 정하여 고시하는 행위

제20조【피해교원에 대한 보호조치 등】 ① 고등학교 이하 각급학교의 지도 · 감독기관(국립의 고등학교 이하 각급학교의 경우에는 교육부장관, 공립 · 사립의 고등학교 이하 각급학교의 경우에는 교육감을 말한다. 이하 "관할청"이라 한다)과 그 학교의 장은 교육활동 침해행위 사실을 알게 된 경우 즉시 교육활동 침해행위로 피해를 입은 교원(이하 "피해교원"이라 한다)의 치유와 교권 회복에 필요한 다음 각 호의 조치(이하 "보호조치"라 한다)를 하여야 한다.

1. 심리상담 및 조언
2. 치료 및 치료를 위한 요양
3. 그 밖에 치유와 교권 회복에 필요한 조치

② 관할청과 고등학교 이하 각급학교의 장은 교육활동 침해행위 사실을 알게 된 경우 교원의 반대의사 등 특별한 사유가 없으면 즉시 가해자와 피해교원을 분리(이하 "분리조치"라 한다)하여야 한다. 이 경우 분리조치된 가해자가 학생인 경우에는 별도의 교육방법을 마련·운영하여야 한다.

③ 고등학교 이하 각급학교의 장은 제1항 또는 제2항에 따른 조치를 한 경우 지체 없이 관할청에 교육활동 침해행위의 내용과 조치 결과를 보고하여야 하며, 교육감은 대통령령으로 정하는 중대한 사항의 경우에 이를 교육부장관에게 즉시 보고하여야 한다.

④ 제3항에 따라 보고받은 관할청은 교육활동 침해행위가 관계 법률의 형사처벌규정에 해당한다고 판단하면 관할 수사기관에 고발할 수 있다.

⑤ 피해교원의 보호조치에 필요한 비용은 교육활동 침해행위를 한 학생의 보호자 등이 부담하여야 한다. 다만, 피해교원의 신속한 치료를 위하여 피해교원 또는 고등학교 이하 각급학교의 장이 원하는 경우에는 관할청이 부담하고 이에 대한 구상권을 행사할 수 있다.

⑥ 제2항에 따른 특별한 사유 및 분리조치의 방법·기간·장소, 제5항에 따른 보호조치 비용부담 및 구상권의 범위·절차 등에 필요한 사항은 대통령령으로 정한다.

제21조 【법률지원단의 구성 및 운영】 ① 교육감은 「학교폭력예방 및 대책에 관한 법률」 제2조 제1호에 따른 학교폭력이 발생한 경우 또는 교육활동과 관련하여 분쟁이 발생한 경우에 해당 교원에게 법률 상담을 제공하기 위하여 변호사 등 법률전문가가 포함된 법률지원단을 구성·운영하여야 한다.

② 제1항에 따른 법률지원단의 구성 및 운영에 필요한 사항은 교육부령 또는 시·도의 교육규칙으로 정한다.

제22조 【교원보호공제사업】 ① 교육감은 교육활동과 관련된 각종 분쟁이나 소송 등으로부터 교원을 보호하기 위하여 공제사업(이하 "교원보호공제사업"이라 한다)을 운영·관리할 수 있다.

② 교원보호공제사업의 범위에는 다음 각 호의 사항이 포함된다.

1. 교원의 교육활동으로 발생한 손해배상금의 지원 및 구상권 행사 지원(교원의 고의 또는 중과실이 있는 경우는 제외한다)
2. 교육활동 침해행위로 발생한 상해·상담·심리치료 비용 지원 및 교원이 위협을 받는 경우 보호 서비스 지원
3. 교원의 정당한 교육활동과 관련하여 발생한 법률적 분쟁에 대한 민사상 또는 형사상 소송비용의 지원

③ 교육감은 「학교안전사고 예방 및 보상에 관한 법률」 제15조에 따른 학교안전공제회 등에 교원보호공제사업의 운영을 위탁하여 수행할 수 있다. 이 경우 교육감은 소속 교원의 의견을 충분히 수렴하여야 한다.

④ 그 밖에 교원보호공제사업의 관리 및 운영에 필요한 사항은 대통령령으로 정한다.

제23조 【특별휴가】 피해교원은 교육부장관이 정하는 바에 따라 특별휴가를 사용할 수 있다.

제24조 【교육활동 침해행위 예방교육】 ① 고등학교 이하 각급학교의 장은 교직원·학생·학생의 보호자를 대상으로 교육활동 침해행위 예방교육을 매년 1회 이상 실시하여야 한다.

② 고등학교 이하 각급학교의 장은 제1항에 따른 교육프로그램의 구성 및 운영 등을 전문단체 또는 전문가에게 위탁할 수 있다.

③ 고등학교 이하 각급학교의 장은 제1항에 따른 교육프로그램의 구성 및 운영 계획을 교직원·학생·학생의 보호자가 쉽게 확인할 수 있도록 학교 홈페이지에 게시하고, 그 밖에 다양한 방법으로 학부모에게 알릴 수 있도록 노력하여야 한다.

④ 그 밖에 교육활동 침해행위 예방교육의 실시 등에 필요한 사항은 대통령령으로 정한다.

제25조【교육활동 침해학생에 대한 조치 등】 ① 고등학교 이하 각급학교의 장은 소속 학생이 교육활동 침해행위를 한 사실을 알게 된 경우에는 지역교권보호위원회에 알려야 한다.

② 지역교권보호위원회는 제1항 및 제28조에 따라 교육활동 침해행위 사실을 알게 된 경우에는 교육활동 침해행위를 한 학생(이하 "침해학생"이라 한다)에 대하여 다음 각 호의 어느 하나에 해당하는 조치를 할 것을 교육장에게 요청하여야 한다. 다만, 퇴학처분은 의무교육과정에 있는 학생에 대하여는 적용하지 아니한다.

1. 학교에서의 봉사
2. 사회봉사
3. 학내외 전문가에 의한 특별교육 이수 또는 심리치료
4. 출석정지
5. 학급교체
6. 전학
7. 퇴학처분

③ 교육장은 제2항 제4호부터 제6호까지의 조치를 받은 학생이 「학교폭력예방 및 대책에 관한 법률」 제17조 제3항에 따라 교육감이 정한 기관에서 특별교육을 이수하거나 심리치료를 받도록 하여야 한다. 다만, 제2항 제6호에 따른 조치는 특별교육 또는 심리치료 전에 우선적으로 시행한다.

④ 교육장은 제2항 제1호 및 제2호의 조치를 받은 학생이 「학교폭력예방 및 대책에 관한 법률」 제17조 제3항에 따라 교육감이 정한 기관에서 특별교육 또는 심리치료를 받게 할 수 있다.

⑤ 교육장은 제2항부터 제4항까지의 규정에 따른 특별교육 또는 심리치료에 해당 학생의 보호자도 참여하게 하여야 한다. 이 경우 보호자는 학생과 함께 특별교육을 받아야 한다.

⑥ 지역교권보호위원회는 제2항 각 호의 어느 하나에 해당하는 조치를 교육장에게 요청하기 전에 해당 학생이나 보호자에게 의견을 진술할 기회를 주는 등 적정한 절차를 거쳐야 한다.

⑦ 교육장은 제2항에 따른 요청을 받은 날부터 14일 이내에 해당 조치를 하여야 한다. 이 경우 고등학교 이하 각급학교의 장은 조치의 이행에 협조하여야 한다.

⑧ 교육장은 제2항에 따른 조치를 한 때에는 침해학생과 그 보호자에게 이를 통지하여야 하며, 침해학생이 해당 조치를 거부하거나 회피하는 때에는 지역교권보호위원회는 제2항 제4호부터 제7호까지의 조치를 가중하여 교육장에게 요청할 수 있다.

⑨ 침해학생이 제2항 제1호부터 제3호까지의 규정에 따른 조치를 받은 경우 또는 제3항 및 제4항에 따른 특별교육 및 심리치료를 받은 경우 이와 관련된 결석은 학교의 장이 인정하는 때에는 이를 출석일수에 산입할 수 있다.

⑩ 제2항에 따라 교육장이 한 조치에 대하여 이의가 있는 학생 또는 그 보호자는 「행정심판법」에서 정하는 바에 따라 행정심판을 청구할 수 있다.

⑪ 그 밖에 조치별 적용 기준 및 절차 등에 필요한 사항은 대통령령으로 정한다.

제26조【교육활동 침해 보호자 등에 대한 조치】 ① 고등학교 이하 각급학교의 장은 소속 학생의 보호자 등이 교육활동 침해행위를 한 사실을 알게 된 경우에는 지역교권보호위원회에 알려야 한다.

② 지역교권보호위원회는 제1항 및 제28조에 따라 교육활동 침해행위 사실을 알게 된 경우에는 교육활동 침해행위를 한 보호자 등에 대하여 다음 각 호의 어느 하나에 해당하는 조치를 할 것을 교육장에게 요청할 수 있다.

1. 서면사과 및 재발방지 서약
2. 교육감이 정하는 기관에서의 특별교육 이수 또는 심리치료

③ 지역교권보호위원회는 제2항 각 호의 어느 하나에 해당하는 조치를 교육장에게 요청하기 전에 해당 보호자 등에게 의견을 진술할 기회를 주는 등 적정한 절차를 거쳐야 한다.

④ 교육장은 제2항에 따른 요청을 받은 날부터 14일 이내에 해당 조치를 하여야 한다.

제27조 【교육활동 침해행위의 축소 · 은폐 금지 등】 ① 고등학교 이하 각급학교의 장은 교육활동 침해행위를 축소하거나 은폐해서는 아니 된다.

② 관할청은 제20조 제3항에 따라 보고받은 자료를 해당 학교 또는 해당 학교의 장에 대한 업무 평가 등에 부정적인 자료로 사용해서는 아니 된다.

③ 교육감은 관할 구역에서 교육활동 침해행위가 발생한 때에 해당 학교의 장 또는 소속 교원이 그 경과 및 결과를 보고하면서 축소 또는 은폐를 시도한 경우에는 「교육공무원법」 제50조 및 「사립학교법」 제62조에 따른 징계위원회에 징계의결을 요구하여야 한다.

제28조 【교육활동 침해행위에 대한 신고의무】 ① 교육활동 침해행위를 보거나 그 사실을 알게 된 자는 학교 등 관계 기관에 이를 즉시 신고하여야 한다.

② 제1항에 따라 신고를 받은 기관은 이를 침해학생 및 그 보호자 등과 소속 학교의 장에게 통보하여야 한다.

③ 제2항에 따라 통보를 받은 소속 학교의 장은 이를 지역교권보호위원회에 지체 없이 알려야 한다.

④ 누구든지 제1항에 따라 교육활동 침해행위를 신고한 사람에게 그 신고행위를 이유로 불이익을 주어서는 아니 된다.

제29조 【교육활동보호센터의 지정 등】 ① 관할청은 교육활동 침해행위를 예방하고, 피해교원의 정신적 피해에 대한 치유 지원 등 심리적 회복이 필요한 교원을 지원하기 위하여 전문인력 및 시설 등 대통령령으로 정하는 요건을 갖춘 기관 또는 단체를 교육활동보호센터로 지정할 수 있다.

② 관할청은 제1항에 따른 교육활동보호센터의 운영에 드는 비용의 전부 또는 일부를 예산의 범위에서 지원할 수 있다.

제30조 【비밀누설 금지 등】 ① 이 법에 따라 교육활동 침해행위 관련 업무, 시 · 도교권보호위원회 및 지역교권보호위원회 관련 업무를 수행하거나 수행하였던 사람은 그 직무상 알게 된 비밀, 교육활동 침해행위를 한 사람 및 피해교원과 관련된 자료를 누설하여서는 아니 된다.

② 제1항에 따른 비밀의 구체적인 범위는 대통령령으로 정한다.

③ 시 · 도교권보호위원회 및 지역교권보호위원회의 회의는 공개하지 아니한다. 다만, 피해교원, 침해학생 또는 그 보호자가 회의록의 열람 · 복사 등 회의록 공개를 신청한 때에는 학생과 그 가족의 성명, 주민등록번호 및 주소, 위원의 성명 등 개인정보에 관한 사항을 제외하고 공개하여야 한다.

제31조 【교원의 근무환경 실태조사】 ① 관할청은 「도서 · 벽지 교육진흥법」 제2조에 따른 도서 · 벽지에서 근무하는 교원의 근무환경 실태를 파악하기 위하여 3년마다 실태조사를 실시하여야 한다.

② 제1항에 따른 실태조사의 내용, 방법 및 절차 등에 관하여 필요한 사항은 대통령령으로 정한다.

04 주요 기출문제

01 「교원의 지위 향상 및 교육활동 보호를 위한 특별법」에서 보장되는 교원의 권리에 대한 내용으로 옳지 않은 것은? 07. 유초등임용 응용

① 교원은 현행 범인인 경우를 제외하고는 소속 학교의 장의 동의 없이 학원 안에서 체포되지 아니한다.

② 교원은 교직단체를 통하여 교원의 전문성 신장과 지위의 향상을 위하여 교육장 또는 단위 학교장과 교섭・협의한다.

③ 교원은 형의 선고, 징계처분 또는 법률이 정하는 사유에 의하지 아니하고는 그 의사에 반하여 휴직・강임 또는 면직을 당하지 아니한다.

④ 교원이 징계처분 그 밖에 그 의사에 반하는 불리한 처분에 대하여 불복이 있을 때에는 그 처분이 있었던 것을 안 날부터 30일 이내에 교원소청심사위원회에 소청심사를 청구할 수 있다.

해설 ②의 경우 「교원의 지위 향상 및 교육활동 보호를 위한 특별법」 제11조(교원의 지위 향상을 위한 교섭・협의)에 따르면 「교육기본법」 제15조 제1항에 따른 교원단체는 교원의 전문성 신장과 지위 향상을 위하여 시・도 교육감이나 교육부장관과 교섭・협의한다. ①은 제4조(교원의 불체포특권), ③은 제6조(교원의 신분보장 등) 제1항, ④는 제9조(소청심사의 청구 등) 제1항에 해당한다. ④의 경우 심사위원회는 소청심사청구를 접수한 날부터 60일 이내에 이에 대한 결정을 하여야 한다. 다만, 심사위원회가 불가피하다고 인정하면 그 의결로 30일을 연장할 수 있다. 처분권자는 심사위원회의 결정서를 송달받은 날부터 30일 이내에 제1항에 따른 결정의 취지에 따라 구제조치를 하여야 하고, 그 결과를 심사위원회에 제출하여야 한다. 또한, 심사위원회의 결정에 대하여 교원, 「사립학교법」 제2조에 따른 학교법인 또는 사립학교 경영자 등 당사자(공공단체는 제외한다)는 그 결정서를 송달받은 날부터 30일 이내에 「행정소송법」으로 정하는 바에 따라 소송을 제기할 수 있다.

02 교원에 대한 설명으로 옳은 것은? 17. 국가직 7급

① 「교육공무원법」상 초・중등 교원의 정년은 60세이다.

② 「교원의 지위 향상 및 교육활동 보호를 위한 특별법」상 교원은 현행범인인 경우 외에는 소속 학교의 장의 동의 없이 학원 안에서 체포되지 아니한다.

③ 「교원의 노동조합 설립 및 운영 등에 관한 법률」상 교원에게는 단결권, 단체교섭권, 단체행동권이 각각 보장된다.

④ 「교육기본법」상 교원은 대통령령으로 정하는 바에 따라 다른 공직에 취임할 수 있다.

해설 ②는 「교원의 지위 향상 및 교육활동 보호를 위한 특별법」 제4조(불체포특권), 「교육공무원법」 제48조(불체포특권)에 해당한다. ①에서 「교육공무원법」 제47조(정년) 제1항에 따르면 교원 정년은 62세(「고등교육법」상 교원은 65세)이며, 60세는 「국가공무원법」 제74조」 제1항에 따른 (일반직) 공무원의 정년에 해당한다. ③에서 단체행동권은 금지되어 있고[제8조(쟁의행위 금지)], ④에서 「교육기본법」 제14조(교원) 제5항에 따르면, 교원은 법률이 정하는 바에 따라 다른 공직에 취임할 수 있다.

정답 01 ② 02 ②

03 각급 학교교원이 징계처분을 받았을 경우, 이에 불복하여 심사 및 구제절차를 요청할 수 있는 기관은?

09. 국가직

① 헌법재판소 ② 교원소청심사위원회
③ 고충처리위원회 ④ 교원징계재심위원회

해설 「교원의 지위 향상 및 교육활동 보호를 위한 특별법」 제7조(교원소청심사위원회의 설치) 제1항에 따르면 "각급학교 교원의 징계처과 각급학교 교원의 징계처분과 그 밖에 그 의사에 반하는 불리한 처분(「교육공무원법」 제11조의4 제4항 및 「사립학교법」 제53조의2 제6항에 따른 교원에 대한 재임용 거부처분을 포함한다. 이하 같다)에 대한 소청심사(訴請審査)를 하기 위하여 교육부에 둔다"고 명시하고 있다. 교원소청심사위원회(이하 "심사위원회"라 한다)를 둔다. 교원의 징계처분에 불복할 때에는 징계처분이 있었던 것을 안 날로부터 30일 이내에 심사위원회에 소청심사를 청구할 수 있다(제9조). 심사위원회는 소청심사청구를 접수한 날부터 60일 이내에 이에 대한 결정을 하여야 한다. ③은 「교육공무원법」 제49조(고충처리)에 따라 교육공무원은 누구나 인사·조직·처우 등 각종 직무조건과 그 밖의 신상문제에 대하여 인사상담이나 고충의 심사를 청구할 수 있으며, 교육공무원의 고충을 심사하기 위하여 교육부에 교육공무원 중앙고충심사위원회를 두고, 임용권자 또는 임용제청권자 단위로 교육공무원 보통고충심사위원회를 두되 교육공무원 중앙고충심사위원회의 기능은 「교원의 지위 향상 및 교육활동 보호를 위한 특별법」에 따른 교원소청심사위원회에서 관장한다.

04 실전 예상문제

01 「교원의 지위 향상 및 교육활동 보호를 위한 특별법」(교원지위법)의 목적에 대한 설명으로 옳지 않은 것은?

① 교원에 대한 예우와 처우를 개선한다.
② 교원의 신분보장과 교육활동에 대한 보호를 강화한다.
③ 교원의 지위를 향상시키고 교육 발전을 도모한다.
④ 교원의 단결권·단체교섭권을 보장하고 교육자치를 실현한다.

해설 「교원의 지위 향상 및 교육활동 보호를 위한 특별법」 제1조는 교원의 예우와 처우 개선(①), 신분보장과 교육활동 보호 강화(②)를 통해 교원의 지위 향상과 교육 발전을 도모(③)하는 것을 목적으로 한다고 명시하고 있다. ④에서 교원의 단결권·단체교섭권 보장은 「교원의 노동조합 설립 및 운영 등에 관한 법률」, 교육자치 실현은 「지방교육자치에 관한 법률」의 목적에 해당한다.

02 「교원의 지위 향상 및 교육활동 보호를 위한 특별법」에 따른 교원에 대한 예우와 우대에 대한 내용으로 옳지 않은 것은?

① 국가, 지방자치단체, 그 밖의 공공단체는 교원이 사회적으로 존경받고 높은 긍지와 사명감을 가지고 교육활동을 할 수 있는 여건을 조성하도록 노력하여야 한다.

② 국가와 지방자치단체는 교원의 보수를 특별히 우대하여야 한다.

③ 「사립학교법」 제2조에 따른 학교법인과 사립학교 경영자는 그가 설치·경영하는 학교 교원의 보수를 국공립학교 교원의 보수 수준으로 유지하여야 한다.

④ 교원은 소속 학교의 장의 동의 없이 학원 안에서 체포되지 아니한다.

해설 「교원의 지위 향상 및 교육활동 보호를 위한 특별법」 제4조(교원의 불체포특권)는 현행범인인 경우 외에만 적용된다. ①은 제2조(교원에 대한 예우) 제1항, ②는 제3조(교원 보수의 우대) 제1항, ③은 제3조 제2항에 해당한다.

03 「교원의 지위 향상 및 교육활동 보호를 위한 특별법」에 따른 교원의 신분보장 등에 대한 진술로 잘못된 것은?

① 교원은 형(刑)의 선고, 징계처분 또는 법률로 정하는 사유에 의하지 아니하고는 그 의사에 반하여 휴직·강임(降任) 또는 면직을 당하지 아니한다.

② 교원은 해당 학교의 운영과 관련하여 발생한 부패행위나 이에 준하는 행위 및 비리 사실 등을 관계 행정기관 또는 수사기관 등에 신고하거나 고발하는 행위로 인하여 정당한 사유 없이 징계조치 등 어떠한 신분상의 불이익이나 근무조건상의 차별을 받지 아니한다.

③ 교원이 「아동학대범죄의 처벌 등에 관한 특례법」 제2조 제4호에 따른 아동학대범죄로 신고된 경우 임용권자는 정당한 사유 없이 직위해제 처분을 하여서는 아니 된다.

④ 각급학교 교원의 징계처분과 그 밖에 그 의사에 반하는 불리한 처분(「교육공무원법」 제11조의4제4항 및 「사립학교법」 제53조의2제6항에 따른 교원에 대한 재임용 거부처분을 포함한다.)에 대한 소청심사(訴請審査)를 하기 위하여 시·도교육청에 교원소청심사위원회를 둔다.

해설 「교원의 지위 향상 및 교육활동 보호를 위한 특별법」 제7조(교원소청심사위원회의 설치) 제1항에 따르면 교원소청심사위원회는 교육부에 설치한다. ①은 제6조(교원의 신분보장 등) 제1항, ②는 제2항, ③은 제3항에 해당한다.

정답 03 ② / 01 ④ 02 ④ 03 ④

04 (가)와 (나)에 알맞은 내용은?

> • 제9조【소청심사의 청구 등】① 교원이 징계처분과 그 밖에 그 의사에 반하는 불리한 처분에 대하여 불복할 때에는 (가)에 교원소청심사위원회(이하 "심사위원회"라 한다)에 소청심사를 청구할 수 있다. 이 경우에 심사청구인은 변호사를 대리인으로 선임(選任)할 수 있다.
> • 제10조【소청심사 결정 등】① 심사위원회는 (나)에 이에 대한 결정을 하여야 한다. 다만, 심사위원회가 불가피하다고 인정하면 그 의결로 30일을 연장할 수 있다.

	(가)	(나)
①	그 처분이 있었던 것을 안 날부터 30일 이내	소청심사청구를 접수한 날부터 60일 이내
②	그 처분이 있었던 날부터 30일 이내	소청심사청구를 접수한 날부터 60일 이내
③	그 처분이 있었던 것을 안 날부터 60일 이내	소청심사청구를 접수한 날부터 30일 이내
④	그 처분이 있었던 날부터 60일 이내	소청심사청구를 접수한 날부터 30일 이내

해설 「교원의 지위 향상 및 교육활동 보호를 위한 특별법」 제9조 제1항에 따르면 소청심사의 청구는 그 처분이 있었던 것을 안 날부터 30일 이내에 심사위원회에 청구할 수 있다. 제10조 제1항에 따르면 소청심사 결정은 소청심사청구를 접수한 날부터 60일 이내에 결정을 하여야 한다.

05 「교원의 지위 향상 및 교육활동 보호를 위한 특별법」에 따른 교원의 지위향상을 위한 교섭·협의에 대한 진술로 잘못된 것은?

① 「교육기본법」 제15조 제1항에 따른 교원단체는 교원의 전문성 신장과 지위 향상을 위하여 시·도 교육감이나 교육부장관과 교섭·협의한다.

② 교섭·협의는 교원의 처우 개선, 근무조건 및 복지후생과 전문성 신장에 관한 사항을 그 대상으로 한다.

③ 교육과정과 교육기관 및 교육행정기관의 관리·운영에 관한 사항도 교섭·협의의 대상이 될 수 있다.

④ 교섭·협의 과정에서 당사자로부터 교섭·협의 사항에 관한 심의요청이 있는 경우 이를 심의하기 위하여 교육부와 시·도에 각각 교원지위향상심의회를 둔다.

해설 「교원의 지위 향상 및 교육활동 보호를 위한 특별법」 제12조(교섭·협의 사항)에 따르면 교육과정과 교육기관 및 교육행정기관의 관리·운영에 관한 사항은 교섭·협의의 대상이 될 수 없다. ①은 제11조(교원의 지위 향상을 위한 교섭·협의) 제1항, ②는 제12조, ④는 제13조(교원지위향상심의회의 설치) 제1항에 해당한다.

06 「교원의 지위 향상 및 교육활동 보호를 위한 특별법」에 따른 내용으로 옳지 않은 것은?

① 교육부장관은 교원의 교육활동 보호 정책을 효율적으로 추진하기 위하여 관계 중앙행정기관의 장과의 협의를 거쳐 5년마다 교원의 교육활동 보호에 관한 종합계획을 수립·시행하여야 한다.

② 교육감은 종합계획에 따라 관할 구역 내 교원의 교육활동 보호에 관한 시행계획을 매년 수립·시행하여야 한다.

③ 교육부장관 및 교육감은 교원의 교육활동에 대한 보호를 강화하기 위하여 교육활동 침해행위, 피해교원 보호조치, 교육활동 침해행위를 한 학생 및 그 보호자 등에 대한 조치 등에 대하여 실태조사를 해야만 한다.

④ 교육감은 교원의 정당한 학생생활지도 행위가 아동학대범죄로 신고되어 소속 교원에 대한 조사 또는 수사가 진행되는 경우에는 해당 시·도, 시·군·구 또는 수사기관에 해당 사안에 대한 의견을 신속히 제출하여야 한다.

해설 「교원의 지위 향상 및 교육활동 보호를 위한 특별법」 제16조(실태조사) 제1항에 따르면 실태조사를 실시하는 것은 권장사항이지 의무사항이 아니다. ①은 제14조(교원의 교육활동 보호에 관한 종합계획의 수립·시행 등) 제1항, ②는 제15조(시행계획의 수립·시행) 제1항, ④는 제17조(아동학대 사안에 대한 교육감의 의견제출) 제1항에 해당한다.

07 「교원의 지위 향상 및 교육활동 보호를 위한 특별법」에 따라 시·도 교육청에 설치되는 위원회는?

① 교원소청심사위원회

② 교권보호위원회

③ 교원지위향상심의회

④ 학교폭력대책심의위원회

해설 「교원의 지위 향상 및 교육활동 보호를 위한 특별법」 제18조에 따르면 유치원 및 초·중등학교 교원의 교육활동 보호에 관한 사항을 심의하기 위하여 시·도 교육청에 교권보호위원회를 설치한다. ①은 교육부에 설치되며, ③은 교육부와 시·도에 각각 설치되고, ④는 「학교폭력 예방 및 대책에 관한 법률」에 따라 시·군·구 교육지원청에 설치된다.

08 「교원의 지위 향상 및 교육활동 보호를 위한 특별법」에 따른 교육활동 침해행위로 볼 수 없는 것은?

① 「형법」 제2편 제37장 권리행사를 방해하는 죄

② 목적이 정당하지 아니한 민원을 반복적으로 제기하는 행위

③ 「정보통신망 이용촉진 및 정보보호 등에 관한 법률」 제44조의7 제1항에 따른 불법정보 유통 행위

④ 교원의 법적 의무가 아닌 일을 지속적으로 강요하는 행위

해설 ①은 「교원의 지위 향상 및 교육활동 보호를 위한 특별법」 제19조에 따른 교육활동 침해행위에 해당하지 않는다. 「형법」의 경우 제2편 제8장(공무방해에 관한 죄), 제11장(무고의 죄), 제25장(상해와 폭행의 죄), 제30장(협박의 죄), 제33장(명예에 관한 죄), 제314조(업무방해) 또는 제42장(손괴의 죄)에 해당하는 범죄 행위만 해당된다. 이 외에 「성폭력범죄의 처벌 등에 관한 특례법」 제2조 제1항에 따른 성폭력범죄 행위, 다른 법률에서 형사처벌 대상으로 규정한 범죄 행위로서 교원의 교육활동을 침해하는 행위, 그 밖에 교육부장관이 정하여 고시하는 행위가 포함된다.

정답 04 ① 05 ③ 06 ③ 07 ② 08 ①

05 교원의 노동조합 설립 및 운영 등에 관한 법률(교원노조법)

관련 이론 • 제13장 교육행정 – 제10절 교육인사행정론 및 학교실무 6 교원노조

1 주요 내용

제1조 【목적】 이 법은 「국가공무원법」 제66조 제1항 및 「사립학교법」 제55조에도 불구하고 「노동조합 및 노동관계조정법」 제5조 제1항 단서에 따라 교원의 노동조합 설립에 관한 사항을 정하고 교원에 적용할 「노동조합 및 노동관계조정법」에 대한 특례를 규정함을 목적으로 한다. 07. 영양교사

제2조 【정의】 이 법에서 "교원"이란 다음 각 호의 어느 하나에 해당하는 사람을 말한다.

1. 「유아교육법」 제20조 제1항에 따른 교원
2. 「초·중등교육법」 제19조 제1항에 따른 교원
3. 「고등교육법」 제14조 제2항 및 제4항에 따른 교원. 다만, 강사는 제외한다.

제3조 【정치활동의 금지】 교원의 노동조합(이하 "노동조합"이라 한다)은 어떠한 정치활동도 하여서는 아니 된다. 10. 국가직, 18 국가직 7급

제4조 【노동조합의 설립】 ① 제2조 제1호·제2호에 따른 교원(유치원·초중등교원)은 특별시·광역시·특별자치시·도·특별자치도(이하 "시·도"라 한다) 단위 또는 전국 단위로만 노동조합을 설립할 수 있다*. 10. 국가직

✎ 시·군·구 교육지원청 단위나 단위학교 교원노조 설립은 금지

② 제2조 제3호에 따른 교원(대학교 교원)은 개별학교 단위, 시·도 단위 또는 전국 단위로 노동조합을 설립할 수 있다. 10. 유초등

③ 노동조합을 설립하려는 사람은 고용노동부장관에게 설립신고서를 제출하여야 한다. 06. 중등

제4조의2 【가입 범위】 노동조합에 가입할 수 있는 사람의 범위는 다음 각 호와 같다. 10. 국가직, 06. 유초등

1. 교원
2. 교원으로 임용되어 근무하였던 사람으로서 노동조합 규약으로 정하는 사람

제5조 【노동조합 전임자의 지위】 ① 교원은 임용권자의 동의를 받아 노동조합으로부터 급여를 지급받으면서 노동조합의 업무에만 종사할 수 있다. 10. 국가직, 03. 중등, 06. 유초등

② 제1항에 따라 동의를 받아 노동조합의 업무에만 종사하는 사람[이하 "전임자"(專任者)라 한다]은 그 기간 중 「교육공무원법」 제44조 및 「사립학교법」 제59조에 따른 휴직명령을 받은 것으로 본다.

④ 전임자는 그 전임기간 중 전임자임을 이유로 승급 또는 그 밖의 신분상의 불이익을 받지 아니한다.

제5조의2 【근무시간 면제자 등】 ① 교원은 단체협약으로 정하거나 임용권자가 동의하는 경우 제2항 및 제3항에 따라 결정된 근무시간 면제 한도를 초과하지 아니하는 범위에서 보수의 손실 없이 제6조 제1항 각 호의 구분에 따른 자와의 협의·교섭, 고충처리, 안전·보건활동 등 이 법 또는 다른 법률에서 정하는 업무와 건전한 노사관계 발전을 위한 노동조합의 유지·관리업무를 할 수 있다.

제6조 【교섭 및 체결 권한 등】 ① 노동조합의 대표자는 그 노동조합 또는 조합원의 임금, 근무 조건, 후생복지 등 경제적·사회적 지위 향상에 관하여 다음 각 호의 구분에 따른 자와 교섭하고 단체협약을 체결할 권한을 가진다. 08. 국가직 7급, 06. 중등

1. 제4조 제1항에 따른(유치원·초중등교원으로 설립한) 노동조합의 대표자의 경우: 교육부장관, 시·도 교육감 또는 사립학교 설립·경영자. 이 경우 사립학교 설립·경영자는 전국 또는 시·도 단위로 연합하여 교섭에 응하여야 한다. 10. 유초등

2. 제4조 제2항에 따른(대학교교원으로 설립한) 노동조합의 대표자의 경우: 교육부장관, 특별시장·광역시장·특별자치시장·도지사·특별자치도지사(이하 "시·도지사"라 한다), 국·공립학교의 장 또는 사립학교 설립·경영자

④ 노동조합의 대표자는 제1항에 따라 교육부장관, 시·도지사, 시·도 교육감, 국·공립학교의 장 또는 사립학교 설립·경영자와 단체교섭을 하려는 경우에는 교섭하려는 사항에 대하여 권한을 가진 자에게 서면으로 교섭을 요구하여야 한다.

⑤ 교육부장관, 시·도지사, 시·도 교육감, 국·공립학교의 장 또는 사립학교 설립·경영자는 제4항에 따라 노동조합으로부터 교섭을 요구받았을 때에는 교섭을 요구받은 사실을 공고하여 관련된 노동조합이 교섭에 참여할 수 있도록 하여야 한다.

⑥ 교육부장관, 시·도지사, 시·도 교육감, 국·공립학교의 장 또는 사립학교 설립·경영자는 제4항과 제5항에 따라 교섭을 요구하는 노동조합이 둘 이상인 경우에는 해당 노동조합에 교섭창구를 단일화하도록 요청할 수 있다. 이 경우 교섭창구가 단일화된 때에는 교섭에 응하여야 한다. 06. 중등

⑦ 교육부장관, 시·도지사, 시·도 교육감, 국·공립학교의 장 또는 사립학교 설립·경영자는 제1항부터 제6항까지에 따라 노동조합과 단체협약을 체결한 경우 그 유효기간 중에는 그 단체협약의 체결에 참여하지 아니한 노동조합이 교섭을 요구하여도 이를 거부할 수 있다.

⑧ 제1항에 따른 단체교섭을 하거나 단체협약을 체결하는 경우에 관계 당사자는 국민여론과 학부모의 의견을 수렴하여 성실하게 교섭하고 단체협약을 체결하여야 하며, 그 권한을 남용하여서는 아니 된다.

⑨ 제1항, 제2항 및 제4항부터 제8항까지에 따른 단체교섭의 절차 등에 관하여 필요한 사항은 대통령령으로 정한다.

제7조【단체협약의 효력】 ① 제6조 제1항에 따라 체결된 단체협약의 내용 중 법령·조례 및 예산에 의하여 규정되는 내용과 법령 또는 조례에 의하여 위임을 받아 규정되는 내용은 단체협약으로서의 효력을 가지지 아니한다. 10. 유초등

② 교육부장관, 시·도지사, 시·도 교육감, 국·공립학교의 장 및 사립학교 설립·경영자는 제1항에 따라 단체협약으로서의 효력을 가지지 아니하는 내용에 대하여는 그 내용이 이행될 수 있도록 성실하게 노력하여야 한다.

제8조【쟁의행위의 금지】 노동조합과 그 조합원은 파업, 태업 또는 그 밖에 업무의 정상적인 운영을 방해하는 어떠한 쟁의행위(爭議行爲)도 하여서는 아니 된다. 06. 유초등

제9조【노동쟁의의 조정신청 등】 ① 제6조에 따른 단체교섭이 결렬된 경우에는 당사자 어느 한쪽 또는 양쪽은 「노동위원회법」 제2조에 따른 중앙노동위원회(이하 "중앙노동위원회"라 한다)에 조정(調停)을 신청할 수 있다.

② 제1항에 따라 당사자 어느 한쪽 또는 양쪽이 조정을 신청하면 중앙노동위원회는 지체 없이 조정을 시작하여야 하며 당사자 양쪽은 조정에 성실하게 임하여야 한다.

③ 조정은 제1항에 따른 신청을 받은 날부터 30일 이내에 마쳐야 한다.

제10조【중재의 개시】 중앙노동위원회는 다음 각 호의 어느 하나에 해당하는 경우에는 중재(仲裁)를 한다.

1. 제6조에 따른 단체교섭이 결렬되어 관계 당사자 양쪽이 함께 중재를 신청한 경우
2. 중앙노동위원회가 제시한 조정안을 당사자의 어느 한쪽이라도 거부한 경우
3. 중앙노동위원회 위원장이 직권으로 또는 고용노동부장관의 요청에 따라 중재에 회부한다는 결정을 한 경우

제12조【중재재정의 확정 등】 ① 관계 당사자는 중앙노동위원회의 중재재정(仲裁裁定)이 위법하거나 월권(越權)에 의한 것이라고 인정하는 경우에는 「행정소송법」 제20조에도 불구하고 중재재정서를 송달받은 날부터 15일 이내에 중앙노동위원회 위원장을 피고로 하여 행정소송을 제기할 수 있다.

② 제1항의 기간 이내에 행정소송을 제기하지 아니하면 그 중재재정은 확정된다.

05 주요 기출문제

01 **다음에서 설명하는 교직단체는?** 07. 영양교사 임용

> • 1999년에 법제화되었다.
> • 일체의 쟁의행위와 정치활동이 금지된다.
> • 근로2권(단결권 · 단체교섭권)을 보장받는다.

① 교사협의회 ② 교장협의회
③ 교원노동조합 ④ 교원단체

해설 교원노조의 법적 근거는 1999년 제정된 「교원의 노동조합 설립 및 운영 등에 관한 법률」(이하 교원노조법)이다. 「노동조합 및 노동관계조정법(약칭: 노동조합법)」 제5조 제1항 단서에 따라 제정된 특별법이며, 교원의 노동조합 설립에 관한 사항을 정하고 교원에 적용할 「노동조합 및 노동관계조정법」에 대한 특례를 규정함을 목적으로 한다. 교원의 단결권과 단체교섭권을 인정한 역사적인 계기가 되었으나, 단체행동과 같은 일체의 쟁의행위(제8조)와 정치활동(제3조)은 금지하고 있다.

TIP **교직단체와 교원노조의 비교**

구분	교원전문직 단체	교원노조
추구이념	교원의 자질향상 및 전문성 신장	교원의 경제적 · 사회적 지위향상
관련 교직관	전문직관	노동직관
법률근거	• 교육관계법: 「교육기본법」(제15조) • 민법 제32조	노동관계법: 「교원의 노동조합 설립 및 운영 등에 관한 법률」 ⇨ 「노동조합법」 상의 특별법
설립방법	허가제	자유설립주의(신고제) ⇨ 고용노동부 장관
설립형태	교과별, 학교급별, 지역별	• 유치원, 초 · 중등학교 교원: 시 · 도 또는 전국단위 • 대학교 교원: 학교, 시 · 도 또는 전국단위
가입대상	전 교원 대상(학교장 포함)	유치원, 초 · 중등학교, 대학교 교원 ※ 해직교원도 가입 가능함
교섭 · 협의구조	• 중앙단위: 교육부 장관 • 시 · 도단위: 교육감 ※ 국 · 공 · 사립 구분 없음.	• 유치원, 초 · 중등학교 노동조합 대표자 – 국 · 공립학교: 교육부 장관(전국), 교육감(시 · 도) – 사립학교: 설립 · 경영자가 전국 또는 시 · 도 단위로 연합하여 교섭 • 대학교 노동조합 대표자: 교육부장관(전국), 특별시장 · 광역시장 · 특별자치시장 · 도지사 · 특별자치도지사(시 · 도), 국 · 공립학교의 장 또는 사립학교 설립 · 경영자(학교)
교섭 · 협의내용	처우개선, 근무조건 및 복지후생과 전문성 신장에 관한 사항	임금 · 근무조건 · 후생복지 등 경제적 · 사회적 지위향상과 관련된 사항
교섭 · 협의시기	연 2회 및 특별히 필요시	최소 2년에 1회
대정부 관계	협력 제휴관계(협의, 의견제시)	노사관계(단체교섭, 협약체결)
대정부 창구	다원적 참여체제	양자 간 교섭체계

02 교원단체와 교원노동조합 모두에 적용되는 진술은?

10. 유초등임용 응용

① 학교의 장과 대학의 교원은 가입할 수 없다.
② 파업 및 태업 등 일체의 쟁의행위를 할 수 없다.
③ 교육감 또는 교육부장관과 단체협약서를 작성한다.
④ 교육기본법에 근거하여 지방자치단체와 중앙에 조직할 수 있다.
⑤ 사립학교 설립·경영자는 전국 또는 시·도 단위로 연합하여 교섭해야 한다.

해설 두 교원조직의 법률적 근거는 교원단체는 「교육기본법」 제15조(교원단체)와 「민법」이고, 교원노동조합은 「교원의 노동조합설립 및 운영 등에 관한 법률」이다. 교원노동조합은 파업 및 태업 등 모든 형태의 쟁의행위가 금지[「교원노조법」 제8조(쟁위행위의 금지)]되며, 교원단체도 「국가공무원법」 제66조(집단 행위의 금지) 제1항에 따라 공무원은 노동운동이나 그 밖에 공무 외의 일을 위한 집단 행위를 하여서는 아니 된다. ①은 교원단체는 「교육기본법」 제15조 제1항, 교원노조는 「교원노조법」 제4조의2(가입 범위)에 따라 모든 교원은 두 단체 모두 가입할 수 있다. ③은 교원노조에만 적용된다[「교원노조법」 제6조(교섭 및 체결 권한) 제1항]. 교원단체는 교섭·합의는 할 수 있으나 단체협약 체결권은 없다[「교육기본법」 제11조(교원의 지위 향상을 위한 교섭·합의) 제1항], ④는 교원단체(「교육기본법」 제15조 제1항), ⑤는 교원노조에만 해당한다(「교원노조법」 제6조 제1항).

03 우리나라 교원노동조합에 대한 설명으로 옳은 것은?

10. 국가직 응용

① 기초자치단체인 시·군·구 단위에서 설립할 수 있다.
② 교원은 임용권자의 동의가 있는 경우에는 노동조합의 업무에만 종사할 수 있다.
③ 전문상담순회교사는 조합원이 될 수 없다.
④ 수업에 지장이 없는 한 정치활동을 할 수 있다.

해설 ②는 「교원의 노동조합설립 및 운영 등에 관한 법률」 제5조(노동조합 전임자의 지위) 제1항의 규정이다. "❶ 교원은 임용권자의 동의를 받아 노동조합으로부터 급여를 지급받으면서 노동조합의 업무에만 종사할 수 있다. ❷ 제1항에 따라 동의를 받아 노동조합의 업무에만 종사하는 사람["전임자"(專任者)]은 그 기간 중 「교육공무원법」 제44조 및 「사립학교법」 제59조에 따른 휴직명령을 받은 것(직권휴직)으로 본다." ①은 유·초·중등교원은 특별시·광역시·도·특별자치도 단위 또는 전국단위에 한하여 설립할 수 있으며[제4조(노동조합의 설립) 제1항], 대학교원은 개별학교 단위, 시·도 단위 또는 전국 단위로 노동조합을 설립할 수 있다(제4조 제2항). ③은 「초·중등교육법」 제19조 제1항의 교원은 모두 가입할 수 있으며[제4조의2(가입 범위)], ④는 일체의 정치 활동은 금지된다[제3조(정치활동의 금지)].

04 「교원의 노동조합 설립 및 운영 등에 관한 법률」에 의할 때 단체교섭의 대상이 될 수 없는 의제는?

08. 국가직 7급

① 교원보수체계의 개편
② 교육과정의 개정
③ 학교급별 교원의 근무조건
④ 초등교원과 중등교원 간의 수당차이 해소

해설 「교원의 노동조합 설립 및 운영 등에 관한 법률」 제6조(교섭 및 체결권한 등) 제1항에 따르면, 노동조합의 교섭은 임금·근무조건·후생복지 등 경제적·사회적 지위 향상에 관한 사항으로 규정하고 있다. 그 외의 교육정책, 교육과정(의 개정), 교육제도 등에서는 교섭의 범위에 해당되지 않는다.

정답 01 ③ 02 ② 03 ② 04 ②

05 우리나라 현행 법규상의 교원단체 및 교원노조에 관한 설명으로 가장 적절한 것은? 06. 중등임용 응용

① 신규 임용과 동시에 자동적으로 가입된다.
② 교원의 전문성 신장과 복리 증진을 표방한다.
③ 복수 교원노조의 설립은 원칙적으로 금지되어 있다.
④ 교육부장관은 교원단체의 교섭(交涉) 대상이 아니다.

해설 교원단체는 「교원의 지위 향상 및 교육활동 보호를 위한 특별법」 제11조(교원의 지위 향상을 위한 교섭 · 협의) 제1항에 따른 교원의 전문성 신장과 지위 향상, 교원노조는 「교원의 노동조합 설립 및 운영 등에 관한 법률」 제6조(교섭 및 체결권한 등) 제1항에 따른 임금, 근무 조건, 후생복지 등 경제적 · 사회적 지위 향상을 위한 조직이다. ①은 자동적으로 가입되는 조직이 아니라, 「교원노조법」 제4조(노동조합의 설립) 제3항에 따라 노동조합을 설립하려는 사람은 고용노동부장관에게 설립신고서를 제출하여야 하므로, 노동조합의 가입 역시 개인의 자발적인 신청과 절차를 통해 이루어져야 함을 시사한다. 또한 「노동조합 및 노동관계조정법(노동조합법)」 제5조(노동조합의 조직 · 가입 · 활동) 제1항에 따라 "근로자는 자유로이 노동조합을 조직하거나 이에 가입할 수 있다"고 명시하고 있어, 근로자가 노동조합에 가입하는 것이 자발적인 선택임을 명확히 하고 있다. 따라서 교원도 본인의 의사에 따라 노동조합에 가입해야 하며, 임용과 동시에 자동으로 가입되는 것은 법적으로 허용되지 않는다. ③은 「교원노조법」 제6조(교섭 및 체결 권한 등) 제6항에 따르면 교육부장관, 시 · 도지사, 시 · 도 교육감, 국 · 공립학교의 장 또는 사립학교 설립 · 경영자는 교섭을 요구하는 노동조합이 둘 이상인 경우에는 해당 노동조합에 교섭창구를 단일화하도록 요청할 수 있다고 명시하고 있다. 이는 복수노조의 존재를 전제로 한 규정이므로, 복수 노조 설립을 원칙적으로 허용하고 있다고 볼 수 있다. ④는 「교원지위법」 제11조(교원의 지위 향상을 위한 교섭 · 협의) 제1항에 따라 교육부장관은 전국 단위 교섭대상에 해당한다.

06 우리나라의 교(직)원노동조합에 관한 설명으로 바른 것은? 06. 유초등임용 응용

① 우리나라 교(직)원노동조합은 비법정 임의 단체이다.
② 교장, 교감, 부장교사는 교(직)원노동조합의 조합원이 될 수 없다.
③ 단체 교섭권은 인정되나 단결권과 단체 행동권은 인정되지 않고 있다.
④ 교원은 임용권자의 동의가 있는 경우에는 노동조합의 업무에만 종사할 수 있다.

해설 「교원의 노동조합설립 및 운영 등에 관한 법률」 제5조(노동조합 전임자의 지위) 제1항에 따르면 "교원은 임용권자의 동의를 받아 노동조합으로부터 급여를 지급받으면서 노동조합의 업무에만 종사할 수 있다"고 명시하고 있다. ①은 1999년 제정된 「교원노조법」에 따라 설립된 법정 단체이다. ②는 제4조의2(가입 범위)에 따라 「초 · 중등교육법」에 따른 모든 교원은 조합원이 될 수 있다. ③은 제4조(노동조합의 설립)과 제6조(교섭 및 체결 권한 등)에 따라 단결권과 단체교섭권(단체협약 체결권 포함)은 인정되나, 제8조(쟁의행위의 금지)에 따라 단체행동권은 인정되지 않고 있다.

07 초 · 중등학교 교원의 정치적 중립성에 대한 설명으로 옳은 것은? 18. 국가직 7급

① 의무교육기관이 아니라면 교원이 특정한 정당을 지지 · 반대하기 위한 학생 지도를 할 수 있다.
② 교원은 정당이 아닌 정치단체에 가입하도록 권유 운동을 할 수 있다.
③ 교원의 노동조합은 정치활동이 넓게 허용된다.
④ 사립학교 교원도 선거에서 특정 정당을 지지하기 위한 행위가 금지된다.

해설 「헌법」 제31조 제4항에 따르면 교원의 정치적 중립성은 "교육은 교육 본래의 목적에 따라 그 기능을 다하도록 운영되어야 하며, 정치적 · 파당적 또는 개인적 편견을 전파하기 위한 방편으로 이용되어서는 아니 된다"는 것을 말한다. 이는 사립학교 교원에게도 적용된다. ①[「교육기본법」 제14조(교원) 제4항]과 ②는 할 수 없으며, ③은 「교원의 노동조합 설립 및 운영 등에 관한 법률」 제3조(정치활동 금지)에 따라 어떠한 정치활동도 하여서는 아니 된다.

05 실전 예상문제

01 다음 중 「교원의 노동조합설립 및 운영 등에 관한 법률」에 따라 노동조합에 가입할 수 있는 사람이 아닌 것은?

① 현직 초등학교 교장
② 퇴직한 유치원 교사
③ 현직 대학교 강사
④ 현직 중학교 수석교사

해설 「교원의 노동조합 설립 및 운영 등에 관한 법률」 제2조(정의)에 따르면 교원에는 「고등교육법」에 따른 강사는 제외된다. 제4조의2(가입 범위)에 따르면 교원 및 교원으로 임용되어 근무하였던 사람으로서 노동조합 규약으로 정하는 사람은 노동조합에 가입할 수 있다. ②의 퇴직한 유치원 교사는 교원으로 임용되어 근무하였던 사람으로서 노동조합 규약으로 정하는 경우 가입이 가능하다.

02 「교원의 노동조합 설립 및 운영 등에 관한 법률」에 따라 교원의 노동조합이 설립될 수 있는 단위로 가장 적절한 것은?

① 유치원 교원 – 시 · 군 · 구 단위, 시 · 도 단위
② 초등학교 교원 – 시 · 도 단위, 전국 단위
③ 고등학교 교원 – 개별 학교 단위, 시 · 도 단위, 전국 단위
④ 국립대학교 교원 – 개별 학교 단위, 시 · 군 · 구 단위, 시 · 도 단위, 전국 단위

해설 「교원의 노동조합 설립 및 운영 등에 관한 법률」 제4조(노동조합의 설립)에 따르면, 유치원 · 초등학교 · 중학교 · 고등학교 교원은 시 · 도 단위 또는 전국 단위로만 노동조합을 설립할 수 있다. 반면, 「고등교육법」에 따른 교원은 개별학교 단위, 시 · 도 단위 또는 전국 단위로 노동조합을 설립할 수 있다.

정답 05 ② 06 ④ 07 ④ / 01 ③ 02 ②

03 「교원의 노동조합 설립 및 운영 등에 관한 법률」에 따른 내용으로 옳지 않은 것은?

① 교원은 임용권자의 허가를 받아 노동조합으로부터 급여를 지급받으면서 노동조합의 업무에만 종사할 수 있다.

② 노동조합의 대표자는 그 노동조합 또는 조합원의 임금, 근무 조건, 후생복지 등 경제적 · 사회적 지위 향상에 관하여 교섭하고 단체협약을 체결할 권한을 가진다.

③ 교원의 노동조합은 어떠한 정치활동도 하여서는 아니 된다.

④ 노동조합과 그 조합원은 파업, 태업 또는 그 밖에 업무의 정상적인 운영을 방해하는 어떠한 쟁의행위(爭議行爲)도 하여서는 아니 된다.

해설 「교원의 노동조합 설립 및 운영 등에 관한 법률」 제5조(노동조합 전임자의 지위) 제1항에 따르면 교원은 임용권자의 동의를 받아 노동조합으로부터 급여를 지급받으면서 노동조합의 업무에만 종사할 수 있다. ②는 제6조(교섭 및 체결 권한 등) 제1항, ③은 제3조(정치활동의 금지), ④는 제8조(쟁의행위의 금지)에 해당한다.

04 「교원의 노동조합 설립 및 운영 등에 관한 법률」에 따른 단체교섭 및 단체협약 체결과 효력에 대한 내용으로 옳지 않은 것은?

① 노동조합의 대표자는 단체교섭을 하려는 사항에 대하여 권한을 가진 자에게 서면으로 교섭을 요구하여야 한다.

② 교육부장관, 시 · 도지사, 시 · 도 교육감, 국 · 공립학교의 장 또는 사립학교 설립 · 경영자는 교섭을 요구하는 노동조합이 둘 이상인 경우에는 해당 노동조합에 교섭창구를 단일화하도록 요청할 수 있다. 이 경우 교섭창구가 단일화된 때에는 교섭에 응하여야 한다.

③ 단체교섭을 하거나 단체협약을 체결하는 경우에 관계 당사자는 국민여론과 학부모의 의견을 수렴하여 성실하게 교섭하고 단체협약을 체결하여야 하며, 그 권한을 남용하여서는 아니 된다.

④ 체결된 단체협약의 내용 중 법령 · 조례 및 예산에 의하여 규정되는 내용과 법령 또는 조례에 의하여 위임을 받아 규정되는 내용도 단체협약으로서의 효력을 가진다.

해설 「교원의 노동조합 설립 및 운영 등에 관한 법률」 제7조(단체협약의 효력) 제1항에 따르면 체결된 단체협약의 내용 중 법령 · 조례 및 예산에 의하여 규정되는 내용과 법령 또는 조례에 의하여 위임을 받아 규정되는 내용은 단체협약으로서의 효력을 가지지 아니한다. ①은 제6조(교섭 및 체결 권한 등) 제4항, ②는 제6항, ③은 제8항에 해당한다.

정답 03 ① 04 ④

오현준

주요 약력

서울대학교 사범대학 교육학과 졸업

現) • 서울교육청, 강원교육청 핵심인재 특강 전임강사
• 박문각 임용고시학원 교육학 및 5급 교육사무관 승진 전임강사
• 박문각 공무원 교육학 온라인·오프라인 전임강사
• 창원중앙고시학원, 대구한국공무원학원, 유성제일고시학원, 청주행정고시학원 교육학 전임강사
• 서울교육청, 인천교육청, 강원교육청 5급 교육사무관 전임 출제위원

前) • 교육부 의뢰, 제7차 교육과정 「특별활동 교사용 지침서」 발간
• 22년간 중등교사로 서울에서 재직 활동(교육부총리, 교육감상 수상 / 교재연구 우수교원 교육부 장관상 수상 / 연구학교 우수교사 수상 / 교육복지투자 우선지역 사업 선도 교사)
• 매년 1급 정교사 자격연수 대상자들을 대상으로 교수법 특강
• 통일부 위촉, 통일 전문 강사 활동
• 광주교육청 주관, 학교교육복지 정책 관련 특강
• 중앙대 교원임용고시 대비 특강
• 5급 교육사무관 대비 교육학 및 역량평가, 심층면접 강의–전국 최대 사무관 배출
• 티처빌 교육전문직 대상 교육학 전임강사

주요 저서

• 오현준 정통교육학(전2권) (박문각, 2007~2025 刊)
• 오현준 교육학 끝짱노트 (박문각, 2023~2025 刊)
• 오현준 교육학 단원별 기출문제 1356제 (박문각, 2016~2025 刊)
• No.1 오현준 교육관계법령 (박문각, 2025 刊)
• 오현준 교육학 파이널 모의고사 (박문각, 2016~2024 刊)
• 오현준 핵심교육학 (박문각, 2016~2024 刊)
• 오현준 명작교육학 (박문각, 2016~2022 刊)
• 오현준 교육학 논술 핵심 229제 (박문각, 2019~2022 刊)
• 오현준 끝짱교육학 (고시동네, 2020~2022 刊)
• 오현준 교육학 기출문제 종결자 (고시동네, 2014~2016 刊)
• TOPIC 교육학(고시동네, 2013 刊)

인터넷 강의

박문각 www.pmg.co.kr

No.1 오현준 ✧✦ 교육관계법령

초판 인쇄 | 2025. 1. 2. **초판 발행** | 2025. 1. 6. **편저자** | 오현준

발행인 | 박 용 **발행처** | (주) 박문각출판 **등록** | 2015년 4월 29일 제2019-000137호

주소 | 06654 서울특별시 서초구 효령로 283 서경 B/D 4층 **팩스** | (02) 584-2927

전화 | 교재 주문·내용 문의 (02) 6466-7202

저자와의 협의하에 인지생략

정가 24,000원 ISBN 979-11-7262-391-3